Hollande

GIN/EUREKA SLIDE

Cet ouvrage tient compte des conditions de tourisme connues au moment de sa rédaction. Certains renseignements peuvent perdre de leur actualité en raison de l'évolution incessante des aménagements et des variations du coût de la vie.

Les Éditions des Voyages Michelin ne sauraient être tenues responsables des conséquences d'éventuelles erreurs qui pourraient s'être glissées dans la rédaction de cet ouvrage et encouragent leurs lecteurs à se renseigner directement sur place.

N.B. En raison du passage à l'euro, les tarifs sont donnés à titre indicatif.

Éditions des Voyages

46, avenue de Breteuil – 75324 Paris Cedex 07
☎ 01 45 66 12 34
www.ViaMichelin.fr
LeGuideVert@fr.michelin.com

Manufacture française des pneumatiques Michelin

Société en commandite par actions au capital de 304 000 000 EUR
Place des Carmes-Déchaux – 63 Clermont-Ferrand (France)
R.C.S. Clermont-Fd B 855 200 507

Dépôt légal mai 2000 – ISBN 2-06-000024-6 – ISSN 0293-9436
Printed in France 07-02/3.4

Compogravure : MAURY Imprimeur, Malesherbes
Impression et brochage : AUBIN, Ligugé

Maquette de couverture extérieure : Agence Carré Noir à Paris 17ᵉ

LE GUIDE VERT
l'esprit de découverte !

Avec le Guide Vert, voyager c'est être acteur de ses vacances, profiter pleinement de ce temps privilégié pour se faire plaisir : apprendre sur le terrain, découvrir de nouveaux paysages, goûter l'art de vivre des régions et des pays. Le Guide Vert vous ouvre la voie, suivez-le !

Grands voyageurs, nos auteurs parcourent chaque année villes et villages pour préparer vos vacances : repérage et élaboration de circuits, sélection des plus beaux sites, recherche des hôtels et des restaurants les plus agréables, reconnaissance détaillée des lieux pour réaliser des cartes et plans de qualité...

Aujourd'hui, vous avez en main un guide élaboré avec le plus grand soin, fruit de l'expérience touristique de Michelin. Régulièrement remis à jour, Le Guide Vert se tient à votre écoute. Tous vos courriers sont ainsi les bienvenus.

Partagez avec nous la passion du voyage qui nous a conduits à explorer plus de soixante destinations, en France et à l'étranger. Laissez-vous guider, comme nous, par cette curiosité insatiable, qui donne au voyage son véritable esprit : l'esprit de découverte.

Jean-Michel DULIN
Rédacteur en chef

Sommaire

Vadim/DIAF

Maison de canal à Amsterdam

R. Mazin/PHOTONONSTOP

Faïence de Delft

Villes et curiosités 82

Conditions de visite 371

Index 408

Zaanse Schans

Les Iris (1890), Vincent Van Gogh

5

Cartographie

LES PRODUITS COMPLÉMENTAIRES AU GUIDE

Plan d'Amsterdam n° 36 :

– un plan complet de la ville (1 cm pour 150 m) avec les grands axes de circulation, les sens uniques, les principaux parkings, les bâtiments publics essentiels, les bureaux de poste...

– un répertoire alphabétique de toutes les rues

– des renseignements pratiques

... et pour circuler aux Pays-Bas

Carte n° 908 des Pays-Bas
– carte au 1/400 000 avec index des localités et agrandissements d'Amsterdam et de Rotterdam.

Carte n° 210 du Nord des Pays-Bas
– carte détaillée au 1/200 000 avec index des localités et agrandissement d'Amsterdam.

Carte n° 211 du Sud des Pays-Bas
– carte détaillée au 1/200 000 avec index des localités et agrandissements de Rotterdam et La Haye.

INDEX CARTOGRAPHIQUE

À propos de ce guide

Le Guide Vert est une mine de renseignements. Vous y trouverez :

● des **cartes thématiques** pour vous aider à préparer votre voyage ; la carte des **Principales curiosités** vous indique les destinations les plus intéressantes, celle des **Itinéraires de visite** propose des circuits passant par les curiosités qu'il ne faut pas manquer.

● des **Renseignements pratiques** : adresses utiles, formalités, hébergement, activités sportives, dates des manifestations principales, quelques livres, etc.

● une **Introduction au voyage** : pour en savoir plus avant de partir ou en cours de route, sur le paysage, l'histoire, la langue, l'art et les traditions du pays.

● les **Villes et curiosités** : une présentation par ordre alphabétique des villes et sites touristiques. Le guide a privilégié l'usage du néerlandais dans l'évocation des curiosités afin de faciliter votre orientation sur place. Les curiosités soumises à des conditions de visite sont signalées au visiteur par le signe ⊙.

● des **Carnets d'adresses** pour un certain nombre de villes proposant un choix d'adresses d'hôtels, restaurants et cafés, et des informations sur les visites guidées, les promenades en bateau, le shopping, les marchés, les festivals, etc. Ces carnets sont annoncés par un bandeau bleu portant la mention « carnet d'adresses ».

● des renvois aux **cartes Michelin** : la carte 908 qui couvre l'ensemble du pays, et les cartes 210 et 211, au 1/200 000. Ces renvois se trouvent sous le nom de la destination, en tout début des chapitres.

● un **Index** en fin de volume : pour retrouver rapidement la description d'un monument, des informations sur une personnalité du pays ou un sujet qui vous passionne.

Votre avis nous intéresse. À votre retour, faites-nous part de vos critiques, de vos idées, de vos bonnes adresses. Bibendum attend votre courrier (Quai de Willebroek 33, 1000 Bruxelles) ou e-mail (LeGuideVert-be @ be.michelin.com).

Bon voyage !

Phare sur l'île d'Ameland

Morand-Grahame/HOA QUI

Légende

★★★ Vaut le voyage

★★ Mérite un détour

★ Intéressant

Curiosités

⊙	Conditions de visite en fin de volume	►►	Si vous le pouvez : voyez encore…
◉ →	Itinéraire décrit Départ de la visite	AZ B	Localisation d'une curiosité sur le plan
⌂ ♦ ⌂ ♦	Église – Temple	🛈	Information touristique
⊠ ⌂	Synagogue – Mosquée	⊶ ⁛	Château – Ruines
▭	Bâtiment	∪ ✿	Barrage – Usine
■	Statue, petit bâtiment	☆ ∩	Fort – Grotte
⊺	Calvaire	⊤	Monument mégalithique
◎	Fontaine	▾ Ⓥ	Table d'orientation – Vue
●━◦▪	Rempart – Tour – Porte	▲	Curiosités diverses

Sports et loisirs

🐎	Hippodrome	🏃	Sentier balisé
⛸	Patinoire	◈	Base de loisirs
≈ ▨	Piscine : de plein air, couverte	🎢	Parc d'attractions
⛵	Port de plaisance	🐾	Parc animalier, zoo
⛺	Refuge	✽	Parc floral, arboretum
▫▪━▪▫	Téléphérique, télécabine	◉	Parc ornithologique, réserve d'oiseaux
🚂	Chemin de fer touristique		

Autres symboles

══ ══	Autoroute ou assimilée	⊜ ⊚	Poste restante – Téléphone
❶ ❶	Échangeur : complet, partiel	⊠	Marché couvert
⊏══⊐ ══	Rue piétonne	⁙	Caserne
⌑⌑⌑⌑	Rue impraticable, réglementée	△	Pont mobile
⌑⌑⌑ ⌑⌑⌑	Escalier – Sentier	∪ ✕	Carrière – Mine
🚆 🚌	Gare – Gare routière	Ⓑ Ⓕ	Bacs
▫━━━▫	Funiculaire – Voie à crémaillère	⛴	Transport des voitures et des passagers
━▪ ◉	Tramway – Métro	⛴	Transport des passagers
Bert (R.)…	Rue commerçante sur les plans de ville	③	Sortie de ville identique sur les plans et les cartes MICHELIN

Abréviations et signes particuliers

G	Police militaire (Marechaussee)	**POL.**	Police (Politie)
H	Hôtel de ville (Stadhuis)	**T**	Théâtre (Schouwburg)
J	Palais de justice (Gerechtshof)	**U**	Université (Universiteit)
M	Musée (Museum)	⛴	Embarcadère
Ⓟ	Chef-lieu de province (Hoofdplaats provincie)	🏛	Façade remarquable
P	Gouvernement provincial (Provinciehuis)	🅿	Parking Relais

Principales curiosités

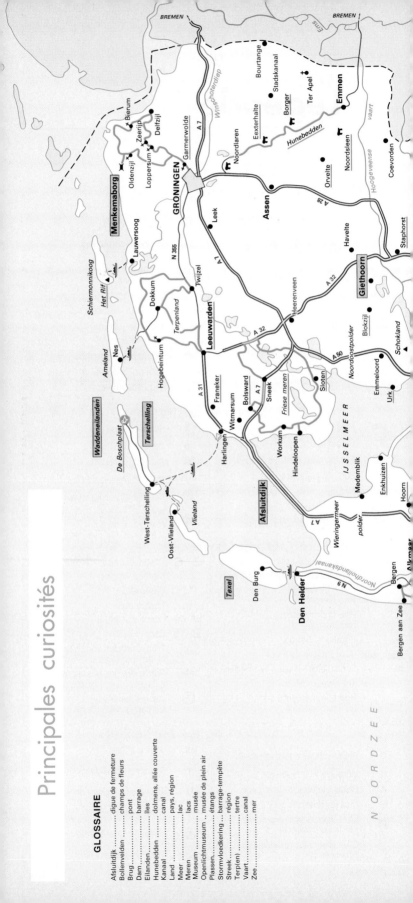

GLOSSAIRE

Afsluitdijk	digue de fermeture
Bollenvelden	champs de fleurs
Brug	pont
Dam	barrage
Eilanden	îles
Hunebedden	dolmens, allée couverte
Kanaal	canal
Land	pays, région
Meer	lac
Meren	lacs
Museum	musée
Openlichtmuseum	musée de plein air
Plassen	étangs
Stormvloedkering	barrage-tempête
Streek	région
Terplen)	tertre
Vaart	canal
Zee	mer

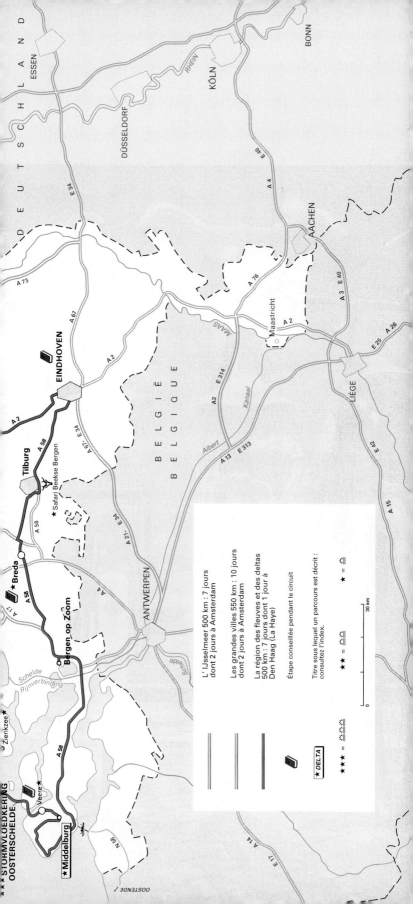

STORMVLOEDKERING
OOSTERSCHELDE

Zierikzee

STORMVLOEDKERING
OOSTERSCHELDE

Veere

Middelburg

Bergen op Zoom

Breda

Tilburg

Safari Beekse Bergen

EINDHOVEN

ANTWERPEN

BELGIË
BELGIQUE

Maastricht

AACHEN

LIÈGE

KÖLN

BONN

DÜSSELDORF

ESSEN

DEUTSCHLAND

RHEIN

MAAS

Kanaal

Albert

Schelde

Rijnbinding

Schelde

OOSTENDE

A 2
A 73
A 67
A 58
A 34
A 2
A 21
A 4
A 17
A 58
N 58
A 14
E 17
A 76
A 2
A 3 E 40
E 25 A 26
A 15
E 42
A 13 E 313
A 2 E 314
E 40
A 4

L' IJsselmeer 500 km : 7 jours
dont 2 jours à Amsterdam

Les grandes villes 550 km : 10 jours
dont 2 jours à Amsterdam

La région des fleuves et des deltas
500 km : 7 jours dont 1 jour à
Den Haag (La Haye)

Étape conseillée pendant le circuit

Titre sous lequel un parcours est décrit :
consultez l'index.

★★★ = ✿✿✿   ★★ = ✿✿   ★ = ✿

★ DELTA

0   30 km

© Valentin Photo

Renseignements pratiques

Avant le départ

ADRESSES UTILES

Pour organiser son voyage, rassembler la documentation nécessaire, vérifier certaines informations, s'adresser en premier lieu aux Offices de tourisme (NBT).

ORGANISMES DE TOURISME

Paris – Office néerlandais de tourisme, 9, rue Scribe, 75009 Paris, ☎ 01 43 12 34 20 (de 10 h à 12 h uniquement), fax : 01 43 12 34 21, minitel : 3615 Hollande. Accueil du lundi au vendredi de 12 h à 16 h. E-mail : balie@hollande-tourisme.fr ou site Internet www.holland.com.

Bruxelles – Office néerlandais de tourisme : 89, avenue Louise, BP 136, 1050 Bruxelles, ☎ 02 534 08 00 ou www.holland.com/be.

Toronto – Netherlands Board of Tourism, 25 Adelaide Street East, Suite 710, Ont. M 5 C 1Y2 Toronto, ☎ (416) 363 1577 ou (888) 729 7227.

ANWB – Il s'agit du Touring Club Royal des Pays-Bas. ANWB (Koninklijke Nederlandse Toeristenbond) (Membre de l'AIT = Alliance Internationale de Tourisme), Wassenaarseweg 220, 2596 EC Den Haag, ☎ (070) 314 71 47, www.anwb.nl.

VVV – Aux Pays-Bas, les Offices de tourisme et les Syndicats d'initiative sont signalés par les sigles ⧫ ou VVV (**V**ereniging voor **V**reemdelingen **V**erkeer).
On s'adressera de préférence à eux pour obtenir des renseignements plus précis sur une ville, une région, des manifestations touristiques ou les possibilités d'hébergement. Leurs adresses, numéros de téléphone et sites Internet sont indiqués en fin de volume aux Conditions de visite.

FORMALITÉS

Documents – Pour les citoyens de l'Union européenne, une carte d'identité valide ou un passeport en cours de validité ou périmé depuis moins de 5 ans sont exigés. Les enfants mineurs voyageant seuls doivent être en possession d'une autorisation des parents délivrée par le commissariat de police.
Pour les ressortissants canadiens, la carte nationale d'identité ou le passeport en cours de validité suffisent.

Douane – Les Pays-Bas appliquent les dispositions internes à l'Union européenne.

Conducteurs – Le permis de conduire à 3 volets (modèle des Communautés européennes) ou le permis de conduire international sont requis ainsi que la carte internationale d'assurance automobile dite Carte verte délivrée par les compagnies d'assurances. La plaque réglementaire de nationalité est obligatoire à l'arrière du véhicule.

Tourisme et handicapés

La plupart des bâtiments publics, musées, galeries et théâtres sont accessibles aux personnes à mobilité réduite. Ces attractions sont signalées en fin de volume au chapitre des **Conditions de visite** par le symbole ♿. **Le Guide Rouge Benelux** indique également si les chambres d'hôtel sont accessibles aux handicapés. La brochure **Reiswijzer voor gehandicapten** (guide de voyage pour les handicapés) publiée par l'ANWB donne des informations utiles aux handicapés en matière de tourisme, loisirs et activités sportives. Pour plus d'informations, contacter le **Nederlands Instituut voor Zorg en Welzijn** (Institut néerlandais pour les soins de santé), ☎ (030) 230 66 03 ou le **Afdeling Gehandicaptenvoorlichting** (Service d'information pour les handicapés) de l'**ANWB**, ☎ (070) 314 14 20.

Pour tout renseignement aux Pays-Bas, contacter l'ANWB dont nous donnons les coordonnées ci-dessus.

Animaux domestiques – Un certificat de vaccination antirabique de plus de 30 jours et de moins d'un an est exigé.

Santé – Avant de partir, il convient de s'adresser à son centre de Sécurité sociale pour obtenir une attestation de droit aux prestations en nature (formulaire E 111).

QUAND PARTIR ?

Tout au long de l'année, on peut visiter les musées. Cependant, chaque saison offre ses caractéristiques.

Printemps – Les champs de fleurs entre Haarlem et Leiden et dans les environs d'Alkmaar, en particulier, prennent des couleurs magnifiques *(de mi-avril à fin mai)*. La région de la Betuwe, au moment où les vergers sont en fleurs *(de mi-avril à fin mai)*, ne manque pas non plus d'attraits, de même que les champs de colza des provinces de Frise, Groningue, Overijssel et du Flevoland *(de mi-mai à début juin)*.

Été – Les vacanciers envahissent les immenses plages de la mer du Nord, les îles des Wadden et les régions de villégiature comme la Drenthe et le Limbourg méridional, où il est alors très difficile de trouver à se loger. Lacs et canaux fourmillent de voiliers.

Automne – Les forêts comme celles de la Veluwe se parent de splendides feuillages roux.

Hiver – Si la neige est assez fréquente, plus rares sont par contre de nos jours les périodes où le froid est assez rigoureux pour permettre le patinage sur les canaux, les lacs et les étangs gelés. Mais tous se retrouvent alors sur la glace et surtout les enfants à qui on octroie à cet effet un jour de congé.

S. Domelounksen/EUREKA SLIDE

Vitesses limites autorisées (en km/h) : Autoroute 120 (100 aux abords des grandes villes) – Route 80 – Agglomération 50.

Péages : Les autoroutes sont gratuites. Il existe aux Pays-Bas un pont à péage.

Dépassement et priorité : Les tramways ne peuvent être dépassés qu'à droite, sauf si l'espace disponible est insuffisant. Ils sont généralement prioritaires.
Attention aux cyclistes qui doublent souvent à droite, et sont prioritaires par rapport aux automobilistes qui changent de direction.

Essence : Dans les stations-service, sachez reconnaître la pompe qu'il vous faut.

En France	Aux Pays-Bas
super avec plomb =	*super*
super sans plomb 98 =	*super + (loodvrij)*
super sans plomb 95 =	*euro 95 (loodvrij)*

Quelques mots utiles sur la route :

autosnelweg	autoroute
betaald parkeren	parking payant
doorgaand verkeer	rue de traversée
eenrichtingsverkee	sens unique
inhaalverbod	défense de doubler
knooppunt	échangeur
let op ! gevaar !	attention ! danger !
omleiding	Déviation
overstekende wielrijders	traversée de piste cyclable
richting	Direction
uitrit	sortie
verboden	interdit
voorrang geven	céder le passage
werk in uitvoering	travaux en cours
zachte berm	bas-côté non stabilisé

Secours routier : Il est essentiellement organisé par le Touring Club néerlandais (ANWB) et ses patrouilles routières *(Wegenwacht)* ; voir l'adresse du bureau principal de l'ANWB au début du chapitre Renseignements pratiques.
En cas d'accident ou de panne, on peut utiliser les bornes d'appel disposées le long des axes routiers ; les automobilistes en détresse peuvent également s'adresser à l'ANWB Alarmcentrale, ☎ (070) 314 14 14 (toute l'année, jour et nuit), où ils trouveront un interlocuteur parlant leur langue.
En cas de panne, on peut demander l'assistance des patrouilles routières *(Wegenwacht)* en composant le numéro gratuit (0800) 08 88 (jour et nuit).
Le visiteur étranger non membre de l'ANWB devra, en cas d'appel, verser une cotisation ; il recevra une carte de membre, valable deux mois. Les membres de clubs affiliés présentant une lettre de crédit pourront obtenir une assistance gratuite.

Cartes routières : La carte Michelin 907 couvre tout le Benelux à l'échelle du 1/400 000. La carte 908, à la même échelle, est consacrée aux Pays-Bas.
Au 1/200 000, la carte 211 couvre la région comprise entre Anvers (Antwerpen) et Amsterdam et la carte 210 celle s'étendant entre Amsterdam et la frontière Nord du pays. Sur Minitel, le 3615 Michelin vous permet de composer vos itinéraires en France et en Europe : itinéraires en empruntant ou non les autoroutes, distances, péages, temps de parcours.

Itinéraires touristiques : L'ANWB a jalonné une quarantaine d'itinéraires pour automobilistes. Balisés de panneaux hexagonaux, ces itinéraires (*routes* en néerlandais) traversent les régions les plus pittoresques, reliant les principaux centres d'intérêt en un circuit de 80 à 150 km.
Un dépliant où sont indiqués le trajet et les principales curiosités jalonnant l'itinéraire est en vente aux bureaux de l'ANWB.
D'autres itinéraires touristiques sont dus à des initiatives locales.

Michelin sur Internet
http://www.ViaMichelin.fr

Vous voulez préparer en détail votre itinéraire de voyage ? Consultez notre site Internet. Vous obtiendrez rapidement une vue d'ensemble détaillée de l'itinéraire le plus rapide, le plus court ou bien le moins cher entre deux villes européennes. Outre un extrait de la carte Michelin, vous disposerez d'informations complémentaires concernant les distances, le temps nécessaire pour chaque trajet et, le cas échéant, les péages à prendre en compte. Vous ne perdrez pas de temps parce que vous serez au courant des travaux sur les routes et des horaires des bacs et des trains. Les adresses d'hôtels, restaurants et campings, ainsi qu'une liste de curiosités touristiques vous aideront à déterminer les étapes de votre itinéraire.
Le site Michelin vous donnera des nouvelles sur Bibendum et sur tous les produits Michelin (cartes, plans, atlas, Le Guide Vert et Le Guide Rouge, etc.).

Hébergement

HÔTELS

Carnets d'adresses du Guide Vert – Dans ce guide, au fil des pages de description des Villes et curiosités, vous trouverez des adresses d'hôtels et de restaurants classés selon trois catégories.

La catégorie « **À bon compte** » propose des chambres dont le prix ne dépasse pas 150 fl ou 68,07 € (195 fl ou 88,5 € pour Amsterdam). Ce sont des hôtels simples mais confortables.

La catégorie « **Valeur sûre** » concerne les hôtels agréables et de charme. Le prix d'une chambre se situe entre 150 fl (68,07 €) et 350 fl (158,82 €) pour une nuit.

La catégorie « **Une petite folie** » vous indique les hôtels de luxe de confort supérieur et bien situés ; prix en conséquence.

Guide Rouge Michelin Benelux – Mis à jour chaque année, il propose un large choix d'hôtels établi après visites et enquêtes sur place.

Entre autres informations, le guide signale pour chaque établissement les éléments de confort proposés, les prix de l'année en cours, les cartes de crédit acceptées et les numéros de téléphone et de fax pour réserver.

Les symboles rouges signalent les établissements particulièrement agréables ou reposants.

Sur les cartes Michelin 908, 907 (Benelux), 210 et 211, le nom des localités souligné en rouge indique que la localité concernée offre des ressources hôtelières et/ou des restaurants sélectionnés au Guide Rouge Benelux.

Centre néerlandais de réservations – Pour réserver gratuitement une chambre, un bungalow ou un appartement. Adresse de ce centre : NRC, Postbus 404, 2260 AK Leidschendam, Pays-Bas, ☎ (070) 419 55 00, fax 70 419 55 19, www.hotelres.nl.

ANWB/VVV (syndicats d'initiative) – Aux Pays-Bas, il est toujours possible de réserver sa chambre d'hôtel du bureau d'un VVV.

SE LOGER AUTREMENT ET À BON PRIX

L'ANWB édite le guide *Goedkoop overnachten in Nederland (Se loger à bon prix aux Pays-Bas)* ; vous y trouverez des adresses (chez l'habitant, petits hôtels simples, auberges, auberges de jeunesse, châteaux où maisons flottantes) où vous payerez moins de 50 fl (22,69 €) par personne par nuit.

Auberges de jeunesse – On y accueille aussi bien les voyageurs individuels, que les familles et les groupes. S'adresser à la Centrale des Auberges de jeunesse néerlandaises (NJHC), Postbus 9191, 1006 AD Amsterdam, ☎ (020) 551 31 55, www.njhc.org.

Chez l'habitant – De nombreux VVV disposent d'adresses de particuliers proposant des chambres *(kamers)*. Il est en outre possible de réserver auprès de : Bed & Breakfast Holland, Theophile de Bockstraat 3, 1058 TV Amsterdam, ☎ (020) 615 75 27, fax 020 669 15 73 (pour réserver uniquement), www.bedandbreakfast.nl.

À la campagne – Pour les amateurs de week-ends ou de vacances à la campagne, l'organisation **Hoeve-Logies Nederland**, Postbus 73, 2390 AB Hazerswoude-dorp, ☎ (0172) 58 63 40, www.dutch-farmholidays.com, publie un guide intitulé *Natuurlijk... logeren op de boerderij (Tout naturel... les séjours à la ferme)* avec des adresses de fermes, Bed & Breakfast et locations à la campagne.

CAMPING

Sur les cartes Michelin 907, 908, 210 et 211, le symbole ö indique la présence d'un terrain de camping.

En outre une liste des terrains de camping est disponible auprès de l'Office néerlandais de tourisme et des VVV. Le **camping sauvage** est interdit aux Pays-Bas. Toutefois, un propriétaire en possession d'une autorisation de la commune peut accepter un campeur sur son terrain.

L'ANWB édite deux guides : *Campinggids Nederland* et *Kleine Campings* ; le dernier concerne les terrains de petite surface (par exemple sur le terrain d'une ferme). Vous pouvez également consulter ces deux guides sur Internet : www.anwb.nl/city/kamperen. Pour connaître les adresses des campings sur les **terrains de châteaux ou grandes propriétés**, s'adresser à Vereniging Gastvrije Nederlandse Landgoederen en Kastelen LKC, Nevenlandsehof 14, 7312 EX Apeldoorn, ☎ (055) 355 88 44, www.lkc.nl.

La **classement** néerlandais est établi en étoiles (1 à 5) pour l'équipement sanitaire et en drapeaux (1 à 5) pour les caractéristiques générales et les loisirs.

La table

Un petit déjeuner alléchant – Le petit déjeuner *(ontbijt)* aux Pays-Bas n'a rien à envier à celui d'outre-Manche : dans la plupart des hôtels, le café, le thé ou le chocolat est servi avec un œuf à la coque, de fines tranches de fromage, de jambon, parfois du salami, et toujours des **tartines** *(boterhammen)* de différentes sortes (pain de seigle, pain de mie, pain aux raisins, pain d'épice), du beurre, de la confiture.

Un déjeuner rapide – Pour le déjeuner, le Hollandais se contente bien souvent d'un repas « froid » (sans plat cuisiné) ou très léger et d'un café. C'est l'heure du sandwich qui se présente sous forme d'un petit pain moelleux ou **broodje**. On aime aussi l'**uitsmijter** qui consiste en des tranches de pain de mie beurrées, surmontées de jambon *(ham)* ou de rosbif et de deux œufs au plat, assortis d'un cornichon doux. Quant au **koffietafel**, mentionné sur bien des menus, c'est en quelque sorte un petit déjeuner pris en guise de déjeuner, avec du café *(koffie*, d'où ce nom) ou du thé.

Un dîner copieux – Le repas du soir est assez abondant. Le potage est apprécié et notamment, en hiver, la traditionnelle soupe aux pois verts, **erwtensoep**, qui doit être assez épaisse pour qu'une cuillère s'y dresse sans appui...
Les huîtres et moules de Zélande (Yerseke) sont servies dans quelques restaurants. L'anguille fumée *(gerookte paling)* et le **hareng** saur *(bokking)* ou le hareng *(haring)* mariné dans du vinaigre sont dégustés en hors-d'œuvre. Dans les rues des anciens ports du Zuiderzee, on en vend aussi sur de petits pains. Le hareng nouveau, **maatje** (ou *groene haring* ou *nieuwe haring)*, se mange en mai-juin, cru et parfumé d'oignons hachés. Lui aussi est vendu (à Amsterdam) par des marchands ambulants : on le consomme alors en le tenant par la queue. Le premier tonneau de harengs est offert chaque année à la reine qui sacrifie à la coutume.
Les asperges du Limbourg (Venlo) sont aussi très appréciées en hors-d'œuvre, en saison (mai-juin). Les champignons du Limbourg sont consommés frits ou avec des escargots. *Asperges* et *champignons* conservent leur nom français aux Pays-Bas.
Le plat de résistance – viande, volaille ou poisson – est accompagné de légumes, arrosé d'une sauce généreuse, et servi avec une salade. Les **légumes** sont variés : pommes de terre, choux-fleurs, haricots verts coupés en longues lamelles *(snijbonen)*, carottes, petits pois. Les cultures en serre permettent de servir des légumes frais toute l'année. La salade (laitue, tomate, concombre, etc.) est généralement servie avec de la mayonnaise. Comme en Grande-Bretagne, il arrive que certaines viandes soient présentées avec de la compote de pommes ou de rhubarbe.

Le poisson est un mets rare, et peu varié : au menu figure généralement la **sole** *(tong)* frite, parfois le carrelet *(schol)* ou le turbot *(tarbot)*.
Quelques plats familiaux figurent rarement au menu des restaurants : le **boerenkool**, purée de pommes de terre et de choux verts, souvent servie avec des saucisses *(worst)* ; le **hutspot**, sorte de pot-au-feu avec viande hachée (ou côte de bœuf), pommes de terre, carottes, navets et oignons *(voir Leiden)*.
Le **jambon** *(ham)* et les **saucisses** *(worsten)* de Veluwe sont réputés.

Cuisine indonésienne – Dans la plupart des villes, il est possible de satisfaire un penchant à l'exotisme en allant manger dans un restaurant indonésien, nommé souvent « Chinees-Indisch restaurant ». Le plat le plus réputé est le **rijsttafel**. C'est en fait un repas complet dont la base est

P. Hussenot/TOP

Restaurant indonésien

une assiette de riz agrémentée d'une dizaine (au minimum) de plats : viandes, poissons, légumes, fruits (bananes, ananas), relevés de sauces pimentées et parfumées, parfois sucrées, et noix de coco en poudre, à parsemer.

Le **nasi goreng** est à base de riz frit accompagné de nombreux ingrédients.

Fromages – Rarement servi à la fin des repas, le fromage est par contre l'élément principal du petit déjeuner et des repas « froids ». Crémeux lorsqu'ils sont frais (*jonge*), ils deviennent ensuite, lorsqu'ils sont mûrs (*oude*), secs et piquants : **fromage de Gouda**, cylindrique et plat, **fromage d'Edam**, en forme de boule, dont la croûte jaune se revêt à l'exportation d'une enveloppe rouge. Ce sont les deux fromages qu'on retrouve au marché d'Alkmaar. Le **fromage de Leyde** (*Leidse kaas*) renferme des grains de cumin dont la saveur en fait un bon fromage pour l'apéritif. Celui de **Frise** (*Friese kaas*) est parfumé aux clous de girofle.

Desserts – Les Hollandais sont très friands de glaces et de pâtisseries, abondamment surmontées de crème fouettée (*slagroom*).

Les **vlaaien** sont de délicieuses tartes aux fruits limbourgeoises (Weert, Venlo).

On confectionne dans tout le pays de petits beignets nommés **poffertjes**, des sablés nommés **spritsen**.

En Frise, le « **suikerbrood** » est un savoureux petit pain au sucre.

Enfin, au nombre des confiseries, figurent les **kletskoppen**, gâteaux ronds croquants aux amandes (Gouda, Leyde), les **Haagse hopjes**, caramels au café, spécialité de La Haye, et les **Zeeuwse babbelaars**, caramels durs au beurre salé, fabriqués en Zélande.

Boissons – Le **café** (*koffie*) est la boisson préférée, accompagnée de lait. Le café noir fait au percolateur est nommé *espresso*. La bière est aussi très appréciée.

L'apéritif le plus courant est le sherry (nom anglais du xérès espagnol), mais il existe des spécialités locales comme l'**advocaat**, cordial onctueux à base d'alcool et d'œufs, ou le **genièvre** (*jenever*) dont le petit verre (*borrel*) se boit surtout avant les repas.

Les liqueurs telles que le kummel, à base de cumin, l'anisette, la liqueur d'abricot et surtout le **curaçao**, à base d'alcool et d'écorces d'oranges amères, ont acquis une bonne réputation.

VOTRE CHOIX

Carnets d'adresses du Guide Vert – Au fil des pages de description des Villes et curiosités, vous trouverez des adresses de restaurants que nous avons sélectionnés pour l'originalité du décor, l'ambiance caractéristique ou les spécialités de la cuisine.

Guide Rouge Michelin Benelux – Il contient une très large sélection de restaurants, cafés et brasseries qui permettront de découvrir et de savourer les meilleures spécialités des Pays-Bas.

Le **Bib Gourmand** 🍴 en rouge vous guide vers les adresses offrant un repas soigné pour un rapport qualité-prix particulièrement attrayant.

Neerlands Dis – Les quelque soixante-quinze restaurants du Neerlands Dis, reconnaissables à leur emblème (soupière rouge, blanc et bleu), proposent les plats traditionnels des Pays-Bas.

Informations générales

TRANSPORT

Train – Pour les horaires, tarifs (forfaits journaliers et hebdomadaires, abonnements), transport de bicyclettes, offres spéciales, contacter le Service d'information des transports publics (Openbaar Vervoer Reisinformatie), ☎ 0900-9292 ou consulter le site Internet www.ns.nl (Nederlandse Spoorwegen, Société des chemins de fer néerlandais) ou www.ov9292.nl (service de renseignements sur les transports en commun).

Autobus, tramway, métro – Il vaut mieux acheter à l'avance un titre de transport appelé « strippenkaart » ou carte à coupons, utilisable pour plusieurs trajets. Ces cartes sont en vente dans les bureaux de poste, les gares et dans certains magasins le signalant sur leur porte. Pour les horaires, les trajets et les tarifs, s'adresser au ☎ 0900-9292 ou consulter le site Internet www.ov9292.nl.

Treintaxi ou taxi-train – Ces taxis prennent en charge les passagers à la gare et les amènent à destination ou inversement, moyennant un tarif fixe et relativement intéressant. Pour plus d'informations, s'adresser aux gares ferroviaires.

MONNAIE

La monnaie néerlandaise est le florin ou *gulden*. 1 florin = 100 cents. Un florin équivaut à peu près à 3 francs français, à 18,31 francs belges et à 80 centimes suisses.
Il existe des billets de 1 000, 250, 100, 50 et 25 florins, des pièces de 5, 2, 50 et 1 florins.

Banques – Les horaires des banques varient beaucoup d'une ville à l'autre et d'une agence à l'autre ; elles sont toutes ouvertes le lundi de 13 h à 16 h ou 17 h et du mardi au vendredi de 9 h à 16 h ou 17 h.
De nombreuses banques sont équipées de distributeurs automatiques. Les cartes VISA et EUROCARD/MASTERCARD sont largement acceptées, de même que celles qui sont compatibles avec le réseau CIRRUS (*voir les logos sur les distributeurs*).
Quelques adresses utiles :

American Express :	Amsteldijk 166, ☎ (020) 504 80 00 ou (020) 504 86 66.
Diners Club Card :	☎ (020) 654 55 11.
Eurocard Nederland :	Eendrachtlaan 315, Utrecht, ☎ (030) 283 55 55.
Visa Card Services :	Wisselwerking 32, Diemen, ☎ (020) 660 06 11.

Bureaux de poste – Ils sont ouverts de 8 h 30 à 17 h et de 8 h 30 à 12 h le samedi matin.

TÉLÉPHONER

De l'étranger vers les Pays-Bas – Pour téléphoner de l'étranger aux Pays-Bas, composer le 00 + 31 suivi de l'indicatif téléphonique de la ville sans le 0, puis le numéro de l'abonné.
Les indicatifs des grandes villes : Amsterdam 020, Den Haag 070, Maastricht 043, Rotterdam 010, Utrecht 030. Pour appeler des Pays-Bas en France, composer le 00 + 33 + le numéro de l'abonné.

Aux Pays-Bas – La plupart des téléphones publics fonctionnent avec des cartes (10, 25, ou 50 fl) en vente dans les bureaux de poste, les gares, les librairies, les magasins de journaux et les Offices de tourisme. Les rares téléphones publics fonctionnant avec des pièces acceptent celles de 5 fl, plus pratiques pour les longues conversations lorsque vous appelez à l'étranger. Pour téléphoner en PCV, composez le 0800 04 10 (appel gratuit). Les numéros de téléphone commençant par 0800 sont gratuits ; les 0900 appliquent un tarif particulier.

Quelques numéros utiles

Ambulance, police, pompiers	☎ 112
Informations sur la circulation	☎ 0900 88 55
Information sur les transports en commun	☎ 0900 92 92
Assistance routière (24 h sur 24)	☎ 0800 08 88
Les infos nationales	☎ 0900 80 08
Informations météorologiques (KNMI)	☎ 0900 80 03
Ticket Service (réservations pour les spectacles)	☎ 0900 300 12 50

MUSÉES

La « Museumjaarkaart » – Malgré un prix a priori assez élevé, la « Carte annuelle des musées » intéressera les amateurs de visites culturelles. Nominative, elle permet en effet d'obtenir, durant une année, gratuitement le droit d'entrée de quelque 440 musées dans l'ensemble des Pays-Bas. Une quarantaine de musées cités et décrits dans ce guide sont concernés par cette carte que l'on amortit au bout de dix entrées. Son prix est de 30 fl. (13,61 €) jusqu'à 24 ans et de 70 fl. (31,76 €) pour les adultes. Elle s'achète auprès du VVV *(se munir d'une photo d'identité)* ou auprès des musées participants.

Nederland Museumland (Hollande, pays de musées) – Ce guide remis à jour chaque année comprend une brève description de tous les musées, châteaux et parcs zoologiques des Pays-Bas ainsi que des renseignements sur les conditions de visite. Le guide est en vente dans les librairies, les grands musées et les offices de tourisme.

Musées sur Internet – Les sites suivants donnent une liste de tous les musées et expositions aux Pays-Bas :

– **www.hollandmuseums.nl** : le site des musées du Bureau de tourisme des Pays-Bas.

– **www.museumland.nl** : la version en ligne de la publication Nederland Museumland.

– **www.museumserver.nl** : liens vers tous les musées qui ont leur propre site ; aussi journal en ligne Museumkr@nt.

DIVERS

Jours fériés – Ce sont les 1er janvier, vendredi saint, dimanche et lundi de Pâques, 30 avril (Jour de la reine, fête nationale), 5 mai (Libération), jeudi de l'Ascension, dimanche et lundi de Pentecôte, 25 et 26 décembre.

Magasins – La plupart des magasins sont ouverts de 9 h à 18 h (fermeture à 17 h le samedi). Certains magasins sont fermés le lundi matin et la plupart ferment le dimanche. Dans les grandes villes et les villes moyennes, les magasins restent ouverts jusqu'à 21 h le jeudi ou le vendredi. Dans le centre d'Amsterdam et de Rotterdam, les magasins sont ouverts le dimanche de 13 h à 17 h.
Les supermarchés sont ouverts de 8 h à 20 h (le samedi jusqu'à 18 h et lors des nocturnes jusqu'à 21 h). Ils sont fermés le dimanche.

Ambassades aux Pays-Bas

France : Smidsplein 1, 2514 BT Den Haag, ☎ (070) 312 58 00.
Belgique : Lange Vijverberg 12, 2513 AC Den Haag, ☎ (070) 312 34 56.
Suisse : Lange Voorhout 42, 2514 EE Den Haag, ☎ (070) 364 28 31.
Canada : Sophialaan 7, 2514 JP Den Haag, ☎ (070) 311 16 00.

Sports et loisirs

BICYCLETTES

On compte environ 16 millions de bicyclettes aux Pays-Bas. Les routes et les rues sont donc très fréquentées par les cyclistes, en particulier aux heures de pointe.

Pistes cyclables – Le pays est remarquablement équipé en pistes cyclables (15 000 km environ), ce qui facilite la circulation, tant des automobilistes, pouvant rouler bien souvent sur des voies qui leur sont réservées, que des cyclistes. Les voies piétonnes sont généralement interdites aux cyclistes.

Signalisation – Il existe différents panneaux, dont la connaissance peut être utile à l'automobiliste comme au cycliste :
– panneau circulaire bleu avec vélo dessiné en blanc : piste obligatoire pour cyclistes et cyclomotoristes. En principe, elle double une voie pour automobilistes.
– panneau rectangulaire indiquant « **Fietspad** » : piste cyclable facultative, interdite aux cyclomoteurs.
– panneau indiquant « **Fietsers oversteken** » : passage ou traversée de cyclistes et cyclomotoristes.

Signalisation des itinéraires pour cyclistes
et des sentiers pédestres

Location – Un bureau de location de bicyclettes, *NS-Rijwielshop*, se trouve dans la plupart des grandes **gares** (près de 100 gares). Il est signalé par un panneau carré bleu et blanc. Prix : 7,50 fl. (3,4 €) par jour ou 30 fl. (13,61 €) pour une semaine.

Dans les villes, outre de nombreux magasins spécialisés dans la location, certains **ateliers de réparation** proposent des vélos à louer *(fietsverhuur)*.

Les bicyclettes sont rarement pourvues de dérailleurs. Beaucoup sont munies du système de freinage traditionnel par rétropédalage : c'est en appuyant sur les pédales dans le sens contraire à la marche qu'on arrête le mouvement de la roue arrière.

Itinéraires – L'ANWB a jalonné environ 250 itinéraires de 25 à 50 km pour bicyclettes *(fietsen)* et cyclomoteurs *(bromfietsen)* ou pour bicyclettes seules. Les circuits sont signalés soit par des pancartes rectangulaires bleues où figurent, en blanc, un panneau hexagonal et une bicyclette, soit par des panneaux blancs hexagonaux où les mentions figurent en rouge. Pour chaque itinéraire, un dépliant est disponible.

Événements – *Voir le chapitre Principales manifestations.*

NAVIGATION DE PLAISANCE, PÊCHE

Fédération néerlandaise des sports nautiques : Koninklijk Nederlands Watersport Verbond, Runnenburg 12, Postbus 87, 3980 CB Bunnik, ☎ (030) 656 65 50, fax (030) 656 47 83.

Un **dépliant sur les sports nautiques** édité annuellement et distribué dans les Offices de tourisme et les bureaux du VVV donne de nombreux renseignements sur la navigation.

Dans la région des lacs frisons

Des **cartes nautiques** sont éditées par l'ANWB ou par l'Office de l'hydrographie des Pays-Bas (Hydrografische Dienst, Badhuisweg 169-171, 2597 JN Den Haag, ☎ (070) 316 28 01). Les adresses des **écoles de voile** figurent dans une brochure disponible dans tous les bureaux de l'ANWB et à la Fédération des sports nautiques. Cette brochure donne également les adresses des écoles où l'on peut s'initier à la pratique de la **planche à voile**.

Pour obtenir l'adresse de l'association de **pêche à la ligne** la plus proche et pour connaître les restrictions et périodes de fermeture, s'adresser à l'Association des fédérations de pêche : Nederlandse Vereniging van Sportvissersfederaties, Postbus 288, 3800 AG Amersfoort, ☎ (033) 463 49 24, fax (033) 461 19 28.

SENTIERS

La **marche à pied**, bien organisée aux Pays-Bas, est l'objet de nombreux regroupements annuels, comme par exemple les Marches de Quatre Jours qui ont lieu à Apeldoorn et à Nijmegen, ou le Circuit des onze villes de Frise, au départ de Leeuwarden.

La plupart des bois appartenant à l'État sont gérés par le **Staatsbosbeheer** dont l'emblème, portant les lettres SBB, est facilement reconnaissable. Aménagés pour les touristes, ils sont généralement équipés de pistes cyclables, de terrains de pique-nique et de sentiers. Des **circuits pédestres** sont proposés, avec, au point de départ, un panneau indiquant la couleur de leur balisage et le temps nécessaire pour le parcours.

AUTRES SPORTS

Les terrains de golf et de vol à voile ainsi que les hippodromes figurent sur les cartes Michelin 210, 211 et 212. Sur les agrandissements de la carte Michelin 908 qui concernent les régions d'Amsterdam et de Rotterdam sont mentionnés de nombreux aménagements sportifs et touristiques : golfs, stades, piscines, baignades, ports de plaisance, pistes cyclables, réserves naturelles, zones de promenade.

Fédération néerlandaise de Golf (Nederlandse Golf Federatie) : Rijnzathe 8, 3454 PV De Meern, ☎ (030) 662 18 88.

PARCS D'ATTRACTIONS ET PARCS À THÈME

Comme les autres pays européens, les Pays-Bas ont créé de nombreux parcs d'attractions ou à thèmes.

L'encadré ci-dessous vous donne les noms d'un certain nombre d'entre eux ; tous ne sont pas décrits dans ce guide.

PARCS ANIMALIERS

Nom	Caractéristiques	Lieu
Apenheul/Berg en Bos	Parc à singes	Apeldoorn
Artis	Zoo	Amsterdam
Aqualutra	Parc à loutres	Leeuwarden
Avifauna	Parc ornithologique	Alphen aan den Rijn
Beekse Bergen	Safariparc	Hilvarenbeek
Blijdorp	Zoo	Rotterdam
Burgers' Zoo, Bush, Desert en Safari	Zoo	Arnhem
Dolfinarium	Animaux marins	Harderwijk
Sealife Scheveningen	Aquarium marin	Scheveningen

PARCS D'ATTRACTIONS

Nom	Caractéristiques	Lieu
Archeon	Archéologie	Alphen aan den Rijn
Autotron	Voiture	Rosmalen
Duinrell	Attractions	Wassenaar
De Efteling	Attractions/ contes de fées	Kaatsheuvel
Hellendoorn	Aventures	Hellendoorn
Land van Ooit	Contes de fées	Drunen
Madurodam	Ville miniature	Den Haag/Scheveningen
Six Flags Holland	Attractions	Biddinghuizen

SORTIR

Cinéma, ballets, cabaret, théâtre, concerts et opéra constituent les sorties préférées des Néerlandais. Amsterdam notamment possède de célèbres troupes de ballet, une compagnie d'opéra et un orchestre remarquable. En été, de très nombreux festivals variés sont organisés *(voir le chapitre des Principales manifestations et les carnets d'adresses).*

La plupart des Offices de tourisme vendent des billets pour les grands événements. On peut également réserver des places pour les grandes manifestations musicales ou sportives auprès du **Ticketlijn**, ☎ (0900) 300 12 50.

Les **films** étrangers sont projetés en version originale avec sous-titres en néerlandais. On peut trouver des **casinos** à Scheveningen, Zandvoort, Rotterdam, Breda, Amsterdam, Groningen, Nijmegen et Valkenburg.

X. Richer/HOA QUI

Lexique

Le néerlandais *(voir aussi Langues et littérature)* s'apparente à l'anglais et à l'allemand (jour : dag ; en anglais : day ; en allemand : Tag). Il est dépourvu de déclinaisons, comme l'anglais. On y trouve, comme en allemand, des participes précédant le verbe, le rejet du verbe à la fin de la subordonnée, les verbes à particules séparables, les inversions du sujet et du verbe, la numérotation particulière (zes-en-twintig : 6 et 20, c'est à dire : 26).

Voici quelques particularités de prononciation :

ch = r très dur	recht – jacht (chasse) – Utrecht – Maastricht
ee = é	meer – zee – Aalsmeer – Oosterbeek – Waddenzee
ei = eil	reis (voyage) – eiland – Leiden – Eindhoven
g = r dur	berg – groot – gracht – Bergen
g (dans ng) = gu	singel – lang (long) – Groningen
ie = i	vier (quatre) – fiets – Friesland – Tiel – Brielle
ij = eil	abdij – dijk – IJsselmeer – Nijmegen
j = ye	jaar (année) – meisje (jeune fille) – jenever (genièvre) – Joure
oe = ou	boek (livre) – toerist (touriste) – boerderij – Roermond
ou = ao	oud – oudheidskamer – Gouda
sch = sr (dur)	schaap (mouton) – Scheveningen – Schoonhoven – Terschelling
sch (fin de mot) = s	toeristisch (touristique) – 's-Hertogenbosch
ui, uy = œil	huis – sluis – zuid – duin – Afsluitdijk – Muiden – Enkhuizen

Les termes rencontrés sur la route et en ville sont indiqués en bleu. Pour les termes employés à l'hôtel et au restaurant, voir le lexique du Guide Rouge Benelux.

abdij	abbaye
alstublieft	je vous en prie ; tenez ; s'il vous plaît
begraafplaats	cimetière
berg	montagne, colline
betaald parkeren	parking payant
bezienswaardigheid	curiosité
bezoek	visite
boerderij	ferme
boot	bateau
brug	pont
dam	barrage
dank u	merci
dierenpark	parc zoologique
dijk	digue
doorgaand verkeer	voie de traversée ; toutes directions
eiland	île
fiets	bicyclette
fietsers oversteken	traversée de cyclistes
fietspad	piste cyclable
gasthuis	hospice, ancien hôpital
gemeentehuis	hôtel de ville, mairie
gemeentelijk	municipal
gracht	canal (en ville)
groot, grote	grand
gulden	florin
haven	port
heilige	saint
heuvel	colline
hoeveel ?	combien ?
hof	cour, palais
hofje	hospice
huis	maison
ingang ; toegang	entrée
jachthaven	port de plaisance
kaai, kade	quai
kaas	fromage

kasteel	château
kerk	église
kerkhof	cimetière (près de l'église)
kerkschat	trésor
klooster	couvent
koninklijk	royal
let op !	attention !
links	gauche
markt	marché, grand-place
meer	lac
mevrouw, mijnheer	madame, monsieur
molen	moulin
museum	musée
natuurreservaat	réserve naturelle
nieuw	nouveau
noord	Nord
Onze Lieve Vrouwe	Notre-Dame
oost	Est
open	ouvert
opengesteld	ouvert, accessible
orgel	orgue
oud	vieux
oudheidkamer	musée d'antiquités
paleis	palais, château
plas	étang
plein	place
poort	porte (de ville)
raadhuis	mairie ; hôtel de ville
rechts	droite
rederij	compagnie maritime
Rijks-	de l'État
rondvaart	promenade en bateau
scheepvaart	navigation
parkeerschijf verplicht	disque obligatoire

29

schilderij	peinture, tableau
schouwburg	théâtre
singel	canal de ceinture
slot	château, forteresse
sluis	écluse
stad	ville
stadhuis	hôtel de ville
state	château (en Frise)
stedelijk	municipal
straat	rue
tegel	carreau de faïence
tentoonstelling	exposition
tuin	jardin
uitgang	sortie

veer	bac
verboden	interdit
vest	rempart
vismarkt	marché aux poissons
vogel	oiseau
vuurtoren	phare
waag	poids public
wal	rempart
wandeling	promenade à pied
weg	chemin, route
west	Ouest
zee	mer
zuid	Sud

LES VILLES

's-Gravenhage	La Haye
Groningen	Groningue
Den Haag	La Haye
's-Hertogenbosch	Bois-le-Duc

Leiden	Leyde
Nijmegen	Nimègue
Valkenburg	Fauquemont
Vlissingen	Flessingue

LES PROVINCES

Fryslân	Frise
Gelderland	Gueldre
Groningen	Groningue
Limburg	Limbourg
Noord-Brabant	Brabant-Septentrional

Noord-Holland	Hollande-Septentrionale
Zeeland	Zélande
Zuid-Holland	Hollande-Méridionale

Quelques livres

Les Pays-Bas, par M. BRAURE (*P.U.F., coll. Nous partons pour*).

Géographie des pays du Benelux, par R. SEVRIN (*P.U.F., coll. Que sais-je ?*).

L'Économie des pays du Benelux, par F.J. GAY (*P.U.F., coll. Que sais-je ?*).

Le Guide des maisons d'hôtes de caractère en Hollande, par H. VAN BEEK, N. VAN DE POLL (*Octogone, Bruxelles*).

Histoire, Art

Histoire des Pays-Bas, par C. DE VOOGD (*Hatier*).

Amsterdam au temps de Spinoza, par H. MECHOULAN (*P.U.F.*).

L'Embarras de richesses : la culture hollandaise au Siècle d'Or, par S. SCHAMA (*Gallimard*).

Guillaume le Taciturne, par B. QUILLIET (*Fayard*).

Antoni van Leeuwenhoek, par Ph. BOUTIBONNES (*Belin*).

Pays-Bas roman (*Zodiaque*).

L'Atelier de Rembrandt, par S. ALPERS (*Gallimard*).

Collection Les Classiques de L'Art (*Flammarion*) : Jérôme Bosch, Mondrian, Rembrandt, Vermeer de Delft.

Collection Les ABCdaires (*Flammarion*) : Van Gogh, Vermeer.

Littérature

Le Pays d'origine, par L. DU PERRON (*Gallimard*).

Homme de l'eau, par A. VAN SCHENDEL (*Gallimard*).

Les Seigneurs du thé, par H. HAASSE (*Seuil*).

En la forêt de longue attente, par H. HAASSE (*Seuil, coll. Points Roman*).

L'Attentat, par H. MULISCH (*Actes Sud*).

Philippe et les autres, par C. NOOTEBOOM (*Seuil*).

Chant de l'être et du paraître, par C. NOOTEBOOM (*Actes Sud*).

Le Jardin de cuivre, par S. VESTDIJK (*Phébus*).

La Faim de Hoffman, L. DE WINTER (*Seuil*).

Philosophie

Érasme, par S. ZWEIG (*LGF, coll. Le Livre de Poche*).

Spinoza, par R. MISRAHI (*Jacques Grancher, coll. Ouverture*).

L'Éthique, par SPINOZA (*Gallimard, coll. Folio/Essais*).

Autres

Collection Les ABCdaires (*Flammarion*) : Les tulipes

La Hollande à Paris

Ambassade – 7-9, rue Eblé, 75007 Paris, ☎ 01 40 62 33 00.

KLM (Lignes Aériennes Royales Néerlandaises) – 16, rue Chauveau-Lagarde, 75008 Paris, ☎ 01 44 56 18 18, minitel : 3615 KLM.

Institut Néerlandais – 121, rue de Lille, 75007 Paris, ☎ 01 53 59 12 40. L'Institut Néerlandais promeut la culture néerlandaise en France ; il organise des expositions, des concerts, des projections de films, des rencontres littéraires et scientifiques et des cours de néerlandais. L'accès à la bibliothèque, spécialisée en histoire de l'art des Pays-Bas, est libre ; il existe en outre un service de prêt pour la littérature contemporaine.

Principales manifestations

Parmi de très nombreuses manifestations, nous citons les plus importantes. D'autres figurent au texte des localités et dans les carnets d'adresses. Les Offices de tourisme diffusent un dépliant annuel où figure une liste plus complète.

Janvier – février
Rotterdam .... Festival international de Cinéma

En février ou mars (pendant le Carême)
Breda .... Carnaval★
Bergen op Zoom .... Carnaval
Eindhoven .... Carnaval
Venlo .... Carnaval
's-Hertogenbosch .... Carnaval
Maastricht .... Carnaval★
Sittard .... Carnaval

En mars
Maastricht .... The European Fine Art Fair★★ ☎ (073) 614 51 65

1er avril
Brielle .... Fête historique

Dernier samedi d'avril
Noordwijk-Haarlem .... Grand corso fleuri

Corso fleuri

De mi-avril à mi-septembre
Alkmaar .... Marché au fromage★★

De mai à fin septembre, le dimanche
Tegelen .... Représentation de la Passion *(2005, tous les cinq ans)*

Fin mai
Breda .... Festival de jazz

Le samedi précédant la Pentecôte
Exloo .... Fête des bergers

Utrecht .... Festival des véhicules à vapeur

Scheveningen .... Concours de châteaux de sable

Amsterdam .... **Holland Festival**★ (concerts, opéras, ballets, théâtre). Renseignements : ☎ (020) 530 71 10, ou aux grandes agences à l'étranger

Den Haag .... Pasar Malam Besar (foire indonésienne)

Terschelling .... Oerolfestival (représentations, concerts)

Tilburg .... Festival Mundial

Schagen .... Marché de Frise-Occidentale

Den Helder .... Journées nationales de la marine

Haarlem .... Festival international d'orgue *(les années paires seulement)*, ☎ (023) 516 05 74

Kerkrade .... Concours mondial de musique *(2005, tous les quatre ans)*

Leiden .... Leidse Lakenfeesten (marché aux draps, musique, foire)

Nijmegen .... Internationale Wandelvierdaagse (événement annuel de marche)

Rotterdam .... Carnaval d'été

Tilburg .... Kermesse

Den Haag .... North Sea Jazz Festival (renseignements : ☎ 015 214 89 00)

Exloo .... Festival d'artisanat ancien

Lacs frisons .... Régates ou skûtsjesilen

Edam .... Marché au fromage

Kinderdijk .... Journées des moulins

Sneek .... Régates de la Grande Semaine de Sneek

Rijnsburg 908 E 5 *(1)* – Grand corso fleuri
Noordwijk ....

Yerseke .... Journée de la moule

Maastricht .... Preuvenemint (festival culinaire)
Harlingen .... Journées de la pêche

Breda .... Nationale Taptoe (musique militaire)
Utrecht .... **Holland Festival de musique ancienne**★ ☎ (030) 236 22 36

---

(1) Pour les localités non citées dans le guide, nous renvoyons à la carte Michelin 908.

Le Jour de la Reine

1er samedi de septembre
Aalsmeer .... Corso fleuri

1er dimanche de septembre
Zundert 908 E 7 *(1)* .... Corso fleuri

Début septembre
Rotterdam .... Journées mondiales du port

2e samedi de septembre
Tiel .... Corso de la cueillette de fruits

3e mardi de septembre
Den Haag .... Défilé du carrosse d'or

4e mercredi de septembre
Odoorn .... Marché d'ovins

Fin septembre
Utrecht .... Journées néerlandaises du cinéma

3 octobre (lundi suivant si le 3 est un dimanche)
Leiden .... Leidens Ontzet (défilé historique)

1er mercredi d'octobre
Leeuwarden .... Concours de taureaux

3e samedi avant le 5 décembre
Amsterdam .... Entrée officielle de saint Nicolas : Prins Hendrikkade

Du 1er dimanche d'Avent au 6 janvier
Denekamp, Ootmarsum ..... Sonnerie des Midwinterhorens (trompes d'hiver)

Pour les localités non citées dans le guide, nous renvoyons à la carte Michelin 908.

---

(1) Pour les localités non citées dans le guide, nous renvoyons à la carte Michelin 908.

Événements nationaux

Journées portes ouvertes des musées   3e week-end d'avril
Jour de la Reine   30 avril
Journée cycliste nationale   2e samedi de mai
Journée des moulins   2e samedi de mai
Journées portes ouvertes des monuments   2e week-end de septembre

Manifestations sportives

Courses de motos – À Assen a lieu le dernier week-end de juin le Grand Prix de Hollande motocycliste.
Le cross-country pour moto connaît une grande vogue et l'on peut aussi assister à des courses sur glace dans des patinoires artificielles.

Randonnées à bicyclette – La Journée cycliste nationale a lieu chaque année le deuxième samedi de mai. Le Circuit à bicyclette des onze villes de Frise, au départ de Bolsward, est organisé le lundi de Pentecôte, les Quatre Jours de Nimègue (Fietsvierdaagse) début août et les Quatre Jours de la Drenthe mi-juillet.

Calendrier nautique – Partout dans le pays se déroulent l'été différentes manifestations nautiques. Les plus spectaculaires sont les **skûtsjesilen**, régates de skûtsjes sur les lacs frisons.
Parmi les autres festivités, citons la semaine du Delta (Zierikzee) début juillet et la Grande Semaine de Sneek début août.

Régates de skûtsjes sur les lacs frisons

Marche à pied – Les Marches de Quatre Jours ont lieu à Apeldoorn (mi-juillet) et à Nimègue (3e ou 4e semaine de juillet). Le Circuit des onze villes de Frise est organisé au départ de Leeuwarden et dure 5 jours (entre mi-mai et début juin). Les Marches de Six Jours (Strandzesdaagse) sur la plage entre Hoek van Holland et Den Helder sont organisées en juillet.

Sports traditionnels – De mi-mai à fin août ont lieu dans le Limburg des **défilés de tireurs**. Ceux qui aiment les jeux de balle peuvent assister à des matchs de « **kaatsen** » de début mai à mi-septembre dans les villages frisons (rencontres importantes en août). Le championnat annuel de **saut à la perche** est organisé tous les ans en août à Winsum, à 10 km au Sud-Ouest de Leeuwarden.

Autres – L'**Amstel Gold Race** (mars-avril) est une course cycliste internationale, dont Maastricht est le point de départ et d'arrivée. Le **Rotterdam Marathon** se court en mars-avril dans le centre de la ville.

Les îles des Wadden

Introduction

Physionomie du pays

Le territoire des Pays-Bas (Nederland), comprenant d'immenses plans d'eau tels que l'IJsselmeer et le Waddenzee, s'étend sur 41 863 km² dont 33 937 de terres émergées. La plus grande distance d'une extrémité à l'autre du pays est de 310 km : de l'île de Rottum, au Nord de la province de Groningue, au Sud du Limbourg.

Le pays est habité par 15 863 950 Néerlandais (1.1.2000). La densité, de 465 habitants au km², est une des plus fortes densités nationales du monde (France : 107 habitants au km²). La répartition de la population est inégale : les provinces les plus peuplées sont celle de Hollande-Septentrionale et celle de Hollande-Méridionale. Dans ces provinces et dans celle d'Utrecht s'étend la **Randstad Holland**, vaste conurbation comprenant les quatre villes principales du pays, Amsterdam, Rotterdam, La Haye et Utrecht.

L'agriculture pratiquée aux Pays-Bas est une agriculture intensive dont les rendements figurent parmi les meilleurs du monde. Avec l'élevage, activité favorisée par des terres fertiles et une irrigation poussée, l'agriculture ne représente cependant qu'une part faible du revenu national. L'industrie, notamment avec les industries chimiques, la métallurgie et les industries alimentaires, s'est surtout implantée dans la Randstad Holland, la Twente, le Brabant-Septentrional et le Limbourg. Elle a souvent recours à des matières importées ; par contre, l'exportation des produits transformés est une des principales sources de revenu. Pour ce pays, dont la situation géographique est particulièrement favorable, le commerce, essentiellement orienté vers le transit entre l'Europe et l'outre-mer, est une activité importante.

Hollande et Pays-Bas – L'usage a consacré en français le nom de Hollande pour désigner l'ensemble des Pays-Bas. En effet, cette ancienne province – séparée depuis 1840 en Hollande-Septentrionale et Hollande-Méridionale – supplanta au 17ᵉ s., grâce à sa prospérité économique et à son rôle politique prédominant, les autres régions de la république des Provinces-Unies. Napoléon Iᵉʳ entérina la primauté de la Hollande en créant en 1810 l'éphémère royaume de Hollande. En fait, dès la fin du Moyen Âge, on appelait **Lage Landen** ou **Nederlanden** (Pays-Bas) les plaines s'étendant de la Frise à la Flandre. En 1581 naissaient les Verenigde Provinciën der Nederlanden (Provinces-Unies des Pays-Bas). En 1815, c'est encore ce terme qui prévaut lorsque Guillaume Iᵉʳ prend la tête du royaume comprenant une partie de la Belgique. Le nom est resté inchangé – Nederland – malgré la sécession de la Belgique en 1830, et la reine Beatrix porte le titre de « Koningin der Nederlanden » (reine des Pays-Bas).

Depuis le 1ᵉʳ janvier 1986, le pays compte une nouvelle province : le Flevoland, comprenant les deux polders de ce nom, ainsi que celui du Nord-Est et l'ancienne île d'Urk. Les Pays-Bas forment, avec Aruba et les Antilles néerlandaises *(voir Introduction, Histoire)*, le royaume des Pays-Bas.

Le climat – Le ciel nuageux à travers lequel filtrent de timides rayons de soleil, les horizons brumeux, dont les peintures du 17ᵉ s. ont su traduire la beauté sont quelques-uns des traits du paysage.

Le climat, océanique, est humide et frais. Il tombe 750 mm de pluie en moyenne par an, répartis sur plus de 200 jours. La température est assez fraîche en été sans être très rigoureuse en hiver. Les hivers sont plus doux qu'autrefois et les scènes de patinage qui rassemblent sur les tableaux d'Avercamp (17ᵉ s.) toute la population d'un village et, à Den Helder, en 1795, la prise, par les hussards de Pichegru, de la flotte hollandaise bloquée par les glaces témoignent d'un climat bien différent. Le vent, qui vient de l'Ouest, est souvent fort, et c'est pour s'en protéger que les fermes s'entourent de rideaux de peupliers.

UN « PAYS BAS »

Le pays porte bien son nom ; *land* = pays, *neder* = bas). Près du tiers de sa superficie totale, résultat d'une opiniâtre lutte contre les eaux, se trouve au-dessous du niveau de la mer : sans la protection des digues et des dunes au moment des plus fortes marées ou des crues des rivières, plus de la moitié du pays se retrouverait sous l'eau. Le point le plus bas du pays atteint – 6,50 m à Alexanderpolder, près de Rotterdam. Cependant, il faut noter une différence très nette entre l'Ouest et l'Est. La moitié Ouest du pays est une plaine située au-dessous de 5 m d'altitude. C'est la partie la plus peuplée. Par contre, à l'Est, les collines de la Veluwe atteignent 100 m d'altitude (106 m au Zijpenberg près d'Arnhem), et le point culminant du pays, **Drielandenpunt**, à la jonction des frontières allemande et belge, s'élève à 321 m.

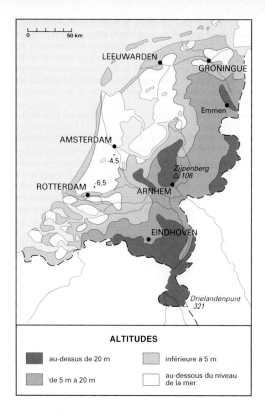

ALTITUDES

- au-dessus de 20 m
- de 5 m à 20 m
- inférieure à 5 m
- au-dessous du niveau de la mer

Les Pays-Bas représentent une zone déprimée de l'écorce terrestre qui a été comblée par des alluvions du Rhin et de la Meuse, par les moraines de grands glaciers scandinaves, par le sable transporté par le vent à l'époque quaternaire.
Le niveau de la mer aux Pays-Bas est appelé N.A.P. (Normaal Amsterdams Peil).

Le pays des eaux – Les terres émergées ne représentent que les 5/6 du pays.
En effet, une partie du pays est couverte par de grands fleuves dont les estuaires forment un immense delta *(voir ce nom)*. Par ailleurs, l'IJsselmeer, grand lac d'eau douce qui a remplacé le Zuiderzee, couvre à lui seul 120 000 ha, et les étangs, petits lacs, canaux et ruisseaux abondent, surtout en Frise (dont le drapeau porte des feuilles de nénuphar). Le pourcentage de terres émergées varie suivant les régions. Il s'accentue fortement d'Ouest en Est, car il est lié avec l'altitude. En effet, sur les parties relativement hautes, à l'Est du pays, les eaux ne séjournent pas ; elles ont par contre tendance à s'accumuler dans les plaines et surtout dans les polders.

SOL ET PAYSAGES

Le sol se présentant, dans son ensemble, en dehors de quelques régions de collines, comme une immense plaine et se composant de matériaux assez peu variés, les paysages naturels ne sont pas d'une grande diversité.
Par ailleurs, les terres de polder *(voir La lutte contre les eaux)*, marquées, elles, par l'intervention déterminante de l'homme, peuvent paraître aussi assez monotones. Cependant, elles contribuent à donner au pays son originalité et constituent, par leur lumière, par leurs couleurs, par leur atmosphère paisible, un univers qui n'est pas exempt de poésie.

De vastes zones sablonneuses – Le **sable** occupe 43 % du sol. Il s'étend principalement au Sud et à l'Est du pays, notamment dans trois régions : la **Campine** (Kempen), zone qui prolonge la Campine belge, la **Veluwe**, le Nord de l'Overijssel et la Drenthe. Des landes de bruyères, de genêts, d'ajoncs, ainsi que des forêts (environs de Breda, pinèdes de la Veluwe) couvrent les étendues non défrichées. Les collines de l'Utrechtse Heuvelrug *(voir Amersfoort)* ou de la Veluwe, composées de cailloux ou de blocs erratiques, sont les **moraines** de glaciers scandinaves qui recouvraient le Nord du pays au quaternaire. Elles ont détourné vers l'Ouest le cours des grands fleuves (Meuse, Rhin). Il subsiste çà et là quelques **marécages** (Peel, Biesbosch) ou des lacs, très nombreux dans le Sud de la Frise *(voir Sneek)*. Ils n'ont pas été asséchés et transformés en polders en raison de leur fond sablonneux, peu fertile.

Des dunes – Sur les côtes, le sable a formé des cordons littoraux. Les **dunes** côtières sont d'une importance capitale : elles protègent les plaines contre les hautes marées. Elles sont l'objet d'une attentive surveillance de l'État. Des oyats y ont été plantés pour les stabiliser. Dans certains secteurs, pour éviter d'endommager la végétation protectrice et empêcher l'érosion, leur accès est interdit au public. Lorsque le cordon de dunes est insuffisant, il est doublé par des digues. Par ailleurs, les dunes jouent le rôle de château d'eau en absorbant les eaux de pluie qui alimentent les nappes phréatiques.

En contrebas des dunes ou des digues s'étendent les vastes plages des stations balnéaires.

Les îles des Wadden (voir Waddeneilanden) constituent en fait un cordon littoral particulièrement important.

Des terres d'alluvions – Les **argiles marines** couvrent 28 % du sol, dans le Delta, dans les golfes marins qui subsistent ou dans ceux qui ont été repris à la mer, tels le Lauwerszee, le Middelzee (qui arrosait Leeuwarden), en partie transformés en polders. Les **argiles fluviatiles** (10 % du sol) s'étendent dans la région des fleuves au centre du pays, ainsi que dans la vallée de la Meuse, au Sud de Venlo.

Des tourbières – Il existe aux Pays-Bas deux sortes de tourbières. Dans les lagunes, des tourbières se sont créées sur un fond d'argile marine. La tourbe, utilisée comme combustible, a été exploitée : il s'est alors formé des lacs qui, par la suite, ont été asséchés. Dans le « haut pays », la tourbe s'est développée dans les zones marécageuses. Elle a aussi été exploitée, puis le sol a été consacré à l'agriculture : c'est ce qu'on appelle les « colonies de tourbière » (veenkoloniën). Elles sont très courantes dans la province de Groningue et dans la Drenthe.

Un plateau calcaire – Le Sud du Limbourg constitue une exception aussi bien dans la géologie que dans le paysage des Pays-Bas. Son sol calcaire est le même que celui de la Hesbaye en Belgique tandis qu'à l'extrême Sud apparaissent quelques rochers, derniers affleurements du massif ancien ardennais belge. Le gisement houiller limbourgeois, désaffecté, prolonge celui de la Campine belge.

LA LUTTE CONTRE LES EAUX

L'histoire du pays raconte la lutte continuelle de l'homme contre les éléments, contre les crues des fleuves, contre la mer et ses tempêtes. C'est vers le 5e s. avant J.-C. que se forment les premières dunes, au Sud d'Haarlem. La ligne de dunes allant de l'Escaut à l'Eems apparaît vers l'an 1000 après J.-C. Rompu en divers points par les tempêtes, ce cordon littoral constitua les îles des Wadden (voir Waddeneilanden), tandis que la mer envahissait les tourbières basses qui devinrent le **Waddenzee**.

Premières étapes : les tertres et les digues – Premiers occupants des régions côtières dès 500 avant J.-C., les **Frisons** furent les précurseurs de la lutte contre la mer. Pour se protéger des hautes eaux, ils construisirent des **tertres**. Ils édifièrent aussi les premières digues, à partir de l'an 1200. À l'intérieur des digues, entre Leeuwarden

---

La création d'un polder et l'assèchement d'un lac

Un polder est un territoire conquis sur la mer, sur un lac ou un sol marécageux. Il est entouré de digues et son niveau d'eau est réglé artificiellement par pompage. Depuis l'origine jusqu'à nos jours, la création des polders est soumise aux mêmes étapes, en dépit de l'évolution des techniques (par exemple : les pompes à vapeur, puis à moteur diesel ou électrique ont remplacé les moulins). Dans les tourbières, le long des rivières et le long de la côte, on trouve des polders simples, ceinturés d'une seule digue. Leurs eaux excédentaires sont directement rejetées dans la mer ou dans la rivière. Lorsque le polder s'étend au-dessus du niveau de la mer, il suffit à marée basse d'ouvrir les écluses pour que l'eau soit évacuée dans les canaux de dérivation puis dans la mer. Sinon, le pompage est nécessaire.

Pour assécher un lac, on crée un type de polder plus complexe. Autour du lac est construite une digue dite de ceinture. Celle-ci est entourée d'un canal que bordent les digues de ceinture des polders voisins. Le polder est sillonné de petits canaux reliés entre eux par des canaux collecteurs. Dès que le niveau d'eau souhaité est dépassé, la pompe (jadis le moulin) refoule l'eau des canaux collecteurs vers le canal périphérique et tout un réseau de lacs ou de canaux, servant de réservoir temporaire. L'eau est ensuite déversée dans les rivières et dans la mer soit naturellement, soit par pompage. Autrefois, lorsque le lac à assécher était profond, il fallait installer plusieurs moulins en chaîne pour refouler l'eau à l'extérieur du polder ; les moulins de Kinderdijk sont un bel exemple de cette technique.

LA LUTTE CONTRE LES EAUX

| ■ Polders du 14e au 18e siècle | ▨ Polders du 19e s. à nos jours | ∿∿ Digues : côtes et rivières |

et Sneek, ils asséchèrent quelques parcelles de terrain. Le 13e s. vit 35 grandes inondations, créant au Nord le Dollard, le **Lauwerszee**, et au centre, en 1287, le **Zuiderzee**, actuel IJsselmeer, et réunissant en grandes unités des lacs et des tourbières, comme dans le lac de Haarlem ou dans les lacs frisons.

Grâce aux moulins à vent : les premiers polders – À partir du 14e s., les marécages furent assainis, les lacs asséchés, à l'aide de **moulins à vent** *(voir Traditions et folklore)*. Au 15e s., en Zélande, où les fleuves avaient découpé des îles et des presqu'îles, les rives s'éboulant à marée basse et le manque de moyens de protection aboutirent à la catastrophe de la **Sainte-Élisabeth** en 1421. Cela détermina l'accroissement des moulins à vent dans les plaines menacées. Ainsi, en Hollande-Septentrionale, de petits **polders** apparurent, à Schagen, en 1456, à Alkmaar, en 1564. **Andries Vierlingh** (1507-1579) fit preuve d'une grande compétence dans l'édification des digues des régions côtières.

17e s. : une succession de polders – Au 17e s., un nom s'attache à l'œuvre d'assèchement des pays de l'intérieur, celui de **Jan Adriaensz. Leeghwater** *(voir Alkmaar, Environs)* dont le nom signifie « vide d'eau ». Sous sa direction et avec l'aide de 40 moulins furent menés à bien les travaux de récupération du lac de **Beemster**, au Nord d'Amsterdam (1612). (Depuis 1999, le polder de Beemster est inscrit sur la liste du patrimoine mondial de l'Unesco). Ce succès encouragea les Hollandais à poursuivre leur œuvre. Ils créèrent les polders de **Purmer** en 1622 et de **Wormer** en 1626.

Dès 1631, Alkmaar entreprit l'assèchement du lac de **Schermer** sur les plans de Leeghwater, à l'aide de 50 moulins. Il fut terminé en 1635. Leeghwater projeta aussi l'assèchement du lac de Haarlem, opération qui ne fut menée à bien qu'au 19e s.

En 1667, Henri Stevin proposa d'assécher le Zuiderzee afin d'« expulser la violence et le poison de la mer du Nord ». Le projet n'aboutit qu'au 20e s.

Au 18e s. se créent des communautés autonomes d'intérêt hydraulique ou **water-schappen**, ayant à leur charge l'entretien et la construction des digues, canaux et écluses. Complétées depuis 1798 par le **Waterstaat**, ministère de l'Eau et des Ponts et Chaussées, elles subsistent de nos jours.

Peu avant 1800, on commence à utiliser pour le pompage la machine à vapeur. Elle a l'avantage de pouvoir refouler l'eau par-dessus de hautes digues, remplaçant donc plusieurs moulins en chaîne, et de ne pas être tributaire du vent.

NOORDZEE   DUNES   CHAMPS DE FLEURS   CANAL DE CEINTURE   DIGUE

Les grands travaux du 19ᵉ et du 20ᵉ s. – La période la plus spectaculaire de la reconquête des eaux commença en 1848 avec l'assèchement du lac de Haarlem (**Haarlemmermeer**) achevé en 1852, grâce à trois énormes stations de pompage dont celle de Cruquius, maintenant aménagée en musée *(voir Haarlem, Environs)*. Puis, peu après les graves inondations de 1916, ce fut le tour du Zuiderzee lui-même, transformé en lac, l'**IJsselmeer**, par la construction de la grande digue nommée **Afsluitdijk**, achevée en 1932. Plusieurs polders ont été créés progressivement sur le pourtour de ce lac.

Il faut citer, en outre, d'autres polders, reconquis aux 19ᵉ et 20ᵉ s. : le Prins Alexanderpolder (1872) près de Rotterdam, le polder du Lauwersmeer.

La plus récente catastrophe fut celle de la nuit du 31 janvier 1953, due à un vent violent soufflant vers les terres par une très haute marée ; elle fit 1 865 morts et dévasta 260 000 ha de terres. Aussi, à la suite de ce désastre, les ingénieurs, encouragés par la réussite de la fermeture du Zuiderzee, cherchèrent à protéger les îles de Hollande-Méridionale et de Zélande : le **Plan Delta** *(voir Delta)*, commencé en 1954, fut achevé en 1998 avec la construction du barrage antitempête dans le Nieuwe Waterweg.

Le niveau d'eau des canaux qui sillonnent les polders est constamment contrôlé et réglé. Il en est de même pour la plupart des cours d'eau du pays que digues et écluses ont transformés en véritables canaux. Du 13ᵉ s. à nos jours, environ 7 050 km² de terres ont été enlevés à la mer, dont 4 000 km² grâce à des digues côtières, 1 650 km² par la création de l'IJsselmeer et 1 400 km² par divers moyens. En 1993, plusieurs villes situées au bord de l'IJsselmeer ont exprimé leur souhait d'agrandissement par le moyen de la création de polders. Le gouvernement devra décider si de tels travaux sont compatibles avec les mesures prises en matière de protection du milieu ; en outre, l'IJsselmeer est une importante source d'eau douce pour le pays.

LA PROTECTION DE LA NATURE

Dans ce pays de grande densité de population, de forte activité industrielle, certains groupements jouent un rôle très actif dans la sauvegarde de la nature. C'est le cas de l'Association pour la Conservation de la Nature, Vereniging tot Behoud van Natuurmonumenten, importante organisation privée qui se charge d'acquérir des terrains et de les entretenir. Elle en possède plus de 300 et les sites qu'elle gère ou possède couvrent une surface de 78 000 ha. Bois ou landes, dunes ou marais, ils présentent des paysages d'une grande variété. Ils sont signalés **Natuurmonumenten** et leur accès, généralement autorisé, est soumis à une réglementation très stricte. Quant aux bois appartenant à l'État, ils sont gérés par le Staatsbosbeheer, sorte d'Office des Forêts, et souvent aménagés pour les loisirs. La Hollande compte également 84 Staatsnatuurmonumenten et 13 parcs nationaux. *Voir aussi le chapitre des Renseignements pratiques en début de volume.*

Les oiseaux

Les Pays-Bas sont, grâce à leurs innombrables étangs et marécages, à leurs immenses côtes bordées de dunes, une terre d'élection de nombreuses espèces d'oiseaux migrateurs ou sédentaires *(illustrations, voir Waddeneilanden)*. Le **vanneau huppé**, petit oiseau rond, couvert d'un plumage un peu mordoré, peuple les prairies,

Le **N.A.P.** (Normaal Amsterdams Peil) est le "niveau normal d'Amsterdam". Établie au 17ᵉ s., cette référence sert à calculer le niveau zéro de la mer, aux Pays-Bas et en Europe.

STATION DE POMPAGE

PETIT CANAL

POLDER

DIGUE DE CEINTURE

surtout en Frise. Il est un peu considéré comme l'oiseau national. Sur les côtes, la **sterne**, le **goéland** et la **mouette** sont légion, surtout la mouette rieuse qui va nicher souvent à l'intérieur des terres ; on voit aussi des colonies d'**huîtriers pie**, petit échassier noir et blanc. Autre échassier, le **héron cendré** se rencontre au bord des canaux. La **spatule** est plus rare, de même que la **cigogne blanche** dont on pratique l'élevage pour éviter sa disparition.

Toutes sortes de **canards** peuplent canaux, étangs et marécages : le canard colvert et le tadorne au plumage multicolore sont peut-être les plus répandus dans le pays. Pour protéger certaines espèces d'oiseaux, une multitude de **réserves naturelles** ont été aménagées, près du littoral comme à l'intérieur du pays. Ces espaces de nature intègre facilitent la nidification des oiseaux, leur recherche de nourriture, en même temps que l'étude ornithologique. La plupart des réserves sont accessibles au public. Leur entrée est cependant rigoureusement réglementée, et certaines sont interdites partiellement pendant la période de couvaison (généralement entre avril et août).

Histoire

Préhistoire

Avant J.-C.	
30000	Premières traces d'occupation humaine dans l'Est du pays.
4500	Dans le Limbourg arrive un peuple d'agriculteurs dont la poterie appartient à la culture de la céramique rubanée.
3000-2000	En Drenthe, civilisation des hunebedden *(voir ce nom)*.
2200	Au Nord des grands fleuves, un peuple de nomades s'installe, qui fabrique des poteries à décor cordé.
2000	Civilisation des poteries campaniformes, en Drenthe notamment. Les régions alluviales du delta commencent à être habitées.
1900	Âge du bronze. Les morts sont enterrés dans des tumulus.
800	À l'Est, des peuples incinèrent leurs morts qu'ils enterrent dans des champs d'urnes.
750-400	Premier âge du fer : période de Hallstatt.
500	Premiers **tertres** en Frise et dans la région de Groningue *(voir Leeuwarden, La région des tertres)*.
450	Au Sud des grands fleuves, deuxième âge du fer ; c'est la période de La Tène.
300	Arrivée de Germains et de Celtes au Sud du Rhin.

Romains, Vikings

57-51	Au Sud du Rhin, **César** défait les tribus celtes (Ménapiens, Éburons) faisant partie de la « Gaule Belgique ».
12	Les **Bataves** sont mentionnés, le long des grands fleuves.
Après J.-C. 69-70	Révolte des Bataves contre les Romains *(voir Nijmegen)*.
3e s.	Les **Francs**, groupe de tribus germaniques, apparaissent le long du Rhin. Ce sont, avec les **Saxons** et les **Frisons**, les principaux peuples occupant le pays à l'époque.
Fin 3e s.	Les régions au Sud du Rhin font partie de la province romaine de Germanie Seconde (capitale Cologne).
4e s.	Lutte entre les Romains et les Francs Saliens.
382	Saint Servais transfère son évêché de Tongres à Maastricht, marquant le début de la christianisation dans le pays.
Début 6e s.	Sous Clovis (465-511), le royaume mérovingien s'étend du Nord de la Gaule au Rhin.
561	Division du royaume mérovingien en Neustrie (Ouest de l'Escaut) et Austrasie (Est de l'Escaut : actuels Pays-Bas).
Fin 7e s.	**Willibrord** tente d'évangéliser la Frise.
800	**Charlemagne** empereur. Son immense empire, centré à Aix-la-Chapelle, s'étend sur tout le pays.
834	Premières incursions des **Vikings**, à Dorestad *(voir Amersfoort, À travers la forêt et les landes de bruyère)*.
843	**Traité de Verdun.** Partage de l'empire carolingien en trois parties : une germanique, une française et une centrale, allant de la mer du Nord à la Méditerranée, et comprenant les actuels Pays-Bas. Plus tard, tronquée au Sud, cette zone médiane deviendra la **Lotharingie**.
879-882	Grande invasion normande : les Vikings prenant pour base Utrecht font des incursions dans les régions voisines.
925	La Lotharingie est rattachée à l'Allemagne par Henri Ier l'Oiseleur.
959	La Lotharingie se sépare en Haute-Lotharingie (Lorraine) et Basse-Lotharingie ou Lothier couvrant à peu près le pays actuel.

Formation des comtés et des duchés

10e s.	Sous l'évêque Balderik (918-976), l'évêché d'**Utrecht** s'agrandit.
Début 11e s.	Formation du duché de **Brabant**, par Lambert, comte de Louvain.
11e s.	Naissance du comté de **Gueldre**.
Fin 11e s.	Extension du comté de **Hollande**, aux dépens du comté de Flandre (en Zélande) et de l'évêché d'Utrecht (à l'Est).
Début 12e s.	Le comté de Gueldre s'agrandit du comté de Zutphen et de la Veluwe.
Fin 13e s.	**Floris V**, comte de Hollande, conquiert la Frise-Occidentale.
1323	La Hollande prend la Zélande à la Flandre.
1350	Début de la lutte entre les **Hameçons** (soutenus par Marguerite de Bavière) et les **Cabillauds** (avec son fils Guillaume V).

La domination bourguignonne

Fin 14e s.	Le duché de Bourgogne s'étend vers le Nord : **Philippe le Hardi** acquiert le Limbourg et des droits sur le Brabant.
1428	Philippe le Bon prend les comtés de Hollande et de Zélande à **Jacqueline de Bavière**.
1473	**Charles le Téméraire** acquiert la Gueldre. Tout le pays sauf la Frise est désormais aux mains des Bourguignons.

Les Habsbourg

1477	Mort de Charles le Téméraire. Sa fille, Marie de Bourgogne, épouse Maximilien d'Autriche, un Habsbourg.
1494	Philippe le Beau, leur fils, règne sur les Pays-Bas.
1515	Charles Ier d'Espagne, fils de Philippe le Beau, hérite des Pays-Bas. En 1519, il devient empereur d'Allemagne sous le nom de **Charles Quint**.
	Il agrandit les Pays-Bas : en 1523, il annexe la **Frise** ; en 1527, il reçoit l'évêché d'Utrecht ; en 1528, il prend l'Overijssel et, en 1536, s'empare de Groningue et de la Drenthe.

| 1543 | Le duc de **Gueldre** abandonne son duché à Charles Quint, qui possède ainsi presque toute l'Europe. |
| 1548 | Charles Quint groupe les 17 « provinces » des Pays-Bas et la Franche-Comté en « cercle de Bourgogne » indépendant. |

Les Pays-Bas espagnols

1555	Charles Quint laisse les Pays-Bas à son fils Philippe II, bientôt roi d'Espagne.
1566	**Compromis de Breda**. Les « gueux » protestent contre l'Inquisition. **Révolte des iconoclastes** (voir Breda).
1568	**Guillaume le Taciturne** prend les armes : c'est le début de la guerre de Quatre-Vingts Ans.
1er avril 1572	**Prise de Brielle** par les Gueux de mer, premier succès de la lutte contre les Espagnols.
1579	**Union d'Utrecht** : alliance des provinces protestantes.

Ph. Gajic/MICHELIN

Guillaume le Taciturne – Vitrail (St-Janskerk, Gouda)

La République des Provinces-Unies

1581	Création de la **République des Provinces-Unies**, fédération de sept provinces, indépendante du régime espagnol.
1584	Assassinat de Guillaume le Taciturne à Delft.
1585	Maurice de Nassau succède à son père Guillaume, comme stathouder de Hollande et de Zélande.
1596	Arrivée de Cornelis de Houtman à Java.
1602	Fondation de la **Compagnie des Indes orientales**.
1609	**Trêve de 12 ans** avec l'Espagne.
1618	**Synode de Dordrecht**. Réprobation des remontrants.
1619	Fondation de Batavia (voir Hoorn) aux Indes néerlandaises.
1621	Fondation de la Compagnie des Indes occidentales.
1624-1654	Occupation du Nord-Est du Brésil.
1625	L'établissement hollandais de Manhattan est nommé Nieuw Amsterdam (Nouvelle-Amsterdam). La ville sera rebaptisée New York par les Anglais.
1634	Occupation de Curaçao, aux Antilles, par la Compagnie des Indes occidentales.
1648	Traités de Westphalie mettant fin à la guerre de Trente Ans et celle de Quatre-Vingts Ans : au **traité de Münster**, Philippe IV d'Espagne reconnaît l'indépendance des Provinces-Unies.
1651	Les Anglais promulguent l'Acte de navigation, néfaste pour le commerce hollandais. Toutes les marchandises partant de l'Angleterre ou y entrant doivent être chargées sur des navires anglais.

1652	Jan van Riebeeck fonde la colonie du Cap.
1652-1654	**Première guerre avec l'Angleterre**, dirigée par l'amiral Tromp *(voir Brielle)*.
1653-1672	**Johan de Witt**, « grand pensionnaire », dirige l'État avec talent *(voir Dordrecht)*.
1658-1759	Occupation de Ceylan.
1665-1667	**Deuxième guerre avec l'Angleterre** où se distingue l'amiral De Ruyter *(voir Vlissingen)*.
	Au traité de Breda, La Nouvelle-Amsterdam est échangée aux Anglais contre la Guyane hollandaise (actuel Surinam).
1667-1668	Guerre de Dévolution menée par Louis XIV. Traité d'Aix-la-Chapelle.
1672	**Guillaume III**, stathouder de Hollande et de Zélande.
1672-1678	Guerre de Louis XIV contre les Provinces-Unies.
1678-1679	**Paix de Nimègue**.
1672-1678	Guillaume III devient roi d'Angleterre.
1701-1713	Guerre de Succession d'Espagne : alliance de plusieurs pays, dont les Provinces-Unies, contre Louis XIV. **Traité d'Utrecht**.
1702	Le stathouder Guillaume III meurt sans héritier. Le titre de prince d'Orange revient au stathouder de Frise, Johan Willem Friso.
1747	**Guillaume IV**, fils de ce dernier, premier stathouder héréditaire des Provinces-Unies.
1751-1759	**Guillaume V**, fils du précédent, stathouder.

Domination française

1795	Conquête du pays par une armée révolutionnaire française menée par Pichegru.
	Les Français font des Provinces-Unies la **République batave**. En 1801, le pays est divisé en huit départements.
1806	Le roi **Louis Bonaparte** est à la tête du **royaume de Hollande**, ayant pour capitale Amsterdam.
1810	Louis Bonaparte abdique. Le pays est rattaché par Napoléon à l'**Empire français**.

Union avec la Belgique

Déc. 1813	Guillaume d'Orange, fils de Guillaume V, dernier stathouder des Provinces-Unies, devient souverain.
1815	Bataille de Waterloo. Au congrès de Vienne, Guillaume d'Orange est reconnu roi des Pays-Bas (comprenant la Belgique), sous le nom de **Guillaume Ier**. Il devient en outre grand-duc de Luxembourg.
1828	Occupation de la partie Ouest de la Nouvelle-Guinée.
1830	Révolution en Belgique. La Belgique devient indépendante.

Un royaume indépendant

1831	Partage du Limbourg et du Brabant avec la Belgique. Guillaume Ier ne ratifie le traité qu'en 1839.
1890-1948	Règne de la **reine Wilhelmine**.
1839	Inauguration de la première liaison ferroviaire entre Haarlem et Amsterdam.
Mai 1940	Invasion du pays par l'armée allemande. Départ de la reine à Londres.
5 mai 1945	Capitulation de l'armée allemande *(voir Arnhem, La lisière Sud de la Veluwe)*. Retour de la reine.
1948	Abdication de la reine Wilhelmine en faveur de sa fille **Juliana**, née en 1909.
Déc. 1949	Indépendance des Indes néerlandaises qui deviennent la République d'**Indonésie**.
1954	Autonomie de la Guyane hollandaise ou Surinam et de l'archipel des Antilles néerlandaises.
1957	Adhésion des Pays-Bas à la **CEE**.
1960	Entrée en vigueur de l'union économique du **Benelux**.
1966	Mariage de la princesse Beatrix (née en 1938) avec le prince Claus von Amsberg.

Nov. 1975	Indépendance de la Guyane néerlandaise devenue la République du **Surinam**.
30 avril 1980	La reine Juliana abdique en faveur de sa fille **Beatrix**.
1er jan. 1986	Le « status aparte » ou statut particulier est accordé à Aruba ; l'île devient un partenaire à part entière des Pays-Bas et des Antilles néerlandaises.
1986	Achèvement du barrage de l'Escaut oriental ou stormvloedkering in de Oosterschelde *(voir Delta)*.
1992	Les chefs d'État et de gouvernement des Douze signent le **traité de Maastricht**.
1998	Achèvement du Plan Delta.
2000	Les Pays-Bas et la Belgique organisent conjointement le Championnat d'Europe de football, l'Euro 2000.

L'EXPANSION OUTRE-MER

Au milieu du 16e s., les commerçants d'Amsterdam se procurent à Anvers les marchandises rapportées des Indes par les navires portugais. L'embouchure de l'Escaut étant bientôt fermée par les Gueux, les commerçants se rendent à partir de 1580 à Lisbonne. C'est l'année où Philippe II d'Espagne envahit le Portugal. En 1585, il met l'embargo sur le commerce hollandais en Espagne et au Portugal.
Les négociants hollandais, contraints de se charger eux-mêmes des expéditions, vont se heurter aux Espagnols, aux Portugais et surtout aux Anglais, concurrents redoutables sur les marchés d'outre-mer.

La route des Indes – C'est en cherchant un accès à l'Inde par le Nord de l'Europe que **Willem Barentsz.** découvre en 1594 la Nouvelle-Zemble et en 1596 le Spitzberg *(voir Waddeneilanden, Terschelling)*. La même année, **Cornelis de Houtman** débarque à Java. En 1598, **Jacob van Neck** s'empare de l'**île Maurice**. En 1619, la fondation de **Batavia** par **Jan Pietersz. Coen** marque le début de la colonisation de Java. **Malacca** est prise aux Portugais en 1641. L'année suivante, **Abel Jansz. Tasman**, explorateur au service de la Compagnie des Indes orientales (VOC), découvre la **Tasmanie** et la **Nouvelle-Zélande**. La première carte de l'Australie, baptisée **Nouvelle-Hollande**, est également due à des cartographes néerlandais. En 1652, **Jan Anthonisz. van Riebeeck** fonde la **colonie du Cap** (Afrique du Sud). Enfin, **Ceylan** est occupé à partir de 1658.

La Compagnie des Indes orientales (VOC) – Pour coordonner le grand nombre d'entreprises commerciales qui font du négoce avec l'Orient, Johan van Oldenbarnevelt fonde en 1602 la **Compagnie des Indes orientales** *(voir Amsterdam)*. Cette institution obtient le monopole de la navigation et du commerce à l'Est du cap de Bonne-Espérance et à l'Ouest du détroit de Magellan. Très vite, la Compagnie des Indes orientales devient la plus grande entreprise commerciale du 17e s., avec des comptoirs répartis dans toute l'Asie. C'est depuis ces comptoirs que les navires de

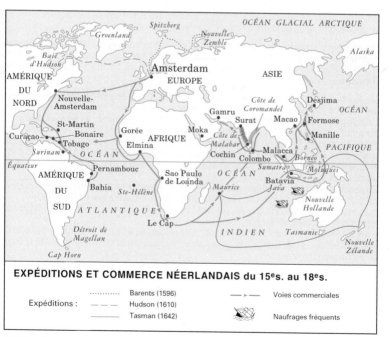

EXPÉDITIONS ET COMMERCE NÉERLANDAIS du 15es. au 18es.

Expéditions :
.... Barents (1596)
– – – Hudson (1610)
——— Tasman (1642)

—▸— Voies commerciales

Naufrages fréquents

la Compagnie des Indes orientales ramenaient en Hollande de précieuses épices (noix de muscade, poivre, cannelle, safran, gingembre et clous de girofle) et de la porcelaine de Chine. À partir du 18e s., la VOC transporta surtout du café, du thé, de la soie et du coton. Afin d'assurer la coordination de ces véritables expéditions – le voyage Hollande-Java durait huit mois – un comptoir central de gestion fut établi à **Batavia**, le Conseil des Indes. Tous les produits en provenance de Sumatra, de Bornéo, des Moluques, mais également d'Inde, de Chine, du Japon et de Perse y étaient centralisés, avant d'être envoyés au pays où ils contribuèrent à la prospérité du Siècle d'or. La Compagnie des Indes orientales fut dissoute en 1798.

L'Amérique – Le commerce hollandais du 17e s. se tourne également vers le Nouveau Monde. La première expédition, celle d'**Hudson** *(voir Amsterdam)* a lieu en 1609. Dès 1613, la côte de la **Guyane** est occupée par des marchands. **Willem Schouten** *(voir Hoorn)* découvre le **cap Horn** en 1616.
Créée en 1621, la **Compagnie des Indes occidentales** ou **WIC** couvre à la fois l'Afrique et l'Amérique. Le commerce (dont celui des esclaves) s'effectuait à partir de comptoirs établis sur les côtes des deux continents. De nombreuses îles des Caraïbes (Bonaire, Tobago, **Curaçao**, Saint-Martin et d'autres îles des Antilles) furent également occupées à cette fin.
Au **Brésil**, **Jean Maurice de Nassau** (1604-1679) est nommé gouverneur (1636-1644). Protecteur des arts et des sciences, il s'entoure d'une équipe de savants, de peintres et de dessinateurs qui rassemblent une abondante documentation sur le pays.
La Compagnie des Indes occidentales négociait essentiellement avec les pays d'Amérique du Sud, mais en 1624, elle établit également un comptoir commercial sur la côte Nord-Est du continent. La WIC acheta l'île de « Man-a-hat-ta » aux Indiens pour 60 florins et y fonda **Nieuw-Amsterdam** (La Nouvelle-Amsterdam). **Peter Stuyvesant**, colonisateur hollandais, en devint bientôt le gouverneur. Sous son administration, Nieuw-Amsterdam se développa rapidement. Malheureusement, en 1664, il ne put empêcher la prise de la ville par les Anglais, qui la rebaptisèrent New York.

Les colonies – En Asie et en Amérique, nombre de ces conquêtes ne furent que passagères. Les Hollandais ne réussirent à s'implanter durablement qu'en **Indonésie** (jusqu'en 1949) et en **Guyane néerlandaise** (jusqu'en 1975), l'actuel **Surinam**. Les **Antilles**, (Curaçao, Bonaire, St-Eustache, Saba et St-Martin) et **Aruba** font encore partie du royaume des Pays-Bas et, depuis 1954 pour les Antilles et 1986 pour Aruba, sont considérées comme des partenaires à part entière des Pays-Bas.

LES RELIGIONS

Le proverbe protestant qui dit : « Un Hollandais, un théologien ; deux Hollandais, une Église ; trois Hollandais, un schisme » s'est vérifié au cours des siècles. L'intérêt des Néerlandais pour la doctrine et la théologie, associé à un certain goût de la tolérance, explique la prolifération, dans le pays, de nombreuses formes de croyances et de groupements les plus divers.

Un courant mystique – Au 14e s., les écrits mystiques du Flamand **Ruysbroek l'Admirable** sont à l'origine d'un mouvement spirituel, la **Devotio moderna**, qui se développe, grâce au théologien **Geert Groote**, au sein de l'ordre des **Frères de la Vie commune**.

La Réforme – La doctrine luthérienne, née en 1517 et condamnée par la diète de Worms en 1521, se répand très vite aux Pays-Bas. Dès 1530 apparaît le mouvement des **anabaptistes**. Quelques exaltés se joignent à **Jean de Leyde** et forment à **Münster**, en Allemagne, une communauté d'un type un peu révolutionnaire. En Frise, **Menno Simonsz.**, prêtre catholique, fonde en 1536 la secte anabaptiste des **doopsgezinden** (mennonites) qui va rassembler les fidèles restés dans le pays. Les anabaptistes n'échappent pas aux persécutions pendant près d'un siècle.
Cependant, c'est le **calvinisme** qui va prendre le dessus aux Pays-Bas. Cette doctrine se transmet dans le pays par l'intermédiaire de la France à partir de 1550.
Aux 16e et 17e s., les réfugiés protestants venus de Belgique et de France constituent les **Églises wallonnes**, de langue française.
Très tôt, les convictions religieuses des calvinistes deviennent le symbole de la lutte contre les Espagnols catholiques. Peu après le compromis de Breda éclate la révolte des iconoclastes, en 1566.

Un catholicisme clandestin – Après la lutte pour l'indépendance, le fanatisme calviniste s'accentue. La Hollande et la Zélande, considérant la religion calviniste comme officielle, interdisent en 1579 les autres religions, en particulier le catholicisme, dont les fidèles se voient contraints de pratiquer leur culte dans des **églises clandestines** jusqu'en 1798. Mais, à l'inverse des remontrants *(ci-dessous)* ou des anabaptistes, les catholiques ne sont nullement persécutés.

Du 17e s. à nos jours – Le synode de Dordrecht de 1618-1619 donne une cohésion nouvelle à l'Église réformée des Pays-Bas. Toutefois, l'unité ne se fait qu'en excluant les contradicteurs que sont les arminiens ou **remontrants** (voir Dordrecht). Ces derniers sont l'objet de persécutions pendant plusieurs années, ainsi qu'en témoigne l'arrestation d'Oldenbarnevelt (voir Amersfoort).

Vers la fin du 17e s. naît le mouvement des **labadistes** (voir Franeker).

Persécutés en France, les jansénistes viennent se réfugier à Utrecht où ils contribuent à la formation d'une Église catholique indépendante, l'**Église vieille catholique**.

Au début du 18e s. est créée la communauté des **Frères moraves** (voir Utrecht, Environs).

À l'heure actuelle, les **protestants** des Pays-Bas appartiennent soit à l'Église réformée des Pays-Bas (Nederlands Hervormde Kerk) qui date du synode de 1619 et compte 2,3 millions de membres, soit au groupe des Églises réformées des Pays-Bas (Gereformeerde Kerken in Nederland), fondé en 1892 et qui rassemble environ 730 000 membres. Les **catholiques**, nombreux dans le Sud du pays, représentaient 32 % de la population en l'an 2000.

Dès le 17e s., de nombreux **juifs** victimes de persécutions en Espagne et au Portugal viennent s'établir aux Pays-Bas ; ils occupent rapidement une place importante dans la structure économique. Nombre d'entre eux sont victimes de la déportation pendant la Seconde Guerre mondiale. On estime qu'ils sont actuellement au nombre de 30 000.

Au 20e s., avec la venue de nombreux immigrés en provenance d'Indonésie, du Surinam, du Maroc et de la Turquie, l'**islam** et l'**hindouisme** ont fait leur apparition aux Pays-Bas. Aujourd'hui, 4 % de la population est de religion musulmane.

Langues et littérature

Langue officielle d'environ 22 millions d'hommes, aux Pays-Bas, dans leurs possessions d'outre-mer (Antilles), au Surinam et dans une partie de la Belgique, le néerlandais appartient, avec le frison et l'allemand, à la branche linguistique germanique occidentale.

Dès le 13e s., cette langue est utilisée en Flandre et dans le Brabant par des écrivains de talent. Au 16e s., **Érasme** puis, au Siècle d'or (17e s.), le théologien **Jansénius** (1585-1638), le juriste **Grotius**, enfin **Spinoza** écrivent en latin. Mais la littérature néerlandaise brille avec le poète **P.C. Hooft** et le poète et tragédien **Joost van den Vondel** (1587-1679).

En déclin au 18e s., elle renaît au siècle suivant. Eduard Douwes Dekker, connu sous le pseudonyme de **Multatuli** (1820-1887), est le romancier renommé de *Max Havelaar* (1860) où il s'oppose aux excès du colonialisme dans les Indes néerlandaises. Après lui, citons quelques noms, parmi les plus connus : **Louis Couperus** (1863-1923), auteur du roman *Vieilles gens et choses qui passent*, l'historien **Johan Huizinga** (1872-1945) (*L'Automne du Moyen Âge*), l'aventurier **A. den Doolaard** (1901-1994), dont plusieurs romans ont été traduits en français (voir la citation page 1), les romanciers **Simon Vestdijk** et **Simon Carmiggelt** (1913-1987) ; plus près de nous : la poétesse **Ida Gerhardt** (1905-1997), **Hella Haasse** (née en 1918), connue surtout pour ses romans historiques, **Gerard Reve** (né en 1923) et **Harry Mulisch** (né en 1927).

Depuis quelques années, on trouve en librairie de plus en plus d'œuvres d'écrivains néerlandais traduites en français (voir aussi la Bibliographie en début de volume).

Dans la province de **Frise**, le frison est resté vivace. Les lettres frisonnes ont aussi leurs adeptes. L'utilisation de la langue frisonne dans la littérature remonte à l'époque de **Gysbert Japicx**, poète du 17e s. au langage brillant et imagé.

Dans le **Limbourg**, autour de Maastricht, la population parle un dialecte particulier, dernier reste peut-être de l'ancienne langue des Francs.

ABC d'architecture

Architecture religieuse

's-HERTOGENBOSCH – Plan de la Cathédrale St-Jean (1380-1580)

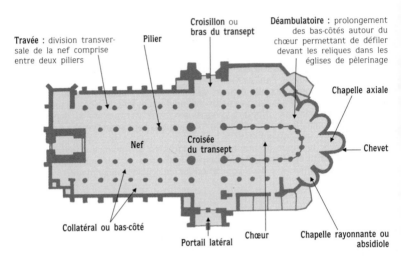

Travée : division transversale de la nef comprise entre deux piliers

Pilier

Croisillon ou **bras du transept**

Déambulatoire : prolongement des bas-côtés autour du chœur permettant de défiler devant les reliques dans les églises de pèlerinage

Chapelle axiale

Nef

Croisée du transept

Chevet

Collatéral ou **bas-côté**

Portail latéral

Chœur

Chapelle rayonnante ou **absidiole**

HAARLEM – Chœur de la Grote of St-Bavokerk (1390-1481)

Le déambulatoire et la longueur du chœur sont plutôt inhabituels pour une église gothique aux Pays-Bas et laissent penser à une inspiration d'origine française. L'architecte a choisi le bois de cèdre pour la voûte en étoiles.

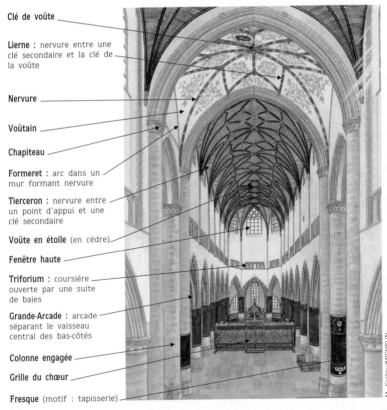

Clé de voûte

Lierne : nervure entre une clé secondaire et la clé de la voûte

Nervure

Voûtain

Chapiteau

Formeret : arc dans un mur formant nervure

Tierceron : nervure entre un point d'appui et une clé secondaire

Voûte en étoile (en cèdre)

Fenêtre haute

Triforium : coursière ouverte par une suite de baies

Grande-Arcade : arcade séparant le vaisseau central des bas-côtés

Colonne engagée

Grille du chœur

Fresque (motif : tapisserie)

M. Guillou/MICHELIN

AMSTERDAM – Westerkerk (1619-1631)

La Westerkerk est la dernière et la plus imposante des trois églises maniéristes que Hendrick de Keyser construisait à la demande de la ville d'Amsterdam. La Zuiderkerk et la Noorderkerk ont précédé la Westerkerk.

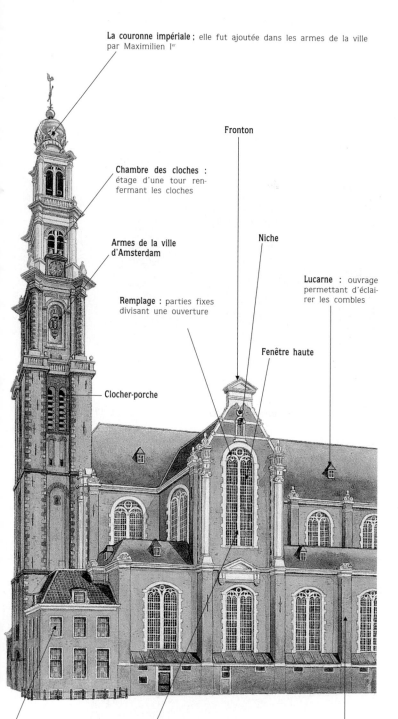

La couronne impériale : elle fut ajoutée dans les armes de la ville par Maximilien Ier

Chambre des cloches : étage d'une tour renfermant les cloches

Armes de la ville d'Amsterdam

Remplage : parties fixes divisant une ouverture

Clocher-porche

Fronton

Niche

Lucarne : ouvrage permettant d'éclairer les combles

Fenêtre haute

Fenêtre (fin 18e s.)

Meneau : élément vertical d'un remplage et divisant la fenêtre en baies

Contrefort : renfort extérieur d'un mur, faisant saillie et engagé dans la maçonnerie

M. Guillou/MICHELIN

51

AMERSFOORT – Koppelpoort (vers 1400)

Cette porte fortifiée est un vestige de la deuxième enceinte d'Amersfoort. Elle se compose d'une porte de ville et d'une porte d'eau; à l'intérieur de cette dernière se trouve un double moulin à fouler.

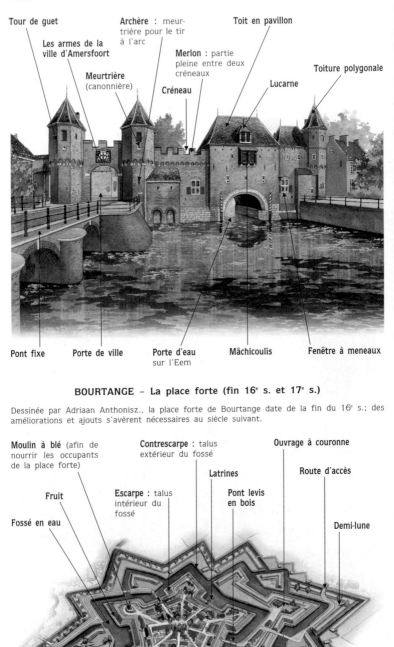

Tour de guet

Les armes de la ville d'Amersfoort

Meurtrière (canonnière)

Archère : meurtrière pour le tir à l'arc

Merlon : partie pleine entre deux créneaux

Créneau

Toit en pavillon

Lucarne

Toiture polygonale

Pont fixe — Porte de ville — Porte d'eau sur l'Eem — Mâchicoulis — Fenêtre à meneaux

BOURTANGE – La place forte (fin 16ᵉ s. et 17ᵉ s.)

Dessinée par Adriaan Anthonisz., la place forte de Bourtange date de la fin du 16ᵉ s.; des améliorations et ajouts s'avèrent nécessaires au siècle suivant.

Moulin à blé (afin de nourrir les occupants de la place forte)

Contrescarpe : talus extérieur du fossé

Latrines

Ouvrage à couronne

Route d'accès

Fruit

Escarpe : talus intérieur du fossé

Pont levis en bois

Fossé en eau

Demi-lune

Fossé extérieur

Poudrière

Ravelin — Bastion — Courtine

M. Guillou/MICHELIN

AMSTERDAM – Maison de marchand du 18e s.

Les belles demeures le long des canaux d'Amsterdam ont été construites sur pilotis. Celles que les marchands faisaient construire au 18e s. comprennent une « maison du bas » où était logé le personnel, une « maison du haut », occupée par le marchand et sa famille et un grenier pour stocker les marchandises.

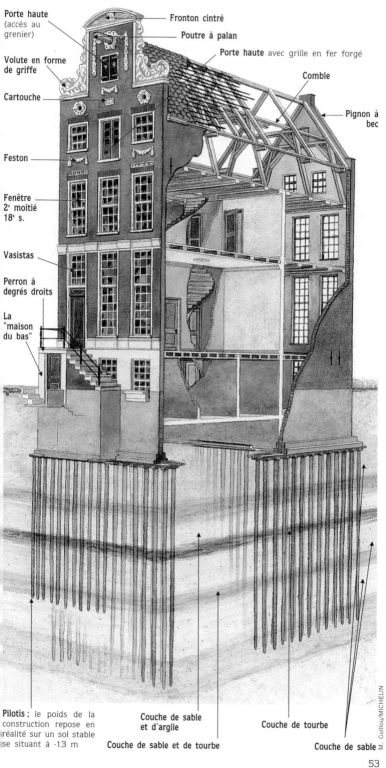

Porte haute (accès au grenier)

Fronton cintré

Poutre à palan

Volute en forme de griffe

Porte haute avec grille en fer forgé

Comble

Cartouche

Pignon à bec

Feston

Fenêtre 2e moitié 18e s.

Vasistas

Perron à degrés droits

La "maison du bas"

Pilotis ; le poids de la construction repose en réalité sur un sol stable se situant à -13 m

Couche de sable et d'argile

Couche de tourbe

Couche de sable et de tourbe

Couche de sable

M. Guillou/MICHELIN

HILVERSUM – L'hôtel de ville (1927-1931)

Avec l'hôtel de ville de Hilversum l'architecte W.M. Dudok acquit une réputation internationale. Les volumes des masses cubiques se superposent ou se juxtaposent harmonieusement, offrant à l'œil un jeu de lignes horizontales et verticales; une haute tour d'horloge domine l'ensemble.

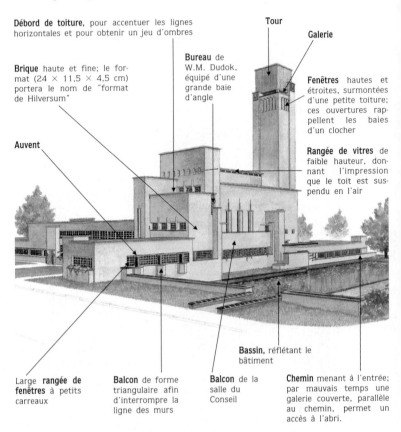

Débord de toiture, pour accentuer les lignes horizontales et pour obtenir un jeu d'ombres

Brique haute et fine; le format (24 × 11,5 × 4,5 cm) portera le nom de "format de Hilversum"

Auvent

Bureau de W.M. Dudok, équipé d'une grande baie d'angle

Tour

Galerie

Fenêtres hautes et étroites, surmontées d'une petite toiture; ces ouvertures rappellent les baies d'un clocher

Rangée de vitres de faible hauteur, donnant l'impression que le toit est suspendu en l'air

Large **rangée de fenêtres** à petits carreaux

Balcon de forme triangulaire afin d'interrompre la ligne des murs

Balcon de la salle du Conseil

Bassin, réflétant le bâtiment

Chemin menant à l'entrée; par mauvais temps une galerie couverte, parallèle au chemin, permet un accès à l'abri.

ROTTERDAM – Le Pont Érasme (1996)

Ce pont de 802 m de long, soutenu par un seul pylône, est l'œuvre de Ben van Berkel. Inauguré en 1996, le pont se compose de deux travées avec, au centre, une partie fixe métallique et une partie à bascule, en acier.

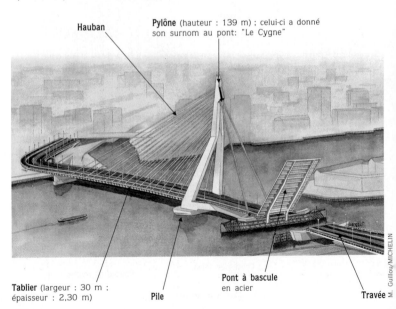

Hauban

Pylône (hauteur : 139 m) ; celui-ci a donné son surnom au pont: "Le Cygne"

Tablier (largeur : 30 m ; épaisseur : 2,30 m)

Pile

Pont à bascule en acier

Travée

54

Art

Les Pays-Bas ont apporté à la civilisation occidentale, dans le domaine des arts, une contribution de premier ordre.

Sans doute, la sculpture, faute de matériaux jusqu'au 20e s. tout au moins, et la musique occupent-elles une place relativement modeste dans le patrimoine artistique néerlandais. Mais l'architecture, à certaines époques fort remarquable, et surtout la peinture font des Pays-Bas un lieu de pèlerinage et d'inspiration.

ARCHITECTURE ET SCULPTURE

L'art roman

Il se manifeste dans plusieurs régions éloignées les unes des autres.

Art rhénan-mosan – Cet art, qui se développe dans la vallée de la Meuse et en particulier à Maastricht, qui appartenait au diocèse de Liège, s'apparente beaucoup à celui de la vallée du Rhin, d'où son nom.

Ville importante dès l'époque romaine, puis ville de pèlerinage – on y vénère les reliques de saint Servais mort en 384 –, Maastricht est dotée de magnifiques édifices comme St.-Servaasbasiliek et Onze-Lieve-Vrouwebasiliek. L'art mosan à ses débuts emprunte beaucoup à l'**architecture carolingienne**. En dehors de St.-Nicolaaskapel à Nijmegen (Nimègue), dont la forme imite celle de la basilique octogonale de Charlemagne dans la cathédrale d'Aix-la-Chapelle, les églises carolingiennes possédaient généralement deux chœurs, un imposant avant-corps occidental, une chapelle dite de l'empereur, située à l'étage, sur le côté Ouest. À l'intérieur, le plafond en bois était plat, les piliers carrés.

Vers l'an 1000 est entreprise la construction de la **St.-Servaasbasiliek**, avec un avant-corps occidental à deux tours massives ornées de bandes lombardes. **Onze-Lieve-Vrouwebasiliek** (*illustration, voir Maastricht*), de la même époque, possède aussi un avant-corps important, flanqué, lui, de tourelles circulaires. L'église de **Susteren**, St.-Amelbergakerk, construite dans la deuxième moitié du 11e s., est encore très sobre. Au 12e s., l'architecture mosane s'adoucit, le décor s'accentue. La sculpture fait son apparition dans les chapiteaux, les bas-reliefs et les portails. C'est l'époque où l'on transforme St.-Servaasbasiliek et Onze-Lieve-Vrouwebasiliek à Maastricht, dont le chœur, vu de la nef, est l'une des plus belles réalisations romanes du pays. L'église abbatiale de **Rolduc**, à Kerkrade, montre, par son plan d'origine, tréflé, une influence rhénane. Du 13e s., l'église Onze-Lieve-Vrouwekerk de **Roermond**, bien que restaurée, conserve les caractéristiques du style rhénan-mosan. Les cryptes de ces églises romanes sont souvent très belles.

Autres régions – Il était naturel qu'**Utrecht**, importante cité épiscopale au Moyen Âge, s'ornât d'édifices religieux dès l'époque romane. Cependant, hormis une église, la Pieterskerk (1148), il ne reste que peu de vestiges du bel ensemble roman conçu par l'évêque Bernold.

Parmi les édifices construits dans le diocèse d'Utrecht, la Grande Église, dite Grote of St.-Lebuïnuskerk, de **Deventer**, conserve les vestiges d'un double transept et d'un avant-corps occidental, qui l'apparentent aux églises mosanes.

À **Oldenzaal**, la St.-Plechelmusbasiliek, plus tardive (début du 12e s.), possède, elle, une nef voûtée d'arêtes soutenue par de robustes piliers.

À partir du milieu du 12e s., le style roman s'est manifesté d'une manière caractéristique en **Frise** et dans la **province de Groningue** (*illustration, voir Groningen, Les églises rurales*) dans les églises de village dont les murs extérieurs s'animent d'un **décor de brique** et dont l'intérieur renferme souvent des vestiges de fresques.

L'art gothique

L'art gothique n'apparaît aux Pays-Bas qu'au 14e s. et surtout au 15e s., sous la domination bourguignonne. De très nombreux édifices religieux, ainsi que quelques hôtels de ville datent de cette période.

Églises – Le Brabant-Septentrional, province dont la majorité des habitants sont catholiques, possède la plupart des grandes églises et **cathédrales** du pays. Ces édifices sont construits dans le **style gothique brabançon**, commun à de nombreux édifices de Belgique et proche du gothique flamboyant : à l'extérieur, gâbles ajourés et flèches à crochets, hautes baies, nombreux arcs-boutants, haut clocher-porche à l'Ouest ; à l'intérieur, nef centrale élancée à voûtes d'ogives s'appuyant sur des colonnes rondes aux chapiteaux ornés de choux frisés, et triforium.

La Grande Église de **Breda** ou Grote Kerk (illustration, voir Breda) est un exemple caractéristique du gothique brabançon, de même que la St.-Jans-kathedraal à **Bois-le-Duc** (illustration, voir ABC d'architecture et 's-Hertogenbosch), qui, commencée au 14ᵉ s., est une des plus belles et des plus vastes réalisations dans le pays. Contrairement aux autres édifices, les voûtes de cette dernière ne s'appuient pas sur des colonnes mais sur des faisceaux de colonnettes dépourvues de chapiteaux.

Le style gothique brabançon influence la construction de bien d'autres églises du pays. En Hollande, la voûte de pierre est rare et l'église est couverte d'un plafond de bois, plat ou en berceau. Seule fait exception la Grande Église de Dordrecht. On peut citer comme exemples de belles constructions gothiques : Pieterskerk et Hooglandse Kerk à Leyde, Grote Kerk à Alkmaar, Nieuwe Kerk à Amsterdam, St.-Janskerk à Gouda et St.-Bavokerk à Haarlem (illustration, voir ABC d'architecture).

's-Hertogenbosch – Les voûtes de St.-Janskathedraal

La cathédrale d'Utrecht n'a malheureusement pas survécu à l'ouragan de 1672. Il en subsiste cependant un harmonieux clocher, **Domtoren**, dont on retrouve la silhouette dans bien des clochers du pays, comme à Amersfoort. Dans le diocèse, St.-Nicolaaskerk de Kampen est aussi intéressante.

Hôtels de ville – Deux hôtels de ville de style gothique flamboyant sont particulièrement remarquables. Celui de **Gouda** ne manque pas de charme avec sa façade d'où jaillissent une multitude de pinacles et de flèches. Plus somptueux, celui de **Middelburg**, construit par la dynastie des Keldermans, architectes à Malines (Belgique), est influencé par l'hôtel de ville de Bruxelles.

Sculpture – Moins riche qu'en Belgique, le mobilier des églises comprend cependant d'intéressantes sculptures en bois du 15ᵉ et du début du 16ᵉ s.

Les groupes d'**Adriaan van Wesel** (fin du 15ᵉ s.), exposés au Rijksmuseum à Amsterdam, sont ciselés avec un sens remarquable de la composition et une grande puissance d'expression. Les **retables brabançons** sont des triptyques de style flamboyant avec une partie centrale en bois, sculptée sur plusieurs registres de scènes très animées, et flanquée de volets peints (St.-Janskathedraal à Bois-le-Duc – voir 's-Hertogenbosch – et Onze-Lieve-Vrouwe Munsterkerk à Roermond).

Des **stalles**, souvent sculptées de motifs satiriques, s'admirent dans plusieurs églises du pays comme Martinikerk à Bolsward ou la Grande Église de Breda, Grote Kerk of Onze-Lieve-Vrouwekerk.

Renaissance et maniérisme

La Renaissance touche tardivement les Pays-Bas et il est rare qu'elle se manifeste sous sa forme pure, c'est-à-dire italienne. Par contre, le maniérisme, qui constitue la transition entre la Renaissance et le baroque, connaît un grand essor, essentiellement en Hollande.

Architecture – Elle ne manifeste cette influence qu'à partir du milieu du 16ᵉ s. Ce style, importé par des artistes italiens comme **Thomas Vincidor de Bologne**, auteur du château de Breda, est adopté ensuite par les architectes locaux.

En fait, les éléments Renaissance sont utilisés sans modification profonde de l'architecture et le plan traditionnel gothique est souvent conservé. C'est surtout dans les détails que se manifestent les nouveaux apports : tympans des fenêtres en forme de coquille, lucarnes aux pinacles, tourelles octogonales, balustrades.

Hans Vredeman de Vries (1527-vers 1603), grand adepte d'une décoration Renaissance appliquée sur l'architecture, reste peu dans son pays. Ses théories ont beaucoup influencé les architectes néerlandophones.

Le Flamand **Lieven de Key** travaille beaucoup à Haarlem, ville dont il est l'architecte officiel. L'ancienne halle aux viandes ou Vleeshal (1603) est son œuvre la plus achevée.

Hendrick de Keyser (1565-1621) est à la fois sculpteur et architecte. Il a réalisé, notamment à Amsterdam, plusieurs églises (Zuiderkerk, Westerkerk, *illustration, voir ABC d'architecture*) et des hôtels particuliers (Huis Bartolotti). Tout comme celui de Lieven de Key, son style maniériste annonce déjà le baroque : plus monumentaux, plus lourds, les édifices deviennent sévères et imposants.

Ailleurs dans le pays, la Renaissance marque particulièrement la **Frise** où le goût pour le décor géométrique, pour le détail léger, déjà apparent dans les églises romanes, se retrouve dans maintes constructions.

Les hôtels de ville (Franeker, Bolsward), les palais de justice (Kanselarij de Leeuwarden), les portes fortifiées (Waterpoort de Sneek, *illustration voir Sneek*), tout reçoit l'empreinte du nouveau style.

L'Est et le Sud du pays se tiennent un peu à l'écart de ces influences ; cependant, le Poids public ou Waag de Nimègue est une belle illustration de la Renaissance.

Sculpture – Les **mausolées** dans le style de la Renaissance italienne se multiplient. Thomas Vincidor de Bologne exécute le tombeau d'Englebert II de Nassau à Breda. **Hendrick de Keyser** perpétue ce style au début du 17e s., avec le tombeau du Taciturne à Delft. On lui doit aussi la sobre statue d'Érasme à Rotterdam. En **Frise**, le style Renaissance s'exprime dans le travail du bois. Les **chaires**, finement décorées, s'ornent de panneaux symboliques découpés et rapportés (Martinikerk à Bolsward, Grote of St.-Martinuskerk à Dokkum). Les remarquables stalles (17e s.) de la Grote of Onze Lieve Vrouwekerk de Dordrecht s'inspirent aussi de la Renaissance.

Enfin, les magnifiques vitraux de St.-Janskerk à Gouda tiennent une place de choix dans l'art de la Renaissance.

Le Siècle d'or

À partir du milieu du 17e s., c'en est fini de la grâce et de la légèreté du maniérisme. Symétrie et proportions sont les mots clés dans le domaine de l'architecture.

Le style dit baroque est d'une sobriété exceptionnelle en comparaison avec d'autres pays ; c'est pourquoi il est qualifié de « classique ».

Architecture – L'un des plus célèbres architectes du Siècle dor est **Jacob van Campen** (1595-1657), auteur de l'**hôtel de ville d'Amsterdam** (1648), qui devient par la suite un palais royal.

En forme de quadrilatère, c'est, avec ses lignes un peu sévères, à peine tempérées par la légère saillie de l'avant-corps, des frontons sculptés et du campanile, une œuvre majestueuse qui a influencé beaucoup l'architecture dans tout le pays.

Pieter Post (1608-1669), à qui l'on doit, à La Haye, le palais royal ou Huis ten Bosch et la Mauritshuis construite d'après les plans de Van Campen, et, à Maastricht, l'hôtel de ville, suit cette tendance.

Jacob Roman construit aussi dans le même style le palais Het Loo à Apeldoorn (1685).

Den Haag – Mauritshuis

Cet art caractéristique du Siècle d'or se retrouve dans les **palais** qui s'élèvent le long des principaux canaux d'Amsterdam *(illustration, voir Amsterdam)*.

Un des modèles les plus représentatifs de ce style solennel est la Trippenhuis construite par **Justus Vingboons** (vers 1620-1698) qui travailla beaucoup avec son frère Philippe.

Bien des **églises** protestantes de cette époque sont construites sur un plan central et parfois surmontées d'une coupole, par exemple la Nieuwe ou Ronde Lutherse Kerk à Amsterdam (1671).

Dans le Sud du pays, plusieurs édifices sont érigés dans un style baroque plus riche ; l'église des Jésuites à Maastricht en constitue un bel exemple. Le sculpteur anversois **Artus Quellin le Vieux** (1609-1668) décore, dans un style nettement baroque, les frontons et l'intérieur de l'hôtel de ville d'Amsterdam.

18e-19e s.

Daniel Marot (1661-1752), venu de France, bâtisseur à La Haye de nombreuses demeures patriciennes, perpétue les tendances du Siècle d'or. L'influence de l'architecture française prédomine et les styles de l'époque sont connus sous le nom de Lodewijkstijlen ou « **styles Louis** ». Le style Louis XV ou rococo se manifeste essentiellement dans les sculptures des façades, dans les grilles et les impostes au-dessus des portes, et dans les stucs intérieurs.

Après les styles Louis, les architectes cherchent de nouveau l'inspiration dans le passé : ils se tournent d'abord vers l'Antiquité grecque et romaine **(le néoclassicisme)**, puis vers le Moyen Âge et la Renaissance (**néogothique** et **néo-Renaissance**). L'**éclectisme** utilisera les éléments de tous ces styles.

P.J.H. Cuypers (1827-1921), un des plus grands architectes de cette période, introduit une certaine forme de néogothique dans de nombreux monuments (Rijksmuseum, Centraal Station d'Amsterdam) et pratique des restaurations hardies d'édifices médiévaux (château De Haar).

Si le 19e s. est tourné vers le passé, il voit toutefois apparaître de nouveaux matériaux de construction, tels que la fonte et l'acier *(voir aussi Le patrimoine industriel)*.

20e s.

Ce siècle est celui du renouvellement de l'architecture aux Pays-Bas, tandis que se manifeste un engouement croissant pour la sculpture.

Architecture – Dès la fin du 19e s., **H.P. Berlage** (1856-1934) en édifiant la Bourse d'Amsterdam, se fait le précurseur du **rationalisme**, mouvement architectural où l'importance est donnée aux matériaux et à l'utilisation de l'espace pour une fonction déterminée. **K.P.C. de Bazel** (1869-1923) applique les mêmes formules (ABN-AMRO Bank à Amsterdam).

L'école d'Amsterdam ou **Amsterdamse School** (vers 1912-1923), en réaction contre Berlage, s'oriente vers une architecture moins austère, et **Michel de Klerk, Peter Kramer** et **J.M. van der Mey** sont des artisans éclairés de la rénovation de la ville. Leurs réalisations se caractérisent par l'utilisation expressioniste de la brique. Les œuvres de **W.M. Dudok** s'apparentent quelque peu à celles de l'école d'Amsterdam ; l'architecte de l'hôtel de ville de Hilversum *(illustration, voir ABC d'architecture)* a été influencé par l'Américain F.L. Wright.

À la même époque, le **mouvement De Stijl** est fondé par les peintres **Mondrian**

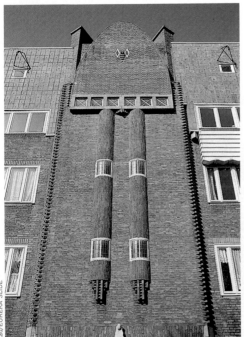

Amsterdam – Spaarndammerbuurt,
Eigen Haard (M. de Klerk)

Lau/EUREKA SLIDE

Les Pays-Bas font partie des pays phares dans le domaine de l'architecture moderne et de l'urbanisme. Parmi les architectes choisis pour la réalisation de grands projets tels que le projet Resident à La Haye et le quartier Kop van Zuid à Rotterdam figurent non seulement des noms néerlandais mais également de grands noms de renommée internationale. Une visite de Rotterdam, ville en évolution permanente, est vivement conseillée aux personnes qui s'intéressent à l'architecture moderne. Certains musées des Pays-Bas peuvent être considérés comme curiosités architecturales de grand intérêt : le Groninger Museum (Groningen), le Bonnefantenmuseum (Maastricht) et le Nemo (Amsterdam).

et **Theo van Doesburg** (1883-1931) et l'architecte **J.J.P. Oud** (1890-1963). D'autres architectes comme **G. Rietveld**, également dessinateur de meubles, **J. Duiker** et **B. Bijvoet** y puisent leurs théories : leurs constructions à la carcasse en béton forment un ensemble d'espaces cubiques superposés et juxtaposés ; il s'agit du **fonctionnalisme** ou « **Nieuwe Bouwen** » (1920-1940). C'est avec la construction de l'usine Van Nelle-fabriek à Rotterdam, œuvre exceptionnelle, réalisée en acier, verre et béton par les architectes **Brinkman** et **Van der Vlugt**, que ce style atteint son apogée.

Vers 1950, lors de la reconstruction de **Rotterdam**, les urbanistes manifestent une volonté de s'adapter aux aspirations humaines : le Lijnbaan (1952-1954), par **J.H. van den Broek** et **J.B. Bakema** (1914-1981), est la première zone piétonne d'Europe. D'autres architectes appartiennent à la même génération : **Aldo van Eyck** (Burgerweeshuis et Moederhuis à Amsterdam), **Herman Hertzberger** (Vredenburg à Utrecht et ministère du Logement, de l'Aménagement du territoire et de l'Environnement ou VROM à La Haye) et **Piet Blom**, auteur des maisons cubes et de l'immeuble Het Potlood (Le Crayon) à Rotterdam. Dans cette même ville, l'immeuble de bureaux Willemswerf est dû à **Wim Quist** (né en 1930), architecte de plusieurs musées, dont le Museum Beelden aan Zee à Scheveningen.

L'un des architectes contemporains les plus célèbres est **Rem Koolhaas** (né en 1944), créateur du bureau d'architecture Office for Metropolitan Architecture (1975) à Rotterdam. Sa renommée ne se limite pas au Nederlands Danstheater à La Haye, au Museumpark et au Kunsthal à Rotterdam, mais elle dépasse les frontières des Pays-Bas. Koolhaas a conçu un plan d'urbanisme pour Lille. **Jo Coenen** (né en 1949) cherche toujours, dans ses créations, à respecter l'environnement et la tradition architecturale de l'endroit choisi. On lui doit notamment le Nederlands Architectuurinstituut à Rotterdam. Digne représentant de la jeune génération, **Ben Berkel** (né en 1957) est à l'origine d'un des ponts de Rotterdam : l'Erasmusbrug (1996).

L. Boegly/ARCHIPRESS

Groningen – Groninger Museum (Coop Himmelb(l)au)

Sculpture – Dans la plupart des villes des Pays-Bas, les allées piétonnes et les parcs sont agrémentés d'œuvres d'art, et les façades modernes aux lignes géométriques sont rehaussées de mosaïques, d'éléments colorés, de dentelles de bronze.

Mari Andriessen (1897-1979), l'un des plus remarquables sculpteurs du 20e s., est l'auteur du *Dokker* près de la synagogue portugaise ou Portugese Synagoge à Amsterdam, du monument du Volkspark à Enschede, ainsi que de la statue de la reine Wilhelmine se trouvant dans le Wilhelminapark d'Utrecht.

Parmi les sculpteurs contemporains, il faut citer **Fortuyn** et **O'Brien** dont les œuvres sont d'élégantes et légères constructions de lattes couvertes de papier ou de soie. **Carel Visser** (né en 1928) figure parmi les premiers dans son pays à travailler le métal. On lui doit des collages-sculptures et des sculptures fabriquées avec des objets trouvés. Ses œuvres récentes sont exécutées avec une grande précision.

Les sculptures de **Henk Visch** (né en 1950) sont essentiellement figuratives (êtres humains et animaux).

ARCHITECTURE MILITAIRE

Dans de nombreux endroits des Pays-Bas, on retrouve des vestiges de fortifications érigées tout au long des siècles afin de défendre le pays contre les ennemis.

Au Moyen Âge, les fortifications étaient constituées de mottes surmontées de palissades et entourées d'un fossé rempli d'eau. Plus tard, on érigea également des châteaux forts et des châteaux, notamment le château fort de Leyde **(burcht van Leiden)**, le **Muiderslot** et le **slot Loevestein**.

Avec le développement des villes, les murs en pierre ou remparts, flanqués de tours et percés de portes monumentales, firent leur apparition. Des vestiges de ce type de fortifications existent encore, notamment à **Amersfoort** *(illustration, voir ABC d'architecture)* et à **Elburg**. Le plus souvent, les remparts et les tours étaient pourvus d'un chemin de ronde et de merlons. Les mâchicoulis et les meurtrières permettaient de lancer des pierres sur les assiégeants ou de déverser de l'huile bouillante.

Breda – Le Spanjaardsgat

Après l'apparition des **canons** au début du 15e s., les fortifications des villes médiévales n'offraient plus de protection suffisante. C'est pourquoi on réduisit la hauteur des murs et des **tours**, on entoura l'enceinte de **douves**, et derrière les remparts, on installa une levée de terre qui empêchait l'ennemi de percer des brèches. Le Spanjaardsgat (la « trouée des Espagnols ») à Breda est un exemple de ce type d'ouvrage de défense.

L'étape suivante consista à construire des **tours rondes**, notamment **De Vijf Koppen** à **Maastricht**. Malgré tout, la tour ronde présentait deux inconvénients : son sommet était trop exigu pour permettre d'y disposer une quantité suffisante d'armement et elle présentait à l'avant un angle mort.

Au début du 16e s., des architectes italiens trouvèrent une solution pour pallier les inconvénients de la tour ronde : le bastion en pierre, une saillie pentagonale de l'enceinte. Ce nouveau type d'ouvrage de défense s'imposa très rapidement aux Pays-Bas.

Durant la guerre de Quatre-Vingts Ans, une série d'adaptations inspirées du modèle italien débouchèrent sur la mise au point d'un nouveau système de fortifications : le Oud-Nederlandse stelsel ou **ancien système néerlandais**. Ce fut le mathématicien flamand **Simon Stevin** (1548-1620) qui élabora la base théorique de ce système.

Ces ouvrages étaient entièrement faits de terre, de sorte que les balles enne-mies s'y enfonçaient, et presque toujours entourés de douves, elles-mêmes parsemées de ravelins ou îlots fortifiés destinés à couvrir les bastions. Le plus grand architecte militaire de cette époque fut **Adriaan Anthonisz.** (vers 1543-1620). Il renforça pas moins de 29 places fortes néerlandaises dont les mieux conservées sont celles de **Willemstad**, **Heusden**, **Hulst** et **Bourtange** (illustration, voir ABC d'architecture).

À **Naarden**, l'ouvrage fortifié le mieux conservé du pays, c'est la méthode française qui fut appliquée, avec de vastes bastions et une double enceinte de fortifications. Le **Nieuw-Nederlandse stelsel** fut conçu par le colonel **Menno van Coehoorn** (1641-1704) en 1685 (**Hellevoetsluis, Bergen op Zoom**). Il consistait à ériger de grands bastions très rapprochés ; de ce fait, les portions de mur entre les bastions, les courtines, étaient très courtes, d'où l'apparition, plus tard, du **système tenaillé** ; une ligne de défense en étoile constituée d'une succession de bastions sans courtines (**Ligne de Doesburg**, aujourd'hui en ruine).

La puissance et la portée de l'artillerie ne cessèrent d'augmenter et l'architecture militaire dut s'adapter. La défense des villes fut déplacée vers l'avant sous forme d'une ceinture de forts construits autour de leur enceinte ; c'est le cas de la **Nieuwe Hollandse Waterlinie** (1840-1860), autour d'**Utrecht**. La fonction essentielle des lignes de submersion consistait à inonder une région sous 40 cm d'eau environ, dans le but d'empêcher l'ennemi de progresser, que ce soit à pied ou en bateau. À cette fin, la ligne de défense était pourvue d'un système d'écluses et de quais. Sur les terres qui ne pouvaient pas être inondées, on construisait des forts tels que le gigantesque **fort Rijnauwen**, près de Bunnik.

Les quarante forts de la **Stelling van Amsterdam** (1883-1914) étaient disposés à une distance moyenne de 12 km de la capitale. L'un de ces ouvrages est l'île fortifiée de **Pampus**, dans l'IJsselmeer. Cette fameuse ceinture de défense figure depuis 1996 sur la liste du Patrimoine mondial de l'Unesco.

Plus ancienne encore, la ligne de défense de **Den Helder** fut construite en 1811 sur ordre de Napoléon.

Après la Première Guerre mondiale, on érigea des lignes de casemates en béton. Ces bunkers se trouvent notamment dans l'Est du pays sur la **Grebbelinie** et le long de la digue du Nord, près de Den Oever et de Kornwerderzand (aménagé en musée).

Pendant la Seconde Guerre mondiale, les Allemands construisirent un nombre impressionnant de bunkers le long de la côte, dans le cadre des fortifications du **mur de l'Atlantique**.

Les derniers ouvrages de défense construits aux Pays-Bas furent ceux de la **Rijn-IJssellinie**, une ligne de défense conçue en 1951 dans le cadre de l'Otan. En 1954, on décida de renoncer à cette ligne en raison de la modification des stratégies pendant la guerre froide.

LE PATRIMOINE INDUSTRIEL

Ce n'est qu'à la fin du 19e s. que les Pays-Bas furent concernés par la **révolution industrielle**. Celle-ci se caractérisa par l'apparition des **fabriques**, l'utilisation de la **vapeur** comme source d'énergie et l'introduction du **fer** et de l'**acier**. Pourtant, au 17e s., c'était aux Pays-Bas que se trouvait la plus grande région industrielle d'Europe : la région du Zaan ou **Zaanstreek** (voir ce nom), où près de mille moulins à vent alimentaient en énergie des « usines » de fabrication de papier, de préparation de peintures et de produits alimentaires.

Fabriques et cités ouvrières – Les premiers bâtiments industriels, construits dans la région de la Twente et dans la province du Brabant-Septentrional, furent des usines produisant du coton et de la laine. Un grand nombre de ces bâtiments furent démolis, mais quelques-uns ont été reconvertis : l'usine de textile Mommers (19e s.) à Tilburg qui abrite aujourd'hui le **Nederlands Textiel-museum** (musée néerlandais du Textile), et la **filature Jannink** à Enschede. Au début du 20e s., l'apparition du béton, du verre et de l'acier permit la construction de bâtiments plus grands et plus fonctionnels, tels le **Wiebengahal** de l'ancienne fabrique Sphinx Céramique à Maastricht et l'usine **Van Nelle-fabriek** à Rotterdam (1926-1930).

Des **cités ouvrières** destinées à loger les nombreux travailleurs furent construites. Parmi les plus connues, citons l'**Agnetapark** à Delft et le **Philipsdorp** à Eindhoven.

Coquillages et minerais – Un peu partout dans le pays, il existe encore des **fours à chaux**. Ces constructions en brique en forme de bouteille permettaient d'obtenir de la chaux à partir de coquillages. Quelques anciens puits témoignent de l'**exploitation des mines de charbon** dans le Sud de la province du Limbourg, notamment le puits Nulland à Kerkrade et celui de la mine Oranje Nassau à Heerlen. Au musée de la Mine de Valkenburg (**Steenkolenmijn Valkenburg**), un puits a été reconstitué et permet de mieux comprendre les méthodes d'extraction de la houille.

Gares ferroviaires – La plus ancienne gare encore conservée actuellement est celle de **Valkenburg**, construite en 1853. La **gare centrale d'Amsterdam** a été construite d'après les plans de l'architecte P.J.H. Cuypers (1827-1921). La magnifique gare Art nouveau de **Haarlem** est due à l'architecte Margadant. Les gigantesques toitures en acier qui surplombent les quais (Bois-le-Duc, La Haye) constituèrent une grande innovation technique.

À Utrecht, le **Nederlands Spoorwegmuseum** retrace l'histoire des chemins de fer néerlandais.

Architecture portuaire – Amsterdam compte toujours un chantier naval du 19e s. recouvert d'une charpente métallique (**'t Kromhout**). Le **port de Rotterdam**, en grande partie détruit en 1945, conserve encore quelques anciens entrepôts, notamment **De Vijf Werelddelen** (l'Entrepôt des Cinq Continents), aujourd'hui centre commercial et complexe d'activités récréatives. Sur le Wilhelminakade, l'ancien siège (1901) de la compagnie maritime **Holland-Amerika Lijn** a été transformé en hôtel. À Rotterdam également, on admire l'ancien pont levant ferroviaire **De Hef**.

Ph. Gajic/MICHELIN

Haarlem – Station de pompage De Cruquius

Stations de pompage à vapeur – Les premières stations de pompage à vapeur furent utilisées lors de l'assèchement de la Haarlemmermeer (*voir le chapitre La lutte contre les eaux*). L'une d'elles, la station **De Cruquius**, près de Heemstede, abrite actuellement un musée. À partir de la seconde moitié du 19e s., on construisit bien d'autres stations de pompage, notamment **De Vier Noorder Koggen** (aujourd'hui le musée néerlandais de la Machine à Vapeur) et la **station de pompage Ir. Lely** près de Medemblik, et la station (**Stoomgemaal**) près de **Halfweg** (également transformée en musée). La gigantesque **station de pompage Ir. D.F. Wouda**, située près de Lemmer, fut construite en 1917 et figure depuis 1998 sur la liste du Patrimoine mondial de l'Unesco.

Châteaux d'eau et phares – C'est à **Rotterdam** que se trouve le plus ancien château d'eau des Pays-Bas (1873). L'origine du plus ancien phare du pays remonte à 1594 ; c'est le **Brandaris**, situé sur l'île de Terschelling. Le phare en brique de **Haamstede** figure sur les billets de banque de 250 florins.

Le plus ancien château d'eau d'Utrecht abrite le **Waterleidingmuseum**, un musée retraçant l'histoire de l'alimentation en eau potable aux Pays-Bas. De style néogothique, le château d'eau de **Schoonhoven** abrite la fondation « Zilver in Beweging ».

LA PEINTURE

À ses débuts très apparentée à la peinture flamande, puis quelque temps marquée par l'Italie, la peinture hollandaise connaît son âge d'or au 17e s., avec l'émancipation du pays : dès lors, son épanouissement va de pair avec celui de la société bourgeoise qu'elle représente.

Les primitifs

Parmi les plus grands, un peintre fantastique se distingue dès le 15e s., à Bois-le-Duc, **Jérôme Bosch**. Sa peinture, originale pour son pays et pour son époque, reste mystérieuse et objet de bien des inter-prétations *(illustration, voir 's-Hertogenbosch)*. Encore médiéval par sa représentation d'un monde hanté par le péché, Jérôme Bosch annonce cependant, par son réalisme, la peinture du 17e s. et, par son imagination, le surréalisme.

Les autres artistes sont plus proches des primitifs flamands. L'œuvre de **Gérard de St-Jean** est très proche de la miniature ; **Cornelis Engebrechtsz.**, auteur de scènes mouvementées aux nombreux personnages, et coloriste remarquable dont on peut voir des œuvres au musée De Lakenhal à Leyde, enfin **Jan Mostaert**.

Renaissance – **Jan van Scorel**, élève de **Jacob Cornelisz. van Oostsanen**, introduit, à son retour de Rome en 1524, la Renaissance dans les Pays-Bas du Nord. C'est le premier de ces peintres romanistes influencés par l'art italien. Des portraits d'une grande

La Glorification de la Vierge, Gérard de St-Jean

Museum Boijmans Van Beuningen

sensibilité *(Portrait d'un jeune garçon*, musée Boijmans Van Beuningen à Rotterdam), des peintures religieuses un peu maniéristes sont à mettre à son actif *(illustration, voir Utrecht)*. Van Scorel a pour élève **Maarten van Heemskerck**.

Lucas de Leyde, élève de Cornelis Engebrechtsz., est lui aussi marqué par la Renaissance. On lui doit notamment de vastes compositions équilibrées comme le *Jugement dernier* au musée De Lakenhal, à Leyde. **Pieter Aertsen** n'est aucunement touché par l'influence romaniste. Cet artiste d'Amsterdam, qui séjourna un temps à Anvers, peint des scènes rustiques ou d'intérieur avec un certain raffinement et agrémente le décor de natures mortes. Antoon Mor acquiert la célébrité sous le nom espagnol d'**Antonio Moro**, en devenant le peintre officiel de Charles Quint puis de Philippe II ; il travaille ensuite à la cour d'Angleterre.

Le Siècle d'or

Dominé par les grandes figures de Rembrandt, Frans Hals, Vermeer, Jacob van Ruysdael, le 17e s. comprend également une pléthore de peintres aux talents très divers. Alors que les Flamands s'adonnent encore à la peinture religieuse, une grande partie de la production hollandaise est destinée à orner les intérieurs des bourgeois aisés, aussi les sujets sont-ils d'une nature plus profane et d'une grande variété. Ils constituent en même temps de remarquables témoignages sur la vie quotidienne de l'époque.

Les tableaux corporatifs – Les gardes civiques, les syndics, les chirurgiens, les régents d'hospice voulant faire immortaliser leurs traits, le tableau corporatif connaît une très grande vogue.

Bartholomeus van der Helst, outre des portraits de bourgeois ou de membres de la maison d'Orange, réalise de nombreux portraits collectifs, sévères et classiques. Moins conformiste, **Frans Hals** a l'aisance du génie. La plupart de ses grands tableaux corporatifs se trouvent au musée Frans Hals, à Haarlem, où il vécut. Il a peint aussi de saisissants portraits pleins de vie (*Le Joyeux Buveur*, Rijksmuseum d'Amsterdam).

Rembrandt et ses élèves – **Rembrandt** peint également des tableaux de corporation, dont la fameuse *Leçon d'anatomie du professeur Tulp* qui se trouve au Mauritshuis à La Haye, mais le plus célèbre exemple est *La Ronde de nuit*, conservée au Rijksmuseum d'Amsterdam. Ce musée présente par ailleurs une collection excellente d'œuvres du maître, notamment de scènes bibliques, portraits et autoportraits (*illustration, voir Leiden*), où la lumière vient illuminer des personnages graves, surgissant d'une pénombre mystérieuse.

Rembrandt eut de nombreux élèves : **Gerard Dou**, peintre de scènes de genre en clair-obscur ; **Ferdinand Bol**, l'un des plus proches du maître, par sa manière ; **Nicolaes Maes**, qui use de coloris chauds pour peindre de calmes scènes d'intérieur ; **Samuel van Hoogstraten** ; **Aert van Gelder** ; **Carel Fabritius**, qui, mort jeune, est le plus doué de tous ; **Philips Koninck**, surtout paysagiste.

Les paysagistes – Si Rembrandt dessina et grava d'admirables paysages, il en peignit peu. De nombreux artistes, par contre, se spécialisèrent dans ce genre, notamment **Hercules Seghers**, **Salomon van Ruysdael** et **Jan van Goyen**. De larges horizons, des rivières paisibles, des nuages tamisant la clarté du soleil, des silhouettes d'arbres, d'églises, de moulins garnissent leurs compositions lumineuses et sereines. Le plus grand des paysagistes de l'époque, **Jacob van Ruysdael** ou **Ruisdael**, neveu de Salomon, représente des sites un peu romantiques.

Meindert Hobbema est le peintre de grands arbres au feuillage d'un vert vif où joue la lumière. **Cornelis van Poelenburgh** affectionne les paysages italianisants au soleil couchant.

Parfois les paysages ne sont que prétexte à introduire des personnages chez **Albert Cuyp**, des bergers avec leurs troupeaux chez **Nicolaes Berchem**, des vaches et chevaux chez **Paulus Potter**, des chevaux (avec leurs cavaliers) chez **Philips Wouwerman**.

Hendrick Avercamp tient une place à part : il fait revivre, avec un art proche de la miniature et des couleurs raffinées, le monde pittoresque des patineurs ; **Aert van der Neer** peint aussi des scènes hivernales et des rivières au clair de lune.

Le Coup de vent, Willem van de Velde le Jeune
Rijksmuseum, Amsterdam

Nature morte avec fromages,
Floris Claesz. van Dijck, Rijksmuseum Amsterdam

Willem van de Velde le Vieux et surtout son fils **Willem van de Velde le Jeune**, qui finissent leur vie à la cour d'Angleterre, sont de remarquables peintres de marines, de même que **Ludolf Backhuisen**, **Jan van de Cappelle** et le Gantois **Jan Porcellis**.
Pieter Saenredam (1597-1665) et **Emmanuel de Witte** (vers 1617-1692), dont les œuvres sont très appréciées de leur temps, représentent des intérieurs d'églises d'une composition très étudiée.
Les frères **Job** et **Gerrit Berckheyde** sont connus comme peintres d'architecture.

Scènes de genre – Outre certains élèves de Rembrandt, de nombreux peintres se spécialisent dans les scènes d'intérieur.
Gerard Terborch, **Frans van Mieris**, **Gabriel Metsu** recréent, d'un pinceau délicat, des atmosphères intimes. **Pieter de Hooch**, remarquable coloriste et virtuose des effets de perspective, représente les occupations quotidiennes des bourgeois aisés. **Vermeer**, peintre longtemps négligé, est considéré de nos jours comme l'un des plus grands. Il a surtout représenté des scènes d'intérieur, réalistes et cependant empreintes d'une étonnante poésie, simples en apparence mais révélatrices d'une recherche subtile de couleur, de composition, d'effets de lumière *(illustration, voir Den Haag)*. Les scènes paysannes, plus populaires et animées, sont la spécialité d'**Adriaen van Ostade**, peintre de la vie rustique influencé par le Flamand Adriaen Brouwer, et de son élève **Jan Steen** *(illustration, voir Amsterdam)* dont la gaîté et l'humour laissent transparaître une certaine intention moralisatrice.
À Utrecht, où s'est répandue dès le 16e s. l'influence italianisante, **Abraham Bloemaert** perpétue cette tendance. L'un de ses élèves, **Hendrick Terbrugghen**, introduit le caravagisme dans le pays, de même que **Gerard van Honthorst** : le contraste entre l'ombre et la lumière, les personnages populaires, représentés à mi-corps, les scènes de musique caractérisent leur œuvre. Élève de Frans Hals, **Judith Leyster** est aussi marquée par la peinture caravagesque.

Natures mortes – La tradition de la peinture de nature morte d'origine flamande (Fyt, Snijders) est reprise à Haarlem par **Pieter Claesz.**, **Willem Claesz. Heda** et **Floris Claesz. van Dijck**. Leur sujet de prédilection est la table couverte des reliefs d'un repas et de verres et récipients où vient jouer la lumière. Moins chargées que celles des Flamands, plus monochromes, leurs compositions obéissent à une géométrie savante.
Les œuvres de **Willem Kalff**, d'**Abraham van Beyeren** et de **Jan Davidsz. de Heem** sont plus colorées et plus baroques.

Dessins et gravures – Fort appréciés dans les cabinets de collectionneurs, d'innombrables dessins et gravures, notamment des eaux-fortes, ont été réalisés par les peintres du 17e s. Rembrandt lui-même a excellé dans ce genre *(illustration, voir le chapitre des Conditions de visite en fin de volume)*.

Le 18ᵉ s. est une période de déclin. On peut distinguer cependant **Cornelis Troost**, peintre amstellodamois qui, inspiré par le théâtre, évoque Watteau ou l'Anglais Hogarth. **Jacob Wit** est connu pour ses grisailles (en néerlandais : witjes) qui décorent nombre de maisons bourgeoises. Mort jeune, **Wouter Joannes van Troostwijk** est le peintre d'Amsterdam.

Au 19ᵉ s., avec l'**école de La Haye (Haagse School)** dirigée par **Jozef Israëls**, se produit un renouveau artistique. La nature, les plages, les dunes, la vie des pêcheurs fournissent d'innombrables sujets de peinture aux artistes de cette école (illustration, voir Den Haag).

Séjournant surtout en France, **J.B. Jongkind**, partisan de l'impressionnisme, s'attache à rendre dans ses tableaux la lumière et une certaine atmosphère, de même que **George Hendrick Breitner**, connu aussi comme peintre de cavaliers et du vieil Amsterdam (illustration, voir Amsterdam). **Isaac Israëls**, fils de Jozef, est l'auteur de vues de plages et de nombreux portraits.

À la fin du 19ᵉ s., **Vincent van Gogh** exécute d'abord une peinture sombre qui, sous l'influence de l'impressionnisme qu'il découvre à Paris, s'illumine et se colore. À partir de 1886, il travaille principalement en France, à Paris et, en Provence, dans la région d'Arles, mais on admire de lui des chefs-d'œuvre au musée Kröller-Müller ou au musée Van Gogh d'Amsterdam (illustration, voir Amsterdam).

Jan Toorop, né à Java, d'abord impressionniste, se tourne après 1890 vers le symbolisme, mouvement dans lequel il tient une place importante en Europe, de même que **Johan Thorn Prikker**. Plus tard, Toorop traverse une période pointilliste et divisionniste et s'intéresse aussi à l'Art nouveau dont le style lui inspire de nombreuses affiches.

Mondrian (illustration, voir Amersfoort) est l'un des plus grands novateurs de son époque. Animateur du mouvement **De Stijl** (1917-1931) et de la revue porte-parole du mouvement, avec **Theo van Doesburg** et **J.J.P. Oud**, il a contribué à la naissance de l'art constructiviste.

Contre-composition en dissonances, Théo van Doesburg
Collection Gemeentemuseum Den Haag

Herman Kruyder, dont les œuvres sont empreintes de mystère, figure parmi les artistes les plus intéressants de la période de l'entre-deux-guerres.
Jan Wiegers est le chef de file du mouvement expressionniste **De Ploeg** (1918-1930, La Charrue), que caractérisent des couleurs contrastantes. De nos jours, **Hendrik Werkman** est considéré comme le représentant principal du groupe ; on lui doit d'importantes innovations dans le domaine de la gravure sur bois et de la typographie.
Après une brève période expressionniste, **Charley Toorop**, fille de Jan, se tourne vers le réalisme.
Kees van Dongen (illustration, voir Rotterdam) connaît la célébrité à Paris.
Les théoriciens du **réalisme magique** ou néoréalisme (1920-1930), **Raoul Hynckes**, **Pyke Koch**, **Carel Willink**, ont, par leur art quasi photographique et teinté de surréalisme ou de fantastique, influencé beaucoup de jeunes artistes. Leur contemporain **M.C. Escher**, le plus illustre des graveurs néerlandais, se spécialise dans l'illusion optique et connaît une réputation mondiale.

Fondé par un groupe international où figurent notamment le Danois Asger Jorn, le Belge Dotremont et trois Néerlandais, **Karel Appel** (*illustration, voir Eindhoven*), **Constant** et **Corneille**, le mouvement **Cobra** (1948-1951), contraction de Copenhague, Bruxelles, Amsterdam, se caractérise par une création libre et spontanée, souvent inspirée par des dessins d'enfants.

L'année 1960 voit la naissance du groupe néerlandais **Nul** (Zéro), dont les mots clés sont impersonnalité, détachement et objectivité. **Jan Schoonhoven**, connu surtout pour ses reliefs blancs, en est le principal représentant.

Dans les années 1970, **Jan Dibbets** et **Ger van Elk** s'expriment à travers la photographie ; le premier transforme la réalité en abstraction en faisant des montages-truquages où la perspective joue un rôle important.

Rob van Koningsbruggen utilise des techniques peu conventionnelles pour ses œuvres presque monochromes : il glisse ou fait tourner une ou plusieurs toiles sur d'autres toiles peintes en noir, en blanc ou en d'autres couleurs primaires.

Parmi les artistes des années 1980, il faut citer **Rob Scholte** et **Marlene Dumas**, qui s'inspirent, chacun à sa façon, de matériel pictural provenant des mass media.

Belvédère (1958), M.C. Escher

ARTS DÉCORATIFS

Faïence et porcelaine

Du grès et de la majolique... au bleu de Delft – Après le départ au 16ᵉ s. des potiers italiens vers d'autres régions d'Europe, notamment vers Anvers, leurs anciens collaborateurs s'approprièrent la technique de cuisson de la majolique. Lors de la chute d'Anvers en 1585, de nombreux potiers fuirent aux Pays-Bas où prospérait la production de majolique. Bien vite, cette nouvelle technique remplaça le grès traditionnel de la région du Rhin.

Cependant, les grandes quantités de **porcelaine caraque** importées par la Compagnie des Indes orientales (VOC) au début du 17ᵉ s. influencèrent le marché et menèrent de nombreuses entreprises à la faillite. Certains potiers s'orientèrent alors vers la production de carreaux de faïence ou d'objets utilitaires, tels les pots de moutarde et les pots à pharmacie, qui n'étaient pas fabriqués par les Chinois. Les décorations orientales étaient souvent imitées. D'autres potiers, par contre, tentèrent de percer le secret de la porcelaine de Chine, mais (provisoirement) sans succès. Seuls quelques fabricants de **Delft** et de **Haarlem** parvinrent à réaliser un produit de meilleure qualité que la majolique traditionnelle et à concurrencer ainsi la porcelaine asiatique. Cette nouvelle technique, la **faïence**, utilisait une composition d'argile différente qui permettait la fabrication de produits plus fins. En outre, l'émail à base de plomb fut remplacé par un émail blanc à base d'étain, ce qui donnait à la faïence l'aspect de la porcelaine blanche. La décoration était constituée de motifs chinois et néerlandais. Les décorations d'inspiration italienne étaient également très appréciées.

Lorsqu'en 1650 une guerre civile éclata en Chine et que les importations de porcelaine asiatique stagnèrent, le **bleu de Delft** prit son plein essor. Les potiers de Delft s'engouffrèrent dans ce créneau du marché et des faïenceries spécialisées se lancèrent dans la production à grande échelle *(voir Delft)*.

Céramique frisonne – À partir de la deuxième moitié du 17ᵉ s., **Makkum** *(voir ce nom)* et **Harlingen** devinrent les centres de production de la céramique frisonne ; ils étaient spécialisés dans la fabrication de carreaux et de vaisselle. Leurs produits ressemblent beaucoup à la porcelaine de Delft, mais la céramique est plus simple et imite moins la porcelaine chinoise. En outre, les pièces frisonnes ne présentent presque jamais de marque de fabrique ; seul le nom du maître d'ouvrage est mentionné. Les plats de Lemmer (**Lemmer schotels**) sont très caractéristiques. À Makkum, la manufacture de faïence **Tichelaar-fabriek**, datant de la fin du 17e s., est toujours en activité.

Porcelaine néerlandaise – Au début du 18e s., la ville allemande de Meissen parvint la première à produire de la véritable porcelaine. Très vite, la fabrication de porcelaine se répandit à travers divers pays d'Europe occidentale. Aux Pays-Bas, on ne produisit de la porcelaine que pendant une courte période d'environ 50 ans, pendant laquelle on imita surtout la porcelaine allemande. Conçue spécialement pour exposer et protéger ces beaux objets, l'**armoire à porcelaine** néerlandaise fit son apparition : haute et peu profonde, elle est vitrée et souvent pourvue d'une base à tiroirs.

La première fabrique de porcelaine néerlandaise fut fondée à **Weesp**. Mais la production (1760-1770), avec ses motifs rococo et ses décorations colorées, se trouva bien vite confrontée à des problèmes financiers et l'entreprise dut fermer ses portes. Les stocks furent rachetés par le pasteur De Mol de **Loosdrecht**, ce qui lui permit de donner du travail aux habitants de sa pauvre commune. Entre 1774 et 1784, Loosdrecht produisit des services et des objets en porcelaine magnifiquement décorés. Après la mort du pasteur, la fabrique fut transférée à **Ouder Amstel**. Entre 1784 et 1809, on y réalisa des pièces originales de style Louis XVI. En 1809, la fabrique fut à nouveau transférée à **Nieuwer Amstel**, où la production d'objets de style Empire se poursuivit jusqu'à sa fermeture en 1814. Par ailleurs, entre 1776 et 1790, des porcelaines importées principalement de Ansbach et de Tournai étaient décorées à La Haye et étaient vendues sous le nom de **porcelaine de La Haye**.

La porcelaine néerlandaise était d'excellente qualité, mais les coûts de production élevés, ainsi que les possibilités limitées d'extension du marché empêchèrent la production à grande échelle.

Art nouveau néerlandais – Pendant la seconde moitié du 19e s., on produisit de la céramique dans la fabrique de Petrus Regout à **Maastricht**. Les services blancs, parfois décorés, étaient fortement influencés par la porcelaine anglaise (notamment celle de Wedgewood), et même parfois carrément copiés.

Ce n'est qu'à la fin du 19e s. que l'Art nouveau s'imposa réellement aux Pays-Bas. La faïencerie **Rozenburg** à La Haye se consacra à la fabrication de pièces aux motifs stylisés, souvent irréguliers, et s'inspirant du monde des fleurs et des plantes. Le dessinateur **Th. A. C. Colenbrander** est considéré comme un grand novateur dans ce domaine. Il a imaginé des décorations aux formes très originales et pleines de fantaisie. Un autre grand succès de la fabrique de Rozenburg est dû à **J. J. Kok** : la **porcelaine coquille d'œuf** aux motifs naturalistes très fins.

Gouda produisit également entre 1900 et 1930 de la céramique multicolore, la **faïence de Gouda**.

Céramique moderne – Malgré l'industrialisation croissante du début du 20e s., la fabrication artisanale de céramique a subsisté. La production de masse a fait place à l'industrie créatrice : les artisans sont devenus des artistes. Parmi les grands céramistes modernes des Pays-Bas, citons Chris Lanooy, Bert Nienhuis, W. C. Brouwer, Johan van Loon et Jan van der Vaart.

Carreaux de faïence

Tout comme la majolique, les carreaux de faïence ont également fait leur apparition aux Pays-Bas au 16e s., via l'Italie et la Flandre. On les utilisa tout d'abord comme **carreaux de pavement**, mais la fine couche d'émail stannifère qui les recouvrait était très fragile et ils se détérioraient rapidement. On s'orienta donc vite vers la production de **carreaux de revêtement**.

À l'origine, ces carreaux étaient polychromes et décorés de motifs géométriques, d'animaux ou de fruits. Plus tard, sous l'influence de la porcelaine de Chine, on s'orienta vers des motifs exclusivement bleus.

Après 1750, les citadins cessèrent de s'intéresser aux carreaux peints et ils choisirent de tapisser leurs murs de riches tissus. À la campagne, les carreaux restèrent très appréciés. Ils étaient décorés de nombreux motifs variés : représentations d'activités artisanales, créatures marines fantastiques, jeux d'enfants, soldats et navires. Vers la fin du 18e s. apparurent également des scènes bibliques et pastorales.

Après 1800, le carreau hollandais connut son déclin en raison de l'utilisation croissante du papier peint et des carreaux produits à l'échelle industrielle en Angleterre.

Tableaux de carreaux – À partir de 1620 et jusqu'à la fin du 18e s., les Pays-Bas produisirent de grands tableaux de carreaux de faïence destinés à décorer le fond de l'**âtre**, le **couloir**, les **murs** ou le dessus de la **cheminée**. Les tableaux représentant un bouquet multicolore dans un vase sont particulièrement remarquables. Au 18e s., les sujets deviennent plus variés : scènes de la vie à la campagne, figures allégoriques, combats navals, vues de villes, chiens et perroquets.

Le tableau de carreaux connut un nouvel essor au début du 20e s. : il servit alors de support publicitaire sur les murs intérieurs de magasins et sur les façades.

Carreau (vers 1625)

Vase, Chris Lanooy (1927)

Plat de Haarlem (vers 1660)
et flacon de Delft (vers1650-1670)

Chandelier
en porcelaine coquille d'œuf,
Rozenburg Den Haag (1902)

Plat d'inspiration italienne,
Haarlem (vers 1660)

Soupière en porcelaine de Loosdrecht (vers 1780)

Moyen Âge et Renaissance – L'époque gothique tardive a produit des coffres en chêne sculpté, des crédences, sortes de petits buffets à tablettes, des dressoirs, ornés de motifs en « plis de serviette ».
À partir de 1550, la Renaissance italienne inspire des décorations sculptées de médaillons et de grotesques. Les lourdes tables de style flamand (bolpoottafels), à pieds tournés s'élargissant en « vase », font leur apparition.

Armoires du Siècle d'or – Les plus belles productions hollandaises de la fin du 16e s. et du Siècle d'or sont les armoires à linge.
L'**armoire Renaissance hollandaise** (Hollandse kast) est peut-être un des types les plus courants. Elle présente les ornements les plus variés : mufles de lions, cariatides, frises de rinceaux et grotesques. Elle a une large plinthe, quatre portes et une lourde corniche décorée d'une frise de végétaux. Ses montants sont formés de pilastres et, par la suite, de colonnes : elle est alors nommée aussi « armoire à colonnes » (kolommenkast).
Dès la deuxième partie du 17e s., on fabrique aussi, en bois de plusieurs essences, de magnifiques **armoires « à coussins »** (kussenkast) nommées ainsi en raison de la forme ventrue de leurs vantaux, généralement plaqués d'ébène. L'armoire est posée sur d'énormes pieds boules. Sur la corniche est souvent placée une garniture de Delft.

Marqueterie et incrustations – À partir du 17e s. et surtout au 18e s. se répand le goût pour la marqueterie et surtout pour les incrustations d'ébène, d'écaille, de métal et d'ivoire, qui se manifeste, comme en Flandre, dans les écritoires et les **cabinets** » aux nombreux tiroirs destinés à loger des collections d'objets précieux.

Armoires des 18e et 19e s. – Le style Louis XV importé par les Huguenots français est très en vogue au 18e s., mais interprété avec une certaine liberté. L'**armoire du 18e s.**, à deux portes, est pourvue d'une base à tiroirs présentant à partir du milieu du siècle un renflement caractéristique **(buikkabinet)**. Elle est surmontée d'une corniche ondulée. On continue aussi à apprécier les incrustations et les marqueteries. À la fin du 18e s., le mobilier se ressent du style Louis XVI, plus austère, qui est reproduit avec une grande fidélité.
Au 19e s., l'influence du style Empire se fait sentir sous la domination napoléonienne, grâce à la présence dans le pays du roi Louis Bonaparte et de la reine Hortense, très attachés à la mode parisienne.

Meubles peints – Plusieurs localités du Nord du pays ont pour spécialité au 18e s. la fabrication de meubles peints. Ce sont surtout d'anciens ports du Zuiderzee dont les pêcheurs pendant les mois d'oisiveté travaillent et peignent le bois selon les méthodes observées au cours de leurs voyages dans la Baltique ou en Orient.
Ces meubles ont des contours particulièrement découpés ; le bois est couvert de peintures très chargées, d'un style plutôt populaire et naïf. Dans les ports du Zuiderzee (Hindeloopen, Enkhuizen), dans la région du Zaan, dans les îles des Wadden, la peinture revêt armoires, lits clos, berceaux, sièges, cartables d'écolier en bois, etc. Les principaux musées où l'on peut admirer ce décor sont le **musée du Zuiderzee** à Enkhuizen, le musée d'Hindeloopen **(Hidde Nijland Stichting)** et le musée de plein air **(Nederlands Openluchtmuseum)** d'Arnhem.

Horloges et pendules

Après la découverte en 1656 du principe du balancier par Christiaan Huygens, l'**horloge** se rencontre dans tous les intérieurs cossus. Sa longue gaine est assez décorée et surmontée d'une tête rectangulaire à corniche cintrée. Le cadran est souvent peint d'une représentation astrale au-dessous de laquelle se meuvent des personnages ou des navires. Amsterdam est un grand centre de fabrication d'horloges au 18e s. Cependant, les pendules de style Louis XV sont alors très appréciées. Dans les provinces de Frise, Groningue, Drenthe, les pendules nommées stoeltjesklokken sont agrémentées d'un décor ajouré fantaisiste apparenté à celui des meubles peints et possèdent un mécanisme particulier, installé sur une petite console. Les pendules de la région du Zaan ou Zaanstreek sont d'un genre plus précieux.

Plusieurs musées possèdent de belles collections d'horloges et de pendules : le **Nederlands Goud-, Zilver- en Klokkenmuseum** (orfèvrerie et horlogerie) à Schoonhoven et le **Museum van het Nederlandse Uurwerk** au Zaanse Schans, en particulier. De nombreux musées néerlandais possèdent une section d'arts décoratifs où des pièces nommées « **stijlkamers** » rassemblent le mobilier appartenant à un style, une époque ou une région. D'autre part, les « **maisons de poupée** » qu'on peut voir dans certains musées permettent de se faire une idée des intérieurs bourgeois de la Hollande au Siècle d'or, dont elles sont la reproduction minutieuse.

Orfèvrerie

Époque romane – Comme dans le reste du diocêse de Liège, en Belgique, l'**art mosan** a produit des chefs-d'œuvre d'orfèvrerie. Ainsi conservée dans la St.-Servaasbasiliek à Maastricht, la **châsse** du saint, en cuivre doré, richement ornée d'émaux, de cabochons et sur les faces de laquelle figurent des personnages : le Christ, saint Servais, les apôtres. Le musée Het Catharijneconvent d'Utrecht conserve des objets d'**orfèvrerie**, témoins de la prospérité de ses évêques dès l'époque romane : ostensoirs, pyxides, châsses, croix processionnelles et évangéliaires.

Le Siècle d'or – Dès le 16e s., mais surtout au 17e s., les communes, les guildes, les bourgeois se font fabriquer pour leurs banquets et leurs réunions de magnifiques objets d'argent, finement gravés et ciselés, dont la plupart des musées possèdent une collection : hanaps, gobelets, plats, aiguières, **nautiles** (vases formés d'un coquillage monté sur pied d'orfèvrerie), **gobelets à moulin** (en soufflant dans un petit tuyau on fait tourner les ailes), colliers et autres décorations de cérémonie. Les églises possèdent aussi leur collection d'orfèvrerie liturgique.

Châsse de saint Servais

Stichting Schatkamer St.-Servaas

L'**argenterie frisonne** est particulièrement remarquable. Les **coupes à brandevin** de forme ovale, munies de deux anses, au décor très chargé, contenaient de l'eau-de-vie. Les plus célèbres orfèvres sont les frères **Van Vianen**.

LA MUSIQUE

Les musiciens – Le plus célèbre est **J.P. Sweelinck**, organiste de la Vieille Église d'Amsterdam, compositeur, précurseur de Jean-Sébastien Bach. À la même époque, l'homme d'État et poète **Constantijn Huygens** s'intéresse à la composition musicale. Au 19e s., **Johannes Verhulst** est compositeur et chef d'orchestre, et **Richard Hol** chef d'orchestre, pianiste et auteur de cantates, de symphonies.

L'élève de ce dernier, **Johan Wagenaar**, organiste, compositeur original, a lui-même pour élève **Willem Pijper**, compositeur connu également pour ses essais sur la musique.

Actuellement, les Pays-Bas possèdent, avec l'orchestre royal du Concertgebouw d'Amsterdam et le Residentie Orkest à La Haye, deux des plus grands ensembles du monde.

Le premier chef du Concertgebouworkest fut **Willem Mengelberg**, qui s'intéressa beaucoup aux compositeurs de son temps comme Mahler. Lui ont succédé Eduard van Beinum, Bernard Haitink et Riccardo Chailly.

Les orgues – Né à Byzance, importé dans l'Ouest de l'Europe au 9e s., l'orgue occupe dès le 12e s. une grande place dans la liturgie catholique. Bientôt répandu chez les particuliers, l'orgue est épargné par la fureur iconoclaste au 16e s. Cependant, la musique d'orgue est d'abord méprisée par la religion calviniste. Ce n'est qu'au milieu du 17e s. qu'elle se répand dans les églises protestantes. De nombreux instruments ont été construits à cette époque et au siècle suivant. Au 18e s., les fils du célèbre facteur d'orgue allemand **Arp Schnitger**, installés à Groningen, perfectionnent l'instrument aux Pays-Bas et construisent le grand orgue de **Zwolle**. Le grand orgue de St.-Bavokerk à **Haarlem** (18e s.), construit par **Christian Müller**, figure parmi les plus célèbres du pays. La plupart des buffets d'orgue datant de l'époque baroque sont de somptueuses réalisations. Les tuyaux, groupés d'une manière très étudiée, sont couronnés de statues et de sculptures. Quelques concerts d'orgue sont indiqués au texte des localités.

L'orgue de Barbarie – L'orgue de rue, qui apparaît au 18e s., inventé par un Italien, est un **orgue à cylindre**. Un cylindre, mû à l'aide d'une manivelle, agit sur un clavier qui laisse passer de l'air dans des tuyaux. Monté sur roues, l'orgue se répand partout en Europe au 19e s. En 1892, Gavioli construit le premier **orgue à livret** (pierement) qui prend la place de l'orgue à cylindre. La manivelle actionne un livret en carton dont les perforations déclenchent un mécanisme. L'utilisation du livret, permettant de développer le répertoire à l'infini, jointe à celle d'un système pneumatique, contribue à l'amélioration et donc à la diffusion de l'appareil. Un fabricant d'orgues de Barbarie, **Carl Frei**, s'installe à Breda en 1920. Cependant, la plupart des instruments sont importés de l'étranger, de Belgique (Mortier), de France (Gasparini et Limonaire Frères). À la fin du 19e s., l'**orgue de danse**, somptueux instrument sculpté et de grande

Buffet d'orgue (Oude Kerk, Amsterdam)

dimension, se multiplie. Au début du 20e s., les **orgues de foire** produisent une musique puissante destinée à dominer le brouhaha. Enfin, après 1945, se développe l'**orgue de danse électronique**, véritable orchestre animé par toutes sortes d'instruments.

À Utrecht, le musée national « de l'horloge musicale à l'orgue de Barbarie » ou **Museum van Speelklok tot Pierement** présente une intéressante série d'orgues de Barbarie.

Les carillons – On ne compte pas les églises ou les hôtels de ville qui possèdent un carillon aux Pays-Bas.

Le carillon, dont l'existence remonte probablement au 15e s., en Belgique, est mû, comme l'orgue, à l'aide d'un cylindre, entraîné à l'origine par le mouvement d'une horloge.

Au 17e s., les fameux fondeurs de cloches, d'origine lorraine, **François** et **Pierre Hemony**, jouent un rôle primordial dans leur développement aux Pays-Bas. On conserve d'eux, parmi tant d'autres, les carillons de la tour Notre-Dame ou Onze-Lieve-Vrouwetoren à Amersfoort, de la Martinitoren à Groningue, de la Domtoren à Utrecht.

Un peu en déclin aux 18e et 19e s., la musique de carillon connaît de nos jours un véritable renouveau.

En 1941, un fondeur de cloches d'Heiligerlee (province de Groningue) a inventé un **système électromagnétique** remplaçant le cylindre. Celui-ci est en usage dans plusieurs villes.

Depuis 1953, il existe une **école néerlandaise de carillonneurs** à Amersfoort.

Enfin, Asten possède un intéressant musée du Carillon, le **Beiaardmuseum** *(voir Eindhoven, Excursion)*.

Au texte des localités, nous signalons quelques concerts de carillon.

Traditions et folklore

LES COSTUMES

La variété des costumes aux Pays-Bas était jadis remarquable.

En dehors de Marken et de Volendam où, en saison, toute la population revêt le costume traditionnel pour la plus grande joie des touristes, le costume n'est porté régulièrement de nos jours que dans de rares localités et surtout par les femmes âgées.

Cependant, par leur variété, par leur originalité, par leur assemblage un tant soit peu rituel de couleurs et de motifs, les costumes et les coiffes encore portés aux Pays-Bas sont d'un intérêt exceptionnel.

Le costume féminin – *Illustrations, voir Marken et Staphorst.* Malgré sa variété, il observe certaines constantes. Il est composé d'une jupe, d'un tablier et d'une casaque fermée devant, à manches souvent courtes. Par-dessus la casaque, certaines femmes portent un plastron raide comme à Bunschoten-Spakenburg, ou un fichu comme à Staphorst.

Le costume porté le dimanche est toujours plus raffiné que celui des autres jours. Le dimanche de la Pentecôte est particulièrement honoré : les femmes se parent généralement, ce jour-là, de leurs plus beaux atours.

Les coiffes – Si la jeune fille en sabots, portant la coiffe à ailerons typique de Volendam, symbolise bien souvent pour les étrangers le folklore hollandais, il existe à travers tout le pays des modèles de coiffes très variés.

Les coiffes portées dans l'île de Zuid-Beveland, en particulier le jour du marché hebdomadaire à Goes, sont les plus spectaculaires.

Beaucoup de coiffes ont la particularité de comporter des ornements en or : elles dissimulent un serre-tête terminé par des boucles (Scheveningen), par des têtes d'animaux (Urk) ou par d'amusantes sortes d'antennes en forme de spirale dressées au-dessus du front (Walcheren, Axel, Arnemuiden). Des épingles à tête dorée ou terminées par une perle sont parfois piquées dans la coiffe au-dessus des oreilles.

Le magnifique ouvrage de dentelle que représentent ces coiffes est admirable.

Costume féminin de Middelburg

Morand-Graham/HOA QUI

Le costume masculin – Il ne survit que dans quelques ports, comme Urk, Volendam et en Zélande, dans le Zuid-Beveland.

De nos jours presque toujours noir, alors qu'il était autrefois de couleurs plutôt vives, il est constitué d'une veste souvent croisée et d'un pantalon large ou bouffant (Zuiderzee). La chemise, rarement visible, est faite dans un coton de couleurs très vives, rayé ou à carreaux. Son col droit se ferme par deux boutons en or. Ce sont les seuls ornements du costume, excepté en Zélande (Zuid-Beveland), où deux belles boucles en argent ciselé maintiennent le pantalon. L'homme noue autour de son cou un petit foulard de coton. Il porte sur la tête une coiffure noire : chapeau rond en Zélande, sorte de képi à Urk, ou simple casquette. Il marche souvent en sabots.

Les tissus – Les casaques, les fichus des femmes et aussi les chemises que les hommes portent sous leur veste noire sont confectionnés dans des tissus traditionnels de couleurs vives, à rayures, à carreaux ou à fleurs. Dans ce dernier cas, il s'agit le plus souvent d'**indienne**. À partir du début du 17e s., la Compagnie des Indes orientales importe d'Orient d'énormes quantités d'indienne. Ce tissu, dont le nom néerlandais « sits » dérive du mot indien « chint », qui signifie bigarré, est un coton décoré d'un motif coloré appliqué à la main au moyen d'une technique spéciale. Très appréciée tant pour sa souplesse et sa légèreté que pour ses coloris et ses dessins, cette étoffe fait bientôt fureur aux Pays-Bas. On en décore les intérieurs (dessus-de-lit, rideaux, tentures murales), et on en confectionne des vêtements de toutes sortes. Les femmes de Hindeloopen en font même leur manteau traditionnel et d'autres femmes remplacent volontiers leur casaque unie par une casaque en sits. À partir de la fin du 17e s., on fabrique en Twente des indiennes imprimées par un procédé mécanique.

Où voir des costumes ? – Les principaux centres où les costumes sont portés tous les jours par la population, hommes, femmes et enfants, sont **Volendam** et **Marken**, mais la coutume est moins respectée l'hiver que l'été.

À **Staphorst** et dans le village contigu de **Rouveen**, femmes et jeunes filles revêtent quotidiennement un costume très original, de même que quelques habitantes de **Bunschoten** et **Spakenburg**.

Dans les îles zélandaises de **Walcheren** et de **Zuid-Beveland**, de nombreuses femmes demeurent encore fidèles à leur costume à leur coiffe à tel point qu'en 1975 on les a vues se révolter contre l'obligation de porter le casque en roulant à mobylette. Il faut citer encore **Scheveningen**, **Urk** et quelques localités de l'Overijssel (Rijssen, Dalfsen, Raalte).

Dans quelques cités, les femmes revêtent surtout l'habit traditionnel à l'occasion de l'office religieux dominical ou du marché hebdomadaire.

Parfois aussi les festivals, les « marchés folkloriques » offrent la possibilité de rencontrer des Néerlandais parés de leurs costumes régionaux.

Les costumes sont décrits dans le guide, au texte des localités. Plusieurs musées permettront d'en observer les détails.

LES FERMES

Les belles fermes qui se disséminent dans la campagne font partie du paysage familier du pays. C'est dans les régions de polders qu'elles sont les plus importantes. Cependant, bien souvent, on ne distingue que leur toit gigantesque derrière une digue ou un rideau d'arbres. La plupart des modèles de fermes ont été reconstitués au musée de plein air d'Arnhem.

Les fermes frisonnes – Surprenantes, en raison de l'extrême importance de leur toiture, elles sont répandues en Frise ou sur les territoires qui lui appartenaient jadis (Nord de la province de Hollande-Septentrionale) et dans la province de Groningue.

Ferme pyramidale – Très fréquente dans le Nord de la province de Hollande-Septentrionale où elle est nommée « stolp », elle se trouve aussi dans le Sud de la Frise, sous le nom de « stelp ». Son immense toiture à quatre pans, pyramidale, évoque, par sa forme, celle d'une meule de foin. À l'intérieur sont groupés sous le même toit le logis, l'étable, la grange. Sur l'un des pans du toit, le chaume fait place à des tuiles qui dessinent un motif décoratif nommé « miroir ». Parfois, dans les fermes cossues, la façade est rehaussée d'un fronton de brique richement orné.

Ferme « à cou » – Dénommée en réalité « kop-hals-rompboerderij », ferme à « tête-cou-tronc », elle se rencontre au Nord de la Frise et un peu dans la province de Groningue. Elle est composée d'une maison d'habitation ou tête, reliée par une partie plus étroite, le cou, à un grand bâtiment ou tronc. Ce dernier comprend l'étable pour les vaches, l'écurie (rare de nos jours) et la grange. La maison d'habitation est couverte de tuiles tandis que la grange possède traditionnellement une toiture de roseaux. Elle est souvent bâtie sur un tertre *(voir Leeuwarden, Excursions)*. Au sommet de la toiture des bâtiments utilitaires se dresse un **uilenbord**, panneau en bois triangulaire *(illustration, voir le chapitre de Conditions de visite en fin de volume)*, percé de trous qui donnaient passage au hibou (uil) vivant dans le foin, où il se nourrissait de souris. Il est souvent orné d'un motif en bois découpé représentant deux cygnes.

Ferme « mixte » – On trouve aussi en Frise comme dans la province de Groningue un type de ferme un peu mélangé (kop-romp-type) : un toit en tuiles couvre le logis comme dans la ferme « à cou », mais, comme dans la ferme pyramidale, quelques pièces restent incorporées à la grange, sous l'énorme toit de roseaux.

La maison est parfois aussi réunie à la grange par une série de décrochements.

Ferme d'Oldambt – Née dans la région d'Oldambt, à l'Est de la province de Groningue, elle est très courante dans toute la province. La jonction avec la grange s'effectue par élargissement progressif, à angle droit, de la maison. Le logis, haut et large, est souvent précédé d'une porte d'honneur, encadrée de moulures en stuc, qui lui donne une allure assez solennelle. Il existe aussi une entrée latérale. Un étage aux fenêtres basses sert de grenier. La maison d'habitation, couverte de tuiles, se distingue de la grange, généralement couverte de roseaux.

En raison de la richesse des récoltes dans la province, la ferme de Groningue possède souvent deux ou même trois granges accolées, non séparées intérieurement.

Les fermes-halles – C'est le type le plus répandu aux Pays-Bas et particulièrement dans les provinces de Drenthe, Overijssel, Gueldre et Utrecht. On en trouve en outre en Hollande-Méridionale et dans le Gooi (Hollande-Septentrionale).

À l'intérieur, la charpente est soutenue, de même que dans les églises-halles, par des piliers. Ceux-ci, en bois, forment deux rangées qui délimitent une sorte de large nef centrale et deux bas-côtés plus étroits.

Ferme du Sud du Limbourg

Ferme frisonne « à cou »

Ferme frisonne « mixte »

Ferme de Drenthe

Ferme frisonne pyramidale

Ferme en forme de T

Ferme de Twente – En Twente (Overijssel) et à l'Est de la Gueldre, vers Winterswijk, les murs, jadis en torchis, de nos jours en brique, conservent parfois des colombages en damier. Le toit est large, à deux pentes, avec un pignon de bois.

Ferme « los hoes » – On la trouve encore, mais de plus en plus rarement, en Twente. À l'origine, toutes les fermes-halles se rattachaient à ce type.

« Los hoes » signifie maison ouverte : à l'intérieur, il n'y avait à l'origine aucune cloison. Les fermiers, le bétail se partageaient le même espace, le foin étant entassé sur des planches à mi-hauteur. Le feu était ouvert, à même le sol.

La maison des parents, nommée eendskamer, forme parfois un petit bâtiment indépendant accolé à la façade.

Ferme de Drenthe – Elle a une forme allongée. De nos jours, elle est encore très souvent couverte de chaume. La même toiture, à quatre pans, couvre deux parties distinctes : le logis aux hautes fenêtres et la grange-étable où les charrettes pénétraient à l'arrière par une porte cochère dont l'ouverture formait une échancrure dans le toit de chaume.

À partir du 18e s., dans certaines fermes du Sud-Ouest de la Drenthe et du Nord de l'Overijssel, pour augmenter la surface de la grange, la porte cochère à l'arrière a été remplacée par des portes latérales. Ainsi en est-il à Wanneperveen où cependant, les maisons étant trop serrées, on n'a pu placer des portes qu'aux angles.

Ferme en forme de T – En Gueldre, et notamment dans la région de l'Achterhoek, dans la région de l'IJssel (province d'Overijssel), dans les provinces d'Utrecht et de Hollande-Méridionale, dans le Gooi (Hollande-Septentrionale), la maison est disposée transversalement à la grange, d'où son nom de « T-huis », c'est-à-dire : maison en forme de T. C'est la prospérité qui fit apparaître ce type de ferme sur les bords fertiles des rivières. Le fermier voulant agrandir son habitation de deux salons : « pronkkamer » et « royale opkamer », donnant sur la rue, il place sur ces deux pièces une toiture formant un véritable transept. L'entrée charretière de la ferme s'ouvre à l'arrière.

Dans la Veluwe (Gueldre), les fermes sont complétées d'une remise à foin isolée et d'une bergerie. Dans le Gooi, le foin était jadis entassé à l'arrière de la ferme, les portes étant latérales ; par la suite, au 19e s., on l'engrangea également dans un bâtiment extérieur.

Dans les provinces d'Utrecht et de Hollande-Méridionale (vers Woerden), les fermes fromagères abritent, au sous-sol du logis, une laiterie et une fromagerie.

Au type des fermes-halles appartiennent aussi les fermes de Staphorst, de Giethoorn, celles du Lopikerwaard (province d'Utrecht), et, dans la province de Hollande-Méridionale, celles du Krimpenerwaard et de l'Alblasserwaard (voir Rotterdam, Excursions) qui présentent la particularité de posséder des pièces d'habitation au sol surélevé, en raison des risques d'inondation.

Les fermes transversales – Ces fermes, dont le côté le plus long sert de façade, sont composées de pièces juxtaposées, les pièces d'habitation étant situées perpendiculairement à l'aire de travail. Elles se rencontrent dans le Limbourg et dans la partie Est du Brabant-Septentrional.

Limbourg – Les fermes se distinguent de nos jours par leur disposition fermée unique aux Pays-Bas : les bâtiments forment souvent un carré autour d'une cour qui n'est reliée à l'extérieur que par une grande porte cochère. Près de celle-ci est située la maison d'habitation. Cette disposition s'est constituée progressivement : à l'origine, il existait seulement une grange perpendiculairement à la maison.

Dans le Sud du Limbourg, une partie des bâtiments présentent souvent des murs à **pans de bois** ressortant sur un crépi blanc.

Ferme du Brabant – Elle présente sur la rue une très longue façade où s'alignent des portes, d'où son nom de « ferme à longue façade ».

Sa longue toiture est couverte en partie de tuiles, en partie de chaume.

Assez petite, cette ferme est souvent d'une capacité insuffisante. Elle est donc souvent complétée d'une grange de style flamand, comportant des parois en bois et un toit de chaume, échancré à l'emplacement de la porte.

Fermes zélandaises – Elles sont constituées de bâtiments isolés dont la grange en bois est l'édifice le plus typique, avec ses parois goudronnées et ses portes et fenêtres soulignées d'un encadrement de peinture blanche.

LES MOULINS

Haut perchés sur les vieux remparts ou sur les digues des polders ou des rivières, ou bien dressés à l'entrée des villages ou le long des cours d'eau, les nombreux moulins à vent (environ 1 000) que possèdent encore les Pays-Bas contribuent à donner son aspect caractéristique au paysage. Le plus célèbre ensemble de moulins est celui de Kinderdijk. Chaque année, le deuxième dimanche de mai, est organisée la Journée nationale des moulins.

Le langage des moulins – Les ailes tournent dans le sens inverse des aiguilles d'une montre. À l'arrêt, leur position est significative : le moulin parle et porte son message au loin :

– deux ailes à la verticale (+) : repos, mais le moulin est prêt à travailler
– deux ailes en diagonale (X) : long repos, s'il s'agit d'un moulin de polder

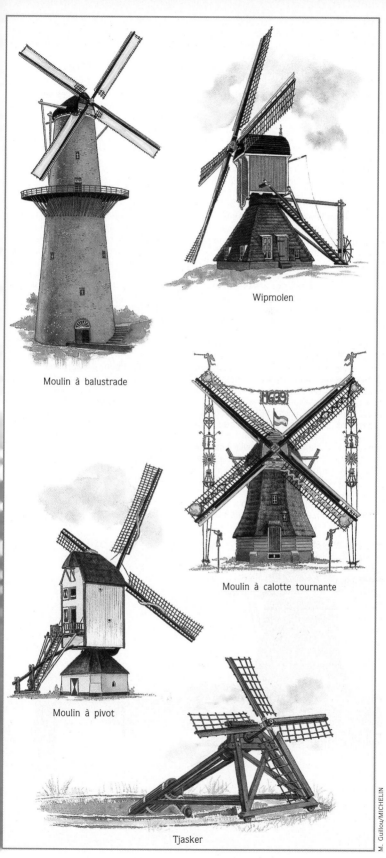

Moulin à balustrade

Wipmolen

Moulin à calotte tournante

Moulin à pivot

Tjasker

– aile supérieure juste à droite de la verticale (ꓘ) : joie

– aile supérieure juste à gauche de la verticale (ꓸ) : deuil.

À l'occasion d'un mariage, les ailes du moulin sont abondamment décorées de guirlandes et de motifs symboliques.

Pendant la dernière guerre, le moulin envoyait des signaux aux aviateurs alliés et maintenait le moral de la population.

La décoration des moulins – Beaucoup de moulins en bois sont peints en vert, avec des encadrements blancs. Au croisement des ailes est généralement peint un motif étoilé jaune, rouge, ou bien bleu et blanc. Au-dessous, sur un panneau sculpté, figurent souvent le nom du moulin et sa date de construction.

Principaux types de moulins – Il existe deux sortes de moulins, les moulins de polder et les moulins industriels.

Le **moulin de polder** sert, ou a servi, à pomper l'eau *(voir Physionomie du pays)*. On n'en trouve pas dans l'Est du pays, où l'altitude, quoique faible, assure le drainage des eaux.

Les **moulins industriels** – environ 500 – font la mouture du blé, extraient l'huile, décortiquent le riz et le poivre, scient le bois, etc. Quelques-uns sont encore en usage.

L'ancêtre : le moulin à pivot – À l'origine, on ne connaît aux Pays-Bas que le moulin à eau et le moulin à traction animale. Semblables à ceux de Perse ou d'Arabie, où ils sont utilisés pour moudre le grain, les premiers moulins à vent apparaissent au milieu du 13e s. (leur existence est attestée en 1274). Contrairement aux moulins orientaux, construits en pierre, ceux-ci sont en bois. Nommés standerdmolen ou standaardmolen, ce sont des moulins « à arbre » dont le corps tourne avec les ailes autour d'un axe vertical constitué par un tronc d'arbre. À l'intérieur, les meules se meuvent lorsque les ailes entrent en action. À l'extérieur, du côté opposé aux ailes, une poutre reliée à l'arbre et manœuvrée par une roue permet de faire pivoter le moulin sur lui-même, d'où le nom qu'on lui donne parfois : **moulin à pivot**. L'escalier d'accès, fixé au corps du moulin, est entraîné également par ce mouvement. Peu de moulins de ce type subsistent dans le pays.

Premiers moulins de polder – Le premier moulin à vent utilisé pour l'assèchement, vers 1350, est le moulin à pivot (ci-dessus). Aménagé à cet effet, l'arbre central étant remplacé par un pilier creux où pivote l'axe des ailes, il devient le « **wipmolen** » dont le premier exemplaire connu date de 1513. La partie supérieure est réduite, mais la base, plus grande, permet l'installation d'une roue à godets pour faire circuler l'eau ; cependant, celle-ci reste la plupart du temps à l'extérieur et la base sert d'habitation, surtout en Hollande-Méridionale.

Plus facile à orienter est le **moulin à manche** (kokermolen) où l'arbre est remplacé par un manche creux autour duquel pivote la tête du moulin portant les ailes.

Une variante miniature du *wipmolen* est le **spinnekop** ou spinbol qui fait penser à une araignée (spin). Il est courant en Frise. En Hollande-Septentrionale, le « **weidemolentje** » est encore plus petit.

En Frise et Overijssel, le « **tjasker** », très rare, est un système primitif où les ailes sont directement fixées à l'appareil de remontée d'eau.

Les joies de l'hiver à Kinderdijk

Moulins à calotte tournante – Le « **bovenkruier** », en Hollande-Méridionale, est un grand moulin surmonté d'une petite calotte qui, seule, peut pivoter. Si la roue qui permet de mouvoir la calotte et les ailes se trouve à l'extérieur, le moulin appartient au type « **buitenkruier** ». C'est le cas le plus courant. Mais en Hollande-Septentrionale, on trouve également le « **binnenkruier** », qui diffère par sa roue placée à l'intérieur, ce qui lui donne une silhouette plus massive.

Le moulin à calotte tournante est toujours construit en bois, souvent couvert de **chaume** et octogonal. Dans ce cas, le socle est en brique. Parfois aussi, sa charpente est couverte de **brique** et présente une forme **tronconique**.

Moulins industriels – *Illustration, voir Zaanstreek.* Au 16e s., le moulin à vent est adapté aux besoins industriels.

En 1582, le premier moulin à huile fonctionne à Alkmaar.

En 1592, Cornelis Corneliszoon, d'Uitgeest (Hollande-Septentrionale), construit le premier **moulin à scier**. Perfectionné, il devient le **moulin paltrok** dont la base est mobile *(voir Zaanstreek)*. Puis on fait des **moulins à émonder**, pour décortiquer les grains (orge, puis riz à la suite des voyages en Orient) : le premier est construit en 1639 à Koog aan de Zaan.

Les **moulins à papier** (nés vers 1600) se développèrent en 1673 lorsque des industriels français se replièrent dans la **région du Zaan** ou Zaanstreek. Jusqu'au 19e s., on en trouvait la plus grande concentration dans la région du Zaan, spécialisée dans la fabrication du papier et du sciage de bois pour la construction des navires. Là se développèrent la plupart des différents moulins. Ainsi, il existait des moulins de râpage, pour le tabac à priser ; des moulins à chanvre, pour la corde ; des moulins à tan, pour le cuir ; des moulins à épices, pour la moutarde en particulier ; des moulins à fouler, pour travailler les tissus.

La plupart, comprenant un atelier, étaient des moulins très hauts, à balustrade.

Moulins élevés – Les moulins industriels qui, souvent construits en ville, devaient s'élever pour profiter du vent, possèdent plusieurs étages. Les ailes sont manœuvrées à partir d'une plate-forme circulaire nommée stelling ou balie, et placée à mi-hauteur. C'est le « stellingmolen », **moulin à balustrade** ou à passerelle.

Lorsqu'il est construit sur un rempart (wal), on l'appelle « walmolen » ou **moulin de rempart**. L'habitation du meunier et le grenier sont généralement situés sous la balustrade.

D'autres moulins élevés sont entourés d'un remblai (bergmolen ou beltmolen), ce qui facilite la manœuvre, et évite la construction d'une balustrade.

Le moulin à balustrade est généralement en brique et tronconique, mais, dans la province de Groningue, il est édifié sur une base octogonale en brique et, dans le Zaan, sur un atelier en bois.

QUELQUES COUTUMES

La St-Nicolas – *Illustration, voir Amsterdam.* Précédant Noël dont le rôle reste essentiellement religieux, la St-Nicolas revêt un caractère particulièrement important, surtout pour les enfants à qui le saint est censé apporter des cadeaux.

Venu d'Espagne par bateau, saint Nicolas, appelé **Sinterklaas**, débarque à Amsterdam où il fait son entrée officielle *(voir les Renseignements pratiques en début de volume)*. Monté sur un cheval blanc, il est vêtu en évêque, et toujours accompagné d'un ou plusieurs diables noirs ou **Zwarte Piet** (Pierre le Noir) qui, armés de verges, doivent châtier les enfants désagréables.

Dans les maisons, le jet de petits gâteaux nommés **pepernoten** signale le passage de Zwarte Piet venu vérifier si les enfants ont été sages pendant l'année.

La veille de la St-Nicolas, le 5 décembre, on se réunit en famille et les chaussures sont placées près de la cheminée où les cadeaux seront distribués pendant la nuit. Les adultes ont pour coutume de se remettre des petits poèmes pleins d'humour ainsi que des cadeaux anonymes.

C'est aussi l'occasion d'offrir et de manger de nombreuses spécialités comme des **borstplaat**, bonbons fondants, des **speculaas** (spéculos), galettes à la cassonade, des **taai-taai**, biscuits à l'anis moulés en forme de personnages variés, des **vrijer**, également à l'anis, et aussi des initiales en amande *(boterletters)* ou en chocolat *(chocoladeletters)*.

Sports traditionnels – Quelques sports, particulièrement anciens ou originaux, relèvent des traditions régionales.

Très apprécié dans le **Limbourg** surtout, le **tir** à l'arc et à l'arquebuse est une activité ancestrale qui vient des temps troublés où les bourgeois s'armaient dans les villes. Un rassemblement annuel donne l'occasion d'admirer les défilés de tireurs (schutters) vêtus de leurs rutilants uniformes traditionnels.

En **Frise**, outre le **kaatsen**, jeu de balle pratiqué avec six joueurs répartis dans deux camps, et les **skûtsjesilen**, sortes de régates *(voir Sneek)*, on conserve la tradition du **saut à la perche** ou polsstokspringen (en frison ljeppen), jadis pratiqué surtout par les chercheurs d'œufs d'oiseau qui franchissaient les canaux en s'élevant à l'aide d'une longue perche.

En Zélande, à Middelburg, revivent les **ringrijderijen**, sortes de tournois où le cavalier, lancé sur un cheval au galop, doit piquer sa lance dans un anneau.

Le **patinage** en plein air n'est plus pratiqué régulièrement comme jadis, le climat étant devenu plus clément. C'était autrefois, ainsi qu'en témoignent les tableaux des maîtres du 17e s. comme Hendrick Avercamp, aussi bien une distraction qu'un moyen de circulation et même de transport, de nombreux types de traîneaux étant utilisés.

On s'adonnait aussi beaucoup sur la glace au **kolfspel**. Ce jeu, pratiqué à l'aide d'une crosse (kolf) et d'une balle, aurait été transmis à l'Écosse et serait l'ancêtre du golf.

Voir aussi les Renseignements pratiques en début de volume.

La liste du Patrimoine mondial

En 1972, l'Organisation des Nations Unies pour l'éducation, la science et la culture (Unesco) a adopté une convention concernant la protection des sites culturels et naturels. Aujourd'hui, plus de 150 « États parties » ont ratifié la Convention et plus de 500 sites de « valeur universelle exceptionnelle » de par le monde sont inscrits sur la liste du Patrimoine mondial. Chaque État partie propose l'inscription de ses propres sites nationaux ; chaque année, les demandes sont examinées par un comité de représentants de 21 États membres, assisté d'organisations techniques : Icomos (Conseil international des monuments et des sites), Uicn (Union internationale pour la conservation de la nature), Iccrom (Centre international d'études pour la conservation et la restauration des biens culturels, Centre de Rome). La liste du Patrimoine mondial s'enrichit ainsi au fur et à mesure que sont acceptées les nouvelles propositions et que de nouveaux pays signent la Convention.

La Convention définit comme éléments du **patrimoine culturel** des monuments (édifices, sculptures, structures de caractère archéologique), des ensembles (groupes de bâtiments) et des sites (œuvres combinées de l'homme et de la nature) ayant une valeur exceptionnelle du point de vue de l'histoire, de l'art ou de la science. Le **patrimoine naturel** est constitué, notamment, de monuments naturels, de formations géologiques, de zones strictement délimitées constituant l'habitat d'espèces menacées, de sites naturels.

Les signataires de la Convention s'engagent à coopérer afin de préserver et protéger ces sites en tant que patrimoine universel et contribuent financièrement au **Fonds du patrimoine mondial**, utilisé aussi bien pour participer à la restauration d'un monument que pour aider à la surveillance d'un parc naturel.

Parmi les biens inscrits sur la liste du Patrimoine mondial, on peut citer la Grande Barrière corallienne d'Australie (1981), la Grande Muraille de Chine (1987), le Mont-Saint-Michel et sa baie (1979) ou encore le Canal du Midi (1996).

**Aux Pays-Bas, les sites inscrits sur la liste
du Patrimoine mondial de l'Unesco sont :**

L'ancienne île de Schokland (1995)

La ceinture de défense (Stelling) d'Amsterdam (1996)

Les moulins de Kinderdijk (1997)

La station de pompage Ir. D.F. Wouda à Lemmer (1998)

Le polder de Beemster (1999)

La maison Rietveld Schröder à Utrecht (2000)

Villes et curiosités

Noord-Holland

22 513 habitants

Cartes Michelin n°s 908 F 5 et 211 N 9

Aalsmeer se trouve en lisière du Haarlemmermeer *(voir Haarlem)*, lac asséché sillonné de canaux, et d'un grand étang nommé Westeinder Plassen. La ville est surtout connue pour son marché aux enchères, le plus grand du monde, où se fournissent la plupart des fleuristes du pays et, grâce à la proximité de l'aéroport de Schiphol, bon nombre à l'étranger. Environ 80 % de la vente est exportée.

Le **corso fleuri** qui se déroule d'Aalsmeer à Amsterdam est réputé *(voir les Renseignements pratiques en début de volume)*.

CURIOSITÉS

★★ **Bloemenveiling Aalsmeer (Vente de fleurs aux enchères)** ⊙ – *Legmeerdijk 313.* Elle se déroule dans un gigantesque complexe de hangars (766 000 m² !) orné d'une tulipe rouge stylisée, qui abrite l'Association coopérative de vente de fleurs aux enchères d'Aalsmeer, la **VBA**.

Il est conseillé de venir tôt pour visiter le centre. La vente aux enchères est accessible aux visiteurs de 7 h 30 à 11 h, mais le mieux est de s'y rendre avant 9 h. Le lundi est le jour le plus animé, le jeudi le plus calme. À l'intérieur, des **passerelles** permettent d'observer la vente aux enchères et les activités qui se déroulent en contrebas.

La salle de vente du VBA

Une partie des hangars est réservée à l'arrivée des fleurs coupées, qui a lieu la veille ou tôt le matin. Plus loin s'effectuent l'emballage et l'expédition par camion. Au centre des hangars se trouvent les **salles de vente** ; les quatre salles que l'on peut voir sont réservées à la vente des fleurs coupées. De sa place, chaque acheteur peut voir les cadrans d'enchères reliés à un ordinateur. Des chariots chargés de lots de fleurs sont amenés en continu dans la salle jusqu'au pied des cadrans. Les chiffres affichés au cadran indiquent le produit, le producteur, la qualité, la quantité par lot et l'unité monétaire. Dès que l'acheteur voit s'afficher le prix qu'il est disposé à payer, il appuie sur un bouton pour arrêter le compte à rebours allant de 100 à 0. L'acheteur le plus rapide (et donc le plus offrant) obtient le lot. Son numéro s'inscrit alors sur le cadran ainsi que le nombre de lots achetés.

Westeinder Plassen – Ce vaste étang est, à la belle saison, l'un des centres de sports nautiques les plus fréquentés des environs d'Amsterdam. La route qui le contourne par Kudelstaart offre de beaux **points de vue**.

Le plus grand marché aux fleurs du monde

Les chiffres des ventes de la VBA sont vraiment impressionnants. Ici, quotidiennement, 19 millions de fleurs coupées et 2 millions de plantes en pot sont vendues. La vedette des lieux est la rose (1,7 milliard d'unités), suivie de loin par la tulipe (569 millions), le chrysanthème (421 millions), le gerbera (272 millions) et l'œillet (178 millions). La vente de fleurs aux enchères d'Aalsmeer, dont le chiffre d'affaires avoisine les 3 milliards de florins (1999), est le plus important marché des Pays-Bas, avec 50 000 transactions par jour en moyenne.

ALKMAAR★

Noord-Holland
92 902 habitants
Cartes Michelin nᵒˢ 908 F 4 et 210 N 7

Ville historique, Alkmaar doit sa réputation actuelle à son pittoresque marché au fromage hebdomadaire *(de mi-avril à mi-septembre).*
À l'intérieur de ses fossés d'enceinte, empruntés en partie par le Noord-hollandskanaal, la ville ancienne a conservé à peu près intact son plan du 17ᵉ s. et de nombreuses vieilles façades. Les anciennes fortifications ont été transformées en jardin. Alkmaar est de nos jours le centre principal des régions agricoles de la péninsule de Hollande-Septentrionale.

UN PEU D'HISTOIRE

Alkmaar fut fondée au 10ᵉ s. au milieu de marais et de lacs. Son nom signifierait « tout lac », ou « lac des alques », sorte de pingouins ayant vécu sur les marais.

Un siège héroïque – Pendant la guerre de Quatre-Vingts Ans, commencée en 1568, Alkmaar fut attaquée en août 1573 par 16 000 Espagnols commandés par Frédéric de Tolède, fils du duc d'Albe. Une abondante pluie d'automne, inondant le pays environnant, contraignit les assaillants à se retirer, le 8 octobre, après sept semaines de siège. Alkmaar fut ainsi la première ville à ne pas succomber devant les Espagnols : « C'est à Alkmaar que commence la victoire », dit-on depuis des siècles à ceux qui ont connu de longues difficultés.

Promenades en bateau ⊘ – Il est possible de faire un circuit sur les canaux d'Alkmaar ; en outre, des excursions sont organisées vers Amsterdam et la région du Zaan dite Zaanstreek.

★★ KAASMARKT **(MARCHÉ AU FROMAGE)** ⊘ *visite : 1/2 h*

Ce marché traditionnel est connu depuis le début du 17ᵉ s. et se tient encore tous les vendredis d'été sur la place du Poids public, Waagplein.
Dès le matin arrivent sur la place les chargements de fromages d'Édam ou de Gouda qui sont empilés avec soin.
À partir de 10 h, les acheteurs commencent à goûter et à comparer les différents fromages, marchandent, puis ils « topent », d'un geste vigoureux de la main, pour sceller leur accord avec le vendeur.
Aussitôt interviennent les célèbres **porteurs de fromages** ou kaasdragers, vêtus comme jadis de blanc et coiffés d'un chapeau de paille. Groupés, depuis l'origine, en une guilde, ils sont répartis en quatre compagnies se distinguant par une couleur (vert, bleu, rouge, jaune) et comprenant chacune six porteurs et un peseur ou « empileur » (tasman).
Une fois le lot de fromages vendu, il est placé sur un brancard à la couleur de la compagnie. En courant, les porteurs conduisent le chargement (pesant jusqu'à 160 kg) au Poids public où officie le « tasman ». Enfin, le chargement est porté aux camions.

Les célèbres porteurs de fromages d'Alkmaar

AUTRES CURIOSITÉS

Waag (Poids public) – C'est l'ancienne chapelle du St-Esprit, de la fin du 14e s., transformée en 1582 en Poids public. À l'Est, le chœur a été remplacé par un bâtiment Renaissance à pignon ouvragé qui est orné, depuis le 19e s., d'un tableau sur lave d'Auvergne ayant trait au commerce et à l'industrie. La tour, édifiée à la fin du 16e s. sur le modèle de celle de la Vieille Église ou Oude Kerk d'Amsterdam, possède un **carillon** et des automates qui, toutes les heures, participent à un tournoi.

Hollands Kaasmuseum (Musée du Fromage hollandais) ⊘ – *Situé dans le bâtiment du Poids public. La visite commence au 2e étage.*
Parmi divers instruments et outils, des presses à fromage évoquent la fabrication du fromage et du beurre aux siècles passés. Remarquer les presses à fromage en bois joliment décorées. La documentation du 1er étage illustre la fabrication actuelle, à la ferme, à la laiterie, ainsi que l'importance des produits laitiers dans l'économie néerlandaise.

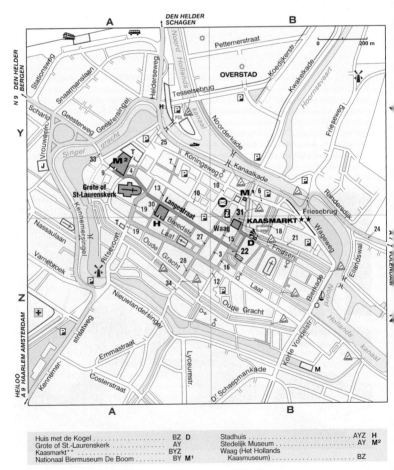

Nationaal Biermuseum De Boom (Musée national de la Bière) ⊘ – *Houttil 1*. Dans cette brasserie du 17e s., on montre comment on brassait la bière autrefois. La cave abrite un salon de dégustation.

Huis met de Kogel (Maison au Boulet) – Cette maison présente au-dessus du canal une façade en bois en encorbellement ; elle porte en son pignon un boulet espagnol de 1573.
Du pont voisin, jolie **vue** sur le Poids public.

Mient – Sur cette place et le long du canal, nombreuses vieilles façades. Au Sud se trouve le marché aux poissons, Vismarkt.

Langestraat – Cette rue piétonne est la principale artère commerçante de la ville.

Stadhuis ⊘ – Hôtel de ville dont la charmante façade gothique, à perron, flanquée d'une élégante tour octogonale striée de calcaire blanc, est accolée à une façade du 17e s. À l'intérieur, collection de porcelaines.

Grote of St.-Laurenskerk (Grande Église ou église St-Laurent) ⊘ – C'est un bel édifice à trois nefs, transept et déambulatoire de la fin du 15e s. et du début du 16e s. Il a été construit par des membres de la famille Keldermans, célèbres architectes de Malines en Belgique. L'intérieur, imposant, est couvert par des voûtes en bois où pendent de beaux lustres du 17e s.
On remarque sous la voûte du chœur une peinture de Cornelis Buys, identifié avec le Maître d'Alkmaar (15e-16e s.) : *le Jugement dernier*.
Le buffet des **grandes orgues**★, réalisé en 1645 par Jacob van Campen, est orné de volets représentant le Triomphe du roi Saul. À gauche du déambulatoire, le **petit orgue**★ remonte à 1511 : c'est l'un des plus anciens instruments du pays.
Plus de 1 700 dalles funéraires de pierre constituent le sol de l'église. Voir aussi le tombeau élevé à la mémoire du comte de Hollande Floris V, assassiné en 1296.
Depuis la restauration de 1996, cet édifice peut accueillir de multiples activités (concerts d'orgue, expositions, foires, congrès, etc.).

Stedelijk Museum ⊘ – Le musée municipal renferme d'intéressantes collections concernant le passé de la ville : peintures des 16e et 17e s., parmi lesquelles un grand nombre de tableaux de gardes civiques et des œuvres de M. van Heemskerk, P. Saenredam, G. van Honthorst, W. van de Velde le Vieux et Van Everdingen, ainsi que des pièces d'orfèvrerie, des étains, des pierres de façade et des sculptures. On remarquera également la collection de jouets des années 1900. Le musée présente en outre des expositions temporaires d'art moderne, dont des œuvres de l'école de Bergen *(voir ci-après)*.

ENVIRONS

Broek op Langedijk – *8 km au Nord d'Alkmaar*.
C'est ici que se trouve le plus grand marché de gros de légumes européen accessible aux bateaux, le **Broeker Veiling** ⊘. De 1847 à 1973, les maraîchers du Royaume des Mille Îles, surnom de cette région riche en cours d'eau, apportaient leurs légumes au marché par bateau. On ne perdait pas de temps à charger et à décharger. À l'origine, les péniches restaient amarrées à la berge, mais depuis 1903, elles entrent directement dans la salle de criée ! Les visiteurs peuvent acheter des légumes en actionnant eux-mêmes l'horloge de la criée ou faire une promenade en bateau à travers les champs.

Le Beemster: un chef-d'œuvre de planification créatrice du 17e s.

L'assèchement du lac de Beemster fut décidé au début du 17e s. en raison du haut niveau atteint par les eaux et du manque de terres agricoles de qualité. Grâce à l'aide financière des négociants d'Amsterdam et à l'ingénieux talent de l'hydraulicien **Jan Adriaensz. Leeghwater**, ce projet d'envergure fut terminé en 1612, permettant de conquérir 7 200 ha de terres fertiles. Conformément aux idéaux d'ordre, de cohésion et d'harmonie de la Renaissance en vigueur au 17e s., les nouvelles terres furent réparties en carrés à angles parfaitement droits, divisés à leur tour en parcelles de 185 m sur 930 m, dimensions idéales pour l'agriculture. Depuis, ce paysage très régulier de chemins, de canaux, de digues et d'arbres n'a connu pratiquement aucune modification, ce qui en fait sa valeur exceptionnelle. Entre les champs et les fermes pyramidales, les propriétaires venus d'Amsterdam firent construire d'opulentes maisons de campagne où ils venaient passer l'été pour échapper aux puanteurs de la ville. On peut en voir encore quelques-unes aujourd'hui.

Graft-De Rijp – *17 km au Sud-Est.*
Ces deux localités ont fusionné en 1970. **Graft** conserve un bel hôtel de ville ou raadhuis, de 1613, à pignons à redans. **De Rijp**, important centre de pêche au hareng et de chasse à la baleine aux 16e et 17e s., possède également un hôtel de ville (1630), construit par **Jan Adriaensz. Leeghwater** (1575-1650), le célèbre hydraulicien, natif de la ville. Plus loin, on peut voir des maisons de style régional avec pignon de bois et une église, **Hervormde Kerk** ⊘, ornée de vitraux peints du 17e s.

Beemsterpolder – *22 km au Sud-Est.* Ses parcelles parfaitement rectilignes et l'histoire remarquable de son aménagement ont motivé l'inscription en 1999 de ce polder sur la liste du patrimoine mondial de l'Unesco. À Middenbeemster, on peut visiter le **Museum Betje Wolff** ⊘ installé dans le presbytère où habita la célèbre femme de lettres entre 1759 et 1777.

LES DUNES

Circuit de 35 km – environ 2 h. Sortir par Scharlo.

Bergen – Appelée aussi Bergen-Binnen (Binnen : intérieur), Bergen est un agréable lieu de villégiature dont les villas cossues s'alignent le long d'avenues bordées d'arbres. Bergen possède une université populaire installée dans l'ancien manoir des seigneurs de Bergen.
Vers 1915 fut créée l'école de Bergen, **Bergense School**, dont les membres furent influencés par les peintres français Cézanne et Le Fauconnier et qui contribua à introduire les nouveaux courants de l'époque dans la peinture néerlandaise. Le **Museum Kranenburgh** ⊘ *(Hoflaan 26)* présente des œuvres de Leo Gestel, Matthieu et Piet Wiegman et Charley Toorlop.
Bergen compte encore de nombreux artistes dont les œuvres sont exposées dans le Kunstenaarscentrum Bergen (Centre artistique de Bergen) *(sur le Plein)*, qui, en été, abrite des marchés d'œuvres art.
Au carrefour de la route d'Egmond, on entre dans le **Noordhollands Duinreservaat** ⊘, réserve privée de 4 760 ha, couvrant les dunes jusqu'à la mer. Là vivent de nombreux oiseaux.

Bergen aan Zee – Cette agréable station balnéaire est située sur une côte aux plages étendues, bordées de hautes dunes où sont disséminées des villas. Du boulevard, on découvre le paysage de dunes délimité par des bois. Le **Zee Aquarium Bergen aan Zee** ⊘ possède 43 aquariums abritant poissons exotiques multicolores et crustacés, ainsi qu'une belle collection de coquillages et un petit bassin où évoluent des raies que les visiteurs peuvent caresser. Remarquer également le squelette, long de 14 m, d'un des cachalots qui s'étaient échoués en novembre 1997 sur l'île d'Ameland.

Egmond aan den Hoef – Ce village se trouve au cœur de la région de cultures de bulbes à fleurs qui s'étend au Sud d'Alkmaar. À l'Est, au bord de l'ancienne route menant à Alkmaar et au-delà de l'église, on peut voir près de la chapelle les ruines d'un château, le **Slot van Egmond** (appelé aussi Slot op den Hoef) dont il ne reste plus que les fondations en brique rouge entourées d'eau. Au nombre des seigneurs d'Egmond figure le célèbre comte exécuté en 1568 à Bruxelles *(voir Delft).*

⌂ **Egmond aan Zee** – Petite station balnéaire au milieu des dunes. Au pied du phare, la statue d'un lion symbolise l'héroïsme du lieutenant **Van Speijk** qui, près d'Anvers, le 5 février 1831, fit sauter sa canonnière et tous ses occupants plutôt que de se rendre aux Belges.

Egmond-Binnen – En 1639, Descartes y séjourna. On a reconstruit en 1935 la fameuse **abbaye** d'Egmond détruite par les Gueux en 1573.
Rentrer à Alkmaar.

AMERSFOORT★

Utrecht
123 367 habitants
Cartes Michelin nᵒˢ 908 H 5 et 211 M 10
Plan d'agglomération dans Le Guide Rouge Benelux

Située dans la vallée de la Gueldre, au confluent de deux cours d'eau qui forment l'Eem navigable, Amersfoort est une ville animée, entourée de bois et de landes au charme mélancolique. Au Sud, les collines de l'**Utrechtse Heuvelrug** sont d'anciennes moraines d'un glacier scandinave.
Bien conservée à l'intérieur de sa double ceinture de canaux, Amersfoort a préservé son cachet médiéval. Tout le centre de la ville est classé au titre de patrimoine urbain. On peut admirer le quartier moderne du **Kattenbroek** (Amersfoort-Noord), un ensemble de constructions originales de divers architectes contemporains : Ashok Bhalostra, Babet Galis, Jan de Graaf, Leo Heijdenrijk, Jan Poolen (villas rondes), Rudy Uytenhaak, Kas Oosterhuis, etc.

Un peu d'histoire – La ville s'est développée autour de son château fondé au 12e s. et aujourd'hui disparu. Elle reçoit ses droits de cité en 1259. Sa première enceinte date du 13e s. ; elle est entourée de canaux.

Amersfoort acquiert aux 15e et 16e s. une grande prospérité par le commerce du drap et de la laine et grâce à la production de ses nombreuses brasseries. Elle se construit vers 1400 une seconde enceinte soulignée par une ceinture de canaux, partiellement remplacée de nos jours par le Stadsring, large boulevard circulaire. Outre la Koppelpoort, on peut en voir des vestiges intéressants à l'extrémité du Kamp, grande artère de la ville.

Johan van Oldenbarnevelt – Né à Amersfoort en 1547. **Grand pensionnaire** (secrétaire général) de Hollande, la province la plus importante des Provinces-Unies, il est à l'origine de la puissance du pays, par sa volonté d'assurer son développement dans tous les domaines (trêve de Douze Ans en 1609, fondation de la Compagnie des Indes orientales en 1602, etc.). Malheureusement il s'opposa à Maurice de Nassau, fils de Guillaume le Taciturne et stathouder à partir de 1584. Ce dernier le fit emprisonner en 1618 puis exécuter à La Haye en mai 1619.

Piet Mondrian et le mouvement De Stijl

Pieter Cornelis Mondrian, un des peintres néerlandais les plus célèbres du 20e s., est né à Amersfoort en 1872. Après des tentatives dans toutes les formes de peinture et un séjour à Paris (1911-1914) où il découvre le cubisme de Picasso, Braque et Léger, Mondrian rentre à Amersfoort au chevet de son père malade. Pendant la Première Guerre mondiale, il rencontre notamment **Bart van der Leck**, **Theo van Doesburg** et **J.J.P. Oud** avec qui il fonde le mouvement **De Stijl**. C'est également durant cette période qu'il réalise ses premières peintures abstraites. Dans la revue du groupe, Mondrian présente avec passion ses théories. Abandonnant toute subjectivité, il n'admet plus dans sa peinture que les lignes verticales et horizontales et les couleurs primaires – rouge, bleu, jaune – auxquelles il ajoute des teintes neutres : noir, blanc et gris. Mondrian poursuit assidûment sa recherche dans cette voie dite du **néoplasticisme**. Après un second séjour à Paris (1919-1938), il s'installe à New York en 1940 et y meurt en 1944. Mondrian est considéré comme l'un des fondateurs de l'abstraction géométrique. Sa dernière toile, inachevée, *Victory Boogie Woogie* a été achetée par l'État néerlandais en 1998 pour la somme de 80 millions de florins. Cette peinture fait partie des dix œuvres les plus chères du monde et a été offerte au Gemeentemuseum Den Haag qui possède la plus grande collection d'œuvres de Piet Mondrian.

Mondrian a aussi exercé son influence dans l'architecture. Des édifices bâtis par **Gerrit Rietveld** (1888-1964), comme le **Zonnehof** ⊘ (*Zonnehof 8 ; actuellement aménagé en centre d'art moderne*), ou la maison Rietveld Schröder à Utrecht (*illustration, voir Utrecht*), s'inspirent directement de ses théories.

Collectie Haags Gemeentemuseum ® Mondrian-Holzman Trust-Adagp, Paris 2001

Autoportrait (1918), Piet Mondrian

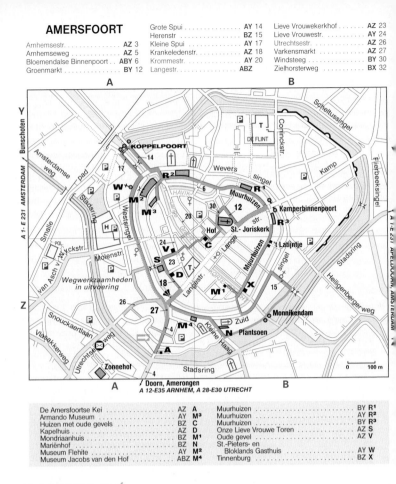

★ LA VIEILLE CITÉ *visite : 4 h*

Le circuit s'articule sur le tracé de la première enceinte de la ville où ont été bâties au 15ᵉ s. les fameuses **muurhuizen**★ : ces « maisons de rempart », construites sur la muraille ou adossées à elle, sont une des caractéristiques de la ville.

De Amersfoortse Kei (Le Gros Caillou) – Sur une pelouse du Stadsring se dresse cet énorme bloc erratique d'environ 9 tonnes. Provenant d'un bois des environs où il avait été déposé par un glacier scandinave, il fut transporté au cœur de la ville, au Varkensmarkt, en 1661. Depuis, il a été de nouveau déplacé.

Varkensmarkt – C'est l'ancien marché aux porcs. À l'entrée de Langestraat, on jouit d'une jolie vue à gauche sur le canal ombragé et la tour Notre-Dame. Les treuils qu'on aperçoit permettaient jadis de décharger la cargaison des bateaux.

Krankeledenstraat – Dans cette rue, on remarque de vieilles façades, dont celle de **Kapelhuis**, maison de style gothique finissant, à l'angle de la rue et de la place.

★ **O.-L.-Vrouwe Toren (Tour Notre-Dame)** ⊘ – Elle se dresse sur une grande et calme place, Lieve Vrouwekerkhof. Surmontée d'un étage octogonal et couronnée d'un bulbe, cette belle tour gothique du 15ᵉ s., haute de 98,33 m, est l'ancien clocher d'une église détruite en 1787 par une explosion. Elle possède un carillon dû à François Hemony.
À l'angle de la place et de la Lieve Vrouwestraat : jolie **façade ancienne** (Oude gevel). Tous les vendredis matin, un marché aux fleurs a lieu sur le Lieve Vrouwekerkhof.
Emprunter la petite passerelle enjambant le canal central de la ville (Lange Gracht).

Hof – Cette grand-place, encore bordée par quelques **façades anciennes** (Huizen met oude gevels) (n° 24), est encombrée le vendredi matin et le samedi par un important marché.

St.-Joriskerk (Église St-Georges) ⊘ – Construite en 1243 dans le style roman, elle a été incendiée en 1370, refaite, puis agrandie en 1534.
L'intérieur de cette église-halle, à trois nefs, conserve, dans le collatéral droit de l'édifice roman primitif, quelques arcades superposées.
Le chœur est séparé de la nef par un beau **jubé** en grès, gothique, de la fin du 15ᵉ s., finement sculpté. Du côté du chœur, les chapiteaux et consoles représentent des personnages ou des animaux. Le collatéral gauche abrite le monument funéraire de **Jacob van Campen** (1595-1657), célèbre pour avoir construit l'ancien hôtel de ville d'Amsterdam.

Signalons encore les peintures murales, les fonts baptismaux du 14e s., près de la chaire, et un petit jaquemart, le Klockman, de 1724.

Le portail d'entrée de style gothique renferme une « chambre des chirurgiens » ou chirurgijnskamer, du 17e s.

★ **Groenmarkt** – Plusieurs charmantes maisons anciennes ont été restaurées, en particulier à l'angle formé par Groenmarkt et la place voisine, Appelmarkt.

Par Langestraat, gagner la Kamperbinnenpoort.

Kamperbinnenpoort – Nommée « porte intérieure de Kampen », cette ancienne porte de ville en brique, flanquée de tourelles octogonales, fut construite au 13e s., un peu en dehors de la première enceinte, sur la route de Kampen.

À l'Ouest, on longe les premières muurhuizen, restaurées, qui sont ici de dimensions modestes.

Havik – C'est l'ancien port d'Amersfoort situé près du gué où la ville a pris naissance.

Continuer par Muurhuizen.

On découvre bientôt d'intéressantes **muurhuizen**★, entre le n° 217 et le n° 243. À cet endroit, elles sont particulièrement imposantes.

Armando Museum ⊙ – *Langegracht 36.* Dans l'ancienne Elleboogkerk, on peut découvrir aujourd'hui l'œuvre de l'artiste néerlandais **Armando** ⊙ (né en 1929) : dessins, peintures, sculptures, poèmes, etc. Expositions temporaires.

★ **Koppelpoort** ⊙ – *Illustration, voir Introduction, ABC d'architecture.* Cette belle porte double construite vers 1400 comprend un pont fortifié sur l'Eem formant porte d'eau, un double moulin à fouler au centre, et la porte proprement dite, flanquée de tourelles. La guilde des débardeurs s'y réunissait. De nos jours, un **théâtre de marionnettes** ⊙ fonctionne à l'intérieur.

Sur le **Grote en Kleine Spui**, on remarquera quelques maisons aux pierres de façade.

Museum Flehite ⊙ – Situé dans trois maisons de rempart, ce musée abrite des collections concernant principalement le passé de la ville et du canton de Flehite (l'Est de la province d'Utrecht) : archéologie, histoire, arts décoratifs, souvenirs de Johan van Oldenbarnevelt.

En face du musée, sur le Westersingel, est située la chapelle de l'hospice **St.-Pieters- en Bloklands gasthuis**, qui précède la salle des Hommes, **Mannenzaal** ⊙, restaurée. Construite en 1530, cette salle a été utilisée jusqu'en 1907 pour les indigents et les malades d'Amersfoort qui pouvaient être soignés aux frais des notables et dormir dans l'un de ces lits en bois fermés par des rideaux.

Par le Westsingel dont la dernière partie est piétonne, regagner le Varkensmarkt que l'on traverse.

Museum Jacobs van den Hof ⊙ – Ce petit musée privé présente des sculptures et dessins de Gijs Jacobs van den Hof (1889-1965). L'école de musique et de danse est installée dans la belle maison qui lui fait face.

Tourner à droite dans la Kleine Haag pour rejoindre ensuite les anciens remparts.

Mariënhof – Cet ancien couvent (16e s.), magnifiquement restauré, abrite aujourd'hui deux restaurants. Remarquer également le jardin de plantes médicinales.

Plantsoen – Par les anciens remparts, aménagés en chemin pour piétons et piste cyclable, l'on accède à la porte d'eau Monnikendam.

Monnikendam – Cette gracieuse porte d'eau ou Waterpoort de 1430 sur le grand canal de ceinture domine les jardins touffus de maisons patriciennes.

Par Herenstraat, gagner le Zuidsingel et le suivre à gauche.

Ph. Gajic/MICHELIN

Porte d'eau Monnikendam

Le joli **canal** ombragé du Zuidsingel baigne les jardins des muurhuizen. En le traversant on retrouve les muurhuizen. Le pont sur **Kortegracht** est un **endroit**★ particulièrement pittoresque, dominé par **Tinnenburg**, importante maison de rempart du 15ᵉ s.

Mondriaanhuis ⊙ – *Kortegracht 11*. La maison natale de Mondrian ainsi que l'école attenante abritent une exposition permanente. Elle permet de suivre les grandes phases de l'évolution du peintre, depuis la période où il se limitait à représenter la nature à sa phase néoplastique, où couleur et ligne étaient d'égale importance. Il faut voir notamment la reconstitution de l'atelier parisien où Mondrian a travaillé entre 1921 et 1936 : de forme pentagonale, entièrement adaptée à ses idées en matière d'espace et de division de l'espace, avec panneaux de couleurs primaires.

't Latijntje – À droite, nommée aussi Dieventoren ou Plompetoren, cette tour du 13ᵉ s. est un vestige de la première enceinte. Un groupe remarquable de **muurhuizen**★ succède à la tour, jusqu'à l'endroit où l'on débouche sur Langestraat.

ENVIRONS

Dierenpark Amersfoort (Parc zoologique) ⊙ – *3 km vers l'Ouest. Quitter Amersfoort par la Van Asch van Wijckstraat.* Ici, on découvre au milieu des bois des animaux du monde entier : on peut observer les lynx grâce à des tuyaux de verre enfoncés dans le sol, marcher sur une passerelle au-dessus des animaux de la savane, admirer les grues dans le jardin japonais, prendre un café au milieu des perroquets, etc. Dans la Cité Antique, avec sa porte romaine, son arène, sa ziggourat et son temple égyptien, évoluent notamment des crocodiles, des tigres blancs, des lions et des babouins. Il y a également le 'Speel-O-Droom', avec des ponts suspendus, ainsi que l'Arche éducative d'Amersfoort et son cabinet des curiosités.

★ **Bunschoten** – *12 km au Nord via la N 199. Sortir par Amsterdamseweg.* Bunschoten forme une seule agglomération avec **Spakenburg**, petit port au bord du lac d'eau douce de l'Eemmeer, réputé pour ses pêcheurs d'anguilles.
Les deux bourgs s'étirent le long d'une rue de plus de 2 km qui au Nord se divise pour former les quais d'un canal : celui-ci s'élargit ensuite en bassin où de vieilles barques typiques de l'ancien Zuiderzee viennent parfois s'amarrer.
Les deux bourgs sont célèbres pour leur mode de vie traditionnel. Certaines femmes âgées portent encore un très curieux **costume**★. La jupe est longue, noire, couverte d'un tablier noir. La particularité du costume est le plastron, en tissu empesé et fleuri, souvent en « indienne » *(voir Traditions et Folklore)*, qui rappelle par sa forme les épaulières d'une armure ; une bande écossaise en marque le centre. Les veuves ont un plastron violet ou noir le reste de leur vie, si elles ne se remarient pas. Il couvre une chemise noire à manches courtes à carreaux. Toutes sont coiffées d'un petit bonnet blanc crocheté, rejeté en arrière. On peut admirer ces costumes le samedi après-midi, pendant le marché, ainsi que les deux derniers mercredis de juillet et les deux premiers mercredis d'août **(Spakenburgse Dagen)** au cours desquels des produits artisanaux sont présentés sur la place du marché et autour du port. Le **Museum 't Vurhuus** ⊙, avec ses magasins anciens, sa fumerie de hareng, sa ferme et ses maisons de pêcheurs, donne un bel aperçu de ce qu'était la vie quotidienne à Bunschoten-Spakenburg.

À TRAVERS LA FORÊT ET LES LANDES DE BRUYÈRE

41 km au Sud – environ 3 h 1/2. Sortir au Sud par Arnhemseweg.
La route traverse la forêt et les landes de bruyère nommées Leusder Heide, dont la partie Sud a été aménagée en parc national.
Au carrefour Utrecht-Woudenberg de la N 227, tourner à droite.

Piramide van Austerlitz (Pyramide d'Austerlitz) – Des soldats de Napoléon, désœuvrés, ont construit ici en 1804 une pyramide de sable. Restaurée en 1894, elle fut équipée d'un escalier et surmontée d'un petit monument commémoratif.

Kasteel Huis Doorn ⊙ – *Au Sud de Doorn par la N 227*. Entouré de douves, situé au milieu d'un beau parc, ce château fut la résidence de l'ex-empereur d'Allemagne, **Guillaume II**, de 1920 à sa mort, survenue en 1941. Ce dernier, contraint de s'évader après avoir refusé d'abdiquer en novembre 1918, fut d'abord hébergé au château d'Amerongen *(voir ci-dessous)*. Puis, en 1920, il vint s'installer au château qu'il avait acquis à Doorn. Construit au 14ᵉ s. par l'évêque d'Utrecht pour défendre son territoire, le château fut remanié en 1780. L'intérieur, transformé en **musée**, renferme des souvenirs de Guillaume II qui avait fait transférer des **collections**★ provenant des palais impériaux. Celles-ci ornent un cadre resté inchangé depuis la mort de l'empereur. Une pièce est consacrée à Frédéric II de Prusse, le plus célèbre représentant de la maison Hohenzollern, qui fut grand amateur d'art et collectionneur de peintures et pastels de l'école française ainsi que de tabatières. On admire enfin une riche collection d'argenterie ainsi qu'un bel ensemble d'uniformes ayant appartenu à Guillaume II. Dans le parc se dresse le mausolée de Guillaume II.

Wijk bij Duurstede – Cette ville près du Lek est l'ancienne **Dorestad**, grand centre de commerce qui fut abandonné après sa destruction par les Normands en 863. La cité ressuscita au 15e s. sous l'impulsion de l'évêque d'Utrecht qui la choisit pour résidence.

La Grand-Place **(Markt)** est dominée par la Grande Église ou **Grote Kerk**, à tour carrée inachevée, et l'hôtel de ville de 1662.

Le musée, **Museum Dorestad** ⊘, *(Munt 42)* retrace l'histoire de la ville et évoque notamment les fouilles pratiquées à l'emplacement de l'ancienne Dorestad.

Près du Lek se trouve un moulin (Molen 'Rijn en Lek').

Un peu en dehors de la ville, le château **(Kasteel Duurstede)**, en ruine, entouré de fossés, conserve les vestiges d'un donjon carré (1270) ainsi qu'une tour ronde du 15e s. L'ensemble sert actuellement de salle des fêtes. Le parc du château figure sur la liste des monuments classés.

Amerongen – Paisible localité de la région du Neder Rijn, où l'on cultivait jadis le tabac et qui conserve, par endroits, de typiques séchoirs à tabac en bois. Son **église** gothique est dominée par une haute tour, du 16e s., en grès rayé de bandes de calcaire. Sur la place aux jolies maisons rustiques, un chêne a été planté en 1898 en l'honneur de la majorité de la reine Wilhelmine. Le musée historique d'Amerongen, **Amerongs Historisch Museum** ⊘, installé dans un ancien séchoir, retrace l'histoire de la culture du tabac dans la région. Non loin, dans la Drostestraat, se dresse un célèbre château : **Kasteel Amerongen** ⊘. Un premier château fut construit ici sur les fondations d'un château fort élevé en 1286. Après sa destruction par l'armée française en 1673, son propriétaire, Godard van Reede, fit bâtir dans les années 1674-1680, sur son emplacement, un nouvel édifice en brique, entouré de doubles douves. Guillaume II, empereur d'Allemagne, y vécut de 1918 à 1920 et y signa son abdication, avant de s'installer à Doorn.

La visite des pièces permet d'admirer mobilier, tapisseries et peintures. Le parc se visite également.

Au Nord de **Leersum** se trouvent les étangs ou **Leersumse Plassen** ⊘ aménagés dans les landes de bruyère, sur une ancienne moraine glaciaire. Là viennent couver de nombreuses mouettes.

AMSTERDAM ★★★

Noord-Holland

727 053 habitants

Cartes Michelin n⁰ˢ 908 F 4, plis 27, 28 (agrandissement), 210 O 8 et plis 28 et 29
(agrandissement) et 211 O 8 – Schéma, voir IJsselmeer
Plan Michelin n° 36 avec répertoire des rues
Plan d'agglomération dans Le Guide Rouge Benelux

Amsterdam, la capitale des Pays-Bas, est construite sur les rives de l'IJ et de l'Amstel.
Son réseau de canaux en toile d'araignée, ses maisons de brique hautes et étroites
aux frontons de formes variées, son port, son intense activité commerciale et
culturelle, ses musées donnent à cette ville une personnalité marquée au charme
prenant. Pour faire sa connaissance, il est conseillé de se chausser confortablement
pour partir à pied, ou bien de louer une bicyclette.

Le touriste flânant le long des pittoresques canaux ne se doutera pas de la nature
marécageuse du sous-sol d'Amsterdam, raison pour laquelle de nombreuses maisons
ont été construites sur pilotis. La présence d'un grand nombre de maisons flottantes
amarrées sur les quais s'explique par le manque parfois chronique de logements neufs
dans le centre historique de la ville.

Outre son intense activité commerciale – Amsterdam est le deuxième port du pays –,
la Venise du Nord connaît une vie culturelle bouillonnante : multiples expositions dans
le quartier des musées, nombreuses galeries d'art dans les environs de la Nieuwe
Spiegelstraat, concerts de l'orchestre symphonique mondialement réputé du Koninklijk Concertgebouworkest, célèbre Hollandfestival avec ses représentations
théâtrales et ses concerts, Prinsengrachtfestival, en été, devant l'hôtel Pulitzer, sans
oublier l'Uitmarkt, qui inaugure la saison théâtrale.

La capitale propose également d'innombrables possibilités de sorties : bistrots
agréables, grandes brasseries chic, bars à la mode, cafés alternatifs, discothèques,
boîtes de nuit ; les Walletjes, le fameux quartier chaud *(rosse buurt)* attire également
des touristes.

Par ailleurs, Amsterdam est une ville extrêmement dynamique et traditionnellement
tolérante ; la municipalité autorise aux adultes la possession de 5 g de drogue douce
à usage personnel.

AMSTERDAM PRATIQUE

Se loger

Le Guide Rouge Benelux offre une grande sélection d'hôtels, classés par quartier.
Les adresses que nous vous présentons ci-après ont été sélectionnées pour leur
cadre, leur caractère, leur emplacement exceptionnel ou leur rapport
qualité/prix.

Les établissements choisis ont été classés en trois catégories :

La catégorie « **À Bon Compte** » propose des hôtels dont le premier prix des
chambres ne dépasse pas 195 florins (88,5 €). Ce sont généralement de petits
établissements simples offrant un confort de base.

« **Valeur Sûre** » concerne des hôtels particulièrement agréables et présentant
chacun un charme particulier. Les prix, très variables selon la situation,
s'échelonnent entre 195 florins (88,5 €) et 350 florins (158,82 €).

Dans la rubrique « **Une Petite Folie** », vous trouverez quelques hôtels de luxe, bien
situés. Évidemment, ces hôtels pratiquent des prix à la hauteur de leurs
agréments.

AUBERGES DE JEUNESSE

Moyennant un supplément, les non-adhérents peuvent aussi y séjourner. Il n'y
a pas de limite d'âge. Informations : www.njhc.org.

NJHC Stadsdoelen – *Kloveniersburgwal 97, 1011 KB Amsterdam,*
☎ *(020) 624 68 32. 184 lits.* À proximité du « Quartier Rouge ».

NJHC Vondelpark – *Zandpad 5, 1054 GA Amsterdam,* ☎ *(020) 589 89 96.*
493 lits. La plus fréquentée et la plus agréable de par sa situation.

« À BON COMPTE »

Aalders – *Jan Luijkenstraat 13-15, 1071 CJ Amsterdam,* ☎ *(020) 662 01 16,*
fax (020) 673 40 27, www.hotelaalders.nl. 53 chambres. Hôtel simple mais
confortable près du quartier des musées.

Amstel Botel – *Oosterdokskade 2-4, 1011 AE Amsterdam,* ☎ *(020) 626 42 47,*
fax (020) 639 19 52, www.amstelbotel.com. 176 chambres. Ce bateau de
croisière aux 176 cabines aménagées en chambres offre tout le confort
moderne ; il est ancré à proximité de la gare centrale.

Nicolaas Witsen – *Nicolaas Witsenstraat 4, 1017 ZH Amsterdam,*
☎ *(020) 623 61 43, fax (020) 620 51 13. 31 chambres.* Hôtel confortable
dans une rue calme, à quelques minutes de marche des grands musées et du
quartier animé de la Rembrandtplein et de la Leidseplein.

« VALEUR SÛRE »

Ambassade – *Herengracht 341, 1016 AZ Amsterdam,* ☎ *(020) 555 02 22, fax (020) 555 02 77, www.ambassade-hotel.nl. 59 chambres.* Dans une suite de dix bâtiments du 17e s. remarquablement situés sur le Herengracht, cet hôtel de charme se trouve près du centre. La belle salle du petit déjeuner permet de commencer la journée en beauté.

Arena – *'s-Gravesandestraat 51, 1092 AA Amsterdam,* ☎ *(020) 694 74 44, fax (020) 663 26 49, www.hotelarena.nl. 121 chambres.* Cet hôtel à proximité du Oosterpark est installé dans un ancien orphelinat datant de 1890. Les chambres sont spacieuses mais aménagées sobrement dans un style design. Le même complexe abrite également un café-restaurant avec jardin et terrasse ainsi qu'une discothèque. Parking privé.

Canal House – *Keizersgracht 148, 1015 CX Amsterdam,* ☎ *(020) 622 51 82, fax (020) 624 13 17, www.canalhouse.nl. 26 chambres.* Ce splendide hôtel du 17e s. est meublé d'antiquités ; toutes les chambres sont différentes. Le petit déjeuner est servi dans un charmant salon offrant une vue sur le jardin.

Hôtel Canal House

La Casaló – *Amsteldijk 862, 1079 LN Amsterdam,* ☎ *(020) 642 36 80, fax (020) 644 74 09. 4 chambres.* Cette maison flottante propose 4 chambres de styles hollandais, oriental, africain et caraïbe. Par beau temps, il est très agréable de prendre son petit déjeuner sur l'eau.

Piet Hein – *Vossiusstraat 53, 1071 AK Amsterdam,* ☎ *(020) 662 72 05, fax (020) 662 15 26, www.hotelpiethein.nl. 37 chambres.* Hôtel confortable près du Vondelpark et des principaux musées.

Toro – *Koningslaan 64, 1075 AG Amsterdam,* ☎ *(020) 673 72 23, fax (020) 675 00 31. 22 chambres.* En lisière du Vondelpark, cette ancienne villa bourgeoise du début du 20e s. offre une atmosphère quasi familiale. Sa terrasse offre une agréable vue sur un étang.

« UNE PETITE FOLIE »

American – *Leidsekade 97, 1017 PN Amsterdam,* ☎ *(020) 556 30 00, fax (020) 556 30 01, www.interconti.com. 186 chambres.* Hôtel de prestige sur la Leidseplein. Sa magnifique brasserie Art déco est l'incontournable lieu de rencontre du monde culturel et politique.

Amstel – *Prof. Tulpplein 1, 1018 GX Amsterdam,* ☎ *(020) 622 60 60, fax (020) 622 58 08, www.amstelhotel.nl. 64 chambres.* Sur la rive de l'Amstel, cet hôtel « classique » possède en *La Rive* un restaurant parmi les plus renommés du pays. L'équipement comprend un centre de remise en forme avec piscine, jacuzzi, sauna, gymnase et bain turc.

Europe – *Nieuwe Doelenstraat 2, 1012 CP Amsterdam,* ☎ *(020) 531 17 77, fax (020) 531 17 78, www.leurope.nl. 94 chambres.* Situé à deux pas du cœur historique d'Amsterdam, cet hôtel de prestige propose un restaurant merveilleusement situé sur l'Amstel : L'« *Excelsior* », réputé pour sa cave à vins. Piscine intérieure chauffée, sauna, solarium et centre de fitness.

Pulitzer – *Prinsengracht 315-331, 1016 GZ Amsterdam,* ☎ *(020) 523 52 35, fax (020) 627 67 53, www.pulitzer.nl. 222 chambres.* Ce magnifique établissement sur le Prinsengracht occupe 25 maisons des 17ᵉ et 18ᵉ s. Outre un restaurant, l'hôtel comprend un jardin intérieur, un piano-bar et un café.

The Grand – *Oudezijds Voorburgwal 197, 1012 EX Amsterdam,* ☎ *(020) 555 31 11, fax (020) 555 32 22, www.thegrand.nl. 169 chambres.* Cet hôtel de luxe est installé dans l'ancien Prinsenhof. Les chambres donnent sur le canal ou le jardin intérieur.

Se restaurer

Ville historiquement cosmopolite, Amsterdam propose toutes les cuisines : asiatique, africaine, américaine et européenne... sans oublier la hollandaise. Les restaurants proposés ici ont été choisis pour leur cadre, leur ambiance, leur gastronomie typique ou leur caractère unique. Pour une sélection plus importante, basée sur des critères surtout gastronomiques, consulter **Le Guide Rouge Benelux**.

« À BON COMPTE »

Cobra – *Museumplein,* ☎ *(020) 470 01 14.* Ce café-restaurant est entièrement placé sous le signe du mouvement Cobra, dont on peut non seulement admirer les œuvres mais aussi la décoration du sol, les chaises et les étiquettes de bouteilles de vin qui s'en inspirent. Le service de table est une création de Corneille. Le bâtiment abrite également un bar à sushis, une boutique et une grande terrasse ouverte en été.

De Roode Leeuw (Hôtel Amsterdam) – *Damrak 93,* ☎ *(020) 555 06 66.* Sur le très populeux Damstraat, brasserie de spécialités hollandaises dont les kapucijners : gros pois servis avec du lard et des oignons.

Haesje Claes – *Spuistraat 275,* ☎ *(020) 624 99 98.* Cuisine hollandaise simple et copieuse pour un bon rapport qualité/prix.

Indrapura – *Rembrandtplein 40-42,* ☎ *(020) 623 73 29.* Cuisine indonésienne.

Kantjil & De Tijger – *Spuistraat 291-293,* ☎ *(020) 620 09 94.* Cuisine indonésienne.

« VALEUR SÛRE »

Bordewijk – *Noordermarkt 7,* ☎ *(020) 624 38 99.* Restaurant au décor design et à l'ambiance typique de la population actuelle du Jordaan. Cuisine actuelle. Dîner seulement.

Café Roux – *Oudezijds Voorburgwal 197,* ☎ *(020) 555 35 60.* Ce restaurant au rez-de-chaussée de l'hôtel The Grand *(voir ci-dessus)* sert des plats savoureux dans un beau cadre Art déco. Près de l'entrée, on peut admirer une peinture murale de Karel Appel.

De Gouden Reael – *Zandhoek 14,* ☎ *(020) 623 38 83.* Idéalement placé dans le vieux port, cet établissement propose une cuisine régionale française dont la carte change tous les mois.

D'Vijff Vliegen – *Spuistraat 294-302,* ☎ *(020) 624 83 69.* Cuisine néerlandaise dans une ambiance typiquement amstellodamoise. Un dédale de salles magnifiquement décorées dans le style du 17ᵉ s.

Le Garage – *Ruysdaelstraat 54-56,* ☎ *(020) 679 71 76.* Brasserie moderne, ambiance artistique, clientèle cosmopolite. Le patron anime une émission de télévision sur l'art culinaire.

In de Waag – *Nieuwmarkt 4,* ☎ *(020) 422 77 72.* Installé dans le Poids public, ce café-restaurant sympathique propose une carte de poissons de l'IJsselmeer. Bar à vin à l'entrée, table de lecture et grande terrasse en été.

Sea Palace – *Oosterdokskade 8,* ☎ *(020) 626 47 77.* Restaurant chinois sur l'eau avec belle vue sur la ville.

Tom Yam – *Staalstraat 22,* ☎ *(020) 622 95 33.* Élégant restaurant proposant jardin zen et *fusion kitchen* exotique.

VIVRE À AMSTERDAM

À Amsterdam, les cafés sont très nombreux, la ville en compterait un bon millier. Tous, du grand café design au café brun traditionnel, se caractérisent par une ambiance chaleureuse. La plupart des cafés proposent un en-cas ou un petit menu : certains le signalent sur leur devanture en y inscrivant le terme *eetcafé*.

Le soir, en dehors du « Quartier Rouge », la vie nocturne bat son plein sur les Leidseplein et Rembrandtplein. Sur la **Leidseplein** se dresse le Stadsschouwburg, autour duquel on trouve de nombreux petits théâtres, cafés, cinémas, discothèques et le Holland Casino. L'été, les terrasses sont animées jusque tard dans la nuit. La **Rembrandtplein** est réputée pour ses restaurants et ses bars aux immenses terrasses ainsi que pour ses discothèques.

Prendre un verre

CAFÉS BRUNS

Les cafés bruns sont typiquement hollandais. Un café brun authentique a les murs dénudés, les boiseries patinées par les ans et les mains de la clientèle, et le sol recouvert de sable. On y commande surtout de la bière et du genièvre. Beaucoup sont petits, quelques personnes y font déjà foule, créant cette ambiance si conviviale qui les caractérise. Le centre-ville et le Jordaan recèlent les cafés bruns les plus authentiques.

Café Hoppe – *Spui 18-20.* Très fréquenté par le monde littéraire (écrivains, journalistes). En été, les clients s'installent sur le trottoir, créant ce que les Néerlandais appellent des « réceptions debout ».

De Admiraal – *Herengracht 563.* Ce café ressemblant à une distillerie sert du genièvre provenant d'une des plus anciennes distilleries amstellodamoises.

't Papeneiland – *Prinsengracht 2.* Sa situation en bordure de canal, sa décoration rétro (céramiques, tableaux anciens...), son mobilier et son fourneau à l'ancienne en font un café brun très romantique.

't Smalle – *Egelantiersgracht 12.* En bordure d'un canal qui incite à la flânerie, ce café dispose d'une petite terrasse en surplomb du canal.

PROEFLOKALEN

Ces bars à dégustation sont une survivance du 17e s. On y sert (on y vend aussi) du genièvre et des alcools aromatisés souvent distillés sur place.

De Drie Fleschjes – *Gravenstraat 18.* Peu de places assises, ambiance animée. Tout se passe au comptoir dont le mur est tapissé de carafes aux étiquettes évocatrices : crème de rose, de vanille, parfait amour, ratafia...

Wynand Fockink – *Pijlsteeg 31 (près du Dam).* Cet établissement propose un grand choix de genièvres et d'alcools de fabrication locale à la dégustation et à l'achat. Agréable jardin.

Proeflokaal « De Drie Fleschjes »

GRANDS CAFÉS

Café Américain – *Leidsekade 97 et Leidseplein 26.* Monument amstellodamois, cette magnifique brasserie mi Art nouveau mi Art déco est un lieu de grand style qui mérite une visite malgré des tarifs un tantinet élevés.

Café Dantzig – *Zwanenburgwal 15.* Très grand café avec espace lecture. Sa terrasse au bord de l'Amstel est le repos idéal après une flânerie au marché aux puces de la Waterlooplein.

Café Luxembourg – *Spui 22.* Entre café brun et grand café, le *Luxembourg* est un lieu très agréable, surtout en fin de matinée. Le petit déjeuner est très bon.

De Jaren – *Nieuwe Doelenstraat 20-22.* Spacieux, ce lieu très populaire est un des hauts lieux de rendez-vous de la jeunesse amstellodamoise. Sa superbe terrasse sur deux niveaux en bordure de l'Amstel est bondée par beau temps.

De Kroon – *Rembrandtplein 17.* De Kroon est une institution. La clientèle est on ne peut plus disparate et la salle du 1er étage est une curiosité. La terrasse offre une belle vue sur la place.

BARS

Café de Sluiswacht – *Jodenbreestraat 1*. Au bord d'un canal, proche de la Waterlooplein, ce petit café propose une terrasse sympathique. Attention, ce n'est pas un excès d'alcool, c'est bien la maison qui penche !

De Prins – *Prinsengracht 124*. Bar à l'ambiance agréable ; terrasse. Belle vue sur Anne Frank Huis et Westerkerk.

Walem – *Keizersgracht 449*. Grand bar design. Au fond de la salle, accès à un agréable et sympathique jardin d'été.

Morlang – *Keizersgracht 451*. Dans une maison ancienne, décoration moderne, clientèle plutôt jeune et belle terrasse au bord de l'eau font de ce bar un lieu de rendez-vous très fréquenté.

VOC Café in de Schreierstoren – *Prins Hendrikkade 94-95*. Café composé de 2 salles au style très différent. Celle du bar est décorée d'antiquités, l'autre fait penser à un salon de lecture. Deux terrasses sympathiques dont une au bord d'un canal complètent ce magnifique établissement.

COFFEESHOPS

Si l'on y sert du café, les coffeeshops déclarés – la ville en compte une centaine – sont surtout connus pour vendre des drogues douces.

Sortir le soir

Les concerts, pièces de théâtre, expositions, films sont présentés chaque mois dans le journal gratuit *Uitkrant* et toutes les trois semaines dans le magazine *What's on in Amsterdam* disponible dans les offices de tourisme et chez certains marchands de journaux.

Les réservations peuvent être faites auprès du bureau de réservation **VVV Theaterbespreekbureau** des offices de tourisme (gare centrale, Leidseplein ou Stadionplein) ou auprès de l'**Amsterdams Uit Buro** (*AUB Ticketshop, Stadsschouwburg ou théâtre municipal, Leidseplein, ouvert tous les jours de 10 h à 18 h*) ou via l'**Uitlijn**, ☎ *(0900) 0191 ; tous les jours de 9 h à 21 h*.

Aller danser – **Escape**, *Rembrandtplein 11* ; la plus grande discothèque d'Amsterdam. **iT**, *Amstelstraat 24* ; la plus extravagante discothèque de la ville : go-go girls, drag queens et tout ce qui touche le monde de la nuit. Soirées gay.

Casino – **Holland Casino**, *Max Euweplein 64*, ☎ *(020) 620 10 06*.

Jazz, rock, pop... – **Amsterdam ArenA**, *Huntum 2*, ☎ *(020) 311 13 33* ; les stars mondiales se produisent dans cette enceinte. **Bimhuis**, *Oude Schans 73*, ☎ *(020) 623 13 61* ; le must des clubs de jazz d'Amsterdam. **De Melkweg**, *Lijnbaansgracht 234*, ☎ *(020) 531 81 81* ; centre culturel renommé : danse, concerts de musique moderne... **Paradiso**, *Weteringschans 6*, ☎ *(020) 626 45 21* ; concerts rock et soirées dansantes dans une ancienne église.

Musique classique et opéra – **Koninklijk Theater Carré**, *Amstel 115-125*, ☎ *(020) 622 52 25* ; comédies musicales, variétés, mais surtout très fréquenté pour ses spectacles de cirque. **Muziektheater (Stopera)**, *Amstel 3*, ☎ *(020) 625 54 55* ; grands spectacles d'opéra et de ballet ; le Nederlandse Opera, le Nationale Ballet et le Nederlands Dans Theater, tous renommés, s'y produisent régulièrement. **Stadsschouwburg**, *Leidseplein 26*, ☎ *(020) 624 23 11* ; programmation multiculturelle (beaucoup d'opéra). **Beurs van Berlage**, *Damrak 243*, ☎ *(020) 627 04 66* ; concerts de musique classique ; l'Orchestre Philharmonique des Pays-Bas est un des hôtes de ces lieux. **Concertgebouw**, *Concertgebouwplein 2-6*, ☎ *(020) 671 83 54* ; un des temples de la musique classique grâce à sa parfaite acoustique et l'exceptionnelle qualité de son orchestre, l'Orchestre Royal du Concertgebouw. **Felix Meritis**, *Keizersgracht 324*, ☎ *(020) 623 13 11* ; concerts de musique classique dans une magnifique salle du 18e s.

Shopping

La plupart des magasins sont ouverts le lundi de 13 h à 18 h, et du mardi au vendredi de 9 h à 18 h ; les boutiques du centre-ville ouvrent le dimanche de 12 h à 17 h. Certains grands magasins ouvrent en **nocturne le jeudi** (jusqu'à 21 h).

Grands magasins et galeries commerciales – **De Bijenkorf**, *Damrak 1*. **Magna Plaza Center**, *Nieuwezijds Voorburgwal 182*, galerie commerciale avec 40 boutiques de luxe. **Metz & Co**, *à l'angle de Keizersgracht et Leidsestraat*, meubles design, cadeaux... **Vroom & Dreesmann**, *Kalverstraat 201*.

Mode – C'est dans le **Museumkwartier** (quartier des Musées) et plus précisément dans les **P.C. Hooftstraat** et **Van Baerlestraat** que l'on trouve la majorité des maisons de couture et boutiques à la mode. Les rues piétonnes comme les **Kalverstraat** et **Nieuwendijk** sont bordées de nombreuses boutiques de prêt-à-porter.

Tailleries de diamants – Une dizaine de tailleries ouvrent leurs portes aux visiteurs. Pour tout renseignement, s'adresser au VVV, ☎ *(0900) 400 40 40*.

Antiquaires – La majorité des boutiques d'antiquaires sont situées aux abords des quatre grands canaux (Singel, Herengracht, Keizersgracht et Prinsengracht), et plus précisément dans les **Spiegelstraat**, **Nieuwe Spiegelstraat** et **Kerkstraat**.

Marchés

Les nombreux marchés permettent d'observer la vie quotidienne dans la capitale.

Albert Cuypmarkt – *Albert Cuypstraat ; du lundi au samedi de 9 h 30 à 17 h.* Marché alimentaire et marché vestimentaire.

Bloemenmarkt – *Singel, entre la Muntplein et la Koningsplein ; du lundi au samedi de 9 h 30 à 17 h.* Marché aux fleurs.

Boekenmarkt – *Oudemanhuispoort, lundi et samedi de 10 h à 16 h ; Spui, le vendredi de 10 h à 18 h.* Deux marchés de vieux livres.

Marché aux puces (Vlooienmarkt) – *Waterlooplein ; du lundi au samedi de 9 h à 17 h.*

Antiekmarkt Nieuwmarkt – *Nieuwmarkt ; de mai à septembre, le dimanche de 9 h à 17 h.* Antiquités, vieux objets, bibelots.

Le Bloemenmarkt

Ch. Bastin et J. Evrard

Rommelmarkt (Brocante) – *Looiersgracht 38 ; le samedi et le dimanche de 11 h à 17 h.*

Informations pratiques

Offices de tourisme (VVV) – Le **VVV** d'Amsterdam compte plusieurs bureaux : à l'intérieur et en face de la gare centrale **(Centraal Station)**, à l'angle de **Leidseplein** et **Leidsestraat**, **Stadionplein** et à l'aéroport **Schiphol**. Tous sont ouverts sept jours sur sept ; ☎ (0900) 400 40 40, www.visitamsterdam.nl. Vous pouvez également consulter le site Internet de la commune d'Amsterdam : **www.amsterdam.nl**.

La voiture – Si la circulation est difficile à Amsterdam, le stationnement y est problématique et **payant jusqu'à 23 h**. Les tarifs sont élevés. Le non-respect de la réglementation est sanctionné par une amende et/ou la pose de sabots. Si vous retrouvez votre voiture avec un sabot, vous pouvez demander de l'aide auprès de **Klemhulp** (Secours Sabots) : ☎ (020) 667 10 01. Afin d'éviter ces soucis, il est conseillé d'acheter à l'hôtel une carte valable pour la journée *(dagparkeerkaart)*. Les **parkings** *(parkeergarages)*, indiqués sur nos plans, sont une autre solution ; là aussi les prix sont élevés. Il existe des parkings gratuits aux abords de la ville, nommés parkings **P+R**, d'où l'on peut gagner le centre-ville par les transports publics. Pour des raisons de sécurité, l'utilisation de ces parkings est déconseillée.

Transports en commun – L'Office de tourisme peut vous renseigner et s'occupe aussi de la vente de billets (carte pour une journée et carte dite *strippenkaart* pour plusieurs trajets). Avec la carte dite **Circle-Amsterdam ticket** (de 1 à 9 jours), vous voyagerez de façon illimitée avec le tram, le bus, le métro ou le *sneltram* (tram rapide). Le **Circle-tram** relie la plupart des curiosités et bon nombre d'hôtels ; il vous évitera les changements.

Promenades à travers la ville – Plusieurs itinéraires thématiques, notamment sur les principales curiosités, le Jordaan et l'Amsterdam Juive, sont disponibles auprès de l'**Office de tourisme**.

Promenades en bateau – Il est possible d'embarquer à différents endroits pour faire une **excursion en bateau** sur les canaux. *Pour plus d'informations, voir ci-dessous ainsi que les Conditions de visite en fin de volume.*

Autres possibilités – La **location d'un vélo** ⊘ permet de se déplacer librement, tout en évitant les problèmes de stationnement. Les **pédalos** (canal bikes) ⊘ sont en location à divers endroits. Le **Museumboot** ⊘ et le **Canal Bus** ⊘ : départ et arrivée à la Centraal Station, les divers arrêts étant situés à proximité des principaux musées.

Manifestations – Amsterdam est une ville très animée, offrant au visiteur un nombre impressionnant d'événements touristiques et de festivals. Voici quelques exemples : le **Holland Festival**, le **Vondelpark Openluchttheater**, le **Prinsengrachtconcert**, le **Corso fleuri d'Aalsmeer-Amsterdam** et l'**arrivée de saint Nicolas** (*voir les Renseignements pratiques en début de guide pour les dates et numéros de téléphone*).
Les bâtiments du **RAI** reçoivent tous les ans divers grands salons, foires et congrès.

UN PEU D'HISTOIRE

La légende raconte qu'Amsterdam fut fondée par deux pêcheurs frisons qui avaient abordé en barque sur les rives de l'Amstel. Ils étaient accompagnés d'un chien. En fait, l'existence de la cité n'est connue qu'à partir de 1275 : le comte Floris V de Hollande concède alors un privilège commercial à ce village de pêcheurs de harengs situé sur une digue ou dam, à l'embouchure de l'Amstel. Amsterdam se développe par étapes autour du noyau primitif. Vers 1300, elle reçoit son statut de ville, puis est annexée en 1317, par Guillaume III, au comté de Hollande.
En 1345, à la suite d'un miracle (une hostie qui était tombée dans un brasier et retrouvée intacte), Amsterdam devient un centre de pèlerinage important.
En 1428, la ville passe avec le comté de Hollande entre les mains du duc de Bourgogne Philippe le Bon. La couronne impériale qu'elle porte dans ses armes lui est accordée en 1489 par Maximilien, veuf de Marie de Bourgogne.

Le début de la prospérité – La fin du 16ᵉ s. marque pour Amsterdam le début d'une période de grande prospérité. Après le pillage de leur ville en 1576 par les Espagnols, les riches marchands d'Anvers se réfugient à Amsterdam ; ils apportent avec eux

l'industrie du diamant. Une fois affranchie, par l'Union d'Utrecht (1579), de la tutelle espagnole, la ville connaît une grande prospérité à laquelle contribuent de façon active les nouveaux immigrés. Puis, à la fin du 16e s., arrivent d'Espagne et du Portugal des marranes, Juifs qui, convertis de force au catholicisme, continuaient à pratiquer leur religion en secret. Pour favoriser l'activité commerciale de ces derniers, les autorités leur accordent de grands privilèges.

Le Siècle d'or – Le 17e siècle marque l'apogée d'Amsterdam.
Dans le sillage des Portugais, les Hollandais entreprennent leur expansion outre-mer. Leurs bateaux rayonnent dans tout l'Extrême-Orient. En 1602, ils fondent la Compagnie des Indes orientales (Verenigde Oostindische Compagnie ou VOC), puis en 1621 celle des Indes occidentales (WIC), et s'installent à La Nouvelle-Amsterdam (qui sera rebaptisée plus tard New York par les Anglais).
La Banque d'Amsterdam, créée en 1609, est l'un des premiers établissements de crédit d'Europe. La Bourse est construite en 1608 par Hendrick de Keyser.
En 1610 est décidée la construction des trois principaux canaux, le Herengracht, le Keizersgracht et le Prinsengracht. Ils seront bordés bientôt des demeures de l'opulente bourgeoisie commerçante. On entoure la ville d'une importante muraille où sont installés des moulins à vent. **Rembrandt**, né à Leyde, se fixe à Amsterdam en 1630. Il sera enterré en 1669 dans la Westerkerk.
En 1648, avec le traité de Münster, mettant fin à la guerre de Quatre-Vingts Ans avec l'Espagne, l'indépendance de la République est reconnue officiellement.
Le développement de la navigation entraîne celui de la fabrication des cartes et des globes dont Amsterdam devient spécialiste avec de grands géographes comme le Flamand Hondius qui réédite le célèbre *Atlas* de Mercator en 1605.
La révocation de l'Édit de Nantes en France en 1685 provoque l'immigration de nombreux huguenots qui participent à l'activité commerçante de la ville. À la fin du 17e s., cependant, la puissance maritime hollandaise est en déclin, de même que la draperie.

L'occupation française – Les richesses accumulées sont telles qu'Amsterdam résiste longtemps aux effets de décadence économique du 18e s. Si en 1672 Amsterdam avait su repousser l'assaut des troupes de Louis XIV en ouvrant les écluses qui la protégeaient, elle ne peut rien en 1795 contre l'armée de Pichegru. En 1806, Napoléon fait de son frère Louis Bonaparte le roi de Hollande.
Celui-ci s'installe à Amsterdam, qui devient ainsi la capitale du royaume.
Réunie à la France en 1810, décrétée par Napoléon troisième ville de l'Empire français et chef-lieu du département du Zuiderzee, Amsterdam est alors touchée par le Blocus continental qui ruine son commerce.
La population se soulève en 1813 et reconnaît le prince d'Orange, Guillaume Ier, comme souverain le 2 décembre.

P. van Riel/EXPLORER

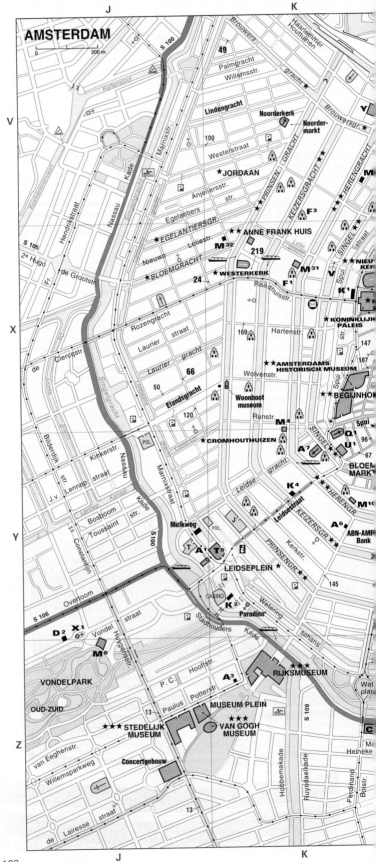

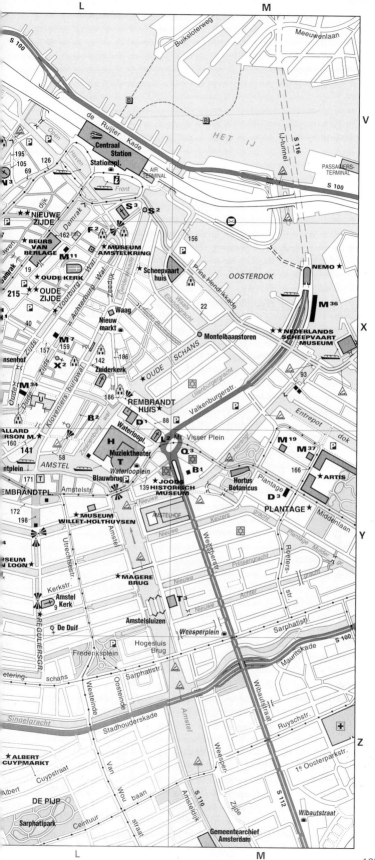

Répertoire des rues des plans d'AMSTERDAM

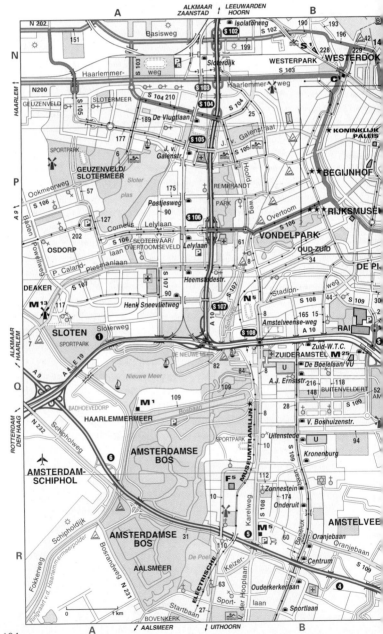

Curiosités des plans d'AMSTERDAM

(M) = Voir **Musées**   (T) = Voir **Théâtres**

S'il vous reste du temps...

Vous trouverez les curiosités suivantes sur les plans de ce guide ; **Le Guide Vert Amsterdam** vous propose une visite plus détaillée avec une description.

OUDE ZIJDE
Hasj Marihuana Museum
Koffie- en Theemuseum – Prinsenhof

LES CANAUX DU CENTRE
Amstelkerk – De Duif
De Appel – De Krijtberg
Leidsegracht – Max Euwe Centrum
Multatuli Museum – Woonbootmuseum
Torensluis – West-Indisch Huis

LE QUARTIER DES MUSÉES
Vondelkerk

LE JORDAAN
Elandsgracht – Lauriergracht – Lindengracht
Theo Thijssen Museum

LE PLANTAGE
Moulin De Gooyer

LE PORT
Haarlemmerpoort – Java-eiland
Open Haven Museum – Vereniging Museumhaven Amsterdam
Werf 't Kromhout

LE PIJP
Gemeentearchief Amsterdam

LES QUARTIERS PÉRIPHÉRIQUES D'AMSTERDAM
Amstelstation – Amsterdam ArenA – Rembrandt Tower
Bezoekerscentrum Het Bosmuseum – Electrische Museumtramlijn Amsterdam
Kantoorgebouw Van Leers – Olympisch Stadion – Peter Stuyvesant Stichting

OUDERKERK A/D AMSTEL
Oudheidkamer
Portugees-Israëlitische Begraafplaats – St.-Urbanuskerk

Le réveil économique – C'est seulement dans la deuxième moitié du 19ᵉ s. que la ville sort d'une longue léthargie économique. L'enceinte bastionnée est rasée. En 1876 a lieu l'ouverture du nouveau canal la reliant à la mer du Nord, le Noordzeekanaal, ce qui facilite le commerce maritime.

La gare centrale (Centraal Station) est construite en 1889.

L'industrie du diamant reprend son essor. Bon nombre de **tailleries de diamants** ⊘ ouvrent leurs portes aux visiteurs.

Le début du 20ᵉ siècle – En 1903 est terminée la nouvelle Bourse, par **Berlage**, qui inaugure une ère moderne pour l'architecture.

Peu avant la Première Guerre mondiale, la ville entreprend l'édification de nouveaux quartiers.

Plusieurs architectes se groupent au sein de l'école d'Amsterdam, **Amsterdamse School**, qui répand un style de construction original et se développe, surtout après la Première Guerre mondiale, autour de **Michel de Klerk**. Jusqu'à sa mort en 1923, ce dernier édifie, ainsi que **Peter Kramer** et **J.M. van der Mey**, un grand nombre d'habitations populaires, en particulier au Sud de **Sarphatipark** et à l'Ouest de la **Spaarndammerstraat**. Elles traduisent une volonté de rompre la monotonie des façades par l'asymétrie et par les différences de niveau et d'alléger la sévérité des lignes droites par la présence de pans de murs incurvés.

La dernière guerre touche durement la ville. Sous l'occupation allemande, pendant cinq ans, près de 80 000 Juifs sont déportés (5 000 seulement survécurent).

L'après-guerre – La ville d'Amsterdam s'est magnifiquement relevée de ses épreuves.

La grande cité industrielle, qui fait partie de la **Randstad Holland** (voir Introduction, Physionomie du pays), s'adonne aujourd'hui au tourisme, à la technologie médicale et à des activités métallurgiques, graphiques et alimentaires.

Sur l'Europaplein, le **RAI** est un grand centre de congrès et d'expositions, construit dans les années 1960. Un centre de commerce international, pouvant accueillir plus de 3 000 personnes, le **World Trade Centre**, situé à proximité de la Station Zuid, a été inauguré en 1985.

Le canal d'Amsterdam au Rhin (Amsterdam-Rijnkanaal), achevé en 1952, a contribué au développement du port. Un tunnel routier pour automobiles percé sous l'IJ en 1968 facilite la communication entre le centre-ville et les quartiers situés au Nord du port.

Une ligne de métro a été inaugurée en 1976. La ville s'est agrandie de banlieues modernes telles **Buitenveldert** au Sud, et, au Sud-Est, **Bijlmermeer**. Cependant, le problème du logement reste tel que de nouveaux quartiers **(Java-eiland, KNMS-eiland)** se construisent continuellement. En outre, environ 2 400 maisons flottantes bordent 36 km de quais.

Amsterdam compte deux universités, totalisant environ 39 000 étudiants, et de nombreuses écoles d'enseignement supérieur.

★★★ LE CENTRE HISTORIQUE

★★ Nieuwe Zijde

Centraal Station (Gare centrale) – À la fin du 19ᵉ s., la construction de la Centraal Station sur trois îles artificielles aménagées sur l'IJ a fait l'objet d'une vive polémique. La critique portait surtout sur la fermeture du front du port. Depuis lors, ce gigantesque ouvrage, qui fut érigé entre 1881 et 1889 sur les plans des architectes **P.J.H. Cuypers** et **A.L. van Gendt**, est devenu un des monuments caractéristiques de la ville.

Atteindre la Bourse par le très fréquenté Damrak.

★ **Beurs (Bourse)** – Construite par **Berlage** entre 1897 et 1903, c'est l'œuvre principale de cet architecte amstellodamois épris de fonctionnalisme et pionnier de l'architecture moderne aux Pays-Bas.

En brique, le bâtiment présente un extérieur sobre. À l'intérieur, la charpente d'acier apparente soutient une verrière. Depuis 1987, cette ancienne Bourse du commerce sert de centre culturel (expositions, congrès, concerts). Le musée de la Bourse de Berlage, **Beurs van Berlage Museum** ⊘, abrite une petite exposition permanente qui porte principalement sur la construction de cet imposant édifice. Sur la Beursplein (place de la Bourse) se trouve également la Bourse des valeurs, **Effectenbeurs**, construite en 1913.

★ **Dam** – Le Dam, place principale d'Amsterdam, se trouve à la jonction des deux grandes artères centrales : le Damrak et le Rokin, à l'emplacement de la digue (dam) sur l'Amstel. C'est sur cette place extrêmement animée, où le promeneur se fraye une voie parmi les pigeons, que s'élèvent le Palais royal et la Nouvelle Église. Le monument national de la Libération, **Nationaal Monument** (1956), du sculpteur Raedecker, symbolisant l'humanité souffrante courbée sous le fléau de la guerre, est le rendez-vous des flâneurs, musiciens ambulants, jongleurs et touristes fatigués.

★ **Koninklijk Paleis** (Palais royal) ⊙ – C'est l'ancien hôtel de ville devenu palais royal en 1808 sous le règne de Louis Bonaparte. Construit par Jacob van Campen en 1648, il remplaça l'hôtel de ville gothique qui fut incendié en 1652.

C'est une lourde construction classique, s'appuyant sur 13 659 pilotis de bois. Les façades Est et Ouest sont surmontées de tympans sculptés par l'Anversois Artus Quellin le Vieux, qui est également l'auteur de la décoration intérieure.

Au rez-de-chaussée, on visite le tribunal ou **Vierschaar**, salle où étaient prononcées les sentences de mort. Cette disposition évoque symboliquement les interlocuteurs des accusés et des juges. À travers les grilles, le peuple pouvait suivre le déroulement de la cérémonie.

Dans la salle des Citoyens, **Burgerzaal**★ *(1er étage)*, dont le pavement représente les deux hémisphères Est et Ouest, on remarque la fameuse sculpture d'Atlas soutenant le globe céleste, par Artus Quellin le Vieux. C'est dans la salle des Échevins, **Schepenzaal**, que la reine Juliana abdiqua en 1980.

★★ **Nieuwe Kerk** ⊙ – De culte protestant, la **Nouvelle Église** est un peu aux Néerlandais ce que l'abbaye de Westminster est aux Anglais. C'est là en effet qu'a lieu l'intronisation des souverains ; la reine Wilhelmine y fut intronisée le 6 septembre 1898, sa fille, la reine Juliana, 50 ans plus tard, jour pour jour, sa petite-fille, la reine Beatrix, le 30 avril 1980.

Cette belle église de la fin du gothique fut plusieurs fois pillée ou ravagée par des incendies. Après celui de 1645, sa tour, due à Jacob van Campen, resta inachevée. Depuis la dernière restauration, l'église sert de centre culturel. La Nieuwe Kerk abrite de nombreuses manifestations diverses, notamment des **expositions** importantes.

On y remarque l'énorme **chaire**★★ sculptée par Vinckenbrink en 1649, et la **grille**★ en cuivre du chœur qui est un chef-d'œuvre de Johannes Lutma, orfèvre d'Amsterdam. Le **buffet**★★ de l'orgue principal (vers 1650) a été construit d'après les dessins de Van Campen ; l'ensemble a bénéficié d'une importante restauration.

Des amiraux hollandais y ont leur mausolée. Le **mausolée de Michiel De Ruyter**★ est de Rombout Verhulst de Malines (Belgique). D'autres personnalités ont ici leur dernière demeure, notamment le poète Vondel et les frères **Hemony**.

Magna Plaza – *Nieuwezijds Voorburgwal 182.* Derrière le Koninklijk Paleis (Palais royal) se trouve l'ancienne poste construite en 1899 par C.G. Peters. Depuis 1990, elle abrite un centre commercial de luxe qui compte environ 40 magasins.

Madame Tussaud Scenerama ⊙ – *Dam 20.* Des tableaux étonnants, en particulier sur le thème du Siècle d'or, sont mis en scène grâce au système audio-animatronic. Une belle **maquette tournante** représente Amsterdam au 17e s. Des scènes évoquent l'œuvre de Rembrandt, Vermeer et Jan Steen. La section consacrée au 20e s. présente un grand nombre de personnages connus, néerlandais ou étrangers.

Kalverstraat – Rue piétonne qu'une intense animation rend extrêmement pittoresque, la Kalverstraat est l'artère la plus commerçante d'Amsterdam.

★★ **Amsterdams Historisch Museum** (Musée historique d'Amsterdam) ⊙ – *Accès par la Kalverstraat n° 62, la Sint-Luciënsteeg n° 27 ou le Gedempte Begijnensloot (Schuttersgalerij ou galerie des Gardes civiques).*

Ce musée a été aménagé dans un ancien orphelinat ou Burgerweeshuis du 15e s. À gauche de l'entrée de la Kalverstraat se trouve la cour de récréation des garçons de l'orphelinat : dans les casiers étaient rangées leurs affaires personnelles ; en face, un bâtiment de style classique abrite des expositions temporaires. Dans la **St.-Luciënsteeg** (ruelle Ste-Lucie), un petit porche est surmonté de l'écusson de la ville. Sur un mur ont été réunies un grand nombre de pittoresques pierres de façade **(gevelstenen)**. Dans la galerie des Gardes civiques ou **schuttersgalerij**★, une galerie couverte *(accès libre)*, sont suspendus les portraits de gardes civiques.

L'entrée du musée est située dans la 2e cour qui était réservée aux orphelines. Les collections du musée relatent l'histoire de la ville selon une progression thématique et chronologique à travers les nombreuses salles du bâtiment.

Une amusante carte lumineuse illustre l'étonnant développement de la cité, bâtie entièrement sur du sable. La ville s'adonne rapidement au commerce. Un miracle qui s'y produit en 1345 en fait un lieu de pèlerinage. Puis Amsterdam subit la domination espagnole. C'est aussi l'époque de son expansion dans le monde. Les navires et les marchandises de la Compagnie des Indes orientales envahissent la ville. À son apogée, elle élève un nouvel hôtel de ville, l'actuel palais royal. Amsterdam attire de nombreux artistes qui peignent des portraits et paysages pour ses riches marchands. Viendront d'autres édifices dont plusieurs églises. Devenue riche, la ville n'oublie pas ses miséreux : des institutions charitables prolifèrent, dont les régents se font portraiturer. Au 18e s., la concurrence des pays étrangers se fait sentir mais Amsterdam occupe toujours une place importante dans la vie culturelle. Le nombre de peintres diminue mais leurs œuvres sont d'une très grande qualité. En 1795 arrivent les Français ; les villes perdent leur indépendance au profit de l'unité nationale. À la fin du 19e s.,

Amsterdam connaît une importante poussée démographique. De nouveaux quartiers sont édifiés et c'est également l'époque de la construction du Rijksmuseum. Après les atrocités de la Seconde Guerre mondiale, Amsterdam retrouve le dynamisme.

En sortant, voir à gauche de l'entrée, la belle salle des Régents ou **Regentenkamer** du 17e s. où siégeaient les directeurs de l'orphelinat.

★★ **Begijnhof (Béguinage)** – Il apparaît comme un havre de paix, au cœur de la ville. Fondé au 14e s., c'est l'un des rares enclos de ce type conservés aux Pays-Bas avec celui de Breda. Ses hautes façades des 17e et 18e s., précédées d'un jardinet fleuri, s'ordonnent autour du pré où s'élève l'ancienne église des béguines, appartenant au culte réformé presbytérien de langue anglaise depuis 1607. De belles pierres de façade sculptées sont à signaler aux nos 11, 19, 23, 24. Au no 26, une haute et élégante maison était celle de la grande demoiselle, supérieure du béguinage. Aux nos 29-31 se dissimule la chapelle catholique, construite par les béguines en 1665. Non loin, la plus ancienne maison de la ville, du 15e s., arbore une **façade**★ en bois ; remarquer, dans la cour à gauche, de nombreuses pierres de façade encastrées dans le mur.

Le béguinage

Spui – Dans cette rue très fréquentée, on peut voir **Het Lieverdje**, une petite statue en bronze réalisée en 1960 par le sculpteur Carel Kneulman. Dans les années 1960, elle symbolisait le rejet de la société de consommation prôné par le mouvement Provo.

Au coin du Singel et du Spui se dresse l'**Oude Lutherse Kerk** (Vieille Église luthérienne) de 1633. Au no 423 se trouve l'**Universiteitsbibliotheek** (Bibliothèque de l'Université).

Rokin – Ce bassin est situé à l'extrémité de l'Amstel dont le prolongement a été comblé. À l'extrémité du bassin se dresse la **statue équestre** de la reine Wilhelmine par Theresia van der Pant.

Par Langebrugsteeg, on s'enfonce dans le plus vieux quartier d'Amsterdam, le Oude Zijde, autour duquel s'est développée la ville.

★★ Oude Zijde

Sint-Nicolaaskerk (Église Saint-Nicolas) – Cette église catholique située à proximité de la gare centrale a été construite en 1887 en style néobaroque par A.C. Bleys.

Schreierstoren (Tour des Pleureuses) – Près de cette tour, les femmes des marins venaient faire leurs adieux à leurs maris, rapporte la tradition. Un bas-relief évoque le navigateur anglais **Henry Hudson**, qui, pour le compte de la Compagnie hollandaise des Indes orientales, remonta en Amérique en 1609 le fleuve qui porte son nom.

Huis Leeuwenburg – Au no 14, Oudezijds Voorburgwal. Cette pittoresque façade de brique rouille à pignon à redans, du 17e s., s'orne d'une pierre sculptée représentant un château fort abritant un lion.

Du pont-écluse où se rejoignent deux canaux, on a une **vue**★ pittoresque : d'un côté, l'Oudezijds Kolk et la coupole de l'église catholique St.-Nicolaas-kerk (1887), de l'autre l'Oudezijds Voorburgwal qu'encadre un bel ensemble de façades anciennes, au loin, la tour de la Vieille Église ou Oude Kerk.

★ **Museum Amstelkring Ons' Lieve Heer op Solder** (Musée Amstelkring « Le Bon Dieu au Grenier ») ⊘ – Depuis l'Union d'Utrecht *(voir Utrecht)*, les catholiques, chassés de leurs églises par la Réforme, célébrèrent leurs offices chez des particuliers. Bien que leurs cérémonies religieuses soient officiellement inter-dites, elles étaient cepen-dant tacitement tolérées (au 17e s. déjà, un exemple de la politique de tolérance chère à Amsterdam !). Cette chapelle clandestine, aménagée dans les greniers de deux maisons dans le prolongement l'une de l'autre, servit au culte de

Museum Amstelkring Ons' Lieve Heer op Solder
– La « Salle »

1663 jusqu'à l'érection de la nouvelle église St-Nicolas ou St.-Nicolaaskerk en 1887. Certaines cérémonies s'y déroulent encore et des concerts y sont parfois organisés. L'escalier d'accès au 2e étage passe devant la « Salle » d'un pur style hollandais du 17e s. et devant la chambre du vicaire avec un lit clos. L'**église** dont les deux galeries superposées correspondent aux 3e et 4e étages contient un intéressant mobilier du 18e s. Dans une pièce est exposée une intéressante collection d'objets liturgiques.

★ **Oude Kerk** (Vieille Église) ⊘ – Cette église, placée sous le vocable de saint Nicolas, a été construite en 1306. C'est la plus ancienne de la ville. Le clocher, d'où on bénéficie d'une très belle **vue**★★ sur la ville, a été surmonté au 16e s. d'une élégante flèche dont le carillon a été fondu en partie par François Hemony.
L'intérieur fut endommagé lors de l'*Alteratie (voir Introduction, Histoires)* ; la chapelle de la Vierge conserve toutefois trois **vitraux**★ de 1555, d'un dessin élégant. Le **buffet d'orgue**★ qui surplombe l'entrée de la nef a été réalisé en 1724 par Jan Westerman. Cette église abrita en 1642 la dépouille de Saskia van Uylenburg, l'épouse de Rembrandt (dalle no 29). De nombreux personnages célèbres y sont enterrés (le peintre Pieter Aertsen, l'écrivain Roemer Visscher, les architectes Justus et Philips Vingboons et le compositeur J.P. Sweelinck).
L'église sert de cadre à diverses manifestations : concerts d'orgue, expositions temporaires, représentations théâtrales.

★★ **De Walletjes** – *Entre Warmoesstraat, Damstraat, Oude Doelenstraat, Klovenier-sburgwal, Nieuwmarkt et Geldersekade.* Le quartier chaud d'Amsterdam, très fréquenté par les marins dès le 14e s., est également connu sous le nom de **Walletjes** (« petits murs »), à cause de l'étroitesse des vieilles ruelles (surtout au Sud de la Oude Kerk) derrière les fenêtres desquelles se tiennent les prostituées. L'époque des marins et des distilleries est à jamais révolue. Aujourd'hui, il s'agit d'une véritable industrie, toujours haute en couleur mais aussi beaucoup plus impitoyable, avec d'innombrables sex-shops et pornothèques. Le quartier n'est cependant pas dangereux (l'éviter serait se priver de visiter une partie importante de l'ancienne Amsterdam), mais il faut néanmoins se méfier des pickpockets.

Nieuwmarkt – Entre le quartier chinois *(Zeedijk et environs)* et le quartier rouge se trouve le Nieuwmarkt, la plus ancienne place de marché d'Amsterdam.

Waag (Poids public) **ou St.-Anthoniespoort** (Porte St-Antoine) – Cette imposante porte de fortifications de 1488, flanquée de tours et de tourelles, servit de Poids public en 1617. Dans les caves de ce bâtiment se trouve l'Anatomisch Theater, où les chirurgiens et leurs élèves pouvaient suivre des cours de dissection. À cette fin, on utilisait le cadavre d'un criminel exécuté. Rembrandt a représenté la démonstration donnée ici en 1656 par le Dr Deyman dans sa toile *La Leçon d'anatomie du Dr Deyman*, que l'on peut admirer à l'Amsterdams Historisch Museum.

Le bâtiment, restauré en 1966, abrite également un café et un restaurant.

Trippenhuis – *Kloveniersburgwal 29*. Cet imposant édifice classique a été construit en 1662 par Juste Vingboons pour les frères Trip, fabricants de canons : les cheminées ont la forme de mortiers. La pittoresque maison attenante aurait été construite pour le cocher avec le restant des pierres.

Oudemanhuispoort – Dans ce passage couvert reliant le Kloveniersburgwal à l'Oudezijds Achterburgwal se trouvait un hospice de vieillards. Il accueille aujourd'hui les étals des bouquinistes.

Universiteitsmuseum De Agnietenkapel – *Oudezijds Voorburgwal 231*. À proximité de l'Oudemanshuispoort, l'**Agnietenpoort** (la porte Ste-Agnès) donne accès à la chapelle qui abritait l'ancien Athenaeum Illustre, célèbre collège fondé en 1632 qui devint plus tard l'université. La chapelle et les bâtiments voisins sont encore utilisés actuellement par l'université d'Amsterdam. Des expositions temporaires y sont régulièrement organisées.

Grimburgwal – Ce canal fut creusé au début du 14e s. et délimitait la frontière Sud de la ville. Au confluent de l'Oudezijds Voorburgwal, de l'Oudezijds Achterburgwal et du Grimburgwal, on peut admirer la très belle **Huis op de Drie Grachten**★ (Maison sur les trois canaux), datant de 1609.

★ **Allard Pierson Museum** ⊘ – C'est le musée archéologique de l'université d'Amsterdam. Il présente une remarquable collection d'antiquités.

1er étage – L'Égypte (**masques de momies**★, sculptures, tissus coptes), le Moyen-Orient (céramique et bijoux iraniens), la Mésopotamie (cylindres-sceaux, écriture cunéiforme), la Palestine, l'Anatolie et la Syrie.

2e étage – Il est consacré à Mycènes, à la Crète, à Chypre, à la Grèce, à l'Étrurie et au monde romain : **kouros d'Amsterdam**★ (v. 590 avant J.-C.), céramique – dont notamment des **vases à figurines rouges**★ – sarcophage romain (v. 300 après J.-C.), objets étrusques, poteries et sculptures.

Entre le Bloemenmarkt★★ et la Rembrandtplein★

Muntplein (Place de la Monnaie) – C'est un carrefour animé que domine la tour de la Monnaie ou **Munttoren**. Couronnée d'une flèche baroque ajoutée par Hendrick de Keyser et pourvue d'un **carillon**, cette tour est un vestige d'une ancienne porte. En 1672, pendant la guerre contre la France, on dut y battre monnaie.

★★ **Bloemenmarkt** (Marché aux fleurs) – *Illustration, voir le Carnet d'adresses*. Sur ce marché pittoresque installé sur l'eau le long du Singel depuis 1862, les passants ont l'embarras du choix parmi les innombrables fleurs coupées et bulbes à fleurs, ainsi que les sabots en quantité et autres souvenirs.

Ph. Gajic/MICHELIN

Tuschinski Theater – Détail de la décoration Art déco

Tuschinski Theater (Cinéma Tuschinski) – *Reguliersbreestraat 26-28*. Ce splendide théâtre fut érigé par H.L. de Jong en 1921, dans le plus pur style Art déco. On remarquera surtout sa **façade** très expressive, le beau **tapis** du hall d'entrée, ainsi que l'éblouissant **intérieur**★ de la salle 1.

En face, l'ancien cinéma **Cineac** (1934, J. Duiker) témoigne du clivage esthétique entre Art déco et fonctionnalisme.

★ **Rembrandtplein** (Place Rembrandt) – C'est une des places favorites des Amstellodamois qui aiment y flâner le soir. Ils vont prendre un verre dans une des grandes brasseries de la place, au centre de laquelle se dresse la statue du peintre par Royer (1852).

Thorbeckeplein – Cette place très fréquentée en soirée compte de nombreux restaurants et cabarets.

Autour de Waterlooplein

Waterlooplein – Sur cette vaste place où se tient chaque jour un **marché** animé (meubles et vêtements d'occasion, bijoux ethniques, tissus…) se dresse la **Mozes- en Aäron Kerk** (église Moïse et Aaron). Cette église catholique (1837-1841) sert de cadre à des expositions et des concerts. Au Sud de la place se trouve le **Stopera** (1987). Cette construction moderne abrite le **Muziektheater** et l'hôtel de ville **(stadhuis)**, créations de l'architecte autrichien Wilhelm Holzbauer et de l'architecte néerlandais Cees Dam. Le théâtre, qui peut accueillir 1689 spectateurs, est le siège de l'Opéra national (De Nederlandse Opera) et de la Compagnie nationale de Ballet (Het Nationale Ballet). Dans le passage entre les deux parties du bâtiment, un repère de niveau en bronze indique le niveau (**N.A.P.** ou 'Normaal Amsterdams Peil') par rapport auquel sont calculées toutes les hauteurs aux Pays-Bas.

Devant l'hôtel de ville, à l'angle de l'Amstel et du Zwanenburgwal, un sobre **monument** en marbre noir rappelle la résistance des civils juifs tombés pendant la Seconde Guerre mondiale.

★ **Museum Het Rembrandthuis (Maison de Rembrandt)** ⊘ – *Jodenbreestraat 4-6.* Cette demeure se trouve au cœur de l'ancien quartier juif. Rembrandt l'acheta en 1639 pour 13 000 florins ; il y habita et travailla assidûment dans son atelier au premier étage jusqu'à ce que ses créanciers la vendent aux enchères avec tout son mobilier en 1658. D'après l'inventaire dressé à cette occasion, il a été possible de reconstituer fidèlement l'intérieur de la maison. Les différentes pièces donnent un bon aperçu de la façon dont Rembrandt était logé, de l'endroit où il recevait ses clients et vendait ses peintures, d'où il tirait son inspiration (la « Kunst Caemer » ou Cabinet d'art) et de l'endroit où il initiait ses élèves à la peinture et à la gravure. Dans la nouvelle aile du musée, quelque 290 estampes *(illustration, voir les Conditions de visite en fin de volume)* sont exposées par roulement. Même ceux qui sont peu familiers des gravures peuvent se convaincre du talent exceptionnel de Rembrandt en la matière, quand il choisit d'illustrer des scènes parfois impitoyablement réalistes.

Le musée organise également des expositions temporaires éclairant l'œuvre de Rembrandt et de ses contemporains (Dirck Sandvoort, Ferdinand Bol et Pieter Lastman).

Holland Experience ⊘ – *À côté de la maison de Rembrandt.* Il présente un « odorama » et un film promotionnel sur les Pays-Bas.

★ **Oude Schans** – Le long de ce joli canal se dresse la tour Montelbaan ou **Montelbaanstoren**. Cette tour appartenait, comme la porte de St-Antoine, à l'enceinte de la ville au 16e s.

Zuiderkerk (Église du Sud) ⊘ – Édifiée entre 1603 et 1611 d'après un projet d'Hendrick de Keyser, elle est flanquée d'une **tour★** de 1614. Ce fut la première église construite à Amsterdam après la Réforme. Elle abrite actuellement un centre d'information du Service municipal d'Aménagement du territoire et du logement.

Plus loin, sur la St.-Antoniesbreestraat, au n° 69, se dresse une belle maison, **Huis De Pinto**, construite vers 1680, qui appartint ensuite à un riche marchand juif.

★ **Joods Historisch Museum (Musée historique juif)** ⊘ – Au Sud de la place Jonas Daniel Meijer se dressent quatre synagogues ashkénazes, restaurées. La première ou Grande Synagogue a été réalisée par D. Stalpaert en 1671. À cet édifice, devenu trop petit, se sont ajoutées successivement l'Obbene (1685), la Dritt (1700) et la Nouvelle Synagogue (1752), reconnaissable à son entrée aux colonnes ioniques et à sa coupole.

L'exposition qu'abrite la Nouvelle Synagogue **(Nieuwe Synagoge)** traite cinq aspects de l'identité juive : religion, Israël et le sionisme, guerre, persécution et survie, histoire ; brassage des cultures. Dans la Grande Synagogue **(Grote Synagoge★)**, où se remarque une belle Arche (1671) en marbre, plusieurs thèmes tels que l'année juive et ses fêtes ou le bar mitswa sont développés à l'aide d'objets cultuels et cérémoniels : argenterie, lampes, vêtements de la Thora… Les galeries sont consacrées à l'histoire socio-économique des juifs aux Pays-Bas. Remarquer également la baignoire **(miqveh★)** servant aux bains rituels. Il y a également une **exposition pour les enfants**.

★ **Portugees-Israëlitische Synagoge (Synagogue portugaise-israélite)** ⊘ – Elle a été construite en 1675 par Elias Bouman pour le culte des trois congrégations de Juifs portugais qui venaient de fusionner. C'est un bâtiment massif de briques, éclairé de hautes verrières.

Comme en témoigne le tableau d'Emmanuel de Witte, visible au Rijksmuseum, l'intérieur est resté tel qu'au 17e s., avec ses larges voûtes en berceau, en bois, soutenues par de très hautes colonnes, ses tribunes destinées aux femmes, son « arche sainte » et de **grands lustres à bougies en cuivre**. On remarque l'absence de rideau (parokhet), inconnu dans la tradition juive hispano-portugaise. Du sable régulièrement disposé à terre afin d'absorber l'humidité et d'amortir le bruit des pas. Comme au 17ᵉ s., il n'y a ni électricité ni chauffage. Ce lieu de culte possède également une des principales bibliothèques judaïques du monde.

Devant la synagogue, la statue du Docker **(Dokwerker)** par Mari Andriessen commémore la grève déclenchée par les dockers, protestant contre la déportation des habitants juifs d'Amsterdam, le 25 janvier 1941.

Blauwbrug – Le **Pont Bleu** (1883) est une imitation du pont Alexandre III à Paris. Il offre des vues sur le pont Maigre au Sud.

★ **Magere Brug (Pont Maigre)** – Ce pont-levis en bois, qui enjambe le large canal Amstel, date de la fin du 17ᵉ s. et est encore actionné manuellement. Ce pont pittoresque est illuminé le soir *(en été)*. Les écluses en bois de l'Amstel **(Amstelsluizen)** datent du 18ᵉ s. et renouvellent l'eau des canaux d'Amsterdam deux fois par semaine en hiver et quatre fois par semaine en été. Le grand bâtiment situé à l'Est est un théâtre **(Koninklijk Theater Carré)** datant de 1887.

★★★ LES CANAUX DU CENTRE

En 1586, la municipalité décida de la construction de 4 canaux concentriques disposés à l'Ouest et au Sud du centre historique de la ville. En premier lieu, le **Singel** (littéralement « canal ») déjà existant fut élargi, puis furent creusés le **Herengracht** (1586-1609), le **Keizersgracht** (1612) et le **Prinsengracht** (1612). Ces canaux larges de 25 m s'étendaient à l'origine du Brouwersgracht au Leidsegracht, creusé en 1664. L'accroissement de la population aidant, la ceinture de canaux fut prolongée jusqu'à l'Amstel. Les travaux furent terminés en 1665.

Maisons et entrepôts – *Illustration, voir Introduction, ABC d'Architecture.* La plupart des maisons qui se dressent derrière les arbres au bord des canaux du centre de la ville ont été construites aux 17ᵉ et 18ᵉ s. par de riches négociants. Un peu similaires avec leurs façades étroites, leurs perrons, elles diffèrent cependant par la couleur de la pierre et par le décor de leurs pignons.
Aux frontons dépassent des poutres à palans : les escaliers trop raides ou trop étroits ne permettant pas l'accès des meubles, il n'est pas rare de voir à Amsterdam s'envoler un piano, une armoire ou un buffet.

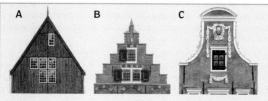

Pignons

Les pignons offrent les formes les plus variées. Les maisons datant du bas Moyen Âge sont en bois et possèdent un sobre pignon gâble **(puntgevel)** (A). Plus tard, les maisons sont dotées d'un pignon simple, masquant un toit à deux pentes, à pinacles, ou à redans **(trapgevel)** (B) *(voir Huis Leeuwenburg)*.

Puis le pignon s'élève. Il prend parfois la forme d'une « cloche » **(klokgevel)** (C), ou bien celle d'un « cou » **(halsgevel)** (D) ; il est alors surmonté d'un fronton triangulaire ou incurvé, et souvent encadré de riches sculptures. Les maisons plus cossues se distinguent par la largeur de leur façade. Le toit est alors dissimulé par un important pignon à pilastres terminé par un fronton triangulaire ou, si la toiture est parallèle à la rue, par une **balustrade avec blason, couronnée de statues** (E). Enfin se développe le type de très large maison à pilastres, surmontée d'un **fronton triangulaire sculpté** (F) et dont la façade, parfois en pierre, s'orne souvent de guirlandes.

Les nombreux entrepôts possèdent le plus souvent un pignon simple en pointe **(tuitgevel)** (G), sans ornements.

M. Guillou/MICHELIN

Au Nord, près du port, s'alignent de nombreux **entrepôts**, caractéristiques par leurs grands volets en bois. Beaucoup sont aujourd'hui transformés en appartements.

★ **Promenades en bateau (Rondvaart)** ⊘ – La promenade en bateau donne un excellent aperçu des canaux les plus importants ainsi que d'une partie du port. Le trajet varie selon l'ouverture des écluses.

★★ Singel

Nieuwe of Ronde Lutherse Kerk (Nouvelle Église luthérienne) – Construite en 1671, cette église a été aménagée en salle de **concerts** et centre de **congrès**.

N° 7 – Cette maisonnette (la largeur d'une porte) est réputée être la plus étroite d'Amsterdam. En réalité, le bâtiment correspond au passage arrière d'une maison du Jeroenensteeg.

★★ **Bloemenmarkt** – Au bout du Singel se trouve le marché aux fleurs *(voir ci-dessus)*.

★★ Herengracht

Le Herengracht ou Canal des Seigneurs est le principal des 4 canaux où vinrent s'installer les marchands aisés. Leurs maisons rivalisent de richesses et de décoration, surtout à la hauteur des pignons.

Numéro 168 : Theatermuseum (Musée du Théâtre) ⊘ – Appartenant à l'Institut néerlandais du théâtre, le musée du Théâtre est installé dans 4 maisons situées le long du Herengracht (n°s 168-174). Celle du n° 168 présente un **beau pignon en forme de cou**★, le premier d'Amster-

dam (1638) que nous devons à **Philips Vingboons**. L'**intérieur**★★, aménagé en style Louis XIV, conserve une riche décoration de stucs, de fresques murales et de plafonds peints notamment, par **Jacob de Wit**. Remarquer également l'élégant **escalier en colimaçon**★ qui monte d'un seul tenant de la cave au grenier. Le **musée** proprement dit présente des costumes, affiches, accessoires, et archives audiovisuelles. Des expositions temporaires sont régulièrement organisées. La maison voisine (n° 170) ou **Huis Bartolotti**★ a été construite par Hendrick de Keyser vers 1617. Sa façade en brique, assez large, surmontée d'un pignon très décoré, est égayée par une multitude d'ornements sculptés en pierre blanche.

Ph. Gajic/MICHELIN

Theatermuseum – Escalier en colimaçon

★ **Numéros 364-370 : Cromhouthuizen (Maisons Cromhout)** – Philippe Vingboons réalisa en 1662 cette série de 4 maisons à pignon à cou. Ce gracieux ensemble aux ornements baroques fut commandé par le négociant catholique Jacob Cromhout (voir la pierre de façade au n° 366). Au n° 366 se trouve le musée de la Bible ou **Bijbels Museum** ⊘.

★ **Numéros 386-394** – Belle succession de façades. Au n° 394, au-dessous d'un gracieux pignon, une **pierre de façade** représente les quatre fils Aymon, montés sur leur cheval Bayard.

De Gouden Bocht (Le Tournant d'or) – Ces vastes demeures solennelles constituaient le quartier opulent où résidait au 17e s. l'élite de la société, qui pouvait se permettre de faire construire des « maisons doubles ». La plupart de ces hôtels sont aujourd'hui occupés par des banques ou des consulats. Lorsque les façades s'élargissent, les frontons s'aplanissent et adoptent le style classique tout en conservant leur exubérance décorative.

* **Numéro 475** – Demeure (1731) à façade de pierre, au couronnement fastueux, construite par **Daniel Marot** et décorée par **Jan van Logteren**.

Numéro 497 : Kattenkabinet (Cabinet des Chats) ⊘ – Ce bel hôtel du 17ᵉ s. sert de décor aux expositions temporaires du Kattenkabinet. Les collections de ce musée concernent principalement le chat.

* **Numéro 476** – Cet hôtel particulier a été construit vers 1740. La très jolie façade est ornée de 6 colonnes corinthiennes et de riches guirlandes. L'attique au-dessus de l'entablement possède une balustrade, ornée du blason du propriétaire et surmontée d'un aigle.

À l'angle de Vijzelstraat, l'édifice abritant la **banque ABN-AMRO** (1923) est l'œuvre de l'architecte **De Bazel**, contemporain de Berlage.

Numéro 502 : Huis met de Kolommen (Maison du bourgmestre) – Édifiée au 17ᵉ s. et remaniée en 1791, c'est depuis 1927 la **résidence officielle du bourgmestre** de la ville.

* **Numéro 605 : Museum Willet-Holthuysen** ⊘ – Cette maison patricienne construite entre 1685 et 1690 conserve une belle suite de pièces élégamment meublées, donnant une idée de la vie des riches négociants de l'époque.

Des collections de céramique, verrerie et orfèvrerie ainsi que des peintures sont exposées dans les cuisines, le fumoir, la chambre à coucher et le cabinet de collections.

Le jardin★ a été réaménagé selon les plans d'origine de l'architecte français **Daniel Marot**.

★★ Keizersgracht

* **Numéro 123 : Huis met de Hoofden (Maison aux Têtes)** – C'est une belle maison de brique, de 1622, restaurée, dont la **façade**, un peu semblable à celle de la Huis Bartolotti, est ornée de six têtes sculptées représentant des dieux de la mythologie romaine.

* **Numéro 672 : Museum Van Loon** ⊘ – Édifié en 1671 au bord du Keizersgracht par Adriaan Dortsman, ce bel hôtel particulier appartint au peintre **Ferdinand Bol**. Il fut modifié plusieurs fois au cours du temps. La cage d'escalier, ornée de stucs, possède une belle **rampe★** datant de la seconde moitié du 18ᵉ s. L'intérieur raffiné renferme de nombreux portraits. Au fond du beau **jardin★** à la française, petite remise à carrosses de style Renaissance.

★★ Prinsengracht

* **Westerkerk (Église de l'Ouest)** ⊘ – *Illustration, voir Introduction, ABC d'architecture.* Cette église Renaissance fut bâtie dans les années 1620-1631 par Pieter de Keyser, d'après les plans de son père Hendrick. C'est le temple protestant le plus important de la ville.

Le **clocher★★** s'élève à 85 m et possède un remarquable carillon dû à **François Hemony**. Il est surmonté de la couronne impériale, attribut que **Maximilien d'Autriche** permettait d'ajouter dans les armes de la ville. Du haut du clocher, on a une belle **vue★** sur le quartier Jordaan.

L'**intérieur** de l'église est d'une grande sobriété. Dans la nef centrale, on remarquera la voûte en berceau, construite en bois ; les douze lustres à chandelles sont des copies. Les **volets** peints du très bel orgue sont l'œuvre de **Gerard de Lairesse**. C'est ici que fut enterré en 1669, un an après son fils Titus, le peintre **Rembrandt**. L'emplacement exact de sa tombe est inconnu.

Sur la place voisine ou **Westermarkt**, au nᵒ 6, subsiste une maison où vécut **Descartes** en 1634 (plaque commémorative).

Derrière la Westerkerk se trouve au sol le monument dédié aux homosexuels (Homomonument).

★★ **Anne Frank Huis (Maison d'Anne Frank)** ⊘ – Cet immeuble étroit construit en 1635 s'étend en profondeur et comporte une arrière-maison agrandie en 1740. C'est là que le père d'**Anne Frank**, Juif allemand émigré en 1933, cacha sa famille et des amis en juillet 1942. Trahi, déporté en août 1944 avec les autres réfugiés, il revint seul d'Auschwitz. On retrouva dans la maison l'émouvant journal tenu par sa fille de 13 ans, témoignant d'une rare sensibilité.

En passant par la maison reconstruite en façade et par un passage secret dissimulé par une bibliothèque pivotante, le visiteur accède aux chambres nues où vivaient les clandestins. Au grenier et dans la maison attenante, on peut voir, outre des expositions permanentes sur Anne Frank et la guerre, le national-socialisme et l'antisémitisme, des expositions temporaires se rattachant à ces thèmes.

★ Reguliersgracht

Ce charmant canal creusé en 1664 offre une **perspective★★** sur les canaux parmi les plus belles d'Amsterdam. Depuis le pont à la hauteur de la Kerkstraat, on peut en effet apercevoir l'enfilade des sept ponts qui enjambent le Reguliersgracht.

★ Leidseplein

C'est probablement la place la plus animée de la ville. Autour abondent les théâtres dont le célèbre théâtre municipal ou **Stadsschouwburg**, les restaurants, les cafés et les discothèques : ce quartier est spécialisé dans la musique « pop » et est très animé le soir et la nuit. L'**American Hotel**, qui date de 1902, combine un style Art nouveau avec des éléments de l'école d'Amsterdam. La brasserie Art déco de cet hôtel vaut également le coup d'œil.

Sur la **Max Euweplein** se trouve le casino (**Holland Casino**).

Un peu plus loin, le **Paradiso** (*Weteringschans 6*), église désaffectée devenue célèbre temple de la musique pop. Derrière le Stadsschouwburg se trouve le centre culturel **Melkweg** (*Lijnbaansgracht 234a*), installé dans un bâtiment qui abritait autrefois une laiterie. La longue **Leidsestraat**, piétonne et commerçante, relie la Leidseplein au centre.

LE QUARTIER DES MUSÉES *visite : une journée minimum*

★★ Rijksmuseum ⊘

La fondation de ce célèbre musée par Louis Bonaparte, frère de Napoléon Bonaparte, remonte à 1808, mais le bâtiment actuel fut édifié de 1876 à 1885 par **P.J.H. Cuypers** dans un style qui marie néo-Renaissance et néogothique.

Surtout connu pour son exceptionnelle collection de peinture du 15ᵉ au 17ᵉ s., avec notamment de superbes tableaux de Rembrandt et de Vermeer, le Rijksmuseum comprend aussi d'autres sections importantes : sculpture et arts décoratifs, histoire des Pays-Bas, cabinet des estampes, art asiatique et costumes et textiles.

★★ **Peinture néerlandaise (15ᵉ-17ᵉ s.) (Schilderkunst 15de-17de eeuw)** – *1ᵉʳ étage, aile Est.*

La collection des **primitifs** permet d'admirer des œuvres de **Gérard de St-Jean** (Geertgen tot Sint Jans) (salle 201), *L'Adoration des Mages* ; Jan Mostaert, dont *L'Adoration des Rois Mages* (202) se situe dans un décor Renaissance italienne ; le Maître d'Alkmaar, célèbre pour ses *Sept Œuvres de la Miséricorde* (202) ; Jacob Cornelisz. van Oostsanen, élégant dessinateur (*Triptyque de l'Adoration des Mages*) (203).

À la **Renaissance**, **Lucas de Leyde**, dans *L'Adoration du Veau d'or*, fait preuve d'un grand art de la composition ; **Jan van Scorel** nous montre une *Marie-Madeleine* (205) d'une élégance tout italienne.

L'art de Pieter Aertsen (206) est plus réaliste tandis qu'une certaine réserve émane des portraits d'Antonio Moro (206).

Rijksmuseum-Stichting, Amsterdam

La Fête de St-Nicolas, Jan Steen

RIJKSMUSEUM

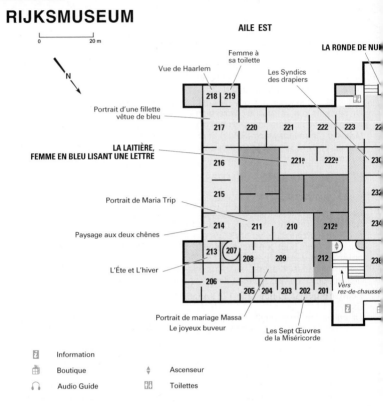

AILE EST

LA RONDE DE NUI

Femme à
sa toilette

Vue de Haarlem

Les Syndics
des drapiers

Portrait d'une fillette
vêtue de bleu

**LA LAITIÈRE,
FEMME EN BLEU LISANT UNE LETTRE**

Portrait de Maria Trip

Paysage aux deux chênes

L'Été et L'hiver

Portrait de mariage Massa
Le joyeux buveur

Les Sept Œuvres
de la Miséricorde

Vers
rez-de-chaussé

	Information
	Boutique		Ascenseur
	Audio Guide		Toilettes

On admire des œuvres de Cornelisz. van Haarlem (206), artiste maniériste comme **Abraham Bloemaert** (206).

De Bruegel de Velours (206) on admire un bouquet. L'Anversois De Momper est l'auteur de jolis paysages (206).

Au **Siècle d'or**, les genres se diversifient. Hendrick Avercamp est le peintre de scènes hivernales : *Paysage d'hiver (IJsvermaak)* (207). **Frans Hals** (209, 210) peint de très jolis portraits, comme *Double portrait dans un jardin* ; la technique employée dans *Le Joyeux Buveur* fait penser à l'impressionnisme.

Diverses salles sont consacrées à **Rembrandt**. Le *Pont de pierre* (211) est l'une des rares peintures de paysage de cet artiste ; l'œuvre date de 1638. Le portrait fait en 1631 de sa mère lisant la Bible (211), dans une atmosphère recueillie, peut être comparé avec celui de son élève Gerard Dou (211), qui représente le même sujet avec un talent plus sec.

De **Judith Leyster**, élève de Frans Hals, on peut voir une scène de genre, *La Sérénade* (213). **Pieter Saenredam** aime représenter des monuments comme l'ancien hôtel de ville d'Amsterdam (214). Les peintres de paysages sont nombreux. De **Van Goyen**, on admire *L'été* et *L'hiver* (213) et *Paysage aux deux chênes* (214), tandis que **Salomon van Ruysdael** est représenté par *Le Bac* (214).

À cette époque, on apprécie également les portraits : le beau *Portrait d'une fille en bleu* (217) est de **J. C. Verspronck**.

Paulus Potter (216) nous montre des animaux, alors que **Jan Steen** est le peintre familier et joyeux du 17e s. (*La femme à sa toilette*, 219 et *La Fête de St-Nicolas*, 216).

Sont également représentés d'importants peintres de paysages dont **Jacob van Ruysdael** (*Moulin de Wijk bij Duurstede*, 217, et la *Vue de Haarlem*, 218) et Hobbema (*Le Moulin à eau*, 217).

Van Ostade se tourne plutôt vers les villageois, qu'il surprend dans des scènes de la vie quotidienne (*Intérieur avec patineurs*, 218). Van de Velde le Jeune se distingue dans les marines et les combats navals (220, *illustration*, *voir Introduction*, *La Peinture*).

De **Vermeer**, les quatre tableaux exposés (salle 221a) sont des chefs-d'œuvre : *La Ruelle*, peinte des fenêtres de sa maison (vers 1658), *La Laitière*, versant du lait d'un geste mesuré (vers 1658), *La Liseuse* (vers 1662), aux lumineuses tonalités bleues, enfin *Femme en bleu lisant une lettre* (vers 1666).

On remarquera également salle 222a les portraits de Ter Borch, un auto-portrait à la pipe de Gerard Dou et une scène sentimentale de Metsu, *L'Enfant malade*.

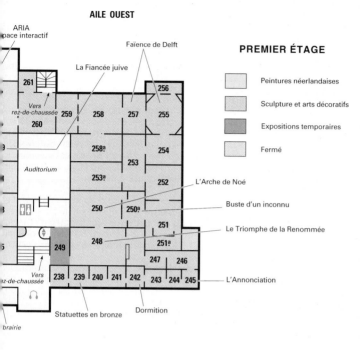

AILE OUEST

ARIA
space interactif

Faïence de Delft

PREMIER ÉTAGE

La Fiancée juive

261

Vers
rez-de-chaussée 259 258 257 255 256

260

258ª 254

253

Auditorium 253ª 252

L'Arche de Noé

250 250ª

Buste d'un inconnu

251

Le Triomphe de la Renommée

249 248 251ª

247 246

Vers
rez-de-chaussée 238 239 240 241 242 243 244 245

L'Annonciation

Statuettes en bronze Dormition

brairie

Peintures néerlandaises

Sculpture et arts décoratifs

Expositions temporaires

Fermé

Pieter de Hooch est un peintre intimiste, connu pour ses sobres décors géométriques (*Le Cellier*, 222) ; dans la même salle, on admire la *Jeune fille rêveuse* de Nicolaes Maes.

Une salle (224) est réservée à la Compagnie du capitaine Frans Banning Cocq et du lieutenant Willem van Ruytenburch dite **La Ronde de nuit** *(Nachtwacht)* de Rembrandt. Commandé par les arquebusiers, cet immense tableau fut achevé en 1642 et orna le siège de leur guilde au Kloveniersburgwal, jusqu'à son transfert à l'hôtel de ville d'Amsterdam en 1715. C'est alors qu'il fut amputé de plusieurs centimètres. Pendant la Deuxième Guerre mondiale, *La Ronde de nuit* fut cachée dans des grottes près de Maastricht *(voir Maastricht, Environs)*. Le tableau doit son nom aux couches de vernis qui l'assombrissaient jusqu'en 1947, mais représente en réalité la sortie de la garde civique en plein jour.

Présentés en pleine agitation, dans un groupe très désordonné, pris sur le vif au moment où le capitaine donne le signal du départ, les gardes, dont certains ont le visage à demi dissimulé, composent un portrait collectif très original, où le naturel prime sur la fidélité de la représentation des traits.

Quelques détails ajoutent à la spontanéité de l'ensemble : la petite fille qui traverse le groupe, un oiseau attaché à sa ceinture, le chien qui aboie, la présence d'un nain en train de courir, l'homme au casque couvert de feuillages. Des taches de couleurs vives rehaussent les tons assez gris des uniformes des gardes : robe jaune de la petite fille et costume du lieutenant, habit rouge du garde qui recharge son arme, écharpe rouge du capitaine.

De l'**école italienne**, parmi de nombreux primitifs, on admire une magnifique *Vierge à l'Enfant* par Fra Angelico ainsi qu'une *Marie-Madeleine* par Crivelli. Les portraits du Florentin Piero di Cosimo sont intéressants, de même que les vues de Venise par Guardi. L'Espagne nous donne une belle *Vierge à l'Enfant* de Murillo.

Les Flamands sont présents avec deux œuvres de **Rubens**.

La Galerie d'honneur (229 à 236) abrite les grands tableaux de maîtres hollandais de la seconde moitié du 17e s. On s'intéressera surtout aux œuvres tardives de Rembrandt. C'est vers 1660 que l'artiste peint *Titus en capuchon* (229). *Rembrandt en saint Paul* (1661) apparaît comme un vieillard désabusé (229). Le *Portrait du Couple*, appelé aussi *La Fiancée juive* (1668/9) est tout ruisselant de lumière et baigné de tendresse (229).

Les Syndics des Drapiers, de 1662, groupés derrière une table rehaussée d'un tapis rouge, montrent des visages graves, mais très vivants (230).

La Leçon d'anatomie du Dr Deyman (1656), qu'il ne faut pas confondre avec *La Leçon d'anatomie du Dr Tulp* (Mauritshuis, La Haye), s'ordonne autour d'un cadavre peint en raccourci (230).

La salle 231 abrite une œuvre de Nicolaes Maes, contemporain de Rembrandt : *Le Benedicite*. Aert de Gelder (*Portrait d'Ernst van Beveren*, 232) est un élève de Rembrandt très influencé par le maître.

Les paysages de Cuyp sont animés par de petits personnages, des bergers et du bétail (234).

★★★ Sculpture et arts décoratifs (Beeldhouwkunst en Kunstnijverheid) – *1er étage, rez-de-chaussée et sous-sol, aile Ouest.*

Cette section, très importante, occupe de nombreuses salles richement meublées et décorées d'objets d'art allant du 15e s. au 20e s.

Parmi les objets originaires des Pays-Bas, il faut remarquer les dix **statuettes en bronze** (Brabant, 1476) qui ornaient le mausolée d'Isabelle de Bourbon (salle 239), illustrant le deuil des familiers de la défunte. De la même époque datent *La Dormition* (242) d'Adriaen van Wesel ainsi qu'un jubé exécuté vers 1500 (248). *L'Annonciation* (245) du sculpteur allemand **Tilman Riemenschneider** est une œuvre caractéristique du gothique tardif. La tapisserie bruxelloise du 16e s. *Le Triomphe de la Renommée* trahit l'influence de la Renaissance italienne.

Il faut citer également, pour le 17e s., notamment la tapisserie bruxelloise *L'Arche de Noé* (250a) et un buste en terre cuite réalisé par **Hendrick de Keyser** (250a). Le **Trésor** (251) abrite de superbes **gobelets en nautiles** ainsi que des hanaps, plats et bijoux. À remarquer la carte de la péninsule ibérique et un étonnant jeu d'échecs. Voir également une armoire Renaissance, la verrerie gravée (253), un lit colonial en ébène (253a), la faïence de Delft (255-257), une armoire « à coussins » (260) et un buffet en laque (261).

Au rez-de-chaussée, remarquer les **maisons de poupée** réalisées avec la plus grande minutie (164), les lits à baldaquin du 18e s. (165/169), une **armoire d'apothicaire** de 1730 provenant vraisemblablement de Delft (168), la **porcelaine de Saxe** (170/1), un beau secrétaire en marqueterie (176) et des tabatières décorées d'émail (179). Au sous-sol, collections de verrerie gravée (24), mobilier du 18e s. (25/27), bijoux Art nouveau (34), salon Art nouveau de 1909 (35) ainsi que de la porcelaine hollandaise de Weesp et de Loosdrecht (32).

★★ Histoire des Pays-Bas (Nederlandse Geschiedenis) – *Rez-de-chaussée, aile Est.*

Des objets d'art plaisamment exploités illustrent l'histoire nationale depuis la guerre de Quatre-Vingt Ans jusqu'à la Seconde Guerre mondiale. La salle 102, avec ses maquettes de navires, peintures et armes, est dédiée au Siècle d'or. La **Galerie de la Compagnie des Indes orientales** (*102a*) offre un aperçu de la vie quotidienne à bord des navires de la compagnie. Les Pays-Bas devaient notamment leur puissance navale à des amiraux tels que Maarten Tromp et Michiel de Ruyter (*104*). Les objets de la salle 107, parmi lesquels un rouleau peint japonais représentant des cannibales et des officiers de marine hollandais, témoignent de la présence des Pays-Bas aux Indes orientales. Le tableau représentant *Rutger Jan Schimmelpenninck avec son épouse et ses enfants (109)* est l'œuvre du peintre français Prud'hon. Schimmelpenninck était alors ambassadeur de la République batave à Paris, dont il fut grand pensionnaire, c'est-à-dire président. Le tableau monumental de J.W. Pieneman (*110*) représentant la *Bataille de Waterloo, 18 juin 1815*, illustre la victoire sur Napoléon. Le siège ayant servi à l'intronisation de Guillaume III dans la Nieuwe Kerk en 1849 se trouve salle 112.

★★ Cabinet des estampes (Rijksprentenkabinet) – *Rez-de-chaussée, aile Ouest.*

Le musée possède plus d'un million de dessins et gravures, du 15e s. à nos jours. Le cabinet conserve la plus importante collection d'eaux-fortes de **Rembrandt**, une collection remarquable de gravures d'**Hercules Seghers** ainsi que de nombreuses gravures sur bois orientales, que l'on peut voir à l'occasion d'**expositions temporaires thématiques**.

★ Peinture néerlandaise (18e et 19e s.) (Schilderkunst 18de en 19de eeuw) – *1er étage, aile Sud. Accès direct par l'entrée située Hobbemastraat 19, côté Museumplein.*

Les peintures du 18e s. sont accrochées sur toute la hauteur du mur, comme c'était l'usage à l'époque et comme le montre d'ailleurs le tableau d'Adriaan de Lelie *Collection d'œuvres d'art de Brentano dans sa maison sur le Herengracht*. Parmi les nombreux tableaux aux personnages très dignes et richement vêtus, il faut remarquer les œuvres de Cornelis **Troost**. La salle dite **pastelzaal** (14) expose des œuvres du Suisse Jean-Etienne Liotard et des miniatures (portraits).

Les salles consacrées au 19e s. (16-21) font revivre successivement l'époque napoléonienne (P.G. van Os), le romantisme hollandais (B.C. Koekkoek ; W.J.J. Nuyen avec *Naufrage sur une côte rocheuse*) et l'école de La Haye ou **Haagse School** (Weissenbruch, J. Maris avec *Donner à manger aux poulets*, J. Israëls, A. Mauve, *illustration, voir Den Haag*). George Breitner, Isaac Israëls et Jacobus van Looy (*Luxuriance estivale*) sont les principaux représentants de l'école impressionniste d'Amsterdam.

Costumes et textiles (Kostuum en textiel) – *1er étage, aile Sud.* La collection est présentée par roulement ; elle comprend notamment des costumes néerlandais des 18e et 19e s., des tapis d'Orient, des dentelles et des damassés.

★ **Art asiatique** (Aziatische Kunst) – *Rez-de-chaussée, aile Sud. Accès direct par l'entrée située Hobbemastraat nº 19.*

Les neuf salles de cette section particulièrement intéressante exposent par roulement plus de 500 objets provenant du sous-continent indien, du Cambodge, de l'Indonésie, du Japon et de la Chine. L'Inde est représentée par une statue en bronze du 12ᵉ s. représentant **Shiva, roi de la danse**. Parmi les statuettes, remarquer le *Bouddha Shakyamuni* (7ᵉ ou 8ᵉ s.) trouvé en Indonésie. De Chine proviennent d'élégantes statues funéraires, des bouddhas dont la position assise est rendue avec beaucoup de naturel et de magnifiques porcelaines. Parmi les collections japonaises, on remarquera les objets en céramique utilisés pour la cérémonie du thé, les laques et les paravents raffinés.

★★★ Van Gogh Museum ☉

Ce musée inauguré en 1973 est dû à l'architecte **Gerrit Rietveld**. Les collections comprennent plus de 200 **peintures** et près de 600 **dessins** de Vincent van Gogh (1853-1890), les **lettres** écrites par Vincent à son frère Théo et des **œuvres d'artistes contemporains** de Van Gogh, tels que Toulouse-Lautrec, Gauguin, Chaval et Redon.

La collection de peinture exposée en permanence permet de suivre l'évolution de l'artiste, des sombres toiles du début aux violentes tonalités des dernières années. Dans le pavillon de forme ovale (1999, Kischo Kurokawa) sont organisées des expositions temporaires consacrées à l'art du 19ᵉ s. permettant de mieux comprendre la vie artistique à l'époque de Van Gogh.

Vincent van Gogh

Né à Zundert, au Sud de Breda, Vincent crayonne dès l'enfance, mais il ne prend conscience de sa vocation qu'à 27 ans. Il dessine alors avec passion avant d'aborder la peinture à l'huile, l'année suivante, à La Haye.

Tout d'abord des paysages obscurs de la Drenthe avec des chaumières. Puis c'est la période de Nuenen où Vincent vécut au presbytère de ses parents *(voir Eindhoven, Environs).* Une série de portraits de paysans frappant par l'intensité de leur expression ont servi d'études pour *Les Mangeurs de pommes de terre* (1885).

Autoportrait au chapeau de paille, Van Gogh

Van Gogh Museum

Après un séjour à Anvers, il arrive à Paris en février 1886. Sa palette se fait plus lumineuse (1887-1888), sous l'influence impressionniste, avec *Vue sur Paris depuis la chambre de Théo, Champ de blé à l'alouette, La Seine à Asnières*, et de nombreux autoportraits dont *L'Autoportrait devant le chevalet*.

Il peint également des paysages qui trahissent l'influence japonaise.

Des vergers provençaux, *Le Zouave, Le Pont-levis, Les Tournesols* accusent son acharnement à dépeindre la violence des contrastes de couleurs sous le ciel d'Arles (1888-1889).

Les champs de blé échevelés, des oliviers tourmentés, des cyprès tordus par le mistral, des tonalités plus assourdies manifestent les troubles psychiques qui l'ont conduit à l'hôpital d'Arles puis dans une institution à St-Rémy-de-Provence (1889-1890). C'est là qu'il peint, de mémoire, sa chambre à Arles. Enfin, après une accalmie à Auvers-sur-Oise, près de Paris, il faut observer la dramatique composition du *Champ de blé aux corbeaux*, de 1890, l'année même où, le 27 juillet, il se blesse dans un geste de désespoir qui met fin, deux jours plus tard, à sa brève mais fulgurante carrière artistique.

Fille en kimono (détail), George Breitner

★★★ Stedelijk Museum ⊘

Construit en 1895, agrandi en 1954, ce musée d'art moderne est en perpétuel renouveau.

Les collections (exposées par roulement) comprennent des œuvres d'art couvrant la période de 1850 à nos jours : peintures, sculptures, dessins, affiches, photographies.

On admire des peintures de Cézanne, Kandinsky, **Malevich**, **Chagall**, **Mondrian**, Picasso, De Kooning et Lichtenstein. Les tendances les plus récentes de l'art européen et américain sont également bien représentées.

Par ailleurs, le musée organise d'importantes expositions temporaires, ainsi que des manifestations diverses.

QUARTIER DU VONDELPARK

Vondelpark – Le parc Vondel, du nom du grand poète du 17ᵉ s., s'étend sur 48 ha, du grand canal de ceinture (Singelgracht) à Amstelveenseweg. Il a été créé entre 1864 et 1874 dans le style des jardins à l'anglaise.

De beaux arbres (plus de 120 espèces), des pelouses, une roseraie, des étangs sinueux et des jets d'eau forment un ensemble apprécié des promeneurs, chaussés de rollers ou non, et des cyclistes. Un **théâtre de plein air** y fonctionne l'été (concerts gratuits). C'est également dans ce parc que se trouve le musée du Cinéma (**Filmmuseum** ⊘).

Le Vondelpark

Concertgebouw - Le nom de ce bâtiment, construit en 1888, évoque une célèbre salle de concert et un grand orchestre symphonique. Lors de la célébration du centenaire de cet orchestre, la reine Beatrix lui a accordé l'appellation de « Royal » (**Koninklijk**).

Hollandsche Manege - L'architecte de ce manège datant de 1882, A.L. van Gendt, s'est beaucoup inspiré du manège de l'école espagnole de Vienne. Le bâtiment néoclassique, décoré de stuc et de fer forgé, est toujours utilisé.

★ LE JORDAAN

Ces dernières années, ce quartier populaire du 17e s. a été totalement rénové. Ses nombreux entrepôts ont été transformés en appartements et le quartier compte aujourd'hui beaucoup de jolis magasins et d'agréables cafés. Le caractère pittoresque du Jordaan est très apprécié des étudiants et des artistes. Ce quartier aurait hébergé, à l'époque, des immigrés français, d'où son nom qui serait une déformation du mot français « jardin » parce que le quartier était parsemé de jardins potagers. On est tenté d'acquiescer lorsqu'on constate que les canaux et les rues du Jordaan portent volontiers des noms de fleurs ou des noms d'arbres : Lindengracht ou canal du Tilleul, Lauriergracht (du Laurier), Goudsbloemstraat (rue du Souci), Anjeliersstraat (des Œillets).

Noorderkerk (Église du Nord) - Construite en 1623 par Hendrick de Keyser, cette église est en forme de croix grecque.
Sur la place, **Noordermarkt**, se tient le samedi un marché de produits de l'agriculture biologique (**Boerenmarkt**). Le lundi, on peut y trouver un marché traditionnel (**Warenmarkt**).

★ **Brouwersgracht (Canal des Brasseurs)** - Ce canal très pittoresque est bordé de nombreux entrepôts restaurés. Les nos 172 à 212 sont particulièrement remarquables.
L'entrepôt de Kroon au no 118 arbore sur sa façade une pierre sculptée représentant une couronne impériale. Près du pont situé au confluent du Brouwersgracht et du **Prinsengracht**, on trouve une belle maison datant de 1641 et présentant deux pignons à redans, qui abrite aujourd'hui le Papeneiland, un agréable petit café brun.

Karthuizerhofje - *Karthuizerstraat (entrée par le no 173 ou après le no 85).* Ce charmant hospice, aménagé en 1650 par l'architecte municipal Daniël Stalpaert, est le plus grand d'Amsterdam.

Claes Claesz. Hofje - Cet hospice du 17e s. *(entrée au no 3 de Eerste Egelantiersdwarsstraat)* entoure une petite cour pittoresque.

★ **Egelantiersgracht** - Ce canal bordé de belles demeures des 17e et 18e s. a su garder son charme typique d'autrefois.

★ **Bloemgracht** - C'est le long de ce canal, appelé parfois ironiquement le Herengracht du Jordaan, qu'étaient établis les peintres et les fabricants de peintures. Les trois maisons à pignons à redans des nos 87 à 91 sont remarquables. De nombreuses demeures sont ornées de belles **pierres de façade**, notamment les nos 19 (un pélican), 23 (une licorne), 34 (une truite) et 77 (un semeur).

Pierres de façade

Après le gigantesque incendie de 1452, les nouveaux bâtiments devaient être construits en brique ou en pierre et pourvus d'un toit en tuiles. Les maisons n'étant pas numérotées, on remarque sur certaines façades une petite pierre sculptée : c'est l'emblème du propriétaire ou le symbole de son commerce. Cet usage disparut après l'introduction de la numérotation par les Français. Les **pierres de façade** rivalisent de fantaisie à Amsterdam. Beaucoup ont disparu, mais certaines ont été récupérées et regroupées sur des murs, çà et là dans la ville.

Ph. Gajic/MICHELIN

★ LE PLANTAGE

Ce quartier résidentiel situé à l'Est de la ville a été érigé au 19e s. Il doit son nom aux nombreux parcs qui y sont aménagés.

Hortus Botanicus ⊘ – Le jardin botanique a été aménagé en 1682 pour cultiver des plantes médicinales. Outre le jardin extérieur, on peut visiter la Palmeraie et la serre dite « Maison des 3 climats ».

Nationaal Vakbondsmuseum (Musée National du Syndicalisme) ⊘ – En 1894, Henri Polak fonda le Syndicat National des Tailleurs de Diamants (Algemene Nederlandse Diamantbewerkersbond – ANDB). En 1900, **H.P. Berlage** érigea un imposant bâtiment destiné à abriter les bureaux de ce syndicat. Celui-ci fut très vite surnommé le Château de Berlage. On remarquera surtout la très belle **cage d'escalier**★, la salle de réunion et la salle du conseil.
Le musée est consacré à l'histoire et aux actions du syndicalisme.

★ **Artis** ⊘ – Ce **jardin zoologique**, un des plus anciens d'Europe, fut fondé en 1838. Il présente près de 6 000 animaux parmi lesquels petits mammifères, carnassiers,

Artis

insectes, otaries, gorilles et ours polaires. À voir également la **savane africaine**, récemment aménagée, le bâtiment des reptiles, le **pavillon des singes**, la bruyante **volière** et le bâtiment des animaux nocturnes. L'**aquarium**★ récemment restauré propose non seulement de découvrir l'univers riche en couleurs des récifs de corail, mais donne également une idée des formes de vie dans les canaux d'Amsterdam. Le même bâtiment abrite un musée zoologique (**Zoölogisch Museum**) où sont organisées des expositions temporaires. Dans l'amphithéâtre circulaire est projeté le **diorama Heimans** (durée 15 mn) qui présente le cycle diurne et nocturne de la faune et de la flore des dunes. Artis abrite également un musée géologique (**Geologisch Museum**) (exposition sur la formation de la Terre,
collection de minéraux, de pierres précieuses et de cristaux), un **planétarium** avec des séances spéciales pour enfants, des serres et un centre de soins.

★ **Verzetsmuseum (Musée de la Résistance)** ⊘ – Des extraits de films, des fragments sonores, des photos ainsi que de nombreux objets de l'époque évoquent la Hollande occupée de la Seconde Guerre mondiale. En plus des horreurs subies au cours de cette période, ce musée interactif illustre la vie quotidienne en temps de guerre. Que faire au moment d'une alerte ? Comment l'Allemagne nazie faisait-elle de la propagande ? Comment les résistants parvenaient-ils à envoyer leurs messages ? Comment les faux documents étaient-ils fabriqués ? Le parcours qui mène à travers rues et maisons reconstituées permet de répondre à ces questions. Les lettres d'adieu jetées hors des trains par les déportés et les étoiles jaunes rappellent la déportation de plus de 100 000 Juifs. D'autres objets tels que postes de radio de fortune, jeux d'échecs et sapins de Noël fabriqués en prison témoignent de l'ingéniosité humaine dans l'adversité.

Hollandsche Schouwburg ⊘ – Une plaque commémorative rappelle que cet ancien théâtre a servi de camp de transit pour les Juifs lors de la Seconde Guerre Mondiale.

Muiderpoort – C'est par cette porte (1771) que Napoléon fit son entrée à Amsterdam.

★ **Tropenmuseum (Musée des Tropiques)** ⊘ – Ce musée fait partie de l'Institut royal des Tropiques. Il constitue une excellente source d'informations sur les cultures d'Afrique, d'Asie, du Moyen-Orient, d'Océanie et d'Amérique latine. À l'aide d'objets d'art et d'objets usuels très variés, de reconstitutions d'habitations et

Ph. Gajic/MICHELIN

d'échoppes, la vie dans les régions tropicales et subtropicales est évoquée. Des photographies, des projections de diapositives qu'accompagnent des bandes sonores complètent la présentation.

Le musée des Enfants **(Kindermuseum)** présente des expositions biennales destinées aux enfants.

LE PORT

Oosterdok

★★ **Nederlands Scheepvaartmuseum (Musée d'Histoire maritime des Pays-Bas)** ⊘ – Ce vaste entrepôt maritime, installé dans l'ancien arsenal, fut construit en 1656, sur 18 000 pilotis, dans les eaux de l'Oosterdok.

Il abrite d'intéressantes collections concernant la navigation des Pays-Bas : cartes et atlas **(Atlas Blaeu★)**, mappemondes, modèles réduits de bateaux, instruments nautiques, peintures et gravures. Parmi les bateaux amarrés à l'embarcadère se remarque l'**Amsterdam★★**, une copie d'un navire du 18e s. de la Compagnie des Indes orientales (VOC). D'avril à octobre, de petites scènes permettent de se faire une idée des conditions de vie de l'équipage sont interprétées par des acteurs.

★ **Nemo** ⊘ – Ce bâtiment de couleur verte en forme de proue de navire est dû à l'architecte italien **Renzo Piano**. Différents thèmes scientifiques (médecine, recherche) y sont présentés aux visiteurs de manière originale et ludique. Les enfants se réjouiront de participer activement à toute une série d'expériences. Du toit, belle **vue★** sur la ville.

Prins Hendrikkade – Sur ce quai bordant l'Oosterdok se dressent à l'angle de Binnenkant les impressionnants bâtiments de la **Scheepvaarthuis★** (Maison de la Navigation). Construits en 1916 par J.M. van der Mey, Michel de Klerk et P.L. Kramer, ces bâtiments constituent le premier exemple du style architectural de l'école d'Amsterdam.

Du pont à l'Est, jolie **vue** sur la **Montelbaanstoren** (1521).

Entrepotdok – Ce canal est bordé de 84 entrepôts construits entre 1708 et 1829. Ils ont été transformés dans les années 1980 en bureaux, logements sociaux et cafés. Cette restauration constitue un exemple particulièrement réussi de rénovation urbaine.

Westerdok

Realeneiland (Île de Reaelen) – C'est l'une des îles du quartier Ouest du port où s'alignent les entrepôts.

Sur le **Zandhoek** *(illustration, voir les pages Villes et Curiosités)* on a restauré une rangée de maisons du 17e s. dont les façades ornées de belles pierres sculptées dominent le Westerdok.

Eigen Haard – *Angle de la Zandstraat et de la Oostzandstraat*. Ce joli quartier de logements sociaux, situé dans Spaarndammerbuurt *(illustration, voir Introduction, Art)*, a été construit dans les années 1920 par **Michel de Klerk**. C'est une des œuvres maîtresses de l'école d'Amsterdam. Près du bloc d'habitations **Het Schip★** *(Hembrugstraat)*, on peut admirer une petite tour de style expressionniste.

LE PIJP

Ce quartier du 19e s. était à l'origine un quartier populaire. Il s'agit en fait d'une île reliée au reste de la ville par 16 ponts. Le quartier doit son nom (la pipe) particulier à ses rues jadis longues et étroites (des canaux comblés). C'est aujourd'hui un quartier animé jalonné de nombreux cafés, restaurants et magasins. On l'appelle également le Quartier latin d'Amsterdam en raison des nombreuses nationalités qui y sont représentées.

Heineken Brouwerij (Brasserie Heineken) ⊘ – Datant de 1864, la brasserie Heineken sert depuis 1988 de lieu de réception. Des visites guidées *(en anglais uniquement)* présentent l'histoire de l'entreprise Heineken et le procédé de brassage de la bière y sont également organisées. Un verre de bière est servi après la visite.

★ **Albert Cuypmarkt** – Ce marché pittoresque et multiculturel se tient depuis 1904 le long de la Albert Cuypstraat. On y vend absolument de tout, du fruit aux vêtements et de toutes les origines !

★ **De Dageraad** – *Quartier autour de Pieter Lodewijk Takstraat*. Cet ensemble de 350 maisons ouvrières a été construit entre 1919 et 1922 par **Michel de Klerk** et Piet L. Kramer pour l'association de construction de logements De Dageraad. Avec ses formes insolites, ses toits ondulés en tuiles orange et ses façades arrondies en briques beiges, cet ensemble constitue une des principales œuvres de l'école d'Amsterdam.

ENVIRONS

Ouderkerk aan de Amstel – Village pittoresque, très fréquenté le dimanche par les habitants d'Amsterdam. Au Nord s'élève un **moulin** à balustrade.

Amstelveen – C'est à Amstelveen, cité résidentielle relativement moderne, qu'est installé le **Cobra Museum voor Moderne Kunst**★ ⊙, le musée Cobra d'Art moderne *(Sandbergplein 1)*. Ce bâtiment dû à l'architecte **Wim Quist** abrite une remarquable collection d'œuvres d'art moderne, notamment celles des artistes du mouvement Cobra. Le mouvement international **Cobra** (Copenhague, Bruxelles, Amsterdam) a été fondé en 1948 à Paris par le Danois **Asger Jorn**, les Belges **Christian Dotremont** et **Joseph Noiret** et les Néerlandais **Appel, Constant** et **Corneille**. Voulant rompre avec l'art ennuyeux et néotraditionnel de l'après-guerre en s'inspirant de l'art populaire, du primitivisme et surtout de dessins d'enfants et de malades mentaux, ils créèrent des œuvres spontanées, expérimentales, très colorées et souvent gaies. Le musée présente ses œuvres par roulement. Les courants apparentés au mouvement Cobra comme les groupements d'artistes néerlandais **Vrij Beelden** et **Creatie** sont également représentés. L'ensemble donne un bel aperçu de l'art (semi-)abstrait aux Pays-Bas entre 1945 et 1955. Le musée organise également des expositions d'art contemporain.

Amsterdamse Bos – C'est le « bois d'Amsterdam », immense parc parsemé d'étangs (canotage, pêche avec autorisation), de pistes cyclables, de sentiers de randonnée et d'un théâtre de plein air.

Schiphol – Construit à 4,5 m au-dessous du niveau de la mer, dans une ancienne anse (schiphol : refuge pour les navires) du lac de Haarlem asséché *(voir Haarlem)*, l'aéroport d'Amsterdam, Schiphol, est l'une des plus grandes escales du continent. Posé non loin des pistes, l'**Aviodome** ⊙, au dôme d'aluminium, abrite une collection du musée national de l'Aviation.
Des avions illustrent l'évolution de l'aviation. Une section évoque **A.H.G. Fokker**, créateur d'avions néerlandais. Une salle de projection est installée au sous-sol.

Sloten – Cette localité possède encore une ancienne **borne** (1794) qui indiquait l'endroit jusqu'où les bannis étaient autorisés à s'approcher de la ville d'Amsterdam. Le **Molen van Sloten** ⊙, un moulin de polder (1847), a été installé à la place du moulin d'origine en 1989. La visite guidée en explique le fonctionnement. Le vérin permet de pomper 60 000 litres d'eau par minute pour une déclivité de quelque 1,5 m. Une projection de diapositives et quelques statues de cire illustrent la vie du célèbre fils de meunier **Rembrandt**.

CIRCUIT AU NORD D'AMSTERDAM

65 km – environ 4 h. Sortir d'Amsterdam par Mauritskade. Après le 2ᵉ pont (Schellingwouder Brug) près des écluses (Oranjesluizen), tourner vers Schellingwoude puis passer sous la route en direction de Durgerdam.

Juste avant d'arriver à Durgerdam, jolie **vue**★ sur ce village. Ses maisons peintes de couleurs variées, arborant parfois un pignon en bois, un amusant édifice carré à toit pyramidal surmonté d'un clocheton bordent une petite anse.
Après **Durgerdam**, la route de digue, très étroite et sinueuse, qui longe l'ancienne côte du Zuiderzee, offre de belles vues.

Durgerdam

★ **Marken** – *Voir ce nom.*

Monnickendam – Ce petit port de plaisance fut réputé autrefois pour ses anguilles. Comme dans plusieurs ports de l'IJsselmeer, on y déguste des harengs fumés. La ville est dominée par la **Speeltoren**, tour du 16ᵉ s. Le **musée** ⊙ voisin du même nom est consacré à l'histoire de la ville. En face de la tour, l'hôtel de ville (**stadhuis**) occupe une maison patricienne du 18ᵉ s. aux rampes en forme de serpent. Dans la même rue (Noordeinde) et dans Kerkstraat, plusieurs maisons arborent de pittoresques pignons et des pierres de façade. Non loin, dans le Middendam, se dresse le Poids public (**Waag**) de 1669.

Au Sud, la Grande Église ou église St-Nicolas (**Grote Kerk of St.-Nicolaaskerk**) gothique, de type halle, renferme une belle grille de chœur en bois sculpté du 16ᵉ s.

★ **Volendam** – *Voir ce nom.*

Edam – *Voir ce nom.*

Broek in Waterland – Près d'une pièce d'eau, le Havenrak, ce village fleuri aux maisons fraîchement peintes, fut de tout temps réputé pour sa propreté : ne devait-on pas autrefois quitter ses sabots à l'entrée ? Napoléon, dit-on, s'y déchaussa, alors qu'il était venu s'y entretenir cordialement avec le maire, le 15 octobre 1811. Plusieurs maisons en bois des 17ᵉ et 18ᵉ s. se remarquent dans le village. Quelques-unes, parmi celles du 17ᵉ s., affectent la forme d'un U. Certaines possèdent deux portes, celle de la façade n'étant utilisée que pour les mariages et les funérailles.

Au bord de l'étang se dresse un pavillon de thé où fut reçu Napoléon (**Napoleonhuisje**). De 1656, c'est une petite construction blanche en bois, en forme de pagode.

Près du canal, l'**église**, incendiée par les Espagnols en 1573, a été reconstruite de 1628 à 1639. Dans le bas-côté gauche un intéressant vitrail (vers 1640) aux teintes harmonieuses et originales rappelle l'événement tragique et la renaissance de l'église.

Rentrer à Amsterdam par la S 116.

APELDOORN

Gelderland

152 860 habitants

Cartes Michelin nᵒˢ 908 I 5 et 211 P 9 – Plan dans Le Guide Rouge Benelux

Véritable ville-jardin, Apeldoorn est située au cœur de la Veluwe *(voir l'Introduction)* qui semble se prolonger jusque dans la ville, sillonnée de larges avenues bordées de grands arbres et pourvue de nombreux parcs.

L'agriculture et l'industrie du papier étaient autrefois les principales sources de revenus. À partir de 1870, les moulins à papier, n'étant plus rentables, ont été transformés en laveries et grâce à ses sources d'eau très pures, Apeldoorn est ainsi devenue le centre de la blanchisserie. En 1921, elle comptait 66 établissements spécialisés dans le lavage et le repassage.

Sur la place du nouvel hôtel de ville se tient un marché général (lundi, mercredi et samedi).

Un train touristique à vapeur (**De Veluwsche Stoomtrein** ⊙) fonctionne entre Apeldoorn et Dieren *(23 km au Sud-Est).*

★★ **Nationaal Museum Paleis Het Loo** (**Musée National-Palais Het Loo**) – *Voir Loo.*

Historisch Museum Apeldoorn ⊙ – L'ancien hôtel de ville abrite ce musée, consacré au passé de la ville et de la région. Remarquer notamment les objets et documents évoquant l'industrie du papier.

Gemeentelijk Van Reekum Museum (**Musée municipal Van Reekum**) ⊙ – Ce musée d'Art moderne et d'Art contemporain est essentiellement consacré aux courants artistiques aux Pays-Bas depuis 1960 et aux artistes non européens. Le centre présente également une importante collection de bijoux modernes. Chaque année, une dizaine d'expositions sont organisées.

Apenheul/Berg en Bos (**Parc des Singes**) ⊙ – *4 km vers l'Ouest. Sortir d'Apeldoorn par la Kennedylaan et la J.C. Wilslaan.* Dans les bois de ce parc zoologique sans clôtures vivent 30 espèces différentes de singes. La plupart des animaux vivent en liberté. Des singes laineux rares, plus de 120 saïmiris, des lémuriens de Madagascar et des magots se balancent d'arbre en arbre ou grimpent sur les visiteurs. Ces derniers reçoivent à l'entrée un sac spécial (certains singes sont de redoutables pickpockets). Les animaux plus grands comme les **gorilles**, les orangs-outans et les bonobos vivent sur des îles isolées. C'est aux heures des repas que l'on peut les observer le mieux. Les enfants apprécieront également la ferme pédagogique tropicale **Dajak Farm**. Il y a en outre de belles promenades à faire dans le parc naturel **Berg en Bos**.

ENVIRONS

★ **Kasteel Cannenburch** ⏱ – *À Vaassen; 9 km au Nord d'Apeldoorn par la route de Zwolle en direction d'Epe.* En 1543, **Maarten van Rossum**, commandant sanguinaire de l'armée de Charles de Gueldre, fit construire dans le style Renaissance ce château entouré d'eau. Après sa mort, le château devint la propriété de la famille Van Isendoorn, qui procéda à des agrandissements et embellissements aux 17e et 18e s. L'intérieur, remis dans l'état où il se trouvait au 18e s., est un bon exemple d'une demeure noble habitée pendant des siècles par la même famille.

ARNHEM

Gelderland Ⓟ

137 222 habitants

Cartes Michelin nos 908 J 6 et 211 P 11

Plan d'agglomération dans Le Guide Rouge Benelux

Arnhem est la capitale de la province de Gueldre, ancien comté, puis duché. Située sur le Nederrijn ou Rhin inférieur, un des bras du Rhin qui s'est séparé de l'IJssel, c'est un important nœud routier. Le secteur tertiaire et l'administration y tiennent une place importante. Arnhem vit également de l'industrie et du commerce. Les rues piétonnes du centre-ville ainsi que les nombreux parcs incitent à la flânerie. Grâce à ces espaces verts et surtout à sa position avantageuse sur les collines de la région de **Veluwe** *(voir Introduction, Physionomie du pays)*, Arnhem a toujours été qualifiée de **cité-jardin**.

La ville a pour spécialité les « **Arnhemse meisjes** », petits biscuits feuilletés.

Promenades en bateau ⏱ – Parcours sur les rivières de la Gueldre.

UN PEU D'HISTOIRE

Un duché convoité – Arnhem était au Moyen Âge une prospère cité s'adonnant au trafic des marchandises sur le Rhin et l'IJssel ; elle faisait partie de la Hanse *(voir IJsselmeer)*. La Gueldre devint un duché en 1339.

Arnhem fut prise par Charles le Téméraire en 1473 puis par l'empereur Maximilien en 1505. Envahi par Charles Quint, le duché fut défendu par Charles d'Egmont qui trouva la mort dans un combat en 1538. Son successeur céda ses droits sur le duché à Charles Quint lors du traité de Venlo (1543). Sous le règne de Philippe II, en 1585, la ville fut reprise aux Espagnols. Elle passa aux mains des Français pendant la guerre de Hollande, de 1672 à 1674, puis de 1795 à 1813, date à laquelle les Prussiens libérèrent la ville.

Arnhem est la ville natale du professeur Lorentz (1853-1928) qui reçut avec son ancien élève P. Zeeman le prix Nobel de physique en 1902.

C'était, avant la dernière guerre, un des lieux de retraite favoris des colons revenus des Indes néerlandaises (Indonésie) : leurs belles résidences sont disséminées dans les bois.

La bataille d'Arnhem (17-27 septembre 1944) – Le nom d'Arnhem est lié à l'un des épisodes les plus tragiques de la libération des Pays-Bas. Le 17 septembre 1944, plus de 10 000 parachutistes britanniques débarquent à **Oosterbeek**, à l'Ouest d'Arnhem. Ils devaient marcher sur Arnhem pour s'emparer des ponts sur le Rhin inférieur et les tenir jusqu'à ce que les 20 000 Américains et les 3 000 Polonais lâchés au Sud puissent assurer le passage de la Meuse à Grave et du Waal à Nimègue. Le général Montgomery qui dirigeait cette opération nommée **Market-Garden** comptait sur un effet de surprise propre à désorganiser l'ennemi. Ce fut un échec. Le 18 septembre, un épais brouillard avait enveloppé Arnhem, rendant les secours impossibles. Seuls quelques bataillons de parachutistes, venus d'Oosterbeek, avaient pénétré dans la ville. Après 9 jours d'une bataille très dure, les **diables rouges**, qui n'avaient pas réussi à s'emparer du pont, laissaient 2 000 morts et plus de 5 000 blessés ou disparus dans la ville détruite. D'autre part, 500 soldats furent cachés par l'habitant et 2 300 furent évacués vers le Sud, dans la nuit du 25 au 26 septembre. Entre-temps, la progression des blindés des troupes de jonction avait été retardée par plusieurs attaques allemandes. Le passage de la Meuse à **Grave** (le 19 septembre) et du Waal à **Nimègue** (le 20), permit aux Alliés d'arriver en vue d'Arnhem, mais il était trop tard. Le pont sur le Rhin inférieur était, selon l'expression du général Browning, « un pont trop loin ». Arnhem fut libérée par les Alliés le 8 avril 1945, peu de temps avant la capitulation allemande (le 5 mai).

LE CENTRE-VILLE

Markt – Cette longue place est bordée par le **palais de justice** et, au fond, par le siège du gouvernement de la Gueldre, **het Huis der Provincie**. Détruit pendant la guerre, cet édifice a été reconstruit en 1954 par l'architecte J.J.M. Vegter. À ce bâtiment est accolée la **Sabelspoort**, porte fortifiée du 14ᵉ s., modifiée en 1645. C'est le seul vestige des remparts de la ville.

Grote of Eusebiuskerk ⊙ – À proximité de la Grand-Place, la Grande Église ou église St-Eusèbe fut élevée au 15ᵉ s.
Détruite pendant la bataille d'Arnhem, elle a été reconstruite dans le style néogothique, ainsi que sa haute tour de 93 m, dont le sommet a été réédifié dans un esprit plus moderne.
La tour possède un **carillon** moderne de 53 cloches, le plus grand d'Europe occidentale. Elle abrite également un carillon de sept cloches. Un ascenseur panoramique en verre emmène les visiteurs entre les cloches jusqu'à 73 m de hauteur, d'où on a une belle **vue**★ sur la ville et ses environs. Dans l'église se trouve le riche **mausolée** (1538) de Charles d'Egmont, le dernier duc de Gueldre (1538). À côté du mausolée, on remarquera, contre un pilier, « De man in het kastje » (L'Homme dans l'armoire). À droite de la grande Horloge du Sauveur se situe le monument funéraire de Jodocus Sasbout (1546). L'épigraphe « Homo Bulla » (l'homme est une bulle de savon), la jeune femme, ainsi que le corps en décomposition évoquent le caractère éphémère de la vie.

Duivelshuis (Maison du Diable) – Cet édifice Renaissance (1545), très restauré en 1829, a été épargné par la guerre.
Il tient son surnom des statues et mascarons étranges qui ornent ses murs. Ce fut la dernière demeure du sanguinaire général **Maarten van Rossum**, chef des armées du duc de Gueldre, Charles d'Egmont, et adversaire de Charles Quint. Van Rossum aurait, selon la légende, fait sculpter ces démons pour offusquer les magistrats d'Arnhem qui lui refusaient de paver d'or les marches de son perron.
Ancien hôtel de ville, cette maison est encore occupée par certains services municipaux.
En arrière s'élève le nouvel **hôtel de ville**, construit en 1964 d'après les plans de l'architecte J.J. Konijnenburg. Au loin, on aperçoit la **St.-Walburgiskerk** (14ᵉ s.) et ses deux tours différentes.

★ **Historisch Museum Het Burgerweeshuis (Musée historique l'Orphelinat)** ⊙ – Cette maison patricienne du 18ᵉ s., magnifiquement restaurée, a servi d'orphelinat entre 1844 et 1920. Elle abrite aujourd'hui une riche collection d'objets décoratifs : **argenterie des guildes**★ d'Arnhem (15ᵉ s.), porcelaine d'Orient, verre et faïence rare d'Arnhem, peintures du 17ᵉ s. Les murs de la **salle d'apparat ou salle des régents** de style rococo sont décorés de vastes peintures à l'huile sur papier représentant trois épisodes de la vie d'Alexandre le Grand. Il s'agit de copies de tapisseries exécutées par Charles Le Brun pour Louis XIV. Le plafond de stuc représentant Pallas Athéna et Mercure (le dieu du commerce), entourés de navires marchands, fait référence au propriétaire de la demeure, un riche marchand de savons.
Outre des expositions temporaires au premier étage, on peut également voir ici une exposition topographique sur la province de Gueldre, ainsi que des collections de peintures du 19ᵉ s., d'argenterie et de tabatières.
Au dernier étage, l'histoire d'Arnhem est illustrée par des objets trouvés lors de fouilles archéologiques, des tableaux, des photos et des montages vidéo.

EN DEHORS DU CENTRE

★ **Museum voor Moderne Kunst** ⊙ – Situé sur une colline dominant le Rhin, dans un ancien hôtel particulier du 19ᵉ s., ce musée possède d'intéressantes collections d'œuvres d'art moderne et contemporain, dues pour la plupart à des artistes néerlandais. De plus, le musée s'efforce d'acquérir au moins 50 % d'œuvres réalisées par des femmes artistes.
Chaque année, une vingtaine d'expositions sont organisées.
L'exposition permanente est consacrée aux artistes du **réalisme magique** (Carel Willink, Raoul Hynckes, Pyke Koch) et à leurs **contemporains** (Dick Ket, Wim Schuhmacher, Charley Toorop). Le musée expose également de beaux tableaux du peintre néerlandais Jan Mankes (1889-1920), ainsi que des œuvres d'artistes appartenant au courant de l'**art figuratif moderne** (Roger Raveel, Reinier Lucassen, Alphons Freymuth).
La pièce du rez-de-jardin, entièrement rénovée, abrite la section consacrée aux arts décoratifs et au design de l'après-guerre. Outre des céramiques et des objets en verre, ce sont principalement des **bijoux** qui sont exposés. En effet, le musée possède la plus grande collection de bijoux néerlandais d'après 1960.

ARNHEM

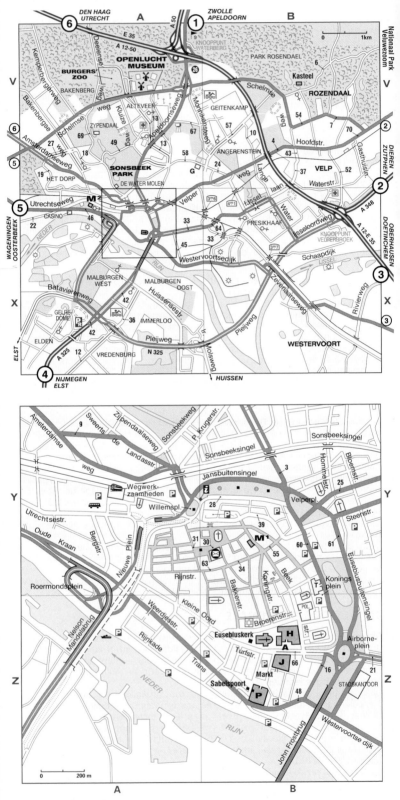

Index des rues et curiosités des plans d'ARNHEM

Dans le jardin, d'où on a une magnifique vue sur le Rhin, sont rassemblées des sculptures anciennes et contemporaines.

★ **Sonsbeek Park** – Ce parc de 75 ha forme, avec les parcs Zypendaal et le Gulden Bloem qui le prolongent, l'un des plus beaux parcs des Pays-Bas. C'est un parc à l'anglaise qui a été classé monument national en 1963. Vallonné, il est couvert de bois ou de vastes prairies, et jalonné de ruisseaux, d'étangs, de cascades et de fontaines.

Un château s'y dresse et, près d'une grande ferme, un moulin à eau (De Witte Molen), du 16ᵉ s. La grange attenante sert de centre d'accueil.

Autour du parc, on peut admirer d'élégantes demeures des années 1900.

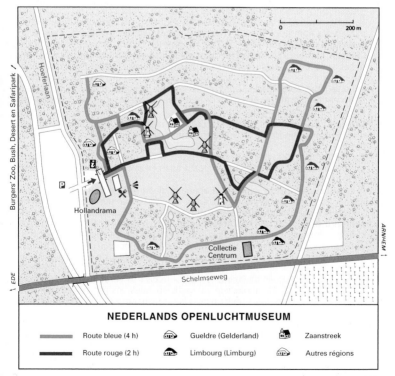

NEDERLANDS OPENLUCHTMUSEUM

Route bleue (4 h)	Gueldre (Gelderland)	Zaanstreek
Route rouge (2 h)	Limbourg (Limburg)	Autres régions

Nederlands Openluchtmuseum – Intérieur d'une maison de pêcheur de Marken

★★ **Het Nederlands Openluchtmuseum (Musée néerlandais de plein air)** ⊘ – Ce musée se trouve dans un beau parc (44 ha), très boisé. L'architecture et la vie d'antan des provinces des Pays-Bas sont évoquées par quelque quatre-vingts fermes authentiques, des moulins, des ateliers, des maisons, une école, une laiterie à vapeur, des granges, une église.

À l'intérieur de chaque bâtiment, le mobilier typique et les démonstrations (artisanat divers) rendent la visite particulièrement intéressante.

Certains édifices sont regroupés, tels que les beaux bâtiments à pans de bois du Limbourg (nos 100 à 104) ou les fermes de Gueldre (nos 1 à 19), mais le coin le plus charmant est celui de la **région du Zaan** *(voir Zaanstreek)*, avec ses maisons en bois peintes en vert, au pignon gracieusement décoré. Le plan d'eau voisin rappelle la Zaan. Il est franchi par un pont mobile en bois : tout près, deux moulins, l'un à grain, l'autre servant à scier le bois, se reflètent dans l'eau.

La visite commence par le **pavillon d'entrée** rénové, d'où l'on a une belle vue sur le parc et ses nombreux moulins (les plus grands sont les moulins à grain, les plus petits les moulins de polder). Tout comme le Centre des collections (**Collectie Centrum**), plusieurs espaces présentent par roulement des objets faisant partie des riches collections : faïences, arts décoratifs populaires, costumes traditionnels, outils agricoles. Le niveau inférieur donne accès au spectaculaire théâtre panoramique **HollandRama**. Dans cette capsule mobile, films, sons, lumières, odeurs et températures évoquent de nombreux paysages, des panoramas citadins et des intérieurs de logis.

★★ **Burgers' Zoo** ⊘ – Les différents écosystèmes artificiels de ce parc animalier d'exception permettent au visiteur d'approcher les animaux dans leur milieu naturel.

Burgers' Desert (7 500 m²) reproduit le désert nord-américain. Entre les rochers de granit, dunes de sable et cactus, on peut apercevoir des vautours, lynx, pécaris à collier et colibris multicolores.

À travers une grotte peuplée d'animaux nocturnes et un « puits de mine abandonné », on passe du désert aride à la forêt humide. Cette grande halle, nommée **Burgers' Bush**, abrite une forêt équatoriale composée d'arbres et de plantes d'Asie, d'Afrique et d'Amérique du Sud (riz, arbre à caoutchouc, bananier, caféier, ananas, vanillier, acajou, canne à sucre). Le visiteur silencieux et observateur pourra apercevoir au milieu de cette végétation colorée (chute d'eau et ponts suspendus) de magnifiques papillons, des oiseaux exotiques, des vaches marines, et même des caïmans. Le périple amène ensuite le visiteur à la plage tropicale et à la lagune de **Burgers' Ocean**. Le massif de corail permet de découvrir un monde sous-marin merveilleux : coraux, éponges, anémones, étoiles de mer. Des centaines de poissons multicolores accompagnent ensuite le visiteur vers un spectacle impressionnant : une baie de 20 m sur 6 offre une vue sur les grands fonds marins où se côtoient requins, raies et méduses.

Dans le **Safari (Burgers' Safari)**, déambulent girafes, zèbres, autruches, rhinocéros, antilopes et grues couronnées. Plus loin, dans des parcs clôturés, on trouve des lions et des léopards. Le groupe des chimpanzés, les oiseaux (de proie), **Burgers' Mangrove** et les animaux nocturnes méritent également un détour.

★ NATIONAAL PARK VELUWEZOOM

Circuit de 20 km. Quitter Arnhem par Beekhuizenseweg.

Le parc national Veluwezoom est une vaste étendue (5 000 ha) de forêts (pins, bouleaux) et de landes de bruyères vallonnées située au Nord d'Arnhem, à la lisière *(zoom)* de la Veluwe. De nombreux parkings, sentiers, pistes cyclables facilitent la promenade.

Rozendaal – Au cœur d'un grand **parc** ⊘ se trouve le **Kasteel Rosendael** ⊘. Ce petit château (18ᵉ s.) est flanqué d'une tour du Moyen Âge, qui se reflète dans un étang. On visite plusieurs pièces aménagées. Remarquer également la galerie aux coquillages.

La route s'élève en forêt. Elle traverse **Beekhuizen**, hameau sis dans une vallée. Puis, elle atteint à 100 m d'altitude **Posbank**. Plusieurs belvédères offrent de vastes **panoramas★** sur un moutonnement de collines couvertes de bruyères où serpentent des chemins pour promeneurs.

On descend ensuite en direction de Rheden.

Dans une ancienne ferme sur Heuvenseweg est aménagé le centre d'accueil **Bezoekerscentrum Veluwezoom** ⊘. Les promeneurs y trouveront des cartes détaillées. L'exposition permet de découvrir ce beau parc naturel vu au travers des yeux d'un blaireau, d'un pivert et d'un cerf.

Tourner à gauche dans la N 348, direction Dieren.

De Steeg – À l'Est du bourg, parmi les bois, le château de Middachten (**Kasteel Middachten★** ⊘), du 17ᵉ s., dresse ses murs sévères au centre de larges douves. On en a une belle vue depuis le grand **jardin** ⊘. L'intérieur, qui a conservé son aspect d'origine, présente portraits, bibliothèque, miniatures, etc.

Ch. Bastin et J. Evrard

Kasteel Rosendael

En regagnant Arnhem par la route nationale, on aperçoit au passage à gauche, à l'entrée de Velp, le château de Biljoen (**Kasteel Biljoen**), également entouré d'eau.

Rentrer à Arnhem par Zutphensestraat.

LA LISIÈRE SUD DE LA VELUWE

25 km à l'Ouest - 2 h 1/2. Sortir par ⑤ du plan.

L'itinéraire suit la rive droite du Nederrijn où les dernières collines de la Veluwe sont jalonnées par de nombreuses localités.

Oosterbeek – Au Nord de cette localité, sur la route de Warnsborn, un peu au-delà de la voie ferrée, le cimetière (**Airborne Kerkhof**) des troupes alliées tombées lors de la bataille d'Arnhem aligne plus de 1700 stèles (en particulier 1667 pour les Britanniques et 79 pour les Polonais).

La villa **Huize Hartenstein** (*Utrechtseweg 232*) servit de Q.G. au général Urquhart en septembre 1944. Elle abrite le musée Airborne (**Airborne Museum** ⊘), consacré à l'opération « Market-Garden » et à la bataille d'Arnhem. Dans la cave a été reconstitué le poste de commandement du général Urquhart.

Au bord du Rhin, les terrasses du **Westerbouwing**, édifice occupé par un restaurant, offrent une belle **vue** sur le fleuve et la Betuwe aux nombreux vergers.

Gagner la rive du Rhin.

Doorwerth – Ce bourg fut durement éprouvé en 1944, lors de la bataille d'Arnhem.

Situé proche du fleuve, le château de Doorwerth (**Kasteel Doorwerth**), construit en 1260, s'est agrandi vers 1600 et se compose d'un haut bâtiment carré et de dépendances, l'ensemble étant entouré de douves. On peut visiter plusieurs pièces meublées ainsi que les salles d'exposition dans les ailes Nord et Est.

L'aile Sud abrite le musée pour la Gestion du Patrimoine naturel et sauvage (**Museum voor Natuur- en Wildbeheer** ⊘).

Ce musée documente sur la chasse et sur le mode de vie des animaux intéressant les chasseurs. Collections d'armes, animaux naturalisés, images et photographies.

Se diriger vers Renkum et passer sous l'autoroute pour prendre la route de Wageningen.

Wageningen – Cette ville est connue pour son université (**Landbouwuniversiteit**), un des plus grands centres scientifico-agricoles en Europe. On remarque dans les environs de nombreux vergers et pépinières.

À 5 km de Wageningen, face à un **cimetière militaire néerlandais** situé sur le **Grebbeberg**, un chemin mène à la **Koningstafel** ou Table du Roi : vue sur le Rhin et la Betuwe. C'était un des lieux de promenade préférés du roi Frédéric V de Bohême réfugié aux Pays-Bas après avoir été battu par les Autrichiens en 1620.

Rhenen – Cette localité possède un important jardin zoologique (**Ouwehands Dierenpark** ⊘). Il héberge près de 1 600 animaux. Une volière d'oiseaux exotiques, la maison des pongidés, les lions de mer et un aquarium constituent les attractions principales de ce parc. Dans le bois Berenbos, 11 ours bruns et 6 loups vivent en liberté. Une passerelle permet aux visiteurs d'observer les animaux (surtout aux heures des repas). Le parc possède également un bois où sont élevés des tigres de Sibérie. Ouwehand est aussi doté d'un étang, d'attractions pour enfants parmi lesquelles une ferme.

Le beau clocher de l'église Cunera (**Cunerakerk** ⊘), bombardé en 1945, a été restauré.

ASSEN

Drenthe ℗

57 376 habitants
Cartes Michelin nᵒˢ 908 K 2 et 210 T 5
Plan dans Le Guide Rouge Benelux

Assen doit son existence à un couvent de religieuses fondé au 13ᵉ s., dont on peut voir sur la place centrale ou *Brink* la chapelle, ancien hôtel de ville. C'est aujourd'hui une ville moderne et spacieuse, à proximité d'un bois agréable, l'**Asserbos**, au Sud, et d'une région riche en monuments mégalithiques (*voir Hunebedden*).

Jusqu'en 1602, les membres des États, ou assemblée provinciale, de Drenthe se réunissaient en plein air, à la mode germanique, au Balloërkuil (à Rolde, *voir ci-dessous les Environs*), où ils rendaient la justice. Sa position centrale fit choisir Assen comme capitale de la Drenthe en 1809, sous le règne de Louis Bonaparte.

Au Sud de la ville, un **circuit de vitesse** pour motos (Tourist Trophy Circuit ou T.T.C.) voit se disputer le Grand Prix de Hollande.

CURIOSITÉS

★★ **Drents Museum** (Musée de la Drenthe) ⊘ – *Brink 1.*

Le musée de la Drenthe occupe un ensemble de bâtiments historiques, parmi lesquels l'ancienne Maison provinciale (1885), l'église abbatiale, la Drostenhuis et l'**Ontvangershuis★**, ancienne demeure du collecteur général des impôts. Ce musée comprend des collections très diverses présentées de manière attrayante grâce à des moyens audiovisuels et interactifs. Une **section historique et archéologique**

La Drenthe

Cette province fut longtemps déshéritée. Les glaciers scandinaves qui se sont attardés dans le Nord des Pays-Bas y ont laissé un sol sablonneux peu fertile. Il est couvert par endroits d'une végétation de **landes** (bruyères, ajoncs, genêts) parsemées de quelques bosquets de chênes ou de pins. Dans les zones plus humides, la **tourbe** s'est emparée des surfaces abandonnées par les glaciers. La Drenthe était la plus grande région productrice de tourbe, qui fut longtemps utilisée comme combustible. Son exploitation a laissé des traces sur le terrain, qui reste quadrillé d'une multitude de canaux creusés pour les besoins du transport de la tourbe. De nos jours, un défrichement poussé et l'utilisation des engrais ont modifié la situation. Les landes à moutons se sont raréfiées pour laisser place à des pâturages ou à des plantations de conifères. Les tourbières, mises en valeur à l'aide d'engrais, de sable et de la couche supérieure de tourbe, composent une terre arable de qualité (pommes de terre, céréales, cultures maraîchères), où sont venus s'installer des colons.

Les fermes de la province de la Drenthe, très pittoresques avec leur toit de chaume enveloppant, appartiennent pour la plupart au type des « fermes-halles » (voir Introduction, Traditions et folklore).

particulièrement intéressante présente une excellente documentation sur les temps préhistoriques et réunit un grand nombre de découvertes effectuées dans la province, tant dans les « hunebedden » (voir ce nom), les tumulus ou les champs d'urnes funéraires que dans les tourbières propices à la conservation des objets. Parmi celles-ci, une embarcation datant de 6300 avant J.-C. (découverte à Pesse, 23 km au Sud d'Assen), ainsi que des momies des 3e-5e s. (dont la célèbre fille étranglée de Yde). Dans la salle des Découvertes (**OntdekkingsKamer**), les enfants peuvent se familiariser avec la vie quotidienne des hommes préhistoriques. L'importante collection d'**arts décoratifs** (meubles, instruments, céramique), ainsi que l'argenterie régionale, les **pièces meublées** appelées Stijlkamers et la **collection de textiles** donnent un bel aperçu de la culture de la province de la Drenthe. Dans les tableaux des **peintres de La Haye**, on retrouve également les paysages de la Drenthe, dont la formation est expliquée dans le **GeoExplorer**, où un voyage spectaculaire replonge le visiteur à l'époque de la formation de la Terre. Enfin, le musée possède également une importante collection d'objets d'**art du début du siècle**, où l'Art nouveau et l'Art déco sont particulièrement bien représentés. En outre, le musée présente régulièrement des expositions temporaires.

D'après photo A. van Iterson/MICHELIN

Bartje

Derrière le jardin de l'Ontvangershuis se dresse la charmante statuette du jeune **Bartje**, héros fameux du romancier régional Anne de Vries (1904-1964). Elle a été sculptée par Suze Berkhout (l'original se trouve à l'hôtel de ville).

ENVIRONS

Rolde – 6 km à l'Est. Schéma, voir Hunebedden.
À l'Ouest de Rolde, dans un bois, on peut voir le **Balloërkuil**, sorte de vaste terre-plein creusé dans le sol.
Au-delà de l'église, prendre à gauche un chemin pavé signalé « hunebedden ». Dans un bois se trouvent deux **hunebedden** (D 17/18) ; l'un des deux est couvert de sept dalles. Les deux monuments possèdent une entrée au Sud.

Hooghalen – 9 km au Sud. À Hooghalen, prendre à gauche, direction Amen. Le Centre commémoratif du camp de Westerbork (**Herinneringscentrum Kamp Wester-bork** ⊘) perpétue le souvenir de la guerre et de la persécution des Juifs aux Pays-Bas au moyen de photos, de films, de dessins, d'objets divers et de monuments. C'est à partir du camp de Westerbork qu'**Anne Frank** a été déportée vers Auschwitz.

EXCURSION

Norg, Leek et Midwolde – 27 km par la N 373 ; après 3 km, tourner à droite.
Norg – Ce charmant village de la Drenthe aux nombreuses chaumières est un centre de villégiature. Il est établi autour d'un brink, large place ombragée où se dresse une petite église gothique précédée d'un clocher au toit en bâtière.

Nationaal Rijtuigmuseum, Kasteel Nienoord

Leek – Au Nord de la localité, dans un vaste parc entouré de fossés, un château (**Kasteel Nienoord**), reconstruit en 1887, abrite le Musée national de l'Attelage (**Nationaal Rijtuigmuseum** ⊙).

Dans le manoir sont exposés de petits véhicules raffinés : petites voitures à chèvres, d'enfants royaux, traîneaux (17e-20e s.). La collection présente également des peintures et des accessoires de voyage (selles, fouets, livrées, harnachements). Dans les communs sont rassemblés, en saison, des attelages, avec personnages en costume d'époque.

Plus loin, dans le parc, près de la grotte aux coquillages ou *schelpengrot* (vers 1700), un bâtiment moderne renferme une collection de diligences.

Midwolde – La petite **église** de brique au clocher à toit en bâtière abrite le beau monument funéraire★ en marbre qu'exécuta Rombout Verhulst en 1669 à la demande d'Anna van Ewsum. La jeune femme se penche d'un geste gracieux sur la dépouille de son mari. Les angelots en marbre blanc symbolisent les enfants du ménage. À la place du septième se trouve maintenant la statue en pied du deuxième époux d'Anna van Ewsum que réalisa Barthélemy Eggers en 1714. Remarquer la chaire ouvragée de 1711, les hautes stalles (vers 1660-1670) et le petit orgue de 1630 aux tuyaux de plomb.

BERGEN OP ZOOM

Noord-Brabant

64 663 habitants
Cartes Michelin nos 908 D 7 et 211 K 14 – Schéma, voir Delta
Plan dans Le Guide Rouge Benelux

Siège de deux importantes foires annuelles au Moyen Âge, Bergen op Zoom fut à partir de 1287 la ville principale d'une seigneurie indépendante. L'ancien port, de nos jours partiellement comblé, était relié à l'Escaut oriental. En 1533, la seigneurie de Bergen op Zoom fut transformée en marquisat.

La ville est restée célèbre pour son invincibilité car elle soutint victorieusement deux sièges contre les Espagnols, en 1588, par le duc de Parme Alexandre Farnèse, puis en 1622 lorsqu'elle fut investie par des troupes commandées par Spinola.

Les fortifications de la ville furent renforcées vers 1700 par **Menno van Coehoorn** (1641-1704), ingénieur auquel le pays doit de nombreuses places fortes. Cependant, Bergen ne put résister à l'armée française, en 1747, pendant la guerre de Succession d'Autriche.

Les remparts ont été démolis en 1868, mais le tracé des boulevards en rappelle les contours.

Bergen op Zoom, située au milieu des bois et des bruyères, est renommée pour son carnaval (*voir les Renseignements pratiques en début de volume*).

CURIOSITÉS

Grand-Place – Sur la Grand-Place ou Grote Markt, l'**hôtel de ville** ⊙ comprend trois maisons ; celle du milieu et celle de droite s'ornent depuis 1611 d'une belle façade en pierre précédée d'un perron où figurent les **armes de la ville** : deux sauvages encadrent un écusson surmonté de la couronne du marquis et comprenant trois croix de Saint-André et une montagne à trois sommets (berg : mont).

L'ancienne église abrite le théâtre municipal **De Maagd**.

Près de la Grand-Place se dresse un massif **clocher** (14e s.). Nommé familièrement De Peperbus, la poivrière, en raison de la forme de son lanternon du 18e s., c'est en fait un vestige de l'église Ste-Gertrude (**St.-Geertrudiskerk**) qui a été détruite en 1747 par les Français puis, une fois reconstruite, incendiée en 1972. Du bâtiment actuel, seuls les murs extérieurs (15e-16e s.) sont d'origine.

Nationaal Rijtuigmuseum, Kasteel Nienoord

★ **Markiezenhof** ⊙ – *Steenbergsestraat 8.*
Ancien palais urbain des marquis de Bergen op Zoom qui y ont résidé jusqu'en 1795, l'ensemble date des 15e et 16e s. et a été partiellement dessiné par les célèbres artistes malinois Antoine et Rombout Keldermans. Construit en brique et pierre, c'est un des plus beaux palais urbains du gothique tardif d'Europe occidentale. Il a été transformé en centre culturel comprenant notamment un **musée**, une galerie, une bibliothèque et un restaurant. La petite cour, à arcades, est pittoresque. La grande salle du palais ou **Hofzaal** est particulièrement remarquable, avec sa cheminée de pierre sculptée (saint Christophe, 1522). Des portraits, des tapisseries, des tableaux, du mobilier et de l'orfèvrerie donnent au visiteur un aperçu du cadre raffiné dans lequel vivaient les marquis.
Dans l'aile en rez-de-jardin, reconstruite en 1706 en style classique, on peut voir de belles salles d'**arts décoratifs**.
L'histoire de la ville est également évoquée par une maquette des fortifications et un aperçu de l'industrie de la céramique à Bergen. Par ailleurs, l'importante exposition consacrée aux **fêtes foraines** ravira particulièrement les enfants.

F. van Ameijde/HET MARKIEZENHOF

Het Markiezenhof

Gevangenpoort (Porte-Prison) **ou Lievevrouwepoort** (Porte Notre-Dame) – *Accès par la Lieve Vrouwestraat partant du Markiezenhof.*
Du 14e s., c'est la seule porte subsistant de la ceinture de remparts de la ville médiévale. Elle présente vers la ville une façade de brique flanquée d'échauguettes. Vers l'extérieur, elle est encadrée de deux grosses tours de pierre.

Ravelijn (Ravelin) « **Op den Zoom** » – *Au Nord-Est de la ville.* Près du beau parc (**A. van Duinkerken Park**) entourant un étang subsiste ce réduit fortifié cerné d'eau, témoignage des fortifications construites par Coehoorn.

WOUW ET ROOSENDAAL *15 km par l'A 58*

Wouw – Dans l'**église** ⊙ gothique de ce village se trouve un bel ensemble de statues. Ces **statues** baroques du 17e s. appartenaient aux stalles qui ont disparu pendant la guerre. Elles sont disposées dans le chœur (sur des consoles) et dans les bas-côtés où elles encadrent les confessionnaux. Le vitrail du côté Ouest de la tour représentant la Résurrection est une œuvre de Joep Nicolas (1937).

Roosendaal – Important nœud ferroviaire, c'est aussi une cité industrielle.
Le musée La Rose d'Or (**Streekmuseum De Ghulden Roos** ⊙) est un musée régional installé dans un presbytère du 18e s. nommé **Tongerlohuys** (*Molenstraat 2*). Il rassemble une intéressante collection de couverts, bonnets brabançons et jouets. On peut également y admirer l'intérieur reconstitué d'une confiserie ancienne. Aux alentours, on trouve plusieurs réserves naturelles, notamment le **Visdonk** et **De Rucphense Heide** (1 200 ha).

BOLSWARD★

Fryslân

9 334 habitants

Cartes Michelin n⁰ˢ 908 H 2 et 210 S 4 – Schéma, voir Sneek

Bolsward, ou Boalsert en frison, est une des onze cités frisonnes. La pierre de façade de l'hôtel de ville porte la date de sa fondation : 713. Son nom signifierait « le pays de Bodele, entouré d'eau » ; la terminaison « ward » ou « werd » veut dire : tertre (voir Leeuwarden, La région des tertres).

Reliée autrefois au Zuiderzee, Bolsward connut la richesse et la puissance. Elle eut dès le 11ᵉ s. le privilège de battre monnaie et plus tard elle devint une ville hanséatique.

Aujourd'hui, c'est une paisible cité au centre d'une riche région pastorale qui s'anime tous les trois ans au moment de la remise du prix de littérature frisonne, portant le nom de **Gysbert Japicx** (1603-1666). Après que la langue frisonne écrite fut tombée en désuétude pour une longue période, Japicx fut le premier à l'utiliser en littérature.

CURIOSITÉS

★ **Stadhuis** ⊙ – Élégante construction Renaissance des années 1614-1617, l'hôtel de ville comporte une gracieuse façade avec un pignon et un beau perron du 18ᵉ s. orné de deux lions portant les armes de la ville. Au sommet, haut clocheton octogonal avec **carillon**. Dans la salle du Conseil et des Mariages (**Raadzaal**), on admire une magnifique porte sculptée par Jacob Gysberts, à qui on doit également la décoration de la belle cheminée en bois, encadrée d'atlantes de pierre. Une salle du 1ᵉʳ étage, aux poutres énormes supportant le poids de la tour, sert de musée d'antiquités (**Oudheidkamer**) : céramique frisonne, costumes traditionnels, argenterie de Bolsward, produits de fouilles archéologiques, etc.

Martinikerk (Église St-Martin) ⊙ – Cette vaste église gothique fut bâtie au milieu du 15ᵉ s. Elle est précédée d'une tour coiffée, comme la plupart des clochers frisons, d'un toit en bâtière.

À l'intérieur, les voûtes des trois nefs s'appuient sur d'épais piliers cylindriques. Dans le chœur, les **stalles**★ de la fin du 15ᵉ s. sont remarquables pour leurs sculptures pleines de vérité et de naïveté. On admire notamment les scènes qui figurent sur les cloisons latérales.

Sont également intéressants les personnages des dossiers, les pittoresques illustrations de paraboles figurant sur les miséricordes, les personnages des jouées et les figures grotesques des pupitres.

La **chaire**★ (17ᵉ s.), couronnée d'un dais étagé, est décorée à la manière frisonne d'élégants motifs

G. Bioilay/PHOTONONSTOP

Détail des stalles (Martinikerk)

rapportés. Le panneau central représente une bible et les signes du zodiaque ; les autres panneaux concernent les saisons.

L'orgue a été réalisé en 1775 par Hinsz de Groningue. L'acoustique remarquable de l'église a permis plusieurs enregistrements de concerts. Remarquer le sol, jonché de pierres tombales.

ENVIRONS

Witmarsum – *10 km au Nord-Ouest.*

Près de la grand-route se dresse la statue de **Menno Simonsz.** (1496-1561). Originaire de Witmarsum, il devint vicaire de Pingjum, puis curé de sa ville natale et finalement rompit en 1536 avec les catholiques pour se tourner vers la doctrine anabaptiste, fondant la confrérie des « doopsgezinden » ou **mennonites**. En 1539, un ouvrage résume sa doctrine, plus pacifique que celle de Jean de Leyde *(voir Leiden)* : croyance en la Bible, rejet du baptême des enfants, accent mis sur la piété personnelle, refus d'obéir à toute Église établie. La religion mennonite a rayonné en Allemagne, en Suisse, en Amérique du Nord où elle compte encore des adeptes. Les mennonites de Witmarsum se réunissent dans une petite église, reconstruite en 1961 (**Menno-Simonskerkje** ⊙).

On y voit la salle de prière avec le portrait de Menno Simonsz. et la sacristie conservant quelques souvenirs de l'illustre théologien.

Plus loin, dans la même rue, dans un petit bois, un monument a été élevé en mémoire de Menno Simonsz., à l'emplacement de sa première église.

BOURTANGE

Groningen

Cartes Michelin nᵒˢ 908 M 2 et 210 X 4

Bourtange, située à proximité de la frontière allemande, est une des places fortes les mieux conservées des Pays-Bas. Elle a été construite pendant la guerre de Quatre-Vingts Ans, dominant la vaste étendue marécageuse située à l'Est de Groningue. Elle fut érigée à l'initiative du prince Guillaume d'Orange qui espérait ainsi libérer Groningue, alors occupée par les Espagnols.

Faute d'argent, la place forte, due à l'architecte **Adriaan Anthonisz.**, ne fut achevée qu'en 1593 sous l'autorité du stathouder de Frise, Willem Lodewijk. Après que Groningue se fut rendue un an plus tard, Bourtange fut reprise dans la ligne de défense frontalière. En raison de l'importance stratégique du fort (près de la frontière allemande), les travaux d'agrandissement et de renforcement se succédèrent à un rythme accéléré. Jusqu'en 1851, Bourtange fut un fort militaire occupé en permanence par une garnison d'environ 300 soldats et leurs familles. Plus tard, il fut cédé aux autorités civiles et le fort tomba en ruine.

En 1967, Bourtange fut classé monument historique. Une importante campagne de restauration rendit aux fortifications son aspect le plus imposant, celui de 1742.

VISITE ⊙

Bourtange *(illustration, voir Introduction, ABC d'architecture)* est un exemple typique de forteresse construite selon l'**Ancien Système hollandais (Oud-Nederlands stelsel)** avec, au centre, un bastion pentagonal entouré de deux ceintures de fossés. Le fort n'est accessible que par deux routes étroites qui mènent à la place du marché à travers un dédale de ponts et de ravelins. De la place, dix rues rayonnent vers les différents bastions et le mur d'enceinte principal. Cette architecture en rayons permettait un déplacement rapide des troupes tout en assurant une bonne vue d'ensemble.

Le musée des Baraques **(Museum De Baracquen)**, une caserne reconstituée, expose des objets découverts lors d'anciennes fouilles.

On peut également visiter la petite église protestante, l'ancienne synagogue, une maison d'officier, ainsi que les moulins du fort.

Dans l'ancienne **poudrière**, une série de diapositives donnent des informations sur le fort.

BREDA★

Noord-Brabant

159 042 habitants
Cartes Michelin nᵒˢ 908 F 7 et 211 I 13
Plan d'agglomération dans Le Guide Rouge Benelux

Au confluent de la Mark et de l'Aa, c'était jadis l'une des principales places fortes du pays et le centre d'une importante baronnie. Aujourd'hui, Breda est une ville dynamique et un grand centre de commerce et d'industrie. Bénéficiant de sa situation sur une des principales routes d'accès du pays, c'est une étape accueillante, aux vastes zones piétonnes.

Dotée de nombreux parcs, Breda possède aussi des environs très attrayants où de grands bois comme le **Liesbos**, à l'Ouest, le **Mastbos**, au Sud ont été aménagés pour les loisirs. À l'Est, **Surae** est un parc récréatif pourvu d'une baignade.

En février *(voir les Renseignements pratiques en début de volume)*, Breda s'anime avec son célèbre **carnaval**★. En mai a lieu le Festival international de jazz. Fin août se déroule le Taptoe Breda, festival de musique militaire *(voir les Renseignements pratiques en début de volume)*. En octobre, la Grande Église accueille l'exposition florale de Breda.

UN PEU D'HISTOIRE

Le fief des Nassau – Breda obtient ses droits de cité vers 1252. Elle fait alors partie de la baronnie de Breda, mais celle-ci devient en 1404 possession de la famille de Nassau, qui fait de la ville sa résidence. Les fortifications du 13e s. sont reconstruites vers 1535 par le comte Henri III de Nassau. Des canaux concentriques montrent encore le tracé de celles-ci qui furent détruites peu après 1870.

Le compromis de Breda – Décidé en septembre à Spa en Belgique, le compromis des Nobles ou de Breda est signé au château de Breda en 1566. Son but : faire supprimer l'Inquisition. À la suite de cette réunion, près de 300 nobles se rendent en délégation à Bruxelles auprès de la gouvernante Marguerite de Parme pour lui demander la convocation des états généraux, afin de modifier les édits contre les hérétiques. Adressée à Marguerite de Parme, qui venait d'éclater en sanglots, la boutade de Berlaymont, son conseiller : « Comment, Madame, peur de ces gueux ? » ne déplut pas aux calvinistes, qui dès lors prirent le nom de **gueux** et la besace des mendiants pour emblème de leur lutte contre les Espagnols.
Les calvinistes se crurent désormais tout permis : dès le mois d'août débutait la **révolte des iconoclastes**, pilleurs d'églises et destructeurs de statues, qui eut pour conséquence directe l'arrivée en 1567 du terrible duc d'Albe.

Une place ardemment disputée – En 1581, Breda fut pillée par les Espagnols qui occupaient le château appartenant alors à Guillaume le Taciturne.
En 1590, Maurice de Nassau prit la ville par surprise, 70 de ses hommes ayant pu pénétrer dans la place, cachés sous le chargement de tourbe d'un chaland appartenant à Adriaan van Bergen.
En 1625, Breda, après un long siège, se rend aux Espagnols commandés par le marquis de Spinola. Cet épisode fut immortalisé par Vélasquez dans *La Reddition de Breda* (1634-1635). La ville est reprise en 1637 par le prince-stathouder Frédéric-Henri.
À la **paix de Breda** qui met fin en 1667 à la deuxième guerre anglo-hollandaise, les Hollandais cèdent aux Anglais La Nouvelle-Amsterdam qui devient New York. Ils acquièrent cependant la Guyane (actuel Surinam). Les négociations et la signature du traité ont eu lieu dans le château.
En 1793, la ville est prise par Dumouriez, qui doit l'évacuer après la défaite de Neerwinden (Belgique). Assiégée de nouveau en 1794, par Pichegru, Breda ne se rend que lorsque tout le pays est occupé. Elle fait partie du département des Deux-Nèthes (chef-lieu Anvers) jusqu'en 1813 : cette année-là, à l'approche de l'avant-garde russe, la garnison française effectue une sortie, mais la population de Breda l'empêche de rentrer dans la place.
Les 11 et 12 mai 1940, Breda marqua le point extrême de l'avance des Alliés aux Pays-Bas : la manœuvre de la Dyle, opération par laquelle les forces franco-anglaises tentaient de faire une percée vers le Nord, se solda par un échec : les troupes durent se replier rapidement en Belgique.
Breda fut libérée par les Alliés en octobre 1944.

Un soldat savant – Lors du siège de Breda par Spinola, un jeune mercenaire de l'armée de Maurice de Nassau passait sur la Grand-Place de la ville. Il y vit un groupe arrêté devant une affiche rédigée en néerlandais. Son voisin, principal du collège de Dordrecht, lui traduisit le texte. Comme il s'agissait de trouver la solution d'un problème de géométrie, il demanda au soldat s'il avait l'intention de lui apporter la solution. Ce dernier promit et tint parole. C'était René Descartes *(voir Leiden)*.

★ GROTE OF ONZE-LIEVE-VROUWEKERK (GRANDE ÉGLISE OU ÉGLISE NOTRE-DAME) ⏱ visite : 3/4 h

C'est un imposant édifice gothique de style brabançon des 15e et 16e s. À trois nefs, elle fut agrandie au 16e s. de quelques chapelles et du déambulatoire. Son haut **clocher**★ de 97 m, à base carrée et sommet octogonal, est surmonté d'un bulbe. Le **carillon** possède 49 cloches.
L'intérieur, à colonnes typiquement brabançonnes avec leurs chapiteaux ornés de choux frisés, et à triforium, renferme de nombreux tombeaux. Le plus imposant est, dans la chapelle Notre-Dame, au Nord du déambulatoire, le **tombeau**★ d'Englebert II de Nassau (1451-1504) et de son épouse. Le monument, de style Renaissance, en albâtre, a été exécuté vraisemblablement d'après un projet de Thomas Vincidor de Bologne. Les gisants sont placés sous une dalle tenue par quatre belles figures d'angle, représentant Jules César (courage militaire), Regulus (magnanimité), Hannibal (persévérance), Philippe de Macédoine

(prudence). Au-dessus de la dalle est représentée l'armure d'Englebert II. Dans le caveau sous le tombeau sont enterrés **René de Chalon** (voir Delft), Henri III de Nassau et Anna van Buren, la première femme de Guillaume d'Orange. Dans le déambulatoire, tombeau (15e s.) d'Englebert Ier et de Jean IV de Nassau. Remarquer en outre quelques épitaphes Renaissance ainsi que les nombreuses dalles funéraires couvrant le sol.

Les stalles du chœur, en bois (15e s.), sont sculptées de motifs satiriques illustrant des vices, des proverbes, etc. D'autres reliefs insolites ont été ajoutés après 1945. Dans le bras Nord du transept est exposé un triptyque de Jan van Scorel, dont le panneau central illustre l'invention de la Croix. Au fond du collatéral Sud, des fonts baptismaux, exécutés à Malines (Belgique) en 1540, portent des motifs de décoration Renaissance sur une forme gothique. Le buffet d'orgue est orné d'une peinture (17e s.) représentant David et Goliath et l'offrande de l'arche d'alliance. On peut entendre l'orgue, très bel instrument dont les éléments les plus anciens datent du 16e s., à l'occasion de **concerts**.

AUTRES CURIOSITÉS

Partir du carrefour de Nieuwe Prinsenkade et de Prinsenkade.

De là, jolie vue sur le clocher de la Grande Église.

Het Spanjaardsgat – *Illustration, voir Introduction, Art.* Ce reste de fortifications nommé « trouée des Espagnols » est constitué de deux grosses tours coiffées de petits bulbes et encadrant une porte d'eau qui servait à l'évacuation des eaux entourant le château. Derrière ces murs se dissimule le château (**kasteel** ⊘). C'est un immense édifice aux nombreuses fenêtres, entouré d'un fossé, et dont la façade Nord (visible de l'Academiesingel) est flanquée de tourelles octo-

Grote of Onze-Lieve-Vrouwekerk

G. Guittot/PHOTONONSTOP

gonales. Il est occupé depuis 1828 par l'Académie militaire des Pays-Bas. Ancien château fort, transformé à partir de 1536 sur les plans de Thomas Vincidor de Bologne, ce fut la retraite préférée de Guillaume le Taciturne jusqu'à son départ pour la révolte ouverte en 1567. C'est là que fut signé le compromis des Nobles.

Le château reçut son aspect actuel entre 1686 et 1695, sous le stathouder Guillaume III d'Orange qui fit poursuivre le plan primitif de Vincidor.

Havermarkt – C'est, au pied de la Grande Église, une charmante petite place, ancien marché aux foins, envahie par les clients de ses nombreuses brasseries.

★ **Valkenberg** – Cet ancien parc du château, ombragé par de très beaux arbres, est agréable.

À côté se trouve le béguinage (**begijnhof**) de 1535, regroupant des maisons d'allure sobre, ordonnées autour d'une cour pourvue d'un jardin de plantes médicinales et d'une chapelle. Les béguines forment une communauté catholique et habitent des maisonnettes rassemblées dans un enclos. À la différence des religieuses, elles ne prononcent pas de vœux. À l'entrée du béguinage se dresse l'ancienne chapelle des béguines, devenue **église wallonne** (Waalse Kerk). Là se maria **Peter Stuyvesant** (1592-1672), Frison qui fut gouverneur de La Nouvelle-Amsterdam (New York) de 1647 à 1664.

Grote Markt (**Grand-Place**) – Du centre de cette vaste esplanade, jolie **vue** sur la Grande Église. Un marché traditionnel s'y tient le mardi et le vendredi matin ; un marché aux puces a lieu le mercredi.

Du 17e s., l'hôtel de ville (**Stadhuis** ⊘) a été modifié en 1767. Le hall abrite une reproduction de **La Reddition de Breda**, par Vélasquez, dont l'original se trouve au musée du Prado à Madrid.

En face, à l'angle de la Reigerstraat, on remarque une jolie maison à pignon à redans.

Sur la place se dresse, au no 19, **Het Wit Lam**, anciennement halle aux viandes et local de la guilde des arbalétriers. Au fronton de la façade, datée de 1772, un saint Georges terrasse le dragon.

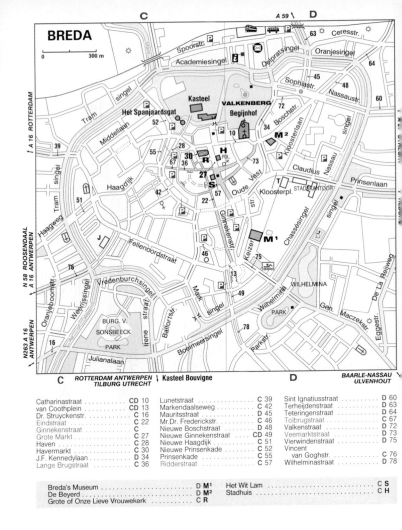

BREDA

De Beyerd ⊙ – Cet édifice, ancien hospice, a été transformé en centre d'Arts plastiques, Centrum voor beeldende kunst. Des expositions d'architecture, de photographie, céramique et graphique y sont organisées.

Breda's Museum ⊙ – Installé dans le bâtiment principal de l'ancienne caserne Chassé, ce musée présente un aperçu historique et archéologique du riche passé de la baronnie de Breda. L'histoire de l'évêché de Breda est également illustrée par une importante collection d'objets d'art religieux (statues de saints, tableaux, orfèvrerie, tissus richement décorés). Le musée propose également une exposition sur l'art et l'artisanat de Breda, ainsi que des expositions temporaires.

ENVIRONS

Kasteel Bouvigne (Château de Bouvigne) ⊙ – *4 km. Sortir par le Sud du plan, puis Duivelsbruglaan et tourner à droite.*
En lisière du **Mastbos**, beau bois sillonné de pistes cyclables ou cavalières, se dresse ce château. Construit en 1612, il est flanqué d'une haute tourelle octogonale à bulbe et entouré d'un large fossé. Les jardins sont accessibles au public.

EXCURSIONS

① Baarle-Nassau

37 km au Sud-Est par Gen. Maczekstraat.

Cette localité partage son territoire avec une commune belge (Baarle-Hertog) composée d'une trentaine d'enclaves en territoire néerlandais. Au 12ᵉ s. en effet, le village de Baerle fut divisé en deux. La partie Sud revint au duc de Brabant (Baerle-Duc ou Baarle-Hertog). La partie Nord, rattachée à la baronnie de Breda, se nomme Baarle-Nassau depuis que Breda, au début du 15ᵉ s., est devenue le fief de la famille de Nassau. Les limites des communes sont très compliquées. De nos jours, chacune possède sa mairie, son église, sa police, son école, son bureau de poste. Les maisons de nationalité différente sont très mélangées. On reconnaîtra leur appartenance à la plaque portant leur numéro : le drapeau national y figure.

② De Hoeven à Willemstad

Circuit de 50 km à l'Ouest. Sortir par Haagweg, la N 58, et tourner à droite à Etten-Leur.

Hoeven – À l'observatoire, **Quasar** ⓥ, des moyens interactifs permettent de découvrir l'espace et ses secrets. Le bâtiment abrite également un planétarium et des télescopes.

Oudenbosch – Ce bourg, également appelé Petite Rome, est dominé par l'énorme basilique Ste-Agathe et Ste-Barbe **(basiliek van de H.H. Agatha en Barbara)**. Elle fut construite par P.J.H. Cuypers en 1867-1880, sur le modèle de St-Pierre de Rome, mais avec des dimensions plus réduites. La coupole cependant culmine à 68 m. La façade, de 1892, reproduit celle de St-Jean-de-Latran à Rome. L'intérieur a été décoré par un sculpteur anversois.
Un musée des Zouaves pontificaux **(Nederlands Zouavenmuseum** ⓥ) a été aménagé en l'honneur des 3 200 Néerlandais qui, au 19e s., ont contribué à la défense des États de l'Église.

Par Standdaarbuiten, puis par la A 59 et la A 29, gagner Willemstad.

Willemstad – Cette ville fortifiée au plan en étoile à sept branches, de 1583, doit son nom à son fondateur : Guillaume (Willem) d'Orange. Ses fortifications, dues à l'architecte **Adriaan Anthonisz.**, constituent un des plus beaux exemples de l'Ancien Système hollandais (Oud Nederlandse stelsel). De nos jours, son port de plaisance est très fréquenté par les touristes. À l'intérieur des remparts, encore intacts, le Syndicat d'initiative occupe le **Prinsenhof** ou **Mauritshuis**, construit au 17e s. pour le prince Maurice d'Orange. Il contient une petite collection historique. L'église à coupole **(Koepelkerk)**, de plan octogonal, a été achevée en 1607 ; ce fut la première église des Pays-Bas de culte protestant. Près du port se dresse l'ancien hôtel de ville **(voormalig raadhuis)**. Plus loin, le moulin d'**Orangemolen**, de 1734, est surmonté d'une tour octogonale.

★ ③ De Raamsdonksveer au Biesbosch

50 km au Nord par St.-Ignatiusstraat.

Raamsdonksveer – Tout près de la sortie de l'autoroute A 27 *(direction Geertruidenberg)* se trouve le **Nationaal Automobielmuseum**★ (musée national de l'Automobile) ⓥ. *Suivre les panneaux « Automuseum ».* Ce musée rassemble plus de deux cents voitures retraçant l'histoire automobile ; il expose en outre des carrosses, traîneaux et motos.
Dans le hall à gauche de l'entrée, on admirera surtout les voitures de la marque néerlandaise Spijker (1899-1925). Les très grandes qualités de cette marque lui valurent d'être choisie par la cour néerlandaise au 20e s. L'énorme voiture de pompiers est de fabrication américaine. Elvis Presley fut le propriétaire de la Cadillac (1976) rouge.
À droite de l'entrée du musée, une Peugeot Double Phaeton de 1894, une Benz Duc Victoria (1899) et une Panhard & Levassor de 1895. Parmi les nombreuses voitures de tourisme et de course exposées dans les salles suivantes, les magnifiques **Auburn, Duesenberg** et **Cord**★★★ des années 1920-1930, conçues par l'Américain Erret Lobban Cord, retiennent l'attention. Il n'existe dans le monde plus que deux exemplaires de la superbe Bugatti Type 50 « Coach Profilé » de 1932. Le musée possède en outre une grande collection de voitures japonaises, essentiellement des Toyota.

Geertruidenberg – Ancienne place forte sur l'Amer, le petit bourg s'ordonne autour d'une **place** triangulaire dominée par la tour massive de l'église Ste-Gertrude. Sur la place, l'hôtel de ville **(stadhuis)** présente une belle façade du 18e s. À proximité se remarque une fontaine baroque.

Drimmelen – Bien situé au bord de l'Amer, propice aux sports nautiques, Drimmelen est un centre touristique très fréquenté. Son **port de plaisance** peut accueillir 1 400 bateaux. Au **Biesbosch Informatiecentrum**, le visiteur peut obtenir des informations sur le parc national.

★ **De Biesbosch** – Le Biesbosch (ou Biesbos) est devenu parc national en 1994. Il se compose de trois parties et s'étend sur les provinces du Brabant-Septentrional et de la Hollande-Méridionale *(voir Dordrecht, Environs)*. Les **promenades en bateau**★ ⓥ donnent un bon aperçu du pays.

Cette région de 40 000 ha a subi le raz-de-marée de la Sainte-Élisabeth en 1421. Grâce à d'importants travaux d'endiguement, les parties immergées ne représentent plus que 7 100 ha. Bien que très fréquenté par les plaisanciers, le Biesbosch est peuplé par une abondante faune aquatique. Ses îlots se composent de roseaux, joncs et prairies.

On peut pratiquer plusieurs sports dans le Biesbosch (la rame, la voile, le canoë). Le **Biesboch Museum** ⊙ *(Hilweg 2, 12 km à l'Ouest de Werkendam)* permet de comprendre la formation de la région, avec sa faune et sa flore abondantes. Le musée présente également des produits autrefois exploités dans le Biesbosch (joncs, roseaux, bois de saule) ainsi que les trois réservoirs ou *spaarbekkens*, alimentant la région de Rotterdam en eau potable.

BRIELLE

Zuid-Holland

15 795 habitants

Cartes Michelin nᵒˢ 908 D 6 et pli 23 (agrandissement) et 211 J 11

Ancienne place forte de l'île de Voorne, Brielle, nommée généralement Den Briel (prononcer Bril), fut un port actif à l'embouchure de la Meuse. Le 1ᵉʳ avril 1572, les gueux de mer, expulsés d'Angleterre, débarquèrent à Brielle. Ce fut le signal du soulèvement de Hollande et de Zélande contre l'occupation espagnole. En juillet, on exécuta à Brielle 19 prêtres dont 16 venaient d'être faits prisonniers par les gueux à Gorinchem. Connus comme les « martyrs de Gorkum », ils ont été canonisés. Chaque année, le 1ᵉʳ avril, on commémore la prise de la ville par les gueux, grâce à des reconstitutions historiques. Brielle est la ville natale de l'amiral **Maarten Tromp** (1598-1653), célèbre par sa victoire des Downs, remportée sur les Espagnols en 1639, pendant la guerre de Trente Ans. De nos jours, Brielle est un centre touristique bénéficiant de la proximité des aménagements du lac de Brielle **(Brielse Meer)** auquel elle est reliée par un bac pour piétons et cyclistes.

CURIOSITÉS

La cité garde de son passé des vestiges de fortifications, aménagées en promenade, et des quais paisibles bordés de demeures anciennes, comme le **Maarland**, au Nord de la ville. À l'extrémité Est du Maarland, au-delà d'un pont, jolie **vue** sur les bassins et la tour de l'église gothique Ste-Catherine, St. Catharijnekerk.

Historisch Museum Den Briel (Musée historique de Brielle) ⊙ – Ce petit musée, consacré à la ville et à l'île de Voorne, est installé dans un bâtiment (1623) qui servit de prison municipale et de poids public. Il se situe à l'arrière de l'hôtel de ville du 18ᵉ s., sur le **Wellerondom**, place pittoresque avec ses façades anciennes, sa fontaine et son vieux canon. Le musée retrace l'histoire mouvementée de la ville de Brielle.

Grote of St.-Catharijnekerk ⊙ – Construite au 15ᵉ s., la Grande Église ou église Ste-Catherine est restée inachevée. De style gothique brabançon, elle est précédée d'une tour-porche massive de 57 m de haut, en pierre. Le carillon, fondu en 1660 par Hemony, a été agrandi et possède à l'heure actuelle 48 cloches.

Les CHAMPS DE FLEURS

Voir Keukenhof

DELFT★★

Zuid-Holland

95 268 habitants

Cartes Michelin nᵒˢ 908 E 5 et pli 24 (agrandissement) et 211 G 10

Plan d'agglomération dans Le Guide Rouge Benelux

Delft a acquis une réputation mondiale grâce à ses faïences, le « bleu de Delft ». Ses vieux canaux aux quais ombragés, ses monuments historiques, ses intéressants musées en font l'une des cités hollandaises qui ont conservé le plus de caractère. Delft, ville raffinée, invite à la rêverie. C'est la patrie du juriste **Hugo de Groot**, du peintre **Johannes Vermeer** et du naturaliste **Antonie van Leeuwenhoek** (1632-1723) qui, grâce aux microscopes perfectionnés qu'il fabriqua lui-même, fit une multitude de découvertes dans le monde végétal et animal microscopique.

UN PEU D'HISTOIRE

Une cité prospère – Delft, dont le nom signifie « fossé », aurait été fondée en 1074. Elle obtint ses droits de cité du comte Guillaume II de Hollande en 1246. Elle atteignit son apogée aux 13ᵉ et 14ᵉ s., par le travail de la laine et les brasseries. À la fin du 14ᵉ s., pour exporter ses produits, elle établit une liaison par eau avec les bouches de la Meuse, sur lesquelles elle posséda bientôt un port, Delfshaven, absorbé en 1886 par Rotterdam.

En 1428, Jacqueline de Bavière (*voir Goes*) y signa un traité selon lequel elle abandonnait ses possessions à Philippe le Bon. Au 15ᵉ s., une ceinture fortifiée fut construite. Très endommagée par le grand incendie de 1536, elle ne conserve guère d'édifices antérieurs au 16ᵉ s. En 1654, l'explosion d'un magasin aux poudres acheva de la détruire.

De nos jours, Delft est un centre intellectuel, grâce à ses instituts scientifiques, son laboratoire d'hydraulique et son université de technologie. Un réacteur nucléaire destiné à la recherche a été installé en 1963. Les modernes édifices universitaires s'étendent dans les nouveaux quartiers au Sud-Ouest de la ville.

Guillaume le Taciturne (Willem de Zwijger)

Fils du comte Guillaume de Nassau et de Juliana de Stolberg, Guillaume naît en Allemagne au château de Dillenburg en 1533. À la mort de son cousin **René de Chalon** (1544), Guillaume le Taciturne (*Illustration, voir Introduction, Histoire*) prend sa devise, « Je maintiendrai », son titre de **prince d'Orange** et hérite de ses nombreuses possessions en France et aux Pays-Bas. En 1559, Philippe II le nomme **stathouder** (gouverneur) des provinces de Hollande, Zélande et Utrecht. Les mesures prises par Philippe II pour renforcer la répression contre les calvinistes engendrent un mouvement d'opposition dont Guillaume d'Orange et les **comtes d'Egmont et de Hornes** prennent la tête. En 1556 a lieu la révolte des iconoclastes (*voir Breda*). Guillaume, se sentant menacé, s'enfuit à Dillenburg (1567) mais les comtes d'Egmont et de Hornes sont exécutés à Bruxelles en 1568. En 1570, Guillaume, qui a été élevé dans la religion catholique, adhère au calvinisme. Sous sa tutelle, la lutte des « gueux » s'organise, tant sur mer que sur terre. La prise de Brielle par les « gueux de mer » le 1ᵉʳ avril 1572 marque le début d'un combat sans merci. Les États de Hollande, réunis à Dordrecht en juillet, approuvent les révoltés et reconnaissent Guillaume d'Orange comme stathouder (*voir Dordrecht*).

À partir de 1572, le prince séjourne souvent à Delft. En 1579, les provinces s'associent dans la lutte par la célèbre Union d'Utrecht. Menacé de mort par Philippe II en 1581, Guillaume d'Orange se défend par une célèbre *Apologie*. Il se recherche des appuis et s'adresse à François d'Anjou, frère du roi de France, mais celui-ci meurt peu après.

Le 10 juillet 1584, le Taciturne est assassiné dans le Prinsenhof (*voir ci-après*).

Le père du droit international – Né à Delft, Hugo de Groot ou **Grotius** (1583-1645) fut un des plus grands esprits de son temps. Tout à la fois théologien, philosophe, homme politique, diplomate et poète, il est surtout connu pour ses ouvrages juridiques et notamment son *De iure belli ac pacis* (Du droit de la guerre et de la paix), paru en 1625, qui influença le droit naturel moderne et valut à son auteur d'être considéré comme « le père du droit des gens ».

Après le synode de Dordrecht, Grotius, remontrant et partisan d'Oldenbarnevelt (*voir Dordrecht*), fut emprisonné au château de Loevestein (*voir Gorinchem, Excursions*). Il s'en échappa, alla s'installer à Paris, puis devint, en 1634, ambassadeur de Suède en France.

DELFT PRATIQUE

Se loger

Cette belle ville ancienne compte de nombreux hôtels installés dans des maisons anciennes. Quelques exemples :

« À BON COMPTE »

De Plataan - *Doelenplein 10, 2611 BP Delft*, ☎ *(015) 212 60 46, fax (015) 215 73 27, www.hoteldeplataan.nl. 25 chambres.* L'aménagement original des chambres (suites nuptiales surtout) en fait un hôtel au caractère singulier ; certains lits sont en forme d'une feuille de platane et quelques chambres sont décorées à la turque. L'hôtel propose également des appartements convenant à des séjours plus longs. Le sympathique café Quercus fait office de salle pour le petit déjeuner.

Herberg de Emauspoort - *Vrouwenregt 9, 2611 KK Delft*, ☎ *(015) 219 02 19, fax (015) 214 82 51, www.emauspoort.nl. 12 chambres.* Les chambres de cet hôtel familial sont décorées de façon charmante dans le style hollandais traditionnel. Pour ceux qui veulent quelque chose de vraiment original, deux roulottes dans la cour sont entièrement aménagées avec douche, toilettes et télé. Le petit déjeuner avec des petits pains tout frais permet de commencer la journée en beauté.

Leeuwenbrug - *Koornmarkt 16, 2611 EE Delft*, ☎ *(015) 214 77 41, fax (015) 215 97 59. 38 chambres.* Installé au cœur de la ville dans deux demeures patriciennes, cet agréable hôtel est typiquement hollandais. Les chambres n'ont pas toutes les mêmes dimensions, mais le confort est présent partout.

« VALEUR SÛRE »

Johannes Vermeer - *Molslaan 18-22, 2611 RM Delft*, ☎ *(015) 212 64 66, fax (015) 213 48 35. 25 chambres.* Comme son nom l'indique, cet hôtel calme est placé entièrement sous le signe de Vermeer (les murs de la brasserie sont décorés de grandes reproductions). Les chambres sont confortables et celles à l'arrière donnent sur la vieille ville. Le restaurant, avec son plafond aux chaudrons, est aménagé dans le style hollandais.

Bridges House - *Oude Delft 74, 2611 CD Delft*, ☎ *(015) 212 40 36, fax (015) 213 36 00, www.delfthotels.nl/bridgehouse. 7 chambres.* Cette maison patricienne monumentale où habita Jan Steen de 1654 à 1656 est aujourd'hui un petit hôtel de luxe élégant. L'ensemble de l'hôtel, y compris les chambres spacieuses, est aménagé avec goût dans le style anglais.

Museumhotel en Residence - *Oude Delft 189, 2611 HD Delft*, ☎ *(015) 214 09 30, fax (015) 214 09 35, www.museumhotel.nl/Delft. 28 chambres dans la Residence.* La Residence, l'annexe du Museumhotel, a été aménagée dans trois belles demeures (17e s.) le long d'un canal. Outre un beau jardin intérieur, le visiteur y découvrira des objets d'art anciens et modernes. Les chambres au confort moderne, le hall et le jardin abritent des œuvres contemporaines en céramique. Un excellent hôtel où l'on se croit dans un musée.

Se restaurer

De Zwethheul - *Rotterdamseweg 480 (5 km au Sud-Est)*, ☎ *(010) 470 41 66.* Ce restaurant, situé en dehors du centre, mérite un détour. Outre une très belle vue sur les bateaux et une agréable terrasse, il propose une excellente cuisine. Pour celui ou celle qui veut se faire plaisir.

L'Orage - *Oude Delft 111b*, ☎ *(015) 212 36 29.* Restaurant sympathique, bien situé au cœur de la ville, et proposant une bonne cuisine. Bon rapport qualité/prix.

Le Vieux Jean - *Heilige Geestkerkhof 3*, ☎ *(015) 213 04 33.* Le décor est typiquement hollandais mais... la cuisine est bel et bien française.

De Klikspaan - *Koornmarkt 85*, ☎ *(015) 214 15 62.* Installé dans un ancien entrepôt le long d'un canal, ce restaurant sert de bons repas.

Van der Dussen - *Bagijnhof 118*, ☎ *(015) 214 72 12.* Restaurant à la mode, installé dans le merveilleux béguinage (Bagijnhofje) du 13e s. Dans ce cadre historique on vous servira des mets exotiques.

Informations pratiques

Informations générales – On peut obtenir des informations sur les curiosités, les excursions, les événements culturels, les restaurants, ainsi que des plans de la ville etc. au Syndicat d'initiative **(VVV Delft)**, Markt 83-85, 2611 GS Delft, ☎ (015) 212 61 00, www.vvvdelft.nl. Une brochure contient des adresses d'hôtels, pensions et terrains de camping.

Transports – Dans le centre de la ville, il n'y a que des emplacements payants. On peut se procurer une **carte de parking** pour une journée au prix de 5, 10 ou 15 fl. (2,27 €, 4,54 € ou 6,81 €) au Syndicat d'initiative. Les trajets entre les principales curiosités du centre historique peuvent s'effectuer à pied.

Visites guidées – De début avril à fin septembre, une **promenade guidée à travers la ville** est organisée le mercredi et le vendredi à 14 h. Le lieu de départ est fixé devant le Syndicat d'initiative. On peut également parcourir la ville en **tramway à chevaux**. Départ sur le Markt, près de l'hôtel de ville. Il est nécessaire de réserver : ☎ (015) 256 18 28.

Promenades en bateau – Des excursions en bateau sont organisées à partir du Koornmarkt n° 113 ; ☎ (015) 212 63 85 ; départs tous les jours de mi-avril à fin octobre.

Marchés – Le jeudi, un **marché** se tient sur le Markt et le samedi sur le Brabantse Turfmarkt. Le jeudi également, les **marchands de fleurs et de plantes** installent leurs échoppes sur Hippolytusbuurt. De mi-avril à fin septembre, un **marché aux puces** est organisé chaque samedi le long des canaux. De la mi-avril à la mi-septembre, un **marché d'art** *(kunstmarkt)* a également lieu sur le Heilige Geestkerkhof.

Spécialités de la ville de Delft – La ville compte encore quelques **faïenceries** qui produisent des objets en faïence de Delft selon les procédés tradi-tionnels. Certaines d'entre elles se visitent : **Koninklijke Porceleyne Fles Anno 1653 Royal Delft**, Rotterdamseweg 196, ☎ (015) 251 20 30 ; **De Delftse Pauw**, Delftweg 133, ☎ (015) 212 49 20 ; **Aardewerkatelier de Candelaer**, Kerkstraat 14, ☎ (015) 213 18 48.

Ch. Sappa/HOA QUI

De Koninklijke Porceleyne Fles Anno 1653 Royal Delft

Enclos – De très beaux enclos d'hospices anciens méritent le détour ; le **Bagijnhof** et la Oud-katholieke Kerk, Bagijnhof n° 21 ; le **Hofje van Gratie**, Van der Mastenstraat nos 26 à 38, le **Pauwhofje**, Paardenmarkt nos 54 à 62, le **Klaeuwshofje**, Oranje Plantage nos 58 à 77.

Distractions – **Théâtre et danse** au Theater de Veste, Vesteplein 1, ☎ (015) 212 13 12. **Sortie originale** : l'auberge De Mol, un des plus anciens bâtiments de Delft (1563), Molslaan 104, ☎ (015) 212 13 43, abrite aujourd'hui un restaurant où l'on peut déguster un bon repas dans un cadre moyenâgeux.

Vermeer de Delft (1632-1675) – Delft et ses habitants furent l'univers de ce peintre qui, né à Delft et mort dans cette ville, pratiquement inconnu, est l'un des plus grands maîtres des Pays-Bas.

S'attachant à dépeindre les scènes de la vie quotidienne, il est de ceux qui sans se départir du réalisme de mise à l'époque, révolutionnèrent l'art pictural. Chez Vermeer, l'anecdote disparaît, le sujet serait banal et quotidien s'il n'était mis en valeur par une science extraordinaire de la composition, de la géométrie, l'utilisation d'une matière onctueuse, de tons vifs (jaune citron, bleu ciel) remarquablement assemblés, et surtout par cette merveilleuse mise en scène de la lumière dont Vermeer est le grand virtuose.

Ce jeu de lumière est particulièrement admirable dans la fameuse *Vue de Delft*, prise du Houkas avec le « petit pan de mur jaune » qui impressionnait tant Marcel Proust, ou dans ses portraits de femmes nimbés de clarté et de grâce comme la *Jeune fille au turban (illustration, voir Den Haag)* et *La Dentellière* dont il semble qu'un « rayon de soleil » les ait dessinées (Paul Claudel).

Le Mauritshuis à La Haye et le Rijksmuseum à Amsterdam sont les deux musées des Pays-Bas les mieux pourvus en œuvres de Vermeer dont la production fut d'ailleurs peu abondante.

Son contemporain, **Pieter de Hooch** ou **de Hoogh** (1629-1684), né à Rotterdam, séjourne longtemps à Delft, avant de gagner Amsterdam. Il décrit la vie des bourgeois aisés qu'il fait évoluer dans des intérieurs aux portes et aux fenêtres ouvertes, créant de savantes perspectives et des effets de lumière sur les dallages.

Un prétendant sérieux – La mort du Dauphin, fils de Louis XVI et de Marie-Antoinette, à la prison du Temple en 1795 à Paris ne pouvant être établie, de nombreux candidats au trône de France essayèrent, sous le règne de Louis XVIII, de se faire passer pour le jeune prince.

Parmi eux, l'horloger **Naundorff** réunit autour de lui un cercle de fidèles qui, impressionnés par la précision de ses déclarations sur la cour et la famille royale, le reconnurent, jusqu'à sa mort en 1845, pour le souverain légitime. Naundorff fut enterré à Delft *(voir ci-après)*. Son descendant a conservé par privilège le titre de duc de Normandie.

La faïence de Delft – *Illustration, voir Introduction, Art.* Aux Pays-Bas, à la fin du 16e s., la vogue des grès provenant de la région du Rhin fait place à celle de la majolique, dont la technique vient d'Italie. Les principaux centres, Haarlem, Amsterdam, fabriquent des objets utilitaires puis commencent à produire, ainsi que Makkum *(voir Sneek, Les lacs frisons)* et Harlingen, des carreaux de faïence destinés à la décoration des murs. Au 17e s., les contacts avec l'Orient apportent de nouvelles sources d'inspiration, tant dans les formes que dans les coloris, empruntés à la porcelaine chinoise.

C'est dans la seconde moitié du 17e s. que Delft acquiert sa renommée qui s'étendra bientôt sur toute l'Europe.

Héritière des techniques de la majolique italienne, la faïence de Delft est une poterie à émail stannifère (contenant de l'étain), caractérisée par sa remarquable légèreté et son aspect particulièrement brillant dû à l'application d'un enduit translucide.

Tout d'abord, Delft connaît surtout le camaïeu de bleus sur fond blanc qui reste encore attaché à son nom.

À la fin du 17e s., la production se diversifie, la polychromie apparaît, et il n'est pas un dessin, une forme venue de Chine ou du Japon que les artistes de Delft n'aient essayés pour satisfaire les goûts d'une clientèle européenne fascinée par l'Orient. Au 18e s., l'influence de la porcelaine de Sèvres et de

Décoration de faïences de Delft

Saxe se manifeste dans des objets aux contours et aux décors recherchés, tandis qu'une partie des pièces restent fidèles aux traditionnelles scènes hollandaises où l'on voit des barques naviguer sur des canaux enjambés par des ponts en dos d'âne.

Au début du 18ᵉ s., la faïence de Delft connaît son apogée. Mais rapidement survient la décadence, causée principalement par la concurrence anglaise et la porcelaine européenne fabriquée, à l'origine, exclusivement en Allemagne.

De nos jours, la production se perpétue dans plusieurs fabriques (*voir le Carnet d'adresses*).

★★ CENTRE HISTORIQUE *visite : 1/2 journée*

Markt – Cette vaste esplanade s'étend entre la Nouvelle Église et l'hôtel de ville. Au centre de la place trône la statue de Hugo de Groot (*voir ci-dessus*).

★ **Nieuwe Kerk (Nouvelle Église)** ⊙ – Cette église gothique de 1381 est précédée d'un clocher de brique couronné d'une flèche de pierre dont la partie supérieure est complètement noircie par l'usure. Le carillon est pourvu de cloches fondues par Hemony.

L'église abrite le caveau des princes de la maison d'Orange. Seuls quelques membres de cette famille n'ont pas été enterrés ici : le stathouder Guillaume III reposant à Londres (Westminster), Johan Willem Friso, à Leeuwarden, Philippe-Guillaume, fils aîné de Guillaume le Taciturne, dans l'église St-Sulpice de Diest (Belgique).

L'intérieur à trois nefs est sobre. À la clarté du vaisseau s'opposent les riches verrières colorées (1927-1936, W.A. van Konijnenburg) du transept et du large déambulatoire. Elles présentent des motifs figuratifs aux coloris chauds. Seul le vitrail de Grotius, situé dans le bras Nord du transept et dû au maître **Joep Nicolas** (1897-1972) s'en distingue par ses tonalités sourdes grises et bleues.

Le **mausolée de Guillaume le Taciturne**★ s'élève dans le chœur, au-dessus du caveau royal. Cet imposant édifice Renaissance en marbre et pierre noire fut exécuté par Hendrick de Keyser de 1614 à 1621. Au centre d'un péristyle cantonné de grandes allégories, le prince est étendu en costume de parade, sous le regard d'une Renommée de bronze. À ses pieds figure son chien fidèle qui lui a un jour sauvé la vie. À la tête du gisant de marbre, une statue de bronze représente le Taciturne en armure.

Au centre du chœur, l'entrée du caveau des princes d'Orange se signale par une grande dalle blasonnée.

On remarque dans le déambulatoire, pavé de pierres tombales, le mausolée du roi Guillaume Iᵉʳ par Guillaume Geefs (1847) et plus loin, celui de Grotius (1781), ainsi que celui du prince Willem George Frederik exécuté par le sculpteur italien Canova.

De l'avant-dernière plate-forme de la **tour** ⊙, on découvre un **panorama**★ sur la ville nouvelle, au-delà des canaux de ceinture. On distingue l'université de technologie et le réacteur nucléaire et, à l'horizon, Rotterdam et La Haye.

J.P. Lescouret/EXPLORER

L'hôtel de ville avec la statue de Hugo de Groot

Stadhuis – Incendié en 1618, l'hôtel de ville fut reconstruit en 1620 par Hendrick de Keyser.

Restauré dans les années 1960, il a retrouvé son aspect du 17e s. avec ses fenêtres à meneaux aux carreaux sertis de plomb et ses volets bas. La façade sur la place, ornée de coquilles, est dominée à l'arrière par l'ancien donjon du 15e s., seul vestige de l'hôtel de ville d'origine.

En se retournant, la vue est belle sur le clocher de la Nouvelle Église.

Waag – Datant de 1770, le Poids public abrite aujourd'hui un café. À proximité, on aperçoit la **halle aux viandes** ; la façade arbore deux têtes de bœuf (1650).

Koornmarkt – *Traverser le canal.* Ici se trouve l'embarcadère pour les promenades en bateau *(voir le Carnet d'adresses)*.

Au n° 81, on remarque une jolie maison Renaissance à médaillons, nommée **De Handboog**, l'arc. Au n° 67, la maison patricienne du 18e s. où vécut le peintre **Paul Tétar van Elven** (1823-1896) a été transformée en **musée** ⊙ où l'on peut voir des meubles, des tableaux de Van Elven (1823-1896) et de ses contemporains, ainsi que des objets en faïence.

★ **Legermuseum (Musée de l'Armée)** ⊙ – *L'entrée se situe Korte Geer, dans le prolongement du Koornmarkt.*

Les deux anciens arsenaux abritant ce musée datent de 1602 et de 1692 ; ils appartenaient aux États de Hollande et de la Frise Occidentale. Le troisième bâtiment servait d'entrepôt à la Compagnie des Indes orientales.

L'exposition historique, dans le bâtiment « Gebouw 1692 », montre l'évolution de l'armée néerlandaise à travers les siècles. D'importantes collections illustrent les grandes étapes de l'histoire militaire du pays : armes, harnais, uniformes, coiffures, étendards et décorations, mais également moyens de transport, tableaux et maquettes.

Parmi ces étapes, il faut citer la période romaine et le Moyen Âge, la guerre de Quatre-Vingts Ans, au cours de laquelle se distinguèrent le prince Maurice d'Orange, réformateur de l'armée, et son demi-frère Frédéric-Henri, la période de la domination française (1795-1813) avec ses grands bouleversements, la révolution en Belgique (1830) et les deux guerres mondiales.

Les événements de l'après-guerre concernant l'Indonésie et la guerre froide sont également traités.

Une exposition thématique sur les V1 et les V2, ainsi que des expositions temporaires sont organisées dans le bâtiment datant de 1602.

★ **Oude Delft (Vieux canal)** – L'eau sombre du canal, ombragé de tilleuls, les ponts en dos d'âne, les façades élégantes composent un décor de choix.

Au n° 39, la jolie maison de la Compagnie des Indes orientales **(Oostindisch Huis)** a été restaurée. La façade porte les armes aux initiales de la Compagnie : VOC (Verenigde Oostindische Compagnie). La girouette est en forme de navire.

Revenir sur ses pas et suivre le quai.

On aperçoit bientôt la flèche de la Vieille Église, Oude Kerk. En brique sombre, légèrement inclinée, elle est flanquée de quatre clochetons. Sur le quai opposé, l'on voit la charmante chapelle gothique des sœurs du St-Esprit.

Du pont de Nieuwstraat, jolie **vue**★ sur le canal. Au n° 167, le Conseil des Eaux du Pays de Delft **(Hoogheemraadschap van Delfland)**, ancienne demeure patricienne (vers 1520), arbore une somptueuse façade Renaissance en pierre, ornée de tympans sculptés. Le portail est surmonté de blasons polychromes. Au n° 169, belle façade aux armes de Savoie **(Het Wapen van Savoyen)** abritant les archives communales.

★ **Prinsenhof (Cour du Prince)** ⊙ – *Au n° 183. Accès par St.-Agathaplein, au-delà du porche.*

La pierre sculptée au-dessus d'une des anciennes portes de la ville rappelle que le Prinsenhof fut transformé au 17e s. en halle aux draps. Ce complexe abritait à l'origine un couvent de femmes **(Sint-Agathaklooster)**. En 1572, celui-ci devint la résidence de **Guillaume le Taciturne** qui y fut assassiné le 10 juillet 1584 par Balthazar Gerard. Dans le Moordhal (Hall du Meurtre), deux impacts de balles sous l'escalier menant au premier étage témoignent de cet événement.

Le palais abrite actuellement un **musée**. Il renferme de nombreux souvenirs historiques de la guerre de Quatre-Vingts Ans (1568-1648) et des collections concernant la maison d'Orange-Nassau.

Dans la Salle historique du premier étage, on remarquera le plafond décoré de figures d'anges, ainsi que les nombreux portraits. Le musée expose également des natures mortes, des portraits collectifs de gardes civiques, ainsi que de belles tapisseries.

DELFT

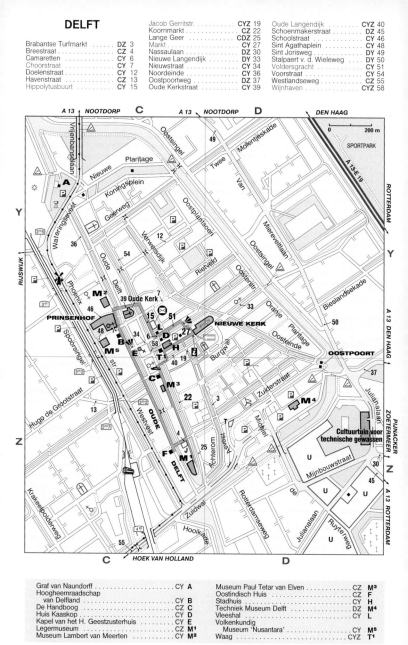

Les bâtiments de style gothique tardif (15ᵉ et 16ᵉ s.) s'ordonnent autour de deux cours. Après la Réforme, la chapelle de l'ancien couvent a été attribuée à la commune wallonne réformée qui y célébrait des offices en français pour les protestants francophones ayant fui les Pays-Bas du Sud.

Volkenkundig Museum « Nusantara ⊙ » (Musée ethnographique) – Les collections du musée (sculptures, masques, tissus, cuivres, marionnettes wajang, parures) donnent un aperçu de l'art et de l'artisanat des nombreuses cultures en Indonésie. Une salle abrite en particulier un gamelan (orchestre) javanais.

★ **Museum Lambert van Meerten** ⊙ – Cette belle demeure du 19ᵉ s. abrite une magnifique collection de **carreaux de faïence**★ néerlandais et étrangers du 16ᵉ au 19ᵉ s. La jolie galerie reliant le hall au vestibule est ornée de motifs de style gothique et Renaissance. Remarquer, dans l'escalier monumental, une bataille navale entre les Français, les Anglais et les Hollandais. On y voit également des carreaux et des panneaux de faïence représentant des fleurs, différents animaux, ainsi que de vieux métiers. Le musée présente également une collection de meubles et de faïences de Delft léguée par l'industriel Van Meerten (1842-1904).

Oude Kerk (Vieille Église) ⓥ – Cette église du 13e s. se reflète dans les eaux du Vieux Canal. Elle comporte depuis le 16e s. trois chœurs et une amorce de transept. La tour, penchée, encastrée dans la nef principale, est construite sur les fondations d'une tour de garde. Elle abrite le second plus gros bourdon des Pays-Bas (9 tonnes).

De nombreuses pierres tombales servent de pavement. La chaire Renaissance, finement sculptée, s'apparente à celle de la Grande Église de La Haye.

Les verrières (1972) sont exécutées par **Joep Nicolas**.

Des personnages célèbres sont enterrés ici. Dans le chœur principal, l'amiral Piet Hein est représenté couché dans son armure ; c'est l'œuvre de Pierre de Keyser, fils d'Hendrick. Dans la chapelle près du chœur Nord, le mausolée de l'amiral Tromp par Rombout Verhulst est baroque. Le bas-relief représente le combat naval de Terheyde où l'amiral trouva la mort en 1653. Au Nord de la tour, près du vitrail représentant Guillaume le Taciturne (no 25), se trouve le monument de Van Leeuwenhoek.

Hippolytusbuurt – Ce canal ombragé est un des plus anciens de Delft.

À l'angle de Hippolytusbuurt et de Camaretten se tient le marché aux poissons ; à côté s'élève l'ancienne halle aux viandes.

En face de celle-ci se dresse une jolie maison, Kaaskop, du 16e s., à pignons à redans.

Voldersgracht – C'est un canal pittoresque, bordé au Sud de quelques maisons en encorbellement. Du deuxième pont, jolie vue sur la tour de la Nieuwe Kerk.

AUTRES CURIOSITÉS

★ **Oostpoort (Porte de l'Est)** – Ancienne porte Ste-Catherine, c'est la seule subsistant de l'enceinte de la ville. C'est une belle construction (15e et 16e s.) en brique flanquée de deux fines tourelles. On en a une jolie vue depuis le pittoresque pont mobile blanc. Sous le bâtiment annexe passe un canal.

Cultuurtuin voor technische gewassen (Jardin botanique pour la culture technique de plantes) ⓥ – Dans ce jardin botanique, on cultive depuis 1917 toutes sortes de plantes pour l'université de technologie de Delft. L'objectif de ce jardin est purement scientifique et éducatif. Les serres abritent des plantes tropicales et subtropicales. À l'extérieur, les visiteurs peuvent effectuer deux petits parcours dans le jardin des arbres et des herbes.

Techniek Museum Delft (Musée de la Technique) ⓥ – Ce musée est installé dans l'ancien laboratoire de mécanique de l'Institut Supérieur de Technologie de Delft. Trois salles monumentales présentent au visiteur un aperçu de la technique, d'hier à aujourd'hui. Le hall 3 abrite le **Musée des Poids et Mesures** (Museum IJkwezen) et présente une importante collection d'instruments.

Tombe de Naundorff – Au bout du canal Noordeinde qui prolonge l'Oude Delft se trouve un square ombragé où repose l'horloger Naundorff, que beaucoup considéraient il y a peu comme le fils de Louis XVI. En 1998, des tests d'ADN sont venus infirmer cette thèse.

DELTA★

Zuid-Holland – Zeeland

Cartes Michelin nos 908 et 211

Aux embouchures du Rhin, de la Meuse et de l'Escaut, les provinces de Hollande-Méridionale et de Zélande offrent sur la mer du Nord une succession d'îles et d'estuaires : c'est la région du « delta ».

UN PEU D'HISTOIRE ET DE GÉOGRAPHIE

Au débouché de trois grands fleuves – Le **Rhin** traverse le pays en formant deux bras, le Nederrijn et le Waal. Le **Nederrijn** (Rhin inférieur), devenu Lek, puis Nieuwe Maas, débouche dans le Nieuwe Waterweg. Le **Waal**, bras principal du Rhin, se mêle aux eaux du Lek et de la Meuse. La **Meuse**, qui prend aussi des noms variés (Bergse Maas, Amer), débouche dans le Hollands Diep.

L'Escaut oriental (Oosterschelde) est un ancien estuaire de l'**Escaut** qui actuellement se jette dans l'Escaut occidental (Westerschelde). Les fleuves se frayent un passage parmi plusieurs îles qui se sont parfois transformées en presqu'îles.

Une région menacée – Terres gagnées sur la mer par les alluvions des fleuves à la fin du Moyen Âge, les îles du Delta ont une altitude très basse. Une grande partie d'entre elles est située au-dessous du niveau moyen de la mer ou à moins de 5 m d'altitude. Le front côtier est protégé par de hautes dunes mais les rivages des estuaires ne sont bordés que par des digues. À plusieurs reprises dans l'histoire, celles-ci se sont avérées fragiles lorsque, au moment des grandes marées, la mer s'y est engouffrée avec violence.

En 1421, le 19 novembre, jour de la **Sainte-Élisabeth**, une inondation terrible ravagea tout le Delta et atteignit Dordrecht et le Biesbosch. Les flots engloutirent 65 villages et 10 000 personnes. Pendant la nuit du 31 janvier au 1er février 1953 se produisit une nouvelle catastrophe. Sous l'effet des hautes marées, conjuguées avec de basses pressions atmosphériques, un raz-de-marée rompit les digues en plusieurs endroits, submergeant les îles, faisant 1 835 morts et 500 000 sinistrés et dévastant 260 000 ha de terres. Ses effets se firent sentir à l'intérieur du pays, jusque dans le Hollandse IJssel.

Le Plan Delta (Het Deltaplan) – Trois ans après le raz-de-marée de 1953, deux solutions furent proposées pour éviter le renouvellement de semblables catastrophes : rehausser les digues anciennes ou barrer les bras du Delta. Ce dernier projet, adopté par le Sénat en 1958, impressionne par son ampleur.

Quatre **barrages principaux** dont deux avec écluses, face à la mer du Nord, et plusieurs **barrages secondaires**, situés en arrière, ferment les estuaires. La présence de barrages secondaires, évitant la formation de courants trop violents, a été nécessaire pendant la construction des barrages principaux. Par la suite, leur rôle est devenu moins important, mais ils continuent à servir de voies de communication. Début mai 1997, après presque 40 ans de travaux, le Plan Delta fut achevé avec la construction du barrage antitempête dans le Nieuwe Waterweg, voie fluviale reliant Rotterdam à la mer du Nord. L'Escaut occidental, qui dessert le port d'Anvers, est le seul bras de mer encore ouvert.

L'ensemble des barrages raccourcit la côte de près de 700 km, créant des réservoirs d'eau douce (Haringvliet et à l'Est des barrages Philipsdam et Oesterdam), mettant fin à la salinité des terres, évitant les inondations, formant des plans d'eau pour la plaisance, favorisant les communications routières et l'essor de la région.

Le Plan Delta comprenait également la surélévation des digues le long des voies navigables et l'aménagement du Biesbosch *(voir Breda, Excursions)*.

À l'Est du Delta, le canal de l'Escaut au Rhin (Schelde-Rijnverbinding), terminé en 1975, relie, sur 37 km, Anvers au Volkerak.

Les barrages et les ponts – Déjà l'estuaire du Brielse Maas, en aval de Rotterdam, avait été transformé en plan d'eau (lac de Brielle) en 1950 *(voir Brielle)*. Mais le Nieuwe Waterweg restant ouvert à la navigation, on dut construire, sur le Hollandse IJssel, près de Krimpen aan de IJssel, un grand barrage-tempête mobile **(Stormvloedkering Hollandse IJssel)** (1954-1958). Il est doublé d'une écluse de 120 m sur 24 m destinée aux bâtiments de fort tonnage et permettant le passage en cas de fermeture des vannes du barrage antitempête. Grâce au **barrage antitempête** achevé en 1997, le Nieuwe Waterweg peut être fermé, lui aussi *(voir Rotterdam, Excursions)*.

Le barrage de l'Escaut oriental

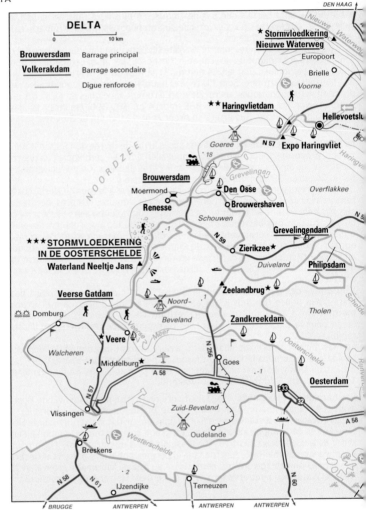

L'estuaire du Haringvliet est fermé par un gigantesque barrage, **Haringvlietdam**. En arrière, sur le Hollands Diep, se trouve le barrage du Volkerak, le **Volkerakdam**. Bâti de 1957 à 1969, entre l'Overflakkee et la province du Brabant-Septentrional, celui-ci possède trois grandes écluses à sas ; il forme un Y avec le pont du Haringvliet (**Haringvlietbrug**) qui le relie au Beijerland.

À l'ouest, la passe du Brouwershavense Gat est fermée par le **Brouwersdam** secondé par le barrage de Grevelingen (**Grevelingendam**), établi sur l'estuaire de ce nom. Ce dernier barrage, érigé de 1958 à 1965 entre le Duiveland et l'Overflakkee, fut terminé en comblant la dernière passe par des blocs de pierre transportés par téléphérique. Il forme un T avec le barrage nommé **Philipsdam**.

1986 a vu la fin de la construction du barrage de l'Escaut oriental ou **Stormvloedkering Oosterschelde** ; en cas de tempête ou lorsque le niveau de l'eau atteint la cote d'alerte, la fermeture de l'estuaire le plus large (9 km) et le plus profond (40 m) du Delta est désormais possible. À l'Est, deux barrages, **Oesterdam** (1986) et Philipsdam, épargnent au canal de l'Escaut au Rhin l'influence des marées. L'Escaut oriental est également franchi par le pont de Zélande ou **Zeelandbrug**.

Excursions en bateau

Dans la partie Nord du Delta, au départ de Rotterdam *(voir ce nom)* et de Willemstad ; sur l'Escaut oriental, au départ de Zierikzee *(voir ce nom)* ou de WaterLand Neeltje Jans *(voir ci-dessous)*.

Le bras de mer ou Veersemeer qui longe le Noord-Beveland, au Sud, est obstrué par le barrage de Veere ou **Veerse Gatdam**. Celui-ci est doublé par un barrage secondaire, le **Zandkreekdam**. Élevé de 1956 à 1960, sur le bras de mer du Zandkreek entre le Noord-Beveland et le Zuid-Beveland, il

mesure 800 m de longueur et possède une écluse de 140 m sur 20 m franchie par un pont à bascule et permettant des relations routières.

Sur l'estuaire de l'Escaut occidental qui n'a pas été fermé, la traversée se fait par deux lignes régulières de bateau. Un projet pour la construction d'un tunnel est à l'étude.

★★★ STORMVLOEDKERING OOSTERSCHELDE (BARRAGE DE L'ESCAUT ORIENTAL)

Commencé en 1976, le barrage de l'Escaut oriental a été inauguré dix ans plus tard ; la route sur le barrage a été ouverte en 1987. Cet impressionnant ouvrage hydraulique est unique au monde ; long de 3 km, il a été construit dans trois passes de l'estuaire où deux îles artificielles ont servi de base.

Le projet, qui prévoyait à l'origine la fermeture totale de l'Escaut oriental, a été modifié : afin que l'estuaire reste en communication avec la mer, le barrage anti-tempête est constitué de 65 piliers entre lesquels peuvent coulisser 62 vannes d'acier. La hauteur d'un pilier est de 30 à 38 m et son poids peut atteindre 18 000 t ; les vannes ont une largeur de 40 m et leur hauteur varie entre 6 et 12 m. En cas de tempête ou lorsque le niveau de l'eau monte dangereusement, une heure suffit pour abaisser les vannes, ouvertes en temps normal. La réalisation de ce nouveau projet permet non seulement de conserver 75 % de l'amplitude des marées dans l'Escaut oriental, mais également de perpétuer la pêche, l'ostréiculture et la myticulture.

L'ancienne île artificielle Neeltje Jans abrite le parc à thème **WaterLand Neeltje Jans** ⊙. Le bâtiment Ir. J.W. Tops ou Ir. J.W. Topshuis comprend le poste de commande central du barrage ainsi qu'une exposition sur le Delta **(Delta-Expo)**. Cette exposition illustre l'histoire des travaux hydrauliques aux Pays-Bas. Une maquette animée reproduit les inondations de 1953 et montre les mesures de sécurité prises depuis. Le film *Delta Finale* permet de suivre toutes les étapes de la construction du barrage : la préfabrication des différents éléments, le positionnement minutieux des fondations et des piliers, l'accrochage des vannes et les travaux de finition.

La visite guidée d'un des piliers du barrage est également intéressante (surtout à marée haute) : on y accède par la chambre de contrôle. On remarquera le très fort courant d'eau : dans l'Escaut oriental, chaque marée déplace 800 millions de mètres cubes d'eau...

La visite du pavillon futuriste de l'eau **(Waterpaviljoen)** est également fortement conseillée. On y présente le circuit de l'eau au moyen d'un spectacle de lumières, de sons et d'images. En été, on peut également faire des promenades nature dans l'île, escalader un pilier du barrage ou faire une promenade en bateau sur l'Escaut oriental. Les enfants peuvent s'amuser dans l'eau de la plaine de jeux aquatiques **(Waterspeelplaats)**.

DE HELLEVOETSLUIS À VEERE

99 km – environ une journée

Hellevoetsluis – Petit port sur le bras de mer du Haringvliet, il est équipé de bassins de plaisance.

★★ Haringvlietdam (Barrage du Haringvliet) – Construit entre 1955 et 1971, c'est un ouvrage capital. Pour l'édifier, on a d'abord aménagé au centre de l'estuaire une île artificielle. La phase finale de la construction s'est opérée à l'aide d'un téléphérique, méthode déjà employée pour le barrage de Grevelingen : les blocs de béton furent ainsi lâchés dans la dernière passe à combler.

Long de 5 km, le Haringvlietdam comporte en son milieu 17 écluses d'écoulement de 56,5 m. Ce sont les plus grandes au monde. Leurs vannes fonctionnent en 20 mn grâce à un système hydraulique comptant 68 presses, situées dans les 16 piliers et dans les culées. En temps ordinaire, ces vannes étant fermées, l'eau est refoulée vers le Nieuwe Waterweg. Ces écluses contribuent à maintenir l'équilibre entre l'eau douce et l'eau salée. Une écluse de navigation a été aménagée près du petit port, au Sud. L'**Expo Haringvliet** illustre la construction et le fonctionnement des écluses. Possibilité de visiter la salle des machines.

Brouwersdam – Édifié entre 1963 et 1972 entre les îles de Goeree et de Schouwen, ce grand barrage ne possède pas d'écluse. Pour achever le segment Nord, on a utilisé des caissons à vannes, système qui avait été employé pour la première fois pour le Veerse Gatdam. Le segment Sud a nécessité un téléphérique transportant 15 t de béton à chaque voyage.
Entre ce barrage et le Grevelingendam s'est créé un lac d'eau salée non soumis à la marée.

Renesse – Cette petite localité située sur l'île de Schouwen bénéficie d'une belle plage de sable. Un peu plus loin à l'Est se dresse un château, **Slot Moermond**, jolie construction de brique des 16e et 17e s. qui abrite un hôtel-restaurant.

Den Osse – Des digues dissimulent les installations de ce nouveau port de plaisance.

Brouwershaven – Jadis port prospère qui importait de la bière de Delft (brouwer : brasseur), c'est de nos jours un petit port de plaisance. C'est la patrie de **Jacob Cats** (1577-1660). Cet homme d'État qui fut Grand Pensionnaire de Hollande et de Frise-Occidentale de 1636 à 1651 est aussi connu pour ses poèmes.
Brouwershaven possède une belle église gothique (**St.-Nicolaaskerk** ⊙). À l'intérieur on remarque la chaire et la grille du baptistère, de style rococo. L'hôtel de ville (**stadhuis**) de 1599, montre une façade en pierre Renaissance, très décorée.

★ **Zierikzee** – *Voir ce nom.*

★★★ **Stormvloedkering Oosterschelde** – *Voir ci-dessus*

★ **Zeelandbrug (Pont de Zélande)** – *Illustration, voir Conditions de visite en fin de volume.* Achevé en 1965, ce pont relie Zierikzee à l'ancienne île de Noord-Beveland. Depuis 1987, ce passage routier est doublé par le barrage de l'Escaut oriental. Réussite impressionnante, le pont déploie sur 5 022 m ses 50 arches. La hauteur sous tablier étant de 17 m en eaux moyennes, un pont basculant, situé près de Schouwen-Duiveland, livre passage aux navires à mâture élevée.

Veerse Gatdam (Barrage de Veere) – Édifié (1958-1961) entre les îles de Walcheren et de Noord-Beveland, près de Veere, il offre une digue de fermeture de 2 700 m, la plus exposée aux tempêtes par son orientation Nord-Ouest malgré la protection d'un banc de sable. Ce fut le premier construit à l'aide de caissons pourvus de vannes : les caissons furent disposés au fond de la passe puis les vannes furent fermées toutes à la fois, ce qui évita la formation d'un courant destructeur.
Un petit lac d'eau salée où ne circule pas la marée s'étend entre ce barrage et le Zandkreekdam.

★ **Veere** – *Voir ce nom.*

DEVENTER★

Overijssel
82 621 habitants
Cartes Michelin nos 908 J 5, 210 W 9 et 211 W 9
Plan d'agglomération dans Le Guide Rouge Benelux

Tout au Sud de la province d'Overijssel et de la région du Salland, Deventer, jadis ville hanséatique sur la rive droite de l'IJssel, garde un cachet ancien, témoignage d'un riche passé. Actuellement, la ville dégage une grande vitalité grâce à ses étudiants et ses rues commerçantes. Deventer est renommée pour son pain d'épice, le *Deventer koek*.

UN PEU D'HISTOIRE

Dès le 9e s., c'est un port prospère. À la fin du siècle, la cité devient la résidence des évêques d'Utrecht qui fuient leur ville menacée par les Normands. On a retrouvé sur le Nieuwe Markt les restes d'un palais épiscopal du 11e s.
La ville joue bientôt un important rôle religieux. Le théologien **Geert Groote** (1340-1384), né à Deventer, est l'initiateur d'un mouvement spirituel, la Devotio moderna. L'un de ses élèves fonde à Deventer, vers 1384, suivant les vœux de son maître, la première maison conventuelle de l'ordre des **Frères de la Vie commune** qui eut un grand

rayonnement intellectuel en Europe. Son école voit passer Thomas a Kempis (voir Zwolle), le pape Adrien VI (voir Utrecht), Érasme en 1475-1476, et Descartes en 1632-1633.

Deventer voit naître au 16e s. Hendrick Terbrugghen (voir Utrecht). À la fin du 17e s., Terborch, né à Zwolle, vient travailler à Deventer.

L'imprimerie est une spécialité importante de la ville aux 16e et 17e s. : on y produisait déjà au 15e s. de nombreux incunables. Le 1er dimanche d'août se déroule la plus grande foire aux livres d'Europe (**Grootste Boekenmarkt van Europa**).

Deventer est le siège d'un évêché vieux-catholique (voir Utrecht).

Bussink's Deventer Koekwinkel

Bussink's Koekwinkel

LE CŒUR DE LA VILLE _visite : 2 h_

Brink – Place principale de la ville, elle est ainsi nommée, comme dans toutes les localités d'origine saxonne. C'est là que se tient le marché (le vendredi matin et le samedi). Aux nos 11 et 12, une façade du début du 17e s. est garnie de coquilles. La maison **Penninckhuis** (au no 89), richement décorée, date de 1600. Au no 84 se trouve l'authentique **Bussink's Koekwinkel**, où l'on vend encore le savoureux Deventer koek, une friandise faite de farine de seigle, de miel et de « poivre ».

★ **Waag (Poids public)** – C'est un grand édifice légèrement incliné, construit en 1528 dans le style gothique tardif et complété en 1643 par un haut perron sur arcades. La toiture est flanquée de quatre tourelles et surmontée d'un clocheton de bois. Sur la façade latérale Nord est suspendu un immense chaudron où l'on aurait fait bouillir jadis des faux-monnayeurs.
Le bâtiment renferme un musée (**Historisch Museum De Waag** ⊙) dont les collections variées ont trait à l'histoire de la ville. Remarquer les _Quatre Évangélistes_ de Hendrik ter Brugghen ainsi que les restes d'un four en majolique du 17e s. ; les bicyclettes exposées sont les plus anciennes fabriquées aux Pays-Bas.

★ **De Drie Haringen (Les Trois Harengs)** – Datée de 1575, cette maison de marchands montre une belle façade Renaissance ornée d'une pierre de façade représentant trois harengs.

Speelgoed- en Blikmuseum (Musée des Jouets) ⊙ – Deux maisons d'époque médiévale abritent la plus grande collection publique de jouets du pays. La plupart des pièces sont postérieures à l'année 1860. On remarquera des trains, des jouets mécaniques, des poupées, des jeux de construction, et divers autres jeux.
Une section présente des boîtes d'emballage fabriquées aux Pays-Bas et datant des années 1800-1980.

Revenir sur ses pas pour prendre Bergstraat à droite.

★ **Bergstraat** – Dans cette rue du **Bergkwartier**★★ médiéval, ou quartier de la colline, restauré, on admire plusieurs façades anciennes caractéristiques de la transition du gothique à la Renaissance ; jolie vue sur les deux tours de l'église St-Nicolas.

St.-Nicolaas (église St Nicolas) of Bergkerk ⊙ – Elle a été commencée vers 1200 dans le style roman et conserve de l'époque ses deux tours carrées de façade, surmontées d'arcs en plein cintre. Le reste a été modifié dans le style gothique au 15e s. Depuis 1991, le très élégant intérieur aux **peintures murales du 13e s.**★ sert de cadre à des expositions.

On revient au Brink par le Kerksteeg (se retourner au bout de la ruelle) et la Menstraat. La Polstraat mène au Grote Kerkhof.

Grote Kerkhof – Sur cette place se dressent la Grande Église et l'hôtel de ville.

DEVENTER

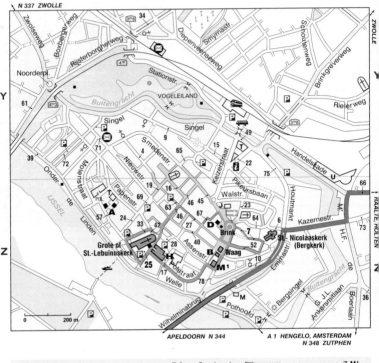

Stadhuis ⊘ – Le complexe, qui a fait l'objet d'une importante restauration, comporte trois parties : la mairie proprement dite, Raadhuis, la Wanthuis (donnant aussi sur la Polstraat), et la **Landshuis**, dont la façade en brique de 1632, est rythmée de pinacles. La façade commune de la Raadhuis et de la Wanthuis date de 1693 ; son auteur, l'architecte Jacob Roman, est aussi l'auteur du palais Het Loo à Apeldoorn.

Dans le hall sont exposés plusieurs tableaux de guildes des 17ᵉ et 18ᵉ s. Une salle du 1ᵉʳ étage de l'hôtel de ville (Koffiekamer) renferme une très belle toile de Terborch : **Le Conseil des echevins** *(De Magistraat van Deventer)* peinte en 1657.

Grote of St.-Lebuïnuskerk (Grande Église ou église St-Lebuin) ⊘ – Elle porte le nom de Lebuin, apôtre des Saxons, qui construisit là une église au 8ᵉ s. L'église romane a été transformée à partir de 1235 puis au 15ᵉ s. dans le style gothique. C'est un vaste édifice flanqué à l'Ouest d'une tour surmontée d'une lanterne due à Hendrick de Keyser. Son carillon a été fondu par Hemony ; on peut l'écouter lors de **concerts**. Du haut de la **tour** ⊘ **(219 marches)**, belle vue sur la ville. L'**intérieur**, de type halle, conserve les vestiges d'un double transept. Les voûtes étoilées sont peintes autour des clés de voûte (16ᵉ s.). D'autres peintures se remarquent, notamment sous le porche près de la tour : *Montée au calvaire*, du 16ᵉ s. Le grand **orgue** du 19ᵉ s. possède 3 000 tuyaux. Sous le chœur, la crypte romane, de 1040, est remarquable avec ses six courts piliers torsadés ou décorés de motifs géométriques.

AUTRE CURIOSITÉ

Buyskensklooster – Cet édifice du début du 15ᵉ s. a retrouvé ses murs en brique apparente. C'est l'ancien couvent Ste-Agnès où vivaient les Sœurs de la Vie commune, qui suivaient les règles énoncées par Geert Groote. Il abrite actuellement les archives municipales **(Gemeentelijke Archiefdienst)** (au n° 3) et une bibliothèque **(Athenaeumbibliotheek)**.

EXCURSION *26 km à l'Est par Snipperlingsdijk*

Holten – Ce bourg, situé dans la région du Salland, est très fréquenté par les touristes, attirés par les hauteurs boisées et sablonneuses du **Holterberg** (alt. 60 m) qui marque l'extrémité Sud d'un ancien glacier scandinave.

Sur le Holterberg a été aménagé un musée, **Natuurdiorama Holterberg**★ ⊙.

Une dizaine de vastes **dioramas** y font revivre dans des attitudes naturelles différents animaux européens, qu'on trouve pour une grande part dans la région. Situé dans une clairière voisine, un cimetière canadien **(Canadese Militaire Begraafplaats)** rassemble 1496 tombes de Canadiens tués lors des combats de la Seconde Guerre mondiale.

Markelo – Au début du 20e s., on a trouvé au Nord de Markelo un important champ d'urnes funéraires *(voir Introduction, Histoire)*. Markelo possède un théâtre en plein air, **De Kösterskoele**.

DOESBURG

Gelderland

11 370 habitants

Cartes Michelin n⁰ˢ 908 J 5 et 211 V 10

Au confluent de l'IJssel et de l'Oude IJssel, Doesburg, ancienne place forte du comté de Zutphen, était au Moyen Âge une prospère ville commerçante : elle fit partie de la Hanse en 1447. Cette jolie cité de l'Achterhoek *(voir Zutphen)* garde de son passé plusieurs façades gothiques ou Renaissance.

CURIOSITÉS

Grote of Martinikerk (Grande Église ou église St-Martin) ⊙ – Cette église gothique du 15e s. est éclairée par de hautes fenêtres flamboyantes. Sa haute **tour**, détruite en 1945, a été reconstruite et possède un carillon. À l'intérieur, on donne des concerts d'orgue en été.

Waag (Poids public) – Transformé en auberge-restaurant, c'est un gracieux édifice (1478) qui, sous un pignon orné de pinacles, montre de hautes baies à volets peints, surmontés de tympans. À l'intérieur, dans un cadre typique, est conservée la balance du Poids public.

Dans la même rue, on peut voir d'autres maisons intéressantes, notamment les **Baerkenhuizen** (nⁱᵒˢ 29-31), deux édifices Renaissance de 1649.

Stadhuis – L'hôtel de ville se dresse en face du Poids public. Du 15e s., il présente d'intéressantes façades.

Aux nⁱᵒˢ 9-13 de la Roggestraat se trouve un musée d'Histoire locale (**Streekmuseum De Roode Tooren** ⊙). Reconstitution de la pièce où un fabricant de cigares hachait le tabac et d'une épicerie ancienne *(1ᵉʳ étage)*. Remarquer la maquette d'un pont de bateaux ; près de Doesburg, les rives de l'IJssel étaient reliées par ce type de pont jusqu'en 1952.

Doesburgsche Mosterd- en Azijnmuseum (Musée de la Moutarde et du Vinaigre) ⊙ – *Boekholtstraat 22.*

Dans cette fabrique, fondée en 1457, on prépare la moutarde selon d'anciennes techniques et grâce à des moulins en bois.

EXCURSION *22 km au Sud-Est*

Doetinchem – Cette ville, située au cœur de l'Achterhoek *(voir Zutphen)*, appartenait jadis au comté de Zutphen. Elle a été gravement endommagée par un bombardement en 1945.

C'est aujourd'hui une cité moderne industrielle et commerçante.

's-Heerenberg – Le château de Bergh (**Huis Bergh**★ ⊙) domine de sa masse imposante cette localité située près de la frontière. Ce château fort entouré de douves, parmi

> Pour prendre le thé, la **Croissanterie La Fleur** *(Kerkstraat 16)*, dont l'entrée est aménagée dans une ancienne confiserie, est un agréable café/restaurant avec une terrasse dans le jardin.

les plus grands du pays, fut construit au 13e s. par la famille Van den Bergh. Il subit des transformations, au 17e s. surtout, puis fut deux fois dévasté par les flammes. En 1946, son dernier propriétaire, collectionneur passionné, le légua avec son contenu à une fondation. L'intérieur abrite une précieuse **collection**★★ de meubles anciens, de peintures hollandaises et flamandes, d'enluminures et de sculptures sur bois ou en ivoire. Remarquer surtout la collection de **peintures italiennes du gothique primitif** avec notamment un tableau de Duccio. Le cabinet des médailles et la salle des armes se visitent également. Du toit de la tour, belle vue sur les fortifications et la maison de l'intendant *(transformée en salon de thé)*, le **Muntgebouw** (Hôtel de la Monnaie) du 15e s. et l'église paroissiale du Moyen Âge.

DOKKUM

Fryslân

Cartes Michelin nos 908 J 2 et 210 V 3 – Schéma, voir Leeuwarden

Petite ville au Nord de la Frise, elle se dissimule derrière les vestiges de ses remparts ombragés d'où émergent quelques clochers et de hauts moulins. C'était jadis un port florissant. Construite sur un tertre, elle possède quelques rues légèrement en pente. Ici fut exécuté en 754 saint Boniface, avec ses 52 compagnons. Né en Angleterre, il vint en 716 évangéliser la Frise, puis rejoignit saint Willibrord à Utrecht. C'est au cours d'une deuxième mission en Frise qu'il trouva la mort. Il est enterré en Allemagne, à Fulda, où il avait fondé un monastère.

CURIOSITÉS

Zijl – De ce large pont, on a une jolie **vue** sur le petit canal (Klein Diep) bordé par un moulin et le grand canal (Groot Diep). L'hôtel de ville **(stadhuis)** du 17e s. est surmonté d'un clocheton blanc ; la façade a été reconstruite au 19e s. dans le style néoclassique. En face, trois jolies maisons à pignon à redans du début du 17e s. ont été restaurées.

Suivre le Diepswal pour gagner le musée.

Streekmuseum Het Admiraliteitshuis ⊘ – Ce musée régional est installé dans l'ancienne maison de l'Amirauté (1618), restaurée, dont on peut voir le petit portail Renaissance au-delà du mur de son jardin, et dans la grande maison voisine du 18e s. Les collections sont très variées : argenterie de Dokkum, traîneau frison en bois sculpté, tableaux, armoires anciennes, objets trouvés lors des fouilles effectuées dans les tertres, art populaire frison, jouets du 19e s., costumes régionaux.

Waag (Poids public) – *Grote Breedstraat*. Ce petit édifice de 1754 possède deux frontons ouvragés dont l'un présente les armes de la ville (un croissant de lune et trois étoiles).

Grote of St.-Martinuskerk (Grande Église ou église St-Martin) ⊘ – En commémoration du meurtre de saint Boniface, on éleva ici un tertre et une église. L'édifice actuel est gothique ; le chœur date du 15e s.
À l'intérieur, on remarque la très haute galerie ajoutée au-dessus du bas-côté, un grand nombre de pierres tombales jonchant le sol, une chaire frisonne aux panneaux élégamment sculptés (un lion, un pélican, un faucon).

Bonifatiuskapel (Chapelle St-Boniface) ⊘ – *Sortir par le Sud en direction de Leeuwarden et après le pont mobile, prendre la deuxième rue à gauche.*
Sur une place se dresse la statue (1962) de saint Boniface : à l'aide de sa bible, le moine barbu se protège le crâne contre les attaques des Frisons.
Dans le petit parc s'élève la chapelle (1934) où a lieu tous les ans un grand pèlerinage.

DORDRECHT★

Zuid-Holland

119 462 habitants
Cartes Michelin nos 908 F 6 et 211 N 12
Plan d'agglomération dans Le Guide Rouge Benelux

Au Sud de la province de Hollande-Méridionale, Dordrecht, que les Néerlandais nomment familièrement Dordt, est un important centre fluvial entre le Rhin et la Meuse et leurs nombreuses ramifications (Oude Maas ou Vieille Meuse, Beneden Merwede, Dordtse Kil). C'est aussi un grand port de plaisance dont les nombreux yachts sont ancrés dans des bassins de la ville et, plus à l'Est, dans le Wantij.
La ville ancienne a conservé ses quais colorés, ses canaux, ses vieilles façades, tandis que les quartiers Sud rivalisent de constructions hardies.
Elle inspira de nombreux peintres dont Van Goyen, vit naître au 17e s. de nombreux artistes et, au 18e s., **Ary Scheffer** (1795-1858), auteur de scènes bibliques et religieuses, qui vécut surtout à Paris et fut peintre de Louis-Philippe.

Promenades en bateau ⊘ – Dordrecht est le point de départ de promenades dans le Biesbosch.

UN PEU D'HISTOIRE

En 1220, elle acquit ses droits de cité du comte de Hollande Guillaume Ier ; elle est considérée à ce titre comme la ville la plus ancienne du comté. Le 14e s. fut pour Dordrecht une époque de grande prospérité due au privilège du droit d'étape prélevé, à partir de 1299, sur les marchandises venues par le Rhin.

Le 15e s., en revanche, lui fut funeste : siège infructueux par le comte Jean de Brabant en 1418, dans le cadre de la lutte entre les « hameçons » et les « cabillauds » *(voir Gorinchem)* ; raz-de-marée de la Sainte-Élisabeth en 1421 qui isola la ville dans une île ; grand incendie de 1457 ; prise par Jean d'Egmont en 1480. Au 16e s., la ville retrouve sa splendeur.

Le berceau de l'indépendance – C'est dans la cour de justice (Het Hof) de Dordrecht que se tint en juillet 1572 la première assemblée libre des États de Hollande et de Zélande qu'avait engendrée la prise de Brielle par les gueux en avril. À Dordrecht, les députés des douze villes confédérées de la Hollande et la noblesse décidèrent de délivrer le pays de l'emprise des armées du duc d'Albe, tout en reconnaissant Guillaume le Taciturne comme stathouder (gouverneur) représentant de Philippe II d'Espagne. Ils posaient ainsi les fondements des futures Provinces-Unies *(voir Introduction, Histoire)*.

Le synode de Dordrecht – Dordrecht vit également se réunir en 1618-1619 le grand synode de théologiens protestants venus régler les différends opposant les **remontrants** modérés ou arminiens partisans d'Arminius aux **gomaristes**, partisans de Gomar ou Gomarus. Ces derniers triomphèrent avec l'appui de Maurice de Nasssau et exercèrent des persécutions sanglantes sur leurs adversaires, comme Oldenbarnevelt *(voir Amersfoort)* et Grotius *(voir Delft)*.
C'est à ce synode que se réalisa l'union de toutes les Églises protestantes du pays, à l'exclusion des remontrants, et que fut établie une doctrine commune.

Une pépinière de peintres au 17e s. – Nombreux sont les peintres du 17e s. originaires de Dordrecht. Quelques-uns d'entre eux apprirent leur art aux côtés de Rembrandt.
Ferdinand Bol (1616-1680) vient habiter Amsterdam où il travaille dans l'atelier de Rembrandt. Ses œuvres, notamment de très nombreux portraits empreints de gravité, se rapprochent beaucoup de celles du maître, par le rôle du clair-obscur, l'abondance des empâtements et l'harmonie qui règne entre de chauds coloris.
Nicolaes Maes (1634-1693) est également marqué par Rembrandt dont il est l'élève de 1648 à 1652, à Amsterdam. Plus réaliste que ce dernier, il choisit des personnages simples, des sujets modestes, des scènes qu'il rend un peu attendrissantes. À la fin de sa vie, au contraire, il se consacre au portrait mondain.
Samuel van Hoogstraten (1627-1678) étudie avec Rembrandt puis, après avoir beaucoup voyagé en Europe, revient dans son pays. Il s'adonne surtout à la peinture de portraits et de scènes d'intérieur. Il a pour élève **Godfried Schalken** (1643-1706).
Aert de Gelder (1645-1727), d'abord élève de Van Hoogstraten, fut ensuite celui de Rembrandt âgé, à Amsterdam. Ses scènes bibliques empruntent beaucoup à la technique du grand maître, notamment les vêtements somptueux et la composition un peu théâtrale.
Albert Cuyp (1620-1691), influencé par Jan van Goyen, peint des paysages avec des lointains lumineux, des ciels immenses et, au premier plan, des cavaliers ou des troupeaux paisibles.

Les frères de Witt

Dordrecht est la ville natale des frères de Witt, illustres hommes d'État du 17e s. **Johan de Witt** (1625-1672) devient Grand Pensionnaire de Hollande en 1653. Excellent administrateur, il va échouer dans la politique extérieure. Il ne parvient pas à éviter la défaite de la flotte hollandaise par l'Angleterre en 1654. De plus, hostile à la prédominance de la maison d'Orange, il doit faire face à l'opposition populaire qui soutient cette famille.
Après avoir gagné la nouvelle guerre anglo-hollandaise (1655-1667) et soutenu sans dommage la guerre de Dévolution menée par Louis XIV (1667-1668), Johan de Witt réussit à faire voter l'**Édit perpétuel** de 1667 qui abolit le stathoudérat et donc la puissance orangiste dans la province de Hollande.
Cependant, l'année même où Louis XIV déclenche la guerre de Hollande (1672), le peuple, devant la menace, parvient à faire élire Guillaume d'Orange comme stathouder (sous le nom de Guillaume III) et capitaine général. Finalement, **Cornelis**, frère de Johan de Witt, et bourgmestre de Dordrecht en 1666, est accusé à tort de conspiration contre Guillaume III et emprisonné à la Gevangenpoort de La Haye. C'est en lui rendant visite que Johan de Witt, victime d'une émeute populaire, est massacré avec son frère, à proximité de la prison *(voir Den Haag)*.

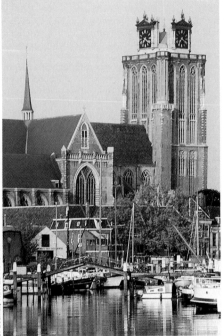

J. Bouman/TRAVEL PICTURES

Dordrecht – Grote of Onze-Lieve-Vrouwekerk

Du 17e s. à nos jours – Dès le début du 17e s., Dordrecht est supplantée par Amsterdam, puis surtout par Rotterdam. La ville devient française en 1795.

Actuellement, c'est une cité en expansion. Les industries y sont très variées : chimiques, métallurgiques, industrie du bâtiment. Le secteur tertiaire y est très développé.

★ **LA VIEILLE VILLE**

visite : 1/2 journée

★ **Grote of O.-L.-Vrouwekerk (Grande Église ou église Notre-Dame)** ☉ – La légende raconte que l'église fut commencée par une jeune fille, sainte Sura, qui, voulant élever une chapelle à la Vierge et ne possédant que trois écus, voyait, chaque fois qu'elle priait, trois nouvelles pièces s'ajouter miraculeusement à son trésor.

L'église actuelle, consacrée au culte protestant, fut édifiée entre 1460 et 1502 dans le style gothique brabançon.

La **tour**, massive, est restée inachevée en raison de son affaissement sur le côté Nord : elle se termine en terrasse avec quatre cadrans d'horloge. Le **carillon** (1949) se compose de 53 cloches.

Intérieur – Il est très vaste (108 m de long) et imposant avec ses 56 piliers surmontés, à la manière brabançonne, de chapiteaux à feuilles de chou.

Les **stalles**★ (1538-1546) en chêne, richement sculptées par le Flamand Jean Terwen dans le style Renaissance, comptent parmi les plus belles du pays. Les scènes surmontant les dossiers de la dernière rangée évoquent, côté Nord, les triomphes profanes et notamment ceux de Charles Quint, et, côté Sud, les triomphes religieux. On admire également les jouées des stalles et les miséricordes.

La grille du chœur, baroque, de 1744, est élégante. Dans une chapelle du déambulatoire, à l'Est, trois vitraux relatent des épisodes de l'histoire de la ville : inondation de 1421, incendie de 1457 et prise de la ville en 1480.

La chaire de 1756, dont la base est en marbre, est de style rococo. L'**orgue** a été construit en 1671. De nombreuses dalles funéraires des 17e et 18e s. pavent le sol de l'église.

Montée à la tour ☉ – *279 marches*. Au passage, vue sur une horloge de 1626.

De la terrasse au sommet, belle **vue**★★ sur la vieille ville dont les maisons se serrent le long des canaux et des bassins ; remarquer la longueur des toits : au bord des canaux, la place était si chère qu'on préférait construire des maisons en profondeur. On distingue aussi les nombreux fleuves qui contournent la ville. À droite de la tour, le pont, Leuvebrug, sur le Voorstraatshaven, porte quatre **bas-reliefs** sculptés dans la pierre en 1937 par **Hildo Krop** (1884-1970) : ils représentent dans un style naïf un prisonnier, un boulanger, une laitière, un chirurgien-apothicaire.

Blauwpoort ou **Catharijnepoort** – Près de cette porte très simple, datant de 1652, on remarque des entrepôts et une belle maison patricienne à perron, la **Beverschaep**, du 18e s. : sa porte est surmontée d'une naïade et d'un triton enlacés ; au fronton, un mouton *(schaap)* et un castor *(bever)* encadrent des armoiries.

Nieuwehaven – Ce bassin aux quais ombragés abrite des bateaux de plaisance.

★ **Museum Mr. Simon van Gijn** ☉ – Cette belle demeure de 1729 a été léguée à la ville, avec son mobilier, par le banquier Simon van Gijn (1836-1922), grand amateur d'art.

Un décor élégant, un riche mobilier, des tableaux, des vitrines d'argenterie, de verrerie, de porcelaine agrémentent l'intérieur. La salle de réception est décorée de belles tapisseries flamandes (1730).

DORDRECHT

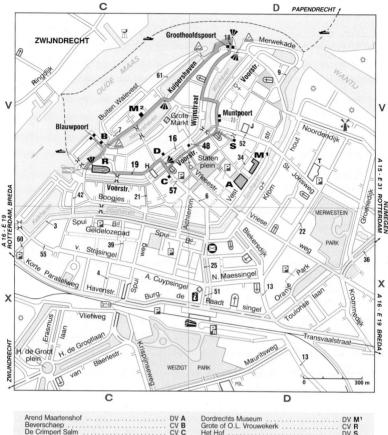

Les pièces du rez-de-chaussée (le salon rouge, la salle à manger et le rez-de-jardin) datent de 1886 et contiennent du mobilier de cette époque. La cuisine rend à merveille, avec ses ustensiles en cuivre et sa belle cheminée à carreaux de faïence, l'atmosphère des années 1800.

Au 1er étage, outre un bureau et une bibliothèque en style Oud-Hollands, on trouve également une chambre à coucher et une salle de bains. Dans le couloir est exposée une maquette d'un navire, datant de 1740. La pièce aux tentures en cuir doré (vers 1686) est tout à fait exceptionnelle ; c'est la seule de ce genre qui ait été entièrement conservée.

Au 2e étage, on peut voir des expositions temporaires, ainsi qu'une sélection de dessins provenant de l'Atlas van Gijn. Le grenier abrite une exposition de jouets du 19e s. : boutiques, maisons de poupées, poupées et dînettes.

De la rive Nord du Nieuwehaven, on a une jolie **vue** sur le bassin dominé par la Grande Église. La vue est belle aussi sur le Kuipershaven bordé d'entrepôts.

Kuipershaven – De nombreuses péniches s'entassent sur cet ancien quai « des tonneliers » voué jadis au commerce du vin.
Aux nos 41-42, un tonneau figure sur la grille au-dessus de la porte. Dans l'imposte du no 48 se dessine une corbeille.

Groothoofdspoort – C'était la porte principale de la ville (1618), surmontée d'un dôme.
Du quai situé au Nord, on a une belle **vue**★ sur le large confluent de la Merwede, du Noord et de la Vieille Meuse (Oude Maas). Le mouvement des bateaux est particulièrement important au crépuscule.
De l'autre côté de la porte, près du pont mobile, le bassin de plaisance du port au vin, **Wijnhaven**, et le clocheton forment un tableau coloré.

Wijnstraat – Autre évocation du commerce du vin *(wijn)*, cette rue irrégulièrement pavée est bordée de demeures pittoresques toutes de guingois. Certaines sont Renaissance, encore pourvues de pignons à redans (nos 73-75, à l'emblème d'une poule ; n° 85), d'autres Louis XIV (n° 87).

Traverser le canal.

C'est autour de ce canal central que se trouvent les plus anciennes demeures de la ville.

Voorstraat – Dans cette rue commerçante, on admire d'intéressantes façades. Au n° 178, la façade s'orne d'un joli décor rococo. Au n° 188 se dresse la **Muntpoort**, de 1555.

Au début de la section piétonne, à gauche, près de l'église Augustijnenkerk, au n° 214, un porche donne accès à l'ancienne cour de justice, **Het Hof** ; dans une salle se réunirent en 1572 les États généraux.

En face de Het Hof, au coin d'une ruelle menant à un pont, belle façade Renaissance.

Scheffersplein – Ici se dresse la statue du peintre Ary Scheffer.

Visstraat – Cette rue « au poisson » mène au très moderne quartier commercial de Dordrecht.

Au n° 7 se trouve une ravissante petite maison Renaissance, **De Crimpert Salm** (1608). Très ouvragée, elle porte une pierre de façade représentant un saumon *(zalm)* et est surmontée d'un lion.

Franchir le pont vers Groenmarkt.

Vues sur le canal étroit en cet endroit et l'ancien hôtel de ville, blanc édifice néoclassique. Sur le pont, un monument a été élevé en 1922 aux frères de Witt.

Groenmarkt – Ancien marché aux légumes. À droite, au n° 39, la maison **De Sleutel** montre une façade ornée d'une clé ou *sleutel* et de tympans à voussures multiples. Datant de 1550, ce serait une des plus anciennes de la ville.

Au n° 53, belle façade à tympans formant des accolades.

Grote Kerksbuurt – La maison du n° 56 présente une coquette façade à pignon à redans.

AUTRES CURIOSITÉS

Dordrechts Museum ⊘ – Ce musée contient notamment des œuvres de peintres du 17e s. originaires de la ville comme Albert Cuyp, Nicolaes Maes et Samuel van Hoogstraten, ainsi que des toiles romantiques d'artistes néerlandais et des œuvres de l'école de La Haye et de l'école d'Amsterdam. Parmi celles des 18e et 19e s., on remarquera les scènes bibliques et les portraits de **Ary Scheffer** *(voir ci-dessus)* : l'*Autoportrait à l'âge de 43 ans* (1838) et surtout le portrait de *Frédéric Chopin* (1847). Sont également exposées des illustrations réalisées par Scheffer pour *Histoire de la Révolution française*, dont l'auteur est Louis Adolphe Thiers. Plusieurs courants du 20e s. sont également représentés (le réalisme magique, Cobra).

Arend Maartenshof – Cet ancien hospice de 1625 conserve son cachet ancien, avec des maisonnettes basses entourant une cour.

ENVIRONS

De Hollandse Biesbosch ⊘ – *8 km à l'Est de Dordrecht, par la N 3, sortie De Hollandse Biesbosch.* C'est la partie septentrionale du parc national du Biesbosch *(voir Breda, Excursions).* Au centre d'accueil **(bezoekerscentrum)**, une exposition et une présentation audiovisuelle racontent l'histoire de la formation de cette région et de ses habitants. À proximité, se trouve un point d'observation des castors. Possibilité de promenades et d'excursions en bateau.

EDAM

Noord-Holland

27 136 habitants (avec Volendam)
Cartes Michelin nos 908 G 4 et 210 P 7

Important centre fromager, Edam est une petite ville tranquille et charmante. Elle est dominée par une haute tour à carillon, la **Speeltoren**, vestige d'une église démolie au 19e s., et traversée par des canaux au bord desquels se dressent encore quelques belles maisons du 17e s. C'était en effet jadis un port actif du Zuiderzee, réputé pour ses chantiers navals.

Le fromage d'Edam – Fabriqué dans le passé à Edam, il l'est de nos jours dans plusieurs régions. Préparé avec un lait légèrement écrémé, il ressemble au gouda par sa pâte onctueuse, mais il en diffère par sa forme qui est celle, bien connue, d'une boule à croûte jaune, couverte d'une pellicule rouge si elle est destinée à l'exportation.

CURIOSITÉS

Damplein – Au centre de la ville, traversée par le canal Voorhaven, la Grand-Place est dominée par l'hôtel de ville **(stadhuis)** du 18ᵉ s., surmonté d'un clocheton.
Une jolie maison (16ᵉ s.) faisant également office de magasin abrite un petit musée municipal **(Edams museum** ⊙**)**.

Kaasmarkt – Sur cette place s'élève le Poids public **(Kaaswaag** ⊙**)** où le fromage était pesé. Orné de panneaux peints, il est occupé par une **exposition** concernant la fabrication du fromage. Le mercredi en juillet et août *(voir les Renseignements pratiques en début de volume)* se déroule sur cette place le spectacle du traditionnel marché au fromage (Kaasmarkt).

Grote of St.-Nicolaaskerk (Grande Église ou église St-Nicolas) ⊙ – Datant du 15ᵉ s., elle renferme de jolis vitraux du début du 17ᵉ s. et un bel orgue.

EINDHOVEN

Noord-Brabant
199 877 habitants
Cartes Michelin nᵒˢ 908 H 7 et 211 M 14
Plan dans Le Guide Rouge Benelux

Centre industriel en constant développement, Eindhoven abritait à peine 5 000 habitants en 1900. Aujourd'hui, c'est la cinquième ville des Pays-Bas.
Au début du 19ᵉ s., des industries textiles et surtout des manufactures de tabac (cigares) s'installèrent à Eindhoven. À la fin de ce siècle, elles firent place aux entreprises Philips et, à partir de 1928, aux usines d'automobiles Van Doorne (Van Doorne's Aanhangwagen Fabriek), mieux connues sous le nom de DAF. En raison de son importance économique, Eindhoven fut bombardée à plusieurs reprises au cours de la Seconde Guerre mondiale et la plupart des bâtiments historiques de la ville ont été détruits.

La « ville-lumière » – C'est surtout à la société Philips *(voir ci-dessous)* que la ville doit son extension spectaculaire. À l'origine simple petite fabrique de lampes à incandescence, Philips est aujourd'hui un géant de l'électronique. Ses activités de par le monde se sont considérablement diversifiées : outre les lampes, elle fabrique des équipements audiovisuels, des appareils médicaux et professionnels, de petits appareils ménagers et des pièces détachées pour l'électronique. C'est dans le laboratoire **Philips Natlab**, le deuxième laboratoire industriel du monde, qu'ont notamment été conçus le magnétoscope et le CD.
À la lisière Est de la ville, sur la Noord-Brabantlaan, s'élève l'**Evoluon**, érigé à l'occasion du 75ᵉ anniversaire de la société Philips. Ce bâtiment (1966) a été conçu par les architectes Kalff et De Bever. Il a la forme d'une soucoupe volante et repose sur 12 piliers de béton en V. Aujourd'hui, il abrite un centre de conférences.

Une cité moderne – Industrielle et d'un urbanisme récent, Eindhoven ne manque cependant pas d'attraits, notamment dans ses rues piétonnes.
En arrivant du Nord, impossible de ne pas remarquer au début du Kennedylaan et Fellenoord l'œuvre de Claes Oldenburg et Coosje van Bruggen, **Flying Pins**, composée de dix boules de bowling de sept mètres de haut évoluant dans l'air.
La ville, avec ses nombreux parcs, dont **De IJzeren Man**, est remarquablement équipée pour les loisirs. Les terrains à proximité du **Milieu Educatiecentrum Eindhoven** (Centre éducatif sur l'environnement) ⊙ *(Genneperweg 145)* valent également le détour.
Le carnaval d'Eindhoven *(voir les Renseignements pratiques en début de volume)* est très animé.
Eindhoven abrite également une des plus importantes écoles d'ingénieurs d'Europe.

★ VAN ABBEMUSEUM **(MUSÉE VAN ABBE)** ⊙

Situé en face de l'hôtel de ville, cet édifice, dû à l'architecte Kropholler, fut légué à la ville en 1936 par l'industriel H.J. van Abbe. Le musée qu'il abrite expose une riche collection de peinture et de sculpture de 1900 à nos jours, concernant principalement l'époque contemporaine, à partir de 1945.
Les travaux de rénovation et d'agrandissement en cours devraient être terminés dans le courant de l'an 2001. En attendant, les collections du musée ont été transférées dans l'ancien magasin du personnel Philips, sur la Vonderweg, en face du stade du PSV. Ce musée temporaire a été baptisé l'**Entr'acte** et il abrite des expositions temporaires d'art contemporain.
La riche collection Van Abbe comprend toute l'évolution de l'art moderne à travers le cubisme de Picasso, Braque, Juan Gris ; l'orphisme ou interprétation poétique du réel avec Delaunay, Chagall, Fernand Léger ; le mouvement « De Stijl » avec Mondrian, Van Doesburg ; le constructivisme avec un bon nombre d'œuvres de El Lissitzky ; l'expressionnisme de Kokoschka, Kandinsky, Permeke ; le surréalisme avec Miró, Ernst, Pieter Ouborg, Francis Bacon.

Eindhoven, siège de Philips, ou Philips, siège d'Eindhoven ?

En 1891, Gerard Philips installa une petite fabrique de lampes à incandescence sur l'Emmasingel. Quand son frère Anton (*statue en face de la gare*) vint l'aider après cinq années difficiles, l'entreprise prit un essor considérable. La société se mit également à produire des lampes pour radios, des tubes pour rayons X et des appareils médicaux, et commença à exporter dans le monde entier. En 1914, Gerard fonda le laboratoire de physique Natlab où un grand nombre de nouvelles technologies virent le jour (*voir ci-dessus*). En 1955, en collaboration avec DAF, Philips fonda également l'École technique supérieure (Technische Hogeschool), devenue aujourd'hui Université technique d'Eindhoven.

En 1929, l'entreprise comptait déjà 20 000 travailleurs, ce qui constituait 70 % de la population ouvrière d'Eindhoven et de ses environs. Sur l'Emmasingel, ainsi que le long de la Mathildelaan, on vit apparaître des usines et des bureaux portant des noms comme la Dame Blanche (de Witte Dame), le Monsieur Brun (de Bruine Heer) et la Tour de la Lumière (de Lichttoren). La municipalité ne pouvait faire face à cette extraordinaire croissance et la société Philips construisit elle-même des infrastructures pour ses ouvriers et leurs familles : un théâtre, une bibliothèque, des écoles et surtout des habitations, comme la cité-jardin Philips (Philipsdorp) sur la Frederiklaan (*voir Introduction, Patrimoine industriel*). L'entreprise constitua également une association sportive (Philips Sportvereniging), dont l'équipe de football (le PSV) est l'une des plus réputées du pays.

Le solide attachement qui unissait Philips à Eindhoven a pourtant pris fin en 1998, année où le siège principal de l'entreprise a été transféré à Amsterdam. On cherche actuellement à reconvertir les nombreux bâtiments de l'entreprise. Dans la Dame Blanche et le Monsieur Brun, on installera des bureaux, des logements, une académie (The Design Academy) et de petites entreprises. En face, l'on peut visiter **la petite fabrique de lampes à incandescence** où tout a commencé.

Après la guerre, la jeune école de Paris est marquée par des peintres abstraits comme Bazaine, Sam Francis (né en Californie), Poliakoff. Le groupe Cobra est représenté par Karel Appel, Asger Jorn, Corneille. Outre des peintres de matière comme Dubuffet, Tàpies, il faut encore citer Vasarely, Lucio Fontana, Klein, le groupe Zéro (Mack, Piene et Uecker), des Américains du Pop Art comme Morris Louis, Robert Indiana, Frank Stella. L'Art conceptuel (Kosuth, Barry, Brouwn, Kawara), l'Art minimal (Judd, André, Sol LeWitt) et la sculpture allemande contemporaine (Kiefer, Baselitz, Penck) sont également représentés.

Cheval et flûtiste, Karel Appel

AUTRES CURIOSITÉS

Le centre – Dans la partie de la ville située entre Vestdijk et Keizersgracht se trouvent le centre de musique Frits Philips **(Muziekcentrum Frits Philips)** et le centre commercial **De Heuvel Galerie**. L'hôtel de ville **(stadhuis)** (1949-1955) est dû aux architectes J. Van der Laan et J. Kirch ; le **Monument de la Libération** (1954), situé en face, sur la place, a été sculpté par Paul Grégoire.

Museum Kempenland (Musée de la Campine) ⊘ – *St.-Antoniusstraat 5-7.*
Installé dans l'ancienne église de St-Antoine de Padoue, ce musée évoque l'histoire et les coutumes de la ville et de ses environs (la Campine ou Kempen). Les collections concernent l'archéologie, les croyances, le textile, l'artisanat. Des expositions temporaires de peinture et de sculpture brabançonnes sont organisées.

DAF Museum ⊘ – *Tongelresestraat 27.* Une cinquantaine de camions, bus et remorques ainsi qu'une quarantaine d'automobiles retracent l'histoire de la production des usines DAF de 1928 à nos jours. L'atelier dans lequel les frères Hub et Wim van Doorne produisirent leurs tout premiers camions et remorques se visite. Leur entreprise – appelée dès 1932 « Van Doorne's Aanhangwagen Fabriek » ou DAF – fut longtemps avec Philips la principale activité industrielle d'Eindhoven. Une exposition permanente est consacrée à Charles Burki qui fut pendant trente ans dessinateur pour DAF.

Prehistorisch Openluchtmuseum Eindhoven (Musée de plein air de la Préhistoire) ⊘ – *Boutenslaan 161b.* Cette implantation de l'âge du fer (750-50 avant J.-C.) a été reconstruite sur la base de fouilles effectuées dans la province du Brabant-Septentrional, ainsi qu'en Campine. Tout a été réalisé en matériaux naturels et au moyen d'outils rudimentaires. Des acteurs font vivre des scènes de la vie quotidienne de l'âge du fer : dans la forge, on fabrique des outils en fer ; dans l'atelier de tissage, on teint la laine ; les fours des potiers et les fours à pain fument ; on cultive les champs ; dans la porcherie on trouvera des cochons. Les aspects sociaux sont également évoqués : des représentations divines, des communautés autour de foyers et même des instruments de musique préhistoriques. Ce musée constitue un exemple d'archéologie expérimentale où l'on tente de répondre aux nombreuses questions concernant la vie quotidienne de nos ancêtres en reproduisant leur mode de vie. Ici, c'est surtout le week-end et lors d'événements spéciaux que la préhistoire revit.

Het Witte Dorp (Le Village Blanc) – *Geldropseweg et St.-Jorislaan.* Ce complexe de 264 logements blancs à toits rouges est dû à **W.M. Dudok**. Ce bel exemple de cité de style fonctionnaliste fut réalisé entre 1937 et 1974. L'ensemble est classé monument historique.

ENVIRONS

Nuenen – *8 km au Nord-Est d'Eindhoven.* Ce bourg garde le souvenir de **Vincent van Gogh** *(voir Amsterdam, Le Quartier des Musées)* qui, après avoir passé quelques mois dans la Drenthe, vint séjourner dans le presbytère où habitait son père, de décembre 1883 à novembre 1885. C'est là qu'il brossa de nombreux portraits de paysans qui lui servirent d'études pour sa grande toile : *Les Mangeurs de pommes de terre.* Deux monuments et un centre de documentation sur Van Gogh **(Van Gogh Documentatiecentrum** ⊘) témoignent de ce séjour. Ce dernier abrite une exposition de photos illustrant l'œuvre de l'artiste réalisée à Nuenen. Au n° 26 de la Grand-Rue se trouve le presbytère **(Domineeshuis)** où le père de Vincent van Gogh finit sa vie en mars 1885.

Kasteel Heeze – *12 km au Sud-Est d'Eindhoven.* Ce château du 17e s. réalisé d'après les plans de Pieter Post appartient depuis plus de 200 ans à la famille Van Tuyll van Serooskerken. Sur l'arrière se trouve le château fort d'origine, Slot Eymerick, du 15e s. À l'intérieur, on visitera notamment des salons décorés de tapisseries, une chambre à coucher et une salle de bains.

EXCURSION

38 km. Sortir par l'A 270.

Helmond – Helmond se consacre surtout à la fabrication du textile. Situé au milieu d'un parc, le **château**★ ⊘ médiéval est un imposant quadrilatère entouré de douves, encadrant une cour intérieure. Il abrite le musée municipal.

Asten – Au Nord-Ouest se trouve le musée du Carillon et de la Nature (**Beiaard- en Natuurmuseum Asten** ⊘).
La **section Carillons**★ présente des informations sur la fabrication des cloches, une collection de clochettes du monde entier, une série d'horloges à contrepoids, des cloches à marteau ou à battant et un grand carillon à tambour au mécanisme apparent.

La **section Nature** contient une série de dioramas : animaux naturalisés, papillons, insectes du Groote Peel. On peut également visiter un jardin (tourbière) et une cave, où vivent des chauves-souris.

★ **Nationaal Park De Groote Peel** – *Accès au Sud par Moostdijk, près de Meijelse Dijk*. Au Sud-Est d'Asten s'étend une grande zone marécageuse, nommée **De Peel** (peel : marais). Les étangs marquent l'emplacement d'anciennes carrières de tourbe. Le parc national ou **Nationaal Park De Groote Peel** ⊘ s'étend sur 1 400 ha, protégé depuis 1985. La variété des paysages, le calme, ainsi que la présence d'importantes étendues d'eau attirent de nombreux oiseaux aquatiques. C'est une des régions d'Europe occidentale qui abrite le plus d'oiseaux. En automne, des milliers de migrateurs utilisent le Groote Peel comme lieu de rassemblement ou comme étape vers le Sud de leur parcours.

Au printemps, environ 95 espèces d'oiseaux viennent y couver, notamment la mouette rieuse. La **mouette rieuse**, qui mesure une quarantaine de centimètres de long, est blanche, cependant, l'été, sa tête devient entièrement noire. On la trouve sur les côtes pendant l'hiver, mais elle vient souvent nicher à l'intérieur des terres, notamment près des étangs. Mâles et femelles se partagent la tâche de couver les œufs et défendent jalousement leur nid.

Un petit musée (**Bezoekerscentrum « Mijl op Zeven** ⊘ **»**) documente sur la formation du Groote Peel. On y trouve des informations sur les marais, ainsi que sur la faune et la flore du parc. Trois circuits permettent de découvrir cet univers étrange troublé par les cris aigus des mouettes.

EMMEN

Drenthe

105 497 habitants

Cartes Michelin nos 908 L 3 et 210 AA 6 – Schéma, voir Hunebedden

Marché prospère, Emmen est une ville agréable cernée au Nord et à l'Est par de belles forêts. À l'extrémité Sud du Hondsrug, elle possède de nombreux hunebedden *(voir ce nom)*.

CURIOSITÉS

★ **Hunebed d'Emmer Dennen (D 45)** – *Accès par Boslaan, direction Emmer Compascuum. Il est situé près d'un grand carrefour et signalé.*
Illustration, voir Hunebedden. Ce remarquable hunebed, allée couverte aux six énormes tables, encerclé de pierres dressées, est érigé sur un monticule en pleine forêt. La beauté de cet ensemble attire les peintres.

Hunebedden de la route d'Odoorn – *Après la dernière ferme, prendre à gauche un sentier signalé « hunebed ».* On trouve entre les arbres un **hunebed**★ (D 43), auquel on a restitué sa forme de tumulus et où se dissimulent deux allées couvertes.
L'ensemble est cerné de pierres dressées ; entre les interstices, des galets empilés permettent de retenir la terre.
Quelques centaines de mètres plus loin au Nord se dresse, à gauche de la route, un petit hunebed (D 41) couvert de dalles.
À la sortie d'Emmen à droite, un chemin signalé « hunebedden » mène à travers la forêt à une vaste clairière semée de bruyère, site charmant où sont disposés trois hunebedden (D 38/40). L'un est à moitié enfoui, le deuxième, également enterré, se présente sous la forme d'un carré, le troisième est couvert de pierres basculées.

★ **Noorder Dierenpark** ⊘ – Ce parc zoologique est intéressant pour la richesse et la variété des espèces présentées. La visite commence par le **Biochron** qui évoque les origines de la vie sur terre. Ensuite, la promenade mène d'un continent à l'autre. Plusieurs aménagements sont particulièrement remarquables. Dans la gigantesque **AmeriCasa** évoluent librement des oiseaux provenant des forêts tropicales d'Amérique du Sud. Le **Vlindertuin** ou jardin tropical aux papillons abrite plus 1 500 papillons. Puis, on découvre le bassin des phoques et l'**« Afrikasavanne »**, vaste terre-plein (1,5 ha) où cohabitent girafes, zèbres, antilopes, rhinocéros, grues, impalas... ; dans l'**Africahuis** (maison de l'Afrique) déambulent crocodiles et autres animaux exotiques. Sous la ferme éducative est aménagé le **Rattenriool** ou égout des rats.

EXCURSIONS

De Noordsleen à Orvelte – *40 km à l'Ouest – schéma, voir Hunebedden.*

Noordsleen – Ce charmant village de la Drenthe, doté d'un moulin restauré, possède deux **hunebedden**. *Accès par la petite route de Zweeloo et un chemin à droite signalé « hunebedden ».* Le D 51, à gauche, est une petite allée couverte encore surmontée de trois dalles (quatre ont disparu).

Le village-musée d'Orvelte

Plus loin à droite, le **hunebed**★ D 50, ombragé par un grand chêne qui pousse en son centre, est mieux conservé. Cinq tables sont encore en place ainsi que la couronne ovale de pierres dressées. Les piliers de l'entrée, au Sud, qui ont été arasés, sont encore visibles.

Schoonoord – À 3,5 km au Sud de la localité, dans les bois, près d'un centre hippique, un hunebed (D 49) a été en partie reconstitué. Entre les dalles verticales est placée une garniture de galets. Au-dessus, la terre couverte de bruyère forme une butte et dissimule les grandes dalles constituant le plafond du hunebed. Ce hunebed est nommé **De Papeloze Kerk** (l'église sans prêtre) : des assemblées s'y tenaient aux premiers temps de la Réforme.

★ **Orvelte** – Ce village situé au cœur de la Drenthe groupe des fermes, des granges couvertes de chaume qui ont pu, grâce à une restauration générale, préserver leur caractère régional *(accès interdit aux voitures)*. À côté des traditionnelles activités agricoles (élevage de vaches et de moutons, culture de maïs) s'est développé l'artisanat : maréchal-ferrant, potiers... Une promenade à travers ce **village-musée** ⓥ animé permet de multiples découvertes.

Coevorden – *21 km au Sud-Ouest.* Ancienne place forte conçue par l'architecte **Menno van Coehoorn**, Coevorden conserve quelques monuments intéressants. Occupé en partie par l'hôtel de ville, le château **(kasteel)** est un charmant édifice flanqué d'une tourelle d'angle, dont les murs sont crépis de rose et percés, dans la partie gauche de la façade (15e s.), d'étroites et hautes fenêtres. La cave est occupée par un restaurant.
Près de la Grand-Place *(Friesestraat, n° 9)* se trouve une pittoresque **maison** de la fin de la Renaissance à pignon à volutes et aux ornements variés : coquilles d'un rouge vif, têtes de femmes, d'angelots, de maures, et nombreuses inscriptions. Sur la Grand-Place ou Markt se remarquent les trois toitures de l'Arsenal du 17e s., restauré, faisant face au bassin portuaire. Il abrite le **musée** « **Drenthe's Veste** » ⓥ.
À l'Est, au-delà de Weyerswold *(6 km)*, les chaumières typiques de la Drenthe voisinent avec d'innombrables petits puits de pétrole. Dans ce domaine, la région de **Schoonebeek** recelait en effet de considérables richesses.

ENKHUIZEN★

Noord-Holland

16 713 habitants

Cartes Michelin nos 908 G 3 et 210 Q 6

Enkhuizen fut la résidence des chefs frisons jusqu'en 1289, date à laquelle la Frise-Occidentale fut rattachée au comté de Hollande. C'était un port très florissant où la pêche au hareng était des plus prospères. La ville porte encore trois harengs dans ses armes.
Fortifiée au milieu du 16e s., elle est une des premières villes à se révolter en 1572 contre les Espagnols. Au 17e s., elle compte près de 50 000 habitants. Mais l'ensablement de son port au 18e s. puis la construction de la grande digue de l'IJsselmeer en 1932 portent un coup d'arrêt à son activité maritime.

Depuis lors, elle s'est tournée vers son arrière-pays. La richesse des terres qui l'environnent a fait d'elle un marché important et un centre de culture de plantes à bulbes. La ville dispose aussi d'un important port de plaisance. Enkhuizen est reliée à Lelystad, principale ville du Flevoland, par une route de digue *(31 km)* ; initialement, cette digue devait border le polder Markerwaard *(voir IJsselmeer).*

Promenades en bateau – Enkhuizen est le point de départ de promenades en bateau vers Stavoren, vers Urk et en outre vers Medemblik, en liaison avec le tram touristique (museumstoomtram). *Départ : Spoorhaven.*

★ LA VIEILLE VILLE *visite : 5 h*

Elle conserve de nombreuses façades du 17e s., de style Renaissance, dont la riche décoration témoigne d'une ancienne prospérité.

Westerstraat – C'est la rue principale de la ville. On y admire de belles façades, notamment celle du no 158, au Nord, datée de 1617 ; au pignon, l'emblème de la ville : une jeune fille portant un blason où figurent trois harengs.

Wester of St.-Gomaruskerk (Église de l'Ouest ou de St-Gommaire) – Cette église-halle a été terminée en 1519. Son clocher de bois, isolé, bâti au 16e s. sur un socle de pierre, a été refait au 19e s. dans le style néoclassique. Les trois nefs sont couvertes d'une voûte en bois. On y remarque le beau jubé★ en bois, à six panneaux richement travaillés du 16e s., la chaire, également du 16e s., imitation de celle de la Grande église ou Grote Kerk à La Haye, et le buffet d'orgue de 1547.

Face à l'église se dresse l'ancienne Monnaie de Frise-Occidentale **(West-Friese Munt)** avec une jolie façade de 1617, richement décorée.

Plus loin, au no 109, la façade de l'Orphelinat **(Weeshuis)** a été refaite d'après la façade primitive de 1616.

Tourner à droite pour prendre le Melkmarkt et Venedie.

Dijk – Ce quai longe le vieux port. Au no 32, une maison de 1625 arbore la devise : « Contentement passe rychesse. »

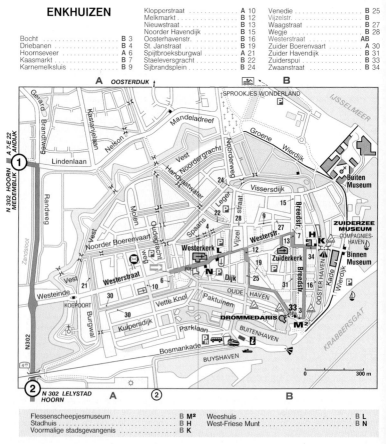

Zuiderzeemuseum, Enkhuizen

Enkhuizen - Zuiderzeemuseum

★ **Drommedaris** – Cette imposante construction (1540) qui appartenait à l'enceinte de la ville était, comme celle de Hoorn, destinée à surveiller l'entrée du port. Le bâtiment, actuellement un café-restaurant, se compose d'une tour semi-circulaire et d'un édifice accolé où est percée une porte. Il renferme un carillon qui, réalisé par Hemony, est l'un des meilleurs du pays.

Du sommet, on découvre un vaste **panorama**★ sur le vieil Enkhuizen, son port, l'IJsselmeer et au loin la Frise.

Du quai au Sud de la tour, on a une jolie **vue**★ à l'Est sur le bassin portuaire, Zuiderspui, et l'arrière des maisons, aménagé de pittoresques galeries de bois surplombant des jardins fleuris.

Au Sud s'étend un port de plaisance, le Buitenhaven.

Zuiderspui – Cette courte rue est bordée d'un ensemble d'intéressantes façades : celle du n° 1 montre cinq écussons, de gauche à droite les armes de Hoorn, de la maison d'Orange, de la Frise-Occidentale, d'Enkhuizen et de Medemblik.

Breedstraat – Plusieurs maisons portent d'intéressantes pierres de façade, notamment celle du n° 81 intitulée Den Kuiser Maegt (La jeune fille d'Enkhuizen), et représentant les armes de la ville ; au n° 60 un bateau ancien ; au n° 59 une jeune fille portant également l'écusson de la ville.

Stadhuis – L'imposant hôtel de ville date de 1686. À l'intérieur, les pièces sont ornées de plafonds peints, tapisseries et peintures murales.

À l'angle de la Zwaanstraat se situe l'**ancienne prison** ou gevangenis, petit édifice dont la façade pittoresque date de 1612. Elle sert actuellement de salle d'exposition.

★★ **Zuiderzeemuseum (Musée du Zuiderzee)** ⊘ – Il se compose d'un musée couvert et d'un musée de plein air.

★★ **Binnenmuseum (Musée couvert)** – Le musée couvert comporte 12 bâtiments reliés entre eux (des maisons et des entrepôts du 17e s. ayant appartenu à la Compagnie des Indes) et disposés autour de trois cours intérieures.

On pénètre dans le hall d'accueil couvert en passant par deux cours intérieures : la première respire encore l'atmosphère du Siècle d'or, tandis que la seconde comporte une paroi de verre donnant sur le Schepenhal (voir ci-dessous).

Les collections de ce musée sont présentées dans le cadre de diverses expositions permanentes. Dans l'exposition consacrée à la pêche à la baleine **(Walvisvaart)**, des tableaux, parmi lesquels La pêche à la baleine sur la côte du Spitzberg, une toile immense (Storck, 1690), des cartes, le pont d'un navire reconstitué, des outils

Le « tireur de langue », un phénomène typiquement néerlandais ?

Dans la pharmacie Art nouveau De Groote Gaper, on peut voir toute une série de têtes humaines qui tirent la langue. Aux Pays-Bas, ces effigies amusantes (les *gapers* ou bâilleurs) servaient d'enseignes aux pharmacies et aux drogueries. En effet, avant de prendre les médicaments qu'ils vendaient, le malade devait ouvrir la bouche bien grande. Et le médecin qui prescrivait les comprimés et les sirops ne demandait-il pas d'abord au patient de tirer la langue ?

et des objets divers rappellent l'importance de la chasse à la baleine pour les habitants de la région du Zuiderzee aux 17e et 18e s. Dans un grand hall **(Schepenhal)** sont rassemblés d'anciens **bateaux**, principalement des voiliers en bois ayant vogué sur le Zuiderzee : remarquer les *botters*, bateaux de pêche à fond plat, et l'*ijsvlet* d'Urk qui glissait sur la glace. Dans le grenier aux épices **(Peperzolder)**, joliment restauré, on retrouve l'atmosphère d'un entrepôt de la Compagnie des Indes du 18e s.

D'autres expositions évoquent la **pêche en mer du Nord et sur le Zuiderzee, la lutte contre les eaux** (avec notamment un film de synthèse sur l'Afsluitdijk), **le transport fluvial et maritime**. Toutes ces expositions donnent un aperçu très diversifié de sept siècles d'histoire sur les rives du Zuiderzee.

★★ **Buitenmuseum** (Musée de plein air) – *Accès par le bac partant près du parking à l'entrée de la digue reliant Enkhuizen à Lelystad ou par l'entrée face au musée couvert.*

Le musée de plein air évoque la vie quotidienne dans les anciens ports de pêche du Zuiderzee entre 1880 et 1932, date de l'achèvement de la « digue de fermeture » ou Afsluitdijk (*voir IJsselmeer*). Plus de cent trente maisons, des ateliers et des boutiques provenant d'une trentaine de localités ont été reconstitués pour composer les pittoresques quartiers de ce **village-musée**. Le mobilier, les outils, l'aménagement des jardins, l'église provenant de l'ancienne île de Wieringen, et la reconstruction du port de Marken en 1830, tout est le reflet minutieux et fidèle du passé. On pourra acheter des friandises un peu désuètes, voir le fumeur de poisson, le voilier et le cordier à l'œuvre, faire un tour sur un bateau ancien. À Urk (Urkerbult), le temps s'est arrêté en 1905.

Le commerce et l'artisanat sont également largement évoqués avec une épicerie, une boucherie, la pharmacie De Groote Gaper, une blanchisserie, une banque de crédit agricole et même trois fours à chaux.

Les enfants seront heureux de revêtir un costume traditionnel pendant la visite du musée. Spécialement conçue pour eux, l'Île aux Enfants **(Kindereiland)** leur permettra de découvrir les activités journalières de leurs petits camarades de Marken des années 1930.

Le musée de plein air est également relié à une petite **réserve naturelle** où l'on peut voir, outre des fleurs, des plantes et des oiseaux, une canardière.

On retrouve la Westerstraat.

Dans la partie Est de cette rue, on observe également de jolis pignons, des enseignes, des pierres de façade (une marmite, une tête de bœuf, etc.).

Zuider- of St.-Pancraskerk (Église du Sud ou église St-Pancrace) ⏱ – Elle est flanquée d'une belle tour gothique dont le sommet en bois a été ajouté au 16e s. Son carillon est dû aux frères Hemony.

ENSCHEDE

Overijssel

148 814 habitants

Cartes Michelin n⁰ˢ 908 L 5 et 210 AA 9

Enschede, située au cœur de la verte région de la Twente, est la plus grande ville de la province. Important centre industriel, elle est surtout spécialisée dans le textile. Son essor, dû au développement de l'industrie, ne remonte qu'au début du 19e s. Incendiée en 1862 et bombardée en 1944, elle se présente de nos jours comme une cité moderne. Le 13 mai 2000, la ville est une fois encore victime d'une catastrophe lors de l'explosion d'une fabrique de feux d'artifice qui fait une vingtaine de victimes et détruit près de 400 habitations.

Au Nord-Ouest de la ville est implantée, depuis 1964, l'université de Twente **(Universiteit Twente)** dont les édifices forment un vaste campus.

ENSCHEDE

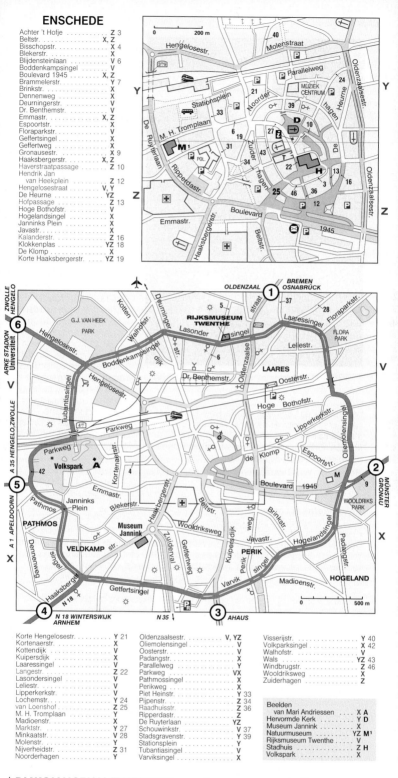

Beelden		
van Mari Andriessen	X	A
Hervormde Kerk	Y	D
Museum Jannink	X	
Natuurmuseum	YZ	M¹
Rijksmuseum Twenthe	V	
Stadhuis	Z	H
Volkspark	X	

★ RIJKSMUSEUM TWENTHE (MUSÉE DE LA TWENTE) ⊘ visite : 1 h 30

Le bâtiment édifié en 1930 sur des plans de Muller et de Beudt a fait l'objet d'une extension en 1995-1996, sous la conduite de l'architecte Ben van Berkel.

Le musée contient une riche collection d'art ancien et d'arts décoratifs anciens, ainsi qu'une collection d'art moderne et contemporain.

Rijksmuseum Twenthe

Portrait d'une fille de six ans, attribué à Jan Claesz

* **Art ancien et arts décoratifs** – *Aile droite*. Cette riche collection est exposée dans un ensemble agréable de salles colorées. Dans la section consacrée au Moyen Âge, on peut voir de magnifiques **manuscrits**, des incunables, de l'orfèvrerie et des **sculptures**. La collection de **tableaux du bas Moyen Âge** comprend notamment des retables et des portraits de Van Cleve, Cranach et Holbein le Jeune. Cette section comprend en outre des **paysages des 16e et 17e s.** de Bruegel le Jeune, Van Goyen, Ruysdael et Avercamp. On admirera de beaux portraits ainsi que quelques autres œuvres de Jan Steen, Teniers, Terborgh et Rembrandt (eaux-fortes). Le **18e s.**, auquel le musée désire se consacrer essentiellement, est illustré par des œuvres de De Wit et Troost. Les collections de verrerie, d'argenterie et le mobilier datent de la même époque. Le **romantisme** est représenté par des œuvres de Koekkoek, Schelfhout et Leickert. Une salle est consacrée à l'**école de Barbizon** (Daubigny, Troyon), ainsi qu'aux **écoles de La Haye et d'Amsterdam** (les frères Maris, Mauve, Israëls, Breitner). La dernière partie de cette section abrite des **œuvres impressionnistes** (Jongkind, Monet, Sisley), ainsi qu'un des premiers tableaux de Mondrian.

Retourner vers l'entrée en passant par le couloir et le jardin intérieur, où sont exposées de la faïence de Delft et des horloges. De là, on accède à l'aile gauche qui présente un aperçu chronologique de l'art moderne et contemporain.

Art moderne et contemporain – *Aile gauche*. Dans cette section, l'accent est mis sur l'évolution de l'art aux Pays-Bas. On peut y voir des œuvres de Toorop, Redon, d'**expressionnistes** d'avant-guerre (Sluiters, Gestel) et du groupe **Cobra** (Appel, Constant, Corneille, Lucebert). Suivent les **expérimentaux de La Haye** et les **informels**, tels que Ouborg et Wagemaker. Les années 1960 et 1970 sont illustrées par des œuvres appartenant à l'« **art systématique** », « **l'art sériel** » et « **l'art fondamental** ». Les œuvres de Sjoerd Buisman, Marlene Dumas, Cornelis Rogge et Henk Visch appartiennent à l'art contemporain néerlandais.

Le musée organise également d'intéressantes **expositions temporaires**.

La Twente et l'industrie textile

Riche en eaux courantes qui permettaient de laver les fibres, d'animer les métiers à tisser, la Twente s'était jadis spécialisée dans le traitement du lin, qu'on cultivait, rouissait, filait et tissait sur place. **Almelo** était le centre de cette activité. Le lin était exporté jusqu'en Norvège et en Russie où les commerçants de Vriezenveen *(7 km au Nord d'Almelo)* avaient fondé une colonie près de St-Pétersbourg. Au 18e s., on remplaça le lin par le coton, moins coûteux, tout en produisant en grande quantité un tissu croisé de lin et de coton, le basin ou bombazijn. Au début du 19e s., la production s'industrialisa dans le tissage et dans la filature, grâce au développement des machines à vapeur. L'industrie métallurgique connut aussi un grand développement à cette époque, surtout à **Hengelo** ; avec l'industrie textile en 1960, elle représentait 86 % des activités industrielles. Depuis, l'extension des fibres artificielles, la concurrence étrangère et la récession économique ont considérablement affecté l'industrie textile. Actuellement, à côté de la métallurgie lourde et celle de transformation, se développent l'industrie du bâtiment, le secteur tertiaire et la technologie.

AUTRES CURIOSITÉS

Museum Jannink ⊘ – Ce musée est installé dans une ancienne filature datant de 1900. Jusqu'en 1964, cette usine faisait tourner 30 000 fuseaux à tisser, et un atelier voisin, aujourd'hui disparu, abritait 567 métiers à tisser.

Les collections du musée illustrent l'évolution de la Twente, de 1600 à nos jours ; l'accent est mis sur l'industrie textile depuis 1850. Des reconstitutions d'intérieurs permettent de constater l'impact de cette évolution sur l'habitat traditionnel. L'habitat ouvrier témoigne d'énormes changements : travail à domicile et vie rurale, souvent dans des conditions de grande pauvreté, puis installation en ville près des usines avec confort croissant. Le matériel aussi a évolué, comme le montre l'exposition des outils de travail de différentes époques : machines à filer, bobineuses et métiers à tisser.

Par ailleurs, une exposition de photos aériennes de la ville donne un aperçu de l'expansion d'Enschede.

Le 1er étage du musée est consacré à la vie quotidienne d'autrefois dans la région.

Natuurmuseum ⊘ – Le **musée d'Histoire naturelle** comprend une collection de minéraux, pierres précieuses et fossiles ainsi qu'un ensemble d'invertébrés comprenant insectes, coquillages et coraux. Une petite exposition renseigne sur la géologie et les minéraux.

Le 1er étage est consacré à la faune : **dioramas** montrant les principales espèces de mammifères et d'oiseaux rencontrés aux Pays-Bas, aquariums et petits bassins à reptiles ; exposition sur les baleines.

Volkspark – Au Sud-Est de ce parc, l'un des nombreux espaces verts d'Enschede, se trouve un monument érigé à la mémoire des victimes de la dernière guerre. C'est un groupe de **statues** (Beelden) en bronze dû au sculpteur **Mari Andriessen**.

Stadhuis – Édifié par G. Friedhoff en 1933, l'hôtel de ville s'inspire de celui de Stockholm. Ce bâtiment de brique, un peu austère, est flanqué d'un haut beffroi carré aux murs bombés.

Hervormde Kerk (Église réformée) – Sur le Markt, place centrale de la ville, s'élève cette église en grès. Commencée vers 1200, elle a été agrandie au 15e s. mais conserve du 13e s. une importante **tour** romane où l'on remarque des baies géminées. La flèche a été ajoutée au début du siècle. Remarquer le cadran solaire de 1836 sur le mur extérieur droit de l'église (en face de l'Office de tourisme).

LA TWENTE VERDOYANTE

Circuit de 80 km – Environ 5 h. Sortir par ① du plan.

Le parcours fait traverser la partie Nord de la **Twente**. Connue pour ses activités industrielles, la Twente est aussi une région verdoyante dont le sol, sillonné de nombreux cours d'eau, se partage entre des pâturages et de magnifiques forêts. De grandes fermes au pignon de bois et aux murs présentant encore parfois des pans de bois s'y disséminent.

Oldenzaal – Cette petite ville industrielle, à proximité de la frontière allemande, est une cité ancienne qui, autrefois fortifiée, a gardé ses rues concentriques autour d'une belle église romane, la basilique St-Plechelmus (**St.-Plechelmusbasiliek** ⊘).

Dédié à un saint irlandais, l'édifice date du début du 12e s. Le clocher carré, dont l'aspect massif est caractéristique de la région, a été édifié au 13e s. Depuis 1950, l'église porte le titre de basilique.

L'intérieur est d'une allure robuste. Les voûtes d'arêtes de la nef s'appuient sur d'épais piliers carrés. Le chœur et le bas-côté droit ont été refaits dans le style gothique au 15e s. On remarque, dans le bras droit du transept, un triptyque (*Adoration des Mages*) attribué au Flamand Pieter Coecke d'Alost. Non loin se trouve le musée **Het Palthe Huis** ⊘ (*Marktstraat*). Cette demeure baroque du 17e s. rassemble des objets traditionnels dans des pièces de style. Remarquer également une boutique d'apothicaire, reconstituée, et, au grenier, une chaise (18e s.) où fut immobilisé un meurtrier pendant 110 jours.

Denekamp – Ce bourg, situé dans une des plus belles parties de la Twente, conserve la curieuse tradition des « midwinterhorens », cornes « du milieu de l'hiver », taillées dans le bois, que l'on fait résonner, à l'approche de Noël (*voir les Renseignements pratiques en début de volume*), dans les villages de la région et dont l'origine reste mystérieuse.

À proximité du bourg se trouve un château, **Huis Singraven** ⊘. Une route charmante longe le Dinkel, petit cours d'eau ombragé et calme sur lequel est installé le joli **moulin à eau** de Singraven (15e s.) ; on y moud encore le grain et on y scie du bois ; le bâtiment de gauche abrite un restaurant. Le **château** du 17e s., flanqué d'une tour carrée, se reflète dans les eaux du Dinkel dont un bras arrose le magnifique parc. Le mobilier, les tapisseries françaises, la collection de porcelaine, les tableaux contribuent à recréer l'atmosphère raffinée d'un intérieur du 18e s.

* **Ootmarsum** – Ce charmant bourg aux rues concentriques est bâti sur une butte autour d'une église gothique. On peut y admirer de jolies façades Renaissance ouvragées et des pignons en bois.

Sur le Kerkplein se dresse l'église des Sts-Simon-et-Jude (**kerk van de H.H. Simon en Judas**).

C'est un édifice de style de transition roman gothique qui rappelle les églises de Westphalie par l'emploi de la pierre et par son épaisse tour carrée à l'Ouest (en partie démolie). L'abside est gothique ainsi que la quatrième travée. À l'intérieur, la polychromie met en valeur les lignes des arcs en ogive et des nervures. On remarque, au fond du bas-côté gauche, une statue de la Vierge, en bois (vers 1500), et des vitraux modernes. Dans des vitrines sont exposés quelques objets d'orfèvrerie liturgique et une belle chasuble de 1749, brodée à l'effigie des patrons de l'église. Dans le bas-côté droit, un caveau sert de columbarium.

Ootmarsum possède en outre deux petits musées : l'**Onderwijsmuseum Educatorum** (musée de l'Enseignement) ⊙ et le musée de plein air **Openluchtmuseum Los Hoes** ⊙. Autour d'une ancienne ferme du type « los hoes » *(voir Introduction, Traditions et folklore)*, on visite quelques granges et un atelier de charron qui donnent un bel aperçu de la vie et du travail des paysans de la Twente des années 1900. L'exposition « Ootmarsum et l'histoire » évoque le riche passé de la localité.

Prendre la route d'Almelo.

Kuiperberg – Du belvédère aménagé sur le Kuiperberg (65 m), **vue** sur Ootmarsum et la campagne boisée. À côté se trouve un ancien cimetière juif.

Par Almelo et Borne, gagner Delden.

Delden – Delden est un important marché agricole. Ancienne résidence des comtes de Wassenaar, le château (**kasteel Twickel**) s'élève au Nord de la localité. Fondé au 14ᵉ s., il a été modifié au 16ᵉ s. (portail principal) et au 17ᵉ s. Il est entouré de douves et de beaux **jardins** ⊙.

La Grande Église ou église St-Blaise (**Grote de St.-Blasiuskerk**), église-halle de style gothique, en pierre, est précédée d'une lourde tour carrée.

L'ancien hôtel de ville *(Langestraat 30)* abrite outre le VVV un petit musée du Sel (**Zoutmuseum** ⊙). Situé non loin des principaux gisements de sel gemme du pays, ce musée explique l'origine, l'extraction et l'utilisation de cette substance, ainsi que son importance pour le corps de l'homme et de l'animal et pour les plantes.

Hengelo – Cette ville commerçante et industrielle possède des constructions modernes, en particulier l'hôtel de ville (**stadhuis**), œuvre de Berghoef (1963). On édifie depuis 1972, à l'Est de la ville, un nouveau quartier résidentiel expérimental réalisé par l'architecte Piet Blom.

Rentrer à Enschede par ⑥ du plan.

FAUQUEMONT

Voir Valkenburg

FLEVOLAND *

Flevoland

Cartes Michelin nᵒˢ 908 G 4, H 4, 5, I 4, 5 et 210 P 8, Q 8, 9, R 7, 8, 9, S 7,8, 9, T 7, 8, U 7, 8

Schéma, voir IJsselmeer

Le Flevoland est en fait un groupe de deux polders qui constituent les plus récentes réalisations de l'assèchement du Zuiderzee *(voir IJsselmeer)* : celui de Flevoland-Est et celui de Flevoland-Sud.

Oostelijk Flevoland (Polder de Flevoland-Est) – C'est le troisième polder créé sur l'IJsselmeer, après les polders Wieringermeerpolder et Noordoostpolder *(voir ce nom)*.

D'une superficie de 54 000 ha, il a été endigué et asséché de 1950 à 1957. La majeure partie de ce polder est destinée à l'agriculture (75 % de la superficie ; culture de colza et de bulbes), tandis que 10 % des terres sont transformées en prairies et en bois, 8 % dévolues aux habitations et le reste aux canaux, aux routes et aux digues. Avant d'être exploitées, les terres sont d'abord ensemencées de roseaux. Des fermes dissimulées derrière des rideaux de peupliers et d'immenses granges parsèment ce plat pays coupé de jeunes futaies. Les arbres élevés dénotent un habitat déjà ancien. Dans les prés drainés de rigoles paissent moutons, vaches, poneys. On rencontre de nombreux vanneaux huppés, des faisans dorés, et des oiseaux aquatiques comme la foulque, petit échassier sombre dont la tête noire porte une tache blanche.

Depuis 1960, villes et bourgs sont sortis de terre : Lelystad, Dronten, Swifterbant, Biddinghuizen ; des pilotis placés sur une couche de sable assurent la stabilité de leurs constructions. D'immenses routes rectilignes sillonnent le polder. Certaines ont été construites sur les digues de ceinture.

Des lacs comme le **Veluwemeer**, séparant le polder de l'ancienne côte, font office de régulateurs et sont devenus des lacs de plaisance.

Zuidelijk Flevoland (Polder de Flevoland-Sud) – Il est séparé de l'autre polder par une digue de sécurité, la Knardijk, dont la route est en partie interdite à la circulation. Il est entouré par une digue construite de 1959 à 1967. En 1968, ce polder de 43 000 ha a été en grande partie asséché. La moitié de la superficie est consacrée à l'agriculture, le 1/4 aux zones d'habitation, 18 % aux prairies et aux bois. Le reste est occupé par les canaux, les digues et les routes.

Au Nord, près de l'Oostvaardersdijk, a été créée la réserve naturelle **De Oostvaardersplassen**. Très marécageuse, elle sert de refuge à de nombreux oiseaux, dont certaines espèces très rares. En mai-juin, la visite des polders est recommandée au moment de la floraison du colza ; la campagne se teinte alors de taches d'un jaune très vif.

LELYSTAD

La capitale de la province de Flevoland porte le nom de l'ingénieur Lely *(voir IJsselmeer)*. Cette ville nouvelle est surtout constituée de constructions basses. L'**Agora**, édifice socioculturel, un cinéma et la bibliothèque marquent le centre de l'agglomération.

Lelystad est reliée à Enkhuizen par une digue, la Markerwaarddijk (31 km), sur laquelle passe une route. L'Oostvaardersdiep, canal d'une largeur de 300 m, constitue une voie navigable entre Amsterdam et le Nord du pays. Deux importantes écluses, les Houtribsluizen, y marquent la séparation entre la Markermeer et l'IJsselmeer.

Nieuw Land Poldermuseum ⊙ – Ce **musée des Polders**, situé à proximité des écluses, a la forme de jumelles reposant sur la coupe transversale d'une digue de polder ; il abrite une exposition permanente sur les travaux du Zuiderzee. L'histoire de la lutte contre les eaux et de la vie avec l'eau est racontée à l'aide de films historiques, d'enregistrements sonores, de maquettes, de logiciels interactifs, etc. Outre la pêche, le commerce et les inondations, cette exposition évoque les évolutions géologiques et les cultures anciennes. Une section importante est consacrée à la construction des digues, l'assèchement des nouveaux polders, et à leurs premiers habitants.

★ **Batavia-werf – Nationaal Scheepshistorisch Centrum** ⊙ – La reconstruction du *Batavia*★, un navire de la Compagnie des Indes orientales, a débuté en 1985 dans le cadre d'un projet de formation pour les jeunes. Depuis, le navire a été mis à l'eau et le chantier est devenu un centre artisanal de construction navale.

Le *Batavia* fut construit en 1628 à Amsterdam, sur commande de la Compagnie des Indes orientales ou VOC *(voir Introduction, Histoire)*. Lors de son premier voyage vers l'Orient, ce navire marchand équipé de canons échoua sur les récifs de la côte Ouest de l'Australie. Seul un petit nombre des 341 personnes qui se trouvaient à son bord survécut à ce « malheureux voyage ». Depuis, le *Batavia* a été ramené sur la côte et il est exposé au West Australian Maritime Museum à Fremantle.

Outre la réplique du *Batavia*, on admire le *Flevo*, un chaland, ainsi que la copie du navire *De Zeven Provinciën* (Les Sept Provinces), commencée en 1995. Ce célèbre bateau de guerre de 1665 était le vaisseau amiral de Michiel de Ruyter. C'était un des plus grands de son époque.

Après, un petit film dans le centre touristique sert d'introduction ; la visite guidée permet de voir l'intérieur

Morand-Grahame/HOA QUI

Le *Batavia*

et l'extérieur des bateaux, ainsi que différents ateliers où se fabriquent poulies, cordages, voiles, sculptures sur bois, etc. Enfin, la visite du *Batavia* montre clairement que les navires de commerce du 17e s. étaient à la fois un entrepôt, un fort et un espace communautaire.

À côté du chantier se trouve l'Institut néerlandais d'Archéologie subaquatique **(Nederlands Instituut voor Scheeps- en onderwaterArcheologie)** (NISA). C'est dans le centre d'études ou **expertisecentrum**, évoquant une coque de bateau renversée, que les morceaux d'épaves retrouvées sont examinés et conservés. Entre le centre et le chantier naval du *Batavia*, il est prévu d'édifier progressivement divers pavillons consacrés à des thèmes maritimes. Le premier de la série est le **Beurtvaarderspaviljoen** où l'on peut voir l'épave d'un bateau du 17e s. qui assurait des liaisons régulières.

Nederlands Sportmuseum (musée du Sport) ⓥ – La collection comprend des maillots, médailles, chaussures ou patins à glace ayant appartenu à des sportifs néerlandais célèbres. Des photos et films rappellent les grandes performances sportives. Pour les amateurs, il est possible de s'initier à certains sports.

Zepp/allon ⓥ – *Au Nord de Lelystad sur le terrain du Airship Plaza.* Ce musée est consacré à l'histoire des montgolfières et de la navigation aérostatique de 1783 à nos jours. On y voit notamment une gondole d'aérostat, des paniers de montgolfières et des accessoires du Graf Zeppelin. À remarquer également les maquettes prototypes du nouvel aérostat que construira l'entreprise Rigid Airship Design, située à proximité.

Natuurpark Lelystad – *À l'Est de Lelystad.* C'est dans ce parc que fut découverte en 1967, lors de travaux de drainage, une **épave de bateau** de 1878. Elle est restée en place avec une partie de sa cargaison de briques entassée à proximité. Plus loin dans le parc, un site préhistorique a été reconstitué.

Luchthaven Lelystad – L'aéroport de Lelystad abrite deux musées : le **Vliegend Museum Lelystad** ⓥ ou musée de l'aviation, avec plus de trente avions anciens et modernes, et le **Uiverdome** ⓥ où se trouve « le Uiver », le seul DC-2 au monde encore en état de voler. En 1934, cet avion de la KLM avait remporté la course Londres-Melbourne.

AUTRES CURIOSITÉS

Almere – La création de cette ville et de son port de plaisance a commencé en 1975 au sud du polder de Flevoland, le long du Gooimeer. Depuis, Almere a connu un essor très rapide et la ville devrait compter 185 000 habitants en 2005. Almere est surtout réputée pour l'originalité de son architecture, chaque quartier ayant son propre visage. Divers architectes renommés (Cees Dam, Rem Koolhaas) y ont contribué (et y contribuent encore). Au centre **ACHK - De Paviljoens** ⓥ *(Odeonstraat 5)*, des expositions d'art contemporain sont organisées dans trois pavillons en forme de wagons sur pilotis.

Six Flags Holland ⓥ – Ce parc de loisirs se trouve au bord du lac Veluwemeer, dans la commune de **Biddinghuizen**. Le visiteur y trouvera de nombreuses attractions spectaculaires : plusieurs **montagnes russes**, un parcours aquatique, le cylindre tournant G-Force et l'effrayant Space Shot, qui vous fait décoller jusqu'à 60 m. Dans le **Bugs Bunny Wereld** (le monde de Bugs Bunny), les enfants sont accueillis par des personnages de dessins animés. Il y a aussi des spectacles de cascadeurs et toutes sortes de distractions familiales. Six Flags Holland abrite également un parc de bungalows pour vacanciers.

Dronten – Au cœur du polder, cette ville neuve s'étend largement autour d'une église au clocher aérien et du centre communautaire nommé **De Meerpaal** (le poteau d'amarrage).
Cet immense hall vitré construit (1967) par Frank van Klingeren est une « agora » fermée, prolongement de la place principale.

Cette charmante ville frisonne (Frjentsjer en frison) eut une université célèbre, fondée en 1585, où Descartes se fit inscrire comme étudiant en 1629. Celle-ci fut supprimée en 1811, sous le règne de Louis Bonaparte.

CURIOSITÉS

★ **Stadhuis** ⊘ – Ravissant édifice dans le style maniériste hollandais, datant de 1591, à double pignon, cet hôtel de ville est surmonté d'une élégante tour octogonale.
La salle du Conseil (Raadzaal) et la salle des Mariages (Trouwzaal) sont tendues de cuir peint du 18e s. au riche coloris.

★ **Eise Eisinga Planetarium** ⊘ – Au moment où bon nombre de ses contemporains craignent la fin du monde en raison d'une position exceptionnelle des astres, le Frison **Eise Eisinga** décide de démontrer que la situation est sans danger. Le peigneur de laine, qui s'intéresse à l'astronomie depuis son enfance, construit entre 1774 et 1781 un ingénieux dispositif faisant apparaître le mouvement des astres sur le plafond de son salon. Eisinga a représenté avec une précision surprenante la voûte céleste telle que les astrologues la connaissaient au 18e s. Ce planétarium, dont on peut voir le mouvement en montant au grenier, est le plus ancien d'Europe à fonctionner encore.
Il faut voir à l'extrémité de la rue (Eisingastraat) la charmante maison des porteurs de grain (**Korendragershuisje**).

Planetarium Eise Eisinga

Museum 't Coopmanshûs ⊘ – Voorstraat n°s 49-51.
Installé dans le Poids public ou Waag et dans les grandes maisons voisines datant des 17e et 18e s., ce musée municipal évoque entre autres le souvenir d'**Anna Maria van Schurman** (1606-1678). Cette illustre entomologiste et dessinatrice fit partie de la secte des « labadistes », fondée par l'émigré français **Jean de Labadie** (1610-1674) qui se proposait de ramener le protestantisme au christianisme primitif. L'histoire de l'ancienne université est illustrée par des portraits de professeurs et par une « xylothèque », exceptionnelle collection d'échantillons de bois, présentés sous la forme de livres, offerte à l'université de Franeker par Louis Bonaparte vers 1810. Le musée possède également de belles collections d'orfèvrerie frisonne, de porcelaines et d'objets en verre. À signaler aussi : la kermesse miniature de J. Kooistra. Des expositions d'art moderne sont organisées dans ce musée.
Dans la même rue (au n° 35), la **Martenahuis** a été construite en 1498.

Martinikerk (Église St-Martin) – Gothique, elle renferme des peintures du 15e s. sur les piliers (figures de saints). Le sol est jonché de nombreuses pierres tombales richement sculptées à la manière frisonne.

Weeshuis (Ancien hospice) – Son portail est surmonté d'inscriptions du 17e s.
À proximité, le **Camminghastins** est une jolie demeure des 15e-16e s., où se trouve un musée consacré au jeu de balle (**Kaatsmuseum** ⊘). Photos, trophées et autres documents illustrent ce sport populaire frison.

GIETHOORN★★

Overijssel

Cartes Michelin nos 908 J 3 et 210 Y 6

Le pittoresque bourg de Giethoorn se dresse au cœur d'une vaste région de tourbières marécageuses, « De Wieden ». Au cours des siècles passés, l'extraction massive de la tourbe dans la région a donné naissance à de nombreux lacs. De longs canaux et fossés furent creusés pour transporter la tourbe, des chaumières et des maisons de tourbiers édifiées sur leurs rives. Giethoorn doit son nom aux nombreuses cornes de chèvres sauvages, geitenhoorns, trouvées sur les lieux par les tourbiers.

Giethoorn n'est pas accessible en voiture. On peut uniquement découvrir le village à pied (un sentier longe le canal principal) ou en bateau. Des *punters* de Giethoorn (barques mues à l'aide d'une gaffe), des bateaux à moteur, des canots et des voiliers sont à louer partout. Il est également possible de faire un tour en bateau-mouche. Giethoorn s'étend des deux côtés du canal Dorpsgracht, qui fait près de 7 km de long. La partie la plus touristique du village est située entre la sortie Centrum-Dorp (centre du village) et la sortie Zuid (Sud). Il est conseillé à ceux qui veulent éviter l'affluence touristique (en été surtout) de visiter le petit village de Dwarsgracht et le hameau de Jonen sur l'autre rive du canal.

Un village lacustre – Les coquettes chaumières de Giethoorn sont entourées de canaux qu'enjambent de petits ponts en dos d'âne ou de simples passerelles. Leur façade, précédée d'une pelouse fleurie, donne sur le canal principal.

Si la bicyclette est le véhicule favori des habitants, beaucoup de transports se font par eau, souvent à l'aide de bateaux à double proue appelés *punters*. Les cortèges de mariage empruntent aussi les canaux.

La ferme restaurée **'t Olde Maat Uus** ⊙, aménagée en musée, offre un aperçu de la vie à Giethoorn au siècle dernier.

Giethoorn

Des toits « en dos de chameau » – Les fermes, de type halle *(voir Introduction, Traditions et folklore)*, sont remarquables pour leur toit de chaume de forme bombée. L'accroissement des récoltes, dû à l'augmentation des terres gagnées sur l'eau, obligea les habitants de Giethoorn à agrandir leurs fermes. En raison de l'exiguïté du terrain, celles-ci gagnèrent en hauteur et le bâtiment d'exploitation surplomba légèrement la maison d'habitation, créant une dénivellation qui fut appelée « dos de chameau ».

Tous les transports se faisant par eau, la ferme ne possède pas de portes cochères ; le foin est emmagasiné dans une grange située au-dessus de la remise à bateaux.

Les lacs – Les lacs qui s'étendent à l'Est et au Sud du village, vastes plans d'eau séparés par de petites îles couvertes de roseaux, sont très fréquentés par les oiseaux. Ils offrent de nombreuses possibilités de loisirs.

> ### Déguster une crêpe ou un sandwich dans un décor de cinéma
>
> Le café le plus réputé de Giethoorn est sans conteste le **bistro Fanfare** *(Binnenpad 68)*. Impossible d'ignorer qu'il servit de décor en 1958 au célèbre film de Bert Haanstra, *Fanfare*. Les nombreux instruments de musique et photos qui ornent les murs sont suffisamment éloquents...

ENVIRONS

Havelte – *17 km au Nord-Est*. À proximité de ce village de la Drenthe aux belles fermes typiques à toit de chaume se trouvent deux dolmens★ *(suivre la route au Nord vers Frederiksoord et prendre à droite en face d'un café)*. Ces deux tombeaux préhistoriques (D 53 et D 54) se dressent dans une jolie clairière parsemée de bruyère. L'un des dolmens est encore surmonté de sept gigantesques dalles et possède une entrée bien visible côté Sud-Est. L'autre, de dimensions plus modestes, a une forme légèrement arquée. *Voir aussi Hunebedden.*

Wanneperveen – *7 km au Sud*. Dans ce bourg qui porte comme bien des villages de tourbière un nom terminé par « veen » (tourbière), les chaumières s'alignent le long d'une rue sur plusieurs kilomètres.

On remarque, non loin de l'entrée Ouest du village, le **cimetière** avec son clocher isolé sommairement constitué de quelques poutres et caractéristique du Sud de la Frise. La jolie maison à pignon à redans au n° 83 de la rue principale est l'**ancien hôtel de ville** (1612).

Vollenhove – *16 km au Sud-Ouest*. C'était un port situé au bord du Zuiderzee, avant l'assèchement du polder du Nord-Est.

La **place de l'église** conserve quelques beaux monuments : l'église St-Nicolas **(St.-Nicolaaskerk)**, fin gothique, à deux nefs et son ancien clocher isolé, la **Klokkentoren**, qui servit de prison ; accolé à cette dernière, l'**ancien hôtel de ville**, construction à portique de 1621, en brique et grès, transformé en restaurant ; enfin, la jolie façade à pignons à redans de l'École latine **(Latijnse School)** (1627), occupée par une banque, et dont l'entrée est précédée par deux stèles sculptées.

Le nouvel hôtel de ville est installé dans le manoir **Oldruitenborgh** du 18ᵉ s., situé dans un parc du même nom. En face de l'hôtel de ville, au cœur du jardin historique **Marxveld**, se trouve l'église Kleine Kerk. Le Cabinet des Antiquités de Vollenhove **(Oudheidkamer)** est situé dans la rue adjacente Bisschopstraat.

★ **Blokzijl** – *17 km à l'Ouest*. C'était jadis un port prospère sur le Zuiderzee, qui faisait partie de la ligue hanséatique et servait de refuge aux vaisseaux de la Compagnie des Indes en cas de tempête. Aujourd'hui, ce sont surtout des bateaux de plaisance qui voguent vers l'écluse en longeant les quais bordés de belles maisons du 17ᵉ s.

La **Gildenhuys** ⊙, siège de la guilde situé dans la pittoresque rue de l'Église ou Kerkstraat, donne un aperçu des anciens métiers de la ville. À proximité, se trouve l'église **Grote Kerk** ⊙ du 17ᵉ s., un des premiers lieux de culte protestant du pays. Remarquer l'**intérieur**★ avec son plafond en bois et sa chaire munie d'un sablier (« afin de rappeler à l'honorable prédicateur que la patience de son auditoire a des limites »).

Kaatje de l'écluse

Près de l'écluse, on peut voir une statuette en bronze représentant Kaatje, une marchande et aubergiste aisée du 18ᵉ s. Lui caresser la tête de la main gauche porte bonheur et de la main droite amène la fortune. Ceux qui veulent jouer aux plus fins et caressent sa tête des deux mains doivent s'attendre à une correction de la part de la Dame de Blokzijl !

Quant à ceux qui préfèrent les joies de la gastronomie, ils peuvent se rendre à l'excellent restaurant Kaatje bij de Sluis.

Ancien petit port qui dut sa prospérité à la saliculture et à l'industrie de la garance, Goes est aujourd'hui le centre principal du Zuid-Beveland. La ville garde dans le tracé de ses canaux la marque de ses remparts du 15e s. Elle est entourée de prairies et de vergers et reliée à l'Escaut oriental par un canal.

Entre Goes et Oudelande au Sud fonctionne un petit train à vapeur (**stoomtrein** ⊘).

Jacqueline de Bavière – Ancienne résidence des comtes de Zélande qui y possédaient un château, Goes conserve le souvenir de la turbulente comtesse Jacqueline (Jacoba) de Bavière. Fille de Guillaume VI, elle hérita à sa mort en 1417 des comtés de Hainaut, de Hollande et de Zélande, ce qui lui valut la jalousie de tous. Elle eut maille à partir avec les cabillauds *(voir Gorinchem)*. Elle quitta en 1421 son deuxième époux, Jean IV de Brabant, qui l'avait dépossédée du comté de Hollande au profit de Jean de Bavière, oncle de Jacqueline et partisan des cabillauds. L'année suivante, elle épousa en Angleterre le duc de Gloucester.

Plus tard, pour échapper aux intrigues de Philippe le Bon qui avait envahi ses territoires, elle vint se réfugier à Goes. Elle fut contrainte par ce dernier à signer un accord à Delft en 1428 où elle le reconnut comme héritier et promit de ne jamais se remarier.

La promesse fut bientôt rompue (1432) et Jacqueline de Bavière perdit son titre de comtesse (1433) ; trois ans plus tard, elle mourait au château de Teylingen, près de Sassenheim *(voir Keukenhof)*.

Le marché – Le marché hebdomadaire, sur la Grand-Place de Goes *(le mardi)*, donne l'occasion parfois d'admirer les costumes zélandais du Zuid-Beveland *(voir Introduction, Traditions et folklore)*. Les coiffes surtout sont d'une grande beauté, carrées pour les catholiques, en forme de vaste auréole pour les protestantes.

CURIOSITÉS

Grote Markt – La Grand-Place est dominée par l'hôtel de ville **(stadhuis)**. Du 15e s., il a été transformé au 18e s. dans le style rococo. La partie gauche abrite un café où l'on peut déjeuner.

★ **Grote Kerk (Grande Église)** ⊘ – Bâtie en partie au 15e s., elle a été reconstruite en 1619-1621 après un incendie. La nef principale est très élevée. Le **portail Nord** est finement décoré dans le style flamboyant et comprend une large baie surmontée d'un gâble ajouré.

L'intérieur de l'église abrite un bel **orgue** du 17e s. couronné au 18e s. d'un baldaquin.

En face, l'église Ste-Marie-Madeleine **(Marie Magdalenakerk)** de style néogothique date de 1908.

Museum voor Zuid- en Noord-Beveland ⊘ – *Singelgracht 13*. Cet ancien orphelinat abrite une collection variée de costumes traditionnels de la région du Beveland et des tableaux des gardes civiques (17e s.). Le bâtiment à droite du musée était autrefois un hospice pour vieillards (1665) **(Oude Mannen- en Vrouwenhuis)**, comme en témoignent les statues au-dessus du portail.

Turf- et Kleine Kade – *Au nord de la Grote Markt*. Ces quais sur le port de plaisance sont bordés de quelques jolies maisons.

EXCURSION *15 km à l'Est – schéma, voir Delta*

Kapelle – L'**église** se signale par son imposant clocher en brique du 14e s., cantonné de clochetons. Dans la nef, on peut voir des balustres décorés et des têtes de satyres du 15e s. Le chœur, orné d'arcatures aveugles, est occupé par un tombeau du 17e s.

Yerseke (ou Ierseke) – Ce petit port sur l'Escaut oriental est spécialisé dans l'ostréiculture, la mytiliculture et l'élevage des homards ainsi que dans leur négoce. Il possède la seule criée de moules au monde. Chaque année, le troisième samedi d'août, est organisée une « journée des moules » **(Mosseldag Yerseke)** avec moules gratuites pour tout le monde.

GORINCHEM

Zuid-Holland

33 248 habitants

Cartes Michelin nos 908 F 6 et 212 O 11

Aux confins de trois provinces (Hollande-Méridionale, Brabant-Septentrional et Gueldre), Gorinchem, appelée souvent **Gorkum**, est un important carrefour fluvial, au confluent de deux grands fleuves, le Waal (bras du Rhin) et la Meuse, du Merwede-kanaal et d'une petite rivière, la Linge.
Elle possède un important port de plaisance à l'Ouest.

Hameçons et Cabillauds – Gorkum date du 13e s. En raison de sa position stratégique, elle eut à subir de nombreux sièges.
Elle fut en 1417 l'enjeu d'une lutte féroce entre les « hameçons » ou *Hoeken*, partisans de Jacqueline de Bavière *(voir Goes)* qui avait reçu la ville en héritage, et **Guillaume d'Arkel**, du parti des « cabillauds » ou *Kabeljauwen*. Ce dernier voulait reconquérir la ville qui avait appartenu à son père. Il perdit la vie au cours d'un combat dans la cité même.
Gorkum fut l'une des premières places fortes arrachées aux Espagnols par les Gueux, en 1572. Parmi les prisonniers faits par les Gueux figuraient seize prêtres qui furent exécutés à Brielle la même année. Ce sont les « martyrs de Gorkum ».
C'est, au 17e s., la ville natale du peintre **Abraham Bloemaert** qui séjourna surtout à Utrecht.

LE QUARTIER ANCIEN *visite : 3/4 h*

Entouré d'eau, le quartier ancien conserve la forme de bastions et remparts qui ont été aménagés en promenade. Il est traversé par la Linge qui y forme un port pittoresque, le **Lingehaven**.

Grote Markt – Sur la Grand-Place, l'ancien hôtel de ville **(stadhuis)** néoclassique de 1860 abrite l'Office de tourisme et le **Gorcums Museum** ⊙ qui expose des collections ayant trait à l'histoire de la ville, des peintures, sculptures, maquettes, jouets, pièces d'orfèvrerie. La collection municipale présente principalement des œuvres d'artistes modernes et contemporains de Gorkum (notamment Ad Dekkers), exposées dans le cadre d'expositions temporaires.
Au no 23, une petite porte baroque, nommée **Hugo de Grootpoortje**, est un vestige de la maison où se réfugia l'illustre Grotius après s'être échappé de Loevestein *(voir ci-dessous)*.

Groenmarkt – Sur cette place s'élève la Grande Église ou église St-Martin **(Grote of St.-Maartenskerk)**. Du 15e s., elle est surtout remarquable par sa haute tour gothique **(St.-Janstoren** ⊙), du début du 16e s., dont la forme est un peu incurvée ; en effet, lors de sa construction, lorsqu'on s'aperçut que l'édifice s'affaissait, on redressa les murs supérieurs qui, seuls, sont verticaux.

Burgerkinderenweeshuis (Ancien orphelinat) – Sur la façade (18e s.) de cette maison nommée aussi **Huize Matthijs-Marijke**, une pierre sculptée représente le Christ et des enfants, entre les fondateurs de l'orphelinat.

Huis « 't Coemt al van God » (Tout vient de Dieu) – Cette maison possède une jolie façade étroite, avec pignon à redans, ornée de médaillons d'époque Renaissance (1563).

Dalempoort – Cette charmante petite porte de rempart, carrée, à haute toiture surmontée d'un clocheton, date de 1597. C'est la seule porte qui subsiste des quatre entrées de la ville.
De là, on aperçoit un haut **moulin** de rempart, nommé **De Hoop**, l'Espoir (1764).

Buiten de Waterpoort – Cette vaste esplanade ombragée s'étend au Sud de la Waterpoort, ancienne porte d'eau supprimée en 1894 pour élargir la route. On y trouve l'embarcadère pour les promenades en bateau.
De là, jolie **vue** sur la Dalempoort et le moulin, et sur le fleuve ; au Sud-Est, sur la rive opposée, dans la verdure, on distingue le haut clocher de l'église de Woudrichem et le château rose de Loevestein.

EXCURSIONS

Leerdam – *17 km au Nord-Est par Spijksedijk.*
Cette localité située sur la Linge est le centre principal de fabrication du verre aux Pays-Bas, depuis la création de la première verrerie en 1795.
Au Sud-Ouest, sur la route d'Oosterwijk *(Lingedijk 28)*, un petit musée de la Verrerie **(Nationaal Glasmuseum** ⊙) est installé dans une villa. Ce musée comprend d'intéressantes collections de verres et de cristaux, pro-

GORINCHEM

venant de Leerdam (19ᵉ et 20ᵉ s.) mais aussi de divers pays (depuis le 18ᵉ s.). Leerdam compte également de nombreuses galeries consacrées à l'art du verre.

Woudrichem – *21 km au Sud. Sortir par Westwagenstraat.*

Au confluent du Rhin (Waal) et de la Meuse (Maas), cette petite place forte est encore enfermée dans sa ceinture de remparts bastionnés. Par la paix de Woudrichem en 1419, Jean de Bavière obtint des droits importants sur les territoires de sa nièce Jacqueline *(voir Goes)*.

Woudrichem possède un petit port de plaisance, d'où un bac pour piétons dessert le château de Loevestein.

Au Sud, on pénètre dans la ville par la **Koepoort**. À droite s'élève la **tour** trapue de l'église gothique dont les parois sont ornées de médaillons.

Près de la **Gevangenpoort** ou porte-prison, du 15ᵉ s., l'ancien hôtel de ville (**Oude Raedthuys**, *Hoogstraat 47*) présente une gracieuse façade Renaissance à pignon à redans. Dans la même rue, on remarque, au nᵒ 37, une pierre de façade représentant une hache fendant du bois. En face, deux maisons jumelles, de 1593 et 1606, dont les pierres de façade évoquent, par leurs sculptures, un ange doré et une salamandre, et par leurs inscriptions (À l'Ange doré, À la Salamandre) le nom respectif.

★ **Slot Loevestein (Château de Loevestein)** ⊘ – *Accès en bac (piétons et cyclistes seulement) depuis Woudrichem.*

Cette solide forteresse de brique, flanquée de quatre tours carrées, est entourée de douves et de remparts. Le château de Loevestein fut construit entre 1357 et 1368 par Dirc Loef van Horne. Le comte de Hollande Albert (Albrecht) de Bavière s'en empara en 1385 et l'entoura d'une enceinte. Au 15ᵉ s., le château fut transformé en prison par Jacqueline de Bavière qui venait de

GORINCHEM

Appeldijk	3	Gasthuisstraat	12
Blauwe Torenstr.	4	Groenmarkt	13
Boerenstraat	6	Hoge Torenstraat	15
Bornsteeg	7	Hoogstraat	16
Burgstraat	9	Kelenstraat	18
Dalembolwerk	10	Kruisstraat	19
		Langendijk	21
		Lombardstraat	22
		Molenstraat	24
		Nieuwe Waalsteeg	25

Peterburg	27
Pompstraat	28
Robberstraat	30
Tolsteeg	31
Torenstraat	33
Vijfde Uitgang	34
Visbrug	36
Walstraat	37
Westwagenstr.	39
Zusterhuis	40

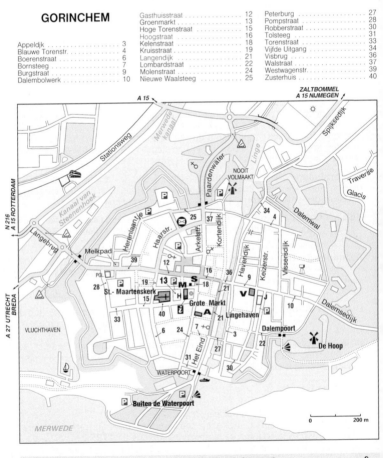

Burgerkinderenweeshuis ..... **A**	Hugo de Grootpoortje ..... **S**
Gorcums Museum ..... **M**	Huis 't Coemt al van God' ..... **V**

184

Loevestein

s'emparer de Gorinchem. En 1619, **Grotius** *(voir Delft)*, qui avait été fait prisonnier l'année précédente, fut incarcéré à Loevestein. Il s'y consacra à la préparation d'ouvrages juridiques ou théologiques. Son évasion est restée célèbre. Il réussit à s'enfuir en mars 1621 dans un coffre ayant servi à lui apporter des livres, et fut hébergé provisoirement à Gorinchem avant de gagner la France. À l'intérieur du château, on visite de grandes salles aux belles cheminées. Dans l'une d'elles, on montre le coffre qui aurait permis à Grotius de s'échapper.

GOUDA*

Zuid-Holland

71 576 habitants

Cartes Michelin nos 908 F 5 et 211 N 10

Gouda (prononcer raoda) doit sa célébrité aux vitraux de son église, à ses fromages, ses *stroopwafels*, gaufrettes fourrées de mélasse, ses pipes et sa faïence.
Située au confluent du Hollandse IJssel et de la Gouwe, cette ville paisible est traversée par plusieurs canaux.
Gouda, nommée alors Ter Gouwe, se développa au Moyen Âge sous la protection du château qui fut détruit en 1577 par la municipalité.
Au 15e s., la brasserie et le commerce apportèrent une grande prospérité à Gouda. Le 16e s. marqua une décadence. La ville se releva au 17e s. grâce au commerce du fromage et à la fabrication de pipes introduite par des mercenaires anglais. De nos jours, il faut ajouter à cette production celle des bougies, dont Gouda possède la plus grande fabrique dans le pays, et celle des poteries.
Gouda est la patrie de **Cornelis de Houtman** (vers 1565-1599), qui dirigea une expédition en Orient (1595-1597) et fonda le premier comptoir hollandais aux Indes orientales (Indonésie), dans l'île de Java.

Promenades en bateau ⊙ – Des promenades sont organisées vers les étangs de Reeuwijk *(voir ci-après)*.

LE CŒUR DE LA VILLE visite : 3 h

Markt – Au centre de la Grand-Place se dresse l'hôtel de ville à la haute silhouette féerique.
Plusieurs marchés ont lieu sur cette place, en particulier le **marché au fromage et le marché artisanal** (Goudse Kaas- en Ambachtenmarkt) ⊙.
Le bâtiment « Arti Legi » au no 27 abrite l'Office de tourisme.

* Stadhuis ⊙ – Ce bel édifice gothique du milieu du 15e s., restauré aux 19e et 20e s., présente vers le Sud une façade en grès très décorée, flanquée de tourelles et surmontée d'un pignon à balcon. Le perron qui la précède est de style Renaissance

Ch. Sappa/CEDRI

Gouda – Hôtel de ville

(1603). Sur le côté Est se trouve un **carillon**, dont les petits personnages exécutent, toutes les demi-heures, la scène de la remise des droits de cité à Gouda en 1272 par le comte Floris V de Hollande.

À l'**intérieur**, on visite notamment la salle des Mariages ou Trouwzaal, ornée d'une tapisserie tissée à Gouda au 17e s.

Waag – Le **Poids public** est une construction classique de 1668 exécutée par **Pieter Post**. La façade est ornée d'un bas-relief représentant la pesée du fromage qui s'y pratiquait jadis.

Le Waag abrite le **Kaasexpo-seum** ⓥ (musée du Fromage), qui donne un aperçu du développement de l'industrie laitière aux Pays-Bas et plus particulièrement à Gouda.

À l'arrière du Poids public, la jolie chapelle Ste-Agnès (**Agnietenkapel**) a été restaurée.

★ **St.-Janskerk** ⓥ – Fondée au 13e s., l'**église St-Jean** a été rebâtie trois fois après des incendies. Agrandie à chaque reconstruction, elle est avec ses 123 m la plus longue église du pays.

Précédée d'un petit clocher, vestige de l'église primitive, l'église est entourée de nombreux pignons pointus, laissant place à de grands vitraux.

L'intérieur, très lumineux, est sobre. D'un point de vue architectural, il s'agit d'une basilique à transepts de la fin de l'époque gothique, que surmontent des voûtes de bois en berceau.

★★★ **Vitraux** (Goudse Glazen) – Une magnifique collection de 70 vitraux fait la renommée de l'église St-Jean.

40 furent épargnés par les iconoclastes, les autres furent réalisés après la Réforme. Les plus grands, au nombre de 27, ont été offerts par le roi, par des princes, des prélats ou de riches bourgeois.

Les 13 vitraux les plus remarquables, situés dans la partie centrale et la partie orientale de l'église, dus aux frères Dirck et Wouter **Crabeth**, ont été réalisés de 1555 à 1571, alors que l'église était affectée au culte catholique. Ils illustrent des sujets bibliques. Les œuvres des frères Crabeth portent les numéros :

5 La Reine de Saba rend visite à Salomon

6 Judith décapitant Holopherne

7 Consécration du Temple de Salomon et Cène (don de Philippe II, roi d'Espagne et de Marie Tudor, reine d'Angleterre)

8 Héliodore, le voleur du Temple, châtié par les anges

12 Nativité

14 Prédication de saint Jean Baptiste (patron de la ville de Gouda ; ses couleurs le blanc (pureté, amour) et le rouge (souffrance) se retrouvent dans les armoiries de la ville)

15 Baptême de Jésus (vitrail le plus ancien, 1555)

16 Première prédication de Jésus

18 Le message de Jésus à saint Jean emprisonné

22 La purification du Temple (vitrail offert par Guillaume le Taciturne, et symbolisant la lutte de l'Église pour sa purification)

23 Le sacrifice d'Élie et les Ablutions (don de Marguerite de Parme, gouvernante des Pays-Bas au moment du soulèvement)

30 Jonas rejeté par la baleine (*fenêtre haute, au-dessus du déambulatoire, gauche du chœur*)

Le fromage de Gouda

Le gouda est, avec l'édam, l'un des plus célèbres fromages de Hollande. Commercialisé à Gouda, il est produit soit en usine, soit dans les fermes : il prend alors le nom de *boerenkaas*, fromage fermier.

Le gouda est fabriqué avec du lait de vache soit cru, soit pasteurisé (lorsque le fromage est fait en usine). Il peut être jeune, moyen ou vieux. La mention « volvet 48+ » signifie que sa teneur en matières grasses est au moins égale à 48 %. Il se présente généralement sous forme d'une meule d'un diamètre de 35 cm.

P. Duval/HOA QUI

Des vitraux plus récents, qui datent de la période protestante, ont été placés entre 1594 et 1603 dans la partie occidentale. Offerts par les villes libres de Hollande, ils représentent des armoiries, des faits historiques, des allégories et quelques scènes bibliques. On remarque les numéros :

25 : Levée du siège de Leyde (en 1574) au milieu des inondations ; portrait de Guillaume le Taciturne ; silhouette de Delft *(illustration, voir Introduction, Histoire)*
27 : Le pharisien au Temple
28 : La femme adultère, dans un décor monumental à perspective profonde
28 A *(bas-côté droit)* : Le vitrail de la Libération, de Charles Eyck, posé en 1947
Les sept vitraux de la **chapelle** *(porte sous vitrail 14 du chœur)*, illustrant l'Arrestation de Jésus, la Dérision, la Flagellation, l'Ecce Homo chez Pilate, le Portement de Croix, la Résurrection, l'Ascension, la Fête de la Pentecôte, proviennent d'un couvent voisin.
Les orgues au fond de l'église *(côté Ouest)* datent de 1736. Le nouvel orgue dans le chœur date de 1974.

En faisant le tour de l'église par la droite, on atteint l'entrée Nord du musée de l'hospice de Ste-Catherine.

★ **Museum Het Catharina Gasthuis** ⊘ – Installé dans l'ancien hôpital de Gouda, l'hospice (Gasthuis) de Ste-Catherine, ce musée présente une collection variée de tableaux et d'objets illustrant l'histoire de la ville et de son hospice.
Au Nord du musée, on accède à un jardin et à l'entrée du musée par un portail de 1609 **(Lazaruspoortje)**, orné d'un bas-relief polychrome représentant Lazare le lépreux mendiant à la table d'un riche. Il provient d'une léproserie.
La partie ancienne de l'hospice (1542), là où se trouvaient les salles d'hôpital, sert aujourd'hui de cadre à des expositions temporaires. Dans une pièce voisine, on peut voir la reconstitution de la **pharmacie municipale** du 19e s.
Derrière les pièces des 17e, 18e et 19e s., le Grand Hall **(Ruim)** est consacré aux gardes civiques : tableaux de groupes (l'un par Ferdinand Bol). À côté du Ruim se trouvent les salles des régents, la cuisine et sa cave à provisions, ainsi que la chapelle de l'hôpital **(Gasthuiskapel)**. Cette dernière est consacrée à l'art religieux : retables du 16e s., collection d'argenterie, calice offert au 15e s. par Jacqueline de Bavière à la ville de Gouda.
Une petite cave renferme d'anciens instruments de torture. Remarquer la cage à fous, une pièce unique aux Pays-Bas.
À l'étage supérieur, collections de jouets, reconstitution de la salle de la guilde des chirurgiens, peintures de l'école de Barbizon et de l'école de La Haye (A. Mauve, Isaac Israëls, Jacob Maris) et de Jan Toorop. Une autre salle renferme des œuvres du Siècle d'or.

GOUDA

Museum De Moriaan ⊙ – À l'enseigne du Maure (moriaan) évoquant une boutique de tabac, cette maison de style Renaissance, construite vers 1625, présente sur le pittoresque canal de Gouda une jolie façade.

Le décor et l'agencement de la boutique de tabac ont été reconstitués. De riches collections de pipes en argile et de **faïence de Gouda** sont présentées dans un cadre raffiné. Ces pièces témoignent de la riche tradition de la ville en tant que centre de l'industrie de la poterie. À partir du 17e s., cette industrie s'orienta vers la production des fameuses pipes de Gouda ; au début du 20e s., on passa à la fabrication d'objets décoratifs (voir Introduction, Art).

Jeruzalemstraat – À l'angle du Patersteeg se trouve la **Jeruzalemkapel**, chapelle du 15e s.

En face, à l'autre angle, l'ancien orphelinat **(Weeshuis)** de 1642, actuelle bibliothèque, offre une façade à pignon à volutes, et, à côté, un portail surmonté d'un bas-relief représentant deux orphelins.

Sur le trottoir opposé, au nº 2, un hospice de vieillards **(Oude Mannenhuis)** s'ouvre par un portail de 1614, modifié au 18e s.

À l'extrémité de la Spieringstraat se trouve le **parc municipal** où s'élève un moulin de rempart **(Walmolen 't Slot)**, de 1832, qui sert à moudre le grain. Il se trouve à l'emplacement du château détruit en 1577, d'où son nom (slot signifie château fort). Dans le parc, on remarque un arbre planté à l 'occasion de la majorité de la reine Wilhelmine, en 1898.

★ LES ÉTANGS DE REEUWIJK ET WOERDEN

Circuit de 30 km au Nord. Sortir par Karnemelksloot. Après le grand canal, prendre la deuxième rue à gauche et gagner Platteweg.

★ **Reeuwijkse Plassen (Étangs de Reeuwijk)** – Ils couvrent une vaste superficie. Si les plans d'eau sont très appréciés pour la pratique des sports nautiques, la route qui sinue entre les étangs fait découvrir un paysage attachant par sa lumière tamisée, son aspect à la fois champêtre et sauvage, son abondante végétation.

Après Sluipwijk, prendre la direction de Bodegraven puis de Woerden.

Woerden – Ancienne place forte importante, sur le Vieux Rhin, Woerden fut longtemps considérée comme « la clef de la Hollande ». En 1672, les armées de Louis XIV commandées par le duc de Montmorency-Luxembourg y défirent les Hollandais. Un **château** du 15e s., transformé depuis 1872 en magasin d'intendance, se trouve à l'entrée Sud de la ville.

Dans l'ancien hôtel de ville a été aménagé un musée municipal **(Stadsmuseum** ⊙**)**. Flanqué d'une tourelle, c'est un ravissant petit édifice de 1501, à pignon à volutes et au premier étage vitré en largeur ; au fond se situe la magistrature municipale du 17e s. Un ancien pilori occupe la partie droite de la façade. Woerden possède aussi un **moulin à balustrade** de 1755, De Windhond (le lévrier).

DE OUDEWATER À SCHOONHOVEN

Circuit de 34 km. Sortir par Nieuwe Veerstal (Z 28) et suivre la route de digue, très étroite (croisement difficile).

Cette route, qui suit le Hollandse IJssel, offre des **vues**★ pittoresques sur la rivière aux rives marécageuses et sur les fermes en contrebas de la digue.

Oudewater – Patrie de **Jacobus Arminius** (vers 1560-1609) *(voir Dordrecht)* et du peintre primitif **Gerard David** (vers 1460-1523), qui s'installa à Bruges en 1483, c'est l'une des plus anciennes petites villes des Pays-Bas.

Oudewater doit sa célébrité à sa **balance aux sorcières** ou Heksenwaag ⊙. Elle est installée, près du Markt qui enjambe un canal, dans le Poids public, joli petit édifice Renaissance à pignon à redans.

Au 16e s., les femmes accusées de sorcellerie venaient de très loin se faire peser à Oudewater, en présence du bourgmestre de la ville. Si leur poids ne s'avérait pas trop faible par rapport à leur taille, elles étaient trop lourdes pour chevaucher un manche à balai, donc il ne s'agissait pas de sorcières. On leur délivrait alors un certificat d'acquittement. Toutes les personnes pesées à Oudewater furent acquittées. Le dernier certificat fut remis en 1729. Au grenier, des gravures, des documents, et une représentation audiovisuelle illustrent l'histoire de la sorcellerie.

À côté du Poids public, au n° 14, remarquer la façade Renaissance (1601) de la maison natale d'Arminius.

D'autres façades se disséminent le long des rues avoisinantes comme la Wijdstraat. Au n° 3 de la Donkere Gaard, près du Markt, belle maison à consoles de bois. Près du Markt, l'hôtel de ville (**Stadhuis**, 1588) Renaissance présente une façade latérale précédée d'un perron et surmontée d'un pignon à redans.

Par la route de Gouda, gagner Haastrecht, puis suivre la vallée du Vlist vers Schoonhoven.

Le **parcours**★ est pittoresque. La route, ombragée par des saules, longe la rivière aux berges couvertes d'une abondante végétation. De belles fermes, au toit couvert de roseaux, accompagnées d'une meule de foin conique coiffée d'un petit toit, bordent la route.

Vlist – Joli moulin à vent en bois, à pivot.

À la sortie de Vlist, traverser la rivière.

Schoonhoven – Cette petite ville charmante au confluent du Vlist et du Lek est connue pour sa tradition d'orfèvrerie (travail de l'argent) que perpétuent quelques artisans. Elle est reliée par un bac *(veer)* à la rive Sud du Lek. À proximité du bac est située la porte du Bac (**Veerpoort**) de 1601. Au début du pittoresque canal qui traverse la ville se trouve la Maison de l'artisanat (**Edelambachtshuys** ⊙), où l'on peut voir une riche collection d'argenterie ancienne de Schoonhoven ainsi qu'un atelier d'autrefois. Un peu plus loin se dresse l'hôtel de ville (**stadhuis**) de 1452. Coiffé d'un haut toit surmonté d'un clocheton (carillon), il a été modernisé. Sur la gauche, on reconnaît la Grande Église ou **Grote Kerk** à sa tour penchée.

Sur le Dam, au centre du canal, le Poids public (**Waag**) est un original édifice de 1617 à la lourde toiture à quatre pans. Près du Poids public, un musée d'Orfèvrerie et d'Horlogerie (**Nederlands Goud-, Zilver- en Klokkenmuseum** ⊙) a été aménagé. Il renferme une belle **collection**★ d'horloges murales de la Frise ou du Zaan, de cartels français, de pendules du 18e s., ainsi qu'un grand nombre de montres. Notons également une collection d'argenterie, une chambre de contrôle et de poinçonnage pour l'or et l'argent, ainsi qu'un atelier d'orfèvre. Le beau château d'eau (**Watertoren**) néogothique (1901), haut de 50 m, abrite depuis 1996 une fondation consacrée à la promotion de l'argent (Zilver in Beweging).

De jolies maisons agrémentent la cité, notamment au n° 37 de la Lopikerstraat : la façade, de 1642, est ornée d'un double pignon à redans.

Pendule (vers 1715), A. Witsen
Collection Nederlands Goud-,
Zilver- en Klokkenmuseum, Schoonhoven

Collectie Nederlands Goud-, Zilver- en Klokkenmuseum

GRONINGEN

Groningue – Groningen P

171 193 habitants

Cartes Michelin nos 908 K 2 et 210 Y 3

Plan d'agglomération dans Le Guide Rouge Benelux

Capitale dynamique de province, principale ville de la région Nord des Pays-Bas, Groningue se trouve à l'extrémité du Hondsrug (voir Hunebedden), entre une région de polders au Nord et d'anciennes tourbières au Sud-Est.

Grâce à la présence de l'université et de plusieurs écoles supérieures, Groningue est une ville jeune : plus de 50 % de ses habitants ont moins de 35 ans. C'est pourquoi l'animation de la ville est centrée sur les étudiants qui, l'été, envahissent les nombreuses terrasses du centre.

UN PEU D'HISTOIRE

Groningue est connue en l'an 1000. Elle appartient à la Hanse (voir IJsselmeer) au début du 13e s. Une convention, conclue en 1251 avec les cantons voisins, fait de Groningue le seul marché de grains de la région, ce qui lui vaut six siècles de prospérité. Soumise à l'évêque d'Utrecht, elle passe aux mains du duc de Gueldre en 1515. Puis, cherchant à échapper à l'autorité des Habsbourg, elle cède finalement devant Charles Quint en 1536.

Elle adhère à l'Union d'Utrecht en 1579, est prise par les Espagnols en 1580, puis par Maurice de Nassau en 1594.

Une ère de prospérité s'ensuit avec la construction d'une nouvelle enceinte.

En 1614 est fondée l'université : elle acquiert très vite une grande réputation et attire des étudiants venus de tous les pays d'Europe. Descartes la choisit en 1645 pour arbitrer ses conflits avec les théologiens hollandais. Aujourd'hui, l'université continue à jouer un rôle important.

En 1672, la ville résiste aux troupes de l'évêque de Münster, allié de Louis XIV.

Les fortifications remaniées en 1698 par Coehoorn sont abattues en 1874 pour favoriser l'expansion de la cité. Quelques vestiges, au **Noorderplantsoen**, ont été aménagés en jardin.

La ville de Groningue est la patrie des peintres **Jozef Israëls** (1824-1911), chef de l'école de La Haye ou Haagse School, et de **Hendrik Willem Mesdag** (1831-1915), qui en fut l'un des membres.

Une ville dynamique – Important nœud de communication, Groningue est équipée de deux ports de plaisance.

Groningue est un grand centre industriel (technologie de pointe, manufacture de tabac, fabrique d'asphalte et aciérie). La ville occupe le premier rang en Europe occidentale pour la production de sucre de betterave.

Groningue s'est construit un important centre de congrès et d'expositions, le **Martinihal**, près du champ de courses, dans les quartiers neufs qui se développent au Sud. Autres exemples d'architecture moderne : le Groninger Museum, le centre commercial Waagstraatcomplex et le **siège social de la Nederlandse Gasunie** (Union gazière des Pays-Bas).

Le gaz de Groningue

La ville est considérée comme la capitale énergétique des Pays-Bas. 1945 a vu le début de l'exploitation du pétrole dans la Drenthe, près de Schoonebeek (voir Emmen, Excursions), arrêtée depuis. En 1960, on a découvert dans la province de Groningue d'importantes réserves de gaz naturel. Elles ont été évaluées à environ 1 800 milliards de m³, ce qui est en fait l'un des plus importants gisements du monde. Celui-ci compte 29 centres d'extraction regroupant chacun plusieurs puits. Un de ces centres se situe à **Slochteren**, à l'Est de Groningue.

Près de la moitié du gaz naturel est exportée au moyen de gazoducs vers la Belgique, la France, l'Allemagne et l'Italie.

GRONINGUE PRATIQUE

Se loger

Si la ville de Groningue est surtout connue pour le Groninger Museum, un musée futuriste, elle possède néanmoins quelques beaux hôtels installés dans d'anciennes demeures historiques.

« VALEUR SÛRE »

Auberge Corps de Garde - *Oude Boteringestraat 74, 9712 GN Groningen,* ☎ *(050) 314 54 37, fax (050) 313 63 20, www.corpsdegarde.nl. 24 chambres.* Cet hôtel agréable est installé dans l'ancien corps de garde du 17e s., ainsi que dans l'immeuble voisin, situé sur Boteringebrug. Les chambres, meublées à l'ancienne, sont spacieuses et disposent de tout le confort moderne. Elles sont aménagées dans le style classique et pourvues de meubles anciens.

Schimmelpenninck Huys - *Oosterstraat 53, 9711 NR Groningen,* ☎ *(050) 318 95 02, fax (050) 318 31 64, www.schimmelpenninckhuys.nl. 38 chambres.* Cet hôtel agréable est installé dans une vieille demeure patricienne près du Grote Markt (Grand-Place) et propose des suites ou des chambres de dimensions diverses équipées de mobilier moderne et donnant sur les jardins intérieurs. La plupart des chambres sont peintes en blanc, tout comme le reste de l'hôtel. Le petit déjeuner est servi dans la salle baroque, la véranda ou le jardin.

Hotel De Ville - *Oude Boteringestraat 43, 9712 GD Groningen,* ☎ *(050) 318 12 22, fax (050) 318 17 77, www.deville.nl. 45 chambres.* Cet hôtel chic et plein de charme se cache derrière les façades sobres de maisons patriciennes restaurées. Il est situé dans un endroit tranquille de la vieille ville et son intérieur est aménagé dans le style classique. Les chambres sont spacieuses et équipées de mobilier moderne. Depuis le bar de la véranda, belle vue sur un joli jardin intérieur.

Se restaurer

De Pauw - *Gelkingestraat 52,* ☎ *(050) 318 13 32.* Ce restaurant situé au cœur de la ville propose une formule particulière : le plat principal est composé d'un buffet « roulant » présenté sur de petites dessertes et pouvant être agrémenté, au choix, d'une entrée ou d'un dessert.

Restaurant Grand Café Schimmelpenninck Huys - *Oosterstraat 53,* ☎ *(050) 311 18 72.* L'adresse idéale pour prendre une tasse de café, un repas léger ou un dîner complet en présence du beau monde de Groningue. Vous pourrez vous installer dans la véranda, dans la salle Empire ou la salle Art nouveau, ou encore dans l'agréable jardin verdoyant. *Voir également ci-dessus, Hotel Schimmelpenninck Huys.*

Bistro 't Gerecht - *Oude Boteringestraat 45,* ☎ *(050) 589 18 59.* Bistrot d'inspiration française situé à côté de l'hôtel nommé Hotel De Ville. Assis sur de longs bancs, entourés de lambris et miroirs, vous pourrez y goûter une cuisine traditionnelle (essentiellement française).

Terrasses au pied de Martinitoren

Loek Polders/B & U International Picture Service Amsterdam

Muller – *Grote Kromme Elleboog 13*, ☎ *(050) 318 32 08*. Dans ce restaurant, situé dans un des quartiers animés de Groningue, vous serez assuré de manger un bon repas dans un cadre distingué.

Ni Hao – *Hereweg 1*, ☎ *(050) 318 14 00*. Restaurant chinois situé à proximité de la gare.

Brasseries, cafés-restaurants, bars, koffiehuizen...

De Apedans – *Verlengde Oosterstraat 1*. Cette brasserie-restaurant à la mode, dont l'intérieur design est décoré avec goût, propose des plats simples.

Het Goudkantoor – *Waagplein 1*. Ce beau bâtiment, situé près du Poids public (Waag), abrite un des cafés-restaurants les plus fréquentés de la ville.

Newscafé – *Waagplein 5*. Outre un bar à cocktails et un coin lecture, des ordinateurs permettent de surfer sur Internet. Au 1er étage, on propose une cuisine internationale.

't Feithhuis – *Martinikerkhof 10*. Ce café à la mode propose des petits déjeuners, déjeuners, dîners, salades et du thé. Une bonne adresse pour n'importe quel moment de la journée.

Informations pratiques

Informations générales – Pour des renseignements sur les curiosités, visites guidées ou possibilités d'hébergement, s'adresser à l'Office de tourisme de Groningue (**VVV Groningen**, Grote Markt, ☎ (0900) 202 30 50 ou www.vvvgroningen.nl) qui propose également des arrangements particuliers, notamment en matière d'hébergement. Vous pouvez aussi y réserver vos chambres d'hôtel ou y acheter vos billets pour les concerts et les diverses manifestations.

Transports – Groningue dispose de nombreux **parkings couverts ou non**, parfaits pour une courte visite et faciles à atteindre en suivant les panneaux P. Si vous restez plus longtemps, garez plutôt votre voiture dans un des **parkings P+R** situés à la périphérie de la ville et prenez le Citybus pour vous rendre dans le centre. En effet, une grande partie du centre historique est interdite aux voitures. Les horaires des **transports en commun**, ainsi que des **carnets de transport** sont en vente à l'Office de tourisme (VVV). Le moyen idéal pour se déplacer à Groningue est le **vélo**, la ville disposant d'un vaste réseau de pistes cyclables. On peut en louer à la gare centrale (Centraal Station) ou sous la bibliothèque.

Visites et promenades guidées – Des plans de ville, ainsi que divers **itinéraires de promenade** sont en vente à l'Office de tourisme (VVV). Durant les mois d'été, une équipe de guides propose des **promenades guidées** tous les lundis après-midi (départ devant l'Office de tourisme).

Promenades en bateau – De mai à fin septembre, il est possible d'effectuer des **promenades en bateau** sur les canaux. Départ devant la gare centrale. Info : Rondvaartbedrijf Kool, ☎ (050) 312 83 79) ou à l'Office de tourisme.

Shopping – La principale rue commerçante de Groningue est la **Herestraat**. Les guides *Groningen Funshopping Gids* (Shopping amusant à Groningue) et *Bijzondere winkels in Groningen* (Magasins insolites à Groningue) proposent une sélection de boutiques amusantes et originales, de magasins d'antiquités, de galeries d'art, etc. Parmi les centres commerciaux, citons le **Korenbeurs** (A-Kerkhof 1), un ensemble d'anciens magasins, et le **Waagstraatcomplex**, un centre commercial moderne situé près du Grote Markt.

Marchés – Chaque année, lors du marché annuel aux fleurs (**Bloemenjaarmarkt**) qui a lieu le Vendredi saint, le marché aux poissons (Vismarkt) se transforme en un immense tapis multicolore de fleurs et de plantes. Parmi les marchés hebdomadaires, citons le **marché**, le mardi, le vendredi et le samedi sur le Grote Markt et le Vismarkt ; le **marché biologique et le petit marché aux puces**, le mercredi sur le Vismarkt ; le **marché non alimentaire**, le jeudi sur le Grote Markt. Divers marchés du dimanche se tiennent également à Groningue.

Théâtre et concerts – Le journal **Uitgaanskrant Groningen** (disponible auprès de l'Office de tourisme, le VVV) présente toutes les manifestations, concerts et expositions organisés dans la ville. Les billets sont en vente à l'Office de tourisme (VVV). Les principaux théâtres sont le **Stadsschouwburg**, Turfsingel 86, ☎ (050) 312 56 45, et **De Oosterpoort**, Trompsingel 27, ☎ (050) 313 10 44.

Sortir le soir – Celui qui désire découvrir l'effervescente vie nocturne de Groningue a le choix entre différents quartiers : autour de la Grand-Place (Grote Markt) et du Poids public (Waag), autour du Gedempte Zuiderdiep et autour du Kromme Ellebogen. La plupart des discothèques se trouvent sur

Poelestraat et Peperstraat. Contrairement à de nombreuses autres villes néerlandaises, Groningue n'impose pas d'heure de fermeture fixe à ses établissements ; la plupart des cafés restent ouverts jusqu'à 3 h du matin. Vous pouvez également passer la soirée au **Holland Casino**, Gedempte Kattendiep 150, ☎ (050) 312 34 00) ou au cinéma. L'agenda des programmes est publié chaque jeudi par le VVV.

Manifestations – Chaque année, le 5 mai, le **Bevrijdingsfestival Groningen**, un festival de musique et de danse, est organisé. Pendant le festival **Swingin' Groningen**, en juin, les différents podiums disposés sur et autour du Grote Markt donnent l'occasion de swinguer jusqu'aux petites heures. La manifestation principale de l'été est le **Noorderzon**, un festival très animé qui se déroule en août et qui propose quantité de représentations théâtrales et de concerts de musique pour les jeunes et les moins jeunes. La libération de Groningue **(Groningens Ontzet)** est commémorée le 28 août. Enfin, au mois de septembre, Groningue se transforme, l'espace du **Landenfestival** (Festival des Pays), en une ville africaine, américaine ou asiatique.

AUTOUR DE LA GRAND-PLACE **(GROTE MARKT)** visite : 1 h 1/2

Grote Markt – Prolongée par le marché aux poissons (Vismarkt), cette vaste place très animée, où s'élèvent les principaux monuments de la ville, forme le centre de l'activité de Groningue et donne accès aux rues piétonnes dont la principale est la Herestraat. Divers marchés s'y tiennent *(voir le Carnet d'adresses)*.

Stadhuis – De style néoclassique (1810), l'hôtel de ville est relié par une passerelle vitrée à une annexe moderne.

★ **Goudkantoor** – Ce gracieux édifice Renaissance élevé en 1635 possède d'élégantes façades à pignons ouvragés : les fenêtres sont surmontées de coquilles.
À l'origine bureau de perception des impôts provinciaux, il servit au 19e s. de local pour poinçonner les métaux précieux (goud : or, kantoor : bureau). Aujourd'hui, il abrite un café-restaurant *(voir le Carnet d'adresses)*.

Martinikerk (Église St-Martin) ⊘ – Reconstruite au 15e s., elle est connue pour sa tour, la **Martinitoren**★ ⊘, qui fait la fierté des habitants de Groningue. Haut de 96 m, s'élevant sur six étages, ce clocher est surmonté d'une girouette en forme de cheval qui représente la monture de saint Martin. Il abrite un carillon exécuté par les frères Hemony. Du sommet de la Martinitoren, on a une **vue** intéressante sur Groningue et ses canaux, la Grand-Place, les toits de St-Martin, le Prinsenhof et son jardin.
À l'intérieur, le chœur est orné de peintures murales du 16e s. illustrant des scènes de la vie du Christ.

AUTRES CURIOSITÉS

★ **Groninger Museum** ⊘ – *Illustration, voir Introduction, Art*. Face à la gare, situé sur une île au milieu du canal, un nouveau **bâtiment multiforme**★★ (1992-1994) abrite le musée régional. Ses collections étant de nature hétéroclite, la conception du bâtiment a été confiée à plusieurs architectes et designers. Trois volumes se distinguent nettement par la différence de leurs matériaux et de leurs couleurs. On entre par la tour qu'Alessandro Mendini (né en 1931) a fait revêtir d'un laminé plastique doré et qui sert de dépôt. La base en briques rouges du pavillon Ouest, conçue par Michele De Lucchi (né en 1951), renferme les collections archéologiques et historiques, exposées par roulement. Au-dessus, la grande salle ronde, œuvre de Philippe Starck (né en 1949), expose entre des rideaux blancs ondulants les collections d'arts décoratifs ; on admire surtout les **porcelaines chinoises et japonaises**★ (porcelaine VOC ou Compagnie des Indes orientales, Blanc de Chine, Chine de commande, etc.). Côté Est, on trouve deux pavillons superposés ; le premier, œuvre de Mendini, accueille les expositions d'art contemporain. L'art « ancien » (du 16e s. à 1950 : œuvres du mouvement expressionniste « De Ploeg ») ou des expositions temporaires sont présentés dans le pavillon supérieur, bel exemple de « déconstructivisme » conçu par Coop Himmelb(l)au.

★ **Noordelijk Scheepvaartmuseum (Musée maritime du Nord)** ⊘ **et Niemeyer Tabaksmuseum (Musée néerlandais du Tabac)** ⊘ – Ces musées sont aménagés dans deux belles maisons de marchands du Moyen Âge, la Canterhuis à droite et la maison gothique ou Gotisch Huis à gauche.
Le **musée maritime du Nord**★ est consacré à la batellerie et à la navigation côtière. Les maquettes de bateaux, instruments de navigation, cartes, peintures, céramiques sont particulièrement bien mis en valeur. Y sont évoquées la brillante période de la Hanse, les Compagnies des Indes orientales et des Indes occidentales, les activités relatives à l'extraction de la tourbe et à son transport par bateau, la navigation côtière avec les bricks et les schooners qui ont remplacé les traditionnelles galiotes.

Groninger Museum

Le **musée néerlandais du Tabac** se situe à l'arrière de la maison gothique.
Une belle collection de pipes, tabatières et pots illustrent l'usage du tabac à travers les siècles. La boutique d'un marchand de tabac du 19e s. a été reconstituée.

Martinikerkhof – Cette jolie place aménagée à l'emplacement d'un cimetière (*kerkhof*) du 19e s. est entourée de maisons rénovées.
Au Nord-Est se trouve la maison provinciale **(Provinciehuis)** reconstruite en 1916 dans le style néo-Renaissance et flanquée d'une tourelle à bulbe. À sa gauche, la **maison Cardinaal** montre une petite façade Renaissance de 1559, dont le pignon est orné de trois têtes : Alexandre le Grand, le roi David et Charlemagne. C'est la façade reconstituée d'une maison de Groningue qui a été détruite.
Au Nord de la place, le **Prinsenhof**, construit à l'origine pour les Frères de la Vie commune (*voir Deventer*), devint en 1568 la résidence de l'évêque de Groningue. Précédé d'une cour et d'un portail du 17e s., il est accolé à la Gardepoort, petite porte de 1639. À l'arrière du Prinsenhof s'étend un petit jardin du 18e s., le **Prinsenhoftuin**, avec deux charmilles, une roseraie et un petit jardin d'herbes médicinales. Il ouvre sur le Turfsingel, canal où l'on transportait la tourbe (turf), par une porte, la Zonnewijzerpoort, qui possède, côté jardin, un **cadran solaire** (zonnewijzer) du 18e s.

Ossenmarkt – C'est l'ancien marché aux bœufs. Au n° 5 s'élève une belle **maison patricienne** (patriciërshuis) du 18e s. C'est un bon exemple du style architectural local, avec sa large façade aux rangées de fenêtres assez étroites. Non loin, à l'angle de Spilsluizen et de Nieuwe Ebbingestraat, se dressent deux **maisons du 17e s.** (17 de-eeuwse huizen). Celle de gauche est aussi caractéristique du style de Groningue.
De l'autre côté du canal, une jolie **pierre de façade** sculptée représentant un cerf fait saillie sur le mur d'une maison. À l'angle de Spilsluizen et de Oude Boteringestraat on peut voir l'ancien **corps de garde** ou Kortegaard à portique, de 1634, où se trouvaient jadis les canons (*voir également le Carnet d'adresses*).

ENVIRONS

Hortus Haren ⊙ – *6 km au Sud. Sortir de Groningue par Hereweg. Le parc se trouve au Sud de Haren.* Dans ce parc de 21 ha sont aménagés différents **jardins à thème** (jardin de sculptures, roseraie) et « **jardins de pays** » (jardin anglais, français ou bengali). Les serres abritent des arbres et plantes exotiques et le vivarium d'impressionnantes mygales. À côté du parc se trouve **Het Verborgen Rijk van Ming** (le Royaume Mystérieux des Ming), qui évoque l'époque de la dynastie Ming (1368-1644). Les rochers, les petits ponts, les pagodes, les centaines de carpes rouges et les innombrables fleurs, tout provient directement de Chine. On y donne également des démonstrations de calligraphie, de tai-chi et de peinture sur soie. Le salon de thé permet d'assister à une traditionnelle cérémonie du thé.

AU NORD-OUEST DE GRONINGUE

Circuit de 27 km. Sortir de Groningue par A-weg.

Aduard – De l'ancienne abbaye cistercienne fondée en 1192, il ne subsiste que l'infirmerie, devenue ultérieurement **église réformée** ⊙ (Nederlands Hervormde Kerk). Si la façade est sobre, l'intérieur présente d'intéressants détails décoratifs : baies gothiques alternant avec des arcs aveugles dessinant des motifs géométriques, baies du rez-de-chaussée encadrées de torsades de

GRONINGEN

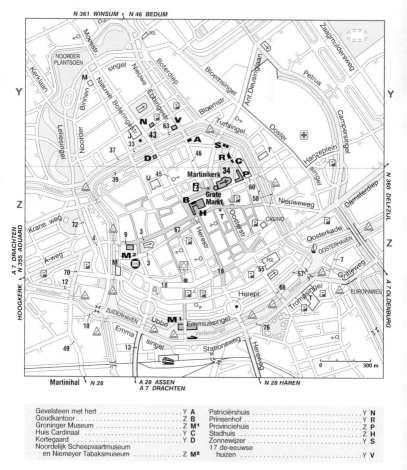

céramique. Le mobilier du 18e s. est élégant : chaire ornée de blasons, bancs à dossiers sculptés, banc des seigneurs surmonté d'un dais à motifs héraldiques, lutrins en cuivre.

Leens – L'église St-Pierre **(Petruskerk)**, édifiée aux 12e et 13e s., renferme un beau **buffet d'orgue**★ baroque construit par Hinsz en 1733.

Lauwersoog – *Schéma, voir Waddeneilanden.* Point de départ des bateaux pour Schiermonnikoog *(voir Waddeneilanden)*, Lauwersoog est situé à proximité du **Lauwersmeer**, ancien golfe marin qui a été fermé comme le Zuiderzee par une digue terminée en 1969 et autour duquel on est en train d'aménager des polders. L'exposition **Expozee** ⊘ fournit une intéressante documentation sur les polders du Lauwersmeer et sur la protection du Waddenzee (maquettes, photos, cartes lumineuses, projection d'un film et de diapositives). Dans un bassin, on peut voir des animaux du Waddenzee.

★ LES ÉGLISES RURALES

Circuit de 118 km au Nord-Est. Sortir de Groningue par Damsterdiep.

Chaque village de la province de Groningue possède son église de brique. Du 12e ou du 13e s., construite dans le style de transition roman gothique, elle est d'une architecture très simple mais rehaussée tant à l'extérieur qu'à l'intérieur par d'harmonieux motifs de brique. Parfois sur un tertre *(voir Leeuwarden, Excursions)*, nommé ici *wierd*, la plupart du temps entourée d'un cimetière, elle se dissimule parmi de grands arbres d'où émerge son clocher au toit en bâtière. À l'intérieur, l'église conserve souvent quelques peintures murales, un mobilier sculpté et des tableaux mortuaires blasonnés. On remarque aussi les fermes aux dimensions imposantes.

Garmerwolde – L'**église**★ (13e s.) de ce village, dont la nef s'est effondrée au 19e s., s'élève dans un agréable enclos, à côté d'un clocher isolé. Le chevet, plat, montre des baies soulignées de voussures et un pignon à arcatures aveugles. On admire quelques fresques du 16e s. sur les voûtes, et une chaire sculptée du 18e s.

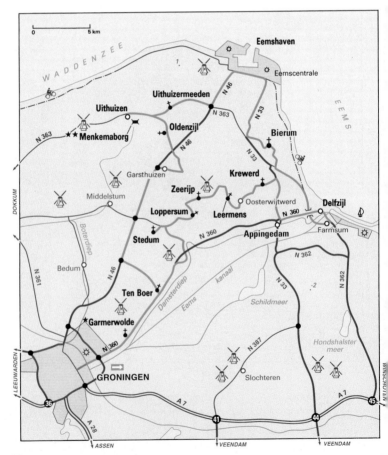

Ten Boer - Sur un tertre, une **église** du 13e s., désaffectée, surmontée d'un clocheton, présente une charmante décoration, surtout du côté Nord : baies soulignées d'une voussure, médaillons, arcatures aveugles polylobées aux motifs géométriques, croisillons aveugles au pignon.

Stedum - Édifiée sur un tertre entouré de fossés, l'**église** typique avec son haut clocher à toit en bâtière est pittoresque. Une frise court sur des modillons sculptés de personnages ou de têtes d'animaux.

Loppersum - La grande **église** gothique possède deux transepts au pignon creusé d'arcatures aveugles.
L'intérieur est intéressant pour ses **peintures**★ décorant les voûtes du chœur et de la chapelle de la Vierge. On remarque aussi, dans la chapelle à droite du chœur, de nombreuses pierres tombales.

Zeerijp - À côté de son clocher isolé, l'**église**, datant du 14e s., présente un pignon en deux parties à arcatures aveugles et mosaïques de brique.
L'intérieur est remarquable pour ses **coupoles**★ au décor de brique qui varie à chaque travée. Des arcatures aveugles décorent le bas de la nef. L'orgue, la chaire Renaissance, les tableaux mortuaires blasonnés sont aussi à signaler.

Leermens - Du 13e s., l'**église** possède un chevet plat décoré d'arcatures aveugles au fond orné de motifs de brique.
En arrivant à Oosterwijtwerd, on remarque une grande ferme à quatre toits.

Krewerd - L'**église**, édifiée sur un tertre, possède des voûtes décorées de motifs de brique. L'orgue date de 1531.

Appingedam - Renommé pour ses marchés agricoles (avril et octobre), c'est un bourg accueillant traversé par un canal, le Damsterdiep. De la passerelle ou Vrouwenbrug sur le canal, jolie **vue**★ sur les cuisines suspendues et le clocheton de l'hôtel de ville. Le port de plaisance d'Appingedam est bien situé dans le centre-ville.
L'ancien hôtel de ville **(raadhuis)**, flanqué d'un clocher du 19e s., date de 1630. La façade est ornée d'une coquille, d'un pélican, d'une statue de la Justice et d'un fronton à volutes. L'église du 13e s., **Nicolaikerk**, conserve de belles peintures murales.

Delfzijl - Port maritime actif sur le golfe du Dollard, relié à Groningue par le canal de l'Eems (Eemskanaal), Delfzijl est une cité industrielle dont les principales activités sont la pétrochimie et la fabrication de la soude.
Au Sud de la ville, à **Farmsum**, une fonderie d'aluminium alimentée par l'alumine du Surinam fut la première installée aux Pays-Bas, en 1956. Delfzijl possède aussi un important port de plaisance ; des **promenades en bateau** ⊙ sont organisées.
De la digue au bord du golfe du Dollard, **vue** sur le port, la ville et un moulin de rempart, nommé **Molen Adam** (1875).
Sur une place près de la gare, un monument surmonté d'un cygne, **Het Zwaantje**, commémore la Résistance.
Une petite **statue de Maigret**, sur les pelouses du Damsterdiep (à 600 m de la station de pompage, à l'Ouest du canal de l'Eems, face aux entrepôts RWR), rappelle le passage de Simenon en 1929. C'est à Delfzijl qu'il aurait conçu le personnage de l'inspecteur Maigret.

Bierum - Sur un tertre s'élève une petite **église** du 13e s. dont le clocher est renforcé par un arc-boutant. Le chœur en abside date du 14e s.
L'intérieur est couvert de coupoles dont les nervures portent un décor géométrique et où subsistent quelques traces de fresques. L'orgue date de 1793, les fonts baptismaux du haut Moyen Âge. Autour de l'église, le cimetière possède de remarquables dalles sculptées du 19e s., illustrées de symboles de la vie (arbres) et du temps (sabliers).

Eemshaven - Le port, inauguré en 1973, a été creusé dans l'Emmapolder et l'Oostpolder. Il se complète d'une zone industrielle. À l'Est, une centrale électrique, l'**Eemscentrale**, fonctionne au gaz naturel depuis 1976. Il est prévu qu'Eemshaven importe du gaz liquide, ce qui permettrait d'économiser les réserves du pays.

Uithuizermeeden - L'**église**, dont la nef est du 13e s. et le transept de 1705, possède une tour blanche reconstruite en 1896-1897. La chaire a été sculptée au 18e s.

Uithuizen - L'église réformée **(Hervormde Kerk)** renferme un orgue remarquable construit en 1700 par Arp Schnitger et un banc seigneurial de la même époque. Situé à l'Est de Uithuizen, le château **Menkemaborg**★★ ⊙ est entouré de douves. À la partie la plus ancienne de l'édifice (14e s.), reconnaissable à ses ouvertures plus rares et plus petites, furent ajoutés deux autres corps de bâtiment, aux 17e et

18e s. L'intérieur est agréablement meublé et décoré ; il montre le cadre de vied'une famille noble de province aux 17e et 18e s. À noter un cabinet à orgue de 1777, des collections de porcelaine de Chine du 17e s., un lit à baldaquin dessiné par Daniel Marot et des portraits de famille des anciens propriétaires. Le jardin a été aménagé dans les styles Renaissance et baroque caractéristiques des Pays-Bas ; on y trouve un labyrinthe de verdure, un verger et un jardin potager.

Face au château se situe le musée **Museum 1939-1945** ⊙, dont les collections (armes, véhicules, documents) ont trait à la Seconde Guerre mondiale.

Oldenzijl – La petite **église** romane se dresse parmi les tombes du cimetière sur un tertre entouré de fossés et d'un rideau d'arbres. Les murs de brique sont percés de quelques petites roses cernées de boudins et le chœur est décoré d'arcs aveugles.

Rentrer à Groningue par Garsthuizen, la N 46, Ten Boer et la N 360.

La petite église romane de Oldenzijl

Ph. Gajic/MICHELIN

Den HAAG★★

ou 's-Gravenhage (La Haye) Zuid-Holland ℗

440 743 habitants

Cartes Michelin nᵒˢ 908 D 5 et 211 F 10 et plis 1 et 2 (agrandissement)

Plan d'agglomération dans Le Guide Rouge Benelux

Siège du gouvernement et du parlement néerlandais, centre diplomatique, La Haye, dont le nom officiel est 's-Gravenhage (généralement abrégé en Den Haag) n'est cependant pas la capitale des Pays-Bas, les souverains étant intronisés à Amsterdam depuis 1813. Elle est la capitale de la province de Zuid-Holland.

C'est, au voisinage de la mer, une agréable ville résidentielle, tranquille, aérée, pourvue d'une multitude de places, de parcs (plus de 700 jardins publics), sillonnée par quelques jolis canaux. Bien que sa grande étendue et la faible densité de sa population lui aient valu le titre de « plus grand village de l'Europe », La Haye est empreinte d'un certain charme aristocratique et passe pour être la plus mondaine et élégante des villes des Pays-Bas.

Néanmoins, l'architecture moderne n'est pas absente : le Lucent Danstheater de l'architecte **Rem Koolhaas** et le VROM (ministère du Logement, de l'Aménagement du territoire et de l'Environnement) de H. Hertzberger en sont des exemples. De nombreux architectes nationaux et internationaux, tel Richard Meier à qui l'on doit le nouvel hôtel de ville, travaillent dans le cadre d'un important projet urbanistique concernant les quartiers situés entre le Binnenhof et la gare centrale.

UN PEU D'HISTOIRE

Un rendez-vous de chasse – Jusqu'au 13ᵉ s., La Haye n'est qu'un rendez-vous de chasse aménagé par le comte Floris IV de Hollande, au milieu d'une forêt qui s'étend jusqu'à Haarlem. Vers 1250, son fils Guillaume II fait construire un château à l'emplacement de l'actuel Binnenhof. Floris V achève l'œuvre de son père en y ajoutant le Ridderzaal.

À la fin du 14ᵉ s., abandonnant Haarlem, le comte de Hollande Albert de Bavière vient s'installer à La Haye, suivi par les nobles.

Benedictus de Spinoza

Spinoza est né à Amsterdam le 24 novembre 1632 de parents juifs portugais. Dès l'époque de ses études, il apparaît comme un être extrêmement doué.

En 1656, il est banni de la communauté juive d'Amsterdam parce qu'il a contesté la valeur des textes sacrés. Il se réfugie pour un temps dans la commune libérale d'Ouderkerk aan de Amstel, puis s'établit à Rijnsburg, en 1660. En 1670, après avoir séjourné quelques années à Voorburg, il s'installe dans une modeste demeure du Paviljoensgracht à La Haye. Spinoza a consacré toute son existence à la philosophie. Pour gagner sa vie, il polissait des lentilles. Il a mené une existence calme et solitaire – refusant même une chaire à l'université de Heidelberg – et est mort à La Haye le 21 février 1677. Comme il l'avait lui-même souhaité, ses travaux ne parurent qu'après sa mort et en langue latine sous le titre *Opera Posthuma* (Œuvres Posthumes). Un des chapitres de cette œuvre, l'**Éthique** (1677), acquerra plus tard une renommée universelle.

ROGER-VIOLLET

Den HAAG

Un village... – 's-Gravenhage, la haie du comte, ou Die Haghe, la haie, se développe rapidement sans être plus qu'un lieu de résidence et de repos. La petite industrie de draperie qui y naît au 15e s. ne suffit pas à en faire une ville marchande.

Dans la confédération de cités qu'étaient les Pays-Bas à l'époque, les autres villes ne l'admettent pas au sein de leur conseil. Cependant, c'est à La Haye que Philippe le Bon tient en 1432 et 1456 les chapitres (assemblées) de la Toison d'or.

L'absence de fortifications vaut à la cité de graves dommages : dès 1528, elle est attaquée et pillée par Maarten van Rossum, célèbre capitaine d'une troupe de mercenaires de Gueldre. En 1581 est affiché aux portes de la salle des Chevaliers l'acte annonçant le reniement de Philippe II d'Espagne par les États généraux des Provinces-Unies.

... qui se développe – Au 17e s., La Haye retrouve la paix et la prospérité. Siège des États généraux des Provinces-Unies, puis du gouvernement, elle devient un centre important de négociations diplomatiques. Du milieu du 17e s. à la fin du 18e s. s'élèvent autour du centre médiéval du Binnenhof de riches hôtels de style Renaissance et de style baroque.

Les Français pénètrent dans la ville en 1795. Onze ans plus tard, La Haye doit céder son rang de capitale à la ville d'Amsterdam où Louis Bonaparte a installé son gouvernement.

En 1814, le gouvernement et la cour reviennent à La Haye. Mais le titre de capitale reste à Amsterdam où le roi est intronisé en 1815.

Le 19e s. confirme le caractère résidentiel de la ville devenue le lieu de séjour favori des colons de retour d'Indonésie. Cette époque l'a si profondément marquée qu'elle est souvent considérée comme la ville néerlandaise la plus représentative du 19e s.

L'école de La Haye (De Haagse School) – Entre 1870 et 1890, un groupe de peintres de La Haye tente, à l'instar de ceux de l'école de Barbizon en France, de renouveler la peinture et notamment l'art du paysage.

Autour de leur chef de file, **Jozef Israëls** *(voir Groningen)*, auteur de scènes de pêche, de portraits, **J.H. Weissenbruch** (1824-1903), **Jacob Maris** (1837-1899) peignent des dunes et des plages, **H.W. Mesdag** de nombreuses marines et le fameux *Panorama Mesdag (voir ci-après)*, **Anton Mauve** (1838-1888), la bruyère du Gooi, **Albert Neuhuys** (1844-1914), des intérieurs d'habitations, **Bosboom** (1817-1891), des intérieurs d'églises, **Blommers** (1845-1914), la vie des pêcheurs. Neuhuys et Mauve, pour avoir travaillé à Laren, sont parfois rattachés à l'école de Laren.

Les peintres de La Haye ne recherchent ni les éclats de couleur ni la virtuosité du dessin. Dans leurs tableaux, la teinte dominante est le gris ou le brun, expression d'une certaine mélancolie.

La ville diplomatique – La Haye fut choisie à diverses reprises comme centre de négociations internationales : conférences de la Paix *(voir Vredespaleis ou palais de la Paix)* de 1899 à 1907 en particulier.

Enfin, la construction sur son sol du palais de la Paix (1913) consacra sa vocation de ville diplomatique.

Elle est le siège de la Cour internationale de justice, organisme dépendant de l'ONU, de la Cour permanente d'arbitrage et de l'Académie de droit international.

Promenade à cheval le long de la plage, A. Mauve

LA HAYE PRATIQUE

Se loger

Centre diplomatique, administratif et commercial, La Haye dispose principalement d'hôtels modernes. Mais la ville abrite également deux hôtels remarquables du 19e s.

AUBERGE DE JEUNESSE

NJHC City Hostel Den Haag – *Scheepmakersstraat 27, 2515 VA Den Haag,* ☎ *(070) 315 78 78, fax (070) 315 78 77. 220 lits.* À proximité de la gare et disposant d'une brasserie.

« À BON COMPTE »

Petit – *Groot Hertoginnelaan 42, 2517 EH Den Haag,* ☎ *(070) 346 55 00, fax (070) 346 32 57. 20 chambres.* Cet hôtel est installé dans une imposante demeure à proximité du Gemeentemuseum Den Haag. Les chambres disposent de tout le confort et l'hôtel possède un parking privé.

Sebel – *Zoutmanstraat 40, 2518 GR Den Haag,* ☎ *(070) 345 92 00, fax (070) 345 58 55. 27 chambres.* Installé dans quelques maisons adjacentes, ce petit hôtel de famille se trouve à proximité du centre-ville. Parking.

« VALEUR SÛRE »

Corona – *Buitenhof 42, 2513 AH Den Haag,* ☎ *(070) 363 79 30, fax (070) 361 57 85. 26 chambres.* Situé en plein cœur de la ville, à proximité du Binnenhof, cet hôtel constitue le point de chute idéal pour visiter La Haye. Les chambres, dont certaines sont de style Louis XVI et d'autres de style Art déco, sont confortables.

Parkhotel – *Molenstraat 53, 2513 BJ Den Haag,* ☎ *(070) 362 43 71, fax (070) 361 45 25. 114 chambres.* Cet hôtel moderne pour hommes et femmes d'affaires jouxte les jardins du palais Noordeinde. Les chambres, dont certaines donnent sur le parc ou sur le joli jardin intérieur, sont fonctionnelles et très confortables. Belle cage d'escalier dans le style de l'école d'Amsterdam.

« UNE PETITE FOLIE »

Des Indes – *Lange Voorhout 54, 2514 EG Den Haag,* ☎ *(070) 361 23 45, fax (070) 361 23 50, www.interconti.com. 76 chambres.* Cet hôtel majestueux, ancienne résidence d'un riche baron, vous replongera dans l'atmosphère du 19e s. : tapis rouges, hauts plafonds, grands escaliers, marbre et stucs, le tout combiné avec tout le confort moderne et toutes les commodités. À conseiller, donc, à ceux qui désirent ressentir la grandeur et l'atmosphère du temps passé. Attention, il convient de disposer d'un portefeuille bien garni…

Kurhaus – *Gevers Deynootplein 30, 2586 CK Scheveningen,* ☎ *(070) 416 26 36, fax (070) 416 26 46, www.kurhaus.nl. 255 chambres.* Cet hôtel imposant du 19e s., situé au bord de la plage de Scheveningen, dispose de suites royales et de chambres luxueuses. Les autres parties du complexe valent également la peine d'être vues : la Kurzaal et sa majestueuse coupole *(voir également ci-dessous)*, la terrasse extérieure avec vue sur la mer et, bien entendu, la station thermale. Pour un séjour réparateur dans une atmosphère très classe.

Se restaurer

DEN HAAG

It Rains Fishes – *Noordeinde 123,* ☎ *(070) 365 25 98.* Restaurant de poisson à la mode, adepte de la « fusion kitchen ». Ici, on prépare les produits occidentaux à la façon orientale. Un résultat parfois surprenant, toujours savoureux.

Saur – *Lange Voorhout 47,* ☎ *(070) 346 25 65.* Ce restaurant (cuisine française) est magnifiquement situé sur le Lange Voorhout, en face du Palais. Au rez-de-chaussée, on peut manger au bar.

The Raffles – *Javastraat 63,* ☎ *(070) 345 85 87.* Cuisine indonésienne.

Shirasagi – *Spui 170,* ☎ *(070) 346 47 00.* Restaurant japonais où les mets sont préparés à table (teppan-yaki).

Brasserie Buitenhof – *Buitenhof 39,* ☎ *(070) 363 79 30.* Très animé, c'est le restaurant-brasserie de l'hôtel Corona *(voir ci-dessus)*. L'endroit idéal pour savourer une bonne tasse de café. Terrasse couverte.

SCHEVENINGEN

Westbroekpark – *Kapelweg 35*, ☏ *(070) 354 60 72*. Si vous êtes lassé de la mer, venez manger un bon repas dans ce restaurant, situé dans le Westerbroekpark. Vue sur la célèbre roseraie.

Seinpost – *Zeekant 60*, ☏ *(070) 355 52 50*. Ce restaurant de forme ronde propose de savoureux plats de poissons et offre également une très belle vue sur la mer du Nord.

Kurzaal – *Gevers Deynootplein 30*, ☏ *(070) 416 26 36*. Ce buffet-restaurant est installé dans l'imposante ancienne salle de concerts du Kurhaus. Idéal pour un repas de midi ou une soirée classe.

Brasseries, cafés-restaurants, bars, koffiehuizen

't Goude Hooft – *Groenmarkt 13, Den Haag*. Cuisine internationale dans une des brasseries les plus connues de La Haye. Sur la terrasse se retrouvent jeunes et moins jeunes.

Zeldenrust – *Bankastraat 32, Den Haag*. Brasserie avec café et terrasse, située à mi-chemin entre Madurodam et le Panorama Mesdag. Salades et petits pains savoureux dans un cadre agréable.

Deining Brasserie de la mer – *Stevinstraat 80 (à l'angle de Badhuisweg), Scheveningen*. Brasserie calme à l'écart du boulevard agité. Une bonne adresse pour les mange-tard (la cuisine est ouverte jusqu'à minuit). En été, on peut également dîner dans le jardin.

Museumcafé Het Paleis – *Lange Voorhout 74, Den Haag*. La décoration Art nouveau de ce café, installé au sous-sol du musée Het Paleis, provient de l'ancien café Krul. Un joli décor pour venir boire un verre avant ou après la visite du musée.

Slagerij P.G. Dungelman – *Hoogstraat 34, Den Haag*. Ce n'est ni un bar, ni une taverne, mais ce boucher prépare de délicieuses croquettes chaudes !

Informations pratiques

Informations générales – L'Office du tourisme de La Haye (**VVV Den Haag**, Koningin Julianaplein 30, centre commercial Babylon, 2595 AA Den Haag) et celui de **Scheveningen** (**VVV Scheveningen**, Gevers Deynootweg 1134, centre commercial Palace Promenade, 2586 BX Scheveningen) ont le même numéro de téléphone, ☏ (0900) 340 35 05. Il est également possible de consulter leur site web www.denhaag.com. On peut y obtenir toutes les informations concernant les curiosités, les manifestations, les activités culturelles, les possibilités d'hébergement avantageux, etc. L'Office de tourisme publie également chaque année un guide contenant, outre des renseignements généraux, une liste d'adresses de bars, restaurants, hôtels, auberges de jeunesse, appartements et terrains de camping. Il est également possible de réserver une chambre d'hôtel en s'adressant au service réservation du **Stichting Promotie Den Haag**, ☏ (070) 363 56 76.

En cas d'urgence – Il existe à La Haye un organisme spécial destiné à assister les touristes étrangers en cas de vol, d'agression ou d'accident (de voiture ou autre). Le **Tourist Assistance Service (TAS)** est accessible de 9 à 21 h au numéro de téléphone ☏ (070) 310 32 74.

Transports – Le stationnement dans le centre de La Haye et de Scheveningen est difficile et cher. Pour se garer, il faut généralement alimenter un **horodateur** central. En cas de non-paiement, de paiement insuffisant, ou de stationnement illicite, vous risquez de voir votre voiture immobilisée par un sabot. Si cela vous arrive, rendez-vous à la centrale de paiement (Centrale betaalpunt) située derrière la gare centrale (Centraal Station). Pour éviter ces problèmes, laissez plutôt votre voiture dans un des nombreux **parkings couverts de la ville**. Pour y accéder, suivez les panneaux P.
Les principales curiosités du centre de la ville sont très proches les unes des autres et peuvent se visiter à pied. Si vous êtes fatigué ou si vous devez vous rendre plus loin, prenez le **bus** ou le **tram**. Vous pouvez acheter un ticket pour un voyage auprès du conducteur, mais il est plus intéressant d'acheter à l'avance une **strippenkaart**, valable pour plusieurs trajets. Celles-ci sont en vente à l'Office de tourisme (VVV), dans les bureaux de poste, dans la plupart des bureaux de tabac et chez les marchands de journaux, ainsi que dans de nombreux hôtels. Si vous séjournez plus longtemps à La Haye, nous vous conseillons d'acheter une **meerdagenkaart** (carte pour plusieurs jours).

Visites et promenades guidées – Pendant les mois d'été, l'Office de tourisme organise deux **visites guidées à travers la ville** : Le *Royal Tour*, promenade passant par les palais de La Haye et de Scheveningen, ainsi que le *Den Haag Architectuurtour*, qui donne un aperçu de l'architecture ancienne et moderne de la ville. Les réservations peuvent se faire au ☎ (0900) 340 35 05. On peut également effectuer des **promenades à travers la ville** individuellement. Si vous choisissez cette formule, des brochures décrivant les circuits historiques et culturels sont en vente à l'Office de tourisme.

Excursions en bateau – De début juin à fin septembre, des **excursions en mer** sont organisées tous les jours à partir du port de Scheveningen. On peut également pratiquer la **pêche sportive**. Pour tout renseignement : *Rederij Groen*, Dr. Lelykade 1d, ☎ (070) 355 35 88 ; *Rederij Fortuna*, Dr. Lelykade t/o 62, ☎ (070) 355 54 61 ; *Rederij Trip*, Dr. Lelykade 3, ☎ (070) 354 11 22 ; *Rederij Vrolijk*, Dr. Lelykade, ☎ (070) 351 40 21.

Shopping – **Den Haag** est l'endroit idéal pour les amateurs de lèche-vitrines. Dans le centre, on trouve quantité de grands magasins, mais il y a également de charmantes petites boutiques dans les ruelles et sur les places autour des palais. On peut également faire ses achats à l'abri de la pluie dans une galerie luxueuse, le Passage (Hofweg 5-7/Buitenhof 4-5) ou dans le centre commercial Babylon, près de la gare centrale (Centraal Station). Mais Den Haag est surtout connue pour ses nombreux **magasins d'antiquités** et ses **galeries d'art**. Vous trouverez des tas de conseils utiles à ce sujet dans la brochure éditée par l'Office de tourisme : *Kunst- en Antiekwandeling Den Haag*. Par ailleurs, le guide *Den Haag Funshopping Gids*, en vente dans les librairies et chez les marchands de journaux, vous emmènera dans des endroits amusants et insolites. Le jeudi soir, les magasins de la ville sont ouverts jusqu'à 21 h.
Shopping à **Scheveningen** : le Palace Promenade, la Gevers Deynootplein et le boulevard. Le vendredi soir, les commerces sont ouverts plus tard. Les magasins du Palace Promenade sont ouverts sept jours sur sept de 10 à 22 h.

Marchés – De nombreux marchés, où il fait bon chiner, ont lieu à La Haye, notamment le **marché** sur la Herman Costerstraat *(lundi, mercredi, vendredi et samedi)* et sur le Markthof *(tous les jours sauf le dimanche)*. Le **marché des produits de la ferme** (Boerenmarkt) se tient le mercredi près de la Grote Kerk. De début mai à fin septembre, le pittoresque **marché d'art et d'antiquités** a lieu le jeudi et le dimanche sur le Lange Voorhout. Le reste de l'année, il est organisé le jeudi sur la Plein.

Ch. Sappa/HOA QUI

Un marchand de harengs

Théâtre et concerts – **Musique classique** : Dr. Anton Philipszaal, Spuiplein 150, ☎ (070) 360 98 10 ; concerts du dimanche matin au Circustheater, Circusstraat 4, ☎ (070) 416 76 00. **Pop, rock, blues** : 't Paard, Prinsegracht 12, ☎ (070) 360 16 18. **Théâtre et danse** : Koninklijke Schouwburg, Korte Voorhout 3, ☎ (0900) 345 67 89 ; Lucent Danstheater, Spuiplein 152, ☎ (070) 360 49 30 (port d'attache du Nederlands Dans Theater, troupe mondialement connue) ; Nederlands Congres Centrum, Churchillplein 10, ☎ (070) 306 63 66 ; Theater aan het Spui, Spui 187, ☎ (070) 346 52 72 ; Diligentia, Lange Voorhout 5, ☎ (0900) 410 41 04. Le calendrier complet de toutes les manifestations théâtrales et des concerts est publié dans le **Den Haag**

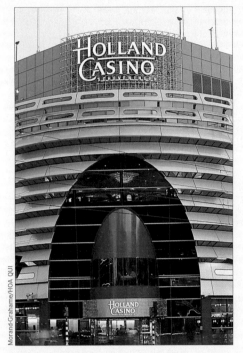

Morand-Grahame/HOA QUI

Scheveningen – Holland Casino

agenda, disponible dans la plupart des hôtels, ainsi qu'à l'Office de tourisme, où l'on peut également se procurer des billets. En outre, le journal **Uitpost Haaglanden** publie chaque mois la liste des manifestations culturelles qui se déroulent à La Haye et dans les environs. Réservations au ☎ (070) 363 38 33.

Distractions – Pour les sorties, le **Boulevard** constitue l'endroit idéal. Lieu animé et agréable, on y trouve de quoi satisfaire tous les goûts : magasins, terrasses, restaurants, bars, discothèques. Par mauvais temps, on pourra aller voir une comédie musicale au **Circustheater**, passer la soirée au cinéma ou tenter sa chance au **Holland Casino**.

Manifestations – Chaque année, au mois de juin, se déroule le **Pasar Malam Besar** sur le Malieveld. C'est une foire indonésienne avec des représentations théâtrales, des conférences, des échoppes en tout genre et des concerts de musique. Le fameux **North Sea Jazz Festival**, qui a lieu en juillet au Nederlands Congres Centrum, attire chaque année une foule d'amateurs de jazz et de blues. Le **CaDance Festival**, organisé chaque année au Theater aan het Spui, est placé sous le signe de la danse moderne ; citons également le festival international **Holland Dance Festival**. À Scheveningen se déroule chaque année *(en mai et juin)* le **Sandsculpture Festival**, un concours de châteaux de sable. Fin mai/début juin, c'est l'époque de la traditionnelle fête du hareng ou **Vlaggetjesdag**. Lors de la criée, on y vend aux enchères le premier tonneau de harengs « Hollandse Nieuwe ». Début juin est organisée sur la plage la **Vliegerfeest** ou la fête des cerfs-volants.

LE CENTRE *visite : 1/2 journée*

Autour du Binnenhof, centre de la vie politique du pays, les demeures aristocratiques s'alignent au bord de larges avenues. Tout près, dans les rues piétonnes se trouvent de nombreux commerces de luxe et d'antiquités.

Buitenhof – C'est la « cour extérieure » de l'ancien château des comtes de Hollande. Au centre se dresse la statue du roi Guillaume II.

★ **Binnenhof** – On pénètre par la porte du Stathouder dans une cour intérieure ou binnenhof au centre de laquelle s'élève la salle des Chevaliers ou Ridderzaal. Autour, les bâtiments, d'époques diverses, sont en quelque sorte l'emblème de la continuité du régime néerlandais. Ils abritent actuellement la Première Chambre et le ministère des Affaires générales (aile Nord), une partie du Conseil d'État (aile Ouest) et la Deuxième Chambre (ailes Sud et Est et nouvelles constructions).
C'est dans la cour du Binnenhof que fut exécuté Oldenbarnevelt *(voir Amersfoort)* le 13 mai 1619.

Centre d'accueil du Binnenhof ⊘ – Ce centre abrite une **maquette** du Binnenhof, ainsi qu'un tableau chronologique retraçant l'histoire politique des Pays-Bas au cours des douze derniers siècles. Ce centre constitue également le point de départ d'une visite guidée qui débute par un film vidéo sur le Binnenhof et se poursuit par la visite de la salle des Chevaliers et d'une des deux Chambres des États-Généraux.

★ **Ridderzaal** (Salle des Chevaliers) ⊘ – Une **exposition** dans le soubassement de cet édifice *(n° 8a)* explique l'origine et le fonctionnement des deux Chambres et le rôle du chef de l'État dans la monarchie.

La construction de la salle des Chevaliers, destinée à devenir salle des fêtes du comte Guillaume II de Hollande, a été achevée vers 1280 par son fils, le comte Floris V. Le bâtiment, dont l'aspect rappelle celui d'une église, se situait dans le prolongement de l'ancien château. La façade à pignon pointu et ouvragé est flanquée de deux tourelles élancées. À l'intérieur, la grande salle, restaurée en 1900, a retrouvé sa voûte à charpente apparente.

Là se réunissent depuis 1904 (le 3e mardi de septembre, **prinsjesdag**) les membres des deux Chambres des États généraux pour assister au traditionnel discours du trône. Lu par la reine, venue en ce lieu dans un carrosse d'or, ce discours expose les projets du gouvernement pour l'année à venir.

L'arrière de l'édifice, visible de la deuxième cour du Binnenhof, constitue l'ancien château construit vers 1250 par le comte Guillaume II. La pièce principale devint en 1511 salle des sessions de la cour de Hollande et de Frise-Occidentale, nommée salle du Rôle, Rolzaal.

Index des rues et curiosités des plans de DEN HAAG

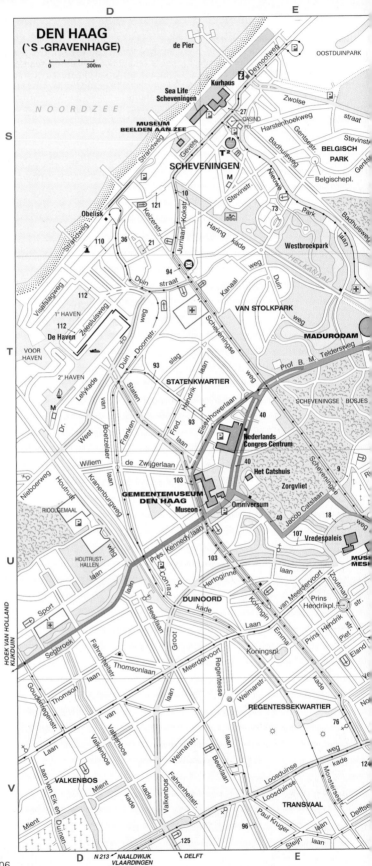

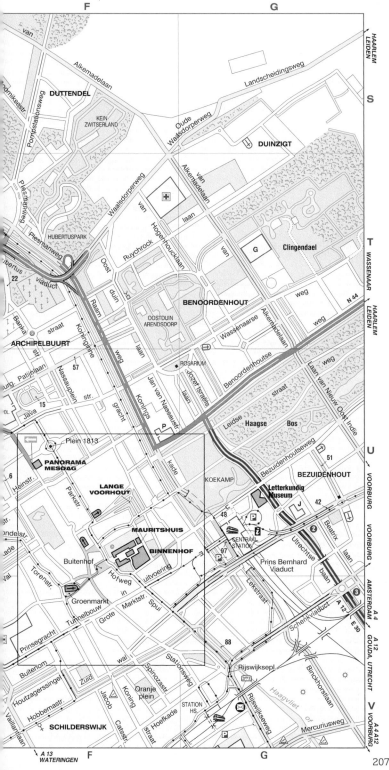

DEN HAAG

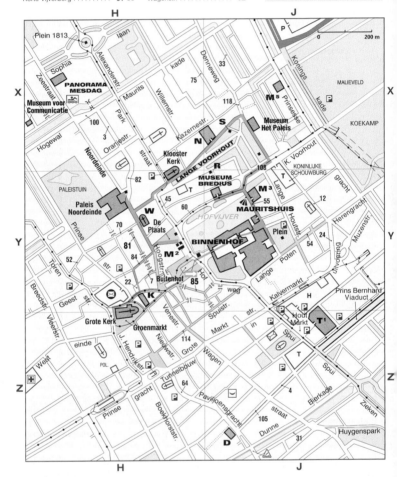

Eerste Kamer (Première Chambre) ⊙ – Située dans l'aile Nord (17e s.) du **quartier du Stathouder**, bordée par une galerie couverte, c'est l'ancienne salle des États de Hollande et de Frise-Occidentale.

Depuis 1848, elle sert de salle de séances de la Première Chambre ou Sénat, composée de 75 membres élus pour quatre ans par les douze États provinciaux. Elle possède un plafond de bois peint de style baroque par deux élèves de Rubens : A. de Haan et N. Wielingh.

Trêveszaal (Salle des Trêves) – *Cette salle n'est pas accessible au public.*

La salle des Trêves où fut préparée en 1608 une trêve de douze ans avec l'Espagne est utilisée actuellement par le Conseil des ministres. Elle a été décorée en 1697 par Daniel Marot dans le style Louis XIV.

Tweede Kamer (Deuxième Chambre) ⊙ – La Deuxième Chambre compte 150 députés, élus pour quatre ans au suffrage universel.

De 1815 à 1992, l'ancienne **salle de bal**, située dans l'aile ajoutée par le stathouder Guillaume V à la fin du 18e s., servit de siège à la Deuxième Chambre ; de style Louis XVI, cette salle est surmontée d'un balcon et de plusieurs loges.

Depuis 1992, les députés occupent les **bâtiments modernes** *(entrée Plein 2a)* construits selon les plans de l'architecte néerlandais Pi de Bruijn entre les immeubles déjà existants au Sud du Binnenhof.

Le hall central, dont la toiture en verre laisse passer la lumière du jour, abrite une œuvre d'art composée par Lex Wegchelaar à partir d'éléments en marbre provenant d'un bas-relief (1938) par R.N. Roland Holst.

Les assemblées plénières des députés ont lieu dans l'hémicycle. Derrière la chaire, panneaux peints de R. van de Wint.

Plein – Sur cette place, au centre de laquelle s'élève la statue de Guillaume le Taciturne (1848), se trouve le ministère de la Défense (Defensie). Au n° 23, bel édifice construit au 18ᵉ s. d'après des plans de Daniel Marot. En hiver se tient le jeudi sur la place un marché d'art et d'antiquités.

★★★ **Mauritshuis** ⊘ – *Illustration, voir Introduction, Art.* Ce musée porte le nom du comte Jean Maurice de Nassau-Siegen qui fit édifier cette élégante demeure aux environs de 1640 par Pieter Post, d'après des plans de Jacob van Campen. Le bâtiment est construit dans le plus pur style classique (sa hauteur, sa largeur et sa profondeur sont à peu près égales, environ 25 m). Depuis 1822, le Mauritshuis abrite le musée royal de peinture qui est l'un des plus prestigieux du monde.

Le nombre relativement restreint de toiles exposées en fait l'un des ensembles les plus agréables à visiter.

Afin de proposer au public une visite agréable et intéressante des collections de plus en plus importantes, le Mauritshuis organise des expositions temporaires qui en illustrent chaque fois un aspect différent. L'exposition permanente, telle que nous la décrivons ci-dessous, est dès lors rarement visible.

Rez-de-chaussée – Il est consacré aux écoles étrangères et à l'école flamande.

La première salle de l'**école flamande** est remarquable avec la pathétique *Lamentation du Christ* de Rogier Van der Weyden (vers 1450), le pénétrant *Portrait d'homme* de Memling et un *Portement de Croix* de Quentin Metsys.

On peut également admirer de beaux portraits par Holbein le Jeune, une émouvante jeune femme par l'Allemand Bartholomeus Bruyn, ainsi que deux portraits d'Antonio Moro, dont celui, vigoureux, d'un orfèvre.

Deux salles sont réservées à **Rubens** et à ses contemporains. *L'Adoration des bergers* de Jordaens, des toiles de David Teniers voisinent avec une riche collection d'œuvres de Rubens : *Isabelle Brant*, sa première femme, *Hélène Fourment*, la seconde, *Michel Ophovius*, évêque de Bois-le-Duc, et enfin le célèbre *Paradis terrestre et chute d'Adam et Ève* (vers 1615), dont les deux personnages sont peints par Rubens et le charmant paysage par Jan Bruegel l'Ancien.

1ᵉʳ étage – Parmi les peintres hollandais du Siècle d'or, **Rembrandt** règne ici en maître. Entre le portrait de l'artiste à 23 ans (1629) *(illustration, voir Leiden)* qui retient par la précision minutieuse des détails, par le goût d'une observation scrupuleuse, et le portrait de 1669, une de ses dernières œuvres, d'une profondeur bouleversante, se perçoit toute l'évolution du peintre.

La Leçon d'anatomie du professeur Nicolaes Tulp (1632), son premier portrait de groupe, réalisé à l'âge de 26 ans, devait décider de sa gloire : la recherche de la composition, les contrastes de lumière donnent à la scène une intensité dramatique déjà caractéristique.

La même émotion apparaît dans *Suzanne* de 1637, un des rares nus de Rembrandt, l'*Hymne de Siméon* de 1631 qu'anime une sourde clarté, ou dans des œuvres plus fougueuses comme le pathétique *David jouant de la harpe pour Saül* (1658) ; *Les Deux Nègres* (1661).

Le Mauritshuis possède également deux admirables œuvres de **Johannes Vermeer**, la *Vue de Delft* (vers 1660) et la *Jeune fille au turban ou à la perle* (vers 1660). À ces deux chefs-d'œuvre, on peut comparer la *Diane*, un de ses premiers tableaux contenant déjà la poésie limpide et sereine du maître de Delft.

Jeune fille au turban, Johannes Vermeer

Stichting Vrienden van het Mauritshuis

Le musée contient de nombreux tableaux de genre : des **Jan Steen**, dont la verve, la malice, la finesse animent de charmantes anecdotes (*La Joyeuse Compagnie*, *La Mangeuse d'Huîtres*), des Van Ostade avec des scènes de la vie paysanne (*Le Violoniste*), des portraits de Frans Hals (*Tête d'enfant*), des Gerard Ter Borch, ainsi que *La Jeune Mère* de Gerard Dou.

Les paysagistes sont aussi représentés : peintres de fleuves, comme Van Goyen, Van de Velde, de la campagne, comme Salomon et Jacob van Ruysdael, de patineurs, comme Hendrick Avercamp, d'animaux domestiques, comme Paulus Potter (*Le Jeune Taureau*).

On remarque encore un petit joyau : le célèbre *Chardonneret* (1654) que Carel Fabritius, élève de Rembrandt, peignit l'année de sa mort, à l'âge de 32 ans.

Hofvijver (Étang de la Cour) – Du Korte Vijverberg, on a une belle **vue**★ sur ce bassin rectangulaire dans lequel se reflètent le Mauritshuis, la tour octogonale réservée au Premier ministre, les fenêtres de la salle des Trêves et de la Première Chambre. Au milieu de l'étang, d'où jaillit un jet d'eau, se trouve une île plantée d'arbres où les cigognes venaient jadis nicher (la cigogne figure sur les armoiries de la ville de La Haye).

Den Haag – Hofvijver

Haags Historisch Museum ⊘ – Les collections du musée historique, installé dans l'ancien local de la compagnie des archers de St-Sébastien (1636), concernent l'histoire de la ville et la vie de ses habitants (mobilier, orfèvrerie, porcelaines coquille d'œuf, vues de la ville, maison de poupée).

Emprunter le Lange Vijverberg.

★ **Museum Bredius** ⊘ – Ce musée offre, dans le cadre d'un bel hôtel de 1757, une partie de la collection de peinture qu'Abraham Bredius (1855-1946), historien d'art et ancien directeur du Mauritshuis, légua à la ville.

Dans une excellente série du 17ᵉ s., on distingue le célèbre *Satyre chez le paysan* de Jan Steen, une admirable *Tête de Christ* de Rembrandt, un *Divertissement sur la glace* de A. van der Neer, des œuvres d'Albert Cuyp, d'Adriaen van Ostade, de Willem Pieter Buytewech et de J.J. van de Velde.

À l'étage, dessins de Rembrandt et de Jacob van Ruysdael.

Au n° 8 du Lange Vijverberg, on remarque une façade due à l'architecte Daniel Marot.

★ **Lange Voorhout** – Le long des allées ombragées du Lange Voorhout s'élèvent certaines des plus belles demeures patriciennes de La Haye. La plupart sont occupées par des ambassades.

À proximité se tient, l'été, un grand **marché d'art et d'antiquités** (*voir Carnet d'adresses*). De fin juin à début septembre se déroule une importante **exposition de sculpture de plein air**.

Museum Het Paleis ⊘ – L'ancien palais de la reine Emma, épouse du roi Guillaume III, se dresse à l'extrémité de l'allée principale. Son élégante façade datant du 18ᵉ s. est l'œuvre de Pieter de Swart. C'était la demeure d'un banquier lorsque Napoléon y fut hébergé en 1811. De nos jours, le palais sert de dépendance au Gemeentemuseum Den Haag.

Devant l'hôtel des Indes (n°s 54-56 ; *voir aussi le Carnet d'adresses*), on remarque la charmante statuette du **Flâneur**, due au chroniqueur Elias.
L'édifice au n° 34 fut construit en 1734-1736 par Daniel Marot.
Ici vécut en 1813-1814 Guillaume Ier, le premier roi des Pays-Bas. Actuellement, le bâtiment abrite la Cour de cassation.
Au n° 15, à gauche, s'élève l'immeuble acheté par Mesdag *(voir ci-dessous)* pour abriter la société **Pulchri Studio** dont il était le président depuis 1889.

Kloosterkerk – Cette ancienne chapelle d'un couvent, construite aux 15e et 16e s., est utilisée pour des concerts d'orgue et des offices chantés.

Noordeinde – Cette grande rue, aux nombreux magasins d'antiquités, traverse la place où se dresse le **palais Noordeinde**, appelé aussi Het Oude Hof. Cet édifice des 16e-17e s., aux deux ailes en retour, fut occupé par Louise de Coligny, veuve de Guillaume le Taciturne, par les princes Maurice et Frédéric-Henri, fils de ce dernier, et par le roi Guillaume Ier. La reine Beatrix y a fait installer ses bureaux.
En face, statue équestre de Guillaume le Taciturne.

Revenir vers le Sud.

Waals-Hervormde Kerk (Église réformée wallonne) – Elle a été construite en 1807 par Louis Napoléon à l'usage de la communauté protestante francophone de La Haye. Après le milieu du 16e s., les réfugiés protestants fuyant les persécutions dans les Pays-Bas du Sud (Belgique) constituèrent des communautés paroissiales de langue française. Celles-ci s'accrurent au 17e s. de nombreux huguenots venus de France. Ce culte est encore pratiqué de nos jours dans les **églises wallonnes** qui dépendent de l'Église réformée des Pays-Bas *(voir Introduction, Histoire)*.

De Plaats (La Place) – Au centre de celle-ci se dresse la statue (1887) de Johan de Witt qui fut lynché sur cette place, en même temps que son frère Cornelis *(voir Dordrecht)*. L'épisode est relaté dans le premier chapitre du roman d'Alexandre Dumas père, *La Tulipe noire*.

Museum de Gevangenpoort (Musée de la porte de la Prison) ⊘ – Cette porte du 13e s., qui faisait partie du château comtal du Binnenhof, servit de prison au 15e s. et accueillit d'illustres Néerlandais comme Cornelis de Witt. Aujourd'hui, elle abrite un musée exposant une collection d'instruments de torture du Moyen Âge.

★ **Galerij Prins Willem V (Galerie du Prince Guillaume V)** ⊘ – En 1773, Guillaume V, stathouder des Provinces-Unies, fait transformer en galerie de peinture le deuxième étage de la demeure située à côté de la porte de la Prison. Cette galerie était ouverte au public et elle peut être considérée comme le premier musée public des Pays-Bas. La collection du prince était principalement constituée de paysages du 17e s., de tableaux de genre et de natures mortes. En 1815, le roi Guillaume Ier lègue la collection à l'État et en 1822 celle-ci est transférée au Mauritshuis.
La galerie a été restaurée et aménagée selon les goûts du 18e s. : les tableaux couvrent presque entièrement les murs. La collection de peintures du 17e s. actuellement exposée est intéressante, même si elle ne comprend que quelques œuvres de la collection de Guillaume V. On remarquera les paysages de Ph. Wouwerman, quelques tableaux de Jan Steen, la *Chasse à l'ours* de Paulus Potter, la *Fille à la lampe* de Gerard Dou et le *Navire de guerre sous un soleil couchant* de W. van de Velde le Jeune.

Groenmarkt – C'est la place centrale de La Haye où voisinent l'hôtel de ville et la Grande Église. De là partent de nombreuses rues piétonnes, notamment au Nord, la **Paleispromenade** et, au Sud, le grand passage couvert construit en 1880 : **De Passage**.

Grote Kerk (Grande Église) ⊘ – Flanquée d'une tour pourvue d'un carillon de 51 cloches, cette grande église de brique, édifiée vers 1450, de type halle, est couverte d'une voûte en bois.
Dans le chœur (vers 1500), on remarque le tombeau d'un amiral et les armoiries des chevaliers de la Toison d'or qui tinrent leur chapitre dans cette église en 1456. Quelques vitraux sont à signaler dans le déambulatoire : sur l'un, Charles Quint est représenté agenouillé aux pieds de la Vierge.
La chaire, de 1550, est finement sculptée.
Aujourd'hui, cette église sert de cadre à des manifestations culturelles et commerciales.

Oude Raadhuis (Ancien Hôtel de Ville) – Ce petit édifice conserve une jolie façade du 16e s. à pignon à redans. La façade latérale, du 18e s., montre une élégante décoration. Sur la façade richement décorée, on trouve l'adage latin *Ne Jupiter Quidem Omnibus* (Même Jupiter ne peut satisfaire tout un chacun). Surplombant la façade latérale, on peut voir deux statues représentant la Justice et la Prudence, ainsi qu'une cigogne, emblème de La Haye, et un proverbe latin que l'on peut traduire ainsi : Qui prend exemple sur autrui s'amollit.

HORS DU CENTRE

* Panorama Mesdag ⊘ – Installé dans une rotonde sur pilotis, ce surprenant paysage de 120 m de circonférence sur 14 m de hauteur représente Scheveningen en 1880. Il a été réalisé par **Hendrik Willem Mesdag**. En 1879, du sommet de la dune la plus élevée de Scheveningen, il avait déjà reproduit ce paysage sur un cylindre de verre dont une réplique est exposée ici.

La réalisation de cette œuvre, dans la plus pure tradition de l'école de La Haye, la Haagse School, a duré environ trois mois : Mesdag a peint le ciel, la mer, la plage avec les barques ; sa femme, Sientje Mesdag van Houten, le village ; Théophile de Bock, les dunes ; Breitner, probablement les personnages et Blommers, la femme en costume et son enfant.

Malgré la différence de facture, l'unité demeure ; la perspective est merveilleuse, le ciel au-dessus de la mer d'une luminosité très douce, tandis que, derrière le village, pointent les clochers de La Haye. Le spectateur, à 14 m de cette peinture, croit admirer le panorama du haut d'une dune dont le vrai sable, jonché d'épaves, rejoint la base du tableau. Dans les salles d'entrée sont exposées des peintures et aquarelles de Mesdag et de sa femme.

Museum voor Communicatie ⊘ – Ce **musée de la Communication** est entièrement consacré aux modes de communication d'hier et d'aujourd'hui. Des moyens interactifs permettent de suivre leur évolution, depuis les premiers timbres-poste au courrier électronique et depuis les appareils télégraphiques et téléphoniques à commande manuelle à la téléphonie mobile et à Internet. Les collections comprennent des timbres-poste, cartes de téléphone, trieuses, télécopieurs, télégraphes, etc.

* Museum Mesdag ⊘ – En 1887, grâce à la fortune héritée de son père en 1881, Mesdag fait construire à côté de sa maison un bâtiment destiné à abriter ses collections grandissantes d'œuvres d'art. En 1903, Mesdag lègue l'ensemble à l'État. Aujourd'hui, la demeure du peintre fait également partie du musée.

Au rez-de-chaussée, dans l'ancien atelier de peinture de Sientje, la femme de Mesdag, quelques objets authentiques rendent à merveille l'atmosphère de l'époque.

Le musée permet de faire une intéressante comparaison entre l'école de Barbizon avec Millet, Daubigny, Corot, Rousseau, Courbet, et l'école de La Haye avec Bosboom, Mauve, les frères Maris, Jozef Israëls et naturellement Mesdag, peintre de marines. On retrouve dans les tableaux des deux écoles des tons assez sombres, souvent grisâtres, et le goût de la nature et des paysages.

Vredespaleis (Palais de la Paix) ⊘ – Le palais de la Paix fut inauguré un an avant le déclenchement de la Première Guerre mondiale, le 28 août 1913.

Sur l'initiative du tsar Nicolas II, la première **conférence de la Paix** s'était réunie à La Haye (à Huis Ten Bosch) en 1899 : on y décida la création d'une Cour permanente d'arbitrage qui fut définie en 1907 lors de la deuxième conférence de la Paix qui se tint dans la salle des Chevaliers, Ridderzaal.

Entre-temps, l'Américain Carnegie offrit des fonds pour abriter cette Cour, le gouvernement néerlandais proposa un parc, et l'architecte lillois Cordonnier fut chargé de la construction.

En 1922, le palais devint en outre le siège de la Cour permanente de justice internationale, qui se transforma en 1946 en **Cour internationale de justice**. Il abrite également l'Académie de droit international de La Haye, fondée en 1923.

Chaque nation a contribué à l'ameublement et à la décoration du palais. La salle japonaise, tendue de somptueuses tapisseries, réunit le conseil administratif, où le français est la langue officielle, autour d'une immense table aux sièges ornés d'écussons des différents pays. Dans les galeries de marbre au rez-de-chaussée, on peut voir le buste de Grotius (*voir Dordrecht*) et quelques documents autographes de lui.

Longer le **parc de Zorgvliet** où l'on aperçoit la **Catshuis**, maison du Premier ministre, ayant appartenu à **Jacob Cats**.

** Gemeentemuseum Den Haag (Musée municipal) ⊘ – Ce bâtiment, fleuron de l'architecture de musées du 20e s., fut construit en 1935 d'après les plans de l'architecte **H.P. Berlage**. Il est constitué d'une structure en béton armé recouverte de briques jaunes. Une galerie mène aux salles où l'agencement et l'éclairage naturel se combinent parfaitement. En 1962, une nouvelle aile fut ajoutée pour abriter la section arts décoratifs ; en 1998, ce fut au tour de la galerie de la mode. L'importante restauration du bâtiment, achevée en octobre 1998, a rendu à la dernière réalisation de Berlage sa splendeur d'antan. Les collections extrêmement riches et variées du musée municipal se répartissent dans différentes sections : arts décoratifs, art moderne (sculpture et peinture des 19e et 20e s.), costumes, dessin et graphisme.

Arts décoratifs – Dans cette section, on admire des céramiques espagnoles et italiennes, des verreries de Venise, des céramiques bleues et polychromes de Delft, des verreries sorties d'ateliers néerlandais (17ᵉ et 18ᵉ s.). Les collections d'argenterie (15ᵉ-19ᵉ s.), de porcelaine et de céramique (1776-1790 ; 1885-1914) provenant de La Haye montrent ce que la ville a su produire dans ce domaine. D'autres objets sont exposés dans des reconstitutions d'intérieurs des 17ᵉ et 18ᵉ s.

Les arts décoratifs du tournant du 19ᵉ s. (notamment des pièces remarquables de l'Art nouveau néerlandais) ainsi que le design contemporain sont également bien représentés.

Art moderne – L'**école française** des 19ᵉ et 20ᵉ s. est représentée avec des œuvres de Courbet, Sisley, Monet et Signac. De Van Gogh, le musée possède le *Jardin d'Arles* et les *Champs de pavots*. On remarque encore : Picasso *(Femme au pot de moutarde, Arlequin, Sibylle)*, Braque, Léger, Marquet. Tout comme Van Gogh et Van Dongen, Jongkind a passé une grande partie de sa vie en France. L'œuvre de ce dernier, qui est considéré comme le précurseur de l'impressionnisme français, est très bien représentée ici.

La remarquable collection d'expressionnistes allemands comprend des œuvres de Kirchner, Schmidt-Rotluff, Von Jawlensky et de Kandinsky.

On peut approcher aussi la **peinture hollandaise** du 19ᵉ s. à nos jours : les romantiques avec W. Nuyen, l'école de La Haye ou Haagse School (les frères Maris, Jozef Israëls, Weissenbruch, Anton Mauve et Isaac Israëls), l'école d'Amsterdam ou Amsterdamse School (Breitner, Verster), les modernes avec Jan Toorop. Mais le musée municipal est surtout réputé pour son importante collection de toiles et de dessins de **Piet Mondrian**, au nombre desquels se trouve sa dernière œuvre (inachevée) *Victory Boogie-Woogie* de 1943-44 *(voir Amersfoort)*. Le musée possède également des œuvres importantes de l'art abstrait, notamment celles du mouvement De Stijl *(voir Amersfoort)*.

Plus près de nous : Karel Appel, Corneille, Constant, Schoonhoven, Van der Heyden, ainsi que le sculpteur Carel Visser figurent parmi les Néerlandais, et, parmi les étrangers, Vasarely, Arp, Max Ernst, Henry Moore et Francis Bacon.

Galerie de la mode – Cette nouvelle galerie sert de cadre aux expositions temporaires ayant pour thèmes les costumes historiques, la mode actuelle ou encore un grand nom de la mode.

Cabinet des estampes – Celui-ci comprend une grande partie de l'œuvre du grand graveur néerlandais **M.C. Escher** *(illustration, voir Introduction, Art)*, des aquarelles et des dessins de l'école de La Haye, des « imprimés » de H. Werkman. Parmi de nombreux artistes français du 19ᵉ s. représentés figurent Daumier, Toulouse-Lautrec, Bresdin et Redon. Expositions temporaires.

Museon Ⓥ – Les collections de ce musée de vulgarisation scientifique sont consacrées aux origines de la terre, à la géologie, à l'évolution humaine et aux différentes cultures, ainsi qu'aux sciences et techniques. L'exposition permanente et les expositions temporaires, qui font appel à divers médias (photographie, film, son, informatique), sollicitent la participation active du visiteur.

Robe de soirée Poisson (1997), Yoshiki Hishinuma

Collectie Gemeentemuseum Den Haag

Omniversum Ⓥ – Les spectacles présentés sur l'écran géant (840 m²) de cet amphithéâtre, qui est également un planétarium, ont pour but de familiariser les spectateurs avec les domaines de la science, de la nature et de la culture. Deux systèmes de projection, une quarantaine de haut-parleurs et un grand nombre de projecteurs pour des effets spéciaux permettent d'assister à un spectacle impressionnant.

Nederlands Congres Centrum (Centre néerlandais des Congrès) – Édifié sur les plans de l'architecte J.J.P. Oud et réalisé par son fils de 1964 à 1968, c'est un vaste ensemble aux murs de tuiles bleu ciel et de briques jaunes, dominé par une tour triangulaire de 17 étages. L'entrée, au Nord, se signale par une grande composition de Karel Appel en mosaïque rouge et bleu.

Parmi les nombreux lieux de réunion, la grande salle de congrès occupe trois étages avec 2 000 places. Au sous-sol, la salle des fêtes, qui peut abriter jusqu'à 4 000 personnes, sert pour les banquets, les expositions.

Morand-Grahame/HOA QUI

Madurodam

★★ **Madurodam** ⊘ – Le nom de cette ville miniature (1952) commémore le souvenir de George Maduro, lieutenant de réserve pendant la Seconde Guerre mondiale, qui, trahi, fut déporté à Dachau où il mourut en 1945.

Conçue à l'origine pour les enfants, la cité de Madurodam intéresse tout autant les adultes qui admirent les maquettes construites à l'échelle 1 : 25. C'est une sorte de synthèse du pays dont elle rassemble des édifices, monuments et sites caractéristiques : champs de fleurs, moulins, fermes de diverses provinces, St.-Janskathedraal à 's-Hertogenbosch (Bois-le-Duc), Domtoren d'Utrecht, maison d'Anne Frank à Amsterdam, ou château Muiderslot. Entièrement rénovée dans les années 1990, Madurodam a été agrandie et compte aujourd'hui des réalisations contemporaines dont la banque ING (Amsterdam Zuid-Oost), l'immeuble de bureaux « De Maas » et le pont Erasmusbrug (Rotterdam), le ministère du Logement, de l'Aménagement du territoire et de l'Environnement (VROM) à La Haye et le Groninger Museum à Groningue.

Des trains, des voitures, des autobus, des bateaux y circulent. La nuit, c'est une cité-lumière.

AUTRES CURIOSITÉS

Heilige Geesthofje – Cet hospice (1616) est un charmant enclos aux maisonnettes basses surmontées de lucarnes à redans. En face, près de la maison où Spinoza vint finir ses jours *(au n° 74)*, se dresse la statue de l'illustre philosophe.

Museum van het Boek/Museum Meermanno-Westreenianum ⊘ – Sur le Prinsessegracht bordé de riches demeures patriciennes du 18ᵉ s., ce musée abrite les collections du baron de Westreenen.

Le rez-de-chaussée est généralement consacré à des expositions concernant des livres anciens et modernes. Au 1ᵉʳ étage, dans la bibliothèque, sont présentés des **manuscrits** et **incunables** de la période médiévale. Le musée rassemble aussi des antiquités grecques, romaines et égyptiennes.

Letterkundig Museum ⊘ – *Entrée par la Bibliothèque Royale (Koninklijke Bibliotheek).* Manuscrits, lettres, objets anciens, portraits et matériel audiovisuel sont rassemblés dans ce **musée de la Littérature** afin d'illustrer l'histoire de la littérature aux Pays-Bas depuis 1750. Il abrite également un musée de livres pour enfants (**Kinderboekenmuseum**) et des expositions temporaires.

Haagse Bos (Bois de La Haye) – Traversé par Leidsestraatweg, il entoure le palais royal **Huis ten Bosch** où se tint la première conférence de la Paix en 1899. Cet édifice a été construit au 17ᵉ s. par **Pieter Post** pour la veuve du prince-stathouder Frédéric-Henri d'Orange. Il est habité par la reine Beatrix.

Clingendael – Ancien parc d'une propriété privée, c'est un vaste espace vert parsemé de nombreuses pièces d'eau. On y découvre également un jardin japonais.

Westbroekpark – Ce parc cerné d'étangs (canotage) est célèbre pour sa roseraie *(début juillet-fin sept.)* où a lieu chaque année une exposition internationale.

♨♨ SCHEVENINGEN

Appartenant à la commune de La Haye, Scheveningen (Scheveningue en français) est une élégante station dont l'immense plage est très fréquentée. Elle a été souvent ravagée par les tempêtes : celle de 1570 submergea une partie du village : l'église, qui se trouvait auparavant au centre, est maintenant proche de la plage. De nos jours, Scheveningen est protégée par de multiples brise-lames et une haute digue.

L'année 1993 a vu la réouverture du **Circustheater**, l'unique salle du pays équipée pour les représentations à très grand spectacle. Datant de 1904, elle a été entièrement rénovée.

La plage – *Illustration, voir les Renseignements pratiques en début de volume.* La longue et large étendue de sable fin est bordée sur 3 km par un boulevard, le Strandweg, que prolonge à l'Est une allée pour piétons, la Promenade, transformée en été en terrasse. Ce front de mer a subi d'importantes transformations ces dernières années (galerie marchande, cafés, hôtels et restaurants). Dominant la plage, le **Kurhaus** *(voir aussi le Carnet d'adresses)*, édifice imposant, construit en 1885, abrite un casino. C'est aussi le siège de nombreuses manifestations.

Scheveningen – Le Kurhaus

Le **Pier**, longue jetée-promenade, conduit à quatre constructions sur pilotis offrant des distractions variées, en particulier : une tour d'orientation, haute de 45 m, procurant un panorama étendu sur Scheveningen, La Haye, les dunes vers Wassenaar et le large.

Le port – Au-delà du phare, vers l'Ouest, le port de pêche demeure très actif. Les deux bassins intérieurs *(binnenhavens)* abritent caboteurs, ferry-boats assurant la liaison avec l'Angleterre (Great Yarmouth), bateaux de plaisance et flottille de chalutiers.

L'**obélisque** rappelle l'endroit où Guillaume Ier débarqua en novembre 1813, en provenance d'Angleterre, pour prendre possession de son trône.

D'abord situé à l'Est du port près des dunes, autour de Dr. de Visserplein, ainsi qu'il est représenté sur le *Panorama Mesdag (voir ci-avant)*, le bourg des pêcheurs s'est agrandi de nouveaux quartiers construits au Sud et à l'Ouest du port : ce sont de vastes quadrilatères de brique, ordonnés autour d'une cour s'ouvrant par de larges porches.

Quelques femmes âgées sont encore fidèles au costume traditionnel : robe et tablier noirs. La coiffe, posée sur un serre-tête en métal fixé à l'aide de deux épingles, est particulière : les extrémités du serre-tête, en forme de boucle ovale d'or filigrané, se dressent tout au sommet de la tête. Le dimanche, le bonnet est de dentelle.

★★ **Museum Beelden aan Zee (Musée de la sculpture)** ⊙ – En 1826, le roi Guillaume Ier fit ériger un pavillon sur le Boulevard afin de permettre à son épouse, la reine Wilhelmine, qui était de santé fragile, de se reposer et de profiter du bon air. Depuis 1994, le musée de la Sculpture est installé autour de ce pavillon. Le musée a été construit d'après les plans de Wim Quist. La belle collection de sculptures du couple Scholten-Miltenburg est présentée dans un lieu où surprennent dimensions, formes et éclairage. Les sculptures ont été réalisées par des artistes contemporains, originaires des quatre coins du monde. Ainsi, on peut admirer des œuvres de Karel Appel, Fritz Koenig, Francisca Zijlstra, Shinkichi Tajiri, Waldemar Otto, Man Ray et Igor Mitoraj. Le thème de la collection permanente est l'**image universelle de l'homme** et comprend des sculptures représentant complètement ou partiellement le corps humain, avec tout son vécu, ses sentiments et ses humeurs. Les différentes œuvres sont d'une très grande diversité, tant au niveau des styles que des matériaux utilisés.

Dans le **zuidpatio** (le patio Sud) se trouve un remarquable monument en bronze représentant la famille royale, dû à Arthur Spronken. La **zeezaal** (salle de la Mer) offre un panorama sur les dunes.

Sea Life Scheveningen ⊙ – Différents aquariums où l'on trouve notamment des requins, des raies, des crabes, des anguilles de mer et des méduses permettent aux visiteurs de contempler la vie sous-marine, depuis les rivages jusqu'aux grands fonds. Ce centre comporte également un observatoire sous-marin, un parcours tropical et un tunnel sous-marin.

EXCURSIONS

Voorburg – *3 km à l'Est par l'A 12, sortie 4*. Situé près de la gare de Voorburg, le manoir **Hofwijck** abrite le musée Huygens (**Huygensmuseum** ⊙). Ce petit château entouré d'eau a été dessiné par **Constantijn Huygens** (1596-1687) et construit par l'architecte **Pieter Post** dans les années 1641-1643. Du jardin symétrique, une partie a pu être conservée.

Constantijn Huygens, premier secrétaire des stathouders Frédéric Henri, Guillaume II et Guillaume III, était en outre poète et compositeur ; l'idée de faire construire Hofwijck lui était venue parce qu'il ressentait le besoin de pouvoir se retirer de la « cour » de La Haye, où la vie était souvent agitée.

Christiaan Huygens (La Haye, 1629-1695), fils de Constantijn, est l'inventeur de l'horloge à pendule. La renommée de ce grand physicien et astronome était internationale. Après un long et fructueux séjour à Paris et à Londres, Christiaan rentra en Hollande. Il s'installa à Hofwijck en 1688 où il resta jusqu'à sa mort.

Les collections du musée évoquent le souvenir de la famille Huygens : portraits, éditions originales d'œuvres de Constantijn Huygens et une copie de la fameuse horloge à pendule de Christiaan Huygens, fabriquée à Leyde.

Wassenaar – *12 km au Nord ; sortir par Benoordenhoutseweg.*
Ville de la banlieue résidentielle de La Haye, Wassenaar est une des plus belles localités du Randstad. Parmi les arbres se dissimulent des villas opulentes.
Le parc d'attractions **Duinrell** ⊙ est niché au milieu des bois et des dunes. À côté d'une vaste plaine de jeux se trouvent des toboggans, de nombreuses attractions aquatiques, ainsi qu'un grand complexe de piscines tropicales.

Naaldwijk – *16 km au Sud ; sortir par Oude Haagweg.*
On traverse la région maraîchère du **Westland**, sillonnée de canaux, qui étend ses milliers de serres, ses vergers et ses jardins entre La Haye, Hoek van Holland et les dunes du littoral : on y cultive des fleurs, des légumes.
Au cœur du Westland, Naaldwijk est un grand centre d'horticulture ainsi que de **vente aux enchères** ⊙ de fleurs coupées et plantes en pot.
Sur la Grand-Place, appelée Wilhelminaplein, l'ancien hôtel de ville **(raadhuis)**, du 17e s., présente un pignon baroque à volutes. Non loin, derrière l'église gothique, l'hospice du Saint-Esprit **(Heilige Geest Hofje)** groupe de pittoresques maisons basses du 17e s., à haute lucarne, alignées de part et d'autre d'une chapelle de la même époque.

HAARLEM ★★

Noord-Holland ℙ
148 262 habitants
Cartes Michelin nᵒˢ 908 E 4 et 211 M 8
Schéma, voir Keukenhof en Bollenvelden
Plan d'agglomération dans Le Guide Rouge Benelux

Capitale historique du comté de Hollande et chef-lieu de la province de Hollande-Septentrionale, Haarlem, située sur la Spaarne, est la ville natale de Thierry Bouts et d'Adriaen van Ostade, et la patrie d'adoption de Frans Hals. Jadis grande cité pour l'art, la ville est aujourd'hui au centre d'une grande région de culture des fleurs à bulbe *(voir Keukenhof).*

Au printemps, on peut y assister à un corso fleuri en provenance de Noordwijk *(voir les Renseignements pratiques en début de volume).*

À proximité de la mer du Nord, Haarlem est pourtant bien abritée des vents du large grâce au cordon dunaire. À une vingtaine de kilomètres d'Amsterdam, cette petite ville charmante réserve à son visiteur une atmosphère toute différente de sa voisine, une douceur et une élégance propres aux villes de la Hollande intérieure.

UN PEU D'HISTOIRE

Fondée au 10ᵉ s., donc plus ancienne qu'Amsterdam, Haarlem fut fortifiée au 12ᵉ s. et devint la résidence des comtes de Hollande. Elle obtint ses droits de cité en 1245. Au 13ᵉ s., ses habitants participèrent à la 5ᵉ croisade et à la prise de Damiette (Égypte) en 1219. Les cloches de la Grande Église s'appellent toujours damiettes en souvenir de ce haut fait. Au 14ᵉ s., Haarlem s'agrandit. De son enceinte ne subsiste que la porte d'Amsterdam (fin 15ᵉ s.), située à l'Est de la Spaarne.

Un siège sanglant – Pendant le soulèvement contre les Espagnols, Haarlem soutint en 1572-1573 un siège de sept mois dirigé par Don Frédéric, fils du duc d'Albe. Au cours de l'hiver, Guillaume le Taciturne parvint à faire ravitailler la ville par des Gueux venus en patins sur le lac de Haarlem mais, malgré la défense héroïque de toute la population, la ville dut capituler en juin 1573. C'est seulement en 1577 qu'Haarlem se rangea aux côtés des États-Généraux qui, par la « pacification de Gand », avaient désigné Guillaume comme stathouder des provinces unies en novembre 1576 – qui deviendront les Provinces-Unies en 1581.

Le 17ᵉ s. marqua l'apogée de Haarlem ; la ville profita de la ruine des cités flamandes pour développer l'industrie du lin et fabriquer un tissu vendu dans toute l'Europe sous le nom de toile de Hollande.

Haarlemmermeer – Formé par l'exploitation de la tourbe, ce grand lac d'environ 18 000 ha représentait, par ses tempêtes, une menace pour Amsterdam et Leyde. Dès 1641, **Jan Adriaensz. Leeghwater** avait suggéré de l'assécher à l'aide de moulins à vent et d'en faire des polders. Les travaux ne furent entrepris que deux siècles plus tard. Les **pompes à vapeur** remplacèrent alors progressivement les moulins à vent. Trois stations de pompage furent installées, dont celle de Cruquius *(voir les Environs).* Après que 88 millions de m³ d'eau furent évacués, les travaux s'achevèrent le 1ᵉʳ juillet

---

Frans Hals

Ce peintre voit le jour vers 1582 à Anvers, mais sa famille se fixe à Haarlem vers 1591. Frans Hals devient portraitiste des bourgeois de la ville à une époque où le portrait, et particulièrement le portrait collectif (guildes, confréries), est à la mode (sur les 240 œuvres attribuées à Frans Hals, on ne dénombre pas moins de 195 portraits).

Frans Hals bouleverse les traditions. Dans des compositions auparavant guindées et sans profondeur, il introduit un certain désordre, des attitudes naturelles, de l'espace. On traite volontiers de « débraillé » ce peintre qui n'hésite pas à surprendre les arquebusiers pendant leur banquet. Il égaye ses toiles de couleurs éclatantes, du bariolage des écharpes et des drapeaux. Sa touche rapide mais expressive, qui préfigure l'art moderne et notamment l'impressionnisme, donne à ses modèles une vie, une mobilité qui font de ses portraits de véritables « instantanés ». Longtemps, une franche gaieté émane de ses tableaux mais, après 1640, c'en est fini dans les œuvres de Frans Hals de la verve et de la fantaisie. Dans les fameux groupes des Régents et des Régentes, le retour au noir et blanc, à la verticalité, les expressions grimaçantes, voire désabusées, laissent une impression sinistre, un avant-goût de la mort qui va emporter Frans Hals deux ans plus tard, en 1666, à l'âge de 84 ans. Parmi les nombreux élèves de Frans Hals, citons **Judith Leyster** (1609-1660), le Flamand **Adriaen Brouwer** et **Adriaen van Ostade** (1610-1685), auteur de nombreuses scènes villageoises. Ce dernier eut pour élèves son frère Isaac ainsi que Jan Steen.

1852. Le territoire actuel du lac de Haarlem, qui est devenu une commune, est situé à 4 m en moyenne au-dessous du niveau de la mer, et l'aéroport de Schiphol, qui y a été aménagé, à 4,5 m. L'argile marine située sous les anciennes tourbières est très fertile.

Le rendez-vous des artistes – Haarlem est probablement la ville natale de **Claus Sluter** (vers 1345-1406), sculpteur qui, entré au service des ducs de Bourgogne, réalisa, à la chartreuse de Champmol, près de Dijon, des œuvres d'un grand réalisme. Le 15e s. voit naître à Haarlem le peintre **Thierry Bouts** qui s'installera à Louvain (Belgique), **Jan Mostaert**, peintre religieux qui mit son talent au service de Marguerite d'Autriche, tandis que vient y résider **Gérard de St-Jean** (voir Leiden).
Au 16e s., **Maarten van Heemskerck** (1498-1574) est l'élève de **Jan van Scorel** (voir Utrecht) pendant le séjour de celui-ci à Haarlem, de 1527 à 1529. **Cornelis van Haarlem**, peintre maniériste (1562-1638), **Willem Claesz. Heda** (1594-1680), célèbre pour ses natures mortes, naissent dans cette ville où le graveur **Hendrick Goltzius** (1558-1617), **Pieter Claesz.** (1597-1661), autre spécialiste de natures mortes, **Pieter Saenredam** (1597-1665), peintre d'architectures sereines, finissent leurs jours. Haarlem vit également passer dans ses murs – peut-être y naquit-il – le remarquable paysagiste que fut **Hercules Seghers** (vers 1590-1638). D'origine flamande, **Lieven de Key** (vers 1560-1627) fut un grand architecte de la Renaissance. Concernant Frans Hals, voir encadré ci-après.
Au 17e s. naissent à Haarlem le portraitiste **Bartholomeus van der Helst** (1613-1670), **Philips Wouwerman** (1619-1668), peintre de chevaux, imité par son frère Pieter, **Nicolaes Berchem** (1620-1683) qui, contrairement à son père Pieter Claesz., peint des paysages et des troupeaux. Autre natif de la ville, **Adriaen van Ostade** (1610-1684) excella dans les scènes de genre dont le réalisme rigoriste imprégna toute la production. **Salomon van Ruysdael**, né à Naarden (vers 1600-1670), s'est établi à Haarlem. Il fut avec Jan van Goyen l'un des premiers grands peintres hollandais de paysages. Son neveu et élève, **Jacob van Ruysdael** ou **Ruisdael** (1628/29-1682), naît à Haarlem. Il peint des paysages plus tourmentés, déjà romantiques, avec des à-pics ténébreux, des cascades, des arbres menacés par l'orage, d'inquiétants clairs-obscurs.

AUTOUR DE LA GRAND-PLACE **(GROTE MARKT)** visite : 1 h 1/2

★ **Grote Markt** – Cette place est bordée par la Grande Église, l'hôtel de ville et l'ancienne halle aux viandes. Une statue de **Laurens Coster** (1405-1484), considéré aux Pays-Bas comme l'inventeur de l'imprimerie vers 1423, soit une dizaine d'années avant Gutenberg, s'y élève.

★★ **Grote of St.-Bavokerk (Grande Église ou église St-Bavon)** ⊙ – Entrée : Oude Groenmarkt 23. Cette vaste église du 15e s., qu'il ne faut pas confondre avec la cathédrale (catholique) St-Bavon (Leidsevaart), est surmontée à la croisée du transept d'une élégante **tour-lanterne**★, en bois recouvert de plomb, de 80 m de haut. L'accès s'effectue entre les échoppes flanquées contre la façade Sud, échoppes que le clergé louait pour assurer l'entretien du sanctuaire.
À l'intérieur, on admire dans la courte nef et dans le chœur profond (illustration, voir Introduction, ABC d'architecture) une belle **voûte en étoile**★ (en cèdre). Le sol est entièrement couvert de pierres tombales, dont celle de **Pieter Saenredam**. C'est également ici que repose **Frans Hals** (chœur).
On remarque aussi la chaire du 17e s. avec abat-voix gothique, les stalles du chœur (1512), en bois sculpté de sujets amusants, le lutrin en cuivre, en forme de pélican (1499), et surtout la belle **grille**★ du chœur au remplage de laiton ouvragé.
Les **orgues**★ (illustration, voir Introduction, Art), construites par Christian Müller en 1738, ont été décorées d'après des dessins de Daniel Marot. Elles comptèrent longtemps parmi les meilleurs instruments du monde et virent jouer, dit-on, Haendel et Mozart enfant. Chaque année, un Festival international d'Orgue se tient à Haarlem (voir les Renseignements pratiques en début de volume).

Vishal ⊙ – La **halle aux poissons** a été construite en 1769 contre la façade Nord de l'église St-Bavon. Ce bâtiment fait partie du Frans Halsmuseum.

★ **Vleeshal (Halle aux viandes)** ⊙ – Cet élégant bâtiment construit dans le style maniériste a été édifié entre 1602 et 1604 par Lieven de Key. Il est surmonté de lucarnes richement décorées et sa façade est ornée de têtes de bœuf et de mouton. La halle aux viandes est une annexe du musée Frans Hals et sert de cadre à des expositions temporaires. Ses caves abritent le musée archéologique de Haarlem (**Archeologisch Museum Haarlem** ⊙).

Verweyhal ⊙ – Cette halle, qui fait également partie du musée Frans Hals, porte le nom du peintre impressionniste Kees Verwey. On peut y voir des œuvres de cet artiste originaire de Haarlem.

★ **Stadhuis** ⊙ – Flanqué d'une tourelle, l'hôtel de ville est un édifice gothique du 14e s., auquel furent apportées de nombreuses transformations : à droite, un avant-corps sur galerie surmonté d'un pignon à volutes (15e et 17e s.) ; à gauche, au-dessus du perron, une loggia Renaissance.
À l'intérieur, au 1er étage, la salle des Comtes **(Gravenzaal)** conserve son cachet ancien ; les peintures qui l'ornent sont des copies anciennes de fresques du couvent des carmélites et représentent les comtes de Hollande.

HAARLEM

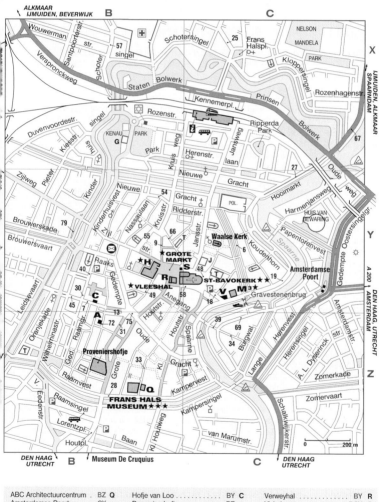

Le Banquet des officiers du corps des archers de St-Adrien, Frans Hals

★★★ FRANS HALSMUSEUM (MUSÉE FRANS HALS) ⊘ *visite : 1 h 1/2*

Ce musée est installé depuis 1913 dans un **ancien hospice des Vieillards** construit en 1607-1610 ; Lieven de Key en serait l'architecte. De 1810 à 1908, les maisons ont abrité un orphelinat. Le bâtiment a subi de nombreuses transformations au cours des années.

La façade est caractéristique de ce type d'institution, avec, de part et d'autre du portail d'entrée, une succession de maisons basses surmontées de lucarnes à redans. La façade principale donne sur la cour d'honneur et son jardin autour desquels sont disposées les salles.

Le bel ensemble architectural de maisons à pignons à redans en face du musée faisait partie de l'**hôpital Ste-Élisabeth** *(voir ci-dessous)* dont les régents servirent de modèles à Frans Hals.

Œuvres de Frans Hals – Les huit tableaux des gardes civiques *(salle 21)* et des régents par Frans Hals constituent une collection remarquable permettant de suivre l'évolution de la peinture du maître.

Le premier tableau qui marque les débuts déjà magistraux du peintre date seulement de 1616 ; Hals avait environ 34 ans. C'est le **Banquet des officiers du corps des archers de St-Georges**. La mobilité des personnages, leur personnalité sont rendues d'une façon étonnante. L'atmosphère est plus débridée dans le *Banquet des officiers du corps des archers de St-Georges* et le **Banquet des officiers du corps des archers de St-Adrien**, deux tableaux exécutés en 1627, riches de spontanéité et de couleurs. C'est dans la **Réunion des officiers du corps des archers de St-Adrien**, de 1633, que Frans Hals atteint sa plus grande virtuosité.

Le **Tableau des officiers du corps des archers de St-Georges**, de 1639, avec un auto-portrait de l'artiste *(angle supérieur gauche, personnage n° 19)* est le dernier de ce genre.

En 1641, une tendance à la sobriété et à la solennité se fait jour chez Frans Hals et domine chez les *Régents de l'hôpital Ste-Élisabeth (salle 25)*. La couleur sombre des vêtements y souligne l'expression des visages et l'attitude très étudiée des mains.

Hals a plus de 80 ans lorsqu'il peint, en 1664, dans le même style, les *Régents de l'hospice des Vieillards (salle 28)* ; c'est une étude audacieuse, un peu cynique de ces six personnages parmi lesquels il est allé jusqu'à représenter un ivrogne au chapeau renversé. Peintes la même année, les **Régentes de l'hospice des Vieillards** *(salle 28)*, aux mains ravinées, aux visages osseux, au regard sans complaisance, communiquent un sentiment d'angoisse et de malaise.

L'école de Haarlem – On distingue généralement deux groupes dans ce courant artistique. Appelée la première école d'Haarlem ou **eerste Haarlemse school** (15e s. et première moitié du 16e s.), elle se caractérise par des représentations religieuses d'un grand réalisme. Les œuvres maniéristes de Jan van Scorel *(Le Baptême du Christ dans le Jourdain)*, Maarten van Heemskerck, Karel van Mander et Cornelis Cornelisz. van Haarlem *(Baptême du Christ)* en sont de bons exemples. La première moitié du 17e s. voit l'épanouissement de la seconde école de Haarlem **(tweede Haarlemse school)**, où les thèmes abordés, très divers, donnent naissance à des genres bien distincts. Frans Hals est le maître des portraits collectifs ; Esaias van de Velde, Salomon et Jacob van Ruysdael ainsi que Van Goyen excellent dans la peinture de paysages ; Terborch, Van Ostade et Judith Leyster peignent essentiellement des scènes de genre ; Verspronck exécute de très beaux portraits ; Wouwerman et Cuyp sont des peintres animaliers ; Pieter Saenredam et Jacob Berckheyde réalisent surtout des intérieurs d'églises, Floris van Dijck et Willem Claesz. Heda des natures mortes *(exposées dans la salle des Régents du 18e s.)*.

Arts décoratifs – En dehors des peintures, le musée possède du **mobilier** ainsi qu'une belle collection d'argenterie (dans l'ancienne infirmerie), un manuscrit peint d'une tulipe par Judith Leyster, la reconstitution d'une pharmacie avec des pots de faïence de Delft et, dans une salle de cuirs dorés de Hollande, une **maison de poupée** du 18e s.

Art moderne – Dans une aile moderne sont rassemblées des **peintures modernes et contemporaines néerlandaises**, notamment par Isaac Israëls, Jan Sluyters, Piet Mondrian (période figurative) et le groupe Cobra.

AUTRES CURIOSITÉS

★ **Teylers Museum** ⊙ – Ce musée a été créé grâce au legs de Pieter Teyler van der Hulst (1702-1778), un négociant de draps et de soieries à Haarlem, qui voulut consacrer sa fortune à la promotion des sciences et des arts. Construit en 1779, c'est aujourd'hui le plus ancien musée public des Pays-Bas.

Les belles salles, comme la magnifique **Ovale Zaal** (1784) à la décoration de stuc, ont conservé le charme du passé. Elles abritent des collections de fossiles et de minéraux ainsi que des instruments de physique (optique, mécanique), dont la plus grande machine électrostatique jamais construite (1791). La salle dite **Aquarellenzaal** a été aménagée en 1996 en cabinet des estampes. On y expose par roulement une magnifique collection de **dessins**★★ comprenant quelque 2 500 dessins de maîtres hollandais (Goltzius, Rembrandt, Schelfhout, etc.), environ 1 500 dessins de l'école italienne (Michel-Ange, Raphaël, Pietro Testa, Annibale Carracci),

Teylers Museum – Ovale Zaal (1784)

dont une partie a appartenu à la reine Christine de Suède, ainsi que des œuvres de Dürer, Watteau, Boucher, etc.

Le musée expose en outre, dans deux salles, des tableaux représentatifs de l'époque romantique et des œuvres des écoles de La Haye et d'Amsterdam, dont *Paysage d'Été* de B.C. Koekkoek, *Le Lek près d'Elshout* de Weissenbruch, *Tombée du jour en mer* (H.W. Mesdag) et *Enfants dans les dunes* de Breitner.

Dans les vitrines du **cabinet numismatique** sont présentées des médailles néerlandaises (16e-20e s.) et des pièces de monnaie de la Gueldre et de la Frise-Occidentale.

La nouvelle aile (1996) est réservée aux expositions temporaires.

Waag – *Angle Damstraat et Spaarne.* Le Poids public, construit en 1598 dans le style maniériste, est attribué à Lieven de Key.

Waalse Kerk – L'église wallonne de Haarlem fut jusqu'en 1586 la chapelle du béguinage. Il s'agit de la plus ancienne église de la ville.

Amsterdamse Poort (Porte d'Amsterdam) – Cet ouvrage de la fin du 15e s., précédé vers l'intérieur de la ville par deux tourelles, faisait aussi fonction de porte d'eau, commandant la Spaarne.

Station Haarlem (Gare de Haarlem) – La première ligne ferroviaire des Pays-Bas fut inaugurée en 1839 entre Amsterdam et Haarlem *(voir Introduction, Patrimoine industriel)*. Le bâtiment luxueux de style Art nouveau (1908) est toujours utilisé.

Voormalig Sint-Elisabeths Gasthuis (Ancien hôpital Ste-Élisabeth) – *Groot Heiligland 47, en face du musée Frans Hals*. Les organismes suivants sont aujourd'hui installés dans cet ancien hôpital :

Historisch Museum Zuid-Kennemerland ⊙ – Ce petit musée historique est consacré à l'histoire de la ville ; on peut y voir une maquette de Haarlem en 1822. L'histoire de Haarlem est évoquée par Laurens Jansz. Coster au cours d'une présentation audiovisuelle.

ABC Architectuurcentrum ⊙ – Ce centre d'architecture propose des expositions temporaires consacrées à l'architecture ancienne et moderne.

Spaarnestad Fotoarchief ⊙ – *Au premier étage*. Rassemblant plus de trois millions de photos de presse et de reportage, il s'agit de la plus grande archive photographique des Pays-Bas. La collection débute en 1870 et couvre la totalité du 20e s. Des expositions temporaires permettent d'avoir divers aperçus de la collection.

Anciens hospices – Parmi les nombreuses institutions charitables dont disposaient les habitants de la riche ville de Haarlem à partir du 15e s., on peut citer le **Proveniershofje**, de 1592, qui ouvre par un grand porche sur la Grote Houtstraat, le **Brouwershofje** (1472), dans la Tuchthuisstraat, et le charmant **Hofje van Loo**, de 1489, visible de la Barrevoetestraat.

Kathedrale Basiliek St.-Bavo ⊙ – *Leidsevaart 146*. La sacristie de la très grande basilique St-Bavon de style néogothique, construite entre 1895 et 1906 par J.T. Cuypers, fils de P.J.H. Cuypers, selon le goût de l'époque, abrite le **trésor** : importante collection d'objets liturgiques, orfèvrerie surtout (15e-20e s.). Remarquer les ornements sacerdotaux (début 16e s.) qui proviennent d'un ancien béguinage de la ville.

ENVIRONS

★ **Museum De Cruquius** ⊙ – *7 km au Sud-Est par Dreef. Il se trouve au Nord-Est d'un grand pont, sur la route de Vijfhuizen. Schéma, voir Keukenhof. Illustration, voir Introduction, Patrimoine industriel.*
Ce musée est installé, en bordure de l'ancien lac de Haarlem, dans l'une des trois stations de pompage qui ont servi entre 1849 et 1852 à son assèchement. La station portait le nom de Nicolaas de Kruik, alias **Nicolas Cruquius** (1678-1754), géomètre et auteur d'un projet (1750) destiné à l'assèchement du lac.
Le musée offre une documentation intéressante sur l'évolution technique de lutte contre l'eau et la création des polders : maquette montrant le système d'un polder, maquette animée indiquant les parties des Pays-Bas qui seraient submergées par la mer en l'absence de digues et de barrages. On admire en outre la **machine à vapeur**★ d'origine située dans la salle des machines de style néogothique. Elle est équipée de huit bras de balance et de huit pompes. Cette machine unique, construite en Cornouailles, a été inaugurée en 1849.

Stoomgemaal Halfweg (Pompe à vapeur Halfweg) ⊙ – *8 km à l'Est par la A 5, direction Amsterdam (sortie Zwanenburg)*. C'est la plus ancienne pompe à vapeur encore en activité dans le monde. Elle a été fabriquée en 1853 et avait, à l'origine, une capacité de pompage de 25 000 l d'eau par seconde. Une des deux chaudières a été démontée, ce qui permet de voir le mécanisme de la pompe.

Spaarndam – *8 km au Nord-Est par Spaarndamseweg, qui devient Vondelweg, puis, après un virage, prendre à droite la Vergierdeweg.*
Les maisons de ce pittoresque village, où l'on déguste l'anguille fumée accompagnée d'une bonne bière, se serrent des deux côtés d'une digue. Celle-ci est entrecoupée par plusieurs écluses permettant la liaison entre la Spaarne et l'IJ. Sur une de ces écluses se trouve la statue de **Hans Brinker**. D'après la légende, ce jeune garçon boucha de son doigt, une nuit entière, la fissure qui venait de s'ouvrir dans la digue de protection et sauva ainsi la ville de l'inondation. À l'origine de cette anecdote : un livre pour enfants écrit en 1873 par la romancière américaine Mary Mapes Dodge, *Hans Brinker ou les Patins d'argent*.
Au-delà du petit monument s'étend le port de plaisance ; un sentier permet de le longer à pied et d'atteindre le bassin de Oost- en Westkolk ; on y remarquera de jolies maisons restaurées.

△△△ **Zandvoort** – *11 km à l'Ouest. Plan dans Le Guide Rouge Benelux.*
C'est l'une des stations les plus fréquentées des Pays-Bas. Une immense avenue longe les dunes qui dominent la plage.
Depuis 1976, Zandvoort possède également un **casino**.

Le **Circus Zandvoort** *(Gasthuisplein 5)*, dû à l'architecte Sjoerd Soeters, constitue un bel exemple d'architecture moderne. Cet amusant « bâtiment aux drapeaux » (1991) abrite notamment un cinéma et un théâtre.

Au Nord de la ville se trouve le célèbre **circuit automobile** de Zandvoort sur lequel le Grand Prix de Formule 1 des Pays-Bas s'est disputé jusqu'en 1985. Le circuit accueille toujours des courses de Formule 3.

EXCURSIONS

★★ **Keukenhof et les Champs de Fleurs** – *Voir ce nom.*

De Bloemendaal aan Zee à Beverwijk – *35 km au Nord par Verspronckweg.*

Bloemendaal aan Zee – C'est la plage familiale de Haarlem.

Bloemendaal – En arrière du cordon de dunes, c'est un élégant centre résidentiel dont les villas se dispersent sur des collines boisées.

Dans le théâtre en plein air ou Openluchttheater *(Hoge Duin en Daalseweg 2)*, on donne des représentations l'été. À côté se trouve la plus haute dune du pays, **Het Kopje** (50 m). Plus au Nord se dressent les ruines du **château de Brederode**, détruit par les Espagnols en 1573.

Nationaal Park Zuid-Kennemerland ⊘ – *Pavillon d'accueil (Informatiecentrum) près de l'entrée Sud-Est du parc à Overveen.*

C'est un domaine de 3 800 ha situé dans le large cordon de dunes bordant la mer du Nord, et sillonné de sentiers de promenade et de pistes cyclables. Près de petits étangs viennent couver de nombreux oiseaux.

IJmuiden – Cette station balnéaire, située à l'extrémité du canal de la mer du Nord, est en outre le premier port de pêche des Pays-Bas et le septième d'Europe occidentale. Les halles pour la vente à la criée sont très importantes.

Mais IJmuiden est surtout célèbre par ses trois **écluses**★ ou sluizen permettant aux bâtiments jusqu'à 80 000 tonnes de remonter jusqu'à Amsterdam.

L'écluse du Nord ou Noordersluis, la plus récente, fut inaugurée le 29 avril 1930. Elle a 400 m de longueur, 40 m de largeur et 15 m de profondeur.

Le paysage est fortement industriel, IJmuiden étant également depuis 1924 un important centre de sidérurgie maritime. Les anciens Koninklijke Nederlandsche Hoogovens en Staalfabrieken (K.N.H.S.) y produisent de l'acier et de l'aluminium. Aussi la station balnéaire de la ville souffre-t-elle quelque peu de cet environnement peu propice de cheminées et de fumées.

Beverwijk – Avec Heemskerk, cette commune constitue la zone résidentielle de l'embouchure de l'IJ, une des zones industrielles les plus importantes du pays. Le **Beverwijkse Bazaar** *(ouvert uniquement le week-end)* est un grand marché couvert comptant 3 000 étals. Des hauts fourneaux masqués par des écrans de verdure séparent Beverwijk de la station balnéaire de **Wijk aan Zee**.

HARDERWIJK

Gelderland

39 204 habitants

Cartes Michelin n⁰ˢ 908 H 4 et 210 S 8

Harderwijk garde de son passé de ville hanséatique de l'ancien Zuiderzee quelques ruelles pittoresques, les vestiges de ses remparts de brique et son port où l'on déguste d'excellentes anguilles fumées.

Sur les bords du **Veluwemeer** *(voir Flevoland)*, Harderwijk, qui dispose de deux ports de plaisance et d'une plage, connaît une grande affluence touristique. L'arrière-pays qui appartient à la Veluwe et où s'étendent dunes, forêts et landes de bruyères est très attrayant et comprend plusieurs réserves naturelles.

On évoque à Harderwijk le souvenir du célèbre botaniste suédois **Carl von Linné** (1707-1778) qui passa par son université. Fondée en 1647, cette institution fut supprimée en 1811 par Napoléon.

Promenades en bateau ⊘ – Des promenades sont organisées le long de la province de Flevoland.

CURIOSITÉS

★ **Dolfinarium** ⊘ – Ce parc d'attractions à succès, où évoluent de nombreux dauphins, otaries, lions de mer et morses présentés au cours de spectacles, est le plus grand parc d'animaux marins d'Europe. Il possède également un bassin où évoluent des raies que le visiteur peut caresser, une lagune où l'on peut admirer la vie sous-marine et en surface, un film de pirates en relief et les aventures du SOS Barracuda. Les dauphins échoués sont soignés à Fort Heerewich.

Vieille ville – Elle conserve de nombreuses maisons Renaissance, restaurées, et des demeures patriciennes du 18ᵉ s., témoins d'un riche passé.

Vischpoort – Pénétrer à pied par cette charmante porte de rempart (14e-16e s.) qui se dresse près du Strandboulevard et donne accès au Vischmarkt, ancien marché aux poissons.

Par Kleine Marktstraat à droite et Hondegatstraat, on gagne le Markt.

Markt – Sur la Grand-Place se dresse l'ancien hôtel de ville **(stadhuis)** (1837) à portique, surmonté d'un clocheton blanc.

Suivre la **Donkerstraat**, rue piétonne où l'on remarque plusieurs grands hôtels particuliers du 18e s. aux portails rococo. On aperçoit dans une ruelle à gauche *(Academiestraat)* la tour de Linné ou **Linnaeustorentje** (16e s.) derrière laquelle se trouvait le jardin de l'université.

À l'extrémité de la Donkerstraat, au n° 4, se situe le musée de la Veluwe (**Veluws Museum** ⊙), installé dans une demeure du 18e s. Il est consacré à l'histoire de la Veluwe (monnaies, costumes, maquettes de bateaux) ainsi qu'à l'ancienne université de Harderwijk. La chaire de l'ancien gymnase illustre l'importance de l'enseignement dans le passé de Harderwijk ; la place à l'avant était occupée par les candidats aux examens, tandis que le siège supérieur était réservé au directeur. Outre Carl von Linné *(voir ci-dessus)*, Herman Boerhaave *(voir Leiden)* et Constantijn Huygens ont été reçus docteur à Harderwijk.

En prenant à droite la Smeepoortstraat, on passe devant la Grande Église (**Grote Kerk** ⊙) du 14e s.

À l'extrémité de la rue, la Bruggestraat rejoint le Markt.

EXCURSION

Elburg – *20 km au Nord-Est.*
Cette petite ville, qui était au 14e s. un port actif sur le Zuiderzee et appartenait à la Hanse, a gardé son caractère médiéval. Elle est encore enclose dans ses murailles en quadrilatère (14e s.) et ceinturées de canaux. Ses rues en damier, notamment celle qui longe l'étroit canal (Beekstraat), sont bordées de belles maisons.

Située au Nord et jadis ouvrant sur la mer, la **Vischpoort** ⊙, tour du 14e s., est la seule conservée des portes de la ville. À l'autre extrémité de la rue se dresse l'ancien couvent de 1418 (Agnietenconvent). L'ancienne chapelle gothique et une partie des bâtiments du couvent abritent le musée municipal (**Gemeentemuseum** ⊙), la salle du conseil et la salle des mariages.

L'église St-Nicolas (**St.-Nicolaaskerk** ⊙), du 14e s., est dominée par une tour carrée massive. Dans la rue voisine, Van Kinsbergenstraat, se trouvent d'intéressantes maisons, dont une du 15e s., qui se nomme Arent thoe Boecophuis. Des **promenades en bateau** ⊙ sont organisées sur les lacs (Veluwemeer et Drontermeer).

HARLINGEN

Fryslân

15 438 habitants

Cartes Michelin n°s 908 H 2 et 210 R 3 – Schéma, voir Waddeneilanden

Harlingen, Harns en frison, était jadis un grand port de chasse à la baleine qui fut pratiquée au Groenland jusque vers 1850.

C'est aujourd'hui, au débouché du canal de Harinxma, un port assurant l'expédition de laitages vers l'Angleterre, le point de départ pour les îles de Terschelling et de Vlieland *(voir Waddeneilanden)*, un grand centre de pêche à la crevette.

Harlingen possède une école de navigation fluviale et un institut d'enseignement de construction navale ainsi que deux ports de plaisance.

Chaque année ont lieu les Journées de la Pêche ou Visserijdagen *(voir les Renseignements pratiques en début de volume)* avec une course à l'anneau (Ringrijderij, *voir Traditions et folklore)* et une revue navale.

CURIOSITÉS

Le charme de ses vieilles rues fait de Harlingen une ville accueillante. On prendra plaisir à flâner le long de la rue principale, Voorstraat, et sur les quais des deux ports anciens, le Noorderhaven et le Zuiderhaven. On y trouvera d'intéressants ensembles de façades du 16e au 18e s., témoins d'un passé prospère.

★ **Noorderhaven** – Ce bassin portuaire, devenu port de plaisance, est bordé de pittoresques maisons et d'entrepôts. Sur le quai Nord, on remarque quelques jolies pierres de façade. Côté Sud se dresse l'hôtel de ville **(stadhuis)**, du 18e s., surmonté d'un bas-relief représentant l'archange saint Michel ; sa façade postérieure donnant sur la Voorstraat est flanquée d'une tour possédant un carillon.

Gemeentemuseum Het Hannemahuis ⊙ – *Voorstraat 56.*
Installé dans le Hannemahuis, demeure du 18ᵉ s., le musée municipal est consacré
à l'histoire de Harlingen et à son passé maritime. Le mobilier, les marines de
Nicolas Baur, peintre né à Harlingen (1767-1820), les gravures, les collections
(porcelaine chinoise, argenterie frisonne, maquettes de bateaux) forment un bel
ensemble. Une salle donnant sur le jardin renferme une bonne collection de
carreaux de faïence groupés par motifs. À l'extrémité de la rue, près du canal, on
peut voir la statue d'un écolier, Anton Wachter, héros d'une série de romans de
Simon Vestdijk, écrivain célèbre originaire de Harlingen (1898-1971).

De Stenen Man (L'homme de pierre) – Au sommet de la digue au Sud du port, un
monument, couronné de deux têtes en fonte, a été élevé en 1774 à la mémoire
du gouverneur Caspar de Robles. En arrière de la digue se situe la plage de
Harlingen. Bonne vue sur le port.

La HAYE

Voir Den HAAG

HEERLEN

Limbourg

95 367 habitants

Cartes Michelin nᵒˢ 908 I 9 et 211 U 17

Cette ville était le centre principal du bassin houiller des Pays-Bas qui traverse le
Limbourg, se prolongeant en Belgique dans la région de Maaseik et en Allemagne
dans le bassin d'Aix-la-Chapelle. Exploité depuis 1896 *(voir Introduction, Patrimoine
industriel)*, le gisement a été abandonné en 1975.
En revanche, de nombreuses industries s'implantent dans la région. Heerlen est en
outre un important centre commercial doté d'un quartier moderne bâti autour d'une
vaste rue piétonne, la **Promenade**.
L'église romane St.-Pancratiuskerk a pour clocher l'ancien donjon d'un château
construit en 1389 par le duc de Bourgogne Philippe le Hardi.

Coriovallum – Heerlen, antique Coriovallum, était un camp romain sur la grande voie
allant de Boulogne à Cologne, en passant par Maastricht. Au 1ᵉʳ s., une autre voie vint
la traverser (Xanten-Trèves). On a découvert à Heerlen les ruines d'importants
thermes romains (2ᵉ-4ᵉ s.).

CURIOSITÉ

Thermenmuseum (Musée des Thermes) ⊙ – Une projection de diapositives précède
la visite des thermes romains dont les vestiges s'observent depuis une passerelle.
Le musée renferme également des objets retrouvés lors des fouilles : monnaies,
statuettes en bronze, poterie. On peut se faire une idée de l'établissement de bains
disparu grâce à des maquettes, des reconstitutions et un spectacle de lumières.

ENVIRONS

★ **Kasteel Hoensbroek** ⊙ – *5 km au Nord-Ouest.* De style Renaissance mosane, cet
imposant château, entouré d'eau, se compose d'une tour ronde du 14ᵉ s. et d'un
corps d'habitation des 17ᵉ s. et 18ᵉ s., disposés autour de trois cours intérieures.
À l'intérieur, on peut visiter des pièces aménagées dans le goût français ainsi que
la cuisine et les caves. Belle vue sur les environs depuis la tour médiévale et son
cachot.

Kerkrade – *10 km à l'Est d'Heerlen.*
Ville frontière, Kerkrade, centre minier remontant au Moyen Âge, tend à
s'industrialiser depuis l'abandon de ses activités minières.
Tous les quatre ans *(voir les Renseignements pratiques en début de volume)* a lieu
à Kerkrade le **Concours mondial de musique** qui réunit des groupes d'amateurs.

★ **Industrion** ⊙ – Ce musée moderne évoque l'évolution et les liens de l'industrie et
de la société. L'industrie principale du Limbourg était l'extraction minière : la
marne pour la fabrication du ciment, l'argile pour l'industrie de la céramique
(Maastricht) et puis le gravier et le charbon. La visite de la « rue de la crise »
(crisisstraat) et d'une maison ouvrière à pièce unique donne un aperçu de la vie
pénible des mineurs ; un ancien mineur vous accompagnera dans un puits de mine
pour vous parler de son travail en sous-sol. Afin de compléter les informations sur
le passé industriel du Limbourg, des ordinateurs sont mis à la disposition des
visiteurs. Les machines de l'usine métallurgique originaire de Stadskanaal sont en
état de marche.

★ **Abdij Rolduc** (Abbaye de Rolduc) ⊙ – *Se diriger vers Herzogenrath et tourner à gauche avant la voie ferrée.*

Cette ancienne abbaye se trouve à l'Est de la ville, au sommet d'un versant de la vallée de la Wurm qui forme frontière avec l'Allemagne. Elle est occupée aujourd'hui par un centre culturel, un lycée et un séminaire.

L'église abbatiale, **abdijkerk**, est encadrée de bâtiments des 17ᵉ et 18ᵉ s. Commencée au début du 12ᵉ s., elle a été restaurée à plusieurs reprises, et en particulier au 19ᵉ s. par Cuypers qui remplaça le chœur gothique par un chœur roman. Elle présente à l'Ouest une façade constituée d'une tour-porche massive flanquée de deux tours carrées.

À l'intérieur, au niveau de la première et de la troisième travées de la nef, une sorte de transept s'ébauche dans les bas-côtés. Les **chapiteaux**★ de la nef sont d'une grande variété. Remarquer aussi la base de certaines colonnes engagées, dans les collatéraux. L'abside, surélevée, est construite en forme de trèfle, au-dessus d'une crypte romane (chapiteaux remarquables).

Den HELDER

Noord-Holland
59 590 habitants
Cartes Michelin nᵒˢ 908 F 3 et 210 N 5 – Schéma, voir Waddeneilanden

Den Helder doit son importance à la profondeur du détroit du Marsdiep qui la sépare de l'île de Texel.

À l'origine, **Huisduinen**, simple village de pêcheurs, s'agrandit vers l'Est. En 1500, la ville nouvelle prit le nom de Den Helder.

En 1811, Napoléon fit fortifier Den Helder, qu'il appelait la Gibraltar du Nord. La visite personnelle que l'empereur y effectua en 1811 témoigne de son grand intérêt pour cette place forte.

Den Helder est aujourd'hui le grand port de guerre des Pays-Bas.

C'est également le point de départ des bateaux ralliant l'île de Texel.

En juillet ont lieu à Den Helder les Journées nationales de la Marine **(Nationale Vlootdagen)**.

CURIOSITÉS

Marinemuseum ⊙ – Le musée de la Marine retrace l'histoire de la marine néerlandaise depuis le 17ᵉ s. par un choix de maquettes de bateaux, instruments, photos, uniformes, emblèmes et peintures. Des films évoquent la Marine royale actuelle.

À remarquer la visite du sous-marin *Tonijn* (Thon) et d'un dragueur de mines de la Seconde Guerre mondiale. On peut également voir un navire du 19ᵉ s., le *Schorpioen* (Scorpion). La section Entretien et Technique se trouve à quelques pas du musée sur le terrain de l'ancien chantier naval Willemsoord.

Nationaal Reddingmuseum Dorus Rijkers (Musée national du Sauvetage en mer) ⊙ – Ce musée donne un aperçu de l'histoire du sauvetage en mer aux Pays-Bas et présente des bateaux et du matériel de sauvetage, des photos et des maquettes. La reconstitution d'un pont de navire, ainsi que les nombreuses attractions pratiques raviront surtout les enfants.

Fort Kijkduin ⊙ – C'est l'un des six forts qui constituaient la ligne de défense de Den Helder. Entièrement restauré, il abrite aujourd'hui un **musée** et un aquarium marin. La visite guidée à travers les couloirs souterrains fait revivre l'histoire du fort. Dans les casemates qui abritent l'aquarium de la mer du Nord **(Noordzee-aquarium)**, il ne faudra surtout pas manquer le tunnel de verre.

Du fort, par temps clair, **belle vue** sur le banc de sable De Razende Bol (la Boule d'Écume), la mer du Nord et l'île de Texel.

VERS CALLANTSOOG EN SCHAGEN *27 km au Sud*

La route vers Callantsoog longe une digue derrière laquelle sont établies de nombreuses plages.

Callantsoog – Au Sud se trouve une réserve naturelle, **Het Zwanenwater** ou lac des Cygnes ⊙ (573 ha).

La réserve se compose de dunes côtières et de landes autour de deux étangs qui attirent de nombreux oiseaux.

La période la plus favorable pour visiter se situe vers mi-mai, à l'époque des nids. On peut apercevoir, de loin, les zones de nidification, généralement dans les roseaux. Les spatules *(illustration, voir Waddeneilanden)* arrivent de l'Afrique occidentale fin février pour repartir en juillet et août.

Schagen – Dans ce bourg se tient le jeudi en été *(voir les Renseignements pratiques en début de volume)* un **marché** coloré, le Westfriese markt, où l'on peut rencontrer les costumes de la Frise-Occidentale.

's-HERTOGENBOSCH

Bois-le-Duc – Noord-Brabant ℗
128 009 habitants
Cartes Michelin nᵒˢ 908 H 6 et 211 Q 12
Plan d'agglomération dans Le Guide Rouge Benelux

Capitale de la province du Brabant-Septentrional, Bois-le-Duc est également le siège d'un évêché catholique.
Elle diffère des autres villes du pays par son caractère plus méridional qui se manifeste par sa haute cathédrale de pierre et par son carnaval bruyant (*voir les Renseignements pratiques en début de volume*). Tous les ans se tient à Pâques un marché d'art et d'antiquités.

UN PEU D'HISTOIRE

De vastes forêts qui s'étendaient là étaient le lieu de chasse du duc Godefroy de Brabant, d'où le nom de 's-Hertogen Bosch, le Bois du Duc. De nos jours, la ville est souvent appelée **Den Bosch**, le Bois. Mais des prairies marécageuses ont remplacé les forêts.
Bois-le-Duc reçoit ses droits de cité vers 1185 de Henri Iᵉʳ, duc de Brabant. La ville doit sa prospérité au commerce de la laine et du drap.
En 1561, Philippe II d'Espagne, qui règne sur les Pays-Bas, fait de Bois-le-Duc le siège d'un évêché dépendant de l'archevêque de Malines.
Acquise aux Espagnols en 1579, la ville ne se rend au prince d'Orange Frédéric-Henri, fils de Guillaume le Taciturne, qu'en 1629, après un long siège. Son enceinte fortifiée du 17ᵉ s. est encore nettement marquée par une ligne de bastions et de canaux occupant les anciens fossés.
Prise en 1794 par Pichegru, après 18 jours de siège, Bois-le-Duc devint le chef-lieu du département des Bouches-du-Rhin. La citadelle **(Citadel)** de 1637 abrite actuellement les archives provinciales.

L'art d'un magicien

Bois-le-Duc est la patrie de **Jérôme Bosch** (vers 1450-1516) dont le vrai nom est Hieronymus van Aken. Bien mal connue est la vie de ce peintre dont on sait seulement qu'il mena une vie bourgeoise dans cette ville.
Génie solitaire, Jérôme Bosch ne se rattache à aucune école. Tout au plus reconnaît-on une influence flamande dans ses paysages aux lointaines perspectives, dans le ton naturaliste donné aux scènes qu'il représente et le dessin un peu archaïque de ses personnages.
Mais, chez ce peintre visionnaire, la réalité est mise au service d'une imagination prodigieuse. Les objets, les animaux prennent des formes bizarres, hommes et bêtes peuplent des scènes fantastiques

Le Fils prodigue, Jérôme Bosch,
Museum Boijmans Van Beuningen,
Rotterdam

Museum Boijmans Van Beuningen, Rotterdam

d'un univers de rêve, voire de cauchemar, où il est souvent difficile de distinguer l'enfer du paradis.
Stigmatiser le mal, dénoncer les méfaits du péché, tel fut probablement le propos de cet artiste mystérieux qui était aussi féru d'alchimie que de morale, à en juger par la présence, dans ses œuvres, de nombreux symboles.
Les œuvres de ses débuts sont plutôt simples et sobres, par la suite les compositions deviennent plus complexes et les sujets de plus en plus étranges, ainsi dans la plus extraordinaire de ses réalisations, le *Jardin des Délices*, où le peintre n'a rien à envier aux surréalistes.
Ce dernier tableau se trouve au musée du Prado à Madrid, mais on peut voir, au musée Boijmans Van Beuningen, à Rotterdam, plusieurs œuvres importantes de Jérôme Bosch.

La ville moderne – Bois-le-Duc, important nœud routier et ferroviaire, est bien située sur le canal Zuid-Willemsvaart et à proximité de la Meuse. De nombreux établissements commerciaux et industriels s'y sont développés.

Le marché au bétail hebdomadaire, qui se tient le mercredi dans les **Brabanthallen**, revêt une importance particulière ; le jeudi a lieu un marché aux chevaux.

La ville dispose de plusieurs zones de loisirs : le **Zuiderplas**, le **Oosterplas** et le **Prins Hendrikpark** où se trouvent un enclos à cerfs et un grand lac.

La maison provinciale **(Provinciehuis)** a été édifiée en 1968-1971 au Sud-Est de la ville.

★★ ST.-JANSKATHEDRAAL (CATHÉDRALE ST-JEAN) ⊘ visite : 3/4 h

C'est l'un des plus beaux édifices religieux des Pays-Bas. Elle fut affectée au culte protestant de 1629 à 1810, date de la visite de Napoléon qui la rendit au culte catholique. Depuis 1985, elle porte le titre de basilique.

La cathédrale a été construite entre 1380 et 1530 dans le style gothique brabançon.

Elle conserve un clocher-porche du 13e s. dont le carillon, monté en 1925, est rendu célèbre par ses **concerts**.

La cathédrale présente, vue de la place au Sud, la **Parade**, d'impressionnantes proportions et une grande richesse d'ornementation *(plan, voir Introduction, ABC d'architecture)*. Le monde fantastique des personnages grotesques montés à califourchon sur le sommet des **arcs-boutants**★ a peut-être inspiré Jérôme Bosch.

D'autres personnages amusants garnissent les écoinçons des gâbles des chapelles latérales.

L'abside est superbe avec ses nombreuses chapelles rayonnantes autour du déambulatoire. Une tour-lanterne surmonte la croisée du transept.

Sint-Jansmuseum De Bouwloods ⊘ – Le hangar de restauration, à côté de la cathédrale, présente des sculptures d'origine, remplacées au cours des restaurations successives, ainsi que des exemplaires en plâtre, une maquette de l'église et un modèle d'arc-boutant.

Intérieur – Très lumineux, il offre un aspect grandiose avec ses cinq nefs, ses 150 colonnes qui, contrairement à la coutume brabançonne, sont à faisceau de colonnettes et ne portent pas de chapiteaux.

's-Hertogenbosch – St.-Janskathedraal

's-HERTOGENBOSCH

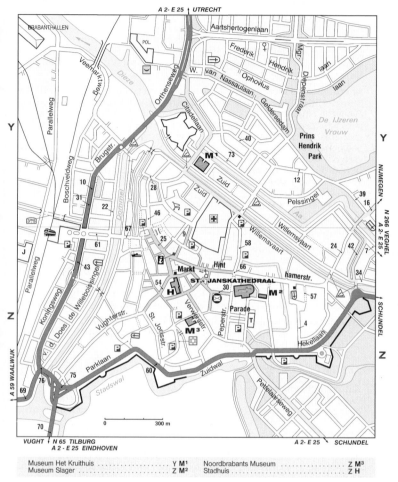

La dernière restauration, terminée en 1985, a mis en valeur les fresques des voûtes, d'une grande variété. Les plus anciennes, celles du chœur, datent de la première moitié du 15e s.

Remarquer le dais, légèrement tourné et finement travaillé, au-dessus d'une statue adossée à un pilier de la croisée du transept.

La **chaire** avec ses bas-reliefs Renaissance (16e s.), les **stalles** restaurées du 15e s. et un **buffet d'orgue** Renaissance (17e s.) dû à Frans Symons de Leyde et Georg Schissler sont intéressants.

Les **fonts baptismaux** en cuivre (1492) dans la chapelle à gauche du grand orgue sont le chef-d'œuvre d'un dinandier de Maastricht.

En 1629, lorsque le prince d'Orange Frédéric-Henri s'empara de Bois-le-Duc, les chanoines quittèrent la ville pour Bruxelles, emportant les retables que Jérôme Bosch avait exécutés pour la cathédrale. Le jubé (1610) est aujourd'hui au Victoria and Albert Museum de Londres. Les vitraux ont été réalisés après 1850.

La chapelle St-Antoine, dans le bras droit du transept, abrite un beau **retable**★ de l'école anversoise (vers 1500), provenant d'un village de la province. Les six petites scènes de la partie inférieure, de facture assez naïve, représentent la naissance et l'enfance de Jésus, mais le thème principal du retable est la Passion du Christ, avec au centre le Calvaire. Les personnages sculptés dans le bois sont particulièrement remarquables pour leur expression.

La chapelle Notre-Dame, à gauche de la tour-porche, renferme une statue miraculeuse de la Vierge, de la fin du 13e s.

AUTRES CURIOSITÉS

Markt – Au cœur de la ville se trouve cette place triangulaire, très animée, où débouche l'une des principales rues commerçantes piétonnes, la **Hinthamerstraat**. Un marché traditionnel se tient le mercredi et le jeudi.
Devant l'hôtel de ville se dresse la statue de Jérôme Bosch (1929).

Stadhuis ⊘ – Du 15e s., l'hôtel de ville a reçu une façade classique en 1670. Son **carillon** est dû en partie aux frères Hemony.
Au rez-de-chaussée, la salle des Mariages (Trouwkamer) est tapissée de belles tentures en cuir de Cordoue.
La cave (kelder) gothique a été transformée en café-restaurant.

De Moriaan – Cet édifice qui abrite l'Office de tourisme (VVV) montre, au Nord du Markt, une façade en brique à pignon à redans, du 13e s.

★ **Noordbrabants Museum** ⊘ – L'ancien palais du gouverneur de la ville (Pieter de Swart, 1768-1769) et deux ailes modernes de Wim Quist abritent un musée évoquant l'histoire et l'art de la province du Brabant-Septentrional à travers plusieurs thèmes : la ville médiévale, les guildes, la guerre de Quatre-Vingts Ans, les cultes, les traditions populaires et l'archéologie.
Les intéressantes collections comprennent des produits de fouilles, dont une **statue** d'ambre de Bacchus (vers 200 après J.-C.). Parmi les tableaux, on remarque l'*Étude d'une paysanne brabançonne* de Van Gogh et les *Quatre Saisons* de David Teniers le Jeune. On admire aussi des sculptures, des objets d'art décoratif (pièces d'orfèvrerie de guildes, bijoux rustiques) et des costumes. Le musée organise aussi des expositions d'art contemporain.

Museum Slager ⊘ – Il renferme des œuvres d'une famille de peintres, de Petrus Marinus Slager (1841-1912) à Tom Slager, né en 1918.

Museum Het Kruithuis (Musée d'Art contemporain) ⊘ – Ce bâtiment hexagonal, datant des années 1617-1621, est situé dans la partie Nord de la ville. Construit en brique autour d'une cour, il était autrefois entouré d'un fossé. Jusqu'en 1742, le bâtiment était un magasin de poudre ; de nos jours, les salles du rez-de-chaussée servent de cadre à des expositions d'art contemporain et de design. Au 1er étage, collections de céramique moderne et de bijoux datant de 1950 à nos jours.

Promenade en bateau sur le Binnendieze ⊘ – La promenade sur ce cours d'eau, qui passe par endroits sous les maisons et les rues, permet de découvrir les différents aspects de la ville.

ENVIRONS

Autotron Rosmalen ⊘ – *6 km au Nord-Est par la N 50.*
Ce parc de loisirs comprend de nombreuses attractions. Le 1er étage du musée d'automobiles **AutoDome**★ évoque l'évolution de la construction automobile depuis 1885. Parmi les voitures : une réplique du véhicule à moteur à essence conçu en 1885 par Benz, une Ford T de 1909, des limousines de fabrication américaine (années 1940), une Tatra Plan 600 d'avant-garde (1947), une Daf de 1958, une Austin Mini et une Fiat 500 des années 1960-1970, etc. Le rez-de-chaussée présente à travers plusieurs thèmes la marque néerlandaise Spijker (1899-1925), quelques voitures d'exception, des limousines, et une sélection de voitures de course. La section **Philips Automotive On The Road Experience** montre les derniers développements dans le domaine de l'éclairage automobile.
Dans le parc d'attractions, les enfants peuvent passer le permis Autotron, rouler en Ferrari ou en Jeep 4x4 ou encore faire un tour sur le circuit des vieux tacots.

Heeswijk-Dinther – *14 km au Sud-Est par Maastrichtseweg.*
Un peu au Nord-Ouest du bourg, on aperçoit de la route un château, **Kasteel Heeswijk** ⊘, isolé dans les bois et entouré de douves. Du 14e s., il a été remanié à plusieurs reprises. Le château contient de belles pièces ainsi qu'une collection intéressante d'objets d'art.
À Heeswijk, une ferme musée, **Meierijsche Museumboerderij** ⊘, retrace la vie des paysans brabançons en 1900. *Meerstraat 28.*

Kasteel Ammersoyen ⊘ – *À Ammerzoden. 11 km au Nord par Orthenseweg.* Cet imposant château fort entouré d'eau (14e s.) se compose de quatre ailes avec de lourdes tours d'angle disposées autour d'une cour intérieure. De 1876 à 1945, il abrita un couvent de clarisses ; aujourd'hui, une partie est utilisée comme hôtel de ville. La salle des chevaliers, la « kemenade » (appartement réservé aux femmes) et les pièces dans les tours se visitent.

Zaltbommel – *15 km au Nord. Sortir par Orthenseweg.*
Cette ancienne place forte se trouve près du Waal.
Sur la place appelée Markt, l'hôtel de ville **(stadhuis)** date de 1763. On remarque au n° 18 de la rue principale (Boschstraat), à côté d'une pharmacie, une maison Renaissance à cariatides. Cette rue mène à la **Waterpoort** ou porte d'eau, du 14e s

Dans la Nonnenstraat, une maison, **Huis van Maarten van Rossum** *(voir Arnhem)*, a été transformée en **musée** (Maarten van Rossummuseum) ⊘. Elle présente une pittoresque façade (vers 1535) à tourelles d'angle et créneaux. À l'intérieur est exposée une collection d'objets historiques.

À l'extrémité de Nieuwstraat se trouve la Grande Église ou église St-Martin **(Grote of St.-Maartenskerk)** du 14ᵉ s., abondamment décorée, dont l'imposant clocher-porche du 15ᵉ s. s'élève à 63 m.

EXCURSIONS

Heusden – *19 km au Nord-Ouest par Vlijmenseweg.*
Au bord de la Meuse qui devient ici le Bergse Maas, Heusden est une ancienne place forte, fortifiée en 1581.

À l'intérieur de ses remparts aménagés en promenade, le bourg présente de jolies façades. Voir au nᵒ 4 de Hoogstraat, rue principale, une maison du 17ᵉ s. aux volutes très recherchées.

L'hôtel de ville **(stadhuis)**, réédifié en 1956, possède un **carillon** ⊘ automatique et un jaquemart.

Le **Vismarkt**, marché au poisson, près du bassin portuaire, est entouré de maisons du 17ᵉ s. Une halle ou Visbank de 1796 s'y dresse encore. Heusden possède trois **moulins à vent** à pivot.

Drunen, Waalwijk et De Efteling – *25 km à l'Ouest. Sortir par Vlijmenseweg.*

Drunen – Au Sud de la localité s'étendent les **dunes de Drunen** qui font partie d'une vaste région sablonneuse. C'est ici que se trouve le **Land van Ooit** ⊘ (Le Pays d'Autrefois). Dans ce pays peuplé de géants, de chevaliers et de gentes demoiselles, les enfants sont rois. On y parle la langue d'Autrefois, on y paie au moyen de sous d'Autrefois et nombre de petits théâtres proposent des histoires d'Autrefois. Un tournoi de chevaliers, un théâtre de marionnettes et un jardin de fontaines viennent compléter ce monde féerique.

Waalwijk – Principal centre de l'industrie du cuir et de la chaussure aux Pays-Bas, Waalwijk abrite le musée du Cuir et de la Chaussure **(Nederlands Leder- en Schoenen-museum** ⊘**)**. Importante collection de chaussures de provenances variées ; reconstitution d'une fabrique de chaussures (vers 1930) et d'une tannerie de 1870. D'autres vitrines donnent un aperçu de l'évolution de la chaussure en Europe de la préhistoire à nos jours.

★★ **De Efteling** ⊘ – *Au Sud de Kaatsheuvel.*
L'univers merveilleux du parc récréatif De Efteling a de quoi plaire à tout le monde. Les plus petits seront éblouis par l'univers de contes de fées et d'elfes de la Forêt enchantée (Sprookjesbos), le Vol de rêves (Droomvlucht), le spectacle de contes (Sprookjesshow) et la Maison des Cinq Sens (Huis van de Vijf Zintuigen). Les amateurs de sensations fortes pourront profiter des attractions comme l'Oiseau Rok (Vogel Rok), Pegasus, Python, Piranha et Demi-Lune (Halve Maan), iront se faire peur dans la Villa Volta et le Château hanté (Spookslot) ou s'offrir un voyage exotique dans la Fata Morgana et au Carnaval Festival. Sur le parc également : train à vapeur, carrousel, gondoles, hôtel et terrain de golf.

Het LOO (Musée-Palais)

voir LOO

HILVERSUM

Noord-Holland

82 308 habitants

Cartes Michelin nᵒˢ 908 G 5 et 211 Q 9 – Plan dans Le Guide Rouge Benelux

Hilversum, dans les landes et les bois pittoresques du Gooi, est en quelque sorte la grande banlieue résidentielle d'Amsterdam. La ville forme une agglomération très étendue aux villas dispersées parmi les arbres.

Profitant de sa situation (relativement) élevée, Hilversum abrite les groupes de radio diffusion et, depuis 1951, les installations de la télévision des Pays-Bas, avec leurs studios.

Willem Marinus Dudok (1884-1974), le représentant le plus important de l'architecture cubiste aux Pays-Bas, fut attaché, dès 1915, à la ville d'Hilversum. Il y réalisa notamment l'hôtel de ville, le parc sportif municipal, divers quartiers d'habitations, ainsi qu'une vingtaine d'écoles.

★ Raadhuis – *Au Nord de la ville. Illustration, voir Introduction, ABC d'architecture.*
Construit entre 1927 et 1931, l'hôtel de ville est l'œuvre maîtresse de **W.M. Dudok**. C'est un étagement de masses cubiques dont les volumes, tous différents, se superposent ou se juxtaposent harmonieusement, offrant à l'œil un jeu de lignes horizontales et verticales, sur lequel règne une haute tour d'horloge. Côté Sud, cette dernière se reflète dans un bassin. Les murs, nus, sont en brique d'une teinte jaune assez discrète. Les joints verticaux entre les briques sont maçonnés au niveau de la brique, tandis que les joints horizontaux sont plus renfoncés, ce qui donne au mur un aspect strié. À l'intérieur domine également le souci du fonctionnel et du rationnel. Meubles, horloges, luminaires et même le maillet en bois du maire ont été conçus par Dudok. Le sous-sol abrite le **Dudok Centrum** où sont rassemblés des documents sur la vie et l'œuvre de l'architecte.

Goois Museum (Musée du Gooi) ⊘ – *Kerkbrink 6.* Dans l'ancien hôtel de ville, une exposition d'objets trouvés lors de fouilles archéologiques et de photos retrace l'histoire d'Hilversum et du Gooi. On peut également y admirer une collection de porcelaine de Loosdrecht.

★ HET GOOI (LE GOOI)

Circuit de 62 km – environ une journée. Quitter Hilversum par Soestdijkerstraatweg.

Les bois du **Gooi** et leurs alentours rappellent le Siècle d'or, lorsque l'élite marchande amstellodamoise se devait de posséder des propriétés à la campagne, des « maisons de repos » *(lusthuizen)* ou des « maisons de loisirs » *(speelhuizen)*. Les sites privilégiés se situaient le long de l'Amstel et de la Vecht, entre Muiden et Utrecht, ainsi qu'autour de 's-Graveland, et constituaient en quelque sorte une Arcadie bourgeoise de résidences secondaires où marchands et négociants opulents venaient profiter des mois d'été.

Soestdijk – Au Nord de la ville s'élève la résidence de la reine mère Juliana. Cet ancien pavillon de chasse fut occupé l'été par les souverains des Pays-Bas jusqu'au mariage de la princesse Juliana avec le prince Bernhard de Lippe-Biesterfeld dont il devint alors la demeure.

Baarn – C'est une agréable villégiature située au cœur d'une forêt de conifères et de feuillus. Le **Kasteel Groeneveld** ⊘ (vers 1710) abrite le Centre national de la forêt, de la nature et du paysage. Le parc à l'anglaise qui l'entoure se visite également.

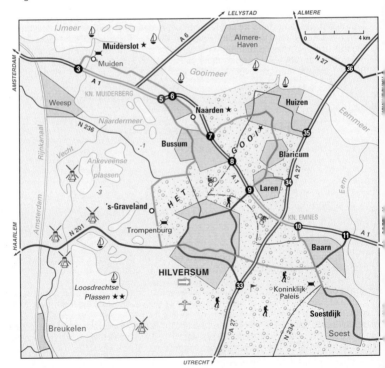

Près de Laren, on pénètre dans le **Gooi**. Cette région très boisée de la province de Hollande-Septentrionale n'est en fait qu'une immense agglomération, peuplée de résidences cossues, enfouies dans de beaux parcs, où ont élu domicile beaucoup de Néerlandais travaillant à Amsterdam. Quelques landes de bruyères agrémentent le paysage.

Laren – Petite ville résidentielle au cadre très agréable, Laren symbolise la richesse de la région. À la fin du 19ᵉ s., l'**école de Laren** ou Larense school rassemble plusieurs peintres sous la direction de Neuhuys et d'Anton Mauve ; plusieurs d'entre eux firent partie également de l'école de La Haye. Au centre de la localité, autour de la villa du peintre américain William Henri Singer (1868-1943), un musée a été édifié en 1956 par la veuve du peintre.

Le **musée Singer** ⊙ organise des expositions temporaires d'art moderne ; ses propres collections sont également exposées par roulement : œuvres de Singer, à tendance impressionniste, peintures françaises des 19ᵉ et 20ᵉ s. (Corot, Boudin, le Sidaner), œuvres des écoles d'Amsterdam et La Haye (Maris, Bosboom, Isaac Israëls), et toiles d'artistes de Laren et de modernistes. Le musée comprend aussi un jardin de sculptures.

Blaricum – Charmante localité résidentielle au cœur du Gooi.

Huizen – Depuis la fermeture du Zuiderzee, cette ville s'est industrialisée et équipée d'un important port de plaisance.

★ **Naarden** – *Voir ce nom.*

Muiderslot

Muiden – Près de ce petit port très fréquenté par les plaisanciers se dresse, au bord de l'IJmeer et à l'embouchure de la Vecht, le **château de Muiden**★ (Muiderslot ⊙), vieille forteresse de brique, aux lourdes tours d'angle, entourées de douves, dont l'œil découvre de très loin la massive silhouette.
Édifié vers 1204 pour défendre l'embouchure de la Vecht, il fut reconstruit par le comte Floris V de Hollande. Celui-ci y fut assassiné en 1296 par les nobles, pour avoir appuyé son autorité sur la bourgeoisie.

À partir de 1621, le château hébergea un cercle intellectuel et littéraire, le **Muiderkring**, qui, autour du propriétaire des lieux, l'historien et poète **P.C. Hooft** (1581-1647), réunit des musiciens ou des écrivains comme Maria Tesselschade et Anna Roemersdr. Visscher, filles de l'écrivain Roemer Visscher, et reçut des célébrités comme Vondel et Constantijn Huygens. Le château renferme des meubles, peintures, armes, armures du 17ᵉ s.

Bussum – Ville résidentielle importante située au bord du Gooi.

À la sortie de Bussum, tourner à droite vers 's-Graveland.

's-Graveland – Dans les environs de ce bourg s'admirent de nombreux manoirs. Le château de Tromp **(Trompenburg)** est le plus élégant, mais il ne se visite pas. Construit par l'amiral Cornelis Tromp, fils du célèbre amiral Maarten Tromp, il se compose d'un édifice rectangulaire et d'un petit pavillon couvert d'un dôme qui reflète dans l'étang sa silhouette gracieuse.

Rentrer à Hilversum par ④ du plan.

HINDELOOPEN

Cette petite ville (Hylpen en frison) au bord de l'IJsselmeer est l'une des « onze cités » de la Frise. Membre de la Hanse, elle fut jadis très prospère grâce à son commerce avec la Norvège. À l'écart de la route, avec ses sentiers serpentant entre maisons et jardins, ses passerelles enjambant de petits canaux, Hindeloopen coule des jours paisibles, animés l'été par la présence de nombreux plaisanciers.

Digue et clocher, Hindeloopen

Meubles et costumes – Depuis le 18ᵉ s., les meubles d'Hindeloopen sont couverts de peintures aux riches coloris où dominent un rouge et un vert sombre. Les couleurs, ainsi que les motifs et les formes sont inspirés de styles empruntés par les marins en Scandinavie au cours de leurs voyages. La communauté d'Hindeloopen vivait en milieu fermé et chaque dessin avait un sens rituel. Les costumes devaient aussi à l'Orient leurs tissus de coton ou « sits » (« sits », *voir Introduction, Traditions et folklore*) aux grands feuillages rouges, verts ou bleus sur fond blanc.

CURIOSITÉS

★ **Museum Hidde Nijland Stichting** ⊘ – Situé près de l'église dans l'ancien hôtel de ville de 1683, ce musée séduit par ses nombreuses reconstitutions d'intérieurs locaux aux meubles et objets usuels peints, ses collections de riches costumes traditionnels, ses séries de carreaux ou de tableaux de faïence et ses images de grands navires disparus.

Het Eerste Friese Schaatsmuseum ⊘ – *Kleine Weide 1-3*. Les amoureux du patin à glace trouveront dans ce musée patins, luges, médailles, photos, trophées et bien sûr tout sur le fameux Tour des onze villes (*voir Leeuwarden*).

Parc National de la Haute Veluwe – Gelderland

Cartes Michelin nos 908 I 5 et 211 U 10

Le parc national De Hoge Veluwe est avec 5 500 ha la plus grande réserve naturelle des Pays-Bas. Ce parc d'une grande beauté abrite le célèbre musée Kröller-Müller, la maison de chasse St-Hubert, le Museonder, un musée souterrain, ainsi que nombre de sculptures et de monuments, et constitue un ensemble unique combinant nature et culture.

★★ LE PARC ⊘ *visite : une demi-journée*

La naissance du parc – Fin 1914, ce domaine fut acheté par un couple de commerçants, les Kröller-Müller. Monsieur Kröller désirait en faire un terrain de chasse, Madame voulait l'aménager en parc culturel. La maison de chasse St-Hubert fut construite entre 1914 et 1920 d'après les plans de l'architecte H.P. Berlage qui avait déjà réalisé des immeubles de bureaux à la demande du couple. Sous l'influence de madame Kröller-Müller, la partie Nord du parc fut enrichie de sculptures et de monuments. En 1938, le couple décida de léguer le domaine et sa riche collection d'œuvres d'art à l'État, à la condition que celui-ci y érige un musée. Le musée Kröller-Müller était né. Les deux mécènes passèrent les dernières années de leur vie à la maison de chasse St-Hubert ; ils sont enterrés sur le Franse Berg, le haut cordon de dunes de sable fin situé derrière le musée.

UNE JOURNÉE DANS LA HAUTE VELUWE

– Le parc est desservi par les **transports en commun** à partir d'Arnhem, d'Ede et d'Apeldoorn. De fin mars à fin octobre, les bus de la **ligne 12** traversent le parc. Un chauffeur donne des explications et fait des haltes à divers endroits.

– Le parc compte trois **entrées** : une à Otterlo, une à Hoenderloo et une à Schaarsbergen.

– De vastes **parkings** sont situés aux trois entrées, ainsi qu'au Kröller-Müller Museum, à la maison de chasse St-Hubert et au Centre d'accueil (Bezoekerscentrum). La vitesse maximale autorisée dans le parc est de **50 km/h**. Seules les routes asphaltées (en blanc sur le plan) sont accessibles aux voitures.

– Des **bicyclettes blanches** sont mises gratuitement à la disposition des visiteurs. Elles sont disponibles aux trois entrées, au Kröller-Müller Museum, ainsi qu'au Bezoekerscentrum. Elles permettent de circuler partout, tant qu'on ne quitte pas des chemins (asphaltés ou non). À la fin de la journée, il faut les remettre à l'endroit où on les a prises.

– Le parc compte 42 km de **pistes cyclables** balisées. L'ANWB (le Touring Club néerlandais) propose trois circuits (10, 18 et 26 km). Des brochures telles que *Fietsroutes Kunst & Landschap* (Circuits cyclistes Art & Paysage), qui décrit des itinéraires passant par la plupart des monuments et œuvres d'art situés dans le parc, sont en vente au Bezoekerscentrum.

– On peut se promener librement dans tout le parc, sauf sur les aires de repos réservées au gros gibier. Les promeneurs peuvent choisir leur propre itinéraire ou suivre une **promenade fléchée** (différentes distances sont proposées). Celles-ci sont indiquées par un poteau en bois marqué d'une couleur. Pour obtenir des cartes et des renseignements, s'adresser au Bezoekerscentrum.

– Cinq **observatoires à gibier** ont été aménagés. Le mirador De Klep et l'endroit nommé Vogelvijvers (Étangs des Oiseaux) sont faciles d'accès. Pour plus de renseignements concernant les endroits et les heures où l'on peut observer certains animaux, s'adresser au Bezoekerscentrum.

– On trouve des **restaurants** et des **toilettes** au Bezoekerscentrum, au Kröller-Müller Museum, et à l'entrée de Schaarsbergen. Les **pique-niques** sont autorisés partout ; le Bezoekerscentrum dispose également d'une aire spécialement aménagée à cet effet. Il est interdit de faire du feu ou de cuire des aliments.

– Les **chiens** et autres animaux ne sont pas admis dans les bâtiments ; dans le parc, ils doivent être tenus en laisse.

– Dans le parc, le **camping** n'est autorisé que sur le terrain situé à l'entrée de Hoenderloo. Plusieurs terrains de camping ont été aménagés à l'extérieur du parc.

– La carte d'entrée du parc donne accès à toutes les curiosités, sauf au Kröller-Müller Museum, pour lequel il vous faudra payer une entrée d'un montant de 8 florins ou 3,63 €.

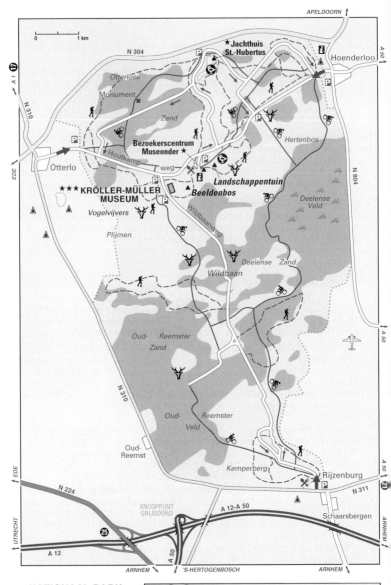

Information
Oiseaux
Observatoire à gibier
Piste cyclable
Sentier balisé
Camping
Restaurant
Parking
Sens unique
Sables mouvants
Bruyère
Bois

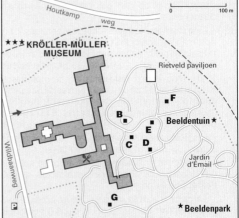

Les paysages – Le parc de la Haute-Veluwe présente des paysages très variés : hautes futaies de hêtres et de chênes coupées de clairières, bois de pins et de bouleaux alternant avec des landes couvertes de bruyères, prairies, dunes sablonneuses et des étangs. Le parc mérite d'être visité en toutes saisons : en mai et en juin, les rhododendrons sont en fleur, en août, les champs de bruyères se colorent en mauve, en automne, les feuillus arborent de magnifiques couleurs et même sous la neige, le spectacle est fascinant.

La faune – Le parc abrite de nombreux animaux. On peut y observer des cerfs, des mouflons, des sangliers, des chevreuils et une grande variété d'oiseaux. C'est principalement pendant la **période du rut** (de mi-septembre à mi-octobre) que l'observation des cerfs constitue un spectacle extraordinaire. Période recommandée pour l'observation des animaux : hiver et printemps, jusqu'à fin mai, en fin d'après-midi, lorsqu'ils partent à la recherche de nourriture.

Bezoekerscentrum (Centre d'accueil) ⊘ – Ce centre, qui communique avec le Museonder, a la forme d'un escargot. On y trouve de la documentation sur le parc et ses curiosités, ainsi que sur les possibilités récréatives. Les itinéraires destinés aux cyclistes et aux promeneurs y sont également en vente. L'histoire du parc, ses divers paysages, sa flore et sa faune sont évoqués dans une belle exposition et illustrés par des films. Un bon conseil : passez par ce centre avant de commencer la visite du parc.

★★★ KRÖLLER-MÜLLER MUSEUM ⊘ visite : 3 h

Construit sur les plans de Henry van de Velde, ce musée, inauguré en 1938, doit son nom à sa fondatrice. On lui adjoignit un jardin à sculptures en 1961 et en 1977 une nouvelle aile, conçue par l'architecte **Wim Quist**.

Il présente une importante collection de peinture, de sculptures et de dessins comprenant en particulier de nombreuses œuvres de Van Gogh.

À droite de l'entrée principale se trouve la **salle de Sculpture** ou Beeldenzaal : le *Cavalier et son Cheval* de Marini (1952) y voisinent avec des œuvres de Zadkine. Ensuite, une succession de six salles permet d'admirer des peintures du début du 20e s. On remarque plusieurs œuvres de **Mondrian** et de **Van der Leck**. Ensuite, des œuvres **constructivistes** (Strzeminski, Schlemmer) et **futuristes** (Ballà, Severini, Boccioni). Le **cubisme** est représenté par Picasso, Braque, Juan Gris et Fernand Léger (*Soldats jouant aux cartes*, 1917). Une autre salle est consacrée à **Charley Toorop**. Une des plus belles pièces de cette section est *L'Origine du Monde* (1924), une sculpture de bronze de Brancusi, qui marque le début de la sculpture moderne. Plus loin, des œuvres de James Ensor et quelques toiles pointillistes de Seurat (*Le Chahut*), Van Rijsselberghe et Signac.

Autour du patio a été rassemblée, de droite à gauche, dans l'ordre chronologique, la riche collection d'œuvres de **Van Gogh** *(voir aussi Amsterdam, Musée Van Gogh)*. Cette présentation permet au visiteur d'apprécier davantage encore le contraste entre les œuvres sombres de ses débuts *(Les Mangeurs de pommes de terre, Atelier de tissage)* et les œuvres plus tardives, très colorées et dynamiques. Parmi ces dernières, citons *L'Oliveraie, Le Cyprès à l'étoile, Terrasse de café le soir, Le*

K-Piece, Mark di Suvero

pont à Arles, *Le Vieillard pleurant*, *Le Bon Samaritain*, d'après Delacroix, ainsi que de beaux portraits dont le *Facteur Roulin*, *L'Arlésienne*, copiée sur un dessin de son ami Gauguin et son *Autoportrait*. On admire aussi des œuvres de 1887 comme *Les Tournesols*, première acquisition de Mme Kröller, et la *Nature morte à la figurine de plâtre*.

Dans les pièces situées derrière le patio figurent aux côtés des **impressionnistes français**, Cézanne, Renoir et Monet, des paysages de Jongkind, Millet et Corot. Le **symbolisme** est représenté par des œuvres de Jan Toorop et Johannes Thorn Prikker. Parmi les autres peintres du 19e s., on remarquera Israëls et Breitner. Les salles suivantes rassemblent des **peintures hollandaises** du Siècle d'or (Avercamp, Van Goyen, Van de Velde le Jeune), des tableaux de maîtres du 16e s. dont *Portrait de femme à l'œillet*, avec une vanité au verso, de Bruyn l'Ancien, une *Vénus et Amour* (1525) de Hans Baldung Grien, que l'on peut comparer à celle de Cranach, ainsi que des œuvres italiennes et françaises du 15e s.

Le musée présente aussi de la céramique grecque, de la porcelaine chinoise et japonaise, des sculptures mexicaines et africaines et de la céramique du 20e s. (Csàsky).

Dans les salles de la **nouvelle aile**, la présentation de **sculptures contemporaines** représentant diverses tendances comme l'Art minimal, le groupe Zéro et l'Arte Povera s'effectue dans le cadre d'expositions temporaires. *L'Homme qui marche* de Giacometti (1960) se trouve dans le hall menant aux salles d'exposition.

★★ **Beeldentuin en -park** (Jardin et parc à sculptures) ⊘ – *Accès par le musée Kröller-Müller.*

Sous les ombrages du **jardin à sculptures** sont exposées une vingtaine d'œuvres réalisées par des artistes contemporains.

En sortant du musée, on peut voir : un polyester de Marta Pan (1961) (**B**), la *Niobé*, sanglotant sur le sol, de Permeke (1951) (**C**), la *Pénélope*, pensive, de Bourdelle (1912) (**D**), *L'Air* de Maillol (1939) (**E**).

Plus loin, le **pavillon**, conçu par Rietveld en 1953.

Un grand nombre de sculptures sont dispersées dans le jardin, parmi lesquelles les *Cinq Boules*, éclatées, de Lucio Fontana (1965) (**F**), la *Truelle*, gigantesque, de Claes Oldenburg (1971), un *Igloo*, de Mario Mertz et une *Construction de 56 fûts*, de Christo. On peut aussi arpenter le **Jardin d'Émail** de Dubuffet (1975), vaste construction blanche à alvéoles.

Enfin, on peut voir l'œuvre de Richard Serra (**G**), *Spin out*, composée de trois plaques d'acier savamment disposées au creux d'une dune.

Le **parc à sculptures**, situé sur les pentes abruptes du Franse Berg, abrite une dizaine de sculptures.

Beeldenbos (Bois à sculptures) – *Accès par la route qui mène au Bezoekerscentrum.* Entre les arbres de ce bois se disséminent des œuvres contemporaines : *Plate-Bande* de F. Morellet (1987), l'étonnant hêtre (*Faggio di Otterlo*, 1988) de Penone, la quadruple sculpture *1 : 4 = 1 × 4* d'André Volten (1986) et *One*, bronze de Serra (1988).

AUTRES CURIOSITÉS

★ **Museonder** ⊘ – Situé en sous-sol, à côté du Bezoekerscentrum, ce musée présente de manière originale ce qui se passe sous la surface de la terre. Parmi les sujets étudiés, la vie souterraine des plantes et des animaux, les nappes phréatiques, l'influence des modifications climatiques sur le sol et l'histoire du paysage de la Haute-Veluwe. Tout ces sujets sont présentés de manière vivante grâce à des galeries de verre, des pierres qui parlent, des dioramas, des tiroirs et des maquettes.

Landschappentuin (Jardin des paysages) – Ce jardin est une version miniature du parc. Une courte promenade permet de découvrir les différents paysages de la Haute-Veluwe, une solution pour ceux qui ne disposent pas de beaucoup de temps.

★ **Jachthuis St.-Hubertus** (Maison de chasse St-Hubert) ⊘ – Ce grand pavillon fut construit sur les plans de Berlage de 1914 à 1920. Il est considéré comme un des chefs-d'œuvre de cet architecte. Le bâtiment, avec sa tour de 31 m de haut, ainsi que les deux étangs et les jardins alentour ont des formes géométriques. La décoration intérieure et le mobilier sont également dus à Berlage. Ici, tout comme pour le reste du bâtiment, chaque forme, chaque couleur et chaque détail revêt une signification symbolique qui se rapporte à la légende de St-Hubert, le patron des chasseurs. Les guides vous dévoileront tout sur le caractère ingénieux du pavillon (*visite gratuite, à condition d'avoir réservé au Bezoekerscentrum*). C'est dans ce pavillon que mourut Mme Kröller, en 1939, deux ans avant son mari. À certaines occasions, la maison de chasse accueille les membres du gouvernement néerlandais.

ENVIRONS

Otterlo – *À 1 km de l'entrée Ouest du parc national de la Haute-Veluwe.*
Otterlo abrite le **Nederlands Tegelmuseum** ⊙ (musée néerlandais des Carreaux de faïence). L'importante collection du musée retrace l'histoire du carreau de faïence hollandais de 1510 à nos jours. Cette industrie a d'abord subi l'influence de la faïence italienne et de la porcelaine chinoise. Ce n'est que vers 1620 que les carreaux, polychromes au départ, deviennent bleus ; le violet de Rotterdam apparaît au 18e s. À cette époque, les carreaux de faïence hollandais étaient très appréciés et exportés dans le monde entier. Les motifs les plus représentés étaient des paysages, des jeux d'enfants, des métiers, des fleurs, des animaux et des scènes bibliques. Ces scènes bibliques décoraient souvent les cheminées, où elles pouvaient être consultées lorsqu'un membre de la famille récitait un passage de la Bible. Après le déclin du 19e s., la production de faïence connut un nouvel essor vers 1900, durant la période de l'Art nouveau. À cette époque, c'étaient surtout les grands tableaux multicolores destinés aux façades ou aux monuments qui étaient à la mode.

HOORN★

Noord-Holland
62 313 habitants
Cartes Michelin nos 908 G 4 et 210 P 7
Plan d'agglomération dans Le Guide Rouge Michelin Benelux

Ce port, un des plus caractéristiques de l'ancien Zuiderzee, est situé au bord de l'IJsselmeer. Petite ville délicieuse, Hoorn, cofondatrice de la Compagnie des Indes orientales, est aujourd'hui un centre commercial très actif. Le port de plaisance est très fréquenté.
Entre Hoorn et Medemblik fonctionne un **train touristique**, le Museumstoomtram ⊙. Le trajet peut être combiné avec une excursion en bateau de Medemblik à Enkhuizen *(renseignements auprès du VVV).*

UN PEU D'HISTOIRE

Fondée vers 1300 autour d'un havre naturel, Hoorn devient rapidement la localité principale de la Frise-Occidentale. Elle doit sa prospérité au commerce d'outre-mer et à la pêche. C'est à Hoorn qu'est tissé, en 1416, le premier grand filet à harengs, origine de l'industrie florissante des filets de pêche. Au Nord, de larges canaux, aménagés en jardins, marquent l'emplacement des fossés des remparts édifiés au début du 16e s.
En octobre 1573 a lieu au large du port la fameuse bataille navale dite « bataille du Zuiderzee » à l'issue de laquelle des flottes de Hoorn, Enkhuizen, Edam et Monnikendam, villes acquises aux Gueux, défont l'amiral espagnol Bossu.
Au 17e s., Hoorn connaît sa splendeur comme centre administratif et commercial de toute la Hollande au Nord d'Amsterdam. C'est aussi l'un des six ports ou chambres *(kamer)* de la Compagnie des Indes orientales *(voir Introduction, Histoire).*
C'est l'époque de **Willem Schouten** (1580-1625) : le premier à contourner, au Sud du détroit de Magellan, l'extrémité méridionale de l'Amérique, il donne à l'ultime îlot de la Terre de Feu le nom de sa ville natale : cap Horn.
Jan Pieterszoon Coen (1587-1629), né lui aussi à Hoorn, est gouverneur général des Indes néerlandaises de 1617 à 1623 et de 1627 à 1629. Créateur de Batavia (aujourd'hui Jakarta), il est considéré comme le fondateur de l'empire colonial des Indes néerlandaises (Indonésie).
La décadence hollandaise du 18e s. est particulièrement ressentie par la ville de Hoorn qui doit attendre deux siècles pour se relever.

★ LE VIEUX QUARTIER *visite : 3 h*

C'est le noyau primitif de la ville. Des vieilles façades s'y succèdent, beaucoup étant ornées de belles pierres sculptées qui ont pour la plupart rapport avec la navigation.

Achterstraat – Au no 2, le **Doelengebouw** servait autrefois de local d'entraînement pour les archers. Au-dessus du porche (1615), un bas-relief représente le martyre de saint Sébastien, patron des archers.

Onder de Boompjes – À l'extrémité Est de ce quai, un ancien entrepôt de 1606 est orné d'une **pierre de façade** sculptée de deux navires de la Compagnie des Indes (VOC). Pour protéger les précieuses marchandises (surtout des épices) contre les attaques ennemies, les entrepôts étaient généralement construits de l'autre côté de la ville, loin du port.

Korte Achterstraat – Rue étroite où l'on voit au n° 4 le porche de l'ancien orphelinat **(Weeshuis)** (1620). Une pierre commémorative rappelle que l'amiral Bossu a été emprisonné dans ce bâtiment pendant 3 ans.

Nieuwstraat – Dans cette rue commerçante se dresse l'**ancien hôtel de ville**, à double façade à redans de 1613.

Au **n° 17**, une maison présente sur sa façade Poséidon et son épouse Amphitrite, accompagnés de deux dauphins. Ces mammifères constituent, avec le trident de Poséidon, l'emblème de la liberté du commerce et de la marine de guerre.

Kerkplein – Au n° 39, face à une église transformée en magasin de vêtements, la halle au beurre **(De Boterhal)**, autrefois hospice St.-Jean ou St.-Jans Gasthuis, est une gracieuse demeure de 1563, au pignon orné de sculptures.

Kerkstraat – Au n° 1, jolie façade de 1660.

* **Rode Steen** – Cette place pittoresque est dominée par le musée de la Frise-Occidentale et par le Poids public. Elle doit son nom (Rode Steen = pierre rouge) au sang qui y coulait fréquemment lors des exécutions publiques.

Au centre, statue (19ᵉ s.) de Jan Pieterszoon Coen. La maison au n° 2 porte une pierre de façade représentant un maréchal-ferrant, d'où son nom : *In Dyser Man* (À l'homme de fer).

Westfries Museum (Musée de la Frise-Occidentale) ⊘ – Construit en 1632, c'est un élégant édifice de style baroque dont la haute **façade**★ est imposante avec ses grandes fenêtres, ses blasons très colorés (maison d'Orange et Frise-Occidentale), ses corniches surmontées de lions tenant les armoiries de sept villes de la région. Le bâtiment était le siège du Collège des États. Constitué des délégués de sept villes importantes (Alkmaar, Edam, Enkhuizen, Hoorn, Medemblik, Monnickendam et Purmerend), celui-ci gouvernait la Frise-Occidentale et le Noorderkwartier (quartier du Nord).

HOORN

Stadhuis ⊗ POL. \ *S 9*

J.P. Lescourret/EXPLORER

Le Westfries Museum

On remarque à l'entrée une belle grille de 1729.

Au rez-de-chaussée, il faut tout d'abord remarquer le plafond du salon Louis XVI. La grande salle, appelée Grote Voorzaal, est ornée d'une belle cheminée et de tableaux de guildes ; les poutres sont soutenues par des corbeaux sculptés aux armes des villes de la région.

Aux étages, des salles décorées de beaux meubles et d'objets d'art reproduisent le cadre raffiné des intérieurs cossus des 17e et 18e s. La salle de l'amirauté conserve des maquettes et des armes, ainsi qu'un portrait de l'amiral Bossu. Mais on s'intéressera surtout au tableau **Vue de Hoorn**★ (1622) de Hendrik Cornelisz. Vroom (1566-1640), une œuvre qui permet de se rendre compte combien le port a su préserver son ancienne silhouette pour tous ceux et celles qui arrivent à Hoorn par bateau. La salle de la Compagnie des Indes fleure bon le clou de girofle afin de nous transporter dans l'univers captivant de ces navires qui partaient vers l'Orient. Dans le grenier se trouvent deux cellules remontant à l'époque de la présence française, à la fin du 18e s., l'édifice ayant été alors transformé en tribunal de grande instance du canton. La cave (15e s.) présente des objets archéologiques provenant de la ville et de ses environs.

Waag (Poids public) – Œuvre présumée de Hendrick de Keyser, c'est une belle construction de 1609, en pierre bleue, qui abrite de nos jours un restaurant. Dans une niche, une licorne (l'emblème de la ville) tient un écu où figure une corne d'abondance.

Grote Oost – Dans cette rue, les maisons proches de la place sont extrêmement inclinées et surmontées d'imposantes balustrades sculptées, de style rococo. Au n° 43, on peut voir l'imposante maison Foreest **(Foreestenhuis)** de

> Celui qui visite Hoorn ne doit pas manquer de goûter son délicieux hareng fumé. Vous pourrez le savourer au comptoir ou à la terrasse des établissements **D. Wormsbecher en Zoon**, sur Wijdebrugsteeg.

1724, qui porte le nom de Nanning van Foreest, un des plus illustres régents de la ville. L'élégante façade Louis XIV possède un balcon soutenu par des atlantes.

Oosterkerk (Église de l'Est) – Cette église, fondée en 1453, est plaquée d'une façade Renaissance de 1616 et surmontée d'un charmant clocheton de bois. Restaurée, elle est essentiellement utilisée pour des manifestations culturelles.

Bossuhuizen (Maisons Bossu) – *Slapershaven 1-2*. Sur leurs façades, des frises en relief illustrent la bataille navale de 1573 qui vit la défaite de l'amiral Bossu. La façade de gauche est caractéristique des anciennes boutiques le long du port.

Oude Doelenkade – Sur ce quai du pittoresque port intérieur, **Binnenhaven**★, où s'alignent d'anciens entrepôts, on remarque, aux n⁰ˢ 21 et 17-19, des pierres de façade ayant trait à la navigation. Par beau temps, un grand nombre d'imposants voiliers se rassemblent ici et manœuvrent sous l'œil attentif des curieux.

★ **Veermanskade** – Ce quai est bordé d'un bel ensemble de maisons restaurées. Pour la plupart anciennes demeures de commerçants, certaines présentent la façade caractéristique de Hoorn, avec des montants de bois sculpté. Quelques-unes portent de jolies pierres de façade et sont surmontées de pignons à redans ou en cloche. Remarquer au n⁰ 15 la maison natale du navigateur **Willem Bontekoe** (1587-1657) dont la façade arbore une vache pie (koe : vache ; bonte : pie).

Willem Ysbrantsz. Bontekoe, héros de Hoorn

En 1646 parut un livre qui remporta un très vif succès et fut même traduit dans plusieurs langues : le *Journael* de Willem Bontekoe.

Bontekoe, marin à la Compagnie des Indes orientales, y décrit ses aventures dans les années 1618-1625. La première partie notamment (le voyage entre Hoorn et Batavia) est très célèbre. Les 206 passagers connurent les pires difficultés : rupture du mât juste après le départ, maladie du scorbut et explosion du bateau non loin de Batavia. Bontekoe raconte comment il parvint à survivre et atteindre Batavia avec 54 autres rescapés.

La deuxième partie du *Journael* de Bontekoe est consacrée aux années de navigation dans les mers asiatiques et aux luttes contre les Portugais et les Chinois. Dans la troisième partie, Bontekoe décrit son séjour à Madagascar. Bontekoe reste, même au 20ᵉ s., une source d'inspiration. Bien que n'y occupant pas le rôle principal qu'il s'était donné dans son *Journael*, il reste l'un des héros du livre de Fabricius, *De scheepsjongens van Bontekoe*, paru en 1924, et qui connut également un grand succès.

Hoofdtoren – Construite en 1532 pour surveiller l'entrée « principale » (hoofd) du port, elle fut surmontée en 1651 d'un clocheton en bois. Au revers de la tour, une sculpture représente une licorne, l'emblème de la ville.

Depuis 1968, un trio de mousses – sculpture de bronze de Jan van Druten – contemple le port, du pied de la tour. Ce sont les héros du roman pour enfants de Johan Fabricius consacré à Bontekoe.

Bierkade – C'est sur ce « quai de la bière » que les bateaux venant d'Hambourg et de Brême débarquaient leurs tonneaux de bière. On peut y voir quelques façades intéressantes (n⁰ˢ 10 et 13).

Au n⁰ 4, deux anciens entrepôts à fromage abritent aujourd'hui le musée du Vingtième Siècle (**Museum van de Twintigste Eeuw** ⊙) qui présente sur plusieurs niveaux un aperçu de la fulgurante évolution technologique et des nombreuses découvertes du 20ᵉ s.

HULST

Zeeland

19 568 habitants

Cartes Michelin n⁰ˢ 908 D 8 et 211 J 15

Aux portes de la Belgique, Hulst, petite ville animée aux maisons pimpantes et colorées, est une ancienne place forte, construite selon l'ancien système hollandais (Oud-Nederlandse stelsel, *voir Introduction, Architecture militaire*).

C'était jadis la capitale de la région dite des Quatre-Métiers (Vier Ambachten), comprenant Axel, Assenede et Boechout, ces deux dernières cités, devenues belges en 1830. Hulst conserve du 17ᵉ s. des remparts, aux neuf bastions et cinq ravelins, couronnés de beaux arbres et ceinturés de fossés.

« La ville de Renart » – Les environs de Hulst sont évoqués dans le récit néerlandais, écrit au milieu du 13ᵉ s. et inspiré du *Roman de Renart*. Près de la porte de Gand ou Gentsepoort, un monument en l'honneur de Renart a été érigé, le Reinaertmonument.

CURIOSITÉS

Grote Markt – L'hôtel de ville **(stadhuis)**, à perron, flanqué d'une tour carrée, date du 16ᵉ s. La basilique St-Willibrord **(St.-Willibrordusbasiliek)** est un bel édifice de style gothique brabançon. Sa tour possède un excellent carillon. Pendant plus d'un siècle (1807-1931), l'église servit à la fois aux cultes catholique et protestant, le chœur et le déambulatoire étant réservés au premier, la nef au second.

Keldermanspoort – D'importantes fouilles ont mis au jour en 1952 cette porte du 16ᵉ s. Également porte d'eau, elle surmontait un tunnel navigable donnant accès à un port militaire. Du haut des remparts voisins, on aperçoit le pignon à redans et la tourelle octogonale d'un ancien **refuge de l'abbaye des Dunes** dont les ruines se trouvent en Belgique. Ce refuge abrite un musée, **Streekmuseum De Vier Ambachten** , consacré à l'histoire locale et régionale.

EXCURSION

Terneuzen – *24 km au Nord-Ouest.*
Ce port des bouches de l'Escaut commande l'entrée du canal de Gand à Terneuzen. Celui-ci possède trois **écluses**, la plus importante mesurant 290 m de long sur 40 m de large.

HUNEBEDDEN ★

Drenthe-Groningen

Cartes Michelin nᵒˢ 908 K 2, 3, L 2, 3 et 210 Y 4, Z 4, 5, 6, AA 5

Monument funéraire de la préhistoire, un « hunebed » est une espèce d'« allée couverte », formée en quelque sorte d'un alignement de plusieurs dolmens. Il possède une entrée latérale, généralement située au Sud. Les mégalithes de ce type existant aux Pays-Bas sont groupés dans la Drenthe où il en est recensé et numéroté 53. Un seul échappe à cette règle : celui de Noordlaren, qui se trouve dans la province de Groningue.

Des dimensions imposantes – Les plus petits des hunebedden ne mesurent pas moins de 7 m de long tandis qu'une longueur de 25 m est tout à fait courante. La plus grande allée couverte se situe près de Borger : les blocs qui la composent pèsent plus de 20 t. Les rochers utilisés pour construire les hunebedden sont des blocs erratiques appartenant au **Hondsrug** (Dos de chien), moraine frontale d'un glacier scandinave qui s'étend de Groningue à Emmen. À l'heure actuelle, les hunebedden ont perdu leur présentation originale. Primitivement, en effet, le hunebed était dissimulé sous un petit tumulus, la terre étant retenue par une ceinture de pierres dressées entre lesquelles les ouvertures étaient bouchées à l'aide de petites pierres. On peut voir à Emmen *(voir ce nom)* et surtout au Sud de Schoonoord des hunebedden reconstitués.

Une fonction funéraire – Les hunebedden témoignent de l'existence, dans la Drenthe, d'une vie préhistorique dès l'an 3000 ou 2000 avant J.-C. Ils servaient à enterrer les morts, en groupe. Vaisselle, outils et même bijoux y étaient placés à côté des corps. Aussi les fouilles pratiquées sous les hunebedden ont-elles été très fructueuses *(voir Assen)*. Les objets découverts, notamment les poteries, ont permis de rattacher les hunebedden à la civilisation dite « des gobelets en entonnoir ».

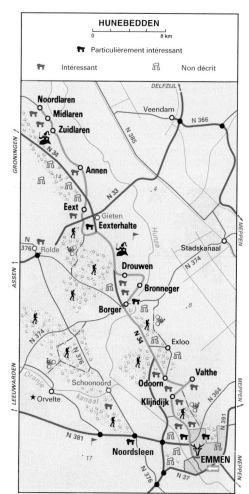

★ROUTE DES HUNEBEDDEN

52 km - environ une journée d'Emmen à Noordlaren.

Emmen - *Voir ce nom.*

Klijndijk - *Suivre la direction de Valthe à droite.*
À la sortie du village, prendre à droite un chemin de sable, puis à gauche. En longeant le bois, on aboutit à un long hunebed dont subsistent deux dalles de couverture.

Valthe - À la sortie du village vers le Nord-Est, à droite, avant un poste d'essence, un chemin signalé « hunebed » mène *(400 m environ)* au hunebed D 37, entouré de chênes. Il s'agit en fait de deux allées couvertes, dont l'une a été bousculée par trois gros chênes.
En se dirigeant vers Odoorn, on trouve à gauche après un bois un petit chemin signalé « hunebed » qui conduit au hunebed D 34.
Située dans la bruyère, c'est une petite allée couverte conservant deux dalles à moitié écroulées.

Odoorn - À Odoorn, centre d'une région d'élevage de moutons, se tient un marché annuel très important d'ovins. À **Exloo** *(à 4 km au Nord d'Odoorn)* ont lieu chaque année la fête des bergers, Schaapscheerdersfeest, et un festival d'artisanat ancien. *Pour ces deux manifestations, voir les Renseignements pratiques en début de volume.*
À la sortie d'Odoorn, le hunebed D 32, accessible par un petit chemin signalé « hunebed », se dissimule derrière un rideau d'arbres. Il est surmonté de quatre dalles.

Borger - *Dans la rue principale, prendre la route de Bronneger.* À l'embranchement se trouve le **Nationaal Hunebedden Informatiecentrum** ⊘ ; ce centre d'information est consacré aux hunebedden et à la vie au temps de la préhistoire.
Un peu plus loin, entouré d'arbres, se dresse le **hunebed★** de Borger (D 27), le plus grand de tous.
Il est encore surmonté de neuf énormes dalles. Son entrée au Sud est bien visible.

Bronneger - *Dans le hameau, un chemin signalé « hunebed » mène à un bois de chênes.*
On y trouve cinq petits hunebedden (D 23/25 et D 21/22).

Drouwen - Les hunebedden (D 19/20) se trouvent sur une butte peu boisée, à proximité de la grand-route d'où on les aperçoit. L'un est entouré d'un cercle de pierres.
À 6 km au Nord de Drouwen, prendre la direction d'Assen à gauche puis tourner à droite vers Eext, avant une petite gare (« halte »).

Eexterhalte - Peu après la bifurcation, sur la droite, s'allonge un **hunebed★** (D 14), surmonté de six tables. On peut encore voir quelques pierres qui l'encerclaient.

Hunebed d'Eexterhalte

Eext – Dans le village, à hauteur d'un virage, un chemin à gauche mène à un hunebed (D 13) qui conserve son aspect d'origine.

Situé dans une excavation au sommet d'un tertre, il est constitué d'un carré de pierres serrées les unes contre les autres, et conserve l'une des dalles plates qui faisaient office de toit. Deux pierres plus écartées marquent l'entrée, située exceptionnellement à l'Est.

Annen – Petit hunebed (D 9) à gauche de la route.

Zuidlaren – Important centre touristique.

Midlaren – Le village possède deux hunebedden. *Prendre à gauche entre deux maisons un chemin de terre nommé « Hunebedpad ».*

À 200 m, après avoir traversé une route, on trouve derrière deux maisons rustiques, à l'ombre de grands arbres, deux allées couvertes (D 3/4) composées chacune de plusieurs énormes dalles.

Noordlaren – *Avant d'atteindre le moulin, suivre à gauche un chemin signalé « hunebed », qui mène à un bosquet.* Là se trouve un hunebed (G 1) dont il subsiste deux dalles posées sur cinq pierres verticales. C'est le seul de la province de Groningue.

IJSSELMEER

Flevoland – Fryslân – Gelderland – Noord-Holland – Overijssel

Cartes Michelin nᵒˢ 908 G 2, 3, 4, 5, H 2, 3, 4, 5 et 210

IJsselmeer ou lac de l'IJssel est le nom donné au Zuiderzee depuis son isolement de la mer par la construction d'une grande digue en 1932.

UN PEU D'HISTOIRE ET DE GÉOGRAPHIE

L'ancien Zuiderzee – La rivière IJssel (ou Yssel en français) s'écoulait jadis dans un ensemble de petits lacs. S'agrandissant progressivement, ils formèrent un vaste lac appelé **Lac Flevo** par les Romains, puis au Moyen Âge **Almeri** ou Almari. En 1287, un raz-de-marée détruisit une partie de la côte Nord, élargit les embouchures de l'émissaire du lac, et envahit les régions de basse altitude qui l'entouraient, le transformant en un large golfe ouvert sur la mer du Nord. Il devrait aux Danois son nom de Zuiderzee ou mer du Sud.

Du 13ᵉ au 16ᵉ s. se développèrent des ports de commerce comme Staveren, Kampen, Harderwijk, affiliés à la **Hanse**, association des villes du Nord de l'Europe qui détenait le monopole du trafic dans les régions nordiques. Aux 17ᵉ et 18ᵉ s., le commerce, tourné vers l'Orient, fit la prospérité de villes comme Amsterdam, Hoorn, Medemblik, Enkhuizen, etc. Pour mieux connaître la vie quotidienne des habitants des anciens ports de pêche du Zuiderzee, il faut visiter le musée du Zuiderzee à Enkhuizen.

La création de l'IJsselmeer – L'idée de fermer le Zuiderzee par une digue remonte à 1667 lorsque **Henri Stevin** publia un ouvrage dans lequel il proposait ce moyen pour lutter contre les ravages de la mer du Nord. En 1825, une violente tempête dévasta les côtes du Zuiderzee. En 1891, un

projet fut présenté par l'ingénieur **Lely** (1854-1929). Il ne fut adopté par le Parlement qu'en 1918, à la suite des terribles inondations de 1916, alors que Lely était devenu ministre. Le but visé était triple : par la construction d'une digue, mettre fin aux inondations qui menaçaient les rivages du Zuiderzee, constituer une réserve d'eau douce évitant la salinité croissante des terres, et, par la création de polders, gagner 225 000 ha de terres fertiles.

Les travaux d'aménagement de l'IJsselmeer commencèrent en 1919 : en 1924 fut terminée la petite digue d'Amsteldiep reliant l'**île de Wieringen** au continent.

Le Wieringermeerpolder – De 1927 à 1930 fut créé ce polder qui s'étend sur 20 000 ha dans un ancien golfe du Zuiderzee, entre Medemblik et l'ancienne île de Wieringen. Cette dernière avait été utilisée comme camp d'internement pour les prisonniers français évadés d'Allemagne en 1914-1918. Aussitôt après l'exondation (700 millions de m³ d'eau), le polder se présenta sous forme d'une surface de boue argileuse.

En 1945, deux semaines avant leur capitulation, les Allemands firent sauter la digue du Wieringermeerpolder qui fut inondé. L'eau, en s'engouffrant avec violence par deux brèches, creusa deux entonnoirs de plus de 30 m de profondeur. Ces gouffres ne purent être comblés et la digue, restaurée, dut être détournée : c'est le lieu-dit **De Gaper** (le béant). De nouveau asséché, et remis en état, le polder constitue une région agricole florissante.

La construction de la digue – La « digue de fermeture » ou Afsluitdijk fut entreprise en 1927 entre la côte frisonne et l'ancienne île de Wieringen grâce à une île artificielle, Breezand, bâtie entre les deux points. Avec l'argile tirée du fond du Zuiderzee, on éleva une digue contre laquelle on déversa du sable recueilli sur place par pompage, le sable étant doublé d'une couche d'argile. Plus le travail avançait, plus le courant se resserrait, augmentant de violence. Aussi, la fermeture des dernières passes ne fut-elle menée à bien qu'au prix d'énormes difficultés. La digue du Nord fut achevée le 28 mai 1932. Longue de 30 km, large de 90 m au niveau de la mer, elle domine celle-ci de plus de 7 m et forme un nouveau lac, l'IJsselmeer.

Trois grands polders – Une fois la digue construite, on entreprit la création du second polder de l'IJsselmeer, le polder du Nord-Est (**Noordoostpolder**, *voir ce nom*), puis la création des deux polders du **Flevoland**★ *(voir ce nom)*.

Le projet visant l'aménagement du dernier polder de l'IJsselmeer (le **Markerwaard**) a été abandonné. Seule la partie Nord de la digue de pourtour a été réalisée, permettant la création d'une liaison routière *(N 302)* entre Enkhuizen et Lelystad.

★★ AFSLUITDIJK **(LA DIGUE DU NORD)** *30 km*

Du côté de **Den Oever**, à l'entrée de la digue, se dresse à gauche la **statue** de l'ingénieur Lely.

La digue comporte, du côté de la mer, un brise-lames, protégeant une piste cyclable et une route à chaussées séparées. En contrebas de la digue, du côté de l'IJsselmeer, les pêcheurs viennent poser des nasses sur le fond du lac, principalement pour la pêche à l'anguille.

Afsluitdijk

Noms de localités en Frise

Les cartes et les panneaux indicateurs donnent le nom des localités en néerlandais ou en frison. Ci-dessous quelques lieux décrits dans le guide.

néerlandais	frison	néerlandais	frison
Grouw	Grou	Rinsumageest	Rinsumageast
Harlingen	Harns	Sloten	Sleat
Hindeloopen	Hylpen	Sneek	Snits
Hoorn	Hoarne	Twijzel	Twizel
Leeuwarden	Ljouwert	West-Terschelling	West-Skylge
Oudkerk	Aldtsjerk	Workum	Warkum

Les **Stevinsluizen**, qui portent le nom de l'ingénieur Stevin, forment le premier groupe d'écluses permettant le passage des bateaux. Elles servent aussi à l'évacuation des eaux. Au lieu même où en 1932 se rejoignirent les deux tronçons de la digue s'élève aujourd'hui une **tour** portant cette inscription : « Un peuple qui vit construit son avenir. » Du haut de ce monument, **panorama** sur le Waddenzee et sur l'IJsselmeer. Près de cet édifice, une passerelle pour piétons enjambe la route.

Plus loin, un viaduc créé en 1979 relie les ports de **Breezanddijk** et permet aux automobilistes de faire demi-tour.

Près des **Lorentzsluizen (écluses Lorentz)** se trouve le **Kazemattenmuseum Kornwerder-zand** ⊙ *(accessible via la sortie Kornwerderzand)*. Sur les 17 anciens bunkers datant de la Seconde Guerre mondiale, certains présentent l'aspect qu'ils avaient à l'origine, en mai 1940. Les lits sont couverts de sacs de jute remplis de paille, les casseroles se trouvent dans la cuisine, le central téléphonique a été remis en état et les canons et mitrailleuses en position de tir. Ce musée retrace également la période allant de 1932 à 1965 : la construction de l'Afsluitdijk, l'attaque allemande en 1940, la résistance et la libération, la guerre froide.

Environ 4 km après Kornwerderzand, l'Afsluitdijk rejoint la côte Est de l'IJssel-meer et la province de Frise.

KAMPEN★

Overijssel
32 188 habitants
Cartes Michelin nᵒˢ 908 I 4 et 210 U 7
Plan dans Le Guide Rouge Michelin Benelux

Kampen s'allonge sur la rive gauche de l'IJssel, près de son embouchure.

Au Moyen Âge, port très prospère grâce au commerce du hareng, Kampen fit partie de la Hanse *(voir IJsselmeer)* et ses relations commerciales s'étendaient à tout le bassin de la Baltique.

Au 16ᵉ s., la décadence de la ville fut très rapide, provoquée par les guerres qui ruinèrent l'arrière-pays et par l'ensablement de l'IJssel. Au 19ᵉ s., on aménagea un chenal menant au Zuiderzee, mais la fermeture de cette mer réduisit Kampen au rôle de port fluvial. La ville n'ayant pas connu de grand développement par la suite, de nombreuses maisons anciennes ont été conservées ; le centre compte près de 500 monuments classés.

Kampen et l'industrie du tabac

C'est en 1813 que s'installèrent à Kampen les deux premières manufactures de tabac. En 1826, un important producteur de cigares suivit leur exemple. Vers 1880, près de 40 % de la population active de Kampen travaillait à la confection des cigares. Au cours de cet âge d'or, les 1 400 fabricants de cigares de Kampen produisaient 1,5 million de cigares par semaine ! La crise économique des années 1930, la Seconde Guerre mondiale et la popularité grandissante des cigarettes mirent un terme à cette prospérité. Quelques bâtiments rappellent encore ce passé : le **Kamper Tabaksmuseum** ⊙ (instruments pour travailler le tabac, accessoires pour fumeurs), la manufacture ou **tabaksfabriek** *(Voorstraat 102-106)* et l'entrepôt **sigarenmagazijn 'De Olifant'** *(Oudestraat 101)*.

Le port de Kampen

Un des plus célèbres habitants de Kampen fut le peintre **Hendrick Avercamp** (1585-1634), surnommé « le muet de Kampen », qui vint s'établir dans la ville au début du 17ᵉ s.

★ **Point de vue** – De la rive droite de l'IJssel, on a une vue d'ensemble de la ville, particulièrement belle au coucher du soleil. Au centre se détachent la tourelle à bulbe de l'ancien hôtel de ville et la Nieuwe Toren, à droite la **Buitenkerk** (14ᵉ s.) (1), à gauche la Bovenkerk et les grosses tours de la Koornmarkts-poort.

CURIOSITÉS

★ **Oude Raadhuis (Ancien hôtel de ville)** ⊙ (2) – Un peu écrasé par le nouvel hôtel de ville du 18ᵉ s., c'est un petit édifice en brique (1543) couronné de galeries et flanqué à l'arrière d'une tour un peu inclinée, à bulbe ajouré. Surmonté d'une **cheminée**★ hélicoïdale, son pignon est encadré d'échauguettes. Remarquer en façade les cages de fer où les criminels étaient exposés à la vindicte populaire.
La salle des échevins★ **(Schepenzaal)** aux lambris de chêne sombre renferme un **siège**, décoré de riches reliefs de style Renaissance, à côté d'une **cheminée**★ monumentale de Colijn de Nole (1545).

Oude Vleeshuys (Ancienne boucherie) – *Oudestraat nᵒ 119*. Sur la façade Renaissance de pierre de 1596 s'inscrivent les armes de la ville : deux lions encadrant une porte fortifiée.

Nieuwe Toren (Nouvelle tour) ⊙ – C'est une haute tour carrée édifiée au 17ᵉ s., surmontée d'un clocher octogonal. Elle possède un carillon fondu par François Hemony. À côté de la tour se trouve une belle boulangerie de style Art nouveau.

Gotische huis (Maison gothique) – *À droite de la Nouvelle Tour*. Très restaurée, cette demeure à haute façade couronnée de pinacles et percée de nombreuses fenêtres abrite le musée municipal (**Stedelijk Museum** ⊙). Le musée comprend une belle collection d'argenterie de la guilde des bateliers avec un **hanap**★ de 1369. Il illustre également l'histoire de Kampen, et dans la « maison de derrière » se trouvent les restes d'un manège.

Passer sous la tour et suivre le Nieuwe Markt jusqu'au Burgwal, quai longeant le canal Burgel qui traverse la ville. Là, prendre à gauche.

Broederkerk (3) – 15e s. C'est l'ancienne église des Frères mineurs (franciscains).

Broederweg – On remarque dans cette rue à droite une chapelle gothique, ancienne église wallonne devenue en 1823 **église mennonite** (4).

Broederpoort (Porte des Frères) (5) – C'est une belle porte à pignon à volutes (1465) flanquée de gracieuses tourelles.

Au-delà de la porte, prendre à gauche.

Plantsoen – Ainsi est dénommé le parc agréable qui suit la ligne des anciens remparts : les fossés forment un plan d'eau, le Singelgracht.

★ **Cellebroederspoort** (Porte des Frères cloîtrés) (6) – Élégante construction flanquée de tours aux toitures élancées, cette porte qui faisait partie des murailles du 15e s. a été modifiée en 1617 dans le style Renaissance.

Franchir la porte et suivre la Cellebroedersweg puis la Geerstraat. Par la Boven Nieuwstraat à droite, on parvient au Muntplein.

St.-Nicolaas- of Bovenkerk ⊙ (7) – L'église St-Nicolas est un édifice impressionnant de style gothique (14e s.), dominé par une tour de 70 m. L'intérieur comprend cinq nefs, un large transept, un grand déambulatoire à chapelles rayonnantes. Sont à signaler en particulier la grille du chœur, du 16e s., et une chaire en calcaire de la fin du gothique.

Les **orgues**, composées de 3 200 tuyaux, ont été réalisées en 1741 par Hinsz.

Koornmarktspoort (8) – C'est la plus ancienne porte de la ville. Située sur l'ancien marché au blé ou Koornmarkt, près de la Bovenkerk, elle a gardé son caractère défensif avec un massif donjon central encadré, depuis la fin du 14e s., par deux tours trapues.

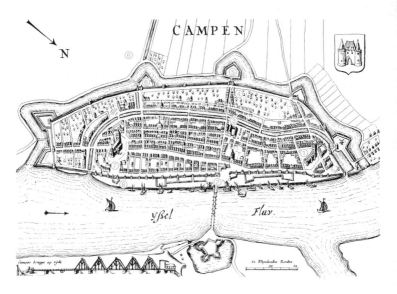

KEUKENHOF en BOLLENVELDEN★★★

Le Keukenhof et les Champs de fleurs
Zuid-Holland – Noord-Holland
Cartes Michelin nos 908 E 5 et 211 L 9, M 9

Entre Leyde et Haarlem s'étend la célèbre zone de culture des fleurs à bulbe, une activité vieille de plusieurs centaines d'années. Au printemps, cette région se transforme en un vaste damier multicolore *(illustration, voir Conditions de visite en fin de volume)*.

Une spéculation originale – La tulipe aurait été rapportée de Turquie par Ogier Ghislain de Busbecq (1522-1592), ambassadeur d'Autriche, qui en remit des bulbes à Charles de l'Escluse (1526-1609), plus connu sous le nom de **Carolus Clusius**, savant alors chargé du jardin impérial de plantes médicinales de Vienne.

Devenu en 1593 professeur à l'université de Leyde, ce dernier entreprit de cultiver la tulipe sur les terres sablonneuses et humides qui s'étendent le long de la mer du Nord entre Leyde et Haarlem. Le succès de cette culture fut immense.

D'autres fleurs comme les jacinthes et les glaïeuls avaient été introduites entre-temps, mais c'est sur la tulipe que se portèrent les surenchères les plus élevées. Entre 1634 et 1636, la spéculation atteignit des proportions insensées : un bulbe de tulipe rare se vendit 6 000 florins. On alla jusqu'à échanger un oignon contre un carrosse et ses deux chevaux, contre des hectares de terre, contre une maison !

Les États de Hollande mirent fin à cette spéculation en 1636 et l'industrie de la fleur fut réglementée. À la fin du 17e s., le goût de la tulipe fit place à celui de la jacinthe.

La tulipière

Création hollandaise du 17e s., la tulipière est un vase, le plus souvent en forme de boule ou d'éventail, parfois même de pagode, ses tubulures étant destinées à contenir chacune une seule fleur. Contrairement à ce que leur nom pourrait faire croire, ces vases n'étaient pas utilisés exclusivement pour les tulipes. Un bouquet composé d'une seule espèce de fleurs n'était pas à la mode au 17e s. et les tulipes coûtaient très cher. À cette époque, on admirait chaque fleur pour sa propre valeur et un bouquet varié était un véritable joyau. Les tulipières étaient dès lors souvent fabriquées par paires, afin qu'elles puissent être placées de manière symétrique sur une table, comme des chandeliers.

★★ LE KEUKENHOF

C'est ici que l'Exposition florale nationale du Keukenhof (**Nationale Bloemententoonstelling Keukenhof** ⊙) est organisée depuis 1949. Destinée, à l'origine, à permettre aux cultivateurs d'exposer à leurs clients l'éventail de leur production, cette exposition a connu un succès grandissant, attirant actuellement chaque année dans le parc près de 900 000 visiteurs.

Ce parc boisé était au 15e s. le territoire de chasse de Jacqueline de Bavière *(voir Goes)* dont le château se dresse encore à l'Ouest. Le nom « Keukenhof » (keuken = cuisine, hof = jardin) rappelle que le produit de la culture et de la chasse effectuées sur ces terres était destiné à la cuisine de Jacqueline.

Contrastant avec les champs environnants aux parterres géométriques, Keukenhof est un parc à l'anglaise : il est vallonné, parcouru de petits canaux sinueux, parsemé de pièces d'eau où glissent des cygnes. Le schéma de plantation de ce parc, qui s'étend sur 32 ha, est modifié chaque année, de sorte que le visiteur y découvre à chaque fois quelque chose de nouveau. Les plus belles variétés de fleurs, surtout des tulipes, jacinthes, narcisses, y forment de petits massifs isolés, créant de magnifiques taches de couleur sur un fond vert de pelouse et de feuillage. Les espèces les plus fragiles sont présentées dans de vastes serres. Durant toute la période d'ouverture du parc, les différents pavillons présentent des expositions florales temporaires (les « Parades »). Le pavillon Reine Beatrix abrite une **exposition permanente d'orchidées**. Le parc comprend en outre des arbustes fleuris, des **jardins à thème** (jardin de la nature, jardin de la musique, jardin historique), des fontaines et des pièces d'eau. Une cinquantaine de sculptures agrémentent l'ensemble.

De la passerelle du moulin de Groningue, le visiteur découvre une belle **vue**★ sur les champs de fleurs avoisinants. Depuis 1999, l'extension du parc accueille également en été une exposition annuelle. Ce jardin estival (**Zomerhof** ⊙) planté de fleurs d'été sur 7 ha se compose notamment d'un jardin aquatique, d'un paysage de dunes et d'un tertre artificiel. Chaque année en octobre se tient un **marché aux bulbes**.

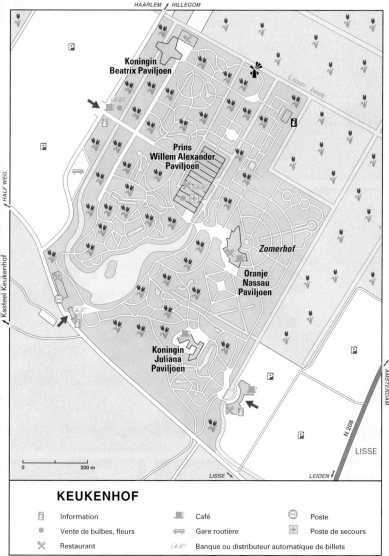

Map labels:
HAARLEM HILLEGOM
Lisser beek
Koningin Beatrix Paviljoen
HALF WEG
Kasteel Keukenhof
Prins Willem Alexander Paviljoen
Zomerhof
Oranje Nassau Paviljoen
Koningin Juliana Paviljoen
AMSTERDAM
LISSE
N 208
0 200 m
LISSE LEIDEN

KEUKENHOF

🄸 Information	☕ Café	✉ Poste
● Vente de bulbes, fleurs	🚌 Gare routière	✚ Poste de secours
✕ Restaurant	💳 Banque ou distributeur automatique de billets	

★★★ LES CHAMPS DE FLEURS

La culture des bulbes – Les cinq espèces les plus répandues aux Pays-Bas sont la tulipe, le narcisse, la jacinthe, l'iris et le crocus, mais on cultive aussi de nombreuses autres fleurs comme le glaïeul, le lis, le muscari, le dahlia, l'anémone et le freesia.

Aujourd'hui, les plantes à bulbe couvrent une surface de 14 400 ha dans le pays. Les principales zones de production se trouvent au Sud de Haarlem et au Nord de la ligne Alkmaar-Hoorn.

Les oignons sont exportés dans le monde entier et le chiffre d'affaires représente environ 1 milliard de florins par an.

À quel moment visiter les champs de fleurs ? – Vers la mi-mars, les champs de fleurs prennent leur première teinte avec l'éclosion des **crocus**, orange ou violets, auxquels succèdent les **narcisses** blancs et jaunes (fin mars). À la mi-avril, les **jacinthes** fleurissent ainsi que les premières **tulipes**. Quelques jours après, les plus belles tulipes s'épanouissent. C'est donc fin avril que la plaine se présente en général sous son meilleur aspect. Découpée en languettes multicolores que séparent de petits canaux d'irrigation, elle ressemble à une immense mosaïque aux couleurs vives. C'est l'époque du grand corso fleuri sur la route de Haarlem à Noordwijk *(voir les Renseignements pratiques en début de volume)*. Les champs se couvrent ensuite d'**iris**, puis de **glaïeuls** (août). Un autre corso fleuri a lieu en septembre *(voir les Renseignements pratiques en début de volume)* entre Aalsmeer et Amsterdam.

251

Peu après la floraison, par des moyens mécaniques, on étête les tiges afin de fortifier le bulbe. Une fois récoltés, les gros bulbes sont vendus. Les bulbilles sont replantées en automne.

La traversée des champs de fleurs en chemin de fer offre de belles vues sur ceux-ci. Le **survol en avion** ⊘ est très recommandé.

★★ CIRCUIT À TRAVERS LES CHAMPS DE FLEURS

Circuit au départ de Haarlem – environ une journée

★★ Haarlem – *Voir ce nom*

Quitter Haarlem par Van Eedenstraat.

Quelques belles propriétés bordent la route, puis apparaissent les premiers champs de fleurs. On remarque à droite un château des 17e-18e s., **Huis te Manpad**.

Prendre la première route à droite et franchir le passage à niveau. Tourner ensuite à gauche.

Vogelenzang – Ce village, situé dans une région boisée à proximité des dunes côtières, groupe des résidences cossues.

Au Sud de De Zilk, on aperçoit les dunes du littoral dont les teintes pâles contrastent avec les couleurs vives des tapis de fleurs.

À la sortie de Noordwijkerhout, la route s'élève avant l'échangeur. Elle surplombe alors les champs de fleurs sur lesquels elle offre de belles **vues**★.

⌂⌂ Noordwijk aan Zee – *Voir Leiden, Excursions.*

Prendre la direction Lisse/Sassenheim. Juste après l'indication Voorhout (panneau sur la droite), tourner à gauche : Loosterweg.

★★ Keukenhof – *Voir ci-dessus.*

Lisse – Une des principales localités de cette région des champs de fleurs.

Une maison ancienne située dans le centre abrite le **Museum de Zwarte Tulp** ⊘ (musée de la Tulipe noire). Outre des informations sur la culture des fleurs à bulbe, on y découvrira une collection de tulipes conservées dans de l'acide formique.

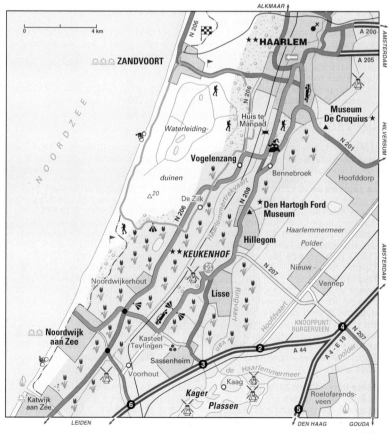

253

Lisse est le point de départ de promenades en bateau vers le lac de **Kagerplassen** et le pittoresque village de **Kaagdorp**.

La ville voisine de **Sassenheim** est également un grand centre de culture de fleurs à bulbe. Jacqueline de Bavière passa les dernières années de sa vie dans un château **(Kasteel Teylingen)** situé à proximité et aujourd'hui en ruine.

Hillegom – Le **Den Hartogh Ford Museum**★ ⊙ *(Haarlemmerstraat 36)* rassemble 185 véhicules de la célèbre marque automobile de Detroit ; c'est la plus grande collection particulière de Ford au monde. Les voitures exposées datent de la période 1903-1948. On peut admirer différents modèles de la Ford-T, une Lincoln 160 de 1929 et une Ford 720 coupé de 1936. Parmi les véhicules utilitaires regroupés dans la dernière salle figurent des camions, des autobus, et même quelques voitures de pompiers.

Continuer en direction de Haarlem et suivre les indications Cruquius.

★ **Museum De Cruquius** – *Voir Haarlem, Environs.*

LEEUWARDEN★

Fryslân Ⓟ

88 762 habitants

Cartes Michelin nᵒˢ 908 I 2 et 210 T 3

Plan d'agglomération dans Le Guide Rouge Benelux

Leeuwarden – Ljouwert en frison – est une ville attrayante, agrémentée de jolis canaux et de nombreux bâtiments historiques. Ancienne résidence des stathouders de Frise, Leeuwarden est aujourd'hui la capitale dynamique de la Frise et le centre culturel du peuple frison.

Si Leeuwarden connaît une affluence considérable lors du Tour des onze villes *(voir ci-dessous)*, événement dont elle est le point de départ et d'arrivée, la capitale frisonne doit sa réputation à la place importante qu'elle occupe dans l'industrie laitière des Pays-Bas.

La vache frisonne noir et blanc, dont l'espèce bénéficie d'une réputation mondiale, a été immortalisée, sur la rotonde Harlingersingel/Harlingerstraatweg, par une célèbre statue de bronze, un peu plus grande que nature, que les habitants de la ville appellent familièrement **Us Mem**, notre mère.

Sous le toit de l'immense Frisian Expo Centre, le marché aux bestiaux hebdomadaire (vendredi) et un concours de taureaux sélectionnés *(voir les Renseignements pratiques en début de volume)* témoignent de l'importance de l'élevage frison.

Le cheval frison, animal à la robe noire, à la fois costaud et élégant, est apprécié bien au-delà des frontières du pays.

Parmi les personnages importants nés à Leeuwarden, citons **Mata Hari** et **M.C. Escher**. L'écrivain **Simon Vestdijk** a passé sa jeunesse à Leeuwarden.

UN PEU D'HISTOIRE

Née de la réunion de trois tertres situés en bordure de l'ancien **Middelzee**, sorte de golfe asséché entre le 14ᵉ et le 18ᵉ s., Leeuwarden n'acquit quelque importance qu'au 12ᵉ s., époque à laquelle elle fut fortifiée.

La capitale de la Frise – Disputée par les comtes de Hollande et les ducs de Saxe, qui obéissaient à l'empereur germanique, la Frise est remise en 1498 par Maximilien au duc **Albert de Saxe**, qui s'installe à Leeuwarden, devenue capitale. En 1516, sous la domination de Charles Quint, la ville se fortifie de nouveau.

Après l'indépendance des Provinces-Unies, Leeuwarden devient en 1584 la résidence des **stathouders** de Frise et de Groningue. Le premier est **Guillaume Louis** de Nassau (1560-1620), fils de Jean de Nassau, frère de Guillaume le Taciturne. En 1675, sous Casimir Henri (1657-1696), le stathoudérat frison devient héréditaire. **Johan Willem Friso** (1684-1711) reçoit en legs du stathouder de Hollande Guillaume III le titre de prince d'Orange. Son fils **Guillaume IV** (1711-1751), stathouder de Frise, est choisi comme premier stathouder héréditaire de tout le pays en 1747. De lui est issue la dynastie actuelle des Pays-Bas dont le premier roi fut son petit-fils Guillaume Iᵉʳ.

En 1580, Leeuwarden reçoit une nouvelle enceinte et, au début du 17ᵉ s., quelques bastions au Nord et à l'Ouest. Ces dernières fortifications furent rasées au 18ᵉ s. et ont fait place au Prinsentuin, un parc-promenade bordé par le Stadsgracht.

Depuis 1909, Leeuwarden est le point de départ du célèbre **Elfstedentocht** (Le Tour des onze villes).

Mata Hari – En 1876 est née dans la ville Margarethe Geertruida Zelle. Ayant appris la danse lors d'un séjour aux Indes néerlandaises (Indonésie), elle vint à Paris en 1903 et devint célèbre comme danseuse sous le nom de **Mata Hari** (en malais : œil du jour). Elle fut fusillée pour espionnage au profit des Allemands, en 1917.

LEEUWARDEN PRATIQUE

Se loger

Leeuwarden ne compte que peu d'hôtels, mais certains valent le détour.

« À BON COMPTE »

Wyswert - *Rengerslaan 8, 8917 DD Leeuwarden,* ☎ *(058) 215 77 15, fax (058) 212 32 11. 28 chambres.* Ces chambres font partie de l'école hôtelière située au Nord du centre. Les prix sont avantageux et le service est assuré par des étudiants supervisés par des professionnels.

« VALEUR SÛRE »

Van den Berg State - *Verlengde Schrans 87, 8932 NL Leeuwarden,* ☎ *(058) 280 05 84, fax (058) 288 34 22. 6 chambres.* Ce petit hôtel-restaurant *(voir également ci-dessous),* situé dans un quartier résidentiel tranquille au Sud du centre, est installé dans une gentilhommière du 19e s. Les chambres, très spacieuses, disposent d'un hall privé et d'une salle de bains luxueuse. La suite est équipée d'un lit à matelas d'eau et d'un bain à bulles.

Paleis het Stadhouderlijk Hof - *Hofplein 29, 8911 HJ Leeuwarden,* ☎ *(058) 216 21 80, fax (058) 216 38 90, www.stadhouderlijkhof.nl. 22 chambres.* Installé dans l'ancienne résidence des stathouders de Frise, cet hôtel se situe au cœur de la vieille ville. Pourtant, le caractère seigneurial de la demeure ne subsiste plus que dans la salle Nassau, où trônent des portraits de princes et de comtes de la famille Van Nassau-Dietz ; de nos jours, cette pièce est utilisée pour les mariages. Le reste de l'hôtel, y compris les chambres spacieuses, est très moderne et aménagé avec goût.

Se restaurer

Van den Berg State - *Verlengde Schrans 87,* ☎ *(058) 280 05 84.* Cet hôtel-restaurant situé dans un quartier périphérique *(voir ci-dessus)* propose de bons repas dans un décor classique et avec vue sur le jardin. Par beau temps, on sert les repas sur la terrasse.

Kota Radja - *Groot Schavernek 5,* ☎ *(058) 213 35 64.* Cuisine asiatique dans un cadre agréable.

Brasseries, bistrots, bars, cafés...

Het Haersma Huys - *Tweebaksmarkt 49.* Ce grand café est situé à quelques pas du Fries Museum et constitue une excellente adresse pour venir manger un morceau ou boire un verre pendant la visite du musée. Installé dans un bâtiment historique aménagé dans le style moderne-classique, ce café possède également une terrasse.

De Koperen Tuin - *Prinsentuin 1.* Depuis la terrasse de ce salon de thé, situé au cœur du Prinsentuin, on peut prendre un lunch, une boisson ou déguster une glace tout en regardant les promeneurs flâner dans le parc et les bateaux accoster sur le quai. Le dimanche, il y a également des concerts gratuits. Vous pourrez ainsi vous replonger dans l'ambiance du roman de Simon Vestdijk *De Koperen Tuin (Le Jardin de cuivre),* dont l'action se situe essentiellement dans le Prinsentuin. Attention, le Koperen Tuin n'est ouvert que de début avril à fin septembre.

't Pannekoekschip - *Willemskade 69.* Cette crêperie aménagée dans un joli bateau amarré sur Willemskade, entre la gare et la vieille ville, propose un choix de 90 sortes de crêpes.

Informations pratiques

Informations générales - L'Office de tourisme (**VVV Leeuwarden**, Stations-plein 1, 8911 AC Leeuwarden, ☎ (0900) 202 40 60, www.vvvleeuwarden.nl) répondra à vos questions concernant les curiosités, visites guidées et excursions, et vous aidera à trouver un logement. On peut également s'adresser au VVV pour bénéficier d'arrangements particuliers et d'offres spéciales. Chaque année, le VVV édite un guide très pratique, le *Toeristische Gids Leeuwarden* (Guide touristique de Leeuwarden).

Transports - Vous pouvez laisser votre voiture dans les **parkings** couverts De Klanderij et Zaailand. Un parking P+R se trouve également près de la gare. Des **vélos** peuvent être loués dans le parking couvert Zaailand.

Visites et promenades guidées - Pour plus de renseignements, s'adresser à l'Office de tourisme (VVV).

Promenades en bateau – En juillet et en août, des **promenades en bateau** sont organisées sur les canaux du centre de la ville. Pour tout renseignement, adressez-vous à l'Office de tourisme (VVV).

Shopping – Leeuwarden est une ville commerçante très agréable qui dispose d'un vaste espace piétonnier. Le jeudi soir, les magasins sont ouverts plus tard. Ils sont également ouverts le premier dimanche du mois.

Outre des magasins modernes, Leeuwarden possède également une authentique petite rue commerçante ancienne **(Ambachtsstraatje)**, la Nieuwesteeg, située au cœur de la ville, entre Nieuwestad en Bagijnestraat. Cette petite ruelle rappelle l'époque de nos grand-mères : une petite grainerie du 19ᵉ s., un salon de barbier, un atelier de chaudronnier, une épicerie, un marchand ambulant, une ancienne cave à vins et une cafétéria. Vous ne résisterez sûrement pas aux bonbons à l'ancienne...

Spécialités – Parmi les spécialités frisonnes, citons la liqueur **Berenburg** de Bolsward, les biscuits de Sneek **(drabbelkoeken)**, le pain d'épice **(kruidenkoek)** et les **dúmkes**.

Distractions – On peut passer la soirée au cinéma ou dans un des agréables bistrots du centre-ville. Deux adresses de théâtres : **Stadsschouwburg De Harmonie**, un bâtiment moderne en verre, Ruiterskwartier 4, ☎ (058) 233 02 33 ; **Theater Romein**, Bagijnestraat 59, ☎ (058) 215 82 15.

Manifestations – Outre le célèbre Tour des onze villes **(Elfstedentocht)** et ses nombreuses variantes organisées en été (Tour des onze villes pédestre, cycliste, motocycliste ou réservé aux vieilles voitures), les nombreux **concours de chevaux de race et de bétail sélectionné** qui ont lieu chaque année au Frisian Expo Centre constituent des événements marquants. En novembre a lieu le festival du cinéma **(Noordelijk Filmfestival)**.

CURIOSITÉS

★★ **Fries Museum/Verzetsmuseum (Musée frison/Musée de la Résistance)** ⊙ – Ce musée est installé dans deux demeures historiques du Turfmarkt. Ces deux bâtiments sont reliés par un tunnel souterrain. Le musée rassemble des collections très variées, illustrant la culture frisonne.

Kanselarij (Chancellerie) – De style Renaissance (1566), cet ancien palais de justice offre une large façade au décor chargé, surmontée d'une haute lucarne portant la statue de Charles Quint.

Au 2ᵉ étage, quelques **pièces remarquables** donnent un aperçu des différentes sections du musée : des objets provenant de fouilles archéologiques effectuées dans les tertres, de l'orfèvrerie frisonne, des indiennes, une armoire d'Hindeloopen, des portraits, etc. Les salles voisines rassemblent des objets du 16ᵉ s.

Le 1ᵉʳ étage est essentiellement consacré à la **peinture du 17ᵉ s**. Outre des natures mortes, des tableaux historiques et des paysages, on admirera des portraits, genre très populaire pendant le Siècle d'or. Les familles bourgeoises aimaient se faire immortaliser, comme en témoignent les portraits de groupe, les portraits officiels, les portraits de famille et les portraits d'enfants. Le portraitiste frison le plus connu de cette époque est Wijbrand de Geest. Une toile de l'atelier de Rembrandt retient l'attention : il s'agit d'un portrait de Saskia van Uilenburg, fille du bourgmestre de Leeuwarden et future épouse du peintre.

La section **orfèvrerie**★★★, installée dans les caves voûtées, est une des plus belles et des plus riches du pays. Elle rassemble une superbe collection de cornes à boire et de coupes du 16ᵉ s., dont une ayant appartenu à Cornelis Floris, ainsi qu'une coupe en forme de noix de coco délicatement travaillée. Particulièrement remarquable également, l'orfèvrerie frisonne d'apparat des 17ᵉ et 18ᵉ s. : trésor baroque du Popta, boîtes finement gravées qui symbolisaient la promesse de mariage, et coupes à brandevin de forme ovale, richement travaillées et munies de deux anses.

Au dernier étage se trouve le musée de la Résistance **(Verzetsmuseum)**. Photos et divers objets illustrent l'atmosphère de la Seconde Guerre mondiale. Quatre familles représentent les différentes attitudes observées en temps de guerre : collaboration, adaptation, résistance et persécution.

Le tunnel et la partie moderne du musée servent de cadre aux expositions temporaires d'**art frison contemporain**.

Eysingahuis (Maison Eysinga) – Cette demeure de la fin du 18ᵉ s., où vécut la famille noble Eysinga, compte différentes pièces meublées **(stijlkamers)** donnant au visiteur une idée de la vie de cette époque : mobilier Louis XVI et Empire, et porcelaine de Chine. Au rez-de-chaussée, une salle est consacrée à la vie de **Mata Hari**.

La salle de peintures (Schilderijenzaal) du 1ᵉʳ étage rassemble des portraits, des paysages, des marines et des natures mortes illustrant la **peinture frisonne** du 19ᵉ s. Parmi les peintres connus de cette époque, citons Alma Tadema et Christoffel

Le Tour des onze villes

Lorsque les canaux de Frise sont gelés, une fièvre toute particulière s'empare des Néerlandais et surtout du peuple frison. Tous se posent la question si l'on va pouvoir organiser le fameux Tour des onze villes ou Friese Elfstedentocht, que disputent les patineurs sur une distance d'environ 200 km. Dès que la couche de glace atteint une épaisseur de 15 cm minimum sur l'ensemble du circuit, le feu vert est donné aux organisateurs qui disposent de 48 heures pour préparer le parcours et accueillir les milliers de participants et les dizaines de milliers de spectateurs en provenance des Pays-Bas et de l'étranger. Le troisième jour, le départ est donné à Leeuwarden dès 5 h 30. Les patineurs passent obligatoirement par onze villes frisonnes : Sneek, IJlst, Sloten, Stavoren, Hindeloopen, Workum, Bolswaard, Harlingen, Franeker et Dokkum pour tenter de rejoindre Leeuwarden, qui est également le point d'arrivée. Tous les patineurs qui parviennent à rejoindre la ligne d'arrivée dans le temps minimum fixé avant la course reçoivent une petite croix en argent. Le temps record est celui du gagnant de 1985 : 6 heures 47 minutes.

Le dernier Tour des onze villes a été organisé le 4 janvier 1997. C'était le 15e depuis le premier tour officiel, couru le 2 janvier 1909, mais la tradition remonterait au 18e s.

Le visiteur intéressé trouvera un musée (Eerste Friesche Schaatsmuseum) consacré à l'histoire du Tour des onze villes et au patin en général à Hindeloopen *(voir ce nom)*.

Le 15e Tour des onze villes (4 janvier 1997)

Bisschop, qui était également collectionneur d'orfèvrerie, de porcelaine, de meubles, de tapis et de peintures. Cette collection extrêmement variée est rassemblée dans les **Bisschopkamers** (salles Bisschop).

À côté, on trouve deux salles consacrées au mobilier d'Hindeloopen **(Hindelooper kamers)**, avec ses motifs caractéristiques et ses couleurs vives *(voir aussi Introduction, Art)*.

La section intitulée **costumes et industrie textile** rassemble des marquoirs et des costumes traditionnels frisons des 18e et 19e s.

La section d'**archéologie** installée au 2e étage concerne essentiellement trois époques : l'âge de la pierre, la période des tertres et le bas Moyen Âge *(voir les Excursions)*.

Over de Kelders – Un des quais de ce canal est creusé de caves *(kelders)*. Du pont au Nord, jolie vue sur les quais du Voorstreek et le clocher de l'église St-Boniface. La petite **statue** (standbeeldje) **de Mata Hari**, élevée en 1976 pour l'anniversaire de sa naissance, la représente en train d'esquisser un pas de danse.

Waag (Poids public) – C'est, au centre de la ville, sur Waagplein, une construction de 1598 en brique rouge, cantonnée aux angles de lions héraldiques. Au-dessus de ceux-ci court une frise sculptée de motifs. La pesée du beurre et du fromage s'est pratiquée ici jusqu'en 1880. Le grand auvent était destiné à protéger les marchandises du soleil.

Weerd – Cette rue étroite qui s'enfonce dans le vieux quartier de Leeuwarden est bordée de jolies boutiques.

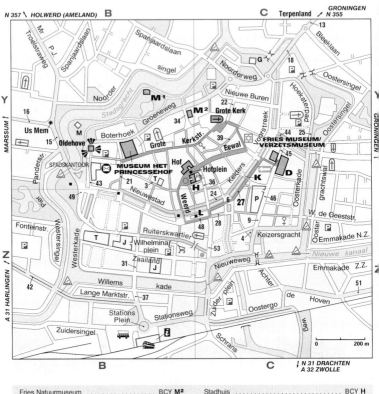

Hofplein – Sur cette place se dresse l'hôtel de ville **(stadhuis)**, sobre construction classique (1715), surmontée d'un carillon du 17e s. Remarquer au n° 34 de la place une jolie pierre de façade datée de 1666 et représentant la Fortune.

Dans la partie annexe de l'hôtel de ville, ajoutée en 1760, la salle du Conseil *(Raadzaal)* offre une façade latérale à décoration rococo surmontée du lion figurant sur le blason de la ville. En face de celle-ci se trouve le **Stadhouderlijk Hof** *(voir le Carnet d'adresses)*, ancienne résidence des stathouders frisons. Ce bâtiment a été érigé en 1881 sur les vestiges d'une construction du Moyen Âge. Au centre de la place, statue de Guillaume Louis, le premier stathouder héréditaire, surnommé par les Frisons **Us Heit** (notre père). Au n° 35, pierre de façade : une cigogne.

Eewal – Cette large artère est bordée d'élégantes demeures du 18e s. Certaines portent encore de belles pierres de façade (n°s 52 et 58).

Grote of Jacobijnerkerk (Grande Église ou église des Jacobins) ☺ – Du 13e s., cette église a été reconstruite aux 15e et 16e s. En 1795, durant la République batave, elle fut à nouveau dévastée par les révolutionnaires (Patriotes). Dans cette église furent enterrés à partir de 1588 les Nassau frisons. Le grand **orgue** a été construit entre 1724 et 1727 par Christian Müller. La porte d'Orange (1663), dans la partie Sud de l'église, était réservée à la famille du stathouder, comme le montre l'oranger en cuivre situé au-dessus cette porte.

Fries Natuurmuseum (Musée frison d'Histoire naturelle) ☺ – Dans cet ancien orphelinat du 17e s., tout est placé sous le signe de la nature frisonne : la composition du sol et son évolution, les différents paysages, ainsi que les plantes et les animaux qui y vivent. Au sous-sol, l'amusante exposition permanente « la Frise sous eau » **(Friesland onder water)**, permet de se promener dans le fond d'un fossé. Le 1er étage abrite une exposition sur les baleines et les dauphins. On peut y voir le squelette de 15 m de long d'un **cachalot** qui s'est échoué près d'Ameland en 1994.

Grote Kerkstraat – La haute maison où aurait vécu Mata Hari a été transformée en musée et centre de Documentation littéraire frison (**Frysk Letterkundich Museum en Dokumintaasjesintrum**).

On remarque ensuite au n° 43 une belle pierre de façade représentant un lion et un château fort, puis, près de l'angle de Doelestraat, au n° 17, un joli portail baroque orné de guirlandes de style frison.

★★ **Museum Het Princessehof** (Musée néerlandais de la Céramique) ◷ – Cet élégant palais ou hof du 17ᵉ s. fut au 18ᵉ s. la résidence de la princesse Marie-Louise de Hesse-Cassel (surnommée Maaike-Meu), veuve du stathouder de Frise Johan Willem Friso, prince d'Orange. La salle à manger de la princesse au rez-de-chaussée, faisant également office de salle de musique, est richement décorée : plafond en stuc et revêtements muraux en cuir doré. Dans les armoires et sur les consoles autour du miroir, on admire de belles porcelaines de Chine.

Le palais et les bâtiments voisins ont été transformés en musée de la Céramique ; ses collections sont particulièrement riches : porcelaines, poteries et grès, de provenances très diverses (*illustrations, voir Introduction, Art*).

Les objets provenant d'**Asie**, répartis dans 5 salles, sont exposés selon un ordre chronologique.

On peut voir un échantillonnage de la **production japonaise**, mais c'est surtout la remarquable collection de **céramique chinoise**★★ qui retient l'attention. Elle permet de suivre l'évolution de cette production depuis les terres cuites du 3ᵉ millénaire avant J.-C. jusqu'aux objets de la dynastie des Ching (1644-1912), connue pour les porcelaines des familles « verte », « noire » et « rose », très appréciées des Européens. Une salle est consacrée à la porcelaine commandée à la Chine par l'Europe, appelée chine de commande.

La **céramique européenne** constitue un bel ensemble : majolique italienne, céramique de Delft, porcelaine, Wedgwood, céramique Art nouveau et Art déco (1900-1930).

Le musée contient une très riche collection de **carreaux de faïence**★★ de provenance espagnole, française, portugaise et néerlandaise. On remarquera principalement les tableaux à carreaux de faïence très colorés destinés à couvrir les sols, les murs et les cheminées. De la collection islamique, on retiendra surtout les carreaux turcs et iraniens.

Deux salles abritent la **collection J.W.N. van Achterbergh**, qui donne un bel aperçu de la production de céramique aux Pays-Bas entre 1950 et 1985. La galerie De Prins van Leeuwarden présente la collection de **céramique contemporaine**.

Museum Het Princessehof – Nationaal Keramiek Museum Leeuwarden

Carreau de faïence iranien
(Lagwardina, vers 1300)

Oldehove ◷ – Cette puissante tour gothique, en brique, n'a jamais pu être achevée en raison de l'instabilité du sol, à laquelle elle doit sa forte inclinaison.

Le plan d'une église voisine qui a été démolie en 1595 est signalé sur la place par un pavement de couleur.

Du sommet de la tour (40 m), on découvre une **vue** générale sur la ville et sur les environs ; par temps clair, on peut même voir les îles des Wadden.

Prinsentuin – À proximité de la tour, les anciens remparts boisés permettent une agréable promenade au bord du **Stadsgracht**, large canal qui épouse les contours des bastions. Le jardin du Prince ou Prinsentuin (*voir Carnet d'adresses*) abrite le **Pier Pander Museum** ◷, un musée essentiellement consacré à l'œuvre de ce sculpteur frison (1864-1919).

ENVIRONS

Otterpark Aqualutra (Parc à loutres) ◷ – *7 km au Nord-Ouest par la N 355, direction Groningue.* Lorsque la dernière loutre des Pays-Bas fut écrasée par une voiture en 1988, la Fondation néerlandaise pour la protection des loutres (Stichting Otterstation Nederland) décida d'implanter à cet endroit un centre de reproduction (*non accessible au public*), ainsi qu'un parc naturel. Jeunes et moins jeunes peuvent y découvrir la richesse de la vie en eau douce, avec la loutre pour thème central. Comme il se trouve en haut de la chaîne alimentaire, ce mustélidé constitue un bon indicateur de la qualité de l'eau et de l'environnement. Les loutres vivent essentiellement la nuit, c'est pourquoi les repas constituent le meilleur moment pour les observer. Le parc abrite également des visons, putois, chevreuils, castors, cigognes et oiseaux aquatiques. Dans le bâtiment situé au centre du parc, on peut voir quelques aquariums et des vivariums. On y organise également des expositions et des projections de films.

Marssum – *5 km à l'Ouest par Harlingerstraatweg.*
Le château Popta (**Poptaslot** ⊙) ou Heringastate, précédé d'un portail à pignon à volutes, est une demeure seigneuriale fortifiée (16e-17e s.). Il renferme un mobilier des 17e et 18e s.
À proximité, l'ancien hospice (**Popta-Gasthuis**), fondé en 1712, est un pittoresque ensemble de maisons basses ouvrant par un portail monumental.

Drachten – *27 km au Sud-Est par Oostergoweg.*
Dans la campagne frisonne aux riches prairies bordées de peupliers, Drachten étend ses grands ensembles et ses pavillons de brique. Cette ville est un centre commercial et industriel aux rues animées, aux allées piétonnes, agrémentées de statues. Elle possède de nombreuses écoles.

LA RÉGION DES TERTRES (TERPENLAND)

Circuit de 118 km. Sortir par Groningerstraatweg. Tourner à gauche après 9 km.

Dès le début du 5e s. avant J.-C. et jusqu'au 12e s. après J.-C., dans les régions basses soumises aux inondations marines ou fluviales, les Frisons établirent leurs fermes et plus tard leurs églises sur des buttes artificielles, appelées **tertres**. Il en existe près de mille dont les deux tiers se trouvent dans la province de Frise, et le reste dans celle de Groningue où ils sont nommés *wierden (illustration, voir Groningen, Excursions).* Leur hauteur moyenne est de 2 à 6 m, leur superficie de 1 à 12 ha. Les fouilles y ont été très fructueuses.
L'itinéraire fait parcourir une région où la plupart des villages possèdent un tertre portant une église de tuf et de brique au charme rustique, dont le clocher à toit en bâtière émergeant d'un rideau d'arbres signale la présence.
La campagne typiquement frisonne est parsemée de belles fermes, au pignon décoré d'un *uilenbord (voir Introduction, Traditions et folklore ; illustration, voir les Conditions de visite en fin de volume),* et de quelques moulins. On peut également y voir les beaux chevaux noirs de race frisonne.

Oentsjerk (Oenkerk) – Le beau parc du château nommé **Stania State**, aux allures de forêt, est accessible aux visiteurs.

Aldtsjerk – Ce village, dont le nom néerlandais est Oudkerk, possède un château et une église sur tertre.

Rinsumageest – L'**église**, bâtie sur un tertre, possède une crypte romane avec deux chapiteaux, élégamment sculptés. L'intérieur est caractéristique des églises frisonnes.

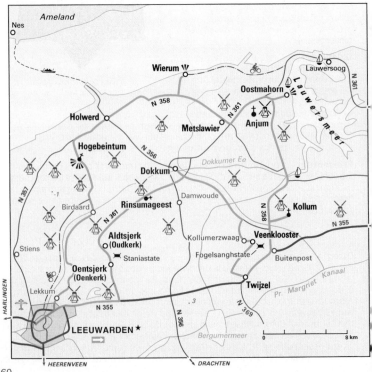

Ferme et chevaux frisons

Dokkum - *Voir ce nom.*
Suivre le canal au Sud-Est.
La route s'élève bientôt, le canal bordé d'arbres devient plus agréable.
Prendre à droite vers Kollumerzwaag.

Veenklooster - Charmant village aux chaumières dispersées autour d'un « brink »
(voir Assen). Une belle allée mène au château **Fogelsangh State** ⊙, construit en 1725
à l'emplacement d'une abbaye (musée).

Twijzel - Le long de la grand-route qui traverse ce bourg sur plusieurs kilomètres
sont alignées de magnifiques **fermes★**. Derrière la façade avenante, plus citadine
que rurale, se dissimule une énorme grange souvent couverte d'un toit de chaume
(illustration, voir Introduction, Traditions et folklore).
À Buitenpost, tourner à gauche.

Kollum - Ce bourg possède une **église** gothique du 15e s., précédée d'une tour du
13e s. La nef principale est séparée du bas-côté par des colonnes trapues. Les
voûtes aux nervures peintes sont décorées de fresques naïves, de même que le mur
Nord où l'on reconnaît un saint Christophe.

Oostmahorn - Du sommet de la digue, vue d'ensemble sur le **Lauwersmeer** *(voir
Groningen, Au Nord-Ouest de Groningue).* Comme le Zuiderzee, cette région basse
a été envahie par la mer au 13e s. Pour éviter les inondations et créer de nouveaux
polders, on a construit une digue de fermeture. C'est devenu un lac de plaisance.

Anjum - Ce village conserve un **moulin** de 1889. Sur un petit tertre s'élève une
église romane, agrandie dans le style gothique.
Prendre la route de Dokkum, puis tourner à droite vers Metslawier.

Metslawier - Groupées autour de la vieille **église** gothique, des maisons basses,
remarquablement restaurées, forment un bel ensemble.

Wierum - Petit port aux maisons modestes dont l'**église** est construite sur un
tertre ovale et entourée d'un cimetière. Du sommet de la digue : **vue** sur le
Waddenzee, qui, à marée basse, apparaît ici comme une immense grève. Les îles
d'Ameland et de Schiermonnikoog se profilent à l'horizon.

Holwerd - C'est le point de départ des bateaux pour l'île d'Ameland *(voir
Waddeneilanden).*
Après Blija, tourner à gauche vers Hoogebeintum.

Hogebeintum - Ce village possède, sur le plus haut tertre de la Frise (près de 9 m
au-dessus du niveau moyen de la mer), une **église** ⊙ avec un clocher à toit en bâtière
et un cimetière qui l'entoure. De là, belle vue sur la campagne environnante.
L'intérieur est intéressant pour la série de 16 **armoiries funéraires★** (du 17e s. au
début du 20e s.) qui ornent les murs. Sur ces tableaux en bois sculpté figure un
blason, enjolivé de motifs baroques, de symboles de la mort (faux, sablier, crânes
et ossements), de têtes d'angelots, de facture naïve et rustique.
On remarque également de beaux bancs seigneuriaux de bois et, sur le sol, de
nombreuses dalles funéraires.
Gagner Birdaard au Sud et suivre le canal (Dokkumer Ee) vers le Sud.
On arrive à Leeuwarden par le village de Lekkum, puis par Prof. Mr. P.S. Ger-
brandyweg et Groningerstraatweg.

LEIDEN★★

Leyde – Zuid-Holland
117 389 habitants
Cartes Michelin nᵒˢ 908 E 5 et 211 L 10
Plan d'agglomération dans Le Guide Rouge Benelux

Bâtie sur le Vieux Rhin (Oude Rijn), à l'Ouest du Rijnland, Leyde est une ville agréable et animée, sillonnée de canaux. Elle est célèbre pour son université, la plus ancienne du pays. Mais c'est aussi la ville qui vit naître Rembrandt et s'épanouir la première tulipe cultivée en Hollande. Leyde possède en outre plusieurs musées intéressants et d'anciens hospices *(hofjes)* pleins de charme.

UN PEU D'HISTOIRE

Leyde se nomme à l'époque romaine *Lugdunum Batavorum*. La ville médiévale se développe au pied d'un château fort, le Burcht, édifié dès le 9ᵉ s. sur une colline artificielle. Elle doit sa prospérité à sa situation sur le Vieux Rhin qui est alors le bras principal du fleuve, mais le déplacement de l'embouchure vers Rotterdam réduit la ville au rôle de marché intérieur.

Dès le 14ᵉ s., Leyde retrouve une grande période d'opulence grâce à l'industrie du drap introduite par les tisserands d'Ypres (Belgique) réfugiés lors de la grande peste. Leyde voit naître en 1509 **Jean de Leyde**. Ce fut le chef des anabaptistes, membres d'une secte religieuse qui se réfugièrent à Münster en Allemagne en 1534. Assiégés, les anabaptistes durent se rendre en 1535 et Jean de Leyde mourut l'année suivante après avoir subi d'atroces tortures.

Un siège héroïque – Au 16ᵉ s., la ville est assiégée deux fois par les Espagnols. Le premier siège (fin 1573-mars 1574) échoue. Le second, commencé un mois plus tard, est terrible. La population, réduite de moitié par la peste et la famine, se révolte contre le bourgmestre Van der Werff qui offre son corps aux affamés. Ranimés par le courage de leur chef, les habitants poursuivent leur résistance. Finalement, Guillaume le Taciturne a l'idée de faire sauter les digues pour inonder la campagne environnante. Le 3 octobre, les Espagnols, attaqués par les Gueux, venus sur des bateaux à fond plat, lèvent le siège, abandonnant, au pied des remparts, une marmite remplie de pot-au-feu. Les habitants de Leyde sont alors ravitaillés en pain et en harengs.

Dès lors, une fête commémorative, **Leidens Ontzet**, a lieu chaque année, avec cortège historique, distribution de harengs et de pain et dégustation de pot-au-feu *(hutspot, voir les Renseignements pratiques en début de volume, La table)* en souvenir de la marmite abandonnée par les Espagnols.

Pour récompenser la ville, Guillaume le Taciturne y fonde une université en 1575.

L'université de Leyde – Elle fut la première des Pays-Bas libérés de l'Espagne et rivalisa longtemps avec celle de Louvain demeurée catholique ; elle acquit très vite une réputation européenne grâce à son esprit relativement tolérant et les grands esprits qu'elle sut s'attacher : l'humaniste flamand Juste Lipse (1547-1606), le philologue Daniel Heinsius (1580-1655), les célèbres théologiens Gomar, Arminius et Episcopius *(voir Dordrecht)*, les Français Saumaise (1588-1653), philologue, et Joseph Scaliger (1540-1609), philosophe, le médecin et botaniste **Herman Boerhaave**, maître de l'enseignement clinique (1668-1738), et **Van Musschenbroek**, inventeur en 1746 de la bouteille de Leyde, le premier condensateur électrique. En 1637, **René Descartes** (1596-1650), qui vivait en Hollande depuis 1628, publia à Leyde, sans nom d'auteur, le *Discours de la méthode*, rédigé à Utrecht, où il résidait auparavant. Au rayonnement de l'université contribua le fait que Leyde devint, au 17ᵉ s., un grand centre de l'imprimerie grâce à l'illustre famille **Elzevier** dont le premier membre, Louis, venu de Louvain (Belgique), s'était installé à Leyde en 1580.

Le refuge des protestants – Leyde accueillit aux 16ᵉ et 17ᵉ s. de nombreux protestants flamands, français (chassés par la révocation de l'Édit de Nantes) ou anglais. En 1609 arrivèrent une centaine de puritains anglais dirigés par le pasteur **John Robinson**, qui avaient quitté leur pays sous la menace de persécutions. Anciens fermiers, ils durent s'adapter à leur nouvelle condition urbaine et s'adonnèrent à différents métiers artisanaux. Une imprimerie publiait des ouvrages religieux exportés en Angleterre et en Écosse. Leur séjour devenant difficile, les puritains se décidèrent à quitter Leyde pour se rendre en Amérique. Partis de Delfshaven, ils gagnèrent l'Angleterre et s'embarquèrent à Plymouth sur le *Mayflower*. Les 102 émigrants au nombre desquels figuraient 41 puritains ou **Pilgrim Fathers** (Pères pèlerins) débarquèrent en décembre 1620 sur la côte au Sud-Est de Boston et y fondèrent Plymouth.

En 1793, Leyde, prise par les Français, devint le chef-lieu du département des Bouches-de-la-Meuse.

LEYDE PRATIQUE

Se loger

Leyde est une ville universitaire qui compte peu d'hôtels de charme. Voici quelques suggestions :

« À BON COMPTE »

Het Haagsche Schouw – *Haagse Schouwweg 14, 2332 KG Leiden,* ☎ *(071) 531 57 44, fax (071) 576 24 22, www.valk.com. 62 chambres.* Cet hôtel de la chaîne Van der Valk est situé en dehors du centre, à proximité de l'autoroute A 44. Moderne et confortable, il est relié par une passerelle couverte à l'auberge du 17ᵉ s. *Het Haagsche Schouw,* qui abrite le restaurant et les salles à manger.

« VALEUR SÛRE »

Nieuw Minerva – *Boommarkt 23, 2311 EA Leiden,* ☎ *(071) 512 63 58, fax (071) 514 26 74. www.nieuwminerva.nl. 40 chambres.* Quatorze des quarante chambres de cet hôtel du centre-ville portent un nom qui évoque le style de leur décoration : le paradis (Engelenbak) avec son lit à baldaquin, la chambre de Keukenhof (Keukenhofkamer) ornée de tulipes, la chambre safari (Safarikamer) avec sa moustiquaire, la chambre chic (Deftige kamer) avec son lit en bois massif, etc. Il y a également une suite nuptiale spécialement aménagée.

De Doelen – *Rapenburg 2, 2311 EV Leiden,* ☎ *(071) 512 05 27, fax (071) 512 84 53, www.dedoelen.com. 15 chambres.* Ce petit hôtel est installé dans une demeure historique près du Rapenburg. Situé à deux pas des principales curiosités, il constitue le point de chute idéal pour visiter la ville. La belle salle où est servi le petit déjeuner vous mettra déjà dans l'ambiance.

Restaurants et cafés

't Pannekoekenhuysje – *Steenstraat 51-53,* ☎ *(071) 513 31 44.* Délicieuses crêpes sur des assiettes en porcelaine de Delft.

De Poort van Leyden – *Haven 100,* ☎ *(071) 513 31 44.* Cette sympathique brasserie est installée dans la Zijlpoort (1667), l'une des deux anciennes portes encore subsistantes. Belle vue sur l'enceinte depuis la véranda vitrée. En été, terrasse au bord de l'eau. Convient tout aussi bien pour un déjeuner sur le pouce, un dîner complet ou juste pour prendre un verre.

Anak Bandung – *Garenmarkt 24a,* ☎ *(071) 512 53 03.* Cuisine indonésienne. En été, on peut manger sur la terrasse. Ouvert uniquement le soir.

Stadscafé/Restaurant Van der Werff – *Steenstraat 2,* ☎ *(071) 513 03 35.* Un endroit plein de charme pour venir prendre un verre ou manger un morceau avant ou après la visite du Rijksmuseum voor Volkenkunde (musée national d'Ethnologie).

De Knip – *À Voorschoten, à 5 km du centre de Leyde. Kniplaan 22 (4 km par la Veurseweg),* ☎ *(071) 561 25 73.* Sur une terrasse ombragée au bord de l'eau, vous pourrez savourer un excellent repas. Fermé le lundi.

Informations pratiques

Informations générales – L'Office du tourisme de Leyde (**VVV Leiden**, Stationsweg 2d, 2312 AV Leiden, ☎ (0900) 22 22 333 ou www.leiden.nl) vous fournira tous les renseignements nécessaires concernant les curiosités, les visites guidées, les manifestations culturelles, les excursions, etc.
Il pourra également vous aider dans la recherche d'un logement. Chaque année, l'Office de tourisme édite une brochure reprenant les adresses des hôtels, pensions et terrains de camping de Leyde et des environs.

Transports – **Voiture** : une carte valable 24 h donnant accès aux parkings du centre-ville coûte 16 fl. ou 7,26 €. On peut l'acheter aux distributeurs automatiques situés sur les parkings ou au VVV ; vous pouvez également garer votre voiture dans le parking Haagweg situé à la périphérie de la ville pour 7,5 fl. ou 3,4 € par jour (navette vers le centre comprise). Des **bicyclettes** sont proposées à la location au magasin de vélos (Rijwielshop) situé derrière la gare, ☎ (071) 512 00 68.

Visites et promenades guidées – Deux itinéraires de promenade sont en vente à l'Office de tourisme : *Langs de Leidse hofjes* (Les anciens hospices de Leyde) et *In het voetspoor van de jonge Rembrandt* (Sur les traces du jeune Rembrandt). Le VVV propose également des visites guidées.

Promenades en bateau – Des promenades sont organisées **sur les canaux** du centre de la ville, départ : Beestenmarkt (Rederij Rembrandt, ☎ (071) 513 49 38) ; sur le **Vieux Rhin** jusqu'à Avifauna, départ : Oude Singel *(voir les Excursions)* ; sur les **lacs de Kaag et de Braassem** ou **à la découverte des moulins**, départ : Haven face au n° 14 (Rederij Slingerland, ☎ (071) 541 31 83).

Shopping – Le centre historique est l'endroit idéal pour faire du shopping. Les magasins sont ouverts en nocturne (jusqu'à 21 h) tous les jeudis.

Marchés – Tous les mercredis et samedis de 9 h à 17 h se tient un **grand marché** le long des canaux du centre ; une tradition qui perdure depuis neuf siècles.

Sortir le soir – Leyde est une ville universitaire particulièrement animée. C'est surtout le jeudi soir que les bistrots et les cafés sont pleins à craquer. **Théâtre et concerts** : se renseigner auprès du VVV ; vous pourrez également y réserver vos billets.

Manifestations – En janvier, le centre de la ville sert de cadre à la **Leidse Blues & Jazzweek**. Le festival **Leidse Lakenfeesten** dure dix jours en juillet et propose un marché aux draps, un concours de musiciens ambulants, une foire, etc. Chaque année, les 2 et 3 octobre, on commémore la libération de la ville : **Leidens Ontzet**.

L'ÉCOLE DE LEYDE

Du 15e au 17e s., un grand nombre de peintres naissent à Leyde, dont le célèbre Rembrandt.

Geertgen tot Sint Jans dit **Gérard de St-Jean** (v. 1465-v. 1495), mort à Haarlem, est le peintre le plus doué de la fin du 15e s. Encore tourné vers le Moyen Âge, il montre cependant une grande virtuosité dans le traitement des drapés *(illustration, voir Introduction, Art)*.

Cornelis Engebrechtsz. (1468-1533) reste lui aussi gothique, avec des compositions chargées, une peinture linéaire assez tourmentée.

Son élève, **Lucas de Leyde** (van Leyden) (1489 ou 1494-1533), est le grand peintre de la Renaissance. Influencé par l'art italien, son *Jugement dernier*, visible au musée De Lakenhal, est une très grande œuvre, par l'équilibre de sa composition, son sens de la profondeur, son dessin élégant et ses fins coloris. Au début du 17e s., quelques peintres de l'école de Leyde peignent des « **vanités** », natures mortes à intention philosophique, où figurent souvent des livres, rendus avec une grande précision. Ces sujets plurent à **Jan Davidsz. de Heem** *(voir Utrecht)*, lorsqu'il séjourna dans la ville avant de gagner Anvers.

Jan van Goyen, né à Leyde en 1596, s'installe en 1631 à Haarlem où il finit ses jours (1656). C'est un grand peintre de paysages monochromes et pâles.

Fils de **Willem van de Velde le Vieux** (v. 1611-1693), **Willem van de Velde le Jeune** (1633-1707) se spécialise comme son père dans les combats navals. Les Van de Velde terminent leur vie à Londres où ils ont été appelés à la cour de Charles II.

Gerard Dou (1613-1675) est peut-être le plus consciencieux de tous les maîtres intimistes de Leyde. Il a pris goût au clair-obscur au contact de son maître Rembrandt, mais il s'attache surtout à rendre des scènes de la vie bourgeoise.

Son élève **Frans van Mieris** (1635-1681) montre des personnages souriants dans des intérieurs raffinés.

Gabriel Metsu (1629-1667), peintre de genre, virtuose dans sa manière de rendre les étoffes et la matière des objets, traite avec une grande sensibilité des sujets un peu sentimentaux.

Contrairement à ses contemporains, **Jan Steen** (1626-1679) représente avec humour des scènes très animées. Ses tableaux sont le théâtre de toute une comédie humaine où des personnages un peu débraillés s'adonnent à des plaisirs variés : ils jouent de la musique, boivent, mangent et jouent dans une atmosphère très désordonnée *(illustration, voir Amsterdam)*.

★★ LA VIEILLE VILLE ET SES MUSÉES *visite : 5 h*

★★ **Rijksmuseum voor Volkenkunde** (Musée national d'Ethnologie) ⊘ – Ce musée présente de riches collections concernant les civilisations non occidentales. Ces collections ethnographiques furent notamment rassemblées à l'initiative du roi Guillaume Ier (1772-1843), qui envoya des experts dans le monde entier afin de constituer une collection d'œuvres d'art remarquables. Ensuite, s'ajoutèrent trois importantes collections d'objets japonais (dont celle de Ph.F. von Siebold) ; l'intérêt manifesté pour l'Indonésie ne cessa d'augmenter. Aujourd'hui, la collection rassemble des pièces du monde entier, réparties en dix régions : **Afrique** (bronzes du Bénin, masques, statues), **régions arctiques** (ivoires, manteaux en cuir), **Chine** (céramique, statues de Bodhisattva en bois, peintures à enrouler faites à la

Rembrandt

Rembrandt Harmensz. van Rijn naît à Leyde en 1606. Fils d'un meunier, il habite près du Rhin, d'où son nom de Van Rijn. Son enfance reste mystérieuse. En 1620, il s'inscrit à l'université de Leyde, mais, attiré par la peinture, il entre bientôt en apprentissage chez Jacob van Swanenburg, puis en 1623 à Amsterdam, chez **Pieter Lastman** (1583-1633), grand admirateur de l'Italie et de Caravage.

S'il peint de nombreux portraits et même des autoportraits, Rembrandt, dès ses débuts, montre un penchant pour l'histoire sainte qu'il peint d'abord avec la minutie caractéristique de l'école de Leyde.

L'artiste, qui n'étudia jamais en Italie, contrairement à de grands peintres de son époque, adopte un style très personnel. Son clair-obscur n'est pas celui de Caravage : on n'y observe pas de contrastes rudes entre l'ombre et la lumière, mais un passage insensible de la pénombre aux personnages nimbés d'une lumière chaude qui occupent le centre du tableau. Une atmosphère mystérieuse baigne ainsi ses œuvres d'où se dégagent une émotion intense et une spiritualité profonde.

Autoportrait à l'âge de 23 ans,
Rembrandt, Mauritshuis, Den Haag

Foto/© Mauritshuis

Dès 1628, il s'adonne à la gravure et au dessin, s'inspirant parfois de personnages populaires (mendiants, etc.).

Fin 1631, il se fixe à Amsterdam : c'est alors qu'il peint la fameuse **Leçon d'anatomie du docteur Tulp** (1632). Ce portrait collectif apporte la gloire au jeune peintre de 26 ans. Les commandes affluent. Rembrandt rencontre Saskia (*voir Leeuwarden*) qu'il épouse en 1634. Il en aura plusieurs enfants dont Titus, né en 1641. En 1639, il s'installe dans une demeure du quartier juif, actuelle « maison de Rembrandt ».

En 1642, il peint sa plus grande composition, la **Ronde de nuit**, portrait collectif de membres de la garde civique. Ce genre, qui a déjà été renouvelé par Frans Hals, est traité par Rembrandt avec une audace et une recherche jusqu'ici inégalées. Pourtant on accorde peu d'intérêt à ce qui deviendra sa plus célèbre toile. En outre, l'année 1642 marque le début des désastres pour le peintre : alors qu'il a déjà vu mourir ses parents (en 1630 et 1640), il perd sa femme Saskia.

Il exécute de nombreux portraits dont celui du jeune Titus (1655), un autoportrait grave (1652), mais les riches amateurs d'art commencent à le délaisser, à l'exception du bourgmestre Jan Six. En 1657 et 1658, il est incapable de faire face à ses échéances et doit vendre maison et biens. On lui refuse en 1661 la *Conjuration de Claudius Civilis*, tableau commandé pour l'hôtel de ville (musée national de Stockholm).

En 1662, il voit disparaître sa maîtresse Hendrickje Stoffels.

Les Syndics des drapiers (1662) représentent son ultime tableau de groupe, mais il crée encore de merveilleuses peintures comme *La Fiancée juive* avant de s'éteindre, dans l'oubli, un an après son fils Titus, en 1669. Il vient d'achever son dernier autoportrait. Le Rijksmuseum d'Amsterdam présente une collection exceptionnelle d'œuvres du maître. Rembrandt a eu parmi ses nombreux élèves à Amsterdam le paysagiste **Philips Koninck** (1619-1688) et plusieurs peintres originaires de Dordrecht (*voir ce nom*) ou de Leyde comme Gerard Dou.

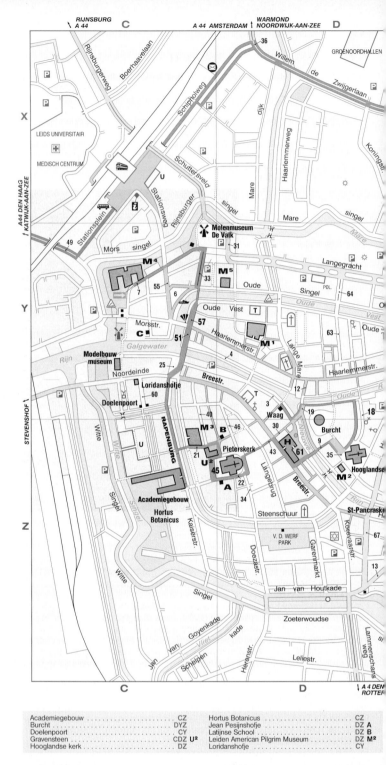

main), **Indonésie** (gamelans, marionnettes wayang, statuettes hindoues en basalte, criss, textiles), **Japon et Corée** (bouddhas de bronze, laques, estampes, porcelaines), **Amérique Latine** (momies péruviennes, poteries mexicaines, coiffes), **Amérique du Nord** (massues guerrières, masques Kachina), **Océanie** (peintures sur écorce, statuettes de femmes), **Asie du Sud** et **du Sud-Est** (estampes indiennes, rouet népalais) ainsi qu'**Asie du Sud-Ouest** et **Asie Centrale** (objets cérémoniels tibétains, amulettes turk-mènes). Après une rénovation importante (1997-2001), le musée est aujourd'hui parfaitement réaménagé. Le visiteur peut passer d'un continent à l'autre ou

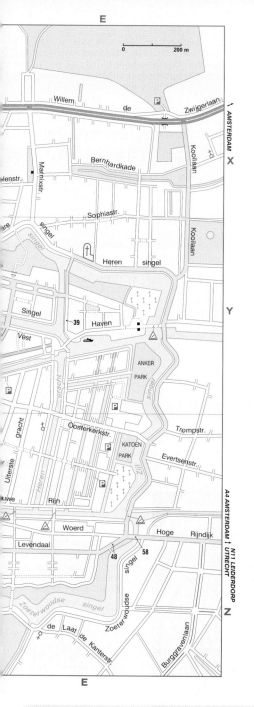

LEIDEN

préférer un itinéraire qui lui permet de découvrir les pièces maîtresses de la collection. Des statues d'artistes contemporains non occidentaux sont exposées dans le parc du musée.

Molenmuseum De Valk ⊘ – Ce moulin de rempart, le dernier de Leyde, construit en 1743, porte un nom d'oiseau de proie (valk : faucon). Il compte sept étages dont les premiers servent d'habitation ; dix générations de meuniers s'y sont succédé jusqu'en 1964. On peut voir l'atelier de réparation, la forge, le salon d'honneur (Zondagskamer), et une rétrospective des moulins néerlandais.

★★ **Stedelijk Museum De Lakenhal** ⊘ – Installé dans l'ancienne halle aux draps ou lakenhal de 1640, c'est un musée d'arts décoratifs (meubles, argenterie, étains) qui renferme également une belle section de peinture.

Le 1er étage est consacré à l'**industrie textile**, activité de tout temps très importante à Leyde. On peut suivre les différentes étapes de la production de la laine grâce aux tableaux d'Isaac van Swanenburgh (16e s.).

Le 2e étage est consacré à l'**histoire de Leyde**, avec notamment le siège et la libération du 3 octobre 1574. Le passé religieux de la ville est également évoqué avec une chapelle du culte vieux-catholique *(voir Utrecht)* et l'exécution des remontrants *(voir Dordrecht)* en 1623.

Des collections de verrerie, d'orfèvrerie, d'étain et de carreaux de faïence sont dispersées dans le musée.

Dans la section **peinture et arts décoratifs** du 16e au 20e s., de nombreux maîtres de Leyde sont représentés. Cornelis Engebrechtsz. nous livre deux triptyques, *Crucifixion* et *Descente de Croix*, ainsi qu'un petit *Portement de Croix*, œuvres admirables dans le détail. Mais les œuvres de **Lucas de Leyde** dominent. Dans son lumineux triptyque du **Jugement dernier** (1527) dont le dessin est plein d'aisance, le peintre a su libérer les corps de la contrainte et de toute raideur. Le panneau central montre le Fils de l'Homme siégeant dans les nuées. Sur les volets sont peints le ciel et l'enfer ; au verso, saint Pierre et saint Paul, patrons de la ville. Parmi les peintres de Leyde du 17e s. figurent Gerard Dou, Jan Steen et Frans van Mieris, avec des œuvres raffinées. On admire également une œuvre de jeunesse de Rembrandt.

Le musée compte encore de bons tableaux du 17e s. : nature morte de J. Davidsz. de Heem, *Marché aux chevaux* de Salomon van Ruysdael ainsi que des paysages par Van Goyen.

La collection d'art contemporain est présentée sous forme d'expositions temporaires.

Au Sud du **Turfmarkt**, jolie **vue** sur le bassin et le moulin.

Plus loin, du **Prinsessekade**, on aperçoit un ancien entrepôt, restauré, donnant sur le bassin de Galgewater.

★ **Rapenburg** – C'est le plus joli canal de Leyde, enjambé par des ponts à trois arches et bordé d'arbres et, côté Ouest, de belles maisons de l'âge d'or de la ville.

★★ **Rijksmuseum van Oudheden** (**Musée national des Antiquités**) ⊘ – Ce musée présente d'importantes collections d'antiquités (Égypte, Proche-Orient, Grèce et Rome) ainsi qu'une section d'archéologie consacrée aux Pays-Bas. Le musée a subi d'importants travaux de rénovation et d'agrandissement et dispose actuellement d'une cour inté rieure couverte et de salles climatisées. La **section d'égyptologie** est particulièrement intéressante avec de nombreux cercueils peints, des momies d'hommes et d'animaux, des vases canopes et du mobilier funéraire. La collection de sculpture comprend deux chapelles funéraires, des bas-reliefs, la belle stèle de Hoey et les célèbres statues de Maya et de Merit. Des statuettes en bronze, des bijoux, des amulettes, des poteries... donnent un aperçu complet des arts décoratifs de l'Ancienne Égypte. L'art égyptien de l'époque romaine et l'art copte sont également évoqués. La section d'antiquités classiques comprend notamment des collections de verrerie et de céramique, mais elle est particulièrement réputée pour ses sculptures et ses vases peints de scènes mythologiques de l'époque classique. Les salles consacrées au Proche-Orient présentent des objets defouilles de la Mésopotamie,

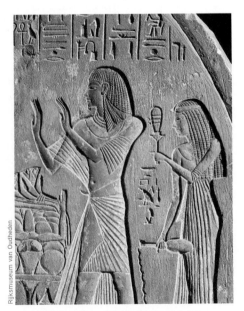

Rijksmuseum van Oudheden

Stèle de Hoey (détail), 1300 avant J.-C.

de la Syrie, de la Turquie et de l'Iran. Outre quelques exemples de l'écriture cunéiforme, on remarquera des objets utilitaires en pierre, ivoire, bronze, or et argent.

La section d'**archéologie des Pays-Bas** donne un large aperçu de la préhistoire des Pays-Bas, de 250 000 avant notre ère jusqu'au Moyen Âge. On remarque, entre autres, la fibule dorée de Dorestad et le trésor de Wieringen.

Dans la salle Taffeh a été reconstruit le **temple d'Isis de Taffeh** (Nubie), datant de l'époque d'Auguste (27 avant J.-C.-14 après J.-C.). L'État égyptien a offert ce temple aux Pays-Bas pour remercier ce pays de sa collaboration lors de la campagne internationale de sauvetage de l'Unesco. En effet, la construction du barrage d'Assouan devait inonder une grande partie de la Nubie et de nombreux monuments durent être déterrés et déplacés. Une partie du musée abrite le **cabinet des médailles** (Koninklijk Penningkabinet ☉) présentant la collection de médailles et de monnaies par roulement.

Academiegebouw – Le siège de l'université est installé depuis le 16ᵉ s. dans la chapelle d'un ancien couvent.

Le bâtiment conserve des salles anciennes et notamment, au 1ᵉʳ étage, une salle « de transpiration », où les étudiants attendent, angoissés, le moment de passer leur examen. Le musée historique de l'université (**Academisch Historisch Museum** ☉), situé dans la salle voûtée » ou *Gewelfkamer*, illustre l'histoire de l'université de Leyde depuis 1575.

Hortus Botanicus ☉ – Ce joli jardin botanique a été fondé par l'université en 1590 afin de cultiver et étudier les plantes du monde entier, d'Asie surtout. C'est ici que Clusius cultiva les premières tulipes hollandaises. La reconstitution du jardin de Clusius donne une idée de ce qu'il devait être à l'époque. L'orangerie et les serres abritent des plantes tropicales et subtropicales, notamment le nénuphar géant *Victoria amazonica* qui s'épanouit la nuit. Le jardin est agrémenté de grands arbres, dont certains sont très vieux. À remarquer, le jardin d'hiver ou Wintertuin, un nouvel aménagement où une passerelle permet d'observer les arbres et les plantes en contrebas.

Latijnse School (École latine) – Fondée en 1324, elle montre une façade Renaissance de 1599.

Par une étroite ruelle, Pieterskerkkoorsteeg, gagner la Breestraat.

Gravensteen – Ancienne prison, cet édifice, actuellement faculté de droit, offre, du côté de l'église, une belle façade classique.

Pieterskerk (Église St-Pierre) ☉ – Cette vaste et lourde église gothique à cinq nefs s'élève au centre de l'ancien cimetière ou Pieterskerkhof.

Elle abrite des pierres commémoratives du peintre Jan Steen et du professeur Boerhaave ainsi que du pasteur des puritains, John Robinson *(voir ci-dessus)*. Actuellement, l'église abrite un centre polyvalent.

Jean Pesijnshofje – Construit en 1683 à l'emplacement de la maison de John Robinson et destiné aux membres de l'Église wallonne *(voir Den Haag)*, cet hospice prit le nom de son fondateur, Jean Pesijn, marchand français d'origine huguenote. Une plaque y a été apposée à la mémoire de John Robinson.

Breestraat – Principale rue commerçante de la ville, elle est très animée. À l'endroit où on la traverse, on peut voir la **pierre bleue** où avaient lieu les exécutions.

Stadhuis – Construit en 1600 et incendié en 1929, l'hôtel de ville a été reconstruit dans le style d'origine. Précédé d'un perron, il est surmonté d'un pignon très décoré et d'un campanile.

Burcht – Au début de la Nieuwstraat, on aperçoit le portail d'entrée (17ᵉ s.) du **Burcht** surmonté d'un lion qui présente le blason de la ville (deux clés). Au confluent du Vieux et du Nouveau Rhin, c'était une forteresse élevée sur un tertre artificiel. Il en subsiste une large enceinte à créneaux et meurtrières ; son chemin de ronde offre un panorama sur la ville.

St.-Pancraskerk (Église St-Pancrace) ou Hooglandsekerk – Du 15ᵉ s., cette église possède, à l'extérieur des bras du transept, d'intéressants portails sculptés flamboyants.

Leiden American Pilgrim Museum ☉ – Cette maisonnette du 16ᵉ s. renferme des objets et documents ayant trait aux Pères pèlerins (période 1608-1620). *Voir également ci-dessus.*

Hooglandse Kerkgracht – Près de ce canal comblé se trouve l'ancien orphelinat (**Weeshuis**), dont le portail est surmonté d'un bas-relief représentant des orphelins. Aux nᵒˢ 19-21 se trouve le **CBK**, le Centre des beaux-arts de Leyde (Centrum Beeldende Kunst Leiden), qui organise entre autres des expositions temporaires.

Waag (Poids public) – Il a été édifié par Pieter Post en 1657-1659.

Les hospices de Leyde

La construction d'hospices est un phénomène essentiellement hollandais. Leyde en compte encore 35. Ils étaient souvent fondés par de riches membres du Conseil des anciens, qui espéraient gagner leur place au paradis grâce aux prières de leurs hôtes. Les personnes âgées ou démunies y recevaient gratuitement une petite maison et parfois aussi à manger, à boire et des vêtements. En, échange, ils étaient tenus d'observer strictement les règles de l'institution, définies par les régents (souvent des membres de la famille du fondateur décédé). Ceux-ci disposaient souvent, à l'intérieur de l'hospice, d'une salle de réunion nommée salle des régents. Ces hospices sont appelés « hofjes » ou petites cours en raison de leur forme : un ensemble de petites maisons construites autour d'une cour ou d'un jardin intérieur. Dans la plupart des cas, il n'y a qu'un seul accès vers la rue, constitué par un passage couvert ou un couloir, parfois muni d'un portail. Autrefois, un portier ouvrait et fermait celui-ci chaque jour à des heures fixes.

Aujourd'hui, ces hospices constituent des oasis de calme dans la ville agitée et sont par conséquent des lieux de résidence très appréciés. Lors de votre visite, veillez donc à respecter la vie privée et la tranquillité des habitants.

AUTRES CURIOSITÉS

★ **Museum Boerhaave** ⊙ – Ce musée est installé dans l'ancien hôpital Caecilia (1596), où le célèbre professeur Herman Boerhaave *(voir ci-dessus)* enseignait la médecine au chevet des malades.

Les vastes collections rassemblées ici donnent un aperçu de cinq siècles de sciences naturelles et de médecine (forceps, préparations microscopiques, instruments de massage, machines électrostatiques, etc.).

Parmi les nombreux objets remarquables exposés dans ce musée – un des plus importants du monde dans ce domaine –, citons la collection Christiaan Huygens (l'inventeur de l'horloge à pendule), des instruments astronomiques, chirurgicaux, ainsi que les microscopes de Van Leeuwenhoek. La reconstitution du Théâtre anatomique (1596) présente des squelettes d'êtres humains et d'animaux.

Loridanshofje – Au n° 1 du Oude Varkenmarkt (vieux marché aux porcs) s'ouvre cet **hospice** de 1656 dont la cour intérieure reste sobre. Remarquer la cheminée ronde. L'ancienne école de la marine abrite un musée de modélisme (**Modelbouwmuseum** ⊙, *Noordeinde 2a*). À proximité, la **Doelenpoort** *(à l'extrémité du Oude Varkenmarkt)* est un portail de 1645 couronné par la statue équestre de saint Georges, patron de l'ancienne société de tir ou « doelen ».

★★ **Naturalis** ⊙ – *Suivre Plesmanlaan vers Den Haag ; après l'hôpital universitaire, prendre Darwinweg, à droite.*

On pénètre dans ce musée par le **lazaret** du 17ᵉ s. qui, vu sa fonction, était situé en bordure de la ville. Autour de la jolie cour intérieure se trouve notamment le **Centre d'information sur la nature** (Natuur Informatie Centrum).

C'est par une **passerelle** en verre que l'on atteint l'aile moderne du musée qui abrite sept expositions permanentes illustrant de manière vivante et interactive la richesse et la complexité de la nature.

La salle **Parade préhistorique** (Oerparade) présente des centaines de fossiles et des squelettes de dinosaures, dont celui du mosasaure. À ne pas manquer, les restes vieux d'un million d'années de l'Homme de Java, découvert sur l'île de Java par l'anthropologue néerlandais Eugène Dubois en 1891. Les lumières de l'arbre généalogique central retracent 3,8 milliards d'années d'évolution, depuis les premières formes de vie jusqu'aux espèces animales actuelles.

On retrouve le sommet de cet arbre dans le sol du **Théâtre de la Nature** (Natuurtheater) où courent, volent, nagent ou rampent des centaines d'animaux empaillés de toutes sortes. Une grande diversité de plantes, de champignons, d'algues et de bactéries y est présentée de manière originale. Le visiteur y découvre en outre des roches et des minéraux.

L'exposition **Terre** (Aarde) vous dira tout sur l'origine des tremblements de terre et des volcans, l'évolution constante de la croûte terrestre, du climat et de l'atmosphère, ainsi que tout ce qui se passe à l'intérieur du globe terrestre.

L'exposition **Vie** (Leven), quant à elle, est consacrée à la nourriture, la sécurité et la reproduction, bref à la lutte des hommes et des animaux pour leur survie.

Sur les murs de la salle **Écosystèmes** (Ecosystemen), des images vidéo illustrent différents écosystèmes présents sur la terre (mer de glace, désert, toundra, forêt tropicale) et l'interdépendance entre les animaux, les plantes et leur environnement.

L'exposition **Visions sur la Nature** (Visies op natuur) montre ce que l'homme pensait de la nature et de la vie à travers les différentes époques et cultures (l'Islam, le Siècle des lumières, le taoïsme, l'Ancienne Égypte).

Il ne faut surtout pas manquer la **salle aux Trésors** (Schatkamer) où l'on admire la collection de pierres précieuses du roi Guillaume Ier. On peut également y voir des minéraux exceptionnels et des animaux disparus, comme le lion du Cap et le loup de Tasmanie. *(Étant donné la fragilité des objets exposés, la salle aux Trésors n'est ouverte que de 13 h 30 à 16 h 30.)*

Les enfants apprécieront tout particulièrement l'exposition **Regards sur la Terre** (Kijkje Aarde) où des pierres parlantes, des arbres et des animaux leur expliqueront tout sur les cycles de la nature.

Des **expositions temporaires** permettent la découverte des autres collections du musée : dix millions (!) de mammifères, insectes, oiseaux, papillons, fossiles et minéraux.

© Naturalis – Ger van der Vlugt

Le Théâtre de la Nature

EXCURSIONS

★★★ Les Champs de fleurs - *Voir Keukenhof.*

Alphen aan den Rijn - *17 km à l'Est par Hoge Rijndijk. Accès en bateau ⊙ (voir le Carnet d'adresses).* Cette petite ville industrielle est bâtie sur les bords du Vieux Rhin ou Oude Rijn.

Vogelpark Avifauna ⊙ - Ce grand parc d'oiseaux (plus de 3 000 oiseaux) possède de nombreuses volières d'oiseaux rares, une énorme volière tropicale comprenant une chute d'eau, un bassin où barbotent les manchots, un étang pour les flamants roses. Le parc dispose d'une grande plaine de jeux et constitue le point de départ de **promenades en bateau** vers le Braassemermeer, lac situé au Nord d'Alphen.

★ Archeon ⊙ - *Au Sud d'Alphen.*
Ce parc thématique consacré à l'archéologie comprend trois secteurs ayant trait à la vie aux Pays-Bas pendant la préhistoire, l'époque romaine et le Moyen Âge. Des habitants costumés font revivre ces époques révolues.

La végétation est spécifique de l'époque représentée. D'intéressantes reconstitutions de divers modes de vie animent les secteurs. Le secteur préhistorique montre les implantations des premiers paysans, des fermiers de la civilisation dite de Vlaardingen et des bâtisseurs de « hunebedden » *(voir ce nom)*. L'époque romaine est surtout caractérisée par les fameux thermes, où l'on peut aussi se faire masser ; l'arène permet de revivre des luttes de gladiateurs.

Le secteur du Moyen Âge est le centre d'une grande activité : le garde surveille les entrées et sorties de la ville ; le vannier, le boulanger et le cordonnier font des démonstrations de leur savoir-faire. Reconstitué d'après les fouilles de Dordrecht, le cloître de Gravendam est un cadre agréable où l'on peut déguster quelques spécialités culinaires du Moyen Âge, préparées par les Frères mineurs.

Katwijk aan Zee et Noordwijk aan Zee - *18 km au Nord-Ouest - schéma, voir Keukenhof et Champs de Fleurs. Sortir par Oegstgeesterweg.*

⌂ **Katwijk aan Zee** – À proximité des champs de fleurs, c'est une station balnéaire très fréquentée possédant une longue plage et un arrière-pays de dunes sauvages.

⌂⌂ **Noordwijk aan Zee** – Station balnéaire mondaine très bien équipée, dont la belle plage de sable est située au pied de hautes dunes. Noordwijk est le point de passage de corsos fleuris *(voir les Renseignements pratiques en début de volume).*

Derrière les dunes de Noordwijk se trouve le centre technique (ESTEC) de l'Agence spatiale européenne ESA. On y teste les satellites et on y assure la gestion technique des projets spatiaux européens.

300 m plus loin, le **Noordwijk Space Expo** ⊙ *(Keplerlaan 3)* retrace l'histoire de la navigation spatiale (surtout européenne) dans une exposition comprenant des maquettes de fusées, de véritables satellites, des combinaisons spatiales, des photos, une projection de diapositives, etc. Les enfants pourront effectuer un parcours d'exploration et recevront un diplôme d'astronaute signé par Wubbo Ockels, le premier astronaute néerlandais.

LEYDE

voir Leide

Nationaal Museum Paleis Het LOO★★★

Musée-Palais Het Loo – Gelderland

Cartes Michelin n⁰ˢ 908 I 5 et 211 U 9

Entourés d'un *parc* de 650 ha au cœur de la Veluwe giboyeuse, l'ancien palais royal Het Loo et ses jardins ont été ouverts au public en 1984 après avoir fait l'objet d'importants travaux de restauration.

UN PEU D'HISTOIRE

Lorsque **Guillaume III** (Willem III, 1650-1702), prince d'Orange et stathouder des Provinces-Unies, achète en 1684 le château Het Oude Loo (14ᵉ-15ᵉ s.), ce passionné de la chasse commence la réalisation d'un rêve. Dès 1685, son épouse, la princesse **Marie II Stuart**, pose, à quelque 300 m de cet ancien château, la première pierre du palais Het Loo. Celui-ci est destiné à recevoir le couple princier avec sa cour et ses invités, ainsi qu'un important équipage de chasse.

L'Académie royale d'architecture de Paris fournit les dessins du palais tandis que **Jacob Roman** (1640-1716), élève de Pieter Post, peut être considéré comme l'architecte principal.

La décoration intérieure et la création des jardins sont confiées à **Daniel Marot** (1661-1752), huguenot parisien probablement arrivé en Hollande peu après la révocation de l'Édit de Nantes (1685).

En 1689, Guillaume III est proclamé roi d'Angleterre après avoir renversé son beau-père Jacques II. Le palais Het Loo, devenant palais royal, doit être agrandi : les colonnades qui relient le corps de logis aux ailes sont remplacées par quatre pavillons et s'en iront agrémenter les jardins.

1684	Guillaume III, prince d'Orange et stathouder des Provinces-Unies, achète Het Oude Loo.
1685	Début de la construction du palais Het Loo. Révocation de l'Édit de Nantes.
1688-1697	Guerre de la ligue d'Augsbourg.
1689	Guillaume et Marie II couronnés roi et reine d'Angleterre.
1692	Agrandissement du palais.
1694	Marie II meurt en Angleterre.
1702	Le roi-stathouder Guillaume III meurt sans héritier.
1747-1751	**Guillaume IV**, fils de Johan Willem Friso, stathouder héréditaire des Provinces-Unies.
1751-1795	**Guillaume V**, fils du précédent, stathouder.
1795	Conquête du pays par l'armée française. Guillaume V fuit en Angleterre. Het Loo, confisqué par les Français, n'échappe pas à la rage destructrice des soldats.
795-1806	La République batave.
1806-1810	Louis Bonaparte, roi de Hollande, fait crépir la façade du palais et aménager un jardin à l'anglaise.
1810	Le royaume de Hollande rattaché à l'Empire français.

oct. 1811	Bref séjour de l'Empereur Napoléon au palais Het Loo.
1815	Het Loo, propriété de l'État, mis à la disposition du roi **Guillaume Ier** comme résidence d'été.
1840	Guillaume Ier abdique au palais Het Loo en faveur de son fils **Guillaume II**.
1849-1890	Règne du roi **Guillaume III**.
1890-1898	Régence de la reine **Emma**.
1898	**Wilhelmine**, fille unique de Guillaume III et Emma, accède au trône.
1901	Mariage de la reine Wilhelmine avec le duc Henri de Mecklembourg.
1904-1914	L'État décide d'importants travaux de réaménagement et d'agrandissement du palais.
1948	Abdication de la reine Wilhelmine, qui se retire au palais Het Loo.
1962	Décès de la princesse Wilhelmine.
1967-1975	La princesse Margriet, fille de la reine Juliana, et sa famille furent les derniers membres de la famille royale à habiter Het Loo.
1969	La reine Juliana renonce à l'utilisation du palais par la famille royale et la création d'un musée est décidée.
1977-1984	Restauration du palais et des jardins.
juin 1984	Ouverture du **musée**.

VISITE ⊙ *environ 3 h*

Il est conseillé de choisir une journée ensoleillée pour la visite du palais, afin de mieux apprécier certaines pièces peu éclairées.

Après avoir longé les bâtiments des écuries royales (belle série de voitures et traîneaux, fin 19e-début 20e s.), on accède à une grande allée où les hêtres forment une magnifique voûte ; puis on gagne le vaste bâtiment en brique flanqué de longues ailes qui encadre une cour d'honneur. Une grille peinte en bleu et or ferme la cour d'honneur où une fontaine décorée de dauphins servait à abreuver les chevaux.

Le bâtiment aux belles proportions, construit sur l'axe Nord-Sud, impressionne par sa sobriété un peu sévère, caractéristique du style baroque hollandais. Les seuls éléments décoratifs sont les tympans en grès ayant pour thème la chasse et les rebords des fenêtres. Les pavillons Est étaient destinés à la reine Marie II tandis que ceux situés à l'Ouest comprenaient les appartements du roi-stathouder Guillaume III. Les fenêtres à guillotine du corps de logis et des pavillons furent une nouveauté.

Aile Est – Elle abrite une collection de documents historiques, de porcelaines, de tableaux et gravures et d'objets ayant trait aux plus illustres membres de la famille d'Orange. Bon nombre de documents sont rédigés en français, langue d'usage à la cour néerlandaise jusqu'à la régence de la reine Emma.

Aile Ouest – Au rez-de-chaussée, on peut assister à un **film vidéo** sur l'histoire du palais et sa restauration.

Au 1er étage, le musée de la Chancellerie des Ordres néerlandais (**Museum van de Kanselarij der Nederlandse Orden**) expose insignes, uniformes, ordres néerlandais et étrangers.

★★★ **Appartements** – *Accès par un escalier sur le côté du perron du corps de logis.* Des caves voûtées, un escalier monte au grand hall (**Vestibule**) (**1**) où sont exposés deux vases de jardin (17e s.) d'après les dessins de D. Marot.

L'ancienne salle à manger (**Oude Eetzaal**) (**2**), ayant servi de 1686 à 1692, est décorée de tapisseries anversoises (17e s.). Remarquer le cabinet (1630), provenant d'Anvers également, et dont les scènes bibliques sont l'œuvre du peintre Frans Francken le Jeune.

La remarquable nouvelle salle à manger★ (**Nieuwe Eetzaal**) (**3**) (vers 1692) fournit un très bel exemple de la contribution de Daniel Marot à la décoration intérieure du palais. Les colonnes et pilastres blancs, décorés de bandes dorées, et le plafond en relief donnent à cette pièce, à peine plus grande que l'ancienne salle à manger, un caractère majestueux. Aux murs, des tapisseries bruxelloises (vers 1690) représentant les armoiries et les monogrammes de Guillaume III et de son épouse, ainsi qu'un miroir (1689) en bois doré finement sculpté, provenant du château de Honselersdijk (au Sud de La Haye, aujourd'hui disparu). On admire ici comme dans d'autres pièces les chaises hollandaises (fin 17e s.) avec leurs hauts dossiers en bois joliment travaillés.

Au fond du couloir blanc (**Witte Gang**) (**4**) où sont accrochés des portraits de membres de la famille de Nassau ayant vécu en Frise *(voir Leeuwarden)*, un escalier monte à la chapelle (**Kapel**) (**5**), où sont donnés des **concerts d'orgue** ⊙. La décoration en relief du plafond en stuc est de Marot. La Bible exposée est le cadeau du peuple hollandais à son roi Guillaume III qui avait fait preuve de générosité lors des inondations de 1861. C'est dans cette chapelle que beaucoup de Néerlandais ont fait leur dernier adieu à la reine Wilhelmine avant ses obsèques à Delft.

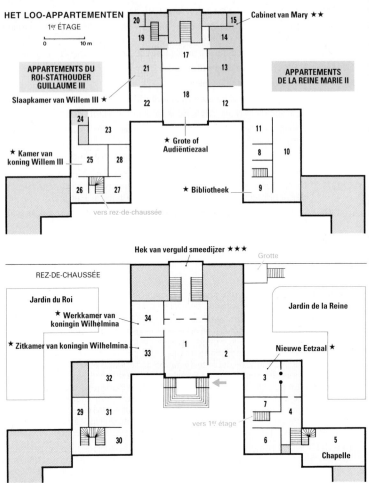

HET LOO-APPARTEMENTEN
1er ÉTAGE

0 10 m

APPARTEMENTS DU ROI-STATHOUDER GUILLAUME III

Slaapkamer van Willem III ★

★ Kamer van koning Willem III

Cabinet van Mary ★★

APPARTEMENTS DE LA REINE MARIE II

★ Grote of Audiëntiezaal

★ Bibliotheek

vers rez-de-chaussée

Hek van verguld smeedijzer ★★★   Grotte

REZ-DE-CHAUSSÉE

Jardin du Roi

★ Werkkamer van koningin Wilhelmina

★ Zitkamer van koningin Wilhelmina

Jardin de la Reine

Nieuwe Eetzaal ★

Chapelle

vers 1er étage

Redescendre l'escalier pour prendre un couloir à gauche.

Au fond du couloir à gauche, le cabinet du prince Guillaume IV **(Vertrek van prins Willem IV)** (**6**), pièce lumineuse grâce au damas de soie jaune, renferme, outre les portraits du stathouder et de sa femme Anne d'Angleterre, un lustre en cristal (vers 1747) ainsi qu'un plafond aux motifs chinois. Les murs du cabinet frison **(Friese Kabinet)** (**7**), en face, sont tendus de cuir doré (18e s.) ; portraits des Nassau frisons *(voir Leeuwarden)*.

Au 1er étage, on passe par la bibliothèque★ **(Bibliotheek)** (**9**), aménagée d'après les dessins de Marot et décorée d'un plafond en stuc incrusté de miroirs, pour accéder à la Galerie **(Galerij)** (**10**). Dans son joli décor de lambris et de damas vert, cette galerie aux lustres magnifiques abrite une belle collection de tableaux. À côté de la fenêtre donnant sur la cour d'honneur, on remarque les portraits de René de Chalon et de sa femme Anne de Lotharingie (1542). C'est de René de Chalon que Guillaume le Taciturne (les deux premiers portraits à gauche) a hérité la principauté d'Orange *(voir Delft)*. Adriaen van de Venne (1589-1662) a représenté les fils et neveux du Taciturne à cheval. Des deux côtés de la cheminée, Guillaume III et Marie II, roi et reine d'Angleterre, d'Irlande et d'Écosse, par G. Kneller. Le portrait au-dessus de la cheminée, représentant le roi-stathouder à cheval, est une étude pour un grand tableau, exposé au palais de Hampton Court à Londres.

Après avoir traversé le salon du stathouder Guillaume V **(Vertrek van stadhouder Willem V)** (**11**), où se remarquent un lustre en porcelaine de Berlin accroché à un plafond en stuc et les portraits (1795) de Guillaume V et de sa femme, la princesse Wilhelmine par John Hoppner, on entre dans le salon du premier roi des Pays-Bas, Guillaume Ier **(Kamer van koning Willem I)** (**12**). Les chaises Empire, recouvertes d'un tissu bleu et or, ont été fabriquées par l'atelier hollandais A. Eeltjes (1751-1836) pour le palais Het Loo à la demande de Louis Napoléon. Aux murs, des portraits du roi et de sa fille Marianne.

On visite ensuite les appartements de la reine Marie II et du roi-stathouder Guillaume III, reconstitués à leur emplacement du 17e s.

Dans la chambre de Marie II **(Mary's slaapkamer)** (**13**), le somptueux lit à baldaquin (vers 1685) est recouvert de velours de Gênes ; il provient du palais de Kensington (Londres) où la princesse avait vécu. La table, les deux guéridons et les miroirs en argent et argent doré (vers 1700) sont l'œuvre d'un orfèvre d'Augsbourg, J. Barterman. La décoration du plafond, où l'on distingue les quatre éléments et quatre vertus, serait du peintre Gerard de Lairesse (1641-1721). Le cabinet de toilette de Marie II **(Kleerkamer)** (**14**), dont les murs sont tendus de tapisseries hollandaises du 17e s., communique avec le cabinet privé de la reine★★ **(Cabinet)** (**15**), où dominent le rouge et le vert. Cette ravissante petite pièce, d'où Marie II avait une vue splendide sur les jardins, renferme un cabinet de laque (1690) fabriqué en Angleterre et de la porcelaine de Delft et de Chine, très appréciée par la reine.

L'escalier d'honneur **(Trappenhuis)** (**17**), dessiné par D. Marot, a été reconstitué à la demande de la reine Wilhelmine, par W. Fabri.

Les paysages aux murs de la grande salle★ **(Grote of Audiëntiezaal)** (**18**) ont été peints par J. Glauber (1646-1726) ; dans cette pièce aux jolies grisailles sur fond doré, le roi Guillaume Ier abdiqua. Quelquefois, le **toit** entre les salles 18 et 19 est accessible au public : superbe **vue**★★★ sur les jardins.

Un passage tapissé de cuir doré **(Passagie)** (**19**) mène au cabinet privé de Guillaume III **(Kabinet van Willem III)** (**20**). On admire le secrétaire hollandais (fin 17e s.) dont la marqueterie se compose de noyer, palissandre, bois d'olivier, buis, chêne et ivoire.

Dans la chambre de Guillaume III stathouder★ **(Slaapkamer van Willem III)** (**21**), les murs sont couverts de damas carminé.

La pièce suivante (**22**) a été aménagée selon les goûts du **roi Guillaume II**, avec des meubles néogothiques en palissandre (vers 1845). À droite du tableau représentant le roi, un portrait de sa femme, la grande-duchesse Anna Paulowna, par J.B. van der Hulst.

Lors de la reconstitution du salon de Sophie **(Kamer van koningin Sophie)** (**23**), princesse de Württemberg et première femme du roi Guillaume III (1817-1890), les aquarelles peintes à la demande de la reine et représentant des pièces habitées par elle ont été une référence précieuse. Le peintre allemand Franz Xavier Winterhalter est l'auteur du portrait de la reine Sophie en robe de couleur vert foncé.

La petite pièce (**24**) qui donne sur le jardin du roi servait de cabinet privé au roi-stathouder Guillaume III **(Privé-kabinet van koning-stadhouder Willem III)**. À la demande du souverain, Melchior d'Hondecoeter (1636-vers 1695), peintre de natures mortes et d'animaux, a décoré le manteau de la cheminée.

Le mobilier de la chambre du roi Guillaume III★ **(Kamer van koning Willem III)** (1817-1890) (**25**) est en noyer et ébène, incrusté d'ivoire, de laiton, de nacre et de pierres fines.

Les trois petites salles suivantes renferment respectivement des objets ayant trait au **prince Henri** (**26**), frère du roi Guillaume III, une **collection d'aquarelles** (**27**) et des jouets et meubles ayant appartenu à la **reine Wilhelmine enfant** (**28**).

Au rez-de-chaussée ont été aménagés le cabinet de la reine Sophie **(Toiletkamer van koningin Sophie)** (**29**), de style mauresque, et le cabinet des trophées de chasse du prince Henri **(Kamer met jachttrofeeën van prins Hendrik)** (**30**), époux de la reine Wilhelmine. À gauche des fenêtres, le prince en tenue de chasse (1917) par Kleintjes.

Le salon de la reine Emma **(Kamer van koningin Emma)** (**31**), deuxième femme du roi Guillaume III, et le bureau du prince Henri **(Werkkamer van prins Hendrik)** (**32**) sont meublés selon les goûts de l'époque. La visite du palais se termine par le salon et le bureau de la reine Wilhelmine★ **(Zitkamer en Werkkamer van koningin Wilhelmina)** (**33** et **34**), aménagés tels qu'ils l'étaient de son vivant. La statuette sur la cheminée de la deuxième pièce représente Gaspard de Coligny, qui combattit à la tête des huguenots au 16e s.

Descendre aux caves voûtées, puis passer entre les deux escaliers et tourner à droite, puis à gauche pour accéder aux jardins (Tuinen).

Ne pas manquer d'admirer au passage la petite cuisine **(keukenkeldertje)** recouverte de carreaux de faïence de Delft. La reine Marie II se servait de cette pièce lorsqu'elle préparait des confitures avec les fruits de son jardin. La petite grotte **(Schelpengrot)** présente une décoration de coquillages, pierres fines et marbre.

★★ **Les jardins** ⊘ – *Monter à la terrasse.*

La superbe **porte**★★★ en fer forgé doré donnait autrefois accès à la terrasse. Il a fallu un an à un artisan hollandais, en utilisant les seules techniques de l'époque, pour recréer le chef-d'œuvre dessiné par D. Marot. Sous la couronne se distinguent les initiales de Guillaume et de Marie II (W et M), et dans la partie inférieure des orangers et des feuilles d'acanthe.

La terrasse, flanquée de deux statues en grès symbolisant les fleuves qui bordent la Veluwe, offre une belle **vue**★ sur les jardins (6,5 ha). Des documents de l'époque ainsi que des vestiges découverts sous les couches de sable du jardin à l'anglaise du 19e s. ont permis de reconstituer les jardins du 17e s. En outre, le choix des plantes ornant les plates-bandes a été limité aux espèces connues à l'époque.

On distingue quatre jardins. Le jardin inférieur **(Benedentuin)**, bordé de talus, se compose de quatre parterres de broderies et quatre parterres à l'anglaise ornés de statues représentant Flore et Bacchus *(côté Est)*, Apollon et Vénus recevant une pomme de Pâris *(côté Ouest)*.

La Vénus qui décore la fontaine centrale est un moulage d'une œuvre de Gaspar Marsy (1625-1681) se trouvant à Versailles. On remarque également les globes terrestre *(gauche)* et céleste ; le premier reflète le monde tel qu'on le connaissait en Europe à la fin du 17e s., tandis que l'orientation du deuxième *(droite)* correspond à celle du ciel au-dessus de Het Loo lors de la naissance de Marie II. La cascade au milieu du talus droit s'orne d'une statue pleine de grâce de Narcisse se mirant dans l'eau, copie d'une œuvre du sculpteur belge Gabriel de Grupello (1644-1730).

Au-delà de l'allée aux doubles rangées de chênes, qui menait au château Het Oude Loo dont on aperçoit quelques tourelles, s'étend le jardin supérieur **(Boventuin)**. Celui-ci est délimité par des colonnades – monter l'escalier pour apprécier la vue – et conserve parmi les grands arbres du jardin à l'anglaise un tulipier reconnaissable à ses feuilles aux extrémités sans pointe. La fontaine du roi symbolise le pouvoir du souverain Guillaume III qui la voulait plus élevée que celles de son rival Louis XIV. D'illustres visiteurs ont témoigné des qualités de l'eau : contrairement à celle de Versailles, celle de Het Loo était limpide et inodore.

Le jardin du roi **(Koningstuin)** *(à l'Ouest du palais)*, où dominent le bleu et l'orange, comprend une pelouse, autrefois boulingrin. Cadeau de la reine Juliana à sa mère, Wilhelmine, l'érable du Canada à l'angle de la pelouse a été conservé.

Pour le jardin de la reine **(Koningintuin)** *(à l'Est du palais)*, de caractère plus intime avec son berceau de verdure, ont été choisies des fleurs aux tons pastel, ainsi que des arbres fruitiers (orangers, abricotiers, mirabelliers, griottiers).

Het Loo – Fontaine de Vénus

MAASTRICHT★★

Limburg Ⓟ
121 479 habitants
Cartes Michelin nos 908 l 9 et 211 T 17

Au contact de trois pays, Maastricht (jadis en français Maëstricht) commande la
« botte » du Limbourg néerlandais dont elle est la capitale.
Située sur les rives de la Meuse, Maastricht se distingue du reste du pays par ses
maisons en pierre, de type mosan, ses environs vallonnés, son caractère « méridional ».
C'est une ville historique, très animée, aux nombreuses rues piétonnes. Le caractère
bon vivant des habitants de la ville s'exprime surtout par les nombreux restaurants
et cafés, ainsi que par le carnaval annuel.
Fondée en 1976, l'université de Maastricht compte sept facultés.

UN PEU D'HISTOIRE

Maastricht doit son origine à un pont fortifié construit par les Romains sur la grande
voie de Bavay à Cologne, d'où son nom qui signifie passage de la Meuse (Mosae
Trajectum).
Saint Servais, la trouvant plus sûre que Tongres (Belgique), y transféra en 382 son
évêché. En 722, saint Hubert implanta celui-ci à Liège. La ville appartenait déjà aux
rois francs. En 1204, elle passa sous la tutelle du duc de Brabant qui, en 1283,
partagea son pouvoir avec le prince-évêque de Liège.
Elle reçut ses premières murailles en 1229.

Les sièges de Maastricht – En 1579, Maastricht s'étant ralliée au soulèvement, les
Espagnols assiégèrent la ville, s'en emparèrent par surprise, la saccagèrent et ne
laissèrent en vie que 4 000 personnes.
Les Provinces-Unies annexèrent la ville en 1632.
En 1673 parurent devant Maastricht 40 000 Français commandés par Louis XIV. Le
siège fut terrible, la défense hollandaise farouche. Mais Vauban, qui dirigeait les
opérations, donna la victoire aux Français qui laissèrent 8 000 hommes sur le champ
de bataille, et parmi eux **d'Artagnan**, officier des mousquetaires.
Les Français prirent une nouvelle fois Maastricht en 1748, grâce à une feinte habile
du maréchal de Saxe. Au cours de ce siège, le comte d'Anterroches, qui s'était déjà
distingué à Fontenoy en invitant les Anglais à tirer les premiers, prononça une autre
parole historique. À un soldat qui jugeait la ville imprenable, il répondit : « Ce mot-là,
Monsieur, n'est pas français. »
Prise par Kléber en 1794, Maastricht fut annexée à la France, de même que Breda.
En 1814, la ville fit partie du royaume des Pays-Bas. En 1830, la garnison résista avec
acharnement aux Belges, ce qui lui valut de rester aux Pays-Bas, mais elle ne leur fut
définitivement attribuée qu'à la signature du traité de Londres, en 1839.
Les fortifications furent démolies en partie en 1867.
Durant l'Occupation, Maastricht fut une des premières villes libérées, en septembre
1944 ; elle ne subit de dommages que dans ses ponts.

Le traité de Maastricht – Lors d'un sommet européen organisé à Maastricht en
décembre 1991, les chefs d'État et de gouvernement des Douze ont conclu ce traité
d'union économique, monétaire et politique.

Maastricht aujourd'hui – La ville connaît une grande activité commerciale. C'est en
outre un important centre industriel, spécialisé dans la céramique, la papeterie, le
ciment.
Le **Mastreechter Staar** est un chœur d'hommes de grande renommée.
Le **carnaval**★ *(voir les Renseignements pratiques en début de volume)* est caractérisé
par des débordements de gaieté populaire ; des foules nombreuses viennent assister
aux défilés et participer aux facéties et jeux burlesques qui se succèdent nuit et jour
dans les rues.

★ LA VIEILLE VILLE *visite : 1/2 journée*

Vrijthof – C'est la plus importante place de la ville, sur laquelle débouchent de
nombreuses rues commerçantes de la zone piétonnière. Cette vaste esplanade
entourée de cafés et de restaurants dotés d'agréables terrasses est dominée par
deux églises.

Museum Spaans Gouvernement ⓥ – Cette ancienne maison capitulaire où Guillaume le
Taciturne fut déclaré hors la loi par Philippe II d'Espagne *(voir Delft)* se trouve au
Sud. Autour de la jolie cour intérieure de cet édifice du 16e s., on peut visiter
différentes salles présentant du mobilier, ainsi que des collections d'orfèvrerie, de
faïence, de verrerie et de porcelaine, le tout datant essentiellement des 17e et
18e s.

★★ St.-Servaasbasiliek (Basilique St-Servais) ⓥ – Cet imposant monument, un des plus
anciens des Pays-Bas, bien que très remanié, a été commencé vers l'an 1000, sur
l'emplacement d'un sanctuaire du 6e s. Il possédait alors trois nefs, un transept
et un chevet plat.

Au 12e s., il fut agrandi, d'une part, du chœur actuel, flanqué de deux tours carrées et d'une abside, d'autre part, d'un **avant-corps** monumental situé à l'Ouest. Ce dernier est caractéristique du style roman mosan *(voir Introduction, Art)* dont il fut l'un des premiers exemples. Surmonté de deux tours, il est décoré de bandes lombardes entre lesquelles s'inscrivent des baies géminées. Son carillon est excellent. Au 13e s. fut érigé le beau portail Sud ou **portail royal**★ (Bergportaal), aujourd'hui peint de couleurs vives et dont le tympan illustre la mort, l'Assomption et le Couronnement de la Vierge. Le 15e s. vit apparaître les chapelles latérales et le portail Nord. Celui-ci donne sur un cloître construit aussi au 15e s.

Intérieur – Au portail d'entrée de l'église, on remarque une statue de saint Pierre, du 15e s. Les voûtes du **chœur**★, restaurées, ont retrouvé leurs peintures du 16e s. Celui-ci est harmonieux avec ses hauts piliers et sa galerie superposée au déambulatoire.

À l'intérieur de l'avant-corps, à l'étage, se trouve la « salle de l'Empereur », surmontée d'une coupole. Les **chapiteaux**★ de l'avant-corps sont intéressants par leur riche ornementation.

La dernière chapelle du bas-côté gauche, vers le transept, abrite une Sedes Sapientiae (Siège de la Sagesse), Vierge à l'Enfant assise, de type mosan, du 13e s. À côté, une porte, autrefois accès principal de l'église, donne sur une galerie du cloître. Elle est surmontée à l'extérieur d'un beau tympan représentant le Christ en majesté.

La **crypte**, située sous la nef, renferme le tombeau de saint Servais, derrière des grilles, le

I. Hendrikx/GLOBAL PICTURES

Monulphe et Gondulphe avec la maquette
de la basilique

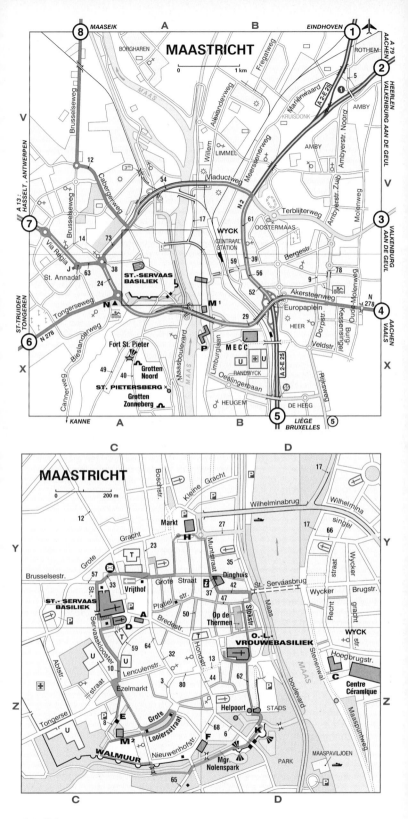

*Actualisée en permanence,
la carte Michelin au 1/200 000 bannit l'inconnu de votre route.*

Équipez votre voiture de cartes Michelin à jour.

MAASTRICHT PRATIQUE

Se loger

Maastricht est le chef-lieu de province le plus méridional des Pays-Bas ; on y mange très bien et on y trouve des hôtels de charme.

« À BON COMPTE »

De Dousberg – *Dousbergweg 4, 6216 GC Maastricht,* ☎ *(043) 346 67 77, fax (043) 346 67 55. 52 lits.* Hôtel pour petits budgets disposant de chambres simples et d'un café. Desservi par les lignes d'autobus 55 et 56.

« VALEUR SÛRE »

Dis – *Tafelstraat 28, 6211 JD Maastricht,* ☎ *(043) 321 54 79, fax (043) 325 70 26, www.hoteldis.nl. 6 chambres.* Ce petit hôtel central occupe l'étage supérieur d'un monument historique. Les chambres spacieuses sont aménagées sobrement mais avec goût, avec chaises à tubulures métalliques et tableaux modernes. Le petit déjeuner est servi dans la salle voûtée située à l'étage inférieur, qui fait également office de galerie d'art.

Les Charmes – *Lenculenstraat 18, 6211 KR Maastricht,* ☎ *(043) 321 74 00, fax (043) 325 85 74, www.hotellescharmes.nl. 15 chambres.* Ce petit hôtel de charme est installé dans une maison particulière discrète de 1725. L'accueil décontracté et personnalisé se retrouve dans les chambres, toutes aménagées avec goût dans des styles différents. La salle avec serre du petit déjeuner donne sur le jardin.

Botticelli – *Papenstraat 11, 6211 LG Maastricht,* ☎ *(043) 352 63 00, fax (043) 352 63 36, www.botticellihotel.nl. 18 chambres.* Cet hôtel tranquille, situé à deux pas du Vrijthof, est, comme son nom l'indique, imprégné d'un charme italien. Les murs de cette maison du 18e s. sont décorés de lambris, de peintures en trompe-l'œil et certaines chambres sont ornées de fresques. Les chambres sont spacieuses, modernes et aménagées avec goût. Joli jardin intérieur.

d'Orangerie – *Kleine Gracht 4, 6211 CB Maastricht,* ☎ *(043) 326 11 11, fax (043) 326 12 87. 33 chambres.* Ce charmant hôtel est installé dans deux bâtiments historiques, près de la Meuse. Dans les chambres, de dimensions variées, on peut encore voir des vestiges de l'intérieur d'origine : plafonds en stuc, cheminées en marbre, poutres, etc. Le reste de la décoration est de style classique anglais et français. À l'arrière, petit jardin fermé.

UNE PETITE FOLIE !

Derlon – *O.-L.-Vrouweplein 6, 6211 HD Maastricht,* ☎ *(043) 321 67 70, fax (043) 325 19 33, www.goldentulip.nl/hotels/gtderlon. 41 chambres.* Cet hôtel moderne situé près de la basilique Notre-Dame (O.-L.-Vrouwebasiliek) est unique : il possède une cave-musée romaine. En effet, lors de travaux d'aménagement, on a dégagé d'importants vestiges d'une place, d'un puits et d'une route remontant aux origines de la ville. L'occasion, donc, de passer la nuit dans un lieu historique !

Se restaurer

DANS LE CENTRE

Le Petit Bonheur – *Achter de Molens 2,* ☎ *(043) 321 51 09.* Ce restaurant est situé au cœur de la ville et respire le charme de la campagne française. L'été, on peut dîner dans l'agréable cour intérieure.

Sukhotai – *Tongersestraat 54,* ☎ *(043) 321 79 46.* Savoureux plats thaïlandais dans un cadre approprié. L'été, on profite de la terrasse intérieure.

Au Coin des Bons Enfants – *Ezelmarkt 4,* ☎ *(043) 321 23 59.* Ce restaurant, installé dans une maison du 16e s., propose une savoureuse cuisine d'inspiration française. Par beau temps, on sert les repas sur la terrasse.

Toine Hermsen – *St.-Bernardusstraat 2,* ☎ *(043) 325 84 00.* Le nec plus ultra sur le plan culinaire dans cette ville méridionale. Un restaurant incontournable situé près de la basilique Notre-Dame (O.-L.-Vrouwebasiliek).

RIVE DROITE (Wyck)

Gadjah Mas – *Rechtstraat 42*, ☎ *(043) 321 15 68*. Ce restaurant indonésien propose de bons repas à prix raisonnables.

Mediterraneo – *Rechtstraat 73*, ☎ *(043) 325 50 37*. Restaurant italien situé dans la même rue animée que le précédent.

't Pakhoes – *Waterpoort 4-6*, ☎ *(043) 325 70 00*. Ce restaurant est installé dans un ancien entrepôt et sert des plats franco-belges. On peut prendre l'apéritif au sous-sol. Le restaurant dispose d'une terrasse en été.

DANS LES ENVIRONS

Château Neercanne – *5 km au Sud par Bieslanderweg. Cannerweg 800*, ☎ *(043) 325 13 59*. La délicieuse cuisine française, la vue sur la vallée du Jeker, les jardins baroques et les grottes de marnes font d'un dîner dans ce château en terrasse du 17ᵉ s. une expérience inoubliable. Le restaurant L'Auberge, ouvert pour le déjeuner, est installé dans la chapelle de 1611.

Brasseries, cafés-restaurants, bars, koffiehuizen...

Eetcafé Rilette – *St.-Pietersstraat 54*, ☎ *(043) 325 52 84*. Agréable brasserie avec de petites tables en bois, des murs décorés d'œuvres d'art, une ambiance chaleureuse et une carte franco-italienne.

Café Sjiek – *St.-Pietersstraat 13*, ☎ *(043) 321 01 58*. Ici aussi, ambiance décontractée (malgré le nom : chic) et plats traditionnels. En été, on peut profiter de l'agréable terrasse située dans le parc communal.

Café Bistro 't Liewke – *Grote Gracht 62*, ☎ *(043) 321 04 59*. Installé dans une demeure ancienne près du théâtre du Vrijhof (Vrijthoftheater), c'est une excellente adresse pour passer une soirée réussie. Ambiance feutrée et cuisine d'inspiration italienne.

Informations pratiques

Informations générales – L'Office de tourisme (**VVV Maastricht**, Het Dinghuis, Kleine Staat 1, 6211 ED Maastricht, ☎ (043) 325 21 21) vous donnera tout renseignement concernant les curiosités, manifestations, activités culturelles, billets pour pièces de théâtre et concerts, et conditions avantageuses d'hébergement. Pour la réservation de chambres d'hôtel, s'adresser au **service réservations** : ☎ (043) 321 78 78.

Transports – Il est interdit de stationner dans le centre de Maastricht, sauf aux emplacements réservés à cet effet, tous avec **parcmètres ou horodateurs**. Si vous ne le payez pas (ou insuffisamment), vous risquez de voir votre voiture immobilisée par un sabot. Une autre possibilité consiste à suivre les panneaux qui vous conduiront vers un des nombreux **parkings** de la ville.
Les principales curiosités du centre de la ville sont situées à proximité les unes des autres et peuvent donc se visiter à pied. Si vous préférez le **vélo**, vous pourrez en louer un au magasin de vélos « Aon de Stasie » sur la place de la gare (Stationsplein).

Visites et promenades guidées – Durant l'été, le VVV organise des **promenades guidées** à travers le centre historique de la ville. Départ devant la Dinghuis (bureau de l'Office de tourisme). Des **itinéraires** permettant de découvrir la ville individuellement sont également disponibles : *Stadswandeling* (Promenade à travers la ville), *Vestingwandeling* (Promenade autour des anciennes fortifications), *Wandeling door Wyck* (Promenade à travers le quartier du Wyck), *Gevelstenenwandeling* (Promenade des pierres de façade) et *Culinaire wandeling Maastricht* (Promenade culinaire à travers Maastricht).

Promenades en bateau – D'avril à début décembre, la société **Rederij Stiphout**, ☎ (043) 351 53 19, organise diverses promenades en bateau sur la Meuse. On a le choix entre une promenade simple (éventuellement combinée avec la visite des grottes), une excursion d'une journée jusqu'à Liège (Belgique) ou une excursion avec repas.

Shopping – Les amateurs de shopping se rendront dans les rues situées entre la place du Vrijthof et la gare. Les magasins de ces rues sont ouverts en nocturne le jeudi soir. La rue commerçante la plus connue de Maastricht (et aussi la plus chère) est la très pittoresque **Stokstraat**. Pour les adresses amusantes et insolites, nous vous recommandons le guide *Maastricht Funshopping Gids* (Shopping amusant à Maastricht).
Ceux qui s'intéressent plus particulièrement aux magasins d'antiquités et aux galeries d'art pourront se procurer la brochure *Kunstroutes Maastricht en omstreken* (Itinéraires artistiques dans Maastricht et ses environs). La brochure donne, quartier par quartier, un aperçu complet de ce que la ville offre en matière d'art. Et à Maastricht, il y a beaucoup de choix dans ce domaine !

Marchés – Le mercredi, un **petit marché** se tient sur le Markt. Le **grand marché** a lieu le vendredi.

Spécialités – Parmi les gourmandises de la région, citons le clafoutis limbourgeois **(Limburgse vlaai)**, le pain d'épice **(peperkoek)**, les **appelbollen** (pomme entière enrobée de pâte) et les **steerkes** en chocolat. Dans un registre plus alcoolisé, citons la **bière** de Maastricht (Wieckes Witte), le **vin** de Maastricht et le **bitter aux herbes aromatiques** Els.

Théâtre et concerts – Un agenda complet intitulé **Uit in Maastricht** (Sortir à Maastricht) présentant tous les spectacles, les concerts et les manifestations est disponible à l'Office de tourisme, où l'on peut également se procurer des billets d'entrée. Le **Theater aan het Vrijthof** est le port d'attache du Limburgs Symphonie Orkest, l'orchestre symphonique du Limbourg, Vrijthof 47, ☎ (043) 350 55 55. Le **Mastreechter Staar**, le chœur d'hommes le plus connu de Maastricht, organise des répétitions publiques au Staargebouw (l'ancienne église St-Augustin).

Distractions – Les différents quartiers de Maastricht ont tous leur ambiance propre et vous pourrez y passer une soirée agréable. Voici un aperçu de ces différents quartiers : la **Rechtstraat**, sur la rive droite ; le **Jekerkwartier** (autour du Jeker, affluent de la Meuse) est plutôt appelé le « Quartier Latin » : ambiance, étudiants, artistes, théâtres, galeries d'art et cafés agréables en sont les caractéristiques ; le **centre historique** entre le Markt, le Vrijthof et l'O.-L.-Vrouweplein offre de nombreuses possibilités de sortie dans des cafés accueillants ou des restaurants gastronomiques.

Terrasses dans la vieille ville

Manifestations – Maastricht est une ville très animée où se déroulent de nombreuses festivités, à commencer par le **Grand Carnaval**, suivi du festival de musique **Easter in Maastricht** (Pâques à Maastricht), auquel participent de grands orchestres de jazz internationaux, des fanfares et des chorales. Début mai a lieu la fête de St-Servais **(St.-Servaasfeest)**, avec plusieurs processions et une foire. Parmi les nombreuses **manifestations culturelles estivales**, citons les concerts d'orgue et de carillons, un festival de musique pop, du théâtre de rue, etc. À la fin du mois d'août, sur le Vrijthof, se déroule le **Preuvenemint**, un festival culinaire. Le **Festival Musica Sacra** (*septembre*), festival de musique sacrée, et le **marché de Noël** clôturent l'année.

Les amateurs de sport s'intéresseront à l'**Amstel Gold Race**, une course cycliste qui se déroule au printemps, avec départ et arrivée à Maastricht ; en automne a lieu le concours hippique **Jumping Indoor Maastricht**.

Chaque année, le **MECC** (Maastrichts Expositie en Congres Centrum) organise divers salons, dont le salon d'art et d'antiquités de réputation internationale, appelé **TEFAF** (*mars*), spécialisé dans la peinture hollandaise et flamande des 16e et 17e s.

sarcophage de Charles de Lorraine, fils du roi carolingien Louis IV d'Outremer, et, sur l'ancien autel de St-Pierre, le sarcophage des évêques Monulphe et Gondulphe, fondateurs de l'église primitive du 6e s., et de deux autres évêques, Candide et Valentin.

La crypte voisine, aux piliers carrés, sous le chœur, appartient à l'église primitive du 6e s.

★★ **Kerkschat** (Trésor) – La chapelle collégiale (12e s.) abrite le trésor : riche collection d'objets liturgiques, orfèvrerie surtout, ivoires, ornements sacerdotaux, peintures, retables, statues.

On admire notamment le buste de saint Servais, une clé symbolique en argent, ornée de rinceaux, qui lui aurait été remise par saint Pierre, la croix pectorale dite de saint Servais (fin du 10e s.), des fragments d'étoffes orientales, ainsi qu'un grand nombre de reliquaires et de châsses de la fin du 12e s.

La plus remarquable est la **châsse de saint Servais** nommée Noodkist *(illustration, voir Introduction, Art)*. En chêne revêtu de cuivre doré, émaillé, ciselé et décoré de pierres précieuses, c'est une œuvre importante de l'école mosane (vers 1160) : aux extrémités figurent le Christ et saint Servais, sur les faces latérales les apôtres.

St.-Janskerk (Église St-Jean) – Cette église gothique, de culte protestant depuis la prise de Maastricht par Frédéric-Henri en 1632, fut construite par les chanoines de St-Servais pour servir d'église paroissiale. Du 12e s., elle fut agrandie au 15e s. d'un chœur et d'une tour de 70 m de haut, décorée dans le style de celle d'Utrecht.

Faire quelques pas dans la rue Bonnefanten.

De cette rue, on a un joli point de vue sur une **maison du 17e s.** (17 de-eeuws huis) à pignons à redans et le jardin du musée d'Histoire naturelle, situé sur l'autre berge du canal.

Revenir sur ses pas pour prendre Looiersgracht.

Grote Looiersstraat – Sur cette charmante place ombragée entourée de vieilles maisons, un groupe sculpté représente des enfants écoutant le conteur populaire de Maastricht, Fons Olterdissen.

★ **Natuurhistorisch Museum (Musée d'Histoire naturelle)** ⊘ – Ce musée agréablement aménagé est consacré à la nature du Limbourg méridional. Au département de **géologie**, le visiteur est transporté 350 millions d'années en arrière. L'exposition commence à l'ère primaire avec le carbonifère et se termine lors de l'arrivée des Romains. Les **fossiles** trouvés dans les marnes des environs sont particulièrement mis en valeur. Nombre d'entre eux datent du crétacé supérieur (74 à 65 millions d'années avant notre ère), une période également nommée le « maastrichtien ». Les restes d'énormes mosasaures (lézards de la Meuse) et de tortues géantes découverts à la Montagne-Saint-Pierre sont particulièrement remarquables. Les nombreux dioramas du département de **biologie** mettent en scène la faune et la flore d'aujourd'hui. Des aquariums permettent de découvrir l'univers sous-marin. Ne pas manquer de descendre dans les caves, où une mine de silex et une marnière ont été partiellement reconstituées. À noter également une belle collection de pierres précieuses et le « Kabinet », pièce « noble » du musée. Dans le jardin botanique poussent des plantes sauvages provenant de la région.

★ **Walmuur (Remparts sud)** – Encore conservées au Sud de la ville, les murailles imposantes sont dominées par de nombreuses tours, ombragées de beaux arbres et entourées d'agréables jardins. On peut, sur les deux sections qui subsistent, parcourir le chemin de ronde d'où l'on a de jolies vues.

Suivre le chemin de ronde, puis le quitter pour emprunter une passerelle traversant le canal de ceinture.

Monseigneur Nolenspark – Joli parc aménagé au pied des remparts. Des animaux (chevreuils, etc.) sont abrités dans des enclos.

Reprendre le chemin de ronde.

Du sommet de la première tour, on domine les étangs où évoluent cygnes et canards. Du côté Nord des remparts, on aperçoit le bâtiment du **Bejaardencentrum Molenhof**. À côté, près du Jeker, se dissimule un ancien moulin à eau.

En continuant, on atteint le bastion circulaire des Cinq Têtes (**De Vijf Koppen**) d'où l'on domine une vaste pièce d'eau.

Helpoort – Cette « porte de l'enfer », encadrée de deux tours rondes, est un vestige de l'enceinte du 13e s. C'est la plus ancienne porte de ville des Pays-Bas.

★ **Onze-Lieve-Vrouwebasiliek (Basilique Notre-Dame)** ⊘ – C'est le plus vieux monument de la ville. On pense qu'elle est située à l'emplacement d'un ancien temple romain où l'on a construit une cathédrale du temps où Maastricht était siège d'un évêché.

Maastricht – L'avant-corps de Onze-Lieve-Vrouwebasiliek

L'édifice existait déjà en l'an 1000. De cette époque date le très haut **avant-corps** qui précède l'église, comme à St-Servais. Il est flanqué de deux tourelles circulaires ; sa partie supérieure, ajoutée vers 1200, est décorée d'arcatures romanes.

La nef et l'abside, qui est très belle, datent du 12e s. Parmi d'intéressantes sculptures groupées sous le porche gauche de l'avant-corps, remarquer l'effigie d'un évêque (vers 1200).

À l'intérieur, le **chœur**★★ avec un déambulatoire surmonté d'une galerie, formant ainsi deux rangées de colonnes superposées, comme à St-Servais, est remarquable. En outre, les chapiteaux, richement décorés, sont d'une grande variété.

La nef présente, comme celle de Kerkrade (*voir Heerlen, Environs*), une alternance de piliers épais et minces portant la voûte refaite au 18e s. Le transept a été voûté d'ogives au 15e s. Le buffet d'orgue remonte à 1652. L'église possède deux **cryptes** romanes, l'une sous la croisée (1018), l'autre sous l'avant-corps, et un cloître du 16e s.

Kerkschat (Trésor) ⊘ – Le trésor renferme de précieux reliquaires et châsses, des ivoires, des ornements liturgiques dont la dalmatique de l'évêque saint Lambert, du début du 8e s.

Stokstraat – C'est une agréable rue piétonne dont les belles maisons, restaurées, des 17e et 18e s., ornées de frontons, de pierres de façade, d'enseignes, abritent des magasins d'art, d'antiquités, d'estampes.
Au n° 28, on admire une façade ornée de frises sculptées.

Maastricht – La pittoresque Stokstraat

À l'Ouest, sur une petite place, nommée **Op de Thermen**, un pavage indique l'emplacement des anciens thermes romains dont les vestiges ont été découverts ici en 1840.

Dinghuis – Maison étroite et pittoresque, érigée en style Renaissance mosan, elle abrite l'Office de tourisme (VVV).

Markt – Sur cette place animée se déroule le marché (mercredi et vendredi). L'hôtel de ville **(stadhuis)**, construit entre 1659 et 1665 par Pieter Post, est un imposant quadrilatère précédé d'un grand perron et surmonté d'un campanile abritant un **carillon**.

Regagner le Vrijthof par des rues piétonnes traversant le quartier commerçant.

Maastricht – Bonnefantenmuseum

LA RIVE DROITE (Wyck – Céramique-wijk)

En traversant l'impressionnant **pont St-Servais** (1280-1298), un des plus anciens du pays, on atteint « l'autre Maastricht ». C'est sur cette rive, dans les rues et ruelles du quartier historique du **Wyck**, qu'étaient concentrées les activités commerciales. On peut encore y admirer de belles maisons patriciennes des 17e et 18e s., surtout dans la longue Rechtstraat ; la plupart d'entre elles abritent aujourd'hui de charmants cafés ou restaurants. De nombreux magasins d'art et d'antiquités se sont également installés dans cette partie de la ville.

Plus loin, dans un nouveau quartier, appelé **Céramique-wijk**, dont la construction n'est pas encore achevée, on ne remarque plus aucune trace de ce riche passé. Outre le **Bonnefantenmuseum**, le MECC **(Maastrichts Expositie en Congres Centrum)** et le **Centre Céramique** (salle polyvalente, bibliothèque, archives municipales, European Journalism Centre), ce quartier abrite le **Gouvernement**, bâtiment construit partiellement sur une île de la Meuse. C'est là que s'est réuni en décembre 1991 le Conseil de l'Europe. Ce sommet européen s'achèvera par la signature du traité de Maastricht le 7 février 1992 dans la salle dite des États (Statenzaal).

★★ **Bonnefantenmuseum (Musée des Bons Enfants)** ⊘ – Sur le terrain désaffecté de l'usine Sphinx Céramique, un bâtiment en brique rouge et pierre de taille conçu par l'architecte Aldo Rossi (1931-1997) abrite depuis 1995 les collections du Bonnefantenmuseum. Cet édifice à la sobre architecture se distingue par sa tour en coupole argentée de 28 m ; le **Wiebengahal**, situé en face du musée, faisait partie de l'ancienne usine et date de 1912 *(voir Introduction, Patrimoine industriel)*.

Les collections de ce musée des Beaux-Arts sont très variées.

La section d'**Art ancien** *(1ᵉʳ étage)* présente, outre des œuvres d'ateliers et d'artistes flamands, dont Pieter Bruegel le Jeune *(Recensement à Bethléem)* et Henri Blès *(Répudiation d'Hagar)*, des peintures italiennes sur bois de la période 1300-1600. De l'importante collection de sculptures mosanes du Moyen Âge (vers 1400-1550), ce sont surtout les œuvres du Maître d'Elsloo et du sculpteur de Maastricht Jan van Steffeswert (début 16ᵉ s.) qui retiennent l'attention. Remarquer également la magnifique **collection Neutelings**★★★. D'une qualité exceptionnelle, cette collection consacrée à l'art du Moyen Âge comprend des autels portatifs complets, des fragments d'autels en bois et albâtre, de fins diptyques en ivoire, des groupes de statues et des statuettes en cuivre et bronze. Il faut admirer le rendu expressif des « plats de saint Jean Baptiste » (une référence à la décapitation de saint Jean Baptiste), en albâtre, de la fin du 15ᵉ s., ainsi que l'*Assomption et le Couronnement de la Vierge* où l'on voit encore quelques traces de peinture rouge et bleue. Parmi les autres objets, on peut citer une crosse d'évêque (vers 1240) en émail de Limoges, un autel portatif du 16ᵉ s., provenant d'Anvers, avec un panneau central représentant Marie, Joseph et Jésus, et des panneaux latéraux peints par Jan van Dornicke, ainsi qu'un Christ agonisant, bronze d'une sobriété émouvante, provenant sans doute des environs de Malines. Le musée comprend également une collection d'argenterie de Maastricht (18ᵉ s.).

Le deuxième étage du musée présente par roulement la collection d'**art contemporain**. Les œuvres sont celles d'artistes devenus célèbres dans les années 1960-1970, dont Luciano Fabro, Bruce Nauman, Marcel Broodthaers, Robert Mangold, Mario Merz et Sol LeWitt ; des artistes très actuels sont aussi représentés : Imi Knoebel, Jan Dibbets, René Daniëls, Didier Vermeiren et Marien Schouten. Le musée organise aussi des expositions, axées sur des œuvres d'artistes contemporains et internationaux.

AUTRE CURIOSITÉ

Kazematten (Casemates) ⊘ – *Accès par Tongersestraat.* Situées dans le Waldeck-park, elles appartenaient à un système de fortifications aménagé entre 1575 et 1825. Une grande partie des ouvrages de surface ont disparu en 1867, mais il subsiste des casemates dont les galeries s'étendent sur près de 10 km.

On peut en visiter une partie, comprenant notamment la **bastion Waldeck**, avec des voûtes en coupole, des réserves à poudre et des postes d'écoute, desservis par de nombreux couloirs et escaliers. À proximité, près des murailles, se dresse une petite statue en bronze de d'Artagnan *(voir ci-dessus)*.

★ ST.-PIETERSBERG

2 km au Sud par Sint Hubertuslaan et Luikerweg.

Entre la vallée de la Meuse et du Geer (Jeker), la colline de St.-Pietersberg ou « montagne St-Pierre » s'élève à plus de 100 m d'altitude.

Elle est surtout célèbre pour ses **grottes**, dues à d'anciennes carrières exploitées depuis l'époque romaine *(voir aussi Valkenburg)*. La pierre, une sorte de marne, se durcit à l'air et a été utilisée pour la construction de nombreux édifices de Maastricht.

De nos jours, les galeries s'étendent sur plus de 200 km. Elles atteignent 12 m de haut et sont décorées de dessins au fusain. Elles ont été excavées par abaissement du niveau du sol, si bien que les plus anciens des dessins au charbon de bois couvrant les parois sont situés près du plafond. La roche, qui est d'origine sédimentaire, renferme d'innombrables fossiles. On a retrouvé en 1780 la tête d'un animal préhistorique qui fut nommé Mosasaurus ou mosasaure (Mosa : la Meuse). Confisqué par les Français en 1795, le crâne est actuellement exposé au musée d'Histoire naturelle à Paris. En 1998 fut découvert un deuxième crâne, visible au musée d'Histoire naturelle de Maastricht *(voir ci-dessus)*.

De tout temps, en périodes troublées, les grottes ont servi de refuge aux habitants de Maastricht : elles conservent des traces d'habitation. Ce ne devait pas toujours être très agréable : la température est d'environ 10° et l'humidité très importante.

Fort St.-Pieter (Fort St-Pierre) ⊘ – De la terrasse de ce fort, construit en 1701, vue générale sur la ville. L'intérieur du fort est relié au réseau de grottes de la montagne St-Pierre.

Grotten Noord ⊘ – Ces grottes ont abrité pendant la Seconde Guerre mondiale le tableau de Rembrandt, *La Ronde de Nuit*. On y voit de nombreux graffitis, et d'amusants bas-reliefs, comme celui du Mosasaurus.

Continuer la route, puis prendre la deuxième à gauche.

Grotten Zonneberg (Grottes du Zonneberg) ⊘ – Elles sont très semblables aux précédentes, possèdent une histoire chargée et présentent des corridors hauts de 10 à 12 m couverts de nombreux graffitis.

ENVIRONS

Cadier en Keer – *5 km à l'Est par ④ du plan.*
Le musée africain (**Afrikacentrum** ☉) contient d'intéressantes collections artistiques (statues, masques) et ethnographiques concernant l'Afrique.

DE MEERSSEN À SUSTEREN

35 km. Quitter Maastricht par ① du plan.

Meerssen – Ancienne résidence des rois francs. On y signa en 870 un traité qui partageait la Lotharingie, domaine du roi Lothaire II (855-869), entre Louis le Germanique et le roi de France Charles le Chauve.
Meerssen attira au 13ᵉ s. des moines venus de l'abbaye St-Remi de Reims. Ils y construisirent la belle basilique du Saint-Sacrement (**basiliek van het H. Sacrament**) (13ᵉ-14ᵉ s.). Le chœur abrite un tabernacle de pierre, de style gothique flamboyant (début du 16ᵉ s.), richement décoré.

Elsloo – Ce petit village au riche passé marqué par les seigneurs et les personnages de légende a conservé une grande part de son charme. L'ancienne bourse des bateliers abrite un petit musée régional (**streekmuseum** ☉). Le **jardin botanique** du château d'Elsloo et le bois **Bunderbos** situé sur la colline constituent un site de promenade particulièrement remarquable. Près du château se dresse un vieux moulin à eau de 1552.

Stein – Stein possède un petit **musée d'archéologie** (Archeologie Museum) ☉, *Hoppenkampstraat 14a.* Construit autour d'une tombe mégalithique (vers 2800 avant J.-C.), ce musée renferme des collections ayant trait aux sites préhistoriques, romains et mérovingiens de la région. Plus loin se dresse la **Witte Toren** ou Tour blanche, vestige du château Stein.

Sittard – Sittard, qui obtint ses droits de cité en 1243, fut une place forte très disputée. De nos jours, une grande partie de la ville est encore entourée de remparts. C'est une active cité commerçante et industrielle, connue pour son carnaval *(voir les Renseignements pratiques en début de volume).* Sittard est la ville natale du cabaretier Toon Hermans.
Sur le **Markt** s'élèvent l'église St-Michel ou St.-Michielskerk, de style baroque, du 17ᵉ s., et une pittoresque maison à pans de bois et pignon en encorbellement, construite vers l'an 1500.
Dans la Rosmolenstraat, la **Kritzraedthuis** est une belle maison bourgeoise de 1620. La Grande Église (**Grote of St.-Petruskerk** ☉), du 14ᵉ s., renferme des stalles gothiques en bois sculpté qui seraient les plus anciennes du pays.
Le musée municipal **Stedelijk Museum Het Domein** ☉ *(Kapittelstraat 6)* est consacré à l'histoire et à l'archéologie locales ainsi qu'à l'art contemporain, notamment à la photographie et aux nouveaux médias utilisés par de jeunes artistes. Le département histoire possède notamment une cabane préhistorique éducative, un puits de mine du Limbourg et une galerie multimédia.

Susteren – L'ancienne abbatiale **St.-Amelbergakerk** ☉, a été édifiée dans le style roman vraisemblablement pendant la première moitié du 11ᵉ s.
La nef principale, très simple, couverte d'un plafond plat, s'appuie sur des piliers carrés alternant avec des colonnes trapues. La crypte, extérieure à l'abside, serait inspirée de celle de la cathédrale d'Essen, en Allemagne. Elle abrite un sarcophage (8ᵉ s.) et un calvaire du 13ᵉ s. À côté de l'église, le **trésor** ☉ renferme un évangile, la châsse d'Amelberga (1100) et des plaques en argent.

MARKEN★

Noord-Holland

Cartes Michelin nᵒˢ 908 G 4 et 210 P 8

Séparée du continent au 13ᵉ s. lors de la formation du Zuiderzee, Marken était, jusqu'en 1957, une île située à 2,5 km du rivage. Rattachée maintenant à la côte, elle est située au bord du Gouwzee, sorte de mer intérieure.
De tout temps, Marken, dont la population est protestante, a constitué un cercle fermé. Elle a conservé un cachet ancien avec ses maisons de bois, et ses habitants revêtent, en saison, le costume traditionnel.
Avant la création de l'IJsselmeer, la population tirait ses ressources de la pêche. Aujourd'hui, Marken vit principalement du tourisme, sans avoir néanmoins fait autant de concessions à cette industrie que Volendam.

★ **Le village** – Le village comprend deux quartiers : Havenbuurt, près du port, et Kerkbuurt, autour de l'église. Pour se protéger des hautes eaux, les maisons sont groupées sur de petits tertres et construites sur des pilotis qui, avant la fermeture du Zuiderzee, étaient apparents, pour laisser passage aux vagues. Elles sont pour la plupart en bois peint, d'un vert sombre, avec des pignons latéraux légèrement en encorbellement. Quelques-unes sont goudronnées et couvertes de tuiles.

Le costume de Marken

Les **intérieurs** peints et cirés sont richement décorés de vaisselle et de bibelots. Les lits sont aménagés dans les alcôves où se trouve également un petit tiroir qui servait de berceau.

★ **Les costumes** – Les femmes superposent un jupon rayé, une large jupe et un tablier noir. Le corsage à rayures porté en été est couvert d'un corselet et d'un plastron imprimé. La coiffure se réduit à une calotte en dentelle et coton bariolé, d'où sort parfois sur le front une frange de cheveux empesés en forme de visière. Les hommes portent un gilet court, une culotte bouffante serrée aux genoux et des chaussettes noires. Les enfants sont plus rarement en costume : garçons et filles portent la jupe et le bonnet, seules les formes et les couleurs diffèrent. Le costume des jours de fête et, en particulier, celui de la Pentecôte, est plus raffiné.

Marker Museum ⓥ – *Kerkbuurt 44.* Quatre maisonnettes, où jadis le poisson (anguilles, harengs) était fumé, servent de cadre à une petite exposition sur l'histoire de Marken.

MEDEMBLIK

Noord-Holland
Cartes Michelin nos 908 G 3 et 210 P 6

Medemblik qui reçut ses droits de cité en 1289 devint alors la capitale de la Frise-Occidentale. Elle faisait jadis partie de la Hanse. C'est aujourd'hui l'une des « villes mortes » de l'ancien Zuiderzee. De Medemblik part la digue qui limite à l'Est le Wieringermeerpolder *(voir IJsselmeer).*
Au Nord de la ville, la **station de pompage Ir. Lely** est la plus importante des stations qui permirent d'assécher ce polder.
Un chemin de fer touristique **(museumstoomtram)** relie la ville à Hoorn *(voir ce nom)*, tandis qu'un service de bateaux fonctionne entre Medemblik et Enkhuizen.

CURIOSITÉS

Nieuwstraat – C'est en particulier dans sa rue principale, la Nieuwstraat, que Medemblik conserve d'intéressantes maisons anciennes aux jolies pierres de façade. Au nᵒ 8 se trouve le musée de la Boulangerie **(Bakkerijmuseum** ⓥ**)**. On remarquera au nᵒ 26 une façade de 1613 dont le linteau s'orne de quatre écussons. Le Poids public **(Waag)**, à l'extrémité de la rue, présente une façade à redans ornée d'une pierre de façade sculptée de balances.

Westerhaven – Ce quai bordant l'un des deux principaux bassins du port (Westerhaven veut dire bassin de l'Ouest) possède quelques belles maisons : nos 9 à 14 aux façades à redans, et nos 16 et 20.

Dans la **Torenstraat**, qui part du Westerhaven, l'ancien hospice **(Weeshuis)**, s'ouvre par un portail surmonté d'un bas-relief naïf représentant quatre orphelins (18ᵉ s.).

★ **Oosterhaven** – Le long de ce bassin (bassin de l'Est) se dressent de nombreuses vieilles façades ; celles des nᵒˢ 22, 43 et 44 sont ornées de pierres sculptées. De l'extrémité du quai, on a une **vue** sur l'IJsselmeer.

Kasteel Radboud ⊙ – *Sur le côté opposé de l'Oosterhaven.*
Vers 1288, le comte de Hollande Floris V fit construire ce château dans le but de contenir les habitants de la Frise-Occidentale, qui venaient d'être soumis. Seules deux ailes subsistent aujourd'hui, entourées de douves ; le reste a été détruit aux 17ᵉ et 18ᵉ s.
Le grenier au-dessus de la grande salle est consacré à l'histoire du château et de Medemblik.

Nederlands Stoommachinemuseum (Musée néerlandais de la Machine à Vapeur) ⊙ – *Oosterdijk 4.* La station de pompage Vier Noorder Koggen (1869), dans laquelle a été installé ce musée, a servi jusqu'en 1976 à maintenir à sec les polders des environs. Aujourd'hui, elle abrite une collection intéressante de machines à vapeur *(voir Introduction, Patrimoine industriel)* que l'on peut voir fonctionner durant les week-ends et pendant les vacances.

MIDDELBURG★

Zeeland 🄿

44 481 habitants
Cartes Michelin nᵒˢ 908 B 7 et 211 G 14 – Schéma, voir Delta

Middelburg, la capitale de la province de Zélande, est entourée de canaux et de fossés marquant les limites de son enceinte fortifiée. Deux moulins de rempart du 18ᵉ s. s'y dressent encore.

UN PEU D'HISTOIRE

Jadis, Middelburg, cité commerciale et prospère, s'adonnait au commerce du drap et à l'importation des vins d'Argenteuil et de Suresnes, qui transitaient par le port de Rouen et arrivaient au Rouaansekaai.
Les Gueux s'en emparèrent en 1574. En 1595 et 1692, la ville reçut une ligne de fortifications à bastions. Celle-ci est demeurée à peu près intacte jusqu'à nos jours, mais, des anciennes portes, seule subsiste la **Koepoort** (1735) au Nord.
C'est un lunetier de Middelburg, Zacharias Jansen, qui aurait inventé le microscope en 1590 et la lunette d'approche en 1604. Cependant, certains préfèrent attribuer l'invention du microscope à Van Leeuwenhoek.
Middelburg continua de prospérer aux 17ᵉ et 18ᵉ s. grâce à la Compagnie des Indes qui y possédait un comptoir. En 1940, un violent bombardement allemand détruisit le centre historique de la ville. Ses monuments reconstruits, elle reste le grand marché de Walcheren.
En juillet et août, sur le Molenwater, on peut assister à un « **ringrijderij** », sorte de parade à cheval dont l'enjeu consiste à décrocher un anneau. Sur le Vismarkt se déroule en été *(jeudi)* un marché d'antiquités et, le premier samedi de chaque mois, un marché aux puces.

LE CŒUR DE LA VILLE

★ **Stadhuis** ⊙ – Dominant le **Markt** où se déroule le marché *(jeudi)*, cet hôtel de ville majestueux, commencé en 1452 par deux architectes de la famille des Kelder-mans, de Malines (Belgique), est inspiré de l'hôtel de ville de Bruxelles. Détruit en grande partie en mai 1940, il a été reconstruit dans le style gothique tardif. La façade principale est remarquable avec son premier étage percé de dix fenêtres gothiques. Entre chaque fenêtre, des doubles niches abritent les statues adossées, refaites au 19ᵉ s., des comtes et comtesses de Zélande. Le toit est orné de 24 lucarnes et, à gauche, la façade s'y prolonge en pignon à pinacles. Le perron central a été ajouté au 18ᵉ s.
Une tourelle octogonale du 17ᵉ s., finement décorée, s'élève à droite.
Un beffroi de 55 m, cantonné de quatre clochetons, domine l'ensemble.
L'intérieur a été meublé à l'ancienne, en particulier l'immense **Burgerzaal**, ancienne halle aux draps. La halle aux viandes ou **Vleeshal** ⊙ occupe la partie gauche du bâtiment et accueille actuellement des expositions.

Middelburg – L'hôtel de ville

Devant l'hôtel de ville, une **fontaine** en bronze, création de Ilya et Emilia Kabakov, réserve une surprise au curieux, s'il va s'asseoir sur une des chaises et regarde par le trou ménagé dans le socle...

À l'arrière de l'hôtel de ville s'élève une jolie chapelle restaurée, nommée église anglaise **(Engelse Kerk)**.

* **Abdij (Abbaye)** – Ce vaste ensemble conventuel, autrefois abbaye de prémontrés, fut édifié au 12e s. à l'emplacement d'un château carolingien dont on distingue encore la forme ronde sur le plan de la ville. L'abbaye fut sécularisée après la prise de la ville par les Gueux. Depuis, elle abrite le siège du gouvernement provincial de Zélande.

Sur le Damplein, la porte d'enceinte **Gistpoort** possède une belle façade de style gothique tardif ; c'était une des portes d'accès à l'abbaye.

Gagner l'Abdijplein.

Provinciehuis (Siège des institutions provinciales) ⊘ – À l'Est de la place, le nouveau siège des institutions provinciales se trouve à l'emplacement de l'hôtellerie de l'abbaye.

* **Zeeuws Museum** (Musée de Zélande) ⊘ – Ce musée aménagé dans les anciens logements des chanoines et la cour comtale présente des collections régionales très variées. Est évoquée tout particulièrement la déesse celte **Nehalennia** dont on a trouvé à Domburg et dans l'île de Noord-Beveland plusieurs stèles votives datant de l'époque romaine. La déesse est souvent représentée assise, vêtue d'une longue robe et d'une petite cape, et portant une corbeille de fruits.

Dans le « cabinet de curiosités » du 18e s., on peut voir notamment un planétarium. Plusieurs belles **tapisseries** du 16e s. illustrent les victoires navales des Zélandais sur les Espagnols.

Diverses salles d'arts décoratifs permettent d'admirer meubles et argenterie de Zélande, porcelaine chinoise et faïence de Delft. Une remarquable collection de **costumes** et de coiffes de Zélande mérite l'attention. Outre les toiles de maîtres anciens, la collection de peintures rassemble des œuvres d'artistes venus chercher l'inspiration en Zélande, tels Jan et Charley Toorop et Jacoba van Heemskerck. L'art zélandais contemporain est également représenté.

Cloître – Au Sud de l'abbaye se trouve le cloître, avec en son centre un **jardin de plantes médicinales**. Installé dans les cryptes du Moyen Âge, l'**Historama Abdij Middelburg** ⊘ illustre à travers un film vidéo *(durée 20 mn)* assorti de projections l'histoire de l'abbaye et de ses anciens occupants. Dans un angle du cloître, on peut également voir d'impressionnants ossements du mammouth qui a vécu en Zélande il y a 10 000 ans. L'ancienne salle capitulaire attenante fait actuellement partie du **Centre d'études Roosevelt** (Roosevelt Studiecentrum). Cette dynastie américaine serait originaire de Zélande.

Églises abbatiales ⊘ – Attenant au cloître, trois églises se font suite.
La **Koorkerk** ou église chorale *(gauche)*, à une nef, du 14e s., contient un orgue du 15e s. dont le buffet a été rénové au 16e s. Dans la **Nieuwe Kerk** ou Nouvelle Église *(droite)*, du 16e s., ont lieu en été des concerts d'orgue. Entre ces deux églises se dresse la **Wandelkerk**, contre laquelle est adossée la tour abbatiale **Lange Jan** ⊘. Construction octogonale en pierre du 14e s., couronnée d'un petit bulbe du 18e s., elle s'élève à 85 m. Du sommet, belle vue sur l'abbaye, la ville et ses canaux.

MIDDELBURG

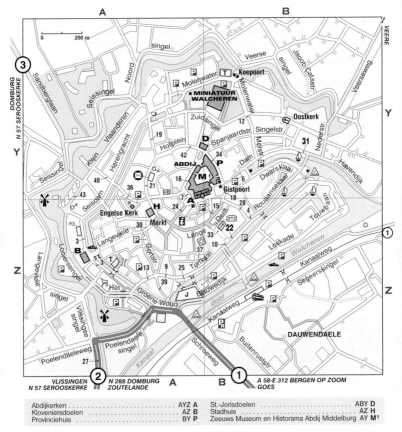

AUTRES CURIOSITÉS

St.-Jorisdoelen – Cet ancien local de garde civique datant de 1582 a été reconstruit dans le style primitif en 1970. Son pignon central à volutes est surmonté de la statue de saint Georges (Sint Joris).

Miniatuur Walcheren ⊘ – C'est une maquette en plein air représentant la presqu'île de Walcheren avec ses digues, ses ports et ses principaux édifices, réalisée à l'échelle de 1/20.
Plus loin s'élève la **Koepoort**, de 1735.

Oostkerk – Cette église octogonale à bulbe est d'un type assez courant parmi les édifices protestants du 17ᵉ s. Parmi les architectes qui l'édifièrent entre 1647 et 1667 figurait Pieter Post.

Les quais – Les quais nommés **Rotterdamsekaai**, **Rouaansekaai** et **Londensekaai** sont bordés d'une belle rangée de maisons de marchands et d'entrepôts du 18ᵉ s., témoins de la prospérité de l'époque.

Kloveniersdoelen – C'est l'ancien hôtel des arquebusiers, construit entre 1607 et 1611 dans le style de la Renaissance flamande. Il fonctionna, à partir de 1795, comme hôpital militaire.
Le bâtiment offre une très large façade en brique striée de pierre blanche et égayée de volets peints. Le pignon central à volutes porte un bas-relief sculpté d'arquebuses, de boulets de canon et surmonté d'un aigle. En arrière s'élève une tourelle octogonale à bulbe portant une girouette en forme d'arquebusier.

CIRCUIT DE WALCHEREN

49 km – environ 2 h – schéma, voir Delta. Sortir par ③ du plan.

⌂⌂ **Domburg** – Cette station balnéaire disposant d'une vaste plage située au pied de hautes dunes est très fréquentée. À l'Ouest, le sommet de la plus haute dune offre une **vue** intéressante sur Domburg et le littoral. Juste àprès Domburg (en direction d'Oostkapelle) se dresse le **château Westhove**, entouré d'eau. Il abrite actuellement une auberge de jeunesse.

La route suit les dunes qui isolent la presqu'île de Walcheren de la mer. Quelques fermes, entourées d'un rideau d'arbres, jalonnent le parcours.

Westkapelle – Ce bourg est situé à la pointe occidentale de l'ancienne île de Walcheren, où les dunes, insuffisantes pour résister aux courants, sont consolidées par des **digues**. Celles-ci s'étendent sur 4 km et leur crête la plus haute s'élève à 7 m au-dessus du niveau de la mer. En 1944, elles furent bombardées par les Alliés, ce qui provoqua l'inondation de l'île et permit d'en expulser les Allemands.

Westkapelle, station balnéaire familiale, jouit d'une plage exposée au Sud. Le **phare** est installé au sommet du clocher d'une ancienne église gothique, disparue lors d'un incendie.

Zoutelande – Petite station balnéaire.

Vlissingen – *Voir ce nom.*

Rentrer à Middelburg par ② du plan.

La plage à Zoutelande

NAARDEN★

Noord-Holland

16 875 habitants

Cartes Michelin nᵒˢ 908 G 5 et 210 P 9 – Schéma, voir Hilversum

Naarden était la capitale du Gooi *(voir Hilversum)*. Baignée par le Zuiderzee, la cité fut engloutie au 12ᵉ s.

Reconstruite au 14ᵉ s. plus à l'intérieur des terres, Naarden devint une importante place forte, prise par les Espagnols en 1572 puis par les Français en 1673.

C'est aujourd'hui une cité paisible encore entourée de son important système de **fortifications★** du 17ᵉ s., en étoile à douze branches avec six bastions *(voir Introduction, Art)*, entourés d'une double ceinture de remparts et de fossés.

On conserve à Naarden le souvenir de Jan Amos Komenský, connu sous le nom de **Comenius** (1592-1670), qui fut enterré ici en 1670.

Naarden est également la ville natale de **Salomon van Ruysdael**, le célèbre peintre paysagiste du 17ᵉ s.

Faire du shopping dans un arsenal...

... c'est possible, à Naarden. Les amateurs d'art, de design et de bonne cuisine ne manqueront pas d'aller visiter Het Arsenaal (*Kooltjesbuurt, 1*), un ensemble de bâtiments du 17ᵉ s. qui servaient autrefois d'entrepôt d'armement et de munitions. Ce complexe a été transformé en 1993 en Centre Design par l'ébéniste Jan des Bouvrie. Autour du joli jardin intérieur, on trouve des magasins de luxe, un restaurant aménagé avec goût, ainsi qu'une galerie d'art moderne. Marktstraat et Cattenhagestraat comptent de nombreuses boutiques sympathiques.

CURIOSITÉS

★ **Stadhuis** ⊙ – Ce bel hôtel de ville Renaissance à pignons à redans date de 1601. L'intérieur, meublé à l'ancienne, est orné de tableaux du 17ᵉ s. et contient une maquette des fortifications au 17ᵉ s.

Grote Kerk (Grande Église) ⊙ – Cette église gothique est dédiée à saint-Vith. À l'intérieur, la voûte en berceau en bois est décorée de belles **peintures**★ du 16ᵉ s. De la tour haute de 45 m (*235 marches*), belle **vue**★ sur les fortifications. Par beau temps, on aperçoit au loin Amersfoort, Amsterdam et Hilversum.

Comenius Museum ⊙ – *Kloosterstraat 33*. Les collections exposées concernent la vie et l'œuvre de cet humaniste tchèque, né en Moravie. Il fut persécuté en raison de son appartenance à la communauté des Frères bohêmes ou Frères moraves (*voir Utrecht, Environs*). En 1628, il s'enfuit avec nombre de ses coreligionnaires en Pologne. Il passa les quatorze dernières années de sa vie à Amsterdam. Comenius se consacra principalement à des recherches sur l'éducation et fut l'un des premiers à réclamer l'instruction pour tous. Il repose dans un **mausolée**, situé dans l'ancienne église wallonne.

Het Spaanse Huis (La Maison espagnole) – *Turfpoortstraat 27*. La pierre de façade de cette maison de 1615 évoque le massacre des habitants de la cité par les Espagnols en 1572.

★ **Nederlands Vestingmuseum (Musée néerlandais de la Forteresse)** ⊙ – *Westwalstraat 6*. Les cinq casemates de l'un des six bastions, Turfpoort, ont été transformées en musée ; canons, armes, uniformes, gravures et une présentation audiovisuelle illustrent l'histoire mouvementée de la ville. Le clou de la visite est le couloir d'écoute, long de 61 m, destiné à écouter l'ennemi la nuit.

NIJMEGEN★

Nimègue – Gelderland
151 864 habitants
Cartes Michelin nᵒˢ 908 I 6 et 211 T 11
Plan d'agglomération dans Le Guide Rouge Benelux

Seule ville des Pays-Bas bâtie sur plusieurs collines, Nimègue est la porte de la région des fleuves, grâce à sa situation sur le Waal, bras principal du Rhin, et à proximité du Maas-Waalkanaal. Il est possible de faire des **excursions en bateau** ⊙ sur le Waal. Nimègue doit à son université d'être une ville animée offrant de nombreuses possibilités de sorties. Sur le plan sportif, la ville est connue comme étant le point de départ et d'arrivée de l'événement annuel de marche appelé **Wandelvierdaagse**, qui dure quatre jours et attire de nombreux participants.

UN PEU D'HISTOIRE

Ancien oppidum des Bataves, Nimègue fut conquise par les Romains sous l'empereur Auguste, puis incendiée en 70 après J.-C. par le Romain Cerialis, général de l'empereur Vespasien qui s'efforçait de réduire la **révolte des Bataves** fomentée, l'année précédente, par **Claudius Civilis**. Elle devint ensuite une prospère cité romaine nommée *Ulpia Noviomagus*. Charlemagne, dont c'était l'un des séjours favoris, s'y fit construire un palais, sur l'actuel Valkhof. La ville du Moyen Âge se développa à l'Ouest de ce palais. Elle s'affilia au 14ᵉ s. à la ligue hanséatique. Tombée aux mains d'Alexandre Farnèse en 1585, elle fut reprise en 1591 par Maurice de Nassau.
Nimègue est la ville natale de **saint Pierre Canisius** (1521-1597), docteur de l'Église.

La paix de Nimègue – Après que les Français conduits par Turenne s'en furent emparés sans difficulté en 1672, Nimègue donna son nom aux trois traités qui y furent signés entre la France, les Provinces-Unies, l'Espagne (1678) et l'Empire

NIJMEGEN

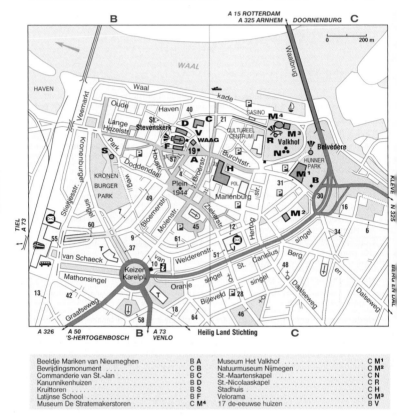

germanique (1679). Ils marquèrent l'apogée du règne de Louis XIV qui, à l'issue d'une guerre commencée en juin 1672 contre les Provinces-Unies, annexait à la France la Franche-Comté et une partie de la Flandre. Les Provinces-Unies restaient intactes. C'est au cours des conférences préparatoires de ces traités que la langue française commença à s'imposer comme langue diplomatique (les traités furent néanmoins rédigés en latin, selon l'usage). Le premier traité rédigé en français fut celui de Rastatt en 1714.

Nimègue au 20ᵉ s. – En février 1944, la ville fut bombardée par les Américains. Au moment de la bataille d'Arnhem, en septembre, Nimègue fut témoin de durs combats. Le pont sur le Waal (Waalbrug), construit en 1936, menacé de destruction par les Allemands, fut sauvé par un jeune habitant de la ville, Jan van Hoof. Une plaque a été érigée à sa mémoire au centre du pont, côté Est. Un **monument**, à l'entrée Sud du pont, commémore la libération de la ville.

L'Université catholique des Pays-Bas, fondée en 1923, est installée depuis 1949 dans un campus situé au Sud de la ville, sur la route de Venlo.

CURIOSITÉS

Grote Markt – Au centre, le **Poids public**★ **(Waag)**, construit en 1612 dans le style Renaissance, présente une belle façade à perron où le rouge et le noir des volets et la teinte de la brique, d'un rouge sombre, se marient heureusement. Le rez-de-chaussée est occupé par un restaurant.

Sur la place, **statue en bronze** (Beeldje) **de Mariken van Nieumeghen**, héroïne d'un drame religieux de la fin du 15ᵉ s. qui, séduite par le diable, le suit pendant sept ans puis finit par se repentir. La statue porte à la main trois cercles de fer dont le pape avait ordonné à Mariken de ceindre son cou et ses bras. Ils se détachèrent d'eux-mêmes lorsqu'elle eut expié sa faute.

Près du Poids public se trouve un ensemble de quatre **maisons du 17ᵉ s.** (17 de-eeuwse huizen) L'une est percée d'un passage voûté à pignon décoré (1605), le **Kerkboog**, qui conduit à l'église St-Étienne.

Près du chevet de l'église, l'ancienne École latine **(Latijnse School)** est une belle construction de 1554.

St.-Stevenskerk (Église St-Étienne) ⊘ – Cette vaste église gothique du 13ᵉ s., agrandie au 15ᵉ s., est flanquée d'une massive tour carrée surmontée d'un clocheton octogonal à bulbe (1604) où se trouve un **carillon** du 18ᵉ s.

L'intérieur renferme un beau **mobilier** : le tambour du bras droit du transept (1632), le « banc des seigneurs », de style Renaissance, par le Niméguois Cornelis Hermansz. Schaeff, et, par Joost Jacobs, la chaire, Renaissance.

On admire aussi le banc des princes du 18ᵉ s., orné des armoiries de la ville (aigles) et de la province (lions), l'**orgue** construit au 18ᵉ s. par König et les lustres en cuivre.

Du sommet de la **tour** *(accès par la façade Ouest, 183 marches)*, panorama sur la ville et sur le Waal.

Les abords de l'église ont été restaurés ; un important marché s'y tient le lundi matin. Au Nord se dressent de jolies maisons à pignon, les **Kannunikenhuizen** ou maisons des chanoines.

Commanderie van St.-Jan (Commanderie de St-Jean) – Cet édifice de brique des 15ᵉ et 16ᵉ s., restauré, dominant le Waal, est un ancien hôpital. Fondé au 12ᵉ s. pour héberger les pèlerins se rendant en Terre sainte, celui-ci devint au 13ᵉ s. possession de l'ordre des Hospitaliers de St-Jean de Jérusalem. Aujourd'hui, il abrite la brasserie-musée **Museumbrouwerij De Hemel** ⊘ (« le Ciel »). La visite permet de découvrir les procédés de brasserie et de distillerie ainsi que la fabrication de vinaigre et de moutarde.

Stadhuis ⊘ – Ce bel hôtel de ville des 16ᵉ et 17ᵉ s., en partie détruit par les bombardements, a été restauré en 1953. Il est flanqué d'une tourelle à bulbe. L'extérieur est orné de statues sculptées par Albert Termote et représentant des empereurs qui favorisèrent Nimègue ou qui jouèrent un rôle dans son histoire. À l'angle, statue de la Vierge. À l'intérieur, on peut voir de belles salles décorées à l'ancienne, la salle des Échevins (Schepenhal), la salle des Mariages (Trouwzaal). Dans la **Trêveszaal**, dont les murs sont ornés de verdures (tapisseries représentant des paysages), furent signés les traités de 1678 et 1679. Dans la salle du Conseil (Raadzaal) et la grande salle (Burgerzaal) sont exposées des tapisseries.

Valkhof – Ce parc est aménagé sur l'emplacement d'une résidence construite par Charlemagne. Elle portait le nom de « tour du faucon » parce que Louis le Débonnaire, fils de Charlemagne, y possédait un élevage de faucons pour la chasse. Le palais, reconstruit par l'empereur Frédéric Barberousse au 12ᵉ s., a été détruit au 18ᵉ s.

St.-Maartenskapel (Chapelle St-Martin) – Au centre du parc se trouvent les vestiges de la chapelle romane du palais de Frédéric Barberousse. Il en subsiste une belle abside ornée, à l'entrée du chœur, de deux colonnes à chapiteaux à feuillages et, à l'extérieur, d'arcatures aveugles.

★ **St.-Nicolaaskapel** (Chapelle St-Nicolas) – Près d'une terrasse d'où la vue est intéressante sur le Waal se dissimule, dans les arbres, cette ancienne chapelle du palais carolingien, probablement remaniée au 11ᵉ s. Elle compte 16 pans et est coiffée d'une tourelle octogonale. On aperçoit, à l'intérieur, les piliers qui circonscrivent un espace central en forme d'octogone ; à l'étage court une galerie à baies géminées.

Belvédère – C'est le nom d'une tour de guet (1640) de l'ancienne enceinte, aménagée en restaurant, dont la terrasse offre une belle **vue** sur le Waal.

★ **Museum Het Valkhof** ⊘ – Ce musée moderne de verre, dû à l'architecte Ben van Berkel (né en 1957), est consacré à l'histoire, l'art et la culture de Nimègue et de la province de Gelderland. Outre l'une des plus grandes collections d'objets utilitaires et d'objets d'art romains du pays, il renferme une collection d'objets datant de la préhistoire et du début du Moyen Âge, provenant principalement des fouilles effectuées à Nimègue et dans les environs : une tête en bronze de l'empereur Trajan, de la vaisselle en bronze et en argent, des bijoux et des pièces de monnaie, de la verrerie, ainsi que de nombreux objets de la vie quotidienne.

Naar foto Museum Het Valkhof

Musée Het Valkhof – Collier de guilde

Par ailleurs, on admire une belle collection d'orfèvrerie de Nimègue, ainsi que des collections ayant appartenu aux corporations ou guildes (colliers d'argent, pots en étain). Des gravures, dessins et peintures permettent de se documenter sur l'histoire de la ville. Le triptyque anonyme représentant un calvaire de 1526 avec la famille de saint Pierre Canisius, *La vue du Waal avec le Valkhof*, par Van Goyen, et le tableau de la *Paix de Nimègue*, peint pour Louis XIV en 1678, sont particulièrement remarquables.

Le musée possède également une belle collection d'art moderne et contemporain (pop art, expressionnisme) et organise d'intéressantes expositions temporaires.

* **Nationaal Fietsmuseum Velorama** (Musée national du Vélo) ⊘ – Plus de 250 bicyclettes provenant d'Angleterre, de France, d'Allemagne et des États-Unis illustrent l'histoire de ce moyen de locomotion, depuis la première draisienne, sans pédales, mue par l'action des pieds sur le sol, jusqu'aux vélocars et VTT contemporains. Les Vélocipèdes à roues en bois, les Grand-bi et l'American Star avec sa petite roue avant ont été les ancêtres du vélo anglais « Rover » dont les deux roues avaient la même dimension. À la fin du 19e s., le confort s'améliore grâce aux pneus. Le vélo connaîtra alors un succès sans précédent et toujours actuel. Une petite salle au deuxième étage est consacrée aux bicyclettes hollandaises, anciennes et modernes.

Museum De Stratemakerstoren (Musée de la Tour du Cantonnier) ⊘ – Des expositions temporaires consacrées au passé florissant de la ville sont organisées dans les galeries souterraines de cette tour fortifiée du 16e s.

Natuurmuseum Nijmegen (Musée de la Nature) ⊘ – Ce musée est aménagé dans une ancienne synagogue de 1912. L'exposition permanente intitulée « Het Rijk te Kijk » (« Découverte de la région du Rijk ») est consacrée à la nature et aux paysages de Nimègue et de ses alentours. Des expositions temporaires sont également organisées.

Kronenburgerpark – Dans ce parc se dresse la tour poudrière **Kruittoren** (15e s.), vestige des remparts de la ville. Un peu plus loin, une champignonnière est aménagée dans la cave de la tour **Paddestoelentoren Het Rondeel**.

ENVIRONS

Heilig Land Stichting – *4 km au Sud-Est par Groesbeekseweg.*
Ici se trouve le musée biblique de plein air ou **Bijbels Openluchtmuseum** ⊘, dont les reconstitutions évoquent le monde de l'Ancien et du Nouveau Testament. L'exposition qu'abrite le bâtiment principal concerne l'histoire de la Bible et du Coran et illustre l'histoire du judaïsme, du christianisme et de l'islam. Le musée de plein air fait découvrir un petit village oriental avec sa synagogue, une auberge, un village de pêcheurs. La rue nommée « Via Orientalis » fait revivre le vieux Jérusalem où cohabitaient Juifs, Romains, Grecs et Égyptiens.

Berg en Dal – *6 km à l'Est par Berg en Dalseweg.*
Cette localité est située dans une région appréciée pour son paysage boisé et vallonné. Un **musée africain** (Afrika Museum) ⊘ est installé au Sud. *Postweg 6.* Il comprend une collection de sculptures dont des masques et des objets usuels, aménagée dans un édifice moderne, et des reconstitutions en plein air (terrains d'habitation ghanéen et malien, maisons sur pilotis).
Le **Duivelsberg** (76 m) est sillonné de sentiers. En suivant les panneaux « Pannenkoeken » (restaurant), on atteint un parking. De là, une promenade balisée mène à un belvédère : **vue** sur la plaine allemande et le lac de Wijlermeer.

Groesbeek – Le **Nationaal Bevrijdingsmuseum 1944-1945** (Musée de la Libération de Nimègue ⊘, *Wijlerbaan 4*) est installé à l'endroit précis où le général de division James M. Gavin s'est posé le 17 septembre 1944 avec ses 82 parachutistes. Films originaux, dioramas, photos et maquettes illustrent les événements avant, pendant et après la guerre. L'accent est essentiellement mis sur l'opération **Market-Garden** *(voir Arnhem).* Dans la coupole d'honneur **(Erekoepel)**, qui a la forme d'un parachute stylisé, se trouve le « Roll of Honor » où sont inscrits les noms des 1 800 soldats américains morts à Nimègue.

EXCURSION

Doornenburg – *18 km au Nord-Est. Sortir par Waalbrug et tourner vers Bemmel et Gendt.*
Ce village possède un château (**kasteel** ⊘), du 14e s., reconstruit après la Seconde Guerre mondiale.
Il se compose d'une haute forteresse carrée, entourée d'eau, reliée par une passerelle à une cour fortifiée où se trouvent la chapelle et la ferme.

NOORDOOSTPOLDER

Polder du Nord-Est – Flevoland

43 160 habitants

Cartes Michelin n°s 908 H 3, 4, I 3, 4 et 210 S 6, 7, T 6, 7, R 6, 7

Schéma, voir IJsselmeer

C'est le second polder réalisé dans un plan d'assèchement du Zuiderzee *(voir IJsselmeer)*.

Assèchement – Le polder couvre plus de 48 000 ha. Sa digue de ceinture, construite de 1937 à 1940, a une longueur de 55 km. Le polder fut asséché, à partir de 1941, à l'aide de trois stations de pompage situées à Vollenhove, Urk et Lemmer, qui évacuèrent 1,5 milliard de m^3 d'eau. Des canaux de drainage furent creusés et l'exondation achevée en 1942.

Le polder est rattaché à un ancien îlot du Zuiderzee, Urk (alt. 9 m) et englobe celui de Schockland (alt. 3,5 m) qui est aujourd'hui le point culminant de ce territoire dont le niveau le plus bas est à 5 m au-dessous de la mer.

Mise en valeur – Après l'assèchement, on construisit 500 km de routes. On édifia au centre du polder une capitale, **Emmeloord**.

Le Noordoostpolder est surtout consacré à l'agriculture. De 1942 à 1962, on l'assainit, le fertilisa et on y construisit 1 650 fermes. Les exploitations les plus petites sont groupées près des villages ; les plus importantes comportent une habitation reliée à une grange par une étable. Les lotissements donnent au paysage un aspect géométrique. Dans les prés se mêlent vaches et moutons ; les cultures de blé, de pommes de terre, de betteraves à sucre alternent avec quelques champs de fleurs.

CURIOSITÉS

Emmeloord – La capitale du polder a été édifiée selon les conceptions de l'urbanisme contemporain.

Au centre, le château d'eau (**watertoren** ⊙), édifié en 1957, alimente en eau potable tout le polder et possède un carillon de 48 cloches. Du sommet, la **vue** s'étend jusqu'à la côte frisonne, Urk et la centrale électrique de Flevoland-Est.

Schokland – *Entre Ens et Nagele.*

Jadis île du Zuiderzee, de forme allongée, elle comprenait trois villages qui ont été abandonnés en 1859 : en raison de sa faible altitude, l'île était difficile à défendre contre la mer. L'ancienne église (1834) qui se dresse au centre et ses abords (bâtiment moderne) ont été aménagés en musée (**Museum Schokland** ⊙).

On s'y documente sur le passé médiéval de la région évoqué par les découvertes archéologiques effectuées au cours des travaux d'aménagement, sur son peuplement à l'époque préhistorique et son évolution géologique.

Derrière le presbytère est conservée une partie de la palissade en bois qui protégeait l'île des assauts de la mer. Deux stèles scellées sur les murs de l'église et du presbytère montrent le niveau atteint par les différentes inondations.

★ **Urk** – Cette ancienne île est rattachée à la terre depuis la création du polder du Nord-Est, mais Urk constitue toujours une commune distincte. Le caractère insulaire et les traditions de cette localité, notamment la rigueur calviniste et

---

Schokland et l'Unesco

Fin 1995, l'ancienne île de Schokland fut le premier site néerlandais à être inscrit sur la liste du patrimoine mondial de l'Unesco *(voir aussi Introduction)*.

Ce site a été choisi en tant que symbole international de la lutte séculaire de l'homme contre l'eau.

L'île de Schokland, autrefois entourée par le Zuiderzee, fait actuellement partie d'un polder. Mais Schokland n'a pas toujours été une île. Durant la préhistoire, c'était une zone sèche et ce n'est qu'à l'époque des Romains que s'est formé un petit lac, le Flevomeer. Ce lac s'est agrandi progressivement pour former finalement le Zuiderzee, dont l'eau a couvert les richesses de Schokland pendant des siècles, jusqu'à ce que débutent les travaux de création d'un polder, en 1941, et qu'on entame des fouilles archéologiques. Celles-ci ont notamment mis au jour des vestiges d'anciennes maisons sur pilotis et de tertres, ainsi que des dizaines d'épaves. De la période située entre 4 500 et 1 800 av. J.-C., on a retrouvé des poteries, des outils en pierre, des traces de labours et même un champ funéraire contenant vingt squelettes. Mais ce sont les innombrables vestiges préhistoriques (fossiles, ossements de mammouths, d'aurochs préhistoriques et de rhinocéros laineux) et le matériel géologique en abondance qui rendent Schokland et ses environs particulièrement intéressants. Les gigantesques blocs erratiques laissés ici par les grands glaciers sont extrêmement rares et connus dans le monde entier.

Urk

l'observation stricte du repos dominical, ont été préservés. Les habitants âgés portent encore le costume traditionnel : pour les hommes, habit noir dissimulant une chemise rayée ; pour les femmes, jupe noire agrémentée d'un plastron fleuri ou brodé, coiffe placée sur un serre-tête en argent.

La pêche à l'anguille était jadis la spécialité de l'île ; elle est aujourd'hui complétée par la pêche à la sole et à la limande. Urk possède à l'heure actuelle un des plus grands marchés aux poissons du continent européen. Le **port** a conservé son aspect pittoresque, avec les chalutiers trapus, peints de couleurs vives, des pêcheurs d'anguille.

Urk est aujourd'hui un petit port très fréquenté par les amateurs de sports nautiques et par les touristes qui y viennent souvent par **bateau** ⊙ de Enkhuizen. Depuis la terrasse près de la petite église Kerkje aan de Zee (1786), édifiée au sommet d'une butte, on découvre une **vue** sur l'IJsselmeer. Des plaques apposées au parapet évoquent la mémoire des pêcheurs d'Urk disparus depuis 1815. Les authentiques maisonnettes de pêcheurs sont encore nombreuses dans le dédale de ruelles au cœur du vieux village.

ROERMOND

Limburg

44 habitants

Cartes Michelin n°s 908 J 8 et 211 V 15 – Plan dans Le Guide Rouge Benelux

Près de la frontière germano-néerlandaise, Roermond, nommée jadis Ruremonde en français, est une ville industrielle et la plus importante cité du centre du Limbourg. Par son évêché fondé en 1559, elle est en outre la capitale religieuse de cette province très catholique.

Roermond, située au confluent de la Meuse et de la Roer, obtint ses droits de cité en 1232 et reçut bientôt une enceinte dont subsiste la **Rattentoren**, du 14e s., sur le Buitenop.

Roermond est l'une des premières villes prises en 1572, en juillet, par Guillaume le Taciturne venu de Dillenburg et entrant dans le pays, mais elle fut reprise par les Espagnols dès le mois d'octobre. Roermond appartint ensuite à l'Autriche, à la France, et ne revint qu'en 1815 au royaume des Pays-Bas.

La ville, qui a beaucoup souffert de la dernière guerre, a été en partie reconstruite. Elle possède deux ports de plaisance, et de vastes plans d'eau situés entre la Meuse et un canal latéral.

CURIOSITÉS

Onze Lieve Vrouwe Munsterkerk (Église Notre-Dame) ⊙ – *Au centre de la ville.*
C'est l'ancienne église d'une abbaye de cisterciennes. De style rhénan, elle a été commencée en 1218 dans le style de transition du roman au gothique et restaurée à la fin du 19e s. par **P.J.H. Cuypers**, architecte né à Roermond.
Elle est flanquée à l'Ouest d'un porche massif encadré de deux tours à flèche et surmontée, à la croisée du transept, d'une coupole à deux tourelles.

Le plan tréflé de la partie orientale, avec les bras du transept terminés par des hémicycles, la galerie extérieure de l'abside, les toitures des tours et des tourelles, en forme de mitre, le décor de bandes lombardes sont caractéristiques des édifices rhénans.

L'église renferme un retable brabançon, en bois sculpté et peint vers 1530 et, à la croisée du transept, le tombeau des fondateurs de l'abbaye, le comte de Gueldre Gérard IV et son épouse Marguerite de Brabant. À proximité de l'église, à l'angle de Pollartstraat, le **Prinsenhof**, construit en 1665-1670, est l'ancien palais des stathouders de Haute-Gueldre, à l'époque de la domination espagnole.

Emprunter la principale rue commerçante, piétonne, Steenweg.

Kathedrale Kerk ⊘ – Dédiée à saint Christophe, la cathédrale s'élève près de la Grand-Place ou Markt. Construite en 1410, dans le style gothique régional, elle a été endommagée pendant la dernière guerre, et restaurée depuis.
En face de la cathédrale, on remarque une petite **maison baroque** de 1764 (transformée en restaurant).

★THORN, LE VILLAGE BLANC

14 Sud-Ouest de Roermond. Sortir par l'A 68.
Non loin de la frontière belge, cette bourgade aux briques roses souvent peintes de blanc a un charme particulier.

Abdijkerk ⊘ – Près de la place De Wijngaard, au pavement décoré de motifs géométriques, s'élève l'église abbatiale précédée d'une haute tour en brique rayée de pierre blanche.
C'est l'ancienne église d'une abbaye de femmes fondée à la fin du 10e s. par Ansfried qui devint évêque d'Utrecht en 995 et par son épouse Hilsondis. Reconstruite à la fin du 13e s. dans le style gothique, elle conserve de l'époque romane deux tourelles d'escalier et une crypte, à l'Ouest. Elle a été agrandie au 15e s., puis transformée à la fin du 18e s. dans le style baroque. Elle a été restaurée par Cuypers à la fin du 19e s.
L'**intérieur** est surprenant de blancheur. Le chœur oriental, surélevé, orné d'un retable baroque, domine une crypte gothique où se trouve le trésor (reliquaires, couronnes).
Les chapelles des bas-côtés abritent d'intéressants bas-reliefs. Dans le bas-côté droit, charmantes statues de saints d'art populaire, des 17e et 18e s.
Au fond de la nef, un escalier à double volée mène au chœur des chanoinesses. De là, on accède à un petit **musée**, installé dans l'ancienne salle capitulaire et la chambre d'archives des 14e et 15e s. : gravures, portraits et maquette de l'abbaye.
Dans la crypte occidentale, romane, on remarque une cuve baptismale en pierre, sculptée, du 15e s.

Prendre la rue principale (Akkerwal, Akker, Boekenderweg). Au deuxième oratoire (St-Antoniuskapel), tourner à gauche.

Sur une placette ombragée, la chapelle sous les Tilleuls **(Kapel onder de Linden)**, de 1673, a été agrandie en 1811. À l'intérieur, la partie la plus ancienne, à l'Est, montre une riche ornementation baroque (stucs, peintures) tandis que la partie du 19e s. a été décorée dans le style Empire.

Le village de Thorn

G. Biollay/PHOTONONSTOP

Zuid-Holland

592 665 habitants
Cartes Michelin nᵒˢ 908 E 6 et plis 24, 25 (agrandissement),
211 L 11 et plis 37 à 40 (agrandissement) – Schéma, voir Delta
Plan d'agglomération dans Le Guide Rouge Benelux

Seconde ville du royaume par sa population, Rotterdam est un des plus grands ports du monde, le troisième pour les conteneurs, après Hong-Kong et Singapour (1997). Établie sur la **Nieuwe Maas** (Nouvelle Meuse), avec un plan d'eau de près de 2 150 ha, c'est, à 30 km de la mer du Nord, le point de rencontre des navigations maritime et fluviale, au débouché des régions industrielles drainées par le Rhin, la Meuse et leurs affluents.

La commune de Rotterdam s'étend sur les deux rives du fleuve reliées par des tunnels, des ponts et le métro. Elle appartient au **Rijnmond** (embouchure du Rhin), ensemble de 23 communes dont elle est la plus grande. Rotterdam fait également partie de la **Randstad Holland**, vaste zone urbaine d'une densité très forte, située à l'Ouest du pays.

Détruite pendant la dernière guerre, Rotterdam a été reconstruite selon un schéma d'urbanisme avant tout fonctionnel.

Desiderius Erasmus

Ainsi signa sa vie durant le grand humaniste Geert Geertsz., qui vit le jour en 1469 à Rotterdam, mais y séjourna peu. Enfant, Érasme demeure à Gouda, Utrecht et Deventer où il étudie à l'école des Frères de la Vie commune.

Orphelin, désemparé, il devient moine en 1488 au couvent de Steyn, près de Gouda, et profite de sa réclusion pour perfectionner sa connaissance.

En 1493, sorti du couvent, il est choisi comme secrétaire de l'évêque de Cambrai qu'il accompagne dans ses déplacements. Mais les études l'attirent : il réussit à entrer comme boursier à la Sorbonne pour suivre des cours de théologie.

Durant un séjour en Angleterre en 1499, il rencontre Thomas More, l'auteur de l'*Utopie*, qui deviendra son meilleur ami. En 1502, fuyant la peste qui s'est répandue sur la France, il arrive à l'université de Louvain dont il est bientôt professeur.

Infatigable voyageur, Érasme se retrouve en 1506 en Italie où il fait éditer les **Adages**, commentaires sur des citations et maximes de l'Antiquité, puis à Londres (1509). Là, il écrit son célèbre **Éloge de la Folie**, qui paraît deux ans plus tard.

Giraudon

À Bâle, en 1514, Érasme fait connaissance avec Holbein qui illustre en 1515 une édition de l'*Éloge de la Folie* et fait de lui plusieurs portraits.

Lorsque Luther affiche, en 1517, les 95 thèses qui marquent le début de la Réforme, Érasme est à Louvain. Il s'abstient de prendre part aux querelles religieuses, mais sa neutralité, au moment où la faculté de théologie condamne les thèses de Luther, lui attire des ennuis. Il se réfugie quelques mois à Anderlecht, près de Bruxelles, en 1521, puis gagne la Suisse. Il poursuit là son œuvre littéraire et publie en 1526 une édition augmentée de ses **Colloques**, scènes dialoguées satiriques qui connaissent le plus grand succès.

Le prince des humanistes meurt à Bâle en 1536.

Érasme était très en avance sur son temps : sa philosophie ne s'imposa véritablement qu'au 18ᵉ s. et aujourd'hui encore, ses idées n'ont rien perdu de leur actualité.

L'université de Rotterdam, fondée en 1973, porte son nom.

UN PEU D'HISTOIRE

Rotterdam doit son origine à un modeste village installé sur la digue (dam) construite sur une petite rivière, la Rotte.
La ville n'avait encore que peu d'importance lorsque Érasme y naquit.

L'expansion – En 1572, les Espagnols, pourchassés par les Gueux qui venaient de prendre Brielle, supplièrent les habitants de Rotterdam qu'on les laissât entrer ; aussitôt dans la place, l'amiral Bossu livra la ville au pillage de ses troupes. À la suite de cette trahison, Rotterdam rallia le soulèvement.
De 1576 à 1602, la ville fut pourvue de ports et servit de base à la flotte des Gueux, dépassant rapidement sa rivale Dordrecht et devenant la deuxième ville hollandaise. Néanmoins, Rotterdam, prise en 1794, vit son activité très ralentie sous l'occupation française.

Grands travaux portuaires – Ce n'est qu'après la séparation de la Belgique et des Pays-Bas en 1830 que Rotterdam reprit son rôle de port de transit rhénan. Cependant, la profondeur de l'embouchure du fleuve (Brielse Maas) étant devenue inadaptée au tonnage croissant des navires, on dut construire un canal d'accès à travers l'île de Voorne, le Voornsekanaal, en 1830. Le canal de Voorne devint à son tour insuffisant. En 1863, les plans dessinés par un jeune ingénieur en hydraulique, **Pieter Caland**, en vue de la construction d'une voie maritime à travers les plaines sablonneuses qui séparent Rotterdam de la mer, furent approuvés par le ministre Jan R. Thorbecke. On se décida à creuser de 1866 à 1872 une voie fluviale assurant une communication rapide avec la mer : le **Nieuwe Waterweg**, de 18 km de long et de 11 m de profondeur aux basses eaux, comparable au Noordzeekanaal d'Amsterdam mais sans écluse. À son débouché fut construit le port de **Hoek van Holland** pour le trafic des passagers. C'est également à cet endroit que fut achevé en 1997 le dernier ouvrage du plan Delta : le gigantesque barrage antitempête situé près de l'Europoort *(voir ci-dessous et Delta)*.
La construction de nouveaux bassins, sur la rive gauche du fleuve (Binnenhaven, Entrepothaven, Spoorweghaven), plus vastes que les anciens, et raccordés au chemin de fer, fut entreprise vers 1870.
De 1876 à 1878 furent ouverts deux ponts sur la Meuse (Willemsbrug et Koninginnebrug) et le viaduc de chemin de fer qui franchit le fleuve sur 1400 m.
Puis furent creusés le Rijnhaven (1887-1894), le Maashaven (1898-1909) et de 1907 à 1931 le Waalhaven qui était alors le plus grand port artificiel du monde. Ensuite, le port s'étendit sur la rive droite de la Meuse, vers l'Ouest (Merwehaven, 1923-1932).
En 1886, Rotterdam avait absorbé le **Delfshaven**, petite enclave que Delft possédait sur le fleuve depuis 1400.

Une cité martyre – Le 14 mai 1940, Rotterdam subit un bombardement allemand qui détruisit à peu près toute la vieille ville. Seuls l'hôtel de ville, la poste centrale, la Bourse et la statue d'Érasme furent épargnés.
Un bombardement allié, en mars 1943, acheva sa destruction : en tout, 280 ha furent rasés, 30 000 maisons et immeubles incendiés.
Le port subit également, pendant la dernière guerre, de terribles bombardements ; en outre, il fut saboté en 1944 par les Allemands qui détruisirent 7 km de quais et 20 % des entrepôts.

ROTTERDAM PRATIQUE

Se loger

Rotterdam compte de nombreux hôtels modernes ; par contre, les hôtels de charme, installés dans des demeures historiques, sont rares.

AUBERGE DE JEUNESSE

NJHC City Hostel Rotterdam – *Rochussenstraat 107-109, 3015 EH Rotterdam,* ☎ *(010) 436 57 63, fax (010) 436 55 69. 22 chambres.* Près du Museumpark.

« À BON COMPTE »

Breitner – *Breitnerstraat 23, 3015 XA Rotterdam,* ☎ *(010) 436 02 62, fax (010) 436 40 91. 32 chambres.* Petit hôtel situé dans une rue tranquille du centre. Les chambres sont simples et disposent toutes d'une douche ou d'une baignoire, ainsi que de toilettes.

New York – *Koninginnehoofd 1, 3072 AD Rotterdam,* ☎ *(010) 439 05 00, fax (010) 484 27 01. 72 chambres.* Installé dans l'ancien siège de la compagnie maritime Holland-America Line, c'est un des rares hôtels de Rotterdam à occuper un bâtiment historique. Situé sur l'autre rive de la Meuse et par conséquent un peu éloigné du centre, cet hôtel est néanmoins vivement recommandé.

Inntel – *Leuvehaven 80, 3011 EA Rotterdam,* ☎ *(010) 413 41 39, fax (010) 413 32 22, www.hotelinntel.com. 149 chambres.* Cet hôtel destiné surtout aux hommes d'affaires se trouve à côté du cinéma IMAX et donne sur la Meuse, le pont Érasme et le Leuvehaven. Parmi les équipements de l'hôtel figurent une piscine, un sauna et une salle de fitness, ainsi qu'un parking souterrain.

Parkhotel – *Westersingel 70, 3015 LB Rotterdam,* ☎ *(010) 436 36 11, fax (010) 436 42 12, www.bilderberg.nl. 187 chambres.* Les chambres aménagées dans la moderne tour couleur argent offrent une très belle vue sur la ville. Situé à proximité du centre, où le visiteur pourra faire son shopping et sortir le soir, l'hôtel possède également un jardin privé, un sauna, un solarium, une salle de massage et de fitness, ainsi qu'un parking privé.

Restaurants et cafés

Boompjes – *Boompjes 701,* ☎ *(010) 413 60 70.* Le pavillon abritant ce restaurant constitue un des chefs-d'œuvre architecturaux de Rotterdam. De grandes baies vitrées permettent d'observer l'intense trafic maritime sur la Meuse. En été, on peut également manger sur la terrasse.

Brasserie La Vilette – *Westblaak 160,* ☎ *(010) 414 86 92.* Brasserie chic, mais très animée, proposant des plats délicieux à des prix abordables.

Café Rotterdam – *Wilhelminakade 699,* ☎ *(010) 290 84 42.* Ce café-restaurant se trouve à proximité de l'hôtel New York et est installé dans la magnifique salle des départs de la compagnie maritime Holland-America Line. Sa façade vitrée donnant sur la Meuse offre une magnifique vue sur la ville et sur le pont Érasme, illuminé la nuit.

Chalet Suisse – *Kievitslaan 31,* ☎ *(010) 436 50 62.* Dans ce chalet suisse à proximité du Museumpark, on peut déguster une fondue ou de la raclette mais aussi des plats ordinaires. Grande terrasse avec vue sur le parc.

De Engel – *Eendrachtsweg 19,* ☎ *(010) 413 82 56.* Une des brasseries « branchées » de Rotterdam. L'endroit idéal pour déguster un bon repas dans une ambiance conviviale.

Morand-Grahame/HOA QUI
Terrasses sur le Vieux Port

De Tijdgeest – *Oost-Wijnstraat 14-16,* ☎ *(010) 233 13 11.* Brasserie à la mode installée dans un ensemble de vieilles maisons et d'anciens entrepôts à proximité du Vieux Port (Oude Haven). Excellent rapport qualité/prix. Terrasse.

Kip – *Van Vollenhovenstraat 25,* ☎ *(010) 436 99 23.* Agréable brasserie située à proximité du Museumpark. Contrairement à ce que son nom indique (kip=poulet), on n'y sert pas que du poulet. Petit jardin.

Parkheuvel – *Heuvellaan 21,* ☎ *(010) 436 07 66.* Ce restaurant étoilé vous propose une cuisine haut de gamme, ainsi qu'une belle vue sur le trafic maritime sur la Meuse. Quel régal !

Zeezout - *Westerkade 11,* ☎ *(010) 436 50 49.* Comme son nom l'indique (« zeezout » signifiant « sel de mer »), ce restaurant moderne du quartier maritime ou Scheepvaartkwartier est spécialisé dans les plats de poisson. Étant donné qu'il est très prisé, il est recommandé de réserver.

Informations pratiques

Renseignements généraux - À l'Office de tourisme du Rotterdam (**VVV Rotterdam**, Coolsingel 67, 3012 AC Rotterdam, ☎ (0900) 40 340 65, www.vvv.rotterdam.nl), vous pouvez réserver des chambres d'hôtel, des places pour les spectacles et les concerts, et obtenir des informations sur les curiosités de la ville, les visites guidées, les manifestations culturelles, les excursions, etc.
L'Office de tourisme édite également un guide très pratique qui donne toutes ces informations.

Transports - À Rotterdam, vous pouvez laisser votre voiture dans un des **parkings** payants du centre ou gratuitement dans les **parkings P+R** de la périphérie. La société de transport public de Rotterdam, **RET**, dispose d'un vaste réseau de lignes de métro, bus et tramway. À partir de la gare centrale (Centraal Station), on pourra gagner facilement les principales curiosités. En été, la **ligne de tramway n° 10** sillonne toute la ville. Des cartes de transport valables un, deux ou trois jours sont en vente au bureau de la RET (face à la gare centrale ou Coolsingel 141, ☎ (0900) 92 92). On peut aussi louer des **vélos** à la gare centrale (Centraal Station), ☎ (010) 412 62 20.

Station de métro et de chemin de fer Blaak

Visites et promenades guidées - Le **VVV** organise des visites de la ville et propose des promenades à pied et à vélo à travers Rotterdam (avec ou sans guide). Il propose des excursions en taxi à travers la ville et le port. Ceux qui s'intéressent plus particulièrement à l'architecture peuvent s'adresser au **ArchiCenter**, ☎ (010) 436 99 09. L'organisation **Gilde Rotterdam** organise des promenades par quartier ou à thème (Delfshaven, Waterstad, Museumpark, Kop van Zuid, W.T.C., hôtel de ville, architecture...), ☎ (010) 436 28 44.

Promenades en bateau - **Flying Dutchman** : visite du port en aéroglisseur, départ : Parkkade, en face de l'Euromast, ☎ (010) 436 12 22. **Spido Havenrondvaarten** : visite du port ou excursion dans le Delta, départ : Leuvehoofd, ☎ (010) 275 99 88. **Stichting De Croosboot** : excursions vers le lac de Rottemeren et Delfshaven, départ : Zaagmolenbrug, ☎ (010) 414 97 51.

Rotterdam vue du ciel - Belle vue sur la ville depuis l'**Euromast** *(voir ci-dessous)* ou grâce aux survols de Rotterdam en avion organisés par la compagnie **Kronduif Air**, ☎ (010) 415 78 55.

Shopping - Parmi les nombreux centres commerciaux que compte Rotterdam, citons le **Lijnbaan**, premier centre aux allées piétonnes d'Europe, la **Beurstraverse**, un chef-d'œuvre d'architecture, le **Plaza**, en face de la gare centrale, et le **Zuiderboulevard**, une artère commerçante de 2 km de long. Le quartier Kop van Zuid abrite un nouveau centre commercial, le **Vrij Entrepot**. Dans l'ancien entrepôt De Vijf Werelddelen (Les Cinq Continents), on trouve de nombreux magasins, cafés et restaurants. Le vendredi soir, la plupart des magasins restent ouverts jusqu'à 21 h. Au centre-ville, les magasins sont ouverts le dimanche de 12 à 17 h.

Rotterdam compte de nombreuses galeries d'art, principalement situées sur et autour de la **Witte de Withstraat**, l'axe culturel de la ville. Le *Rotterdam Funshopping Gids* (Shopping amusant à Rotterdam) vous fera découvrir des adresses originales ; il est en vente au bureau du VVV, ainsi que dans la plupart des librairies et chez les marchands de journaux.

Marchés – Le **Centrummarkt** est un des plus grands marchés des Pays-Bas. Il a lieu le mardi et le samedi sur Binnenrotte, là où se tient également un marché le vendredi de 12 à 21 h. Toujours au même endroit a lieu un **marché du dimanche** (d'avril à décembre). En été, un **marché d'antiquités** est organisé tous les dimanches sur Schiedamsedijk. Parmi les autres grands marchés, citons : le **Markt Zuid**, le mercredi et le samedi sur l'Afrikaanderplein, et le **Markt West**, qui propose une grande variété de produits exotiques le jeudi et le samedi sur la Grote Visserijplein.

Théâtres et concerts – La revue **R'Uit Magazine**, disponible gratuitement auprès de l'Office de tourisme ainsi que dans divers autres endroits, publie chaque mois la liste complète des expositions, spectacles de danse, pièces de théâtre, concerts, etc. Pour se procurer des places, s'adresser au guichet Art et Culture (**Kunst & Cultuurbalie**) du VVV. Vous pouvez également appeler la **Rotterdamlijn en Uitgaanslijn** ☎ (0900) 503 20 00. Quelques théâtres et salles de concerts : centre de concert et de congrès **de Doelen**, Schouwburgplein 50, ☎ (010) 217 17 00 ; **Rotterdamse Schouwburg**, Schouwburgplein 25, ☎ (010) 404 41 11 ; **Theater Zuidplein**, Zuidplein 60, ☎ (010) 481 65 00 ; **Lantaren/Venster**, Gouvernestraat 133, ☎ (010) 277 22 77 ; **Luxor Theater**, Posthumalaan 29, ☎ (010) 413 83 26.

Sortir le soir – Vous pouvez passer une soirée originale au **Holland Casino** situé dans le complexe du Plaza, en face de la gare centrale. Pour les amateurs de cinéma : le cinéma **IMAX** (Leuvehaven) avec son écran géant ; le **cinéma Pathé**, situé sur Schouwburgplein ; **Lantaren/Venster** (Gouvernestraat) pour les cinéphiles.

Manifestations – Rotterdam est une ville très animée où se déroulent nombre de manifestations. Parmi celles-ci, citons le Festival international de Cinéma (**Internationaal Film Festival**) en janvier/février, le festival multiculturel **Dunya Festival** (début juin), la parade de carnaval tropical **Straatparade Zomercarnaval** (juillet), le festival du port de Rotterdam (**Wereldhavenfestival**) début septembre et le **September in Rotterdam**, une manifestation culturelle (septembre).

Les amateurs de sports apprécieront le tournoi annuel de tennis **World Tennis Tournament**, en mars et en avril, ainsi que le célèbre **Marathon de Rotterdam**.

LA VILLE NEUVE

La reconstruction de la ville – Aussitôt après la guerre, Rotterdam entreprit sa reconstruction. Un plan d'urbanisme rationnel fut adopté prévoyant une disposition plus espacée qu'auparavant et un noyau central culturel et commerçant.

La population a émigré à l'extérieur de la ville : l'agglomération s'est ainsi développée de manière spectaculaire. De nombreuses communes ont été édifiées de toutes pièces, telles **Hoogvliet** au Sud et à l'Est **Alexanderpolder**, située dans le Prins Alexanderpolder (1871) à l'endroit le plus bas du pays, à 6,50 m au-dessous du niveau moyen de la mer. Le quartier au Sud de la Meuse a été doté d'un centre commercial, le **Zuidplein**, d'un théâtre, ainsi que d'un immense Palais des Sports, l'**Ahoy** (concerts, expositions).

Pour faciliter les loisirs des habitants de cette agglomération considérable, d'importantes aires récréatives ont été aménagées aux environs, notamment sur une presqu'île de la Meuse près de Brielle, à l'Ouest et, au Nord-Est, le long de la Rotte.

Le nouveau port – *Voir aussi ci-dessous et l'agrandissement sur les cartes 908 et 211.* Dès 1945, on commença à reconstruire le port. On décida de développer les industries : un nouveau port, le **Botlek**, fut créé à partir de 1954 dans l'île de Rozenburg où furent installées les industries pétrochimiques et les raffineries. Devenu insuffisant, le port dut être complété par l'**Europoort**.

Enfin, pour abriter des pétroliers géants, on a construit des quais en haute mer, au Sud du Nieuwe Waterweg, dans la région de **Maasvlakte** où s'est implantée, autour des bassins portuaires, une zone industrielle.

Les activités portuaires – Avec un trafic total de marchandises d'environ 303,4 millions de tonnes en 1999, Rotterdam est un des premiers ports du monde (ensemble du trafic des ports maritimes français pour 1996 : environ 298 millions de tonnes). La gigantesque entreprise que représente ce port emploie 30 130 personnes.

Le **pétrole** et ses dérivés comptent pour 114,5 millions de tonnes dans le mouvement total du port, soit environ 35 %.

Quatre importantes raffineries (Shell, Esso, Kuwait Petroleum et Nerefco) sont installées entre Rotterdam et la mer. Elles ont donné naissance à une puissante industrie chimique (ICI, AKZO, DSM, ARCO, Shell, etc.).

Le port de Rotterdam bénéficie d'une situation privilégiée au débouché de deux grands fleuves européens, et de la proximité d'importants réseaux routier et ferroviaire. À cela s'ajoute la présence des aéroports de Zestienhoven (quelques kilomètres au Nord de la ville) et de Schiphol.

Plus de 80 % des marchandises arrivant au port de Rotterdam sont des marchandises de transit ; 60 % de ces produits sont destinés aux pays étrangers.

Rotterdam, port d'attache ou d'escale de plus de 300 lignes régulières d'outre-mer, a vu passer en 1999 30 199 navires de haute mer.

Les installations portuaires ont dû s'adapter à l'important développement du **transport par conteneurs** (plus de 242 000 conteneurs en 1970 et plus de 6 343 000 en 1999). Des « centres de distribution » *(distriparken)*, offrant des services de stockage, de distribution et d'assemblage de marchandises, voient actuellement le jour ; ces centres se situent près des grands terminaux conçus pour recevoir les conteneurs.

Rotterdam - Le port

M. Koner/RAPHO

Les ponts et tunnels - La liaison routière urbaine entre la rive Nord et la rive Sud est assurée en particulier par quatre ouvrages importants :

Maastunnel - Ouvert en 1942. Long de 1 070 m dont 550 sous l'eau, il se compose de quatre galeries, deux jumelées à sens unique pour les voitures, deux superposées, avec huit escaliers roulants, pour cyclistes et piétons.

Beneluxtunnel - Il a été créé en 1967 pour décharger le Maastunnel et permettre la liaison entre les deux rives en évitant le centre de l'agglomération. De 1 300 m de long, il a été creusé jusqu'à 22,5 m de profondeur dans le lit du fleuve.

Willemsbrug - Ce pont à haubans, reconnaissable à ses pylônes rouges, a été conçu par C. Veerling et mis en service en 1981. Ses quatre voies constituent une liaison importante entre les deux rives.

Van Brienenoordbrug - À l'Est, ce pont a été inauguré en 1965. Son arche unique de 297 m s'élève à 25 m au-dessus de l'eau. Il se termine au Nord par un pont à bascule. Depuis 1992, le Tweede Van Brienenoordbrug (deuxième pont Van Brienenoord) permet une circulation automobile plus fluide grâce à ses 12 voies.

★★ **Erasmusbrug** – *Illustration, voir Introduction, ABC d'architecture.* Le pont Érasme, soutenu par un seul pylône sur une longueur de 802 m, a été réalisé par Ben van Berkel et ouvert officiellement en 1996. Surnommé « Le Cygne » par les habitants de Rotterdam (la forme du pylône rappelle le cou de cet animal), il se compose de deux travées avec, au centre, une partie fixe métallique et une partie à bascule, en acier. Ce pont relie le centre-ville actuel au quartier nommé **Kop van Zuid**, où des habitations, bureaux et équipements de loisirs, vont être implantés sur 125 ha ayant appartenu au port.

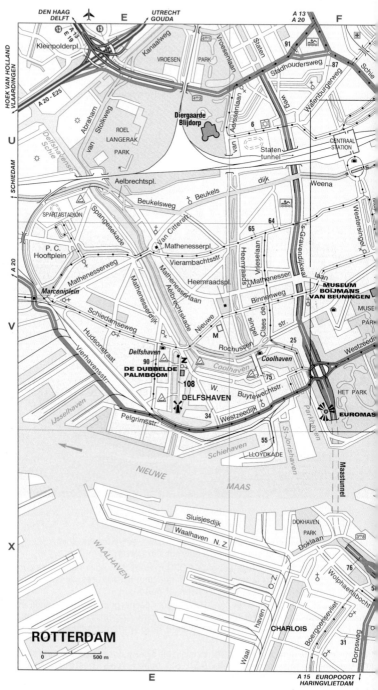

① **LE CENTRE** *visite : environ 2 h*

Le centre est hérissé de grands immeubles qui abritent banques, bureaux, commerces.

Stationsplein – En tournant le dos à la gare centrale **(Centraal Station)** édifiée en 1957, on voit à gauche l'édifice **Delftse Poort**★ (1986-1991), qui a été conçu par A. Bonnema et abrite les bureaux de la compagnie d'assurances Nationale Nederlanden. Ses deux tours, de 93 m et 150 m de haut, se reconnaissent à leurs

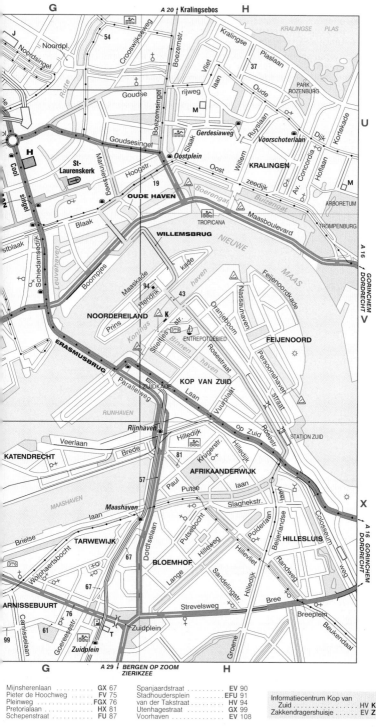

Mijnsherenlaan	GX 67	Spanjaardstraat	EV 90				
Pieter de Hoochweg	FV 75	Stadhoudersplein	EFU 91				
Pleinweg	FGX 76	van der Takstraat	HV 94				
Pretorialaan	HX 81	Utenhagestraat	GX 99				
Schepenstraat	FU 87	Voorhaven	EV 108				

Informatiecentrum Kop van
Zuid .... HV **K**
Zakkendragershuisje ...... EV **Z**

parois en verre. À droite se dresse le **Groot Handelsgebouw** (1949-1951) de l'architecte H. Maaskant. Symbolisant la reconstruction, le bâtiment couvre une superficie de 2 ha.

Kruisplein – À droite s'élève l'ancien **Bouwcentrum** ou centre du bâtiment (aujourd'hui l'immeuble de bureaux **Weena Point**). À l'angle de cet immeuble, une immense copie de la **Sylvette** de Picasso. À gauche se dresse l'élégante **Millennium Toren★**, terminée en l'an 2000. Cette tour en verre (149 m) rappelle l'Empire State Building et abrite un hôtel de luxe et des bureaux.

★ **De Doelen** – Cet immense palais des concerts et des congrès de 1966 est le port d'attache de l'Orchestre Philharmonique de Rotterdam. Une nouvelle aile réservée aux congrès a été ajoutée en l'an 2000.

Au Nord du Westersingel se dresse l'émouvant **monument** symbolisant la Résistance à Rotterdam.

Schouwburgplein (Place du Théâtre) – Cette place a été entièrement réaménagée par Adriaan Geuze. Elle est couverte de plaques métalliques dont certaines peuvent s'élever pour former un podium. Les quatre énormes lampes de bureau qui en constituent l'éclairage peuvent être actionnées par le public. La construction aux façades recouvertes de tôles ondulées située à l'Ouest de la place abrite le **cinéma Pathé**, œuvre de K. van Velsen. Le **théâtre**, conçu par W. Quist, a été inauguré en 1988.

Lijnbaan – C'est la principale artère d'un quartier commerçant aux allées piétonnes parsemées de parterres fleuris, construit par Van den Broek et Bakema. On y flâne le long de jolies boutiques dont les vitrines sont protégées de la pluie par des auvents ; on s'y attarde aux terrasses des cafés.

Traverser le Lijnbaan pour atteindre l'hôtel de ville.

Face à l'hôtel de ville se dresse le **monument aux victimes de la guerre 1940-1945** réalisé par Mari Andriessen en 1957 : trois générations y sont représentées.

Coolsingel – C'est l'artère principale de la ville où sont groupés l'hôtel de ville, la poste et la Bourse. Construit entre 1914 et 1920, l'hôtel de ville (**Stadhuis**) est l'un des rares édifices épargnés par les bombardements. Il possède un excellent **carillon**. Accolée à la façade se trouve, parmi d'autres, la statue du juriste Grotius.
La **poste**, de la même époque que l'hôtel de ville, montre, à l'intérieur, une remarquable charpente en béton.
En face de la Bourse, devant le grand magasin De Bijenkorf (La Ruche), la gigantesque « **Construction** » métallique réalisée en 1957 par Naum Gabo illustre la reconstruction de la ville. La Bourse (**Beurs**) a été construite en 1936-1940 d'après les plans de J.F. Staal. Le **World Trade Center**★ (1983-1986), tour de 23 étages construite par l'architecte R.B. van Erk au-dessus du hall de la Bourse, se reconnaît de loin grâce à ses parois en verre de couleur verte ; elle a la forme d'une ellipse aplatie.

Beursplein – La rénovation de cette place a été réalisée en 1994 d'après les dessins de l'architecte Pi de Bruyn. Outre une galerie marchande en sous-sol, la **Beurstraverse**, on trouvera sur cette place des grands magasins, une tour d'habitation et un parking.

Tourner à gauche derrière la Bourse, puis traverser la passerelle sur la Rotte.

Sur la place Grotekerkplein, la **statue d'Érasme** est l'œuvre d'Hendrick de Keyser, réalisée en 1622. Érasme est né l'année même où la construction de l'église était entreprise (1469).

Grote of St.-Laurenskerk (Église St.-Laurent) ⊘ – Terminée en 1646 avec sa tour tronquée encastrée dans l'axe de la nef, cette église dans le style gothique tardif a été détruite en mai 1940 puis restaurée. Elle a retrouvé son aspect avec un nouveau portail de bronze (1968) par Giacomo Manzù. L'**intérieur**★ forme un large vaisseau dont la rigueur est atténuée par une voûte lambrissée aux tonalités chaudes, des lustres en cuivre, les grandes orgues rouge et or (1973), et la grille dorée (18e s.) du sanctuaire. Le transept peu saillant abrite des mausolées d'amiraux du 17e s. et un gracieux buffet d'orgues du 16e s. Fonts baptismaux en bronze de Han Petri (1959).

Regagner la Beursplein, puis prendre la Korte Hoogstraat.

★ **Historisch Museum Het Schielandshuis** ⊘ – Construite entre 1662 et 1665 pour l'intendance des digues du Schieland, la Schielandshuis possède une façade classique aux proportions harmonieuses, richement décorée.
Les trois intérieurs reconstitués à l'entresol abritent des tableaux d'artistes de Rotterdam, ainsi que des objets représentatifs de ses arts décoratifs (orfèvrerie, verrerie, mobilier). La salle Régence est consacrée à **Adriaen van der Werff** (1659-1722), peintre d'une grande finesse qui jouit d'une renommée internationale de son vivant.
L'entresol abrite entre autres la **collection Atlas Van Stolk**, comprenant des gravures et dessins évoquant l'histoire des Pays-Bas (exposée en partie lors d'expositions temporaires).
Au 1er étage *(commencer la visite à gauche)*, la **section d'histoire** est consacrée au développement de Rotterdam, petit bourg au 13e s., devenu aujourd'hui un port d'envergure mondiale. Le passé de la ville est illustré par divers objets, dont le premier sabot néerlandais, des portraits de directeurs de la Compagnie des Indes orientales, ainsi que le drapeau blanc qui fut agité lors de la capitulation de Rotterdam en 1940.
Les étages du grenier sont consacrés à la **vie quotidienne** (maison de poupée, reconstitution d'une crémerie, cuisine d'enfant) ainsi qu'aux **vêtements** et à la **mode** de 1900 à nos jours.
Trois hauts immeubles entourent le musée : à droite la tour **Schielandtoren** (un des immeubles d'habitation les plus élevés d'Europe), à gauche la tour noire **Robeco-toren**, conçue par W. Quist, et en face la tour moderne en verre qui abrite le siège de la Fortis Bank.

Traverser le Coolsingel et prendre à gauche la Binnenwegplein.

ROTTERDAM

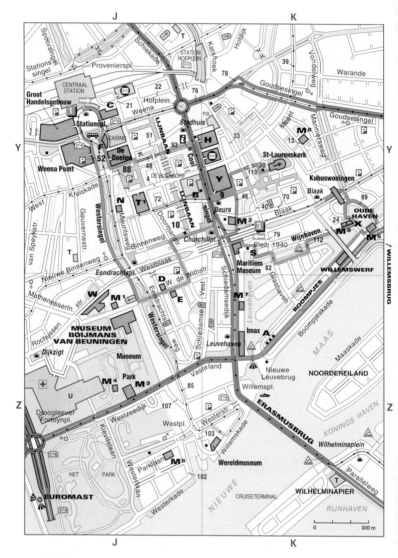

Binnenwegplein – À l'entrée de la place se trouve le **City Informatiecentrum** ⊙, centre d'information sur l'évolution urbaine de Rotterdam. Un peu plus loin, on remarque **Het Ding** (Le Truc), grande sculpture mobile de George Rickey, artiste américain (1969).

Tourner à gauche à hauteur de la Doormanstraat, traverser le Westblaak et prendre à droite la Witte de Withstraat.

Witte de Withstraat – En raison des nombreuses galeries qui la bordent et de la proximité du Museumpark, cette rue est souvent désignée comme l'axe culturel de Rotterdam. On y trouve notamment le **Witte de With Centrum voor hedendaagse kunst** Ⓥ. Ce centre d'art contemporain organise des expositions consacrées à l'art, l'architecture, le design et le théâtre. L'accent est mis en particulier sur les nouvelles tendances et sur l'art avant-gardiste. En face se trouve l'Institut néerlandais de la photographie ou **Nederlands Foto Instituut (NFI)** Ⓥ, entièrement placé sous le signe de la photographie et des nouveaux médias. Il abrite des archives, un atelier de restauration et une école de photographie et de vidéo, ainsi que des espaces réservés à des expositions temporaires.

Westersingel – Une statue sans tête, **L'Homme qui marche** de Rodin, semble arpenter la bande de verdure devant le Parkhotel. De l'autre côté du Westersingel, au n° 22 du Mauritsweg, se trouve la reconstitution du **Café De Unie**, créé en 1925 par l'architecte J.J.P. Oud. Les lignes et les couleurs rappellent les compositions des artistes du mouvement abstrait De Stijl.

★★ ② LE MUSEUMPARK

Le quartier autour du **Museumpark** est devenu en quelques années le centre culturel de Rotterdam.
Le parc (1988-1993) a été dessiné par l'architecte-paysagiste français Yves Brunier et par l'architecte **Rem Koolhaas**, né à Rotterdam en 1944. Il comprend trois zones ayant un caractère bien spécifique : une zone avec du gravier blanc en coquillages et de petits pommiers, une zone comprenant un podium bitumé et une zone à l'aspect romantique avec pièce d'eau et petit chemin sinueux. Autour du parc se trouvent plusieurs musées importants.

★★★ **Museum Boijmans Van Beuningen** Ⓥ – *En raison de travaux, une partie du musée sera fermée jusqu'à la fin de l'an 2001. Entre-temps sont organisées d'importantes expositions temporaires.* Situé à la lisière du parc, ce musée des Beaux-Arts est installé dans un édifice inauguré en 1935, auquel on a ajouté une aile en 1972. Outre une exceptionnelle collection d'art ancien, le musée abrite un grand nombre d'œuvres d'art moderne et contemporain, des estampes et dessins et une section d'arts décoratifs.

Art ancien – La collection de primitifs est remarquable. *Les Trois Marie au tombeau* sont une œuvre capitale de **Van Eyck**. Admirables tableaux de **Jérôme Bosch**, *Les Noces de Cana*, *Saint Christophe* et surtout *Le fils prodigue (illustration, voir 's-Hertogenbosch)* où l'on reconnaît la spirituelle poésie du peintre, la fantaisie de son imagination et son talent de coloriste. Remarquer une *Vierge à l'Enfant*, entourée d'anges musiciens, chef-d'œuvre de **Gérard de St-Jean**. Le prophète Isaïe constitue le volet gauche du célèbre retable du **Maître de l'Annonciation d'Aix**.
La *Tour de Babel* de **Bruegel l'Ancien**, le délicieux *Portrait d'un jeune écolier* (1531) au béret rouge de **Jan van Scorel**, des œuvres de **Pieter Aertsen**, etc. représentent le 16ᵉ s.
La peinture du 17ᵉ s. retient particulièrement l'attention. On remarque **Frans Hals** avec deux portraits, **Pieter Saenredam** et **Emmanuel de Witte** avec des intérieurs d'églises, **Rembrandt** avec un portrait de son jeune fils Titus, **Hercules Seghers**, **Van Goyen**, **Hobbema** et **Jacob van Ruysdael** avec des paysages, et des scènes d'intérieur par **Jan Steen** et **Gerard Dou**.
La collection de **Rubens** comprend, entre autres esquisses, une remarquable série sur le thème de la vie d'Achille. Dans le bel ensemble de peintures italiennes du 15ᵉ au 17ᵉ s. figurent des œuvres des Vénitiens : Titien, Tintoret, Véronèse.

Verzameling Willem van der Vorm – La collection comprend notamment une intéressante série de peintures du 17ᵉ s. où figurent Rubens et Van Dyck, Rembrandt *(Tobie et son épouse)* et de nombreux maîtres hollandais comme Gerard Dou, Terborch *(La Fileuse)* et Van de Velde avec deux marines.
La peinture française du 19ᵉ s. est représentée par des artistes de l'école de Barbizon ; on peut voir des œuvres de Daubigny, Théodore Rousseau et Corot. Du 18ᵉ s., il faut signaler Hubert Robert, Chardin, Watteau et Francesco Guardi, peintre de Venise.

Estampes et dessins – L'importante collection dont une partie est exposée lors des expositions temporaires couvre la période du 15ᵉ s. à nos jours ; elle comprend des œuvres de Albrecht Dürer, Léonard de Vinci, Rembrandt, Watteau, Cézanne et Picasso.

Art moderne et contemporain – Il couvre la période de 1850 à nos jours.
L'impressionnisme (Monet, Sisley, Pissarro), ainsi que Signac, Van Gogh, Mondrian et Kandinsky sont représentés. Remarquer la *Petite Danseuse de 14 ans*, gracieuse statuette de Degas.
Parmi les œuvres surréalistes se distinguent les tableaux de Salvador Dali et de René Magritte.

Museum Boijmans Van Beuningen, Rotterdam/© ADAGP PARIS 2001

Le Doigt sur la joue, Kees van Dongen

On peut admirer des œuvres de Kees van Dongen, peintre originaire de Delfshaven.

La collection d'art contemporain est exposée par roulement ; elle comprend des sculptures de Richard Serra, Oldenburg, Joseph Beuys, Bruce Nauman, Walter de Maria et Donald Judd, et des tableaux des Allemands Kiefer et Penck, des Italiens Cucchi, Clemente et Chia. L'art contemporain néerlandais est représenté par Van Elk, Carel Visser, Rob van Koningsbruggen et René Daniels. Parmi les tendances actuelles se remarquent des œuvres de Milan Kunc et de Salvo et des sculptures de Thomas Schütte, Bazilebustamante et Niek Kamp.

Arts décoratifs – Le musée offre, entre autres, de très riches collections d'objets d'art : verrerie ancienne, argenterie, majolique et faïences persanes, turques, espagnoles, hollandaises et italiennes.

★ Nederlands Architectuurinstituut ⊘ – L'institut néerlandais d'architecture ou NAi a été dessiné par Jo Coenen. Celui-ci a collaboré pour ce projet avec divers autres architectes, dont le Tchèque Borek Sipek, qui ont conçu l'intérieur du bâtiment. L'institut se compose de quatre parties ayant chacune leur fonction et leur style.

En entrant par le côté du Museumpark, on voit à gauche, dans la pièce d'eau, une œuvre d'Auke de Vries. La partie élevée et transparente de l'édifice abrite des bureaux ainsi que la bibliothèque, accessible au public, comprenant plus de 35 000 livres et revues sur l'architecture néerlandaise et étrangère et sur les sujets annexes. Un auditorium et le foyer se trouvent au niveau de la pièce d'eau. Une rampe située derrière l'accueil conduit aux divers niveaux de l'aile où ont lieu les expositions et qui est reconnaissable à ses parois extérieures en briques de couleur marron-mauve. Les expositions temporaires ont pour thèmes l'architecture, l'urbanisme, l'art paysagiste et les autres disciplines apparentées.

L'aile incurvée, construite sur des piliers en béton le long de Rochussenstraat, est appelée Collectievleugel *(uniquement accessible lors de visites guidées)*. C'est là que sont conservées de nombreuses données sur l'architecture néerlandaise de 1800 à nos jours, notamment des dessins et des maquettes d'architectes célèbres : Cuypers, Berlage, Rietveld, Coenen, Koolhaas et Weeber. Les murs extérieurs n'ont pas de fenêtres et sont décorés de plaques de tôle ondulée peintes en rouge. Peter Struycken a conçu une œuvre d'art équipée d'un système informatique permettant, le soir, de donner aux piliers un éclairage aux couleurs changeantes.

Chabot Museum ⊘ – Le musée Chabot est installé dans une **villa★** construite en 1938 par les architectes G.W. Baas et K. Stokla dans un style fonctionnel. Les éléments (beaucoup de verre, encadrements en acier des fenêtres, toit plat et murs blanchis à la chaux) sont représentatifs du Nieuwe Bouwen, mouvement architectural des années 1920-1940 tout en sobriété. Depuis 1993, la villa forme un cadre très approprié pour les dessins et les peintures de l'artiste expressionniste Henk Chabot (1894-1949). Originaire de Rotterdam, il fut également graphiste et sculpteur de talent.

Kunsthal ⊘ – Situé contre le Westzeedijk, ce bâtiment est destiné à recevoir des expositions temporaires sur l'art, l'architecture, le design, la photographie et les cultures non européennes.

L'architecte **Rem Koolhaas** a su utiliser avec ingéniosité la différence de niveau entre le Museumpark et la digue. Les salles d'exposition, qui communiquent entre elles, sont regroupées autour de la rampe reliant le parc à la digue. Du côté du parc, la façade est en verre et en pierre de travertin ; du côté de la digue, la contre-allée passe sous l'édifice. Sur le toit, une œuvre de l'artiste Henk Visch, représentant un chamelier avec son chameau, symbolise l'aspect temporaire et itinérant des expositions.

Nederlands Architectuurinstituut (Jo Coenen)

Natuurmuseum (Musée de la Nature) ⓥ – Aménagé dans une villa monumentale de 1852, on peut y voir des mammifères et oiseaux naturalisés ainsi que des insectes et coquillages. Le pavillon de verre attenant renferme notamment un squelette de cachalot de 15 m de long. L'exposition permanente **RegioNatuur** permet de découvrir de façon agréable la faune et la flore de la région de l'embouchure du Rhin.

★ ③ **DE WATERSTAD** *visite : 3 heures environ*

Une promenade dans ce quartier de Rotterdam permet de comprendre l'importance de la mer pour la ville.

★ **Maritiem Museum Rotterdam (Musée maritime)** ⓥ – Situé sur le Leuvehaven, premier port maritime créé à Rotterdam, ce musée présente des expositions permanentes et temporaires. L'exposition interactive *WereldHaven/HavenWereld (Port mondial/Monde portuaire)* retrace l'histoire du port de Rotterdam. Le film, la grande maquette et surtout les dispositifs servant à naviguer dans le temps rendent la découverte particulièrement intéressante. L'exposition *Ik doop u... - scheepsbouw in Nederland (Je vous baptise... - la construction navale aux Pays-Bas)* retrace le riche passé des Pays-Bas en matière de construction navale du 17e s. à nos jours. *Mens aan boord (Homme d'équipage)* évoque la rude existence des marins aux 17e s. et 18e s. *De Collectie (La Collection)*, où sont exposés maquettes de bateaux, instruments de navigation, cartes, globes et divers autres objets, donne un aperçu de la richesse des collections du musée. Enfin, pour les plus petits, il y a l'exposition *Professor Plons (Professeur Plouf)*.

Dans le Leuvehaven, on remarque l'ancien navire blindé de la Marine Royale, le **Buffel★** (1868), qui appartient également au musée. Outre les cabines des membres de l'équipage et les cellules des punis, on admire le luxueux « appartement » du commandant.

Maritiem Buitenmuseum (Musée maritime extérieur) ⊘ – Les bateaux anciens amarrés dans le Leuvehaven ainsi que les vieilles grues permettent de se faire une idée de la façon dont on travaillait autrefois dans le port. Dans les pavillons, les ateliers ainsi que deux expositions se visitent.

IMAX – Ce cinéma projette des films de 70 mm sur un écran gigantesque de 23 m de haut et de 17 m de large. Les représentations sont très impressionnantes grâce au son provenant de six canaux différents.

Suivre Schiedamsedijk jusqu'au bout et prendre à gauche le pont Nieuwe Leuvebrug.

Le Nieuwe Leuvebrug offre une belle vue sur un autre pont, **Erasmusbrug★★** *(voir description des ponts de Rotterdam)*. Le Leuvehoofd est le point de départ des excursions en bateau dans le port. C'est là également qu'est érigé le monument national dédié à la marine marchande ou **Nationaal Monument voor de Koopvaardij**, haut de 50 m.

Les trois tours dites Boompjestorens (H. Klunder)

J.L. Bohin/EXPLORER

Boompjes – Ce qui était au 17e s. une avenue élégante avec double rangée de tilleuls est maintenant une artère moderne avec divers cafés et restaurants, et de nombreux immeubles d'habitation et de bureaux. L'architecte H. Klunder dessina les trois tours dites **Boompjestorens** qui sont illuminées la nuit en rouge, jaune et bleu.

Suivre le Boompjeskade jusqu'à ce qu'il s'élargisse ; tourner à gauche vers le Scheepmakershaven puis suivre le quai à droite.

L'immeuble blanc, de 92 m de haut, **Willemswerf★**, est le siège de Nedlloyd. L'architecte W. Quist a donné deux volumes distincts à l'édifice (1982-1988), le volume situé du côté du Nieuwe Maas étant cunéiforme.

Passer sous le pont Verlengde Willemsbrug et suivre le Boompjes.

★ **Oude Haven (Vieux Port)** – Premier port construit à Rotterdam en 1325, c'est maintenant un centre animé où, par beau temps, il fait bon s'asseoir aux terrasses des cafés.

La **Witte Huis** ou maison blanche est le seul vestige de la période d'avant-guerre. Construite dans les années 1897-1898, elle fut, avec ses onze étages, le premier « gratte-ciel » des Pays-Bas.

Dans le port sont amarrés deux anciens voiliers de commerce qui font partie du **Openlucht Binnenvaart Museum** (musée maritime de plein air).

À proximité se trouve le **Willemsbrug★★** *(voir la description des ponts de Rotterdam)*.

Overblaak – En 1978-1984, l'architecte **Piet Blom** a construit sur cette passerelle des maisons cubes★★★ **(kubuswoningen)**. On peut visiter la maison témoin de cet ensemble, le **Kijk-kubus** ⊘. Le quartier est dominé par la tour dite du Crayon **(Het Potlood)** à cause de sa forme.

Derrière ces maisons cubes se trouve l'accès à la **station de métro et de chemin de fer Blaak** (1983-1993) que l'architecte H. Reijnders a recouvert d'une immense toiture avec des tubes colorés *(illustration, voir le Carnet d'adresses)*.

Revenir vers le Oude Haven et suivre le Geldersekade en direction du Wijnhaven.

Mariniersmuseum (Musée des fusiliers marins) ⊙ – Ce bâtiment jouxtant la Witte Huis est consacré à l'histoire du Corps de fusiliers marins et à ses nombreuses missions. Le démineur en eaux peu profondes, De Houtepen (1961), est amarré en face du musée.

Suivre le Wijnhaven ; prendre à droite pour arriver sur la place appelée Plein 1940.

Au Nord du Leuvehaven se dresse une statue du sculpteur français Zadkine, né en Russie, **Pour une cité dévastée** (1953), dont la silhouette torturée d'un homme au cœur arraché symbolise le martyre de la ville.

★ 4 DELFSHAVEN

De Delfshaven, ancien port de Delft, embarquèrent en 1620 les Pères pèlerins en route vers l'Angleterre d'où ils repartirent pour le Nouveau Monde *(voir Leiden)*.
Ici naquit en 1577 **Piet Hein**, amiral qui s'illustra au Mexique en 1628 contre les Espagnols, et en 1877 le peintre **Kees van Dongen**, qui s'installa à Paris en 1897, fit carrière comme portraitiste de figures féminines aux coloris violents *(illustration, voir ci-dessus)* et mourut en 1968.

★ **Zakkendragershuisje (Maison des Portefaix)** ⊙ – Cette maison de 1653 se trouve à côté de l'écluse. C'est là que se rassemblaient les portefaix lorsqu'un navire devait être chargé ou déchargé.
La maison abrite une **fonderie d'étain** artisanale où se perpétuent les techniques anciennes.

★ **Voorhaven (Avant-port)** – Près du pont mobile à l'entrée de ce ravissant quai se trouve la chapelle dite des Pères pèlerins ou **Pelgrimvaderskerk** (15ᵉ s.), surmontée d'un clocheton.

★ **Museum « De Dubbelde Palmboom »** ⊙ – Ce musée a été remarquablement aménagé dans un ancien entrepôt de 1825. Lors de la restauration effectuée entre 1970 et 1975, la façade à corniches d'origine a été remplacée par deux façades à pignons caractéristiques de la ville de Schiedam.
Le musée retrace la longue histoire de Rotterdam en tant que pivot où convergent hommes, idées et marchandises.
Au 1ᵉʳ étage, une exposition rassemblant les résultats de fouilles archéologiques montre que la région importait des produits de l'étranger dès 2 400 avant J.-C. Parmi les marchandises négociées au port de Rotterdam autrefois, citons l'étain, les carreaux, la majolique et les articles de luxe importés par la Compagnie des Indes orientales (VOC).
Le 2ᵉ étage est consacré à l'industrialisation de la ville et au développement du port (1870-1970). L'accent est mis principalement sur les machines à vapeur et sur la technique du transbordement.
Des reconstitutions de magasins de Rotterdam et d'intérieurs datant des années 1930 à 1950, notamment un salon de coiffure et une distillerie, se trouvent au 3ᵉ étage.
Enfin, au grenier, une exposition retrace l'histoire de Delfshaven et évoque notamment les Pères pèlerins et le héros de la marine Piet Hein.

Molen De Distilleerketel – Ce moulin à galerie de 1727 sert toujours à la mouture du blé.

★ 5 KOP VAN ZUID

Cette ancienne zone portuaire (125 ha) au Sud de la Meuse est devenue ces dernières années un chantier de construction permanent. La commune veut en faire en 2010 un nouveau centre-ville, en y aménageant quelque 5 300 nouveaux logements et 435 000 m² d'entreprises et de bureaux. Certains projets ont déjà été menés à bien : le complexe **Wilhelminahof** (avec notamment tribunal, bureaux et métro) en face du pont Erasmusbrug, le **Belvédère** (KPN Telecom), le nouveau théâtre **Luxor Theater** et le **World Port Center** sur la jetée Wilhelminapier, ainsi que l'école supérieure **Ichthus Hogeschool** sur la Posthumalaan. En plus des constructions nouvelles, il est accordé beaucoup d'attention à la rénovation et à l'aménagement des anciens bâtiments portuaires. Quelques beaux exemples en sont le centre commercial **Vrij Entrepot**, offrant également des possibilités de sorties, l'**hôtel New York** (autrefois siège de la compagnie Holland-Amerika) et le **café Rotterdam** (ancien hall de départ de la compagnie Holland-Amerika). Le centre d'accueil **Informatiecentrum Kop van Zuid** ⊙ permet de mieux découvrir ce gigantesque projet (maquette, film, promenades). À proximité se dresse l'ancien pont ferroviaire **De Hef**★ (1927), qui demeure toujours ouvert dans sa position la plus haute.

AUTRES CURIOSITÉS

Het Park - Ce parc à l'anglaise est un véritable havre de paix au cœur de la ville. On peut notamment y voir la chapelle en bois des marins norvégiens ou **Noorse Zeemanskerkje** (sur la Westzeedijk) et l'**Euromast**.

★ **Euromast** ⓥ - Cette construction a été érigée en 1960 ; elle se situe près du Parkhaven.

Morand-Grahame/HOA QUI

Euromast

De la terrasse située à 100 m d'altitude, **vue**★ remarquable sur la ville et le port.

Depuis 1970, la Space Tower s'élève jusqu'à 185 m par un axe sur lequel tourne un ascenseur. Le **panorama**★★, sur l'Europoort notamment, s'étend jusqu'à 30 km à la ronde.

Wereldmuseum ⓥ - Le bâtiment de l'ancien Cercle nautique royal de Rotterdam abrite aujourd'hui le **Musée du Monde**. L'hôtel *Het Reispaleis* ou Palais des voyages accueille des hôtes du monde entier et permet aux enfants, grâce à des moyens interactifs, de découvrir le caractère multiculturel de la société. L'exposition *Rotterdammers* (habitants de Rotterdam) illustre, au travers de l'histoire de dix familles, les flux migratoires au 20ᵉ s. et leur influence sur la composition de la société à Rotterdam. Les plus beaux objets de la collection en provenance d'Afrique, d'Amérique, des régions de culture islamique, d'Indo-nésie, d'Océanie et d'Asie sont exposés dans des salles aménagées à cet effet. Le musée comprend également un cabinet des textiles et des expositions sur l'art contemporain dans les cultures étrangères.

En face du musée se trouve le beau bâtiment du club de la Société royale d'aviron et de voile **De Maas** (1908-1909).

Belasting & Douane Museum (Musée des Impôts et des Douanes) ⓥ - Au moyen de gravures, peintures et objets, ce musée situé dans le quartier maritime du 19ᵉ s. (Scheepvaartkwartier) donne un aperçu de l'imposition aux Pays-Bas depuis le Moyen Âge. Si l'on doutait encore de son impopularité, l'abondance des produits de contrebande est là pour le prouver.

Nationaal Schoolmuseum (Musée de l'École) ⓥ - Cet agréable petit musée est installé dans l'ancienne bibliothèque municipale ou **voormalige gemeentebibliotheek**★ (1923). On voit l'évolution de l'enseignement depuis le Moyen Âge illustrée par du matériel éducatif (planches de lecture, images scolaires, etc.) dans six salles de classe reconstituées.

En face du musée se trouve la fontaine **De Maagd van Holland** ou Vierge de Hollande (1874).

★ **Diergaarde Blijdorp** ⓥ - Dans un parc fleuri, ce zoo renferme une intéressante collection de plus de 2 000 animaux. Le Rivièrahal comprend des aquariums, un terrarium avec des reptiles et des amphibiens, une serre tropicale et des volières. Au cœur de la verdure de la **Taman Indah** - forêt tropicale où chaleur et pluie sont au rendez-vous - on découvre éléphants, rhinocéros et tapirs. L'**Oceanium** nouvellement aménagé est le royaume des otaries, requins, tortues de mer, pingouins, méduses ainsi que de milliers de poissons tropicaux. Le zoo possède également une île des gorilles ou **Gorilla-eiland**, une grotte où vivent des chauves-souris, un pavillon des animaux nocturnes, etc.

Arboretum Trompenburg ⊙ – La partie la plus ancienne de ce jardin botanique (6 ha) date de 1820 et fut aménagée à l'anglaise. Le jardin comporte également une roseraie, un jardin de bruyères, des serres avec des cactus et plantes grasses, une pépinière, etc.

Kralingse Bos et Kralingse Plas – Le bois Kralingse Bos (200 ha) entoure un grand lac (Kralingse Plas) au Nord duquel se dressent deux **moulins**.
L'un des deux, **De Ster**, est un ancien moulin à épices, datant de 1740.

★★ LE PORT

Voir également ci-dessus, et l'agrandissement sur les cartes Michelin 908 et 211.

Excursions en bateau *départ : Leuvehoofd (voir carnet d'adresses)*

Petite excursion en bateau ⊙ – Le bateau se dirige vers l'Ouest en descendant la Nieuwe Maas jusqu'à l'Eemhaven.
Il passe à droite le parc dominé par l'Euromast ; des bouches de ventilation signalent la présence du Maastunnel. Ensuite, on aperçoit **Delfshaven**, le **Merwehaven** (transport de fruits), **Schiedam** *(voir ce nom)*, le **Wilhelminahaven** (construction et réparation navale) et le bassin Wilton (**Wiltonhaven**).

Puis le bateau fait demi-tour et traverse alors le fleuve pour longer la rive opposée en revenant vers Rotterdam.

Ensuite, le bateau pénètre à l'intérieur d'**Eemhaven** dont les installations sont spécialisées dans le transport de conteneurs et le transbordement de marchandises, puis on arrive au **Waalhaven**, au **Maashaven**, ancien port de céréales, assurant actuellement en particulier le trafic des marchandises diverses, et au **Rijnhaven**. Ce dernier est bordé par les quais où amarraient autrefois les grands paquebots de la **Holland-Amerika Lijn**. On y voit de belles unités de lignes régulières.

Grande excursion en bateau ⊙ – Cette excursion mène jusqu'au Botlek.

Visite en bateau (Europoort) ⊙ – Cette visite permet de se rendre compte de l'ampleur des installations portuaires. Pendant la promenade, on visitera le barrage antitempête situé sur le Nieuwe Waterweg *(voir Delta)*.

Promenade en voiture en direction de l'Europoort et la Maasvlakte **(Plaine de la Meuse)**

79 km jusqu'à la Maasvlakte. Sortir en direction de Schiedam et emprunter le Beneluxtunnel à gauche.

À la sortie Sud, une belle vue se déploie sur le port pétrolier de **Pernis**.
Emprunter à droite l'autoroute, longée par une voie ferrée.

Botlektunnel – Ouvert en 1980 sous l'Oude Maas ou Vieille Meuse, qui vient de Dordrecht, ce tunnel comprend une chaussée de 500 m de long qui se trouve à 21 m au-dessous du niveau de la mer. Il complète un pont plus ancien.

Botlek – C'est un port céréalier et pétrolier. Il possède, outre des installations pour l'industrie chimique et le mouvement des marchandises en vrac, une entreprise de réparation navale.

Laisser en face la route de l'Europoort et continuer vers la droite pour rejoindre le fleuve.

Rozenburg – La rive opposée du fleuve nommé ici **Het Scheur**, groupe les industries de Maassluis *(ci-dessous)*. Près de l'église de Rozenburg se dresse le **moulin à vent** De Hoop (L'Espoir).

Laisser bientôt à gauche la route de l'Europoort pour prendre le Noordzeeweg qui s'avance entre le Nieuwe Waterweg et le Calandkanaal.

On aperçoit à gauche les installations de déchargement pour pétroliers desservant différentes compagnies. La route encercle un ancien radar à son terminus : **vue** sur Hoek van Holland *(ci-dessous)*, l'Europoort et l'embouchure, séparée en deux par une digue : au Nord, c'est l'entrée du Nieuwe Waterweg vers Rotterdam, au Sud, se situe l'entrée de l'Europoort : 30 000 bateaux entrent chaque année par cette embouchure.

Revenir par la même route et emprunter le pont sur le canal ou Calandbrug, puis passer sous le pont dit Brielsebrug pour gagner l'Europoort.

Europoort – Cette vaste zone industrielle (3 600 ha sur la rive gauche du Nieuwe Waterweg) a été aménagée de 1958 à 1975. On longe, à droite, les installations pétrolières déjà entrevues ; à gauche, le **Hartelkanaal**.

Au Sud de celui-ci se situe une zone récréative, dont fait partie le **Brielse Meer**, lac réservé à la navigation de plaisance et créé à partir d'un ancien bras de la Meuse, le Brielse Maas.

Dintelhavenbrug – Pont sur un canal d'accès au Dintelhaven, port minéralier. De ce pont, on distingue parfois un ferry dans le **Beneluxhaven**, port terminal des jumboferries pour l'Angleterre, comme Hoek van Holland.

Une fois franchi le Suurhoffbrug, tourner à droite vers Maasvlakte.

Oostvoornse Meer – C'est le lac d'Oostvoorne, bassin formé par la fermeture du Brielse Gat en 1965 et aménagé pour la baignade et la pratique du surf et de la planche à voile.

Maasvlakte (Plaine de la Meuse) – Ce sont des terrains sablonneux pris sur la mer du Nord entre 1965 et 1971 pour réaliser l'indispensable agrandissement (environ 1 200 ha) du port de Rotterdam. À l'heure actuelle se situent ici un terminal pétrolier (Maasvlakte Olie Terminal), un terminal pour conteneurs (Europe Container Terminus), une centrale électrique (EZH), des installations pour le stockage et le transbordement des minerais (EMO), ainsi qu'un établissement de la Compagnie du gaz des Pays-Bas (Nederlandse Gasunie). Un nouveau phare remplace celui de Hoek van Holland qui, depuis l'aménagement de Maasvlakte, se trouve trop éloigné de la mer. Depuis quelques années, l'expansion continue du port de Rotterdam a conduit à envisager l'aménagement d'une seconde **Maasvlakte**. Elle serait placée devant les installations actuelles et conquise de façon identique sur la mer.

EXCURSIONS

1 De Schiedam à Hoek van Holland

31 km – quitter Rotterdam par l'autoroute A 20 à l'Ouest.

Schiedam – *Voir ce nom.*

Vlaardingen – Ce grand port fluvial et maritime était jadis spécialisé dans la pêche au hareng. C'est aussi de nos jours un important centre industriel et commercial. Du bord de la Nieuwe Maas, on peut contempler le trafic incessant des navires de haute mer venant de Rotterdam ou s'y rendant. Le long de la rive Sud, en aval, s'étendent les installations du port pétrolier de Botlek.

Maassluis – Port situé sur le Scheur, entre la Nieuwe Maas et le Nieuwe Waterweg.

Afin de protéger Rotterdam contre les inondations, un **barrage antitempête**★ a été construit sur le Nieuwe Waterweg, entre Maassluis et Hoek van Holland. Depuis mai 1997, le Nieuwe Waterweg, large de 360 m, peut être complètement fermée par deux immenses portes blanches à charpente métallique, que l'on a surnommées « les deux tours Eiffel penchées » en raison de leur forme. Cet ensemble fonctionne de manière entièrement automatique et il est unique au monde. Dans le centre d'information **Keringhuis** ⊙, une exposition permanente est consacrée à ce barrage.

Hoek van Holland – Au débouché du Nieuwe Waterweg, c'est l'avant-port de Rotterdam pour les passagers et un point de départ de ferries pour l'Angleterre (Harwich). Le spectacle de l'important trafic de bateaux vers Rotterdam ou la mer du Nord est impressionnant. En face se trouvent les aménagements de l'Europoort.

Au Nord de Hoek van Holland a été créée en 1971 une plage artificielle.

2 Brielle et Oostvoorne

41 km au Sud-Ouest – Sortir de Rotterdam par Dorpsweg.

Brielle – *Voir ce nom.*

Oostvoorne – Station balnéaire située près d'un long cordon de dunes. Une réserve de 311 ha, **Duinen van Voorne**, aménagée dans les dunes, est sillonnée de sentiers de promenade. Un centre d'accueil (bezoekerscentrum) permet de se documenter sur la flore et la faune de la réserve.

3 Moulins et polders

Circuit de 81 km – environ 3 h – Sortir par Maasboulevard, suivre la direction Gorinchem et sortir vers Alblasserdam.

La route de digue, étroite, longe le Noord, bras d'eau très animé. Entre le Noord et le Lek se trouve l'**Alblasserwaard**. Cet ancien **waard** (terre basse entourée de rivières) est ceinturé de digues et transformé en polder.

Alblasserdam – Cette localité possède des ateliers de construction navale.

Kinderdijk – Kinderdijk signifie « la digue de l'enfant ». On raconte en effet que, lors de la grande inondation de la Sainte-Élisabeth en 1421, la mer déposa sur la digue un berceau contenant un enfant en pleurs et un chat.

À la sortie du village, une échappée entre les maisons à droite offre une jolie **vue** sur une quinzaine de moulins qui parsèment la plaine.

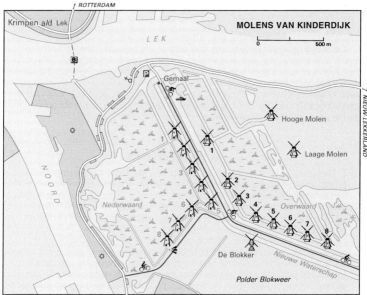

Krimpen a/d Lek — LEK — **MOLENS VAN KINDERDIJK** — 0 500 m

NOORD — Nederwaard — Overwaard — Hooge Molen — Laage Molen — De Blokker — Nieuwe Waterschap — Polder Blokweer — NIEUW-LEKKERLAND — Gemaal

ROTTERDAM

ALBLASSERDAM

★★ **Moulins de Kinderdijk** – *Illustrations, voir couverture.* Près de la station de pompage *(gemaal)* du Nederwaard, au bord des canaux, parmi les prairies et les roseaux, se dressent 19 moulins. Leur nombre exceptionnel, leurs dimensions, la beauté de la plaine marécageuse ont fait leur renommée. Ces moulins figurent depuis 1997 sur la liste du Patrimoine mondial de l'Unesco.

Jusqu'en 1950, ils ont servi à l'assèchement de l'Alblasserwaard, situé au-dessous du niveau de la mer. Aujourd'hui, leurs ailes ne tournent plus que pour les touristes, lors des Journées des moulins *(voir les Renseignements pratiques en début de volume).*

On peut se promener à pied le long des digues ou faire une **excursion en bateau** ⊙. Les huit moulins alignés à l'Ouest sont de hauts moulins de brique tronconiques, à calotte tournante *(voir Introduction, Traditions et Folklore)*, datant de 1738 (1 à 8). On peut visiter le deuxième **moulin** ⊙. Un peu plus loin, on remarque un moulin plus petit, du type *wipmolen (voir Introduction, Traditions et folklore)* nommé De Blokker ou Blokweerse Wip.

Le long de l'autre canal s'élèvent également huit moulins à calotte tournante mais à corps octogonal couvert de chaume (1 à 8). Ils datent de 1740. Deux autres moulins construits en 1761 se dissimulent derrière ces derniers.

Reprendre en voiture la route de digue qui longe le Lek.

À partir de Nieuw-Lekkerland apparaissent en contrebas de la digue, à droite, de grandes fermes souvent en forme de T, couvertes de chaume et accompagnées d'une meule de foin protégée par un petit toit *(illustration, voir Introduction, Traditions et folklore).* Les abords des fermes sont cultivés en vergers.

On aperçoit bientôt d'autres moulins.

À Groot-Ammers, prendre la route de Molenaarsgraaf.

Bientôt se profilent quatre **moulins** en enfilade le long d'un canal. Trois sont des *wipmolen,* le quatrième est un moulin de polder octogonal.

Rejoindre plus loin un grand canal qui traverse l'Alblasserwaard et le suivre côté Sud jusqu'à Alblasserdam.

La **route**★, qui se trouve presque au niveau de l'eau, est pittoresque. De grandes fermes de type « fermes-halles » *(voir Introduction, Traditions et folklore)* et quelques moulins jalonnent le parcours, dans un paysage très verdoyant. Certaines de ces fermes possèdent, un peu au-dessus du niveau du sol, une « porte de secours » qui donnait accès au salon et était jadis utilisée en cas d'inondation.

Rentrer à Rotterdam par Maasboulevard.

SCHIEDAM

Zuid-Holland

75 169 habitants

Cartes Michelin nᵒˢ 908 E 6 et 24 (agrandissement), et 211 L 11

Schiedam (prononcer sridam) est une petite ville typique dont le centre est encore entouré de canaux au bord desquels se dressent plusieurs moulins.

Des chantiers navals et de nombreuses industries lui donnent beaucoup d'animation. Mais c'est surtout le genièvre qui a fait sa renommée.

Vers 1260, Schiedam se construit un château dont on peut voir une tour près du nouvel hôtel de ville. En 1574, le château est détruit par les habitants pour éviter qu'il tombe aux mains des Espagnols.

La ville du genièvre

À l'origine, vers l'an 1600, les habitants de Schiedam commencèrent à produire de l'alcool à partir de vins de seconde qualité venus de France. Puis ils fabriquèrent de l'eau-de-vie de grain, et enfin ils se spécialisèrent dans la distillation du genièvre (jenever). Schiedam posséda jusqu'à quatre cents distilleries. Les monumentales maisons patriciennes, les entrepôts, les moulins et les distilleries des 18ᵉ et 19ᵉ s. situés le long des canaux sont des témoins de cette époque. De nos jours, cinq distilleries y élaborent du jeune genièvre (jonge jenever) et du vieux genièvre (oude jenever), plus corsé. Chaque distillerie possède sa propre recette et en garde jalousement le secret.

Un conseil pour ceux qui désirent commander un verre de genièvre : que vous demandiez un hassebassie, un neut, un pikketanissie ou un schiedammertje, le résultat sera toujours délicieux !

CURIOSITÉS

Stedelijk Museum ⊘ – *Hoogstraat 112.*
Situé dans la zone piétonne de la ville dans un bâtiment impressionnant du 18ᵉ s. (St.-Jacobs Gasthuis), ce musée régional comprend des collections concernant l'art contemporain, essentiellement néerlandais (groupe Cobra, art systématique, pop art, nouvelle figuration), et l'histoire de la ville.

Dans les caves du musée se trouve le musée national de la Distillerie (**Nederlands Gedistilleerd Museum De Gekroonde Brandersketel** ⊘).

Des étiquettes anciennes, des films publicitaires, des bouteilles miniatures et des cuves de distillation évoquent la fabrication du genièvre à Schiedam au 18ᵉ s. Le local de dégustation propose un vaste assortiment de genièvres, de liqueurs et d'apéritifs.

Moulins – La ville était entourée jadis d'une couronne de 19 gigantesques moulins, utilisés principalement pour moudre le grain destiné aux distilleries.

Cinq hauts moulins à balustrade, parmi les plus hauts d'Europe, subsistent le long du Noordvest, canal marquant l'emplacement des anciens remparts.

De Walvisch (La Baleine) – Daté de 1794, c'est le moulin qui se trouve le plus au Sud.

En continuant le quai vers le Nord, on peut voir les quatre autres moulins.

De Drie Koornbloemen (Les Trois Bleuets) – Ce moulin de 1770 était utilisé pour moudre les aliments du bétail.

De Vrijheid (La Liberté) – Commencé en 1785, il moud encore le grain.

De Noord (Le Nord) – Ce moulin de 1803 mesure 33,33 m de haut au niveau de sa calotte et 44,56 m au niveau de l'extrémité de ses ailes). Il sert de local de dégustation à une importante distillerie dont les bâtiments sont situés en face.

De Nieuwe Palmboom (Le Nouveau Palmier) – Ce moulin abrite le **Nederlands Malend Korenmolenmuseum** ⊘ (Musée néerlandais du Moulin à farine). Il est encore en activité et moud le seigle pour la distillerie De Gekroonde Brandersketel. On peut également y voir une exposition sur la vie et le travail dans un moulin.

Prendre la rue face au musée municipal et traverser le Lange Haven, canal central de la ville.

Jolie vue sur les quais pittoresques.

Puis suivre le quai à droite (Oude Sluis).

Derrière l'ancienne bourse aux grains ou **Korenbeurs** se dresse la gracieuse maison des Portefaix (**Zakkendragershuisje**) de 1725, à pignon sinueux, et surmontée d'une tourelle.

Maasboulevard – De ce boulevard, près du port de plaisance, la **vue** est intéressante sur l'important trafic de bateaux transitant entre Rotterdam et la mer.

Sur la rive opposée s'étend le port de Pernis.

SLUIS

Zeeland

6 477 habitants (Sluis-Aardenburg)
Cartes Michelin n°s 908 B 8 et 211 E 15

Sluis, située à proximité de la frontière belge, était avec Damme un avant-port de Bruges au 14e s., alors qu'elle se trouvait à l'embouchure du Zwin, aujourd'hui ensablée. Cette petite ville frontalière touristique et animée doit en partie sa popularité actuelle à ses nombreux sex-shops. Son ancien nom français, l'**Écluse**, évoque la bataille navale qui y fut livrée en 1340, au début de la guerre de Cent Ans. La flotte anglaise d'Édouard III y repoussa 190 nefs françaises.

Les tertres herbeux que l'on aperçoit en pénétrant dans la ville sont les vestiges des anciens remparts. Sluis est également la ville natale de **Johan Hendrik van Dale** (1828-1872), qui fut à l'origine du dictionnaire de référence du néerlandais, le Van Dale Groot Woordenboek der Nederlandse Taal.

CURIOSITÉS

Stadhuis ⊘ – L'hôtel de ville est dominé par un haut **beffroi** du 14e s., le seul existant aux Pays-Bas. Celui-ci est orné de quatre tourelles et d'un jaquemart. Du sommet du beffroi, on peut admirer une **vue** étendue sur la plaine. Dans l'escalier sont présentés des souvenirs de la cité. La salle du Conseil possède une belle grille du 18e s.

Molen De Brak – Ce moulin de rempart, détruit en 1944, a été reconstruit en 1951. Ses trois étages desservis par des échelles raides permettent de comprendre son mécanisme. De la balustrade, la **vue** s'étend sur les environs et sur le Zwin (voir Le Guide Vert Belgique, Grand-Duché du Luxembourg).

ENVIRONS

St.-Anna ter Muiden – 2 km au Nord-Ouest, près de la frontière.
Au pied de l'imposante tour de brique (14e s.) de l'église, la petite **place** triangulaire, les maisons rustiques et la pompe à eau composent un charmant tableau. Remarquer, à l'extrémité de la place, une grange de bois couverte de chaume.

Aardenburg – 8 km au Sud-Est.
Sa belle église gothique St-Bavon (**St.-Bavokerk**), relevant du style gothique scaldien qui s'est développé en Belgique, renferme des sarcophages des 14e et 15e s. dont les faces intérieures présentent d'intéressantes peintures.

EXCURSIONS

IJzendijke – 22 km à l'Est.
Cette ancienne place forte ne garde de sa ceinture de remparts qu'un petit bastion en demi-lune ou ravelin couvert de terre et entouré d'eau. À proximité, joli moulin à vent. Le clocheton, surmonté d'un coq doré, qu'on aperçoit au centre de la bourgade, appartient au plus ancien temple protestant de Zélande (1612).
Au n° 28 de la Grand-Place se trouve le musée régional (**Streekmuseum West-Zeeuws-Vlaanderen** ⊘). Outre un intérieur rustique de Cadzand de 1850, où l'on remarque un beau poêle, on peut voir des instruments servant à la culture du lin et de la garance ainsi qu'une section consacrée au cheval de labour zélandais.

Breskens – 29 km au Nord.
Port de pêche à l'embouchure de l'Escaut occidental, Breskens est le point de départ du **bac** ⊘ pour Vlissingen et possède aussi un port de plaisance. De la « Promenade » pour piétons aménagée au sommet de la dune, entre le port de pêche et l'embarcadère du bac à l'Ouest, on a de belles **vues** sur les plages de l'Escaut ; on distingue Vlissingen et son clocher.

SNEEK

Fryslân

31 104 habitants
Cartes Michelin n°s 908 I 2 et 210 T 4 – Plan dans Le Guide Rouge Benelux

Sneek (Snits en frison) est une petite ville active, très touristique. C'était au Moyen Âge un port sur le Middelzee, mer intérieure aujourd'hui disparue.
Sneek est située au centre d'une région appréciée pour ses lacs, en particulier le Sneekermeer, où l'on pratique différents sports nautiques. Sneek dispose elle-même d'un port de plaisance et de plusieurs écoles de voile. On peut y louer des bateaux à moteur, des voiliers, ou participer, en saison, à des excursions en bateau. Tous les ans, des régates animent la Grande Semaine de Sneek (**Sneekweek**). En outre, chaque été pendant 15 jours, on peut assister sur plusieurs lacs et sur

l'IJsselmeer à des **skûtsjesilen**, régates de « skûtsjes ». Plusieurs villes de Frise possèdent un de ces anciens bateaux de commerce, aux voiles marron foncé et à la coque large et aplatie, flanquée de deux dérives latérales. *Pour ces deux manifestations et une illustration, voir les Renseignements pratiques en début de volume.*

CURIOSITÉS

* **Waterpoort (Porte d'Eau)** – Cette élégante construction datant de 1613, en brique décorée de grès, protégeait l'entrée du port. Sa partie centrale, formant pont sur la Geeuw, est flanquée de deux tourelles que coiffent des toits effilés, et percée d'arcades.

G. Guittot/PHOTONONSTOP

Waterpoort

Stadhuis ⊙ – Du 16e s., transformé au 18e s., l'hôtel de ville présente une belle façade rococo, avec de hautes fenêtres à volets verts et un perron richement sculpté et surmonté de lions héraldiques.

Fries Scheepvaartmuseum/Sneker Oudheidkamer (Musée de la Navigation et des Antiquités) ⊙ – *Kleinzand n° 14.*
Ce musée est consacré à la navigation intérieure et maritime frisonne : importante collection de modèles de bateaux utilisés aux 18e et 19e s., intérieurs de bateaux de plaisance reconstitués, peintures, ateliers de fabricants de mâts et de voiles, instruments de navigation. Une attention particulière est accordée aux sports sur glace avec le patinage et le « Elfstedentocht » (le Tour des onze ville, compétition sur les canaux passant par onze villes de Frise), ainsi qu'aux « skûtsjes », avec un modèle de rouf. Dans le Cabinet des Antiquités de Sneek, on admire, outre une belle collection d'argenterie frisonne, en particulier de Sneek, plusieurs pièces reconstituées, dont la pièce d'honneur d'une ferme des environs, décorée de naïves peintures de paysages frisons, du 18e s.

EXCURSION

Heerenveen – *23 km au Sud-Est.* La ville fut fondée au 16e s. par des seigneurs frisons, d'où son nom qui signifie : tourbe des seigneurs.
À 4 km au Sud, les maisons d'**Oranjewoud** (17e s.) se dissimulent parmi les arbres centenaires d'une ancienne propriété des Nassau frisons. Deux manoirs, **Oranjewoud et Oranjestein** ⊙ *(accès par la Prins Bernhardlaan),* décorent ce magnifique paysage. Le beau parc De Overtuin et de nombreux sentiers dans les bois permettent d'agréables promenades.

★ LES LACS FRISONS

Circuit de 134 km – environ une journée
Quitter Sneek en direction de Bolsward.

On remarque çà et là une église sur tertre *(voir Leeuwarden, Excursions),* dissimulée derrière un rideau d'arbres.

★ **Bolsward** – *Voir ce nom.*

À proximité du carrefour de Workum, prendre une petite route vers Exmorra.

Exmorra, Allingawier et Ferwoude sont situés sur l'itinéraire touristique connu sous le nom de « **Aldfaers Erf-route** ».

Exmorra – Ici, le **Fries Landbouwmuseum** 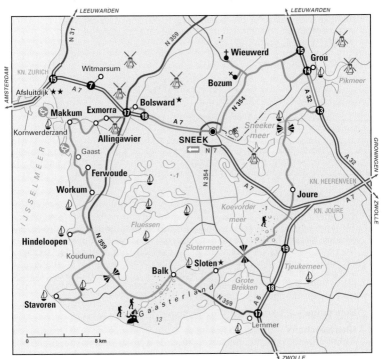 illustre l'évolution de l'agriculture en Frise à l'aide de machines, d'outils et de photos. On verra également une épicerie de campagne de 1885 ainsi qu'une école rurale. Un peu plus loin, l'**église** (13e s.) sur tertre, entourée d'un cimetière, a été restaurée.

Allingawier – Près de l'église au clocher à toit en bâtière, on peut visiter une **ancienne ferme** ⊙, typique de la Frise : un grand bâtiment abrite la grange immense et l'étable ; le logis annexe est surélevé pour laisser la place à la laiterie. Une boulangerie, une forge et un atelier de peintre se visitent également.

Makkum – C'est un pittoresque port de pêche, situé au bord de l'IJsselmeer et traversé par un canal. Depuis le 17e s., on y produit de la faïence à émail stannifère et surtout des carreaux dont le style rappelle, en plus rustique, celui de Delft *(voir aussi Introduction, Art)*.

Sur la Grand-Place, le Poids public **(Waag)**, une jolie construction de 1698 abrite le musée de la Céramique frisonne (**Fries Aardewerkmuseum** « **De Waag** » ⊙). Ses collections sont exposées au grenier et dans la maison voisine. Celles-ci comprennent des objets utilitaires ou de décoration (assiettes, plats, réchauds) de 1600 à 1880. On remarquera surtout les pièces (peinture bleue sur fond blanc) provenant de Makkum et de Harlingen *(voir ce nom)* et datant du 18e s., époque à laquelle la faïence frisonne a connu son apogée. Parmi les tableaux de carreaux retiennent l'attention ceux de la cheminée d'une ferme cossue de Makkum.

Dans la manufacture de faïence **Koninklijke Tichelaar Makkum** ⊙, fondée en 1594, on peut voir une exposition de faïence et visiter les ateliers.

Une route étroite, bordée d'un côté par la digue, de l'autre par un canal hébergeant parfois des hérons, mène à Workum.

À Gaast, tourner à gauche pour gagner Ferwoude.

Ferwoude – Dans cette localité, une ancienne **ferme** ⊙ et son atelier de menuiserie (1845) sont ouverts au public. En face, l'église du village, surmontée d'un clocheton pointu, a été coquettement repeinte.

Workum – *Voir ce nom.*

Hindeloopen – *Voir ce nom.*

Stavoren – *8,5 km au départ de Koudum.* Village de pêcheurs, Stavoren (Starum en frison) possède deux ports de plaisance. Il est relié à Enkhuizen par un service de bateaux *(voir Enkhuizen)*. Stavoren fut autrefois capitale des rois frisons puis ville hanséatique. Évangélisée au 9e s. par saint Odulphe, elle devint florissante dès le 11e s. Son port était remarquable au 14e s. Puis il s'ensabla, par la faute, dit la légende, d'une riche veuve de Stavoren qui ordonna au capitaine de l'un de ses navires de lui rapporter une marchandise précieuse. Ce dernier revint à Stavoren avec du blé : par dépit, la dame fit rejeter tout le blé dans le port.

Passé Koudum, une belle **vue** s'offre, depuis le pont mobile, sur les deux lacs de part et d'autre de la route.

On traverse la région boisée du **Gaasterland** qui s'étend au Sud-Ouest de Balk.

Balk – À proximité du Slotermeer, cette localité est traversée par un canal bordé de quelques jolies maisons du 18e s., témoignant d'une ancienne prospérité due au commerce du beurre dont Balk était le centre.

★ **Sloten** – Près du Slotermeer et à la limite de la région boisée du Gaasterland, Sloten (Sleat pour les Frisons), semble construite à une échelle réduite, ce qui accentue son charme : rues étroites, maisonnettes anciennes (17e-18e s.) disposées le long d'un petit canal bordé de tilleuls.

En suivant les quais, on atteint la **Lemsterpoort**, ancienne porte d'eau, et son **moulin** de 1755 : jolie vue sur le canal et sur les lacs animés, en saison, de voiliers.

Du pont mobile près de Spannenburg, belles **vues** sur un large canal qui fait la jonction entre deux lacs.

Joure – Depuis le 17e s., cette petite ville est spécialisée dans l'horlogerie et aujourd'hui encore, on fabrique des pendules nommées *stoeltjesklokken* et des horloges à balancier frisonnes. Joure est également la ville natale d'Egbert Douwes, fondateur d'une célèbre marque hollandaise de café. Les collections du **Musée Joure** ⊙ (installé en partie dans la première usine de torréfaction Douwe Egberts) illustrent les anciennes activités de la ville : l'histoire du café, du thé et du tabac, l'industrie horlogère, l'orfèvrerie, le travail du cuivre, les métiers de la boulangerie et de l'imprimerie. La petite maison natale d'Egbert Douwes a été reconstruite dans le jardin du musée. À proximité *(Midstraat 97)*, on peut visiter une boutique à l'ancienne.

Quelques kilomètres au Nord de Joure, la route emprunte une étroite langue de terre entre deux lacs sur lesquels elle offre de belles **vues**. Celui de gauche, le **Sneekermeer**, est l'un des lacs frisons les plus fréquentés.

Grouw – Près d'un lac, Grouw (Grou en frison) est un centre de sports nautiques très animé.

Wieuwerd – Dans ce hameau, l'**église** possède une crypte aux curieuses propriétés. Bâtie au 14e s. sur un petit tertre, entourée d'un cimetière, cette modeste église remaniée au 19e s. a servi de tombeau aux 17e et 18e s. à onze personnes. Les cadavres auraient été préservés de la décomposition par un gaz « antimonieux » qui se dégageait du sol : quatre des momies sont exposées sous une plaque de verre. Pour illustrer ce phénomène, plusieurs oiseaux, dont en 1897 un perroquet, ont été suspendus à la voûte.

Bozum – Ce coquet village possède une **église** romane des 12e et 13e s., restaurée, faite de tuf et de brique que précède une tour coiffée d'un toit en bâtière, et bordée à l'Ouest par un hémicycle de charmantes maisons basses. L'intérieur est rustique : les peintures du chœur (vers 1300) sont très effacées. Dans l'étang voisin barbotent souvent une multitude de canards sauvages.

Rentrer à Sneek par ① du plan.

STADSKANAAL

Groningen

32 838 habitants

Cartes Michelin nos 908 L 2 et 210 AA 5

Dans ce pays de tourbières devenues terres de labours et de pâturages, les villages se succèdent le long des canaux principaux, formant une rue continue. Telles apparaissent Stadskanaal (ville-canal), Veendam et Musselkanaal.

EXCURSIONS

Ter Apel – *20 km au Sud-Est.*
Ter Apel possède, au milieu d'un parc aux grands hêtres, un ancien couvent (**Museum Klooster Ter Apel** ⊙) dont subsistent l'église et deux ailes du cloître.
On visite le cloître, le réfectoire et sa cave où sont alignés des sarcophages découverts dans l'ancienne cour du cloître. Un jardin de plantes aromatiques a été aménagé dans la cour intérieure. L'**église** abrite un jubé gothique en bois sculpté (1501), des stalles de même époque, de lignes sobres mais dont les miséricordes sont ornées de figures pittoresques.

Bourtange – *25 km à l'Est. Voir ce nom.*

Nieuweschans – *35 km au Nord-Est.*
À l'Est de la province de Groningue, près de la frontière allemande, ce petit village tranquille aux maisons basses a été l'objet d'une importante restauration.

Les localités voisines de Staphorst et de **Rouveen** forment un monde à part aux Pays-Bas. La vie s'y déroule selon les principes d'un protestantisme sévère, véritable rempart contre les innovations de la vie moderne : ainsi, en 1971, les vaccinations y furent-elles interdites, et de nos jours les voitures y sont-elles proscrites le dimanche à l'heure des offices. Certaines femmes et jeunes filles portent le costume traditionnel, mais se refusent catégoriquement à être photographiées.

★ **Les fermes** – Les deux bourgs s'étalent dans l'axe d'une longue rue. De part et d'autre s'alignent, sur plus de 8 km, de plaisantes fermes au toit de chaume toutes identiques, mais néanmoins pittoresques. Très pimpantes, avec leurs parties en bois peint en vert (portes) ou en bleu (encadrement des fenêtres, étagères pour les bidons de lait, arbre de vie au-dessus de la porte), elles sont du type ferme-halle (*voir Introduction, Traditions et folklore*), avec pour particularité plusieurs portes en alignement sur une longue façade latérale. Sur le côté droit de la ferme, l'étagère servant à ranger les bidons de lait vides, est joliment sculptée. Deux fermes ⊘ ont été aménagées en musée et sont accessibles au public.

★ **Le costume** – Le costume féminin, très gracieux, est porté assez couramment. En partie sombre (chaussures et bas noirs, jupe à plis noire, tablier bleu ou noir) il s'égaye d'un plastron ou *kraplin*, à fond noir parsemé de fleurettes en pointillé, et, sur la tête, d'un béguin assorti. Par-dessus le plastron, un fichu écossais à dominante rouge (ou bleue en cas de deuil). L'hiver, le costume se dissimule sous un cardigan bleu. Les femmes les plus âgées portent encore le serre-tête à antennes en spirale (*voir Introduction, Traditions et folklore*) qui remplaçait jadis le bonnet, alors réservé aux fillettes. Lors de la sortie des classes (vers 12 h et 16 h), on voit fillettes et jeunes filles, habillées du costume traditionnel, évoluer à bicyclette.

Le costume de Staphorst

Ph. Gajic/MICHELIN

TIEL

Gelderland

37 436 habitants

Cartes Michelin nᵒˢ 908 H 6 et 211 R 11

Tiel est bien située, au bord du Waal, au centre de la **Betuwe**, région riche en cultures fruitières, dont les vergers forment au printemps un éblouissant spectacle. La ville est au cœur de la région appelée **Rivierengebied** (région fluviale) qui s'étend entre les rivières du Lek, du Rhin inférieur ou Nederrijn, du Waal et de la Meuse. Jadis, elle appartenait à la Hanse. Le deuxième samedi de septembre, un corso célèbre les fruits (**Fruitcorso**).

EXCURSION *19 km au Nord-Ouest*

Buren – Cette petite ville enserrée dans ses remparts devint en 1492 le centre d'un comté qui, par la première épouse de Guillaume le Taciturne, Anne d'Egmont, entra dans les possessions de la maison d'Orange.

L'ancien orphelinat (**weeshuis**), de 1613, est un bel édifice de style Renaissance précédé d'un porche sculpté. Il abrite un musée de la Maréchaussée (**Museum der Koninklijke Marechaussee** ⊙).

Non loin, une partie de l'enceinte qui longe le fleuve a été transformée en promenade : jolies **vues** sur le fleuve et les vergers de la Betuwe.

La rue principale dénommée Voorstraat est dominée par l'**église** dont le clocher, du 15ᵉ s., se termine par une partie octogonale de style Renaissance et un clocheton. L'hôtel de ville (**stadhuis**), reconstruit au 18ᵉ s., présente un portail rococo. À proximité, adossé aux murailles, se trouve le petit musée de la Charrette (**Boerenwagenmuseum** ⊙). À l'extrémité de la Voorstraat subsistent une **porte de ville**, en brique, et un **moulin** de rempart datant de 1716.

Culemborg – Cette cité ancienne, qui obtint ses droits en 1318 et devint le centre d'un comté en 1555, conserve quelques vestiges de ses murailles.

C'est la ville natale de **Jan van Riebeeck** (1619-1677) qui fonda, en 1652, pour le compte de la Compagnie des Indes orientales, la colonie du Cap, étape sur la voie des Indes.

Sur la Grand-Place (**Marktplein**) s'élève l'hôtel de ville (stadhuis) de style gothique flamboyant. La **Binnenpoort** ou porte intérieure est la seule porte subsistant des anciens remparts. Aménagé dans un orphelinat du 16ᵉ s., le **musée Elisabeth Weeshuis** est consacré à l'histoire de la ville ainsi qu'au passé du bâtiment. Certaines pièces (cuisine, pièce des régentes) ont été remarquablement bien conservées. Le souterrain présente une collection d'argenterie.

TILBURG

Noord-Brabant

190 559 habitants

Cartes Michelin nᵒˢ 908 G 7 et 211 P 13

Tilburg est l'une des agglomérations les plus peuplées des Pays-Bas. Située sur le canal Wilhelmine (Wilhelminakanaal), elle connaît une intense activité professionnelle et commerciale et s'est taillée une réputation de ville industrielle moderne. Tilburg est un centre d'enseignement supérieur qui compte plus de 25 000 étudiants et comprend, entre autres, l'université catholique Brabant et la faculté de Théologie Tilburg. Depuis septembre 1998, Tilburg accueille également la première académie de musique rock des Pays-Bas.

Pendant longtemps, l'**industrie textile** (*voir Introduction, Patrimoine industriel*) a dominé l'économie de Tilburg, qui comptait en 1871 quelque 125 entreprises lainières employant 4 600 salariés. Il s'agissait surtout d'entreprises familiales, peu spécialisées, dont beaucoup, faute de modernisation, ne purent faire face à la concurrence des autres pays européens dans les années 1960. Aujourd'hui, les principaux secteurs d'activité sont les industries chimiques, phototechniques, graphiques et celles du papier.

C'est la ville natale de Cornelis (1756-1840) et Gerardus (1746-1822) **van Spaendonck**, deux peintres spécialisés dans les natures mortes de fleurs et ayant travaillé à Paris.

Le roi Guillaume II, qui résida surtout dans cette ville, y mourut en 1849. Le palais qu'il fit construire dans un style néogothique anglais assez original abrite actuellement l'Office de tourisme (VVV).

La ville est également célèbre pour ses festivités pendant l'été, dont une **kermesse** de quinze jours en juillet, la plus grande du Benelux. Au mois de juin, la ville organise également le **Festival Mundial** dans le Leijpark. C'est la plus grande manifestation du pays consacrée au tiers-monde.

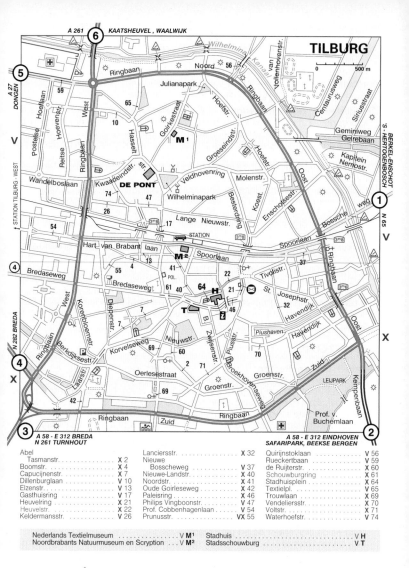

CURIOSITÉS

Stadhuisplein – C'est la place centrale de Tilburg d'où partent au Nord les rues commerçantes piétonnes. Ville dont l'expansion est récente, Tilburg s'est dotée de monuments modernes qui se dressent autour de cette place.

Stadsschouwburg (Théâtre municipal) – Construit en 1961 par les architectes Bijvoet et Holt, il présente une partie vitrée, à côté de grandes surfaces de brique aveugles.

Stadhuis – Un édifice aux lignes sobres couvert de granit noir, dû à l'architecte Kraayvanger, a été accolé en 1971 au palais néogothique du roi Guillaume II.

Noordbrabants Natuurmuseum et Scryption ⊙ – Près de la gare se trouvent l'un à côté de l'autre le **musée d'Histoire naturelle du Brabant-Septentrional** et le **Scryption**. Les collections du Scryption ont trait à la communication écrite : machines à écrire, à calculer, de bureau, écritoires, stylos, etc. Dans le Natuurmuseum, plusieurs expositions sont consacrées à la faune et à la flore de la province du Brabant-Septentrional et à la relation entre l'homme et la nature.

★★ **De Pont (Stichting voor Hedendaagse Kunst)** (Musée d'art contemporain De Pont) ⊙ – La fondation De Pont a été créée conformément au souhait de l'homme d'affaires de Tilburg, Jan de Pont (1915-1987), désireux de consacrer une partie de sa fortune à la promotion de l'art contemporain. C'est une ancienne filature de laine qui a été choisie comme centre d'exposition. Ce magnifique espace, couvrant 4 200 m² et éclairé principalement par la lumière du jour, présente une sélection d'œuvres d'art. Richard Serra, Marlene Dumas, Thierry De Cordier, Gerhard Merz, Anish Kapoor, James Turrell, Jan Dibbets, Marien Schouten, Rob

Birza, Guido Geelen et Richard Long figurent parmi les artistes contemporains représentés dans la collection. Le long du grand hall central, des pièces plus petites, servant autrefois à stocker la laine, permettent d'exposer les œuvres qui nécessitent un cadre plus intime. Le musée organise des expositions temporaires, et son jardin, l'été, est mis à la disposition d'un artiste.

* **Nederlands Textielmuseum** ⓥ - Ce musée a trouvé un cadre tout à fait approprié : l'ancienne usine de textile Mommers & Co, une des dernières de Tilburg. Le hangar, construit pour abriter les grosses machines, est reconnaissable à son toit particulier en shed ou dentelure qui permet un éclairage naturel maximum.

Ce « musée en activité » offre un panorama intéressant sur l'industrie textile des Pays-Bas avec les transformations techniques et sociales entraînées par l'utilisation de la machine à vapeur. L'imposante machine à vapeur (en fonctionnement) date de 1906. Plusieurs machines évoquent l'industrie lainière à Tilburg. La laine arrivait dans de gros sacs. Puis elle était lavée, démêlée et cardée pour obtenir des fibres parallèles ; ensuite, elle était envoyée vers le métier à filer.

On peut assister à des démonstrations sur plusieurs machines, présentant les divers aspects de l'industrie textile : tricotage, teinture, fabrication du lin, atelier d'impression. Le bâtiment de quatre étages, où se trouvaient autrefois des métiers à filer, abrite actuellement une filature des passements. À voir également une section consacrée aux arts plastiques, présentant des œuvres où le textile joue un rôle important, un atelier de touffetage et l'exposition « 100 ans de textile à usage utilitaire », qui donne un aperçu de l'industrie textile depuis 1890.

ENVIRONS

* **Safari Beekse Bergen** ⓥ - *4 km au Sud-Est par* ② *du plan. Au Nord de Hilvarenbeek*. - Le parc animalier **(Safaripark)** abrite, sur 110 ha, plus de 1 000 animaux sauvages parmi lesquels lions, rhinocéros, guépards, girafes, antilopes, zèbres et babouins. Le visiteur a le choix entre un safari en bateau, en bus ou à bord de sa voiture personnelle. La section (**Wandelsafari**, 3,5 km) abritant pingouins, flamants, saïmiris et espèces rares se visite à pied. La réserve abrite également un village africain. La piste d'aventure **Safaritrail** est spécialement aménagée pour les enfants. De mai à octobre, on peut assister à des démonstrations de rapaces.

À proximité du Safaripark se trouve le parc d'attractions **Speelland Beekse Bergen** (canotage, baignade, minigolf, trampolines, etc.). Un téléphérique ou *kabelbaan* permet de débarquer sur la rive opposée du plan d'eau.

* **Oisterwijk** - *10 km à l'Est. Sortir par* ① *du plan*.
C'est une villégiature agréable et ombragée, à proximité de dunes boisées, de champs de bruyère et de 60 petits lacs.
Une **maison ancienne** (1633), à pignon gracieusement découpé, est à signaler dans Kerkstraat *(nᵒˢ 88-90)*.
Devant l'hôtel de ville, **De Lind** est une charmante place plantée de tilleuls qui dessinent une traditionnelle « allée des mariages ».

UTRECHT★★

Utrecht P

232 718 habitants

Cartes Michelin nos 908 G 5 et 211 P 10

Plan des voies d'accès et de contournement dans Le Guide Rouge Benelux

Si Utrecht, chef-lieu de la province du même nom, est une ville animée, elle possède néanmoins un caractère intime avec son dédale de rues et ses nombreux bâtiments historiques, témoignages d'un passé riche et prospère. Les quais des pittoresques canaux ont une particularité : ils se situent en contrebas des rues et les cafés y installent leurs terrasses dès le premier rayon de soleil ; sous les rues, des caves voûtées ont été aménagées.

Utrecht est une métropole religieuse – le primat catholique des Pays-Bas y réside –, intellectuelle, par son université, commerciale, grâce au renom de sa foire internationale, fondée en 1917.

Chaque année à Utrecht se tient le **Holland Festival de musique ancienne** (*voir les Renseignements pratiques en début de volume*).

UN PEU D'HISTOIRE

Fondée, au début de notre ère, sur le Rhin qui la traversait alors, Utrecht portait sous les Romains le nom de *Trajectum* (gué), d'où son nom actuel.

Elle fut choisie dès le 7e s. comme foyer des missions en pays frison. **Saint Willibrord** (658-739), nommé en 695 évêque des Frisons, s'installa à Utrecht, la Frise étant alors jugée dangereuse. Il mourut à Echternach au Luxembourg.

À l'époque de Charlemagne, qui étend son empire vers le Nord, la région entre dans l'empire carolingien.

Après le traité de Meerssen (*voir Maastricht, Excursion*), Utrecht est soumise aux empereurs d'Allemagne. Sous leur domination, l'évêque Balderik (918-976) réussit à agrandir le territoire de l'évêché. Devenus très puissants, les évêques étendent leur souveraineté sur les actuelles provinces d'Utrecht, d'Overijssel, de Drenthe et de Groningue. Leur territoire se nomme le **Sticht**.

Né à Utrecht en 1459, **Adrien VI**, précepteur de Charles Quint, puis professeur à Louvain (Belgique), fut le seul pape néerlandais (1522-1523).

Charles Quint prend possession du Sticht en 1528. Transformé en archevêché par Philippe II d'Espagne en 1559, l'évêché d'Utrecht coiffe dès lors les principales villes du pays, sauf Bois-le-Duc. Cependant, la prospérité de la ville touche à sa fin, le centre du commerce s'étant déplacé vers les côtes.

En 1577, les habitants chassent la garnison espagnole.

L'Union d'Utrecht – En janvier 1579, les représentants des États de Hollande, de Zélande, des territoires de Groningue et d'Utrecht, le stathouder de Gueldre se réunirent pour signer l'Union d'Utrecht : ils décidèrent qu'aucun accord séparé ne serait conclu avec Philippe II et que la religion protestante serait la seule autorisée en Hollande et Zélande : dans les autres régions, la pratique de la religion catholique ne donnerait pas lieu à des poursuites.

Les signataires furent rejoints, la même année, par l'Overijssel, la Frise et la Drenthe, et quelques villes du Sud comme Anvers.

Ce traité, faisant suite à l'Union d'Arras par laquelle Alexandre Farnèse avait forcé les États du Sud à se soumettre à l'Espagne, est à l'origine de la séparation entre les Pays-Bas du Sud et les Pays-Bas du Nord qui devinrent par la suite les Provinces-Unies.

En 1635, **René Descartes** séjourne à Utrecht et y écrit le *Discours de la méthode* qui sera publié à Leyde.

L'année 1636 est marquée par la fondation de l'université d'Utrecht, la deuxième du pays après celle de Leyde.

Le schisme des Vieux-Catholiques – Dès le 15e s., un premier schisme ébranla l'évêché d'Utrecht dont le chapitre avait conservé le privilège d'élire ses évêques. En 1423, l'opposition d'un candidat pontifical engendra une lutte acharnée entre les partisans des deux évêques en compétition.

En 1702, l'archevêque d'Utrecht, Petrus Codde, accusé de jansénisme, fut démis de ses fonctions par le pape. Le chapitre d'Utrecht lui élut un successeur sans l'accord pontifical, en 1723. Ainsi se forma à Utrecht, en 1724, l'Église vieille-catholique. De cette Église indépendante, de tendance janséniste, firent partie un grand nombre de jansénistes français qui s'étaient réfugiés aux Pays-Bas après la condamnation de leur religion par la bulle papale Unigenitus en 1713.

En 1870, un groupe d'Allemands, refusant le dogme de l'infaillibilité pontificale, adhéra à l'Église vieille-catholique d'Utrecht. Une grande réunion des membres de cette Église venus de plusieurs pays se tint à Utrecht en 1889. Cette religion est toujours pratiquée aux Pays-Bas où elle compte environ 7 000 fidèles.

L'école de peinture d'Utrecht – À Utrecht s'est développée dès le 16e s. une école de peinture très marquée par l'influence italienne. **Jan van Scorel** (1495-1562) naît près d'Alkmaar. En dehors d'un voyage en Italie, d'un séjour à Haarlem, c'est à

Utrecht qu'il réside. Il contribue à répandre l'influence italienne dans son pays. *Le Baptême du Christ* (Frans Halsmuseum à Haarlem) est l'une de ses meilleures œuvres. **Maarten van Heemskerck**, son élève, fut lui aussi un peintre romaniste. Excellent portraitiste, Jan van Scorel aurait eu aussi pour élève **Antoon Mor** (1517-1576), qui fit surtout carrière en Espagne où il peignit, non sans talent, tous les personnages de la cour de Philippe II, sous le nom d'**Antonio Moro**. Au début du 17e s., **Abraham Bloemaert** (1564-1651), né à Gorinchem, transmet son goût pour la peinture italienne à de nombreux élèves : **Hendrick Terbrugghen** (1588-1629) qui, né à Deventer, travaille surtout à Utrecht et, à son retour d'Italie, est l'un des premiers à se réclamer du caravagisme ; **Gerard van Honthorst** (1590-1656), né à Utrecht, qui devient, lui aussi, après un voyage en Italie, un fidèle émule de Caravage ; **Cornelis van Poelenburgh** (vers 1586-1667), qui peint avec une touche précise des paysages lumineux. Étranger à ces influences, **Jan Davidsz. de Heem** (1606-1683/4) qui, né à Utrecht, vécut à Leyde puis à Anvers, se spécialisa dans la nature morte.

Du 17e au 19e s. – Au 17e s., Utrecht est une place forte importante : une ceinture de canaux marque aujourd'hui l'emplacement des fortifications. Elle est occupée par les armées de Louis XIV de 1672 à 1674 et en 1712.

Préparée dans l'hôtel de ville d'Utrecht dès janvier 1712, la **paix d'Utrecht** fut conclue en 1713 au château de Zeist *(voir ci-dessous, Environs)* et mit fin à la guerre de Succession d'Espagne qui, causée par l'accession de Philippe V, petit-fils de Louis XIV, au trône de ce pays, avait éclaté en 1701.

En 1806, le roi de Hollande Louis Bonaparte séjourne à Utrecht avec sa cour, dans un hôtel particulier *(au nº 31 du Drift)*.

On ne fabrique plus dans la région le célèbre **velours d'Utrecht**, tissu d'ameublement à long poil et à ornements frappés, qu'on utilisait aussi pour tapisser les murs.

La ville moderne – Ville en expansion depuis le milieu du siècle, Utrecht s'est construit de nouveaux quartiers et édifices. Parmi de multiples réalisations du 20e s., il faut signaler la **maison Rietveld Schröder** par Rietveld (1924), le **théâtre municipal** (1941) par Dudok, le grand centre commercial **Hoog Catharijne**, le quartier de **Kanaleneiland** (1962) près de l'Amsterdam-Rijnkanaal et le **Muziekcentrum** (Centre de musique) (1979), construit par l'architecte Hertzberger sur la place Vredenburg.

L'université d'Utrecht dispose d'un vaste campus à l'Est **(De Uithof)** où est situé l'**Educatorium**, un centre d'enseignement dessiné par **Rem Koolhaas**. De nombreuses statues ont été disposées dans la ville. Citons : la fontaine de la *Fête des Muses* (1959), par J.C. Hekman, devant le théâtre municipal et la statue de la reine Wilhelmine par **Mari Andriessen**, dans le Wilhelminapark (1968).

UTRECHT PRATIQUE

Se loger

Utrecht est surtout une ville d'étudiants et d'hommes d'affaires. Elle compte peu d'hôtels de charme.

AUBERGE DE JEUNESSE

NJHC Ridderhofstad – *Rhijnauwenselaan 14, 3981 HH Bunnik,* ☎ *(030) 656 12 77, fax (030) 657 10 65. 137 lits.* 6 km à l'Est du centre de la ville. Desservie par le bus 40/41, direction Rhijnauwen.

« À BON COMPTE »

Ouwi – *F.C. Dondersstraat 12, 3572 JH Utrecht,* ☎ *(030) 271 63 03, fax (030) 271 46 19. www.hotel-ouwi.nl. 28 chambres.* Ce petit hôtel, situé dans une rue calme en bordure de la ville, est installé dans plusieurs hôtels particuliers contigus. Les chambres, petites, disposent toutes d'une salle de bains. Bon rapport qualité-prix.

« VALEUR SÛRE »

Mitland – *Ariënslaan 1, 3573 PT Utrecht,* ☎ *(030) 271 58 24, fax (030) 271 90 03. www.mitland.nl. 82 chambres.* Hôtel moderne situé dans un site verdoyant à la limite de la ville. Dispose d'un restaurant au bord de l'eau et de nombreuses possibilités de détente : piscine, sauna, courts de tennis et pistes de bowling.

Malie – *Maliestraat 2, 3581 SL Utrecht,* ☎ *(030) 231 64 24, fax (030) 234 06 61. www.maliehotel.nl. 45 chambres.* Cet hôtel est installé dans une maison du 19e s. située dans une rue calme près du centre. Les chambres sont confortables et modernes. Dans le vaste jardin, une terrasse a été aménagée.

Se restaurer

Wilhelminapark – *Wilhelminapark 65*, ☎ *(030) 251 06 93*. Celui qui veut éviter les bruits de la ville pourra prendre un bon repas en toute tranquillité dans ce pavillon du Wilhelminapark, avec vue sur l'étang. L'été, on peut manger sur la terrasse.

Bistro Chez Jacqueline – *Korte Koestraat 4*, ☎ *(030) 231 10 89*. Agréable bistrot à proximité de l'Office de tourisme (VVV).

Brasseries, grands cafés, bars, koffiehuizen...

Toque toque – *Oudegracht 138*. Café très agréable proposant une délicieuse cuisine internationale.

Stadskasteel Oudaen – *Oudegracht 99*. Château du Moyen Âge abritant une brasserie avec des cuves en cuivre, un bar à dégustation, une terrasse donnant sur les canaux et un restaurant. On y donne également des pièces de théâtre.

Agréables terrasses sur Oudegracht

Winkel van Sinkel – *Oudegracht 158*. Venir se désaltérer ou manger dans cet ancien grand magasin permet aussi d'admirer le hall central avec son toit de verre et sa galerie ornée d'une balustrade.

Film-theatercafé 't Hoogt – *Slachtstraat 5*. Agréable café culturel où l'on peut boire un verre après le cinéma ou le théâtre.

Stairway to Heaven – *Mariaplaats 11-12*. Café rock avec restaurant. Concerts live tous les mercredis ; on y danse les jeudis, vendredis et samedis.

Informations pratiques

Informations générales – L'Office du tourisme d'Utrecht **(VVV Utrecht)** est situé dans le même complexe que le Centre de musique Vredenburg (Vredenburg 90, 3501 DC Utrecht, ☎ (0900) 414 14 14 ou www.tref.nl/utrecht/VVV). On peut y obtenir des renseignements sur les curiosités, manifestations, activités culturelles, possibilités d'hébergement à prix réduit, ainsi que des billets pour les concerts, etc. Il est possible de réserver une chambre d'hôtel auprès de l'**Utrecht Hotel Service**, ☎ (030) 231 75 76.

Transports – Le stationnement dans les rues d'Utrecht est difficile, cher et payant jusqu'à 23 h. Pour éviter les amendes, les sabots ou la fastidieuse recherche d'un emplacement libre, il vaut mieux se rendre dans un des nombreux **parkings** de la ville. À cette fin, suivre les panneaux P. Attention, il est impossible de traverser le centre de la ville en voiture ; il faut à chaque fois passer par le boulevard périphérique. On trouve un **parking P+R** près du stade du Galgenwaard (à l'Est du centre).
Les principales curiosités du centre-ville sont situées à proximité les unes des autres et peuvent se visiter à pied.

Visites et promenades guidées – Des brochures avec des **itinéraires de promenades** (sur différents thèmes) sont en vente à l'Office de tourisme. De mi-mai à mi-septembre, une **promenade guidée à travers la ville** est organisée tous les dimanches. Le départ des promenades en **calèche** s'effectue sur la place Domplein.

Promenades en bateau – Des promenades sont organisées sur les **canaux** de la ville et dans les environs sur la **Vecht**, le **Kromme Rijn** et les **étangs de Loosdrecht**. Renseignements : Rederij Schuttevaer, face à l'Oudegracht n° 85, ☎ (030) 272 01 11 ; Rederij Lovers, face au Nieuwekade n° 269, ☎ (030) 231 64 68.

Shopping – Vous pouvez faire du shopping dans le centre commercial **Hoog Catharijne**, le plus grand des Pays-Bas, ou au **Shoppingcenter La Vie**. Les magasins situés dans le vaste espace piétonnier aménagé dans la vieille ville offrent une autre ambiance. Le guide *Utrecht Funshopping Gids* (Shopping amusant à Utrecht), en vente dans les librairies et les magasins de journaux, vous donnera des adresses de magasins établis dans des demeures historiques et des caves voûtées le long des quais. Le jeudi soir, les magasins restent ouverts plus tard. On peut faire du shopping à l'ancienne au musée de l'Épicerie (**Museum voor het Kruideniersbedrijf** ⊘), situé dans une ruelle derrière le palais des États généraux (Statenkamer). Dans cette jolie petite épicerie de 1873, vous trouverez quantité de friandises d'autrefois : caramels, réglisse, pastilles à la menthe... Tout y est encore pesé sur une balance avec des poids en cuivre. Les amateurs d'antiquités se rendront à l'Oudegracht.

Marchés – Le mercredi et le samedi, le Vredenburg accueille un **marché** ; le vendredi, c'est un marché aux produits fermiers (**Boerenmarkt**). Le samedi, on trouve des **kiosques de fleuristes** sur le pont Bakkerbrug et le long d'une partie de Oudegracht. Le samedi également, la place Janskerkhof sert de cadre prestigieux au spectacle coloré du **marché aux fleurs** hebdomadaire. Le samedi matin, un **marché aux tissus** se tient sur Breedstraat.

Spécialités – Les **boterspritsjes**, savoureux sablés au beurre, figurent parmi les spécialités d'Utrecht.

Théâtre et concerts – Le programme complet des cinémas, théâtres et expositions est publié chaque semaine dans la brochure **Uitloper**, disponible gratuitement dans de nombreux cafés, restaurants et théâtres. Pour les billets et les réservations, s'adresser à l'Office de tourisme.
Vredenburg, Vredenburgpassage 77, ☎ (030) 231 45 44 ; **Stadsschouwburg** (théâtre municipal), Lucas Bolwerk 24, ☎ (030) 230 20 23 ; **'t Werftheater**, Oudegracht a/d werf 60, ☎ (030) 231 54 40 ; **Huis a/d Werf**, Boorstraat 107, ☎ (030) 231 53 55.

Distractions – Comme toutes les villes universitaires, Utrecht compte de nombreux cafés agréables. On les trouve notamment sur Janskerkhof, de Neude et, bien entendu, dans les nombreuses caves voûtées situées sur les quais, où l'on peut profiter, en été, d'agréables terrasses.

Manifestations – Depuis de nombreuses années, la route du Blues (**Bluesroute**) propose des concerts gratuits dans tout le centre historique de la ville, le troisième week-end d'avril. **Springdance**, un festival international de danse, a lieu tous les deux ans en avril. En mai se déroule le **Festival a/d Werf**, une manifestation internationale centrée sur le théâtre et les arts. Le **Stoom** constitue l'événement de la Pentecôte ; c'est un festival rétro qui se déroule sur Maliebaan et qui présente toutes sortes de véhicules à vapeur, ainsi qu'une fête foraine ancienne. Le prestigieux Festival de musique ancienne (**Holland Festival Oude Muziek**), qui a lieu fin août et début septembre, est consacré aux compositeurs du 11e au 19e s. Lors des Journées néerlandaises du cinéma (**Nederlands Film Festival**) qui ont lieu fin septembre, on décerne chaque année le Gouden Kalf (le Veau d'or), la plus importante distinction cinématographique du pays.

★★ LA VIEILLE VILLE *visite : 1/2 journée*

Très ombragés, les **canaux★★** du centre d'Utrecht (Oudegracht et Nieuwegracht) ont pour particularité d'être bordés par un quai très inférieur au niveau de la rue, où s'ouvrent des caves voûtées.

Vredenburg – Une grande partie de l'animation d'Utrecht se concentre sur cette vaste place qui fait la liaison entre la vieille ville et les nouveaux quartiers. Là s'élevait l'ancienne forteresse de Charles Quint dont on a retrouvé les fondations à l'occasion de travaux d'aménagement de la place. Un Centre de musique (**Muziekcentrum**), conception originale de l'architecte Herzberger, s'y élève depuis 1979. Ce complexe abrite également l'Office de tourisme (VVV).

À l'Ouest, le nouveau centre commercial **Hoog Catharijne** s'étend jusqu'à la gare. Ce vaste complexe urbain comprend des galeries commerçantes climatisées en sous-sol, un grand hôtel et le **Beatrixgebouw**, bâtiment principal du palais des Expositions (Jaarbeurs) où ont lieu les foires internationales et une exposition commerciale permanente.

Du pont sur l'Oudegracht, belle **vue** sur le canal *(accès par la Lange Viestraat)*. Sur la gauche, on peut voir la coupole ouverte de l'église St-Augustin **(Augustinuskerk)**, édifice érigé en 1839 dans le style néoclassique.

★ **Oudegracht (Vieux canal)** – Étroit, enjambé par de multiples ponts, ce canal qui traverse la ville de part en part reliait à l'origine le Rhin et la Vecht. C'est un des centres d'animation de la ville, tant sur ses quais supérieurs que sur ses quais inférieurs, souvent occupés par des magasins ou des restaurants qui, en saison, y installent leurs terrasses.

À l'endroit où il forme un coude, on remarque le **Drakenborch**, maison reconstruite en 1968 dans le style ancien. En face, au n° 99, la maison **Het Oudaen** *(voir Carnet d'adresses)*, du 14e s., présente une haute façade surmontée de créneaux.

Franchir le premier pont (Jansbrug).

Le quai opposé est réservé aux piétons. On a bientôt une jolie **vue**★ sur le haut clocher, Domtoren, de la cathédrale.

Regagner l'autre quai.

Sur le pont dit Bakkerbrug et le long du vieux canal se tient le samedi un marché aux fleurs. Le **Winkel van Sinkel** (1839), situé au bout de Oudegracht, est un des

Oudegracht

plus anciens grands magasins du pays. Remarquer les grandes cariatides à l'entrée et les quatre statues en fonte qui le surmontent.

On passe devant l'hôtel de ville dont la façade néoclassique de 1826 dissimule des vestiges du Moyen Âge. D'ici, belle **vue**★ sur Oudegracht et la tour appelée Domtoren.

Vismarkt – C'est l'ancien marché aux poissons. Pour garder le poisson frais, on le plaçait dans de grands paniers qu'on immergeait dans l'eau du canal. Le long du canal se trouvent de nombreuses boutiques d'antiquaires (dans le prolongement du Vismarkt).

★★ **Domtoren** ⊘ – Ce campanile était jadis relié par une arche à la nef de la cathédrale, détruite en 1674, peu après un office, par un ouragan qui dévasta aussi la ville. Construit de 1321 à 1382 dans le style gothique, restauré au début de ce siècle, il influença beaucoup de clochers du pays dont il est le plus haut. Ses trois étages en retrait, les deux premiers carrés et en brique, le dernier octogonal, ouvert et en pierre, s'élancent avec élégance à 112 m de haut. Il possède un bon carillon dont la plupart des cloches ont été coulées par les frères Hemony.

De la galerie supérieure *(465 marches, billets : RonDom, Domplein 9)*, on découvre un immense **panorama**★★ sur la ville et les environs.

Domplein – Cette place s'étend entre la Domtoren et les vestiges de la cathédrale. Une ligne de pavés matérialise le plan ancien de la nef.

★ **Domkerk (Ancienne cathédrale)** ⊘ – Miraculeusement préservée lors de l'ouragan de 1674, se dresse la haute silhouette de son transept, derrière laquelle se dissimule le chœur. Le chœur et le transept, gothiques, furent construits de 1254 à 1517 à l'emplacement de l'ancienne cathédrale St-Martin. Le chœur, avec ses cinq chapelles rayonnantes autour d'un déambulatoire, est inspiré de celui de la cathédrale de Tournai, en Belgique.

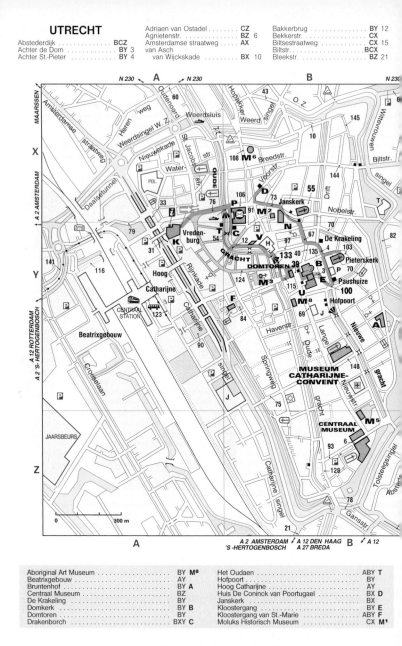

Les **portes** en bronze de l'église (1996) sont dues à Theo van de Vathorst. L'extérieur est décoré de textes de l'Évangile en sept langues : néerlandais, frison, anglais, japonais, grec, latin et syrien. Le relief qui la surmonte, représente saint Martin partageant son manteau. L'intérieur des portes représente la Charité.

L'intérieur abrite des **monuments funéraires**, en particulier, dans la deuxième chapelle à droite du déambulatoire, le tombeau de l'évêque Guy d'Avesnes, mort en 1317. L'orgue, de style néogothique, date de 1831. Les vitraux (1926, 1936) sont dus à Roland Holst.

Le titre de cathédrale est actuellement porté par l'église Catharijnekerk, située à côté du musée Catherijneconvent.

Universiteit Utrecht – Construite à la fin du 19ᵉ s. dans le style néo-Renaissance, l'université englobe l'ancienne salle capitulaire **(kapittelzaal)** (1409) de la cathédrale, actuel grand amphithéâtre **(Aula)**. C'est là que fut signée l'Union d'Utrecht, le 15 janvier 1579. Les sept écussons sur les vitraux évoquent les provinces et régions signataires. Au mur, sept tapisseries tissées en 1936 aux emblèmes des différentes facultés.

Sur la place située devant l'université, statue (1887) du comte **Jean de Nassau**, frère de Guillaume le Taciturne, qui présida l'Union d'Utrecht.

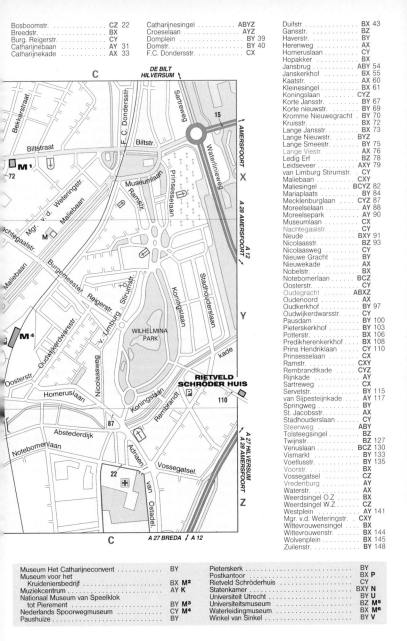

Museum Het Catharijneconvent . . . . BY	Pieterskerk . . . . BY
Museum voor het	Postkantoor . . . . BX **P**
Kruideniersbedrijf . . . . BX **M²**	Rietveld Schröderhuis . . . . CY
Muziekcentrum . . . . AY **K**	Statenkamer . . . . BXY **N**
Nationaal Museum van Speelklok	Universiteit Utrecht . . . . BY **U**
tot Pierement . . . . BY **M³**	Universiteitsmuseum . . . . BZ **M⁵**
Nederlands Spoorwegmuseum . . . . . . CY **M⁴**	Waterleidingmuseum . . . . BX **M⁶**
Paushuize . . . . BY	Winkel van Sinkel . . . . BY **V**

Kloostergang (Cloître) – À l'entrée du cloître (15e s.) de la cathédrale se trouve une copie d'une pierre runique de Jelling (Danemark) du 10e s., qui évoque la conversion des Danois au christianisme.

Les gâbles de l'entrée du cloître portent des bas-reliefs illustrant la vie de saint Martin, patron de l'ancienne cathédrale et de la ville. Du jardin du cloître, la **vue** sur le transept et le chevet de la cathédrale est très belle. On atteint le Sud du cloître en passant devant la fontaine ornée de la statue d'un chanoine écrivain. Dans la ruelle **Achter de Dom**, on peut voir la façade arrière (pignon à redans et tour d'angle) de l'ancienne salle du chapitre. Le château du Moyen Âge situé à côté est en fait une « maison claustrale » qui servait de résidence aux chanoines.

Pausdam – À la jonction des deux canaux, c'est une jolie place paisible où s'élève la **Paushuize**. Cette belle maison destinée au pape (paus) Adrien VI ne fut terminée qu'en 1523, l'année de sa mort. Sur la face gauche a été placée une statue du Christ.

Nieuwegracht (Nouveau canal) – Semblable à l'Oudegracht, il est bordé de demeures élégantes. On y voit la Hofpoort, porte baroque du palais de justice, du 17e s. et, au n° 37, une jolie maison ancienne.

Plus loin, au n° 63, se trouve le musée Catharijneconvent.

Du pont, belle **vue** sur le canal et sur la Domtoren.

Revenir sur la place Pausdam et prendre le pittoresque Kromme Nieuwegracht, dont les maison de la rive gauche possèdent toutes leur propre petit pont.

Pieterskerk (Église St-Pierre) ⊘ – Cette église en style roman a été construite en 1048. C'est l'une des quatre églises disposées en forme de croix qu'avait voulu construire l'évêque **Bernold** (1027-1054) autour de la cathédrale, qui à l'époque était encore l'église St-Martin. Deux de ces églises ont disparu : St-Paulusabdij ou église abbatiale St-Paul et St-Mariakerk, dont il ne subsiste que le cloître. Les deux autres, Pieterskerk et Janskerk, sont les seuls vestiges de la fameuse **Croix de Bernold**.

Les voûtes du transept sont gothiques, mais la nef est de style roman avec sa voûte en berceau de bois et ses dix colonnes en grès rouge. Dans le mur précédant le chœur sont encastrés quatre **bas-reliefs**★ mosans (vers 1170) retrouvés lors de la restauration de l'église. Il s'agit du jugement du Christ par Pilate, de la Crucifixion, de l'Ange devant le tombeau vide et des trois Maries portant des urnes contenant du baume.

Les fonts baptismaux romans présentent des angles ornés de têtes.

Dans la chapelle orientée de gauche, on peut voir des restes de fresques romanes : la Vierge sur un croissant de lune.

Des **concerts** sont donnés sur le nouvel orgue, au fond de l'église.

★ **Crypte** – Ses voûtes d'arêtes s'appuient sur d'épaisses colonnes décorées de rainures. Dans l'abside, on remarque le sarcophage en grès rouge qui contient la dépouille de l'évêque Bernold, fondateur de l'église.

À l'angle de Achter St.-Pieter et de Keistraat, au n° 8, se trouve une jolie maison du 17e s., **De Krakeling**, dont la façade est décorée de guirlandes et la porte d'un palmier.

Janskerkhof – Le samedi, cette place, avec ses élégantes maisons des 17e et 18e s., sert de cadre prestigieux au ravissant **marché aux fleurs** hebdomadaire.

Au centre s'élève l'église St-Jean **(Janskerk)**, édifiée dans le style de transition roman-gothique par l'évêque Bernold pour former l'extrémité Nord de sa fameuse croix *(voir ci-dessus)*. Le bâtiment a été complètement rénové et abrite notamment un centre de musique ancienne.

Un petit édifice blasonné de 1683 est accolé à l'église. Il s'agit du corps de garde **(Hoofdwacht)** des États généraux (Staten) de la province d'Utrecht. Les membres de ce conseil se réunissaient en face dans le bâtiment appelé Statenkamer. Devant celui-ci, **statue d'Anne Frank**, et, sur la droite, statue équestre de **saint Willibrord**.

Au Sud de la place, la faculté de droit de l'université d'Utrecht occupe l'ancien **Statenkamer**, restauré. C'était à l'origine un cloître franciscain.

Postkantoor (Bureau de poste) – Contrairement à ce que son aspect extérieur laisse à penser, le bâtiment, situé sur le Neude, cache un intérieur très lumineux. Il a été construit entre 1918 et 1924 dans le style de l'école d'Amsterdam, d'après les plans de l'architecte J. Crouwel. Son extraordinaire **voûte**★ est constituée de bandes de briques jaunes émaillées et de verre. Les impressionnantes statues noires symbolisent les cinq continents, le Commerce et la Prospérité. La statue dans le hall représente le trafic postal terrestre (chevaux), maritime (poissons) et aérien (oiseaux).

Huis De Coninck van Poortugael (Maison Le Roi du Portugal) – De 1619, elle offre une charmante façade de style maniériste avec pignon à redans et arbore au-dessus du rez-de-chaussée les armes de Nimègue et du Portugal, de part et d'autre d'un homme brandissant un sceptre, Philippe II, roi du Portugal et d'Espagne.

L'ancienne halle aux viandes **(Grote Vleeshuis)** située en face date de 1637 et présente sur sa façade une tête de bœuf et deux têtes de bélier.

LE QUARTIER DES MUSÉES

Dans le centre historique d'Utrecht a été aménagé en 1995 un véritable quartier des musées (Museumkwartier Utrecht). Ce projet regroupe plusieurs musées et constitue le noyau historico-culturel de la ville.

★ **Nationaal Museum van Speelklok tot Pierement** (Musée national « de l'horloge musicale à l'orgue de Barbarie ») ⊘ – Installé dans l'ancienne église-halle gothique nommée Buurkerk, ce musée sonore (le guide fait fonctionner plusieurs instruments au cours de la visite) présente une magnifique collection d'**instruments de musique mécaniques** du 18e au 20e s.

On y voit d'anciennes pendules et boîtes à musique, dont certaines avec automates. Parmi les pianos mécaniques et « orchestrions » (orgue imitant des instruments d'orchestre) destinés aux cafés et aux salles de danse, on remarquera le piano mécanique Steinway (1926) et le violon automatique de Hupfeld, de 1910.

Le musée possède de beaux orgues de Barbarie *(voir Introduction, La Musique)* : petits orgues de rue, énormes orgues de foire ou de danse.

Aboriginal Art Museum (Musée d'Art aborigène) ⊙ – Ce nouveau musée expose des œuvres contemporaines réalisées par des aborigènes, premiers habitants d'Australie. La collection présente des peintures (notamment une collection d'écorces battues), statues cérémoniales, poteaux funéraires, « didgeridoos » et objets usuels.

★★ **Museum Het Catharijneconvent** ⊙ – Dans l'ancien couvent de style gothique tardif de St-Jean-de-Malte et une maison voisine du 18e s. sont rassemblées des collections d'art religieux. Elles évoquent le christianisme aux Pays-Bas depuis ses débuts jusqu'à nos jours. La section d'**art médiéval**★★★ est la plus importante des Pays-Bas.

Parmi les riches collections très diversifiées et magnifiquement exposées, on admire de beaux vêtements liturgiques (chape de David de Bourgogne du 15e s.), des manuscrits et des miniatures (l'évangéliaire de saint Lebuin), de l'orfèvrerie, des sculptures (*Christ aux liens* de 1500, particulièrement expressif), des retables et des peintures (Gérard de St-Jean, Jan van Scorel, Rembrandt, Frans Hals, Pieter Saenredam).

Les étapes qui ont marqué l'évolution des Églises catholique et protestante (Réforme, révolte des iconoclastes) sont présentées dans leur contexte historique. Les différences sont illustrées dans la maison attenante à l'ancien couvent. Divers thèmes sont évoqués : la construction des églises, leur décoration intérieure, les diverses cérémonies, le rôle de la foi dans la vie quotidienne.

Du musée, on accède à l'église Ste-Catherine (**St.-Catharinakerk**).

★ **Universiteitsmuseum** ⊙ – Ce musée présente de manière originale les collections rassemblées par l'université d'Utrecht depuis sa fondation en 1636. La visite commence par la grande **Bleulandkast**★, armoire datant de 1816, qui contient une collection impressionnante de pièces anatomiques et de modèles de cire. L'exposition permanente **Geleerd in Utrecht** (Enseigné à Utrecht) donne un aperçu de l'enseignement universitaire depuis le 16e s. Dans les vitrines, on peut voir notamment le mètre et le kilogramme étalon remis en 1799 par la Commission française des poids et mesures pour mettre fin aux nombreuses différences locales et régionales en matière de poids et mesures. L'exposition Mascarade (**Maskerade**) présente des photos et des costumes illustrant les festivités estudiantines.

Dans la section **Open Depot** du deuxième étage, on admire les **collections de médecine dentaire**★ et d'ophtalmologie. Les instruments, souvent amusants, et les modèles sont présentés lors des expositions temporaires. Dans le **cabinet de curiosités**, on peut voir des animaux empaillés, des squelettes, des pièces anatomiques et des fossiles. Le musée organise également des expositions temporaires. Un laboratoire (**Jeugdlab**) a spécialement été aménagé pour les jeunes. Derrière le musée se trouve le **Oude Hortus**, un jardin botanique de 1724, avec des serres, orangeries, plantes médicinales et ginkgos.

L'Entrée du Christ à Jérusalem, Jan van Scorel
(Panneau central du triptyque Lochorst) Collection Centraal Museum, Utrecht

Centraal Museum, Utrecht

Au bout de la Lange Nieuwstraat s'élève sur la gauche un ancien hospice, **Beyerskameren**, fondé à la fin du 16e s. Sur l'Agnietenstraat, l'imposante façade baroque est celle de la fondation **van Renswoude**, construite en 1756 pour abriter une école pour orphelins. En tournant, on aperçoit, sur la gauche, un bel ensemble de maisons basses appartenant à un hospice, **Kameren Maria van Pallaes**, fondé en 1651.

★★ **Centraal Museum** ⊘ – Occupant l'ancien couvent Ste-Agnès, le musée abrite une riche section de peinture et d'arts décoratifs se rapportant à Utrecht.

La collection d'**art ancien**, située au rez-de-chaussée du bâtiment principal, comprend essentiellement des œuvres de Jan van Scorel, de l'école d'Utrecht avec Abraham Bloemaert et Pieter Saenredam, ainsi que les caravagistes d'Utrecht, Hendrick Terbrugghen et Gerard van Honthorst. La section présente également une belle **maison de poupée** du 17e s. La **peinture moderne** (*bâtiment principal, 1er étage*) est principalement représentée par le surréaliste Moesman, originaire d'Utrecht, ainsi que par Pyke Koch et Carel Willink pour le réalisme magique. L'intéressante **collection Van Baaren** (*aile du Moyen Âge, 1er étage*) comprend des tableaux néerlandais et français de la fin du 19e s. et du début du 20e s. (Breitner, Van Gogh, Israëls, Daubigny, Maris, Verster). Les expositions du **Kids Centraal** (*aile du Moyen Âge, grenier*) ont spécialement été aménagées pour les enfants. Le clou de la section d'archéologie (*aile du Moyen Âge, sous-sol*) est le **bateau d'Utrecht** (vers l'an 997), embarcation monoxyle découverte en 1930. La chapelle abrite la **sculpture du Moyen Âge** de l'époque où Utrecht était le principal centre religieux du nord des Pays-Bas. Enfin, les écuries, consacrées à la **topographie d'Utrecht**, abritent un salon Louis XVI et la chambre à coucher dite de Harrenstein, conçue par Rietveld en 1926. Le Centraal Museum organise d'importantes expositions temporaires.

La **collection Rietveld** est exposée dans une aile située en face du musée dans la Agnietenstraat. Des maquettes et des chaises (notamment la fameuse chaise rouge et bleu) donnent un aperçu de l'œuvre de ce célèbre architecte. Une salle est consacrée à l'auteur de livres d'images **Dick Bruna**, père spirituel du petit lapin Nijntje connu du monde entier.

★ **Nederlands Spoorwegmuseum** (**Musée des Chemins de fer néerlandais**) ⊘ – L'ancienne gare Maliebaan sert de cadre à ce musée, reconstituant l'histoire des chemins de fer néerlandais. L'exposition retrace tout d'abord l'évolution du coche et de la diligence jusqu'à l'apparition du premier train à vapeur en 1839, avec la création de la première ligne ferroviaire entre Amsterdam et Haarlem. De jolies maquettes et des films projetés donnent une idée des développements ultérieurs du trafic ferroviaire, de la locomotive à vapeur au train à grande vitesse.

À l'extérieur, sur des voies désaffectées, sont disposés en particulier plus de 60 locomotives à vapeur et des tramways. On peut voir la reproduction de la locomotive *De Arend* (l'aigle) qui tira, en 1839, avec une autre locomotive (*De Snelheid*), le premier train circulant aux Pays-Bas.

Un poste d'aiguillage, le train miniature pour enfants Jumbo-Express, le **Holland-RailShow**, un passionnant spectacle multimédia centré sur les chemins de fer et un joli buffet de la gare complètent ce musée.

AUTRES CURIOSITÉS

Bruntenhof – Pittoresque alignement de maisons basses appartenant à un **hospice** de 1621. L'entrée principale montre un portail baroque. À gauche, l'église **Leeuwenberchkerk** (1567) faisait autrefois partie d'un lazaret pour pestiférés.

Kloostergang van St.-Marie (**Cloître de l'église Ste-Marie**) – Seul le cloître roman en brique subsiste de cette église construite au 11e s., l'une des quatre églises de la Croix de Bernold (*voir ci-dessus*).

Waterleidingmuseum (**Musée de la Distribution des eaux**) ⊘ – Ce joli château d'eau de 1895 abrite un musée retraçant l'histoire de l'alimentation en eau potable, ainsi que du nettoyage et du repassage. Belle **vue** sur la ville.

Moluks Historisch Museum (**Musée d'Histoire moluquoise**) ⊘ – Ce musée est consacré à l'histoire du peuple moluquois, depuis la guerre avec le Japon jusqu'à son arrivée aux Pays-Bas en 1951. La culture moluquoise est également évoquée. Expositions temporaires.

★★ **Rietveld Schröderhuis** (**Maison Rietveld Schröder**) ⊘ – Restaurée après la mort (1985) de la propriétaire, Madame Schröder, cette maison, connue dans le monde entier, a été construite en 1924 et illustre parfaitement les tendances architecturales du mouvement **De Stijl**, auquel appartenait l'architecte **Gerrit Rietveld** (1888-1964). En réponse aux exigences de Madame Schröder, qui attachait une grande importance à la communication avec la nature (chaque pièce a une porte vers l'extérieur), Rietveld conçut une maison ouverte où toutes sortes d'éléments, placés en équerre, déterminaient l'espace. Il se limita aux teintes neutres – blanc

Rietveld Schröderhuis

et gris – pour les grandes surfaces et utilisa les couleurs primaires pour les détails linéaires. La visite de l'intérieur permet d'apprécier l'originalité d'un aménagement à la fois simple et astucieux. Si au rez-de-chaussée les pièces sont nettement séparées, au 1er étage a été créé un grand espace modulable grâce à un système de parois coulissantes (salle de séjour et chambres).

ENVIRONS

Zeist – *10 km. Sortir d'Utrecht par Biltsestraatweg.*
Zeist est une villégiature élégante et agréable, parmi de beaux bois.
Au centre de Zeist, une allée conduit au château de Zeist **(Slot Zeist)**, construit entre 1677 et 1686 par Guillaume de Nassau-Odijk. L'intérieur est dû à Daniel Marot. C'est dans ce château que fut signée en 1713 la **paix d'Utrecht** *(voir ci-dessus)*. Le bâtiment sert actuellement de centre de congrès. On y organise des expositions temporaires.
De part et d'autre de cette allée s'élèvent les bâtiments (18e s.) de la communauté des **Frères moraves**. Ses membres sont des disciples de Jan Hus, prêtre tchèque qui avait été brûlé vif en 1415.

★★ LOOSDRECHTSE PLASSEN (Étangs de Loosdrecht)

Circuit de 70 km – compter la journée. Quitter Utrecht au Nord-Ouest par Sartreweg.

Enchâssés entre des isthmes de verdure, inondés d'une lumière très douce, les **étangs de Loosdrecht** étendent sur près de 3 600 ha leur tranquille et sauvage beauté. Ils occupent d'anciennes tourbières. Particulièrement propices aux sports nautiques, ils sont jalonnés de nombreux ports de plaisance. La route est bordée de villas et de fermes.

Westbroek – La route, pittoresque, est bordée de canaux enjambés par de petits ponts dont chacun conduit à une maison entourée d'un jardin coquet.
Après **Breukeleveen**, on longe la rive du lac sur lequel s'offre une jolie **vue**.

Kasteel-Museum Sypesteyn ⊘ – Ce château est situé juste à l'extérieur de **Nieuw-Loosdrecht**. Reconstruit de 1912 à 1927 sur les plans primitifs, il a été transformé plus tard en musée (mobilier, portraits, sculptures, armes, argenterie, pendules et en particulier porcelaine de Loosdrecht).
Le parc comprend une roseraie, un labyrinthe à charmilles et des vergers.

Oud-Loosdrecht – C'est le principal centre touristique de la région. Il possède un important port de plaisance.
Tourner à droite puis à gauche vers Vreeland.
Bientôt la route retrouve le plan d'eau : elle offre de jolies **vues**.

Vreeland – Un joli **pont** mobile permet de traverser la **Vecht**, qu'on rejoint ensuite à Loenen aan de Vecht. La Vecht, jadis un grand axe de navigation, est doublée depuis 1952 par le canal du Rhin à Amsterdam, Amsterdam-Rijnkanaal.
La route longe cette rivière paisible et sinueuse dont les rives sont peuplées de villas cossues et de gentilhommières, entourées de magnifiques parcs.

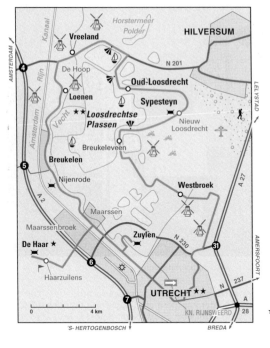

Loenen – Cette bourgade aux maisons pimpantes et fleuries possède un haut moulin à balustrade nommé De Hoop (L'Espoir).

Breukelen – La localité a donné son nom au 17e s. à un quartier de New York : Breukelen, qui, prononcé en anglais, est devenu Brooklyn *(voir Introduction, Histoire)*.

Au Sud de Breukelen, le **parcours★**, agréable, offre des vues sur de belles propriétés donnant sur la Vecht.

À droite de la route se trouve un château du 17e s., **Kasteel Nijenrode**. C'est le siège de Nyenrode University, The Netherlands Business School.

★ Kasteel De Haar ⊘ – Ce château, entouré de douves, s'élève à l'Ouest de **Haarzuilens**, au centre d'un grand parc. C'est le plus grand château des Pays-Bas. Cette énorme construction en brique fut édifiée en 1892 dans le style néogothique d'après les plans de **P.J.H. Cuypers**, architecte du Rijksmuseum d'Amsterdam. Ses fondations reposant sur les ruines d'un château fort du Moyen Âge et sur un terrain tout à la fois argileux et sablonneux, le château est en train de se fissurer lentement. Un grand projet de restauration doit permettre d'y remédier.

Le bâtiment principal, cantonné de tours, est entouré de larges douves et relié à un grand châtelet d'entrée par un pont couvert. La cour intérieure pentagonale est recouverte d'une charpente en acier dont le poids contribue à fragiliser

Haarzuilens – Kasteel De Haar

l'ensemble. L'intérieur, qui est encore habité l'été, abrite les **collections**★ du baron Van Zuylen van Nijevelt, comprenant notamment un beau mobilier, des tapisseries flamandes, des tapis persans, des peintures, de la porcelaine.
À remarquer également, les sanitaires du 19e s. encore en état de marche.

Revenir à Haarzuilens, passer sur l'autoroute et sur le canal, puis tourner à droite et à gauche pour gagner Oud-Zuilen.

Slot Zuylen ◷ – Situé près de la Vecht à **Oud-Zuilen**, ce **château** fort médiéval entouré d'eau, est flanqué de quatre tours octogonales. Au 18e s., il fut transformé et agrandi de deux ailes.
Ici naquit en 1740 Belle van Zuylen, plus connue sous le nom de **Belle de Charrière** *(voir ci-dessous).*
Le château rassemble de nombreux objets anciens illustrant la vie quotidienne d'antan, de beaux meubles, une riche bibliothèque et des collections de porcelaine de Chine. Une salle (Gobelinzaal) est ornée d'une grande tapisserie (1643), tissée à Delft. Dans les pièces où vécut Belle de Charrière, un buste, quelques livres, des estampes évoquent la vie de cette femme écrivain, fort intelligente et très en avance sur son époque.
Dans le jardin, on remarquera surtout le très beau **mur ondulé** de 1740. Dans les renfoncements abrités du vent, on cultive encore raisins, pêches, figues et autres fruits méditerranéens.

Rentrer à Utrecht par Amsterdamsestraatweg.

Belle, une femme intelligente et rebelle

Féministe avant la lettre, née au château de Zuylen le 20 octobre 1740, la personne d'Isabella Agneta Elisabeth van Tuyll van Serooskerken, Belle van Zuylen ou Madame de Charrière suscite encore de nos jours un grand intérêt. Lors de la jeunesse de Belle, la famille Van Zuylen a l'habitude de passer l'hiver à Utrecht, dans son hôtel particulier sur un des canaux ; l'été, elle revient au château, situé le long de la rivière Vecht. L'intérêt de Belle pour la littérature, les mathématiques, la philosophie et la musique, son attitude peu conventionnelle, et surtout son regard satirique sur la noblesse, sèment le trouble dans les salons d'Utrecht et de La Haye. Quand son premier roman, *Le Noble* (1763), est publié à Paris et à Amsterdam, son père, furieux, achète tous les exemplaires pour les faire détruire. Le caractère non-conformiste de Belle van Zuylen se révèle également lorsque le célèbre romancier écossais James Boswell la demande en mariage ; elle répond alors sèchement : « Je n'ai pas les talents subalternes ». Malgré tout, pour échapper à l'atmosphère étouffante de la résidence paternelle, elle épouse, à l'âge de 31 ans, le suisse Charles-Emmanuel de Charrière de Penthaz. Elle s'installe à Neuchâtel, où elle meurt en 1805. À propos de son mariage, elle écrit : « J'ai changé de nom et je ne couche pas toujours seule, voilà toute la différence. »
Ses nombreuses lettres, notamment celles adressées au baron d'Hermenches avec lequel elle entretint une correspondance passionnée pendant onze ans, ses romans et ses pièces de théâtre montrent à quel point Belle van Zuylen était instruite et avait l'esprit critique. Elle s'était liée d'amitié avec Benjamin Constant et Madame de Staël et écrivait en français, la langue culturelle au 18e s.
Pour en savoir plus, consulter le site Internet : http://www.etcl.nl/charriere.

VALKENBURG AAN DE GEUL★

Fauquemont – Limburg
17 908 habitants
Cartes Michelin n°s 908 I 9 et 211 U 17

Dans la charmante vallée de la Geul, Fauquemont, est une petite ville ancienne, très fréquentée comme station estivale quelque peu mondaine par des vacanciers qu'attirent un paysage doucement vallonné, un casino et un établissement thermal (Thermae 2000). La ville conserve deux portes de son enceinte fortifiée : **Grendelpoort** (14e s.) et **Berkelpoort** (15e s.), à passerelle.
Les collines autour de la ville sont constituées, comme St.-Pietersberg à Maastricht, d'un sol marneux très apprécié pour la pierre de taille qu'on a exploitée dans de nombreuses carrières.
Un certain nombre de galeries ainsi formées sur une longueur de 70 km peuvent être visitées : elles ont permis l'aménagement de musées souterrains ou d'attractions touristiques diverses.

CURIOSITÉS

Kasteelruïne (Ruines du château)  – Les ruines du château des seigneurs de Fauquemont dominent la cité.

Il ne subsiste que quelques pans de murs et quelques arcs brisés de cette forteresse qui, construite vers 1115, a subi une multitude de sièges.

Elle fut rasée en 1672 sur ordre du roi-stathouder Guillaume III.

De la terrasse, on découvre une belle **vue** sur la ville et la verdoyante vallée de la Geul.

Fluweelengrot (Grottes Fluweelen)  – Situées en contrebas du château avec lequel elles communiquent par un réseau de couloirs, ces grottes tiennent leur nom de leur ancien propriétaire, Fluwijn. Comme les grottes municipales, ce sont d'anciennes carrières de marne qui ont hébergé des réfugiés ayant laissé de nombreux dessins et bas-reliefs. Leur température est de 10°.

★ **Steenkolenmijn Valkenburg (Musée de la Mine)**  – Dans les galeries d'une ancienne carrière a été reconstituée une mine de charbon (voir Introduction, Patrimoine industriel) dont la visite documente sur les méthodes d'extraction de la houille telle qu'on la pratiquait dans le Limbourg, avant la fermeture des dernières exploitations.

VALKENBURG
AAN DE GEUL

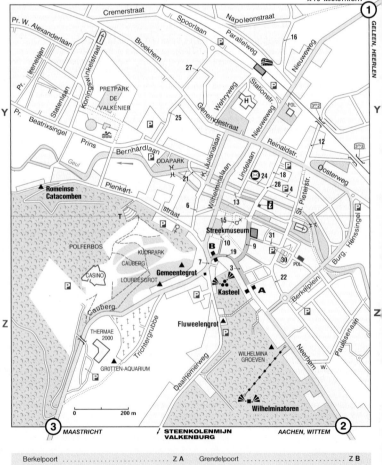

La projection d'un film tourné en 1966 donne une image vivante d'un charbonnage. Puis, on parcourt les galeries où l'on peut voir le matériel de transport du personnel ou du charbon, les pompes d'épuisement des eaux, les étançons soutenant la galerie, l'évacuation du charbon et les systèmes de sécurité ainsi que des fossiles marneux.

★ **Gemeentegrot (Grottes municipales)** ⊘ – Ce sont d'anciennes carrières de marne déjà connues des Romains. Elles servirent de refuge aux prêtres réfractaires pendant la Révolution française et d'abri à la population pendant les guerres, notamment en 1944 au moment de la libération de la ville.
La température des grottes se maintient à 14°.
Les parois sont couvertes de dessins au charbon de bois ou de bas-reliefs, les uns représentant des animaux dont on a retrouvé les fossiles dans la roche sédimentaire, comme le mosasaure *(voir Maastricht, Environs)*, d'autres des sujets artistiques *(La Joconde)* ou religieux.
La pierre étant extraite de plus en plus bas, certains dessins se trouvent placés particulièrement haut.

Wilhelminatoren (Tour Wilhelmine) – *Accès en voiture par Daalhemerweg, ou par télésiège (kabelbaan).*
Du sommet de la tour *(160 marches)*, haute de 30 m, on a une jolie **vue** sur les environs verdoyants de la ville. Deux pistes de luge ont été aménagées sur place.

Romeinse Catacomben (Catacombes romaines) ⊘ – Dans les anciennes carrières, c'est la reconstitution de quatorze catacombes romaines. Elles sont l'œuvre de l'architecte du Rijksmuseum P.J.H. Cuypers, d'après les plans de plusieurs archéologues.

Streekmuseum (Musée régional) ⊘ – Objets découverts lors des fouilles pratiquées dans le château, ateliers reconstitués, souvenirs de sociétés de tir.

Station (Gare) – C'est la plus ancienne gare subsistant aux Pays-Bas. Édifiée dans le style néogothique, elle date de 1853.

★ LE LIMBOURG MÉRIDIONAL

Circuit de 58 km – une 1/2 journée.

Région de transition entre la plaine des Pays-Bas et le massif ardennais, le Limbourg méridional forme une avancée entre la Belgique et l'Allemagne.
C'est un pays rural dont la physionomie n'est pas affectée par l'exploitation des gisements houillers voisins. Ses plateaux fertiles, ses vallées humides, ses riants pâturages ombragés de pommiers, ses sommets d'où l'œil découvre de vastes étendues composent d'agréables paysages où se rencontrent de beaux manoirs et de pittoresques fermes blanches à colombage *(voir Traditions et folklore)*.

Quitter Valkenburg à l'Est par ② du plan, en direction de Gulpen.

La route emprunte la verdoyante vallée creusée par la Geul.

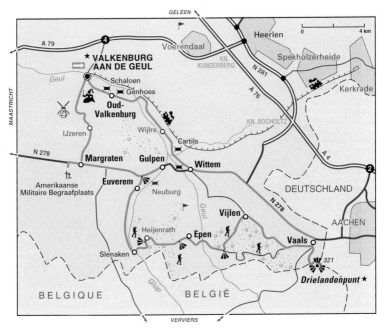

Oud-Valkenburg – À gauche, on aperçoit le château de Schaloen **(Kasteel Schaloen)**, bel édifice du 17ᵉ s., restauré au 19ᵉ s. par Cuypers, dont le parc est arrosé par un bras de la Geul. Un peu plus loin, derrière une chapelle, se trouve le château de Genhoes **(Kasteel Genhoes)**, des 16ᵉ et 18ᵉ s., entouré de douves.
Après Wijlre, remarquer sur la gauche la demeure **Huis Cartils** au centre d'un beau parc.

Wittem – À droite, le château **(Kasteel Wittem)** est un édifice du 15ᵉ s., rénové au 19ᵉ s. dans le style néogothique. Il est transformé en hôtel-restaurant.
Une route de plateau mène à Vaals.

Vaals – Station dont l'animation est due à la proximité de la frontière allemande et à sa situation près du Drielandenpunt.
Une route sinueuse monte à travers bois au Drielandenpunt. À 500 m avant le terminus de la route s'ouvre à gauche un beau **panorama**★ sur Aix-la-Chapelle ou Aachen.

★ **Drielandenpunt** – C'est un point *(punt)* de jonction entre les frontières de trois *(drie)* pays *(landen)* : Allemagne, Belgique, Pays-Bas. C'est aussi, à 321 m d'altitude, le point culminant des Pays-Bas. Du sommet de la tour Baudouin **(Boudewijntoren)**, édifice métallique, on a un **panorama**★ sur la région, Aix-la-Chapelle toute proche, les forêts allemandes de l'Eifel ; au loin, à l'Ouest, Maastricht. Parmi les curiosités de cet endroit figure un **labyrinthe** ⊙.

Vijlen – Ce village possède encore plusieurs maisons à colombage.
Par une route traversant des bois, on débouche sur la route de Vaals à Epen. Jolie **vue** sur les collines du Sud.

Epen – Lieu de villégiature dont quelques maisons conservent des murs à colombage. On admire une belle ferme à colombage à la sortie du village *(avant l'église, tourner à gauche)*.
La montée procure ensuite de belles **vues**★ sur les collines frontalières au Sud.
Après Heijenrath, jolie **vue** à droite sur la vallée de la Gulp qu'on traverse à **Slenaken**, petit village frontalier. On suit ensuite la rivière en direction de Gulpen. Le parcours est agréable dans un paysage de prairies humides.

Euverem – Dans les bassins près de la Gulp sont élevées des truites. Une partie est destinée à des étangs voisins aménagés pour la pêche.
Au carrefour de la N 278, **vue** à droite sur un château, **Kasteel Neubourg**. Situé au fond de la vallée, il a été aménagé en hôtel.

Gulpen – Centre de villégiature au confluent de la Gulp et de la Geul.

Margraten – À l'Ouest de la localité est situé le Cimetière militaire américain des Pays-Bas **(Amerikaanse Militaire Begraafplaats)**. Sur des murs sont inscrits les noms de 1 722 disparus. Dans le cimetière reposent 8 301 soldats.

Verger dans le Limbourg méridional

Ph. Roy/EXPLORER

VEERE[★]

Zeeland

Cartes Michelin n°s 908 B 7 et 211 G 13 – Schéma, voir Delta
Plan dans Le Guide Rouge Benelux

Veere est située sur le lac de Veere **(Veerse Meer)**, ancien bras de mer fermé par un barrage *(voir Delta)*, qui unit Walcheren à Noord-Beveland.

Sous la protection des seigneurs de Borsele, Veere était un port florissant grâce au commerce des laines d'Écosse, mais elle fut ruinée par la guerre d'Indépendance. Après la construction du barrage (1961) interdisant l'accès de la mer du Nord aux bateaux de pêche, Veere s'est transformée en centre de tourisme nautique, devenant un important port de plaisance, fréquenté par de nombreux vacanciers.

Avec ses ruelles pavées et ses monuments, Veere conserve beaucoup de caractère.

Van der Leeden/BENELUX PRESS B.V.

Veere

CURIOSITÉS

Campveerse Toren (Tour de Campveer) – Du 15e s., cette tour est un vestige des fortifications de la ville. En brique, elle est décorée de bandes de pierre blanche et présente un pignon à redans. Depuis des siècles, elle est aménagée en auberge.

★ **Schotse Huizen (Maisons écossaises)** ⊘ – *Aux n°s 25 et 27, sur le quai ou Kade.* Construites au 16e s., dans le style gothique flamboyant, ces deux maisons servaient de bureau et d'entrepôt aux marchands de laine écossaise qui vivaient à Veere. Au n° 25, la pierre de façade représente un agneau, symbole du commerce de la laine ; au n° 27, c'est une autruche.

À l'intérieur, on peut voir des costumes zélandais et une reconstitution d'une petite pièce *(achterkamer)*. Dans la belle salle gothique, statues originales des seigneurs et des dames de Veere, qui ornaient l'hôtel de ville.

★ **Oude Stadhuis (Ancien hôtel de ville)** ⊘ – C'est un petit édifice gothique, en grès, à deux étages, commencé en 1474. Les baies du 1er étage sont séparées par des niches surmontées de dais, et qui renferment des statues, refaites en 1934, de quatre seigneurs et de trois dames de Veere. Le beffroi de 1599, couronné d'un clocher à bulbe, abrite un **carillon** de 48 cloches.

Dans la salle d'audience (ou **Vierschaar**), au rez-de-chaussée, qui compte parmi les plus anciennes des Pays-Bas, on peut voir la coupe de vermeil que l'empereur Charles Quint offrit au comte Maximilien de Buren en 1548. Les portraits exposés dans la salle du Conseil représentent des marquis et des marquises de Veere, membres de la famille d'Orange-Nassau.

Grote Kerk (Grande Église) ⊘ – Cette église massive (15e s.) construite dans le style gothique brabançon s'orne d'une robuste tour-porche restée inachevée. Au 19e s., elle abrita un hôpital et une caserne dont les fenêtres portent encore quelques traces. C'est aujourd'hui un centre culturel. En face de l'église, la citerne ou **Cisterne** (1551) est une ravissante petite construction octogonale à ogives et colonnettes.

VENLO

64 580 habitants
Cartes Michelin n°s 908 J 7 et 211 W 14
Plan d'agglomération dans Le Guide Rouge Benelux

Dans la partie Nord de la province du Limbourg, à proximité de la frontière germano-néerlandaise, Venlo est une petite ville industrielle au bord de la Meuse. De nos jours, elle dessert une importante région de cultures (asperges, champignons, fleurs, tomates, cornichons) qui s'étend vers le Nord jusqu'aux environs de Grubbenvorst. Les alentours immédiats de la ville sont couverts de serres.

Une légende du Moyen Âge fait remonter à 90 la fondation de Venlo par Valuas, chef de la tribu germanique des Bructères. Le souvenir du fondateur de la ville se perpétue lors de toutes les fêtes, défilés ou processions ; on promène alors dans la ville deux effigies de géants, représentant Valuas et sa femme.

En 1364, la prospère Venlo devient membre de la ligue hanséatique.

Le carnaval est très animé (voir les Renseignements pratiques en début de volume).

CURIOSITÉS

★ **Stadhuis** – Au centre de la Grand-Place ou Markt, l'hôtel de ville est un bel édifice Renaissance en forme de quadrilatère construit vers 1600. Sa façade s'orne d'un double perron.

St.-Martinuskerk (Église St-Martin) ⊘ – La tour de cette église (début du 15e s.) possède un carillon de 48 cloches.

L'intérieur renferme un **mobilier**★ et des objets d'art intéressants.

Les **stalles**, du 15e s., de style gothique, sont sculptées d'une vingtaine de scènes de l'Ancien et Nouveau Testament ; des sujets variés ornent les miséricordes (têtes, symboles d'évangélistes, feuillages, proverbes, fables, etc.). On remarque, à gauche de l'arc triomphal, une Vierge à l'Enfant du 16e s. ; à droite, un Christ du 17e s. ; dans le chœur des Sacrements, à gauche du maître-autel, un banc de chêne sculpté du 16e s. ; dans le chœur Notre-Dame, à droite du maître-autel, une Pietà en calcaire (15e s.) ; dans la chapelle du croisillon Sud un Ecce Homo peint par Jan van Cleef, artiste né à Venlo (1646-1716). De beaux **fonts baptismaux** en cuivre, datés de 1621, sont placés au fond du bas-côté droit.

Dans la rue appelée Grote Kerkstraat où se trouve l'église, voir, aux n°s 19-21, l'intéressante façade de la **maison Schreurs**, Renaissance, de 1588, surmontée d'un pignon ondulé ; au 1er étage, des arcatures aveugles s'appuient sur deux têtes de lion.

★ **Limburgs Museum** ⊘ – Ce musée moderne en verre, bois, béton, acier et brique a été construit d'après les plans de Jeanne Dekkers. Il se compose d'une partie vitrée réservée aux bureaux et d'une longue galerie haute de trois étages donnant accès aux différentes salles. Le mur en brique du musée, qui fait plus de 100 m de long, évoque l'enceinte qui se dressait à cet emplacement jusqu'au 19e s. Le musée est consacré à l'histoire, aux traditions et aux tendances dans la province du Limbourg et illustre ces thèmes de façon originale et attrayante. La visite commence dans le théâtral « **Historoscope** » par une présentation multimédia où la Meuse tient le rôle principal. Les onze salles suivantes proposent un itinéraire de découverte historique allant des mines de silex de la préhistoire à la société contemporaine et ses technologies de pointe. Les objets du musée sont mis en scène dans des décors où des mannequins, des effets lumineux, sonores et olfactifs, des squelettes et des maquettes contribuent à créer un effet réaliste. Des bornes interactives permettent d'obtenir des informations complémentaires. Le musée organise également des expositions temporaires. Le **centre d'information** du musée est installé dans une station-service voisine datant de 1933.

Museum Van Bommel-Van Dam ⊘ – Ce musée consacré à l'art contemporain néerlandais organise essentiellement des expositions temporaires.

Romerhuis (Maison Romer) – 16e s. Pignon à redans et pinacles.

ENVIRONS

Tegelen et Steyl – 4 km au Sud-Ouest par Prof. Gelissensingel.

Tegelen est célèbre pour ses **Jeux de la Passion** (Passiespelen) exécutés tous les cinq ans dans le théâtre de plein air De Doolhof (voir les Renseignements pratiques en début de volume). La grange Tiendschuur abrite un musée de la Poterie (**Pottenbakkersmuseum**).

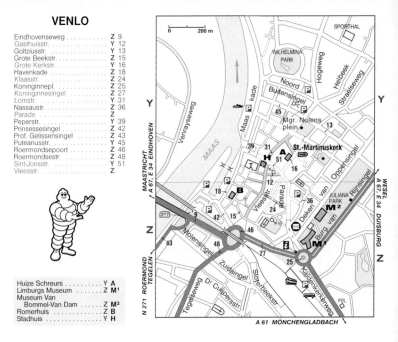

VENLO

Le musée de la Mission (**Missiemuseum Steyl** ⊙) est situé dans le village monastique de Steyl. Il abrite des objets d'art et des objets usuels ramenés du monde entier par des missionnaires néerlandais. Il possède également une riche collection de papillons et d'animaux naturalisés.
Non loin du musée se trouve un jardin botanique (**Jochum-Hof** ⊙).

Kasteeltuinen Arcen (Jardins du château d'Arcen) ⊙ – *9 km au Nord-Ouest de Venlo par la N 271.* Le château d'Arcen (1653) possède un agréable parc de 32 ha : roseraie avec bassins baroques, bois du Sparrenbos où vivent des cerfs, et grande serre subtropicale (Casa Verde).

VENRAY

Limburg

37 571 habitants

Cartes Michelin nᵒˢ 908 I 7 et 211 U 13

Sur la Grand-Place ou Grote Markt, l'église Saint-Pierre (**St.-Petrus Bandenkerk** ⊙), vaste édifice gothique, renferme un intéressant mobilier.
Outre une chaire baroque, un beau lutrin en cuivre de la fin du 15ᵉ s., l'église abrite une remarquable série de **statues** en bois, à l'exception de celle de saint Paul, en pierre. La plus ancienne est celle de saint Jacques (15ᵉ s.). Les apôtres, munis de leurs attributs, sont adossés aux piliers de la nef. Dans les bas-côtés, une série de saints et saintes (belle sainte Lucie) provient d'anciens autels disparus. À l'entrée, statue baroque de saint Pierre, représenté en pape.

ENVIRONS

Overloon – *7 km au Nord.*
En automne 1944, pendant trois semaines, les Anglais et les Américains livrèrent autour de ce village, pour appuyer l'opération Market-Garden *(voir Arnhem)*, une des plus grandes batailles de blindés de la guerre, souvent comparée à celle de Caen pour le terrible bombardement d'artillerie et pour le nombre de chars engagés. Le musée national de la Guerre et de la Résistance (**Nationaal Oorlogs- en Verzetsmuseum** ⊙) est situé à l'Est d'Overloon dans un bois où se déroulèrent des combats. Le parc (15 ha) et la grande salle d'exposition présentent une importante collection de matériel allemand et allié subsistant de la bataille : chars, avions, sous-marin monoplace, canons, bombes, torpilles. On aboutit à un bâtiment abritant une galerie d'armes à feu portatives et une abondante documentation graphique (photos, maquettes, cartes, armes, uniformes) sur les Pays-Bas pendant la guerre.
Dans un bâtiment consacré aux camps de concentration en Europe et en Asie, le Kampengebouw, une exposition permanente, illustre, à travers des objets divers, des documents, photos et films, le triste sort des victimes.

VLISSINGEN

Flessingue – Zeeland

44 530 habitants

Cartes Michelin n°s 908 B 7 et 211 G 14 – Schéma, voir Delta

Port de pêche à l'embouchure de l'Escaut, Flessingue, qui commande l'entrée du canal de Walcheren, est un centre industriel avec d'importants chantiers navals. Des bateaux de guerre y sont amarrés. Une gare maritime assure la liaison avec l'Angleterre (Sheerness) et avec la Flandre zélandaise (Breskens, *voir Sluis, Excursions*). Flessingue possède une école supérieure de navigation.

Promenades en bateau ⊘ – Flessingue est le point de départ de promenades en bateau le long de la côte de Walcheren.

UN PEU D'HISTOIRE

Flessingue acquit de l'importance dès le 14ᵉ s. grâce au commerce et à la pêche au hareng. Philippe II s'y embarqua en 1559 lorsqu'il quitta définitivement les Pays-Bas pour l'Espagne. De 1585 à 1616, la ville fut donnée en gage à l'Angleterre comme garantie des frais engagés par l'armée de Leicester pour soutenir les Provinces-Unies après l'assassinat de Guillaume le Taciturne.

À Flessingue naquit l'**amiral Michiel Adriaansz. De Ruyter** (1607-1676), qui se distingua pendant la troisième guerre contre l'Angleterre (1672-1674) et fut mortellement blessé lors d'une bataille près de Syracuse.

Le dessinateur français **Constantin Guys** (1802-1892), surnommé par Baudelaire « le peintre de la vie moderne », vit lui aussi le jour dans cette ville.

Le Boulevard – Le front de mer de la ville est constitué par une longue avenue doublée d'une promenade et nommée Boulevard.

On y remarque la tour-prison (**Gevangentoren**) du 15ᵉ s. En contrebas s'étend une grande plage abritée des vents du Nord. À l'extrémité du Boulevard, sur un ancien bastion, se dressent un petit phare et la statue de l'amiral De Ruyter. De là, **vue** sur le port en contrebas et sur l'ancienne Bourse (**Beursgebouw**) de 1635, joli bâtiment à volets verts, surmonté d'un clocheton.

Maritiem Attractiecentrum Het Arsenaal (Centre d'attractions marines l'Arsenal) ⊘ – *Arsenaalplein 1*. Ce parc d'attractions enchantera surtout les plus petits. Dans cet ancien arsenal de 1823, ils seront plongés de manière divertissante dans le monde maritime. Dans la revue navale (Vlootshow), on voit parader des navires et le repaire des corsaires (Piratenhol) donnera le frisson. Ensuite, le visiteur fait naufrage pour échouer sur l'île aux trésors du capitaine Leborgne. Du nid-de-pie situé à une hauteur de 65 m, la vue s'étend sur la Zélande et l'Escaut occidental. L'excursion se termine par la visite du monde sous-marin.

Stedelijk Museum ⊘ – *Bellamypark 19*. Ce musée municipal évoque le riche passé maritime de la ville. L'accent est mis principalement sur le célèbre amiral De Ruyter et la Compagnie des Indes orientales (VOC). Autre aspect évoqué : le pilotage. Une exposition rassemble diverses marchandises provenant de la cargaison de quelques-uns des navires qui ont malgré tout échoué sur les bancs de sable.

Reptielenzoo Iguana ⊘ – *Bellamypark 35*. Autour d'une serre tropicale, ce jardin zoologique abrite plus de 500 espèces de reptiles, d'amphibiens et d'insectes. Dans une couveuse, des œufs éclosent tandis que de jeunes animaux font leurs premiers pas.

ENVIRONS

Fort Rammekens ⊘ – *Sur le Rammekensweg près de Ritthem, à l'Est de Flessingue*. Ce fort maritime, le plus ancien de ce type en Europe occidentale, fut édifié en 1547 pour défendre les ports de Middelburg et d'Anvers. En 1809, Napoléon fit ajouter des casemates qui abritent aujourd'hui des expositions sur l'histoire du fort et la faune et la flore des environs.

VOLENDAM★

Noord-Holland

Cartes Michelin n°s 908 G 4 et 210 K 8

Sur une petite mer intérieure nommée Gouwzee, Volendam, qui arme pour la pêche aux anguilles, est l'un des plus connus des ports de l'ancien Zuiderzee. Ses habitants arborent, à la belle saison, un costume traditionnel qui est devenu l'image même des Pays-Bas à l'étranger. Le tourisme étant devenu pour Volendam la principale ressource, le village a perdu son authenticité.

Le village – La longue rue qui parcourt le sommet de la haute digue n'est qu'un alignement de boutiques. Par contre, à l'arrière de la digue, en contrebas, de pittoresques ruelles étroites s'insinuent entre les petites maisons de brique à pignon de bois.

* **Le costume traditionnel** – Les hommes portent des culottes noires à boutons d'argent, des vestes courtes sur des chemises rayées, des bonnets ronds. Le costume des femmes comporte une jupe noire avec un tablier rayé ou une jupe rayée avec un tablier noir, une chemise à plastron fleuri sous une casaque noire à manches courtes, un collier à gros grains de corail et fermoir en or, caché l'hiver par un foulard bleu et blanc. Quand elles ne portent pas leur bonnet noir pointu, elles arborent la coiffe de dentelle des jours de fête, très haute, aux ailes relevées, dont la silhouette est fameuse. Il faut assister à la sortie de la messe ou des vêpres, le dimanche ou les jours de fête, quand les couples franchissent le petit pont de bois devant l'église catholique.

Volendams Museum ⊘ – *Zeedijk 37*. Une boutique à l'ancienne et une petite salle de classe servent de cadre à une exposition de costumes traditionnels, bijoux, matériel de pêcheur et bagues de cigare.

WADDENEILANDEN★★

Îles des WADDEN

Cartes Michelin nᵒˢ 908 F 2, 3, G 2, H 1, I 1, J 1 et 210 N 4, 5, O 4, 5, P 3, Q 2, R 2, S 2, T 2, U 2, V 2, W 1, 2.

Au Nord du pays, entre la mer du Nord et la mer des Wadden, s'étendent les îles des Wadden, une région naturelle d'une beauté exceptionnelle ; elle comprend cinq îles habitées. La plus grande d'entre elles, l'île de **Texel**, fait partie de la province de Hollande-Septentrionale, tandis que **Vlieland**, **Terschelling**, **Ameland** et **Schiermonnikoog** sont frisonnes. D'autres îlots et bancs de sable, comme **Griend**, l'île aux oiseaux, ainsi que les îles de **Rottumeroog** et **Rottumerplaat** (toutes deux appartiennent à la province de Groningue) font également partie des îles des Wadden. Ce chapelet d'îles se prolonge également vers le Nord, le long des côtes allemande et danoise.

La formation des îles et du Waddenzee – Les îles des Wadden représentent, avec les îles allemandes et danoises qui les prolongent, les restes d'un ancien cordon littoral de dunes d'origine éolienne qui s'étendait jusqu'au Jutland, au Danemark. Dès l'époque romaine, la mer avait morcelé le cordon de dunes et envahi l'arrière-pays très plat jusqu'à former la mer des Wadden ou **Waddenzee**. Au 13ᵉ s., celle-ci communiqua avec un vaste golfe qui venait de se former, le Zuiderzee *(voir IJsselmeer)*.

Marées et courants – Les îles sont encore soumises à la forte action des courants marins. La mer du Nord en effet poursuit son travail de sape sur la **côte Ouest** des îles. Des bornes kilométriques, plantées en rang sur les plages, permettent d'estimer les mouvements du sable que des **brise-lames**, construits perpendiculairement à la côte, tentent de minimiser.
Sur la **côte Est**, les courants contribuent à l'ensablement du Waddenzee. À marée basse, la mer y laisse à découvert d'immenses surfaces de vase ou de sable, les **wadden**. Très appréciées des oiseaux, celles-ci obligent les bateaux à effectuer de grands détours pour les éviter et emprunter les chenaux balisés.

Morand-Grahame/HOA QUI

Ameland – Les dunes

Spatule

Tadorne

Héron cendré

Goéland argenté

Vanneau huppé

Cigogne

Huîtrier pie

P. Bourguignon/B. Coster/M. Danegger/F. Dupont/Ph. Prigent/F. Roux/JACANA

Lorsque le temps le permet, il est possible, à certaines périodes, de traverser le Waddenzee à pied (**wadlopen** ⊘) *(voir ci-dessous)*.

L'action du vent – Depuis toujours, le vent est le principal ennemi de la région des Wadden. Au fil du temps, en raison de la force et de la persistance des vents d'Ouest, les îles des Wadden se sont lentement déplacées vers l'Est. Certains villages situés sur la côte Ouest de ces îles, comme Westerburen sur Schiermonnikoog et Westervlieland sur l'île de Vlieland, ont été engloutis par la mer.

Aujourd'hui encore, de gigantesques étendues de sable se forment à l'extrémité Sud-Ouest de ces îles, tels le Vliehors sur l'île de Vlieland et le Rif sur Schiermonnikoog. À partir de 1900, on a planté des forêts de conifères sur ces îles, afin d'enrayer quelque peu les déplacements de sable. À l'heure actuelle, grâce à ces forêts, aux brise-lames, aux digues, ainsi qu'au bon entretien des dunes, les grandes îles sont plus ou moins stabilisées. Par contre, d'autres bancs de sable comme le **Noorderhaaks** (mieux connu sous le nom de « Razende Bol », la boule d'écume) continuent de se déplacer.

Pourtant, ce vent continu présente un avantage : il chasse rapidement les nuages, ce qui fait qu'il pleut moins sur les îles des Wadden que sur le reste du pays.

La reconquête de la mer – Les îles de basse altitude ont fréquemment été touchées par de fortes tempêtes, contre lesquelles les cordons de dunes et les digues ne constituaient pas toujours une protection efficace.

L'îlot de **Griend** entre Vlieland et Harlingen a carrément été reconquis par la mer. Au 13e s., c'était une île prospère, mais étant peu à peu rongée par les hautes marées, elle dut être abandonnée au 18e s. Ce qui subsiste actuellement de cette île sert de lieu de nidification aux oiseaux.

Autre exemple, une digue, construite en 1871 entre Ameland et la côte frisonne, fut brisée onze ans plus tard par les tempêtes.

Et jusqu'en 1950, l'îlot de Rottumerplaat était régulièrement submergé.

Les paysages – Les îles possèdent au Nord et à l'Ouest de magnifiques **plages** d'un sable très clair, bordées par des **dunes** plantées d'oyats destinés à empêcher que le sable soit emporté par les vents. Les dunes sont particulièrement hautes et larges à Texel, mais c'est sur les îles d'Ameland et Terschelling qu'elles sont les plus élevées (plus de 30 m).

Les **forêts de conifères** à l'intérieur des terres ont été plantées au début du 20e s. et ont considérablement modifié l'aspect de ces îles qui, à l'origine, étaient pratiquement dépourvues d'arbres.

Au Sud, la côte très plate est protégée par des digues.

Sur les **polders** situés derrière la côte et séparés par de petites digues paissent de nombreux troupeaux de vaches, ou de chevaux. Sur l'île de Texel, ce sont surtout des moutons.

Sur le Waddenzee sont établis de petits **ports**. Ils étaient autrefois le point de départ de la pêche et de la chasse à la baleine et sont pour la plupart devenus des ports de plaisance.

La faune – Toutes ces îles constituent une sorte de réserve naturelle pour les **oiseaux de mer**. Certains viennent y couver : les mouettes, les goélands, les spatules, les canards pilet. À l'automne, le Waddenzee, riche en nourriture de toute sorte (poissons, coquillages), retient quelque temps sur leur passage une pléthore d'**oiseaux migrateurs**, venus du Nord de l'Europe (Scandinavie, Islande), de Sibérie et en route

M.A. Boet/JACANA

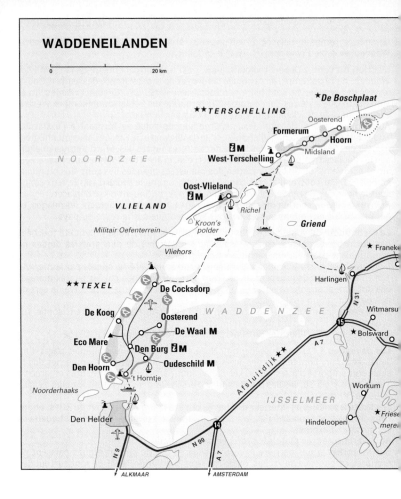

WADDENEILANDEN

0   20 km

★★ *TERSCHELLING*

★ *De Boschplaat*

Oosterend

Formerum

Hoorn

Midsland

West-Terschelling

N O O R D Z E E

Oost-Vlieland

VLIELAND

Richel

Kroon's polder

Militair Oefenterrein

Griend

Vliehors

★ Franeke

Harlingen

★★ *TEXEL*

De Cocksdorp

W A D D E N Z E E

Witmarsu

De Koog

Oosterend

De Waal M

★ Bolsward

N 31

15

Eco Mare

Den Burg ⛴ M

Den Hoorn

Oudeschild **M**

Workum

't Hortnje

A 7

Noorderhaaks

A f s l u i t d i j k ★★★

IJSSELMEER

★ Friese mere

Den Helder

Hindeloopen

14

N 99

A 7

N 9

↓ *ALKMAAR*

↓ *AMSTERDAM*

LES ÎLES DES WADDEN PRATIQUES

Accès – Pour atteindre les îles des Wadden, il faut bien entendu prendre le bateau. Les modalités diffèrent d'une île à l'autre (bateau rapide ou classique, possibilité d'embarquer sa bicyclette ou sa voiture). Pendant la haute saison, les bateaux sont nombreux, mais en basse saison, il n'y a parfois qu'une seule liaison par jour et il arrive qu'elle soit supprimée en raison des mauvaises conditions climatiques. C'est pourquoi il est conseillé de téléphoner quelques jours avant le départ au numéro d'information (accessible 24 h sur 24) du service de liaison concerné où l'on vous donnera les horaires exacts, ainsi que les modalités de réservation. Ceux qui visitent les îles sans leur voiture peuvent la laisser sur les grands parkings des ports.*(Pour plus de détails concernant chaque île en particulier, voir ci-dessous, ainsi que les Conditions de visite en fin de volume.)*

Découverte des îles – Pour circuler sur les îles, le moyen de transport recommandé est la **bicyclette**. Sur Vlieland et Schiermonnikoog, c'est même le seul : les voitures y sont interdites. Par ailleurs, les réserves naturelles et les zones de dunes ne sont accessibles qu'à vélo ou à pied. Ceux qui veulent vraiment découvrir les îles des Wadden devront donc faire quelques efforts. On peut louer des bicyclettes dans chaque île et dans la plupart des villages. Cependant, en saison, il arrive qu'on n'en trouve plus de disponible. Il est vivement recommandé d'embarquer du continent avec sa propre bicyclette, acceptée dans tous les bateaux. Des **circuits de promenades à vélo et à pied** sont disponibles dans les Offices de tourisme.

La plupart des îles disposent également d'un service de **bus**. Le **taxi** est également une possibilité. C'est un moyen confortable et souvent intéressant pour visiter les îles des Wadden, car vous pourrez profiter des connaissances et des petites histoires de la population locale. C'est surtout sur l'île de Texel qu'une voiture personnelle peut s'avérer utile.

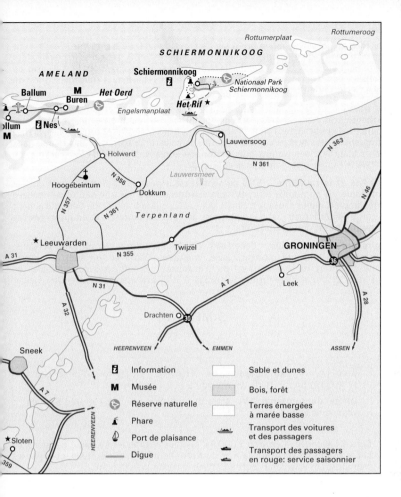

	Information		Sable et dunes
	Musée		Bois, forêt
	Réserve naturelle		Terres émergées à marée basse
	Phare		Transport des voitures et des passagers
	Port de plaisance		Transport des passagers en rouge: service saisonnier
	Digue		

Hébergement – Les îles des Wadden ne comptent qu'un nombre limité d'**hôtels**. En saison, il est conseillé de réserver sa chambre par l'intermédiaire de l'Office de tourisme situé sur l'île. Celui-ci pourra vous orienter vers des particuliers qui louent des **chambres**. En outre, un guide édité chaque année par les Offices de tourisme décrit toutes ces possibilités d'hébergement, y compris les **terrains de camping** et les **maisons de vacances**.

Visites guidées – Pour les excursions dans les réserves naturelles ou sur les « wadden », l'observation des oiseaux ou des phoques, la visite des canardières ou des épaves sur la plage, se renseigner auprès des Offices de tourisme.

Wadlopen (Traversée des Wadden à pied) – Ces excursions passionnantes ne sont possibles qu'entre début avril et fin octobre et sous la conduite d'un guide. La majorité d'entre elles se font au départ de Wierum (province de Frise) ou Pieterburen (province de Groningue) *(Pour les adresses, voir les Conditions de visite en fin de volume)*. Les Offices de tourisme organisent également de petites excursions de ce type.

Sports – Vous pourrez obtenir tous les renseignements concernant les sports tels que la voile, le surf, la pêche sportive, le saut en parachute, l'équitation, le golf, le patinage, le ski de fond, etc. auprès des Offices de tourisme. Chaque année au mois de juin a lieu le **Tour de Texel**, la plus grande régate de catamarans du monde.

pour des régions plus chaudes (France, Espagne, Afrique du Nord). Tel est le cas de l'avocette. D'autres choisissent le Waddenzee pour hiverner. Il en est ainsi, parmi les échassiers, d'une grande partie des bécasseaux variables ou des huîtriers pie.

Des **réserves naturelles** ont été constituées dans chaque île ; un certain nombre sont interdites aux visiteurs non accompagnés d'un guide. Les plus importantes appartiennent à la Direction des Forêts (Staatsbosbeheer). Pendant la saison de nidification (de mi-mars à mi-août), de nombreuses zones sont fermées au public.

Les **phoques**, qui venaient nombreux sur les bancs de sable de la côte Nord des îles, ont été victimes d'une épidémie virale dans les années 1980. Leur nombre avait alors fortement diminué, mais il semble être de nouveau en progression. Si vous avez de la chance pendant la traversée, vous pourrez voir ces charmants animaux profiter du soleil sur les nombreux bancs de sable.

La flore – Sur les dunes parmi lesquelles se nichent de petits étangs croît une **végétation** très riche et très particulière. Citons, au nombre des espèces les plus courantes, des arbustes comme l'argousier, à baies orangées et comestibles, la rose pimprenelle, des herbes comme l'herbe à la cuillère, la parnassie des marais, aux fleurs blanches, des plantes grasses comme le glaux. Sur l'île de Terschelling, on cultive la canneberge, fait unique en Europe.

Les îles et le tourisme – S'ils ne s'intéressent pas tous à l'ornithologie ou à la botanique, de nombreux touristes apprécient dans ces îles une nature peu polluée (mer limpide, dunes sauvages, climat sain), ainsi que la tranquillité. Ceux qui aiment le calme éviteront les grandes affluences de l'été. En automne et en hiver, ces îles présentent tout autant d'attraits.

Le revers de la médaille – Cependant, ces îles excitent la convoitise de certains. L'armée y a implanté plusieurs bases militaires (Texel et Vlieland). En outre, on a découvert dans le sous-sol du Waddenzee des richesses considérables en gaz naturel : une plate-forme de forage a déjà été installée entre Den Helder et Texel.

AMELAND

Fryslân – 3 477 habitants

Accès ⊘ – Au départ de Holwerd. Numéro d'information ☎ (0519) 54 20 01 ou www.wpd.nl.

Office de tourisme (VVV Ameland) – À Nes, ☎ (0519) 546 546 ou www.ameland.nl.

Cette île allongée, d'environ 5 800 ha, pourvue de grandes étendues de dunes, de belles plages de sable sur la mer du Nord, de bois, est très fréquentée par les touristes. Les Allemands surtout y viennent nombreux en été.

Des pistes cyclables *(au total près de 100 km)* traversent l'île, parcourant bois et dunes.

Comme toutes les îles des Wadden, Ameland possède des **réserves** peuplées d'oiseaux, comme la réserve **Het Oerd**, dans l'extrême Est.

Aux 17e et 18e s., les habitants d'Ameland avaient pour spécialité la **chasse à la baleine**. Celle-ci ne se pratique plus depuis le milieu du 19e s., mais les maisons des capitaines de bateau (les commandeurs) rappellent encore çà et là cette époque prospère et, par endroits, des ossements de baleine servent encore de clôture. Les quatre villages pittoresques de l'île sont tous classés.

Nes – Principale localité de l'île, cet agréable petit village est dominé par un **clocher** isolé (1664) à toit en bâtière.

Non loin de ce clocher, qui faisait également office de phare, dans la Rixt van Doniastraat, on admire plusieurs maisons anciennes de capitaines, les **Commandeurshuizen**, maisons à étage dotées d'un petit appentis latéral, et dont la porte d'entrée est légèrement décentrée. Des cordons de brique, voire une frise géométrique, soulignent les étages. Les ancres de façade révèlent souvent une date ancienne.

À l'Est, route de Buren, au-delà du nouveau cimetière catholique, l'ancien cimetière (**oude kerkhof**), accessible par une petite route à gauche, conserve des stèles anciennes, certaines ornées d'un saule pleureur. D'autres, très étroites, atteignent près de 2 m. Quelques tombes d'aviateurs britanniques tombés dans l'île pendant la Seconde Guerre mondiale sont aussi groupées dans ce cimetière.

Pour profiter pleinement de la nature d'Ameland, il est conseillé, avant de faire le tour de l'île, de visiter le **Natuurcentrum Ameland** ⊘ (Centre de la nature). Dioramas, photos et maquettes donnent un aperçu des différents paysages de l'île : wadden, pâturages côtiers (= les laisses), polders, bois, dunes et plages. Les aquariums présentent des poissons de la mer du Nord. La pièce maîtresse de ce centre de la nature est le squelette d'un des quatre cachalots qui se sont échoués ici en novembre 1997.

Buren – C'est le village situé le plus à l'Est de l'île. Sur la place, une statue de bronze représente une femme au nez crochu portant une lampe-tempête ; il s'agit de **Rixt van het Oerd** *(voir ci-dessous)*.

Le musée des Agriculteurs et des Pilleurs d'épaves (**Landbouw en Juttersmuseum Swartwoude** ) évoque au moyen de photos et d'objets divers les pénibles conditions d'existence des habitants d'Ameland en 1900. Pour survivre, ils devaient cultiver la terre, mais aussi pêcher, braconner et piller les épaves. C'est principalement cette dernière activité, officiellement interdite depuis 1529, mais pratiquée par les habitants pauvres de la côte jusqu'à la fin du 18ᵉ s., qui rapportait gros de temps à autre. Tout dépendait de la cargaison des bateaux échoués : bois de chauffage, aliments en conserve, alcool, coffres, etc.

Ballum – La **tour** d'une ancienne église se dresse au centre de ce petit village, entre les arbres. Elle donnait l'heure et on sonnait sa cloche en cas de danger.

Au Sud-Est, sur le Smitteweg, à côté du nouvel hôtel de ville, le cimetière **(kerkhof)** contient de jolies tombes anciennes gravées de navires ou de saules pleureurs. C'est ici que se dressait jusqu'en 1828 le château des seigneurs d'Ameland.

Hollum – Au Sud du bourg, une charmante église typique au clocher à toit en bâtière est entourée d'un cimetière **(kerkhof)** dont quelques pierres tombales du 18ᵉ s. sont gravées d'un joli navire. Devant l'église se trouvait autrefois une criée.

De charmantes maisons de « commandeurs » s'admirent à Hollum. L'une d'entre

Le cimetière de Hollum

elles a été transformée en musée (**Cultuur-Historischmuseum Sorgdrager**). Installé dans une ancienne demeure de capitaine garnie d'un mobilier régional, dont les pièces sont joliment tapissées de carreaux de faïence, ce musée rassemble de la poterie, des costumes régionaux et des objets ayant trait à l'art populaire. Dans la grange, située sur la droite, des objets et des photos évoquent la chasse à la baleine, la navigation, l'industrie laitière (aujourd'hui disparue) et la pêche.

Dans Oranjeweg, on aperçoit le hangar du **Reddingsmuseum** « **Abraham Fock** » , abritant le fameux **reddingsboot** , bateau de sauvetage qu'on tire sur la plage à l'aide de chevaux. Ce musée retrace l'histoire des pilleurs d'épaves devenus sauveteurs. Un film vidéo donne un aperçu des techniques de sauvetage, anciennes et modernes.

Plus loin, vers le Nord-Ouest, se trouve le **phare** rouge et blanc d'Ameland (illustration, voir p. 8).

L'origine du mot « Oerd »

Il y a longtemps, à l'extrême Est de l'île d'Ameland, vivaient une veuve et son fils, Rixt et Sjoerd. Ils n'avaient quasiment aucun contact avec les autres habitants de l'île et vivaient de ce que la nature leur offrait. Leur unique richesse était une vache. Tous les jours, pendant que Sjoerd partait braconner, Rixt parcourait la plage à la recherche de ce que la mer avait rejeté. Tout alla bien jusqu'au jour où Sjoerd, devenu adulte, quitta la hutte qui leur servait de maison et s'engagea comme marin. Au début, Rixt se débrouilla seule. Mais un jour, n'ayant plus rien trouvé sur la plage depuis plusieurs jours, elle concocta un mauvais plan. Par une sombre nuit de tempête, elle fixa une lampe entre les cornes de sa vache qu'elle envoya sur la plus haute dune des environs. Un navire qui se trouvait en difficulté au large d'Ameland, croyant trouver là un port pour s'abriter, mit le cap sur la lampe. Les conséquences furent terribles. Le navire se brisa sur la côte et tout l'équipage périt. Rixt se précipita vers la plage, pleine d'espoir, mais hurla de douleur quand, parmi les débris, elle découvrit le corps de son fils Sjoerd. Si l'on écoute bien, quand la tempête souffle sur Ameland, on peut encore entendre son cri déchirant : « Sjoe-oe-oerd... Sjoe-oe-oerd ».

SCHIERMONNIKOOG

Fryslân – 1 004 habitants

Accès ⊘ – Au départ de Lauwersoog. Numéro d'information
☎ (0519) 34 90 79 ou www.wagenborg.nl.

Office de tourisme (VVV Schiermonnikoog) – ☎ (0519) 53 12 33, 53 19 00
ou www.schiermonnikoog.net.

C'est la plus petite des îles habitées de la mer des Wadden : d'une superficie de
4 000 ha, elle s'étend sur 16 km de long et 4 km de large. Depuis 1989, l'île est
protégée : elle est devenue **parc national**.
Un seul bourg, Schiermonnikoog, dessert deux plages importantes et un petit lac
de plaisance, le Westerplas. À l'Est du village, on trouve les dunes de **Kobbeduinen**,
ainsi qu'une immense réserve naturelle de 2 400 ha : **De Oosterkwelder**.
Pour ses paysages sauvages, ses dunes, ses bois, ses plages et sa tranquillité,
Schiermonnikoog est l'une des îles les plus agréables de la mer des Wadden. Elle
devint frisonne en 1580. Propriété de différentes familles entre 1639 et 1858,
elle appartient à l'État depuis 1945.

Schiermonnikoog – Parmi les arbres se dispersent les maisons de ce bourg qui
s'est développé après l'implantation, vers l'an 1400, de moines cisterciens arrivés
de Frise. De là viendrait le nom de l'île, schier signifiant gris, monnik moine, et
oog île. Une statue de moine située sur la pelouse centrale du bourg rappelle son
passé.
À proximité, une arche formée de deux immenses ossements de baleine rappelle
la chasse à la baleine qui était pratiquée autrefois. L'ancienne centrale énergétique
abrite aujourd'hui un centre d'accueil (**Bezoekerscentrum** ⊘) où une exposition
montre les différents paysages que l'on peut rencontrer sur l'île. Ce centre
contient également quelques ossements d'un des quatre cachalots échoués sur
Ameland en 1997, ainsi qu'une petite section historique et culturelle.
Dans la rue nommée Middenstreek, qui se dirige vers l'Ouest, et dans la rue
parallèle, Langestreek, s'alignent d'intéressantes **maisons anciennes** au toit
asymétrique.

★ **Het Rif** – C'est, au-delà de Westerplas, à la pointe Sud-Ouest de l'île, une vaste
étendue de sable d'un blanc immaculé, atteignant jusqu'à 1,5 km de large. On en
a une **vue**★ d'ensemble de Westerburenweg, chemin qui s'achève dans les dunes.

TERSCHELLING★★

Fryslân – 4 761 habitants

Accès ⊘ – Au départ de Harlingen. Renseignements : Rederij Doeksen,
☎ (0562) 44 27 70 ou 44 32 20 (service rapide), www.rederij-doeksen.nl.

Office de tourisme (VVV Terschelling) – À West-Terschelling,
☎ (0562) 44 30 00 ou www.terschelling.net.

Cette île extrêmement allongée (28 km) est, avec ses 11 000 ha, la seconde en
superficie des îles des Wadden, après Texel.
Terschelling est une île aux paysages très variés : larges plages de sable, hautes
dunes, prés salés et wadden abritant des centaines d'oiseaux, épaisses forêts de
conifères, polders et quelques petits villages. Les nombreuses pistes cyclables qui
sillonnent l'île permettent au visiteur d'en faire la découverte.
Très fréquentée par les estivants qui apprécient ses immenses plages de sable,
Terschelling (prononcer Ter-srelling) conserve par endroits un aspect sauvage. Elle
est couverte de vastes surfaces de dunes où croît une abondante végétation
d'herbes, de mousses et de fleurs. Elle possède aussi plusieurs **réserves naturelles**
dont une particulièrement importante, De Boschplaat.
Terschelling est la patrie de **Willem Barents** ou Barentsz. (v. 1555-1597), navigateur
qui, cherchant à atteindre l'Inde par le Nord de l'Europe, découvrit la Nouvelle-
Zemble en 1594 et le Spitzberg en 1596 *(voir l'Introduction, l'Histoire)*. La partie
de l'océan Glacial Arctique qui s'étend entre ces deux archipels porte son nom :
mer de Barents.
Au cours de sa troisième expédition (1596-1597), son bateau fut pris par les
glaces. Il passa l'hiver en Nouvelle-Zemble, dans une hutte construite à l'aide de
planches du bateau, puis mourut en tentant de rejoindre des terres habitées. En
1876, on retrouva son journal de bord.

L'**Oerol-festival** se tient chaque année au mois de juin à Terschelling. Durant dix jours, des représentations et des concerts ont lieu dans toute l'île, aussi bien sur les plages, dans les dunes que dans les granges des fermes.

West-Terschelling – La capitale de l'île est un petit port très animé, bien situé dans une large baie.

Elle est dominée par une haute tour carrée de 54 m, la **Brandaris**, phare construit en 1594 pour remplacer le clocher (servant de phare) de la chapelle St.-Brandarius qui, située au Sud-Ouest de l'île, avait été engloutie par les flots.

West-Terschelling – Le port de plaisance et le phare Brandaris

Au pied de la tour s'étend un vaste **cimetière** dont les tombes alignées sont très évocatrices du passé maritime des habitants, avec des stèles du 19e s. et du début du 20e s., gravées de navires naïvement dessinés.

L'une des stèles, au centre, rappelle l'épisode au cours duquel périrent, le 3 janvier 1880, cinq sauveteurs de l'île qui s'efforçaient de recueillir des rescapés du naufrage du *Queen of Mistley*.

Terschelling Museum 't Behouden Huys ⓥ – *Commandeurstraat, n° 30*.

Installé dans deux demeures de capitaines *(commandeurshuizen)* datées de 1668, c'est un charmant musée régional. Il porte le nom de la hutte dans laquelle hiverna Willem Barents en Nouvelle-Zemble. On remarque à l'entrée de jolies pierres de trottoir sculptées.

Le grenier de la demeure de gauche abrite une exposition sur l'histoire de Terschelling ; au rez-de-chaussée, les pièces contiennent du mobilier du 19e s.

Dans la nouvelle partie du musée, on trouve une reconstitution du pont du navire de Willem Barents. Des objets divers, ainsi qu'un spectacle panoramique font revivre ses expéditions nordiques. Le premier étage est consacré aux bateaux-pilotes et à la chasse à la baleine.

Dans la seconde demeure sont exposés des maquettes et des emblèmes de bateaux, ainsi que des fragments d'épaves et une collection d'objets trouvés sur les plages.

Centrum voor natuur en landschap (Centre de la nature et des paysages) ⓥ – *Burg. Reedekkerstraat 11*.

Ce centre est consacré à la flore et à la faune de l'île, dont la richesse est illustrée par divers petits films. Il donne également des renseignements sur la formation des dunes, la construction des digues, l'aménagement des eaux, ainsi que sur le rôle essentiel de l'administration des Eaux et Forêts. Une attention toute particulière est portée à l'île de Griend, l'île aux oiseaux, ainsi qu'à la réserve naturelle De Boschplaat. Dans les grands aquariums, on peut voir de nombreux poissons, des crabes et des coquillages. Le centre possède également un bassin où le visiteur peut caresser des raies.

Formerum – Un petit moulin à vent, **De Koffiemolen** (le moulin à café), est à signaler. Couvert de chaume, il date de 1876 et sert à moudre le blé.

Hoorn – En frison, Hoarne. Du 13e s., son église, en brique, de type frison, est entourée de tombes. Les plus anciennes, du 19e s., sont surmontées d'un bas-relief représentant un navire.

Les airelles de Terschelling

Le vin d'airelle *(cranberrywijn)* est une spécialité de Terschelling. L'airelle, une baie comestible des tourbières, d'origine américaine, que l'on appelle aussi canneberge, ne se rencontre en Europe quasiment que dans les creux humides des dunes de Terschelling. La tradition veut que la présence de l'airelle à Terschelling soit due à Pieter-Spikes Cupido, un pilleur d'épaves, qui, vers 1840, découvrit dans les dunes un tonneau échoué plein d'airelles, l'ouvrit et l'abandonna. Pieter-Spikes Cupido, qui s'attendait à trouver quelque chose de plus précieux que des baies, pouvait se montrer déçu, mais Terschelling fit ainsi l'acquisition d'une plante très particulière.

Aussi bien à Formerum, où se trouve l'usine de traitement des airelles de Terschelling, que dans les autres localités de l'île, on peut goûter des gâteaux, de la glace, de la confiture, du vinaigre, de la liqueur, du vin ou des plats de viande préparés avec les baies locales.

★ De Boschplaat ⊘ – *Accès interdit aux voitures mais autorisé aux bicyclettes (pistes cyclables dans la partie Ouest).*
Cette réserve de 4 400 ha occupe l'extrémité Est de l'île, inhabitée ; il s'agit de l'unique **réserve naturelle européenne** aux Pays-Bas, un véritable paradis pour les amoureux de la nature. Dans les dunes et près des estuaires viennent nicher de nombreux oiseaux. De Boschplaat présente la particularité de comporter des environnements intermédiaires de différents milieux, notamment entre le milieu salin et le milieu non salin, le milieu sec et le milieu humide, le milieu exposé au vent et le milieu à l'abri, le sol riche en calcaire et le sol pauvre en calcaire, etc. La végétation y est aussi particulièrement remarquable avec des espèces originales d'orchidées et de plantes halophytes (qui vivent sur un sol salé). Durant la période de nidification des oiseaux, une grande partie de la réserve est fermée au public.

TEXEL★★

Noord-Holland – 13 343 habitants

Accès ⊘ – Au départ de Den Helder. Teso, numéro d'information ☎ (0222) 36 96 91 ou www.teso.nl.
Office de tourisme (VVV Texel) – À Den Burg, Emmalaan 66, ☎ (0222) 31 47 41 ou www.texel.net.

Longue de 24 km et large de 9 km, Texel (prononcer Tessel) est la plus grande des îles des Wadden. En comparaison avec les autres îles des Wadden, Texel possède moins le caractère véritable d'une île. Néanmoins, cette « Hollande miniature » présente de nombreux attraits.

La capitale, **Den Burg**, est située au centre. **De Koog**, à l'Ouest, ville balnéaire moderne, commande l'accès de la plage principale. **Oudeschild** est un petit port de pêche et de plaisance. **Oosterend**, **De Waal** et **Den Hoorn** sont de petits villages pittoresques. **De Cocksdorp** est la localité la plus septentrionale. Depuis le **phare** de cette localité, on voit, par beau temps, l'île de Vlieland.

Le mouton de Texel

Après l'agriculture et le tourisme, la principale ressource de l'île est l'élevage des moutons. L'île compte environ 16 000 moutons qui, chaque année, donnent naissance à 20 000 agneaux. C'est surtout autour du Hoge Berg (une dune haute de 15 m), au centre de l'île, que l'on rencontre de nombreuses *schapenboeten*, petites granges au toit de chaume où l'on entrepose le foin et le fourrage. Ces granges, tout comme les murets entourant les fermes pyramidales, offrent aux moutons l'occasion de s'abriter contre le vent frais d'Ouest et la neige. En effet, le mouton de Texel passe tout l'hiver à l'extérieur.

Outre une viande succulente au goût salé naturel (en raison de la salinité de l'herbe), les moutons de Texel produisent également de la laine et du lait d'excellente qualité. Cette laine aurait un effet bénéfique contre les douleurs musculaires et les rhumatismes. On fabrique également du fromage et même du savon à partir du lait de ces moutons.

Texel

L'île des Oiseaux – Les oiseaux constituent l'un des plus grands intérêts de Texel. 300 espèces parmi les plus diverses y vivent, y déposent leurs œufs et y couvent dans les dunes ou dans les étangs d'eau douce qui s'y trouvent.
Texel compte plusieurs **réserves**★ ⊘ appartenant à l'État.
Les promeneurs n'ont accès qu'aux sentiers signalisés par des poteaux.

De Eijerlandse duinen – Ces dunes appartenaient à une île rattachée à Texel depuis 1629 par une digue de sable. Là font leur nid de fin mars à fin juillet de nombreux oiseaux, en particulier les eiders qui fournissent le duvet connu sous le nom d'édredon.

De Slufter – C'est un vaste espace entouré de dunes qui communique avec la mer par une brèche. La végétation qui y croît est imprégnée de sel. Une quarantaine d'espèces d'oiseaux viennent y couver.
Du sommet des dunes, au bout du Slufterweg, accessible par un escalier, **vue**★ sur cet étonnant paysage sauvage qui se couvre en juillet et août d'une fleur mauve nommée statice des limons.

De Muy – Région en partie marécageuse située au creux des dunes. Près de cinquante espèces d'oiseaux y couvent, notamment la spatule blanche au bec à la forme caractéristique et le héron cendré. La flore marécageuse est intéressante (orchidées, pyroles, parnassies des marais).

De Westerduinen – Dans ces dunes près de la plage nichent en particulier des goélands argentés.

De Geul – Étang formé dans les dunes à la fin du siècle dernier. Depuis se sont créés à proximité plusieurs nouveaux étangs. Dans les roseaux, on peut voir entre autres la spatule, le héron cendré, le canard pilet à queue pointue.
Alentour on peut observer l'intéressante flore des dunes ou des marécages.
Un beau point de vue sur la réserve s'admire depuis le belvédère aménagé sur le **Mokweg.**

EcoMare ⊘ – *Ruyslaan 92. Accès par la route de De Koog et la route numérotée 13.*
Dans les dunes au Nord-Ouest de Den Burg, un bâtiment abrite ce centre, consacré aux Wadden et à la mer du Nord, ainsi qu'un petit musée d'Histoire naturelle **(Natuurhistorisch Museum)** dont les collections concernent l'île de Texel.
Une première section concerne l'évolution de l'île, depuis sa formation géologique à l'époque glaciaire jusqu'à sa transformation en polders, et depuis son peuplement préhistorique jusqu'à l'actuelle invasion touristique.
Dans l'autre section, on se familiarise avec la flore et la faune des réserves à l'aide de dioramas, de vitrines contenant des oiseaux naturalisés, de photographies de plantes. Des aquariums, des collections de coquillages, des reproductions de fonds sous-marins évoquent le milieu maritime de l'île.
Au sous-sol, la salle des eaux **(Waterzaal)**, avec ses nombreux aquariums, permet d'appréhender de façon interactive la vie côtière et sous-marine. Les phoques, la plage, l'action des marées, la pêche, le Waddenzee... tous ces sujets y sont évoqués. Dans un bassin, on peut également caresser des raies.

À l'extérieur, de jeunes **phoques**, ainsi que des phoques retrouvés blessés ou malades s'ébattent dans des bassins d'eau salée. Le centre recueille également des oiseaux mazoutés.

Le parc des dunes **(Duinpark)** propose trois circuits de promenade dans la nature.

Oudheidkamer ⊙ – *À Den Burg, dans la Kogerstraat, sur une petite place ombragée nommée Stenenplaats.*
Installé dans un hospice pour les pauvres de 1599, ce musée rassemble des peintures, costumes et ustensiles qui évoquent la vie locale. À l'arrière se trouve un minuscule jardin de plantes aromatiques.

Maritiem en Jutters Museum (Musée de la Mer et des Pilleurs d'épaves) ⊙ – *À Oudeschild, au Sud-Ouest de Den Burg.*
Les granges à algues marines qui entourent le moulin De Traanroeier abritent des bateaux de sauvetage, un atelier de construction navale et une forge. Dans une des granges, transformée en grenier de pilleur d'épaves, on peut voir des centaines d'objets, souvent étranges, retrouvés sur les plages.
Les différents étages des granges à céréales du 19e s. évoquent le pilotage et le sauvetage, ainsi que l'histoire de la rade de Texel (Rede van Texel). Aux 17e et 18e s., l'île connut une période de prospérité, car les bateaux de la Compagnie des Indes (VOC) devaient y jeter l'ancre pour attendre les vents favorables permettant l'accès au Zuiderzee. Au rez-de-chaussée, un espace est consacré à l'archéologie sous-marine. En effet, le fond du Waddenzee est jonché d'épaves.

Agrarisch en Wagen Museum (Musée de l'Agriculture et de la Charrette) ⊙ – *À De Waal, au Nord de Den Burg.*
Collection de charrettes et calèches d'autrefois utilisées dans l'île. Au grenier, une exposition retrace l'histoire de l'agriculture de l'île de Texel. Dans la forge, on assiste à des démonstrations.

Oosterend – Ce petit village pittoresque aux maisons peintes en vert et blanc possède quatre petites églises, dont la plus ancienne de l'île, qui date du 11e s. Le village est un site classé.

VLIELAND

Fryslân – 1 150 habitants

Accès ⊙ – Au départ de Harlingen ou au départ de Terschelling. Renseignements : Rederij Doeksen, ☎ (0562) 44 29 69 ou 44 32 20 (service rapide), www.rederij-doeksen.nl.

Office de tourisme (VVV Vlieland) – ☎ (0562) 45 11 11 ou www.vlieland.nl.

Des dunes et des bois composent le paysage de cette île de 5 100 ha, longue de 20 km et d'une largeur maximum de 2,5 km. Une seule localité s'y est établie : Oost-Vlieland. Une unique grand-route la traverse, d'Est en Ouest. Les étendues sauvages situées à l'extrémité Ouest et qui constituent le **Vliehors** ne sont troublées que par les militaires et les touristes, en saison. Sur cette île règne une agréable atmosphère de tranquillité, car seuls les habitants de l'île sont autorisés à s'y déplacer en voiture.

Oost-Vlieland – Dans la rue principale ou Dorpsstraat, on remarque quelques maisons anciennes. Sur le côté Sud de la rue, l'une d'elles abrite aujourd'hui le musée **Tromps' Huys** ⊙.
C'est une demeure typique de l'île, avec des pièces aux lambris parfois peints en bleu, ornées de beaux meubles, de collections d'antiquités et de tableaux, parmi lesquels des toiles de l'artiste norvégienne Betzy Berg qui résida ici au début du 20e s.
Un petit centre d'accueil (**De Noordwester** ⊙) a été aménagé près de l'église. Des photos présentent la faune et la flore des îles. Il y a également des aquariums et un grenier de pilleur d'épaves. De l'autre côté de la place, la petite **église** du 17e s. renferme des ossements de baleine provenant du **cimetière** tout proche, où ils servaient à indiquer l'emplacement des tombes. Le cimetière rassemble d'intéressantes stèles funéraires sculptées aux motifs représentant des sabliers, des ancres et des bateaux, ainsi que des tombes de soldats de la Seconde Guerre mondiale.
À gauche de l'église se trouve la belle **maison des pauvres** ou **diaconie (arm- of diaconiehuis)**, bâtiment du 17e s. qui accueillait les personnes âgées, les veuves et les orphelins qui, malgré la faible population de l'île, étaient particulièrement nombreux en raison du nombre important de marins disparus en mer.
Plus loin se dresse le phare **(vuurtoren)**. Celui qui grimpe jusqu'à son pied sera récompensé d'une belle **vue★** sur Oost-Vlieland, les bois, les dunes, et le Waddenzee où apparaissent après chaque reflux d'immenses étendues de vase sur lesquelles viennent se poser une multitude d'oiseaux.

WORKUM

Fryslân

Cartes Michelin n⁰ˢ 908 H 3 et 210 R 5 – Schéma, voir Sneek

Cette petite ville (Warkum en frison) était autrefois un port prospère où le commerce des anguilles était florissant. Elle est devenue un important centre de villégiature et de sports nautiques.
Elle est connue pour ses poteries vernissées : de teinte brune, elles sont pour la plupart garnies d'une frise entaillée de volutes blanches.
Workum conserve quelques maisons intéressantes, surmontées de pignons à redans ou en forme de cloche.

Merk – La Grand-Place offre un pittoresque ensemble monumental.

Stadhuis – Il dresse sa haute façade du 18ᵉ s. À gauche, l'ancien hôtel de ville, petit édifice Renaissance, est orné d'une pierre sculptée.

St.-Gertrudiskerk (Église Ste-Gertrude) ⊙ – Ce vaste édifice gothique construit aux 16ᵉ et 17ᵉ s. possède un imposant **clocher**, isolé, couronné d'un bulbe minuscule. L'intérieur de l'église renferme une belle chaire du 18ᵉ s. et neuf brancards (**gildebaren**) dont les peintures illustrent les activités des guildes. Ils servaient à transporter jusqu'au cimetière les corps des défunts qui étaient membres de guildes. L'orgue date de 1697.

Waag (Poids public) – C'est un joli bâtiment du 17ᵉ s. surmonté de lucarnes. Il abrite le **Warkums Erfskip** ⊙, un musée retraçant l'histoire de Workum, principalement celle de la navigation et de la céramique utilitaire caractéristique de Workum.

★ **Jopie Huisman Museum** ⊙ – *En face de l'Office de tourisme.* Ce petit musée particulièrement ravissant renferme les peintures et dessins de l'artiste autodidacte Jopie Huisman. Ce chiffonnier et ferrailleur frison est né à Workum en 1922. Ses toiles, souvent émouvantes, révèlent un profond intérêt pour les gens simples et les objets déclassés. L'impressionnante précision avec laquelle cet autodidacte reproduit chaussures, poupées, meubles, ustensiles et vêtements rend bien souvent ces sujets peints plus palpables que les sujets

Autoportrait, Jopie Huisman

réels exposés dans les vitrines alentour. Outre les peintures à l'huile, on admirera de jolis dessins à la plume, des aquarelles aux couleurs délicates, des paysages frisons, ainsi que des scènes villageoises caricaturales.

ZAANSTREEK★

Région du Zaan – Noord-Holland

Cartes Michelin n⁰ˢ 908 F 4 et pli 27 (agrandissement), et 210 N 8

Cette région que traverse le cours d'eau du Zaan comprend plusieurs localités groupées depuis 1974 dans la commune de **Zaanstad** (135 126 habitants).
À l'origine, les habitants tiraient leurs ressources de la pêche. En 1592, Cornelis Cornelisz. construisit là le premier moulin à scier le bois. Dès lors, les **moulins industriels** se développèrent *(voir Introduction, Art et Traditions et folklore)* et l'on en vit tourner près de 600 dans la contrée vers 1760, faisant de la région du Zaan l'un des principaux centres d'industrie du monde.
Ainsi facilité par l'usage des moulins à scier, le travail du bois permit l'essor de la construction navale. Les chantiers navals de la région étaient si réputés que le tsar **Pierre le Grand** vint y faire, en 1697, incognito, un stage chez un constructeur de bateaux.

Zaanse Schans - Moulins industriels

Les moulins sont encore nombreux. La plupart, installés sur de vastes ateliers, sont très élevés. Ils étaient autrefois notamment utilisés pour la production de moutarde, de papier, d'huile, de peinture et de tabac.

Les **maisons en bois** sont également caractéristiques de la région, l'instabilité du sol rendant impossible l'usage de la pierre pour la construction. De nos jours, la plupart des maisons anciennes qui subsistent ont été rassemblées dans le Zaanse Schans. Zaanstad est aujourd'hui une commune importante de la banlieue d'Amsterdam.

★ DE ZAANSE SCHANS (LA REDOUTE ZANOISE)

Un retranchement construit à la fin du 16e s. pour lutter contre les troupes espagnoles a laissé son nom à ce site créé peu à peu au cours des années 1960 et 1970, mais cette « redoute zanoise » a disparu depuis de nombreuses années. Le Zaanse Schans est un village dont les bâtiments utilitaires et les maisons remontent aux 17e et 18e s. Ils proviennent de différentes localités avoisinantes, en particulier Zaandam, et ont été restaurés, formant cette zone habitée où l'on peut voir des moulins en activité.

Le village est construit en ruban, le long d'une digue, **Kalverringdijk**, longée par un fossé qu'enjambent de petits ponts en dos d'âne. Quelques maisons bordent des canaux secondaires, suivis par des sentiers comme le Zeilenmakerspad.

La plupart des maisons sont en bois, avec des pignons de formes variées. Elles sont peintes en vert ou goudronnées en noir et leurs portes, fenêtres, pignons sont cernés de blanc. Au sommet du pignon se dresse un petit ornement en bois, le makelaar.

Plusieurs maisons, boutiques ou moulins se visitent. On y donne des démonstrations de métiers hollandais traditionnels et on y vend des produits régionaux typiques. Si le site est pittoresque, son aspect commercial le rend cependant un peu artificiel. Il est également possible de faire des **excursions en bateau** ⊙ sur le Zaan (*renseignements au centre d'accueil*).

Zaans Museum (Musée du Zaan) ⊙ – Ce musée moderne est consacré à l'histoire de la région du Zaan. Une maquette grandeur nature de la région constitue le point de départ d'un « audiotour » à travers des « places » où sont exposées toutes sortes d'objets : sabots, charrues, enseignes, etc. Chacune de ces places illustre un thème particulier (l'industrie du bois, etc.). De petits films, des ordinateurs et des bornes interactives donnent au visiteur de plus amples renseignements. Depuis le point de vue *Z-watch* situé au dernier étage, belle vue sur les usines, les cours d'eau et les moulins.

Ambachtencentrum (Centre artisanal) ⊙ – Un souffleur de verre et un atelier de faïence de Delft sont notamment installés dans l'ancien entrepôt De Lelie provenant de Westzaan.

Klompenmakerij (Fabrique de sabots) ⊙ – Dans l'entrepôt De Vrede, datant de 1721, sont organisées des démonstrations de fabrication de sabots.

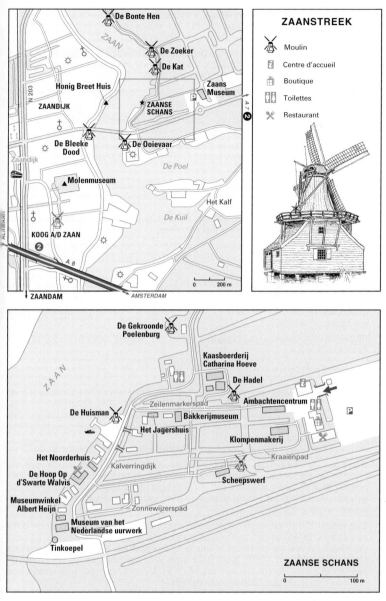

Scheepswerf (Chantier naval) – Dans cette remise de la fin du 18e s., on fabrique et on répare des bateaux en bois.

Tinkoepel – C'est un pavillon en forme de rotonde, au fond d'un jardin, où l'on prenait le thé. Il abrite actuellement une **fonderie d'étain** ⊘ (tingieterij).

Museum van het Nederlandse uurwerk (Musée de l'Horloge) ⊘ – Cette maison de tisserand (17e s.) comprend une collection de tous les types d'horloges (1500-1850) fabriqués dans le pays.

Museumwinkel Albert Heijn (Musée Épicerie) ⊘ – Cette charmante boutique à l'ancienne est une reconstitution de la première épicerie d'**Albert Heijn** ouverte en 1887 à Oostzaan. On y vend des produits un peu désuets comme du sucre candi, de la menthe médicinale ou des fourches en bois chauffé.

De Hoop Op d'Swarte Walvis – Cette reconstitution d'un orphelinat (18e s.) de Westzaan abrite un restaurant réputé.

Het Noorderhuis ⊘ – Dans cette maison de marchand (1670), on visite le salon d'honneur et une pièce où sont exposés des personnages costumés et des poupées anciennes.

363

Mosterdmolen De Huisman (Moulin à moutarde L'Homme d'intérieur) – Ce moulin octogonal à calotte tournante (1786) est utilisé pour fabriquer la célèbre moutarde à l'ancienne du Zaan.

Bakkerijmuseum In de Gecroonde Duyvekater (Musée de la Boulangerie) ⊙ – Cette maison du 17ᵉ s. porte le nom d'une spécialité de brioche locale appelée « duyvekater ». Remarquer le pavement marbré.

Weidemolen De Hadel (Moulin des prés) – Ce petit « moulin araignée » ou **wipmolen** se trouve au bout du chemin Zeilenmakerspad.

Het Jagershuis (Maison du chasseur) – Cette maison de marchand (1623) est le plus ancien édifice du Zaanse Schans. Elle abrite une boutique d'antiquaire.

Kaasboerderij Catharina Hoeve (Fromagerie) ⊙ – Fabrication traditionnelle de fromage. Cette ferme est une reconstitution réalisée en 1988 d'une ferme typique de l'Est de la région du Zaan.

Houtzaagmolen De Gekroonde Poelenburg – Ce moulin à scier le bois, datant de 1869, est de type **Paltrok** : il est fixé sur un grand atelier qui tourne avec le moulin lorsqu'on oriente ses ailes.
Il tient son nom de sa base large et mobile évoquant le Pfalzrock, robe des femmes du Palatinat, réfugiées autrefois aux Pays-Bas.

Verfmolen De Kat (Moulin Le Chat) ⊙ – Au 17ᵉ s., la région du Zaan comptait 55 moulins à broyer les couleurs. Ils étaient utilisés pour extraire les colorants à partir de bois tropicaux.

Oliemolen De Zoeker (Moulin Le Chercheur) ⊙ – Dans ce moulin de 1610, on produit de l'huile à salade.

Oliemolen De Bonte Hen (Moulin La Poule multicolore) – Cet autre moulin à huile a été construit en 1693.

Oliemolen De Ooievaar (La Cigogne) – Ce moulin à huile se trouve au Sud de la Redoute zanoise.

AUTRES CURIOSITÉS

Zaandijk – Sur la rive opposée du Zaan, cette agglomération possède la **Honig Breet Huis** ⊙, installée dans une maison de brique du 18ᵉ s. d'un riche commerçant. L'intérieur comprend des ornements en bois sculpté, des peintures murales et des cheminées carrelées. Belle collection de mobilier et de porcelaine. Le salon d'été qui domine le Zaan a été ajouté au 19ᵉ s.
Au Sud s'élève un moulin à farine nommé **De Bleeke Dood**, La Mort blafarde, du 17ᵉ s.

Koog aan de Zaan – Dans cette petite ville se trouve un intéressant musée des Moulins (**Molenmuseum** ⊙). Il est installé dans un joli parc et présente différents **modèles réduits**★, des outils, des documents et gravures du 17ᵉ au 19ᵉ s. Une carte géographique situe les 1 000 moulins existant encore aux Pays-Bas. En 1850, ils étaient encore 9 000.

Zaandam – Cette ville industrielle située sur le Zaan est desservie, depuis 1876, par le canal de la mer du Nord ou Noordzeekanaal. On y voit encore, sur le Krimp (au n° 23), la maison de Pierre le Grand (**Czaar-Peterhuisje** ⊙), où il vécut quelque temps incognito en 1697, alors qu'il était apprenti chez un constructeur de navires. En bois, cette maison de 1632 a été enfermée en 1895 dans une construction de brique, don du tsar Nicolas II.

ZIERIKZEE★

Zeeland

Cartes Michelin nᵒˢ 908 C 7 et 211 I 13 – Schéma, voir Delta.

Zierikzee, centre principal de l'île de **Schouwen-Duiveland** (33 591 habitants), était jadis un petit port prospère sur la Gouwe, ancien détroit qui séparait Schouwen de Duiveland. La ville entretenait des relations avec la Hanse et était aussi la résidence des comtes de Hollande et Zélande.
Elle reste célèbre par l'héroïsme des Espagnols, qui s'en emparèrent en 1576 après avoir traversé en plein hiver le Zijpe (qui sépare Schouwen-Duiveland de la terre ferme) avec de l'eau jusqu'aux épaules.
Son déclin commença dès la fin du 16ᵉ s. Elle conserve un cachet ancien avec de nombreuses demeures du 16ᵉ s. au 18ᵉ s.
Schouwen-Duiveland est reliée à Goeree-Overflakkee par les barrages Brouwersdam et Grevelingendam et à Noord-Beveland par le barrage de l'Escaut oriental ou Stormvloedkering Oosterschelde et le pont de Zélande ou Zeelandbrug (voir Delta).

Promenades en bateau ⊙ – Zierikzee est le point de départ de promenades sur l'Escaut oriental. Embarcadère sur le port (haven).

CURIOSITÉS

★ **Noordhavenpoort** – C'est en fait une double porte présentant, face à la ville, un double pignon Renaissance du 16e s. et, vers l'extérieur, un pignon à redans plus ancien.

La **Zuidhavenpoort** qui y est reliée par un pont mobile est une haute tour carrée flanquée de quatre tourelles d'angle (14e s.).

Oude Haven – D'élégantes maisons des 17e et 18e s. s'élèvent sur les quais de cet ancien port. Quelques bateaux anciens y sont amarrés.

Havenpark – Au Nord de cette place, la maison **De Witte Swaen** (Le Cygne blanc), de 1658, à pignon baroque, a été reconstruite après la catastrophe de 1953 (voir Introduction, Physionomie du pays).

Accolé à une église, Gasthuiskerk, se trouve un ancien marché de 1651 (**Beurs**), formé d'une galerie Renaissance à colonnes toscanes.

's-Gravensteen – Cette ancienne prison montre une façade à redans de 1524, ornée de belles grilles. Un musée maritime (**Maritiem Museum** ⊙) y est installé.

Stadhuis – Ancienne halle, il conserve de la fin du 14e s. une pittoresque **tour** en bois surmontée d'un bulbe très décoré (1550) et terminée par une statue de Neptune. La tour abrite un **carillon**.

L'édifice fut modifié à plusieurs reprises et présente un pignon double en encorbellement. Sur la façade, les ancres très décoratives servaient de porte-flambeaux.

L'intérieur abrite un musée, **Stadhuismuseum** ⊙. Consacré à l'histoire de la ville et à ses environs, il occupe notamment la salle des Arquebusiers, couverte d'une belle charpente.

En face de l'hôtel de ville, la maison De Haene (le coq), nommée souvent maison des Templiers **(Tempeliershuis)**, du 14e s., est la plus ancienne de la ville. L'influence du style brugeois (de Bruges, en Belgique) s'y manifeste par la moulure en accolade qui encadre les fenêtres.

St.-Lievensmonstertoren (Tour St-Liévin) ⊙ – C'est le clocher de l'ancienne cathédrale gothique qui fut incendiée et démolie en 1832. Il fut édifié à partir de 1454 par l'un des membres de la famille Keldermans, qui travailla ensuite à l'hôtel de ville de Middelburg. Haut de 56 m, il est resté inachevé.

À côté se dresse une grande église néoclassique de 1848, précédée d'un portique.

Nobelpoort – Au Nord de la cité, c'est une porte de ville carrée de la fin du 14e s. dont la face extérieure est encadrée de deux tours élancées plus tardives coiffées de toits en poivrière.

À proximité, au Sud, on peut voir un haut **moulin** à balustrade du 19e s. nommé De Hoop (L'Espoir).

ZUIDERZEE

Voir IJSSELMEER

ZUTPHEN★

Gelderland

34 447 habitants

Cartes Michelin n°s 908 J 5 et 211 W 10

Au confluent de l'IJssel, du Berkel et du canal de Twente ou Twentekanaal, à proximité de la Veluwe, Zutphen, capitale de la belle région boisée de l'**Achterhoek** *(voir ci-après)*, est une plaisante cité ancienne. C'est un imposant centre commercial dont les rues piétonnes sont très animées les jours de marché.

UN PEU D'HISTOIRE

Zutphen, capitale d'un comté, est rattachée à la Gueldre en 1127. Elle reçoit ses droits de cité en 1190 et, à partir de 1200, revient à l'évêque d'Utrecht. Au 14ᵉ s., elle s'affilie à la ligue hanséatique et s'entoure d'une muraille, qui est agrandie au 15ᵉ s.

C'est alors un point d'appui militaire important grâce à sa position facilement défendable dans une zone de marais (le nom de Zutphen, écrit parfois aussi Zutfen, dérive de Zuidveen, tourbière du Sud).

Devenue l'une des plus riches cités de Gueldre, Zutphen reçoit au 16ᵉ s. une nouvelle enceinte fortifiée dont il reste encore de nombreux vestiges. Cependant, elle est prise par les Espagnols en 1572 et n'est reprise qu'en 1591 par Maurice de Nassau.

Les Français s'en emparent en 1672 et l'occupent pendant deux ans. Ils la reprennent un siècle plus tard, en 1795.

★ LA VIEILLE VILLE *visite : 3 h*

's-Gravenhof – Sur cette place se dressent une église, St.-Walburgskerk, et l'hôtel de ville. On a retrouvé en 1946 des vestiges du château des comtes ('s-Gravenhof) de Zutphen. Des pavés en dessinent les contours.

St.-Walburgiskerk (Église Ste-Walburge) ⊘ – Construite au début du 13ᵉ s. dans le style roman, elle s'est agrandie progressivement jusqu'au 16ᵉ s. dans le style gothique. Elle a été endommagée en 1945 et a subi en 1948 un incendie qui lui a fait perdre le couronnement de sa tour. La tour, jadis revêtue de tuf, a été restaurée à l'aide de calcaire.

Au Nord, le **portail de la Vierge** (15ᵉ s.) a été restauré récemment.

À l'**intérieur**, les voûtes portent des fresques des 14ᵉ et 15ᵉ s. Dans le chœur est suspendu un beau **lustre**★ en fer forgé du 15ᵉ s. La chaire, sobre, date du 17ᵉ s. Le buffet d'orgue, du 17ᵉ s. également, est par contre richement décoré. On

ZUTPHEN

Berkelsingel	Y 3
Beukerstr.	Y
Brugstr.	Y 4
Frankensteeg	Y 4
's Gravenhof	Z
Groenmarkt	Y 6
Hagepoortpl.	Y 7
Houtmarkt	Y
Houtwal	Z
IJsselkade	YZ
Isendoornstr.	Y
Korte Beukerstr.	Y 9
Korte Hofstr.	Y 10
Kuiperstr.	Z 12
Laarstr.	YZ
Lange Hofstr.	Z 13
Marspoortstr.	Y 15
Martinetsingel	Z
Molengracht	Y
Nieuwstad	Y
Oude Wand	Y
Overwelving	Y 16
Paardenwal	Y 18
Rijkenhage	Y 19
Spittaalstr.	Z
Sprongstr.	Z 21
Stationsplein	Y
Tadamasingel	Z
Turfstr.	Y 22
Vaalstr.	Z 24
Vispoortstr.	Z
Waterstraat	YZ
Zaadmarkt	Z

Museum Henriette Polak	Z M¹	Stadhuis	Z H	Vleeshal	Z N
Portail d'un hospice	Z B	Stedelijk Museum	Y M²		

remarque d'intéressants **fonts baptismaux** en cuivre. Fondus à Malines (Belgique) en 1527, ils sont ornés de nombreux personnages d'évangélistes et de saints. Au sommet, un pélican. La bibliothèque★ **(Librije)**, installée depuis 1564 au Sud du déambulatoire de l'église Ste-Walburge, conserve son aspect ancien, avec des voûtes basses et de nombreuses colonnes. Elle compte environ sept cent cinquante titres, dont huit manuscrits et quatre-vingts incunables ; une centaine de livres (missels enluminés, éditions de textes de saint Thomas d'Aquin, de Luther) sont exposés sur des pupitres en bois. C'est une des rares bibliothèques en Europe où l'on puisse encore admirer cette présentation d'origine.

On remarque, à la retombée des arcs, des culs-de-lampe sculptés et, sur les colonnes, de nombreuses figurines.

Stadhuis – Cet hôtel de ville du 15ᵉ s., très remanié en 1716 et 1729, est accolé à l'ancienne halle aux viandes **(Vleeshal)**. À l'intérieur, la grande salle de l'ancienne halle **(Burgerzaal)** conserve une belle charpente apparente.

Franchir les remparts.

Martinetsingel – Jolie **vue**★ sur les remparts Sud, derrière lesquels se dresse l'église Ste-Walburge avec sa tour, sur la Drogenapstoren et, au pied des murailles, sur les jardins verdoyants arrosés par un canal verdi.

★ **Drogenapstoren** – C'est une belle porte, construite en 1444-1446. Le corps de l'édifice, carré, crénelé, est flanqué d'échauguettes d'angle et surmonté d'une tourelle octogonale.

Dat Bolwerck – Jolie maison gothique de 1549, surmontée de pinacles. À côté, l'ancien poste de cavalerie **(Ruiter Kortegaard)** de 1639 montre un pignon à volutes.

Zaadmarkt – Sur l'ancien marché aux grains, on remarque à droite, au nᵒ 101, le **portail d'un ancien hospice** de 1723.

Museum Henriette Polak ⊙ – Aménagé dans une grande demeure nommée **De Wildeman**, remaniée au 19ᵉ s., le musée abrite une intéressante collection de peintures, sculptures et œuvres graphiques réalisées par des artistes néerlandais contemporains.

Au 2ᵉ étage se trouve une chapelle clandestine (1628) où se réfugiaient les catholiques.

Houtmarkt – Ancien marché au bois où se dresse la **Wijndragerstoren**, fine tour Renaissance, du 17ᵉ s., qui possède un **carillon** ⊙ restauré dû aux frères Hemony. Un marché s'y tient chaque jeudi.

Stedelijk Museum ⊙ – Installé dans un couvent de dominicains désaffecté, le musée municipal est précédé au Sud d'un joli jardin que domine l'ancienne église du couvent, aménagée en bibliothèque.

Au rez-de-chaussée, horlogerie, verrerie, orfèvrerie, tableaux.

Le 1ᵉʳ étage est consacré aux expositions temporaires. Il mène au réfectoire (vers 1500), où sont exposés des objets médiévaux. Au 2ᵉ étage, collections variées concernant la ville et sa région (entre autres costumes de 1780 à 1950).

Dans les caves, musée lapidaire, poteries, monnaies.

AUTRE CURIOSITÉ

Berkelpoort – C'est une porte d'eau du 14ᵉ s. en brique, flanquée d'échauguettes, dont les arches enjambent le Berkel. On en a une bonne **vue** depuis la passerelle située à l'Ouest. Près du pont, la maison aux lions **(Leeuwenhuisje)** présente, au-dessus du fleuve, une partie en encorbellement soutenue par des lions sculptés.

L'ANCIEN COMTÉ DE ZUTPHEN

59 km au Sud-Est par la route de Doetinchem.

Entre Zutphen et la frontière s'étend l'ancien comté de Zutphen, nommé aussi **Achterhoek**★, région de bois (conifères, chênes, hêtres) et de pâturages, sillonnée de routes tranquilles, de belles allées forestières.

Bronkhorst – La pittoresque bourgade de Bronkhorst, qui obtint ses droits de cité en 1482, est la plus petite ville des Pays-Bas. Au croisement des deux rues principales, s'élèvent une chapelle du 14ᵉ s., deux auberges et une ancienne ferme saxonne.

Vorden – Petite localité où se dressent deux **moulins à vent** à balustrade du 19ᵉ s., Vorden est située au cœur de la **région des huit châteaux** qui se dissimulent dans les bois environnants : Vorden, Hackfort, Kiefskamp, Wildenborch, Bramel, Onstein, Medler, Wiersse. En fait, la région compte une douzaine de ces petits manoirs de brique, anciens mais reconstruits pour la plupart au 18ᵉ s., dans un style assez sobre. Ils témoignent de l'intérêt des grands seigneurs pour ces régions

Kasteel Vorden

forestières giboyeuses. Beaucoup sont inaccessibles aux voitures, mais des chemins pour piétons ou bicyclettes signalés « opengesteld » permettent souvent de s'en approcher.

Le château de Vorden, **Kasteel Vorden**, forme deux ailes de part et d'autre d'une tour octogonale. Il abrite l'hôtel de ville.

Le plus imposant est **Hackfort**, cantonné de deux épaisses tours cylindriques. À côté, un **moulin à eau** date des environs de 1700.

Groenlo – Arrosée par le Slinge, entourée de vestiges de ses remparts, Groenlo est une cité ancienne. Elle possède un petit musée régional (**Grolsch Museum** ⊙), installé dans une ferme de 1623.

Winterswijk – Cette ville, que traverse le Slinge, dessert des environs boisés paisibles.

Bredevoort – Déclaré en 1993 **cité germano-hollandaise du livre**, ce site historique compte une vingtaine de bouquinistes et commerces de livres anciens vendant des livres d'occasion ; des marchés aux livres sont régulièrement organisés. Bredevoort fut également la ville natale d'**Hendrikje Stoffels**, seconde épouse de Rembrandt.

ZWOLLE

Overijssel ⊞
104 431 habitants
Cartes Michelin nᵒˢ 908 J 4 et 210 V 7
Plan d'agglomération dans Le Guide Rouge Benelux

La capitale de la province de l'Overijssel a conservé son caractère particulier à l'intérieur de sa ceinture de canaux.

UN PEU D'HISTOIRE

Ville hanséatique au 13ᵉ s. *(voir IJsselmeer)*, reliée au Zuiderzee par le Zwarte Water, elle demeura longtemps l'entrepôt pour le trafic entre les Pays-Bas et l'Allemagne du Nord. Sa situation stratégique lui valut, après le départ des Espagnols (1572), de voir son enceinte du 15ᵉ s. fortement consolidée. Celle-ci fut détruite en 1674 pendant la guerre de Hollande ; il n'en subsiste que quelques vestiges comme la Sassenpoort au Sud ou, au Nord, une partie des murailles médiévales. De nos jours, les fossés couronnant encore la ville et d'agréables jardins au Sud et à l'Est marquent l'emplacement des remparts et des bastions.

Zwolle fut, de 1810 à 1814, le chef-lieu du département français des Bouches-de-l'Yssel.

Thomas a Kempis (1379/80-1471), élève de l'école des Frères de la Vie commune à Deventer, à qui l'on attribue l'*Imitation de Jésus-Christ*, vécut dans un couvent au Nord de la ville (à Agnietenberg).

Zwolle vit naître **Gerard Terborch** (1617-1681). Cet artiste est surtout, à l'égal de son contemporain Gerard Dou, le peintre digne et méticuleux de scènes d'intérieur raffinées et paisibles ; on lui doit aussi d'excellents portraits ou miniatures de notables.

La ville a pour spécialité les **Zwolse balletjes**, bonbons en forme de petit coussin, aux parfums les plus divers. Ils sont notamment en vente à la boutique « Het Zwolse Balletjeshuis » située en face de l'Office de tourisme. Une autre gourmandise locale sont les **blauwvingers**. Pour savoir pourquoi ces sablés, enrobés de chocolat, en forme de doigt s'appellent ainsi, s'adresser à la pâtisserie Van Orsouw *(Grote Markt 6)*. Tout acheteur d'un paquet de « blauwvingers » aura droit en prime à la légende à laquelle ils doivent leur nom !

CURIOSITÉS

Stedelijk Museum Zwolle ⊘ – Le musée municipal a été aménagé dans une belle demeure patricienne du 16e s. à laquelle on a adjoint une aile moderne. La demeure historique, appelée **Drostenhuis**★★ ou maison du Bailli, abrite la section consacrée au riche passé de Zwolle. Elle comprend quelques pièces élégantes où sont exposées de belles collections d'argenterie de la province de l'Overijssel et des peintures de l'artiste Gerard Terborch, originaire de Zwolle. Remarquer également la cuisine. L'aile moderne a trait à l'art contemporain et à l'histoire des civilisations. Expositions temporaires.

J.P. Lescourret/EXPLORER

Stedelijk Museum Zwolle – La Drostenhuis

Grote of St.-Michaëlskerk (Grande Église ou église St-Michel) ⊘ – Cette église-halle fut construite de 1406 à 1446. Contrairement à l'église Notre-Dame voisine avec sa **tour en poivrière** caractéristique, elle ne possède pas le grand clocher traditionnel. Celui-ci n'a pas résisté à des désastres successifs. Un **consistoire** octogonale fut édifié en 1690 à l'emplacement du clocher. À l'intérieur, on remarque surtout la chaire sculptée du début du 17e s. et le buffet d'orgue, de 1721. Les **orgues**★ sont excellentes ; elles possèdent 4 000 tuyaux et sont dues aux frères **Schnitger**.
On peut voir aussi dans l'église une petite horloge du 17e s. avec une statue de saint Michel qui se met en mouvement toutes les demi-heures. Remarquer aussi la chapelle close des lépreux, près du chœur.
Au beau portail Nord (16e s.) est accolé à gauche un petit édifice pittoresque, au fronton décoré : le **Hoofdwacht** ou corps de garde.

Stadhuis ⊘ – À l'édifice ancien (15e s. et 19e s.), devenu trop petit, a été accolé en 1976 un nouvel hôtel de ville, conçu par l'architecte J.J. Konijnenburg.
La partie ancienne, à gauche, couverte d'un crépi jaune moutarde, renferme la salle des Échevins **(Schepenzaal)**, de 1448. Cet ancien tribunal possède un plafond dont les poutres sont soutenues par 14 corbeaux aux **sculptures**★ représentant des personnages grotesques. La légende veut que des artistes de Zwolle, ville ennemie de Kampen, aient sculpté ces têtes pour ridiculiser les gouverneurs de Kampen. On remarque également le tableau dont le sujet (le Jugement dernier) rappelle la destination primitive de la salle.
Devant l'hôtel de ville, sur la terrasse, se dresse une statue d'**Adam** par Rodin.

Karel V-huis (Maison de Charles Quint) – La tête de Charles Quint, visible en médaillon sur le pignon, a donné son nom à cette maison qui, construite en 1571, s'orne d'une jolie façade Renaissance à pilastres, à frises et à pignon à volutes. Près de la maison se trouve l'église de Bethlehem (Bethlehemskerk, 1309). De la place, vue sur le Réfectoire.

Sassenpoort – Construite vers 1409, cette « porte des Saxons » est la seule qui subsiste de l'enceinte de la ville. Elle possède une bretèche et quatre tourelles octogonales. Les toits pointus ont été ajoutés au 19e s. La porte a longtemps servi de prison et elle abrite aujourd'hui un **centre d'accueil** ⊘ ayant trait à l'histoire de la ville.

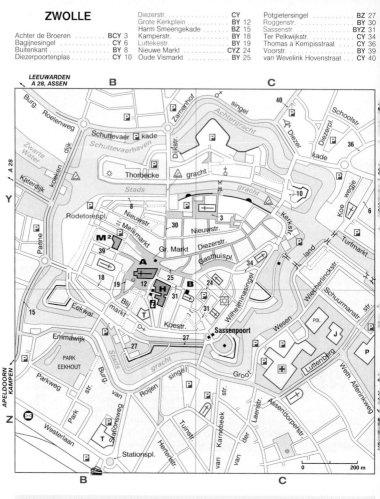

Achter de Broeren .... **BCY** 3
Bagijnesingel .... **CY** 6
Buitenkant .... **BY** 8
Diezerpoortenplas .... **CY** 10

Diezerstr. .... **CY**
Grote Kerkplein .... **BY** 12
Harm Smeengekade ...... **BZ** 15
Kamperstr. .... **BY** 18
Luttekestr. .... **BY** 19
Nieuwe Markt .... **CYZ** 24
Oude Vismarkt .... **BY** 25

Potgietersingel .... **BZ** 27
Roggenstr. .... **BY** 30
Sassenstr. .... **BYZ** 31
Ter Pelkwijkstr. .... **CY** 34
Thomas a Kempisstraat ... **CY** 36
Voorstr. .... **BY** 39
van Wevelink Hovenstraat ... **CY** 40

Museum Henriette Polak .... **Z M¹**   Stadhuis .... **Z H**   Vleeshal .... **Z N**
Poort van een hofje .... **Z B**   Stedelijk Museum .... **Y M²**

Ecodrome ⊘ – *Willemsvaart 19, au Sud de Zwolle*. Ce parc à thème permet de découvrir l'histoire naturelle, la géologie et l'environnement de manière divertissante et détendue. Le musée d'histoire naturelle rassemble des squelettes de la période glaciaire, ainsi qu'une collection très variée d'oiseaux ; le **pavillon de l'Ecodrome** emmène le visiteur à la découverte de l'histoire de la formation de la Terre. Les enfants pourront également profiter des nombreuses attractions situées dans le parc du musée : le lac des cygnes, le labyrinthe, le Spéléodrome, etc.

ENVIRONS

Hasselt – *11 km au Nord de Zwolle*. Cette petite ville hanséatique vaut surtout pour son église gothique Stefanuskerk, son bel hôtel de ville ancien et ses deux fours à chaux encore en activité.

Hattem – *7 km au Sud-Ouest de Zwolle*. Cette agréable petite ville hanséatique conserve encore quelques vestiges de son passé glorieux : la porte médiévale Dijkpoort, le moulin à vent De Fortuin et l'église Grote ou St.-Andreaskerk. Le **musée** ⊘ *(Achterstraat 46-48)* expose des œuvres d'Anton Pieck et de Jan Voerman (père et fils).

★ **Kasteel Het Nijenhuis** – *15 km au Sud-Est de Zwolle. Sortie Heino, direction Wijhe*. Ce manoir du Moyen Âge abrite la collection d'art de la **fondation Hannema-de Stuers** ⊘. La collection d'art ancien, comprenant essentiellement des œuvres d'artistes français et italiens du 17e et du 18e s., est exposée au château. Les remises abritent la collection consacrée à l'art du 20e s. (Permeke, Mondrian, Israëls, Appel) présentée lors d'expositions temporaires. Un **Jardin de sculptures** est aménagé dans le parc.

Conditions de visite

En raison de l'évolution du coût de la vie et de modifications fréquentes dans les horaires d'ouverture de la plupart des curiosités, nous ne pouvons donner les informations ci-dessous qu'à titre indicatif. Lorsqu'il nous a été impossible d'obtenir des informations à jour, les éléments figurant dans l'édition précédente ont été reconduits. Dans ce cas, ils apparaissent en italique.

Ces renseignements s'appliquent à des touristes voyageant isolément et ne bénéficiant pas de réduction. Pour les groupes constitués, il est généralement possible d'obtenir des conditions particulières concernant les horaires ou les tarifs, avec un accord préalable.

Les églises ne se visitent pas pendant les offices ; elles sont ordinairement fermées de 12 h à 14 h. Les conditions de visite en sont données si l'intérieur présente un intérêt particulier.

Des visites-conférences sont organisées de façon régulière, en saison touristique, à Amsterdam, Breda, Groningen, Den Haag, Leeuwarden, Leiden, Maastricht, Rotterdam et Utrecht.

S'adresser à l'Office de tourisme ou au Syndicat d'initiative (VVV).

Les prix sont donnés en florins et en €.

Dans la partie descriptive du guide, les curiosités soumises à des conditions de visite sont signalées au visiteur par le signe ⊙.

Lorsque les curiosités décrites bénéficient de facilités concernant l'accès pour les handicapés, le symbole ♿ figure à la suite de leur nom.

A

AALSMEER   🖪 Drie Kolommenplein 1 - 1431 LA - ☎ (0297) 32 53 74 - fax : (0297) 38 76 76

Bloemenveiling Aalsmeer – ♿ Visite du lundi au vendredi de 7 h 30 à 11 h. Fermé le week-end et les jours fériés. 7,50 fl. 3,4 €. ☎ (0297) 39 21 85, www.vba.nl.

ADUARD

Nederlands Hervormde Kerk – Visite du lundi au vendredi de 9 h à 12 h et de 14 h à 17 h. ☎ (050) 403 17 24.

ALKMAAR   🖪 Waagplein 2-3 - 1811 JP - ☎ (072) 511 42 84 - fax : (072) 511 75 13

Promenades en bateau – ♿ De début avril à fin octobre. S'adresser à Rondvaart Alkmaar B.V., ☎ (072) 511 77 50, www.rondvaartalkmaar.nl.

Kaasmarkt – Le vendredi de 10 h à 12 h de mi-avril à mi-septembre. ☎ (072) 511 42 84.

Hollands Kaasmuseum – Visite tous les jours (sauf le dimanche et les jours fériés) de 10 h (9 h le vendredi) à 16 h de début avril à fin octobre. Fermé le dimanche et les jours fériés et le reste de l'année. 5 fl. 2,27 €. ☎ (072) 511 42 84, www.kaasmuseum.nl.

Nationaal Biermuseum De Boom – Visite du mardi au vendredi de 10 h à 16 h et le week-end de 13 h 30 à 16 h de début avril à fin octobre ; et tous les jours (sauf le lundi) de 13 h à 16 h le reste de l'année. Fermé le lundi et les jours fériés. 4 fl. 1,82 €. ☎ (072) 511 38 01.

Stadhuis – Visite obligatoirement accompagnée et sur rendez-vous. ☎ (072) 511 42 84 (VVV).

Grote of St.-Laurenskerk – Visite du mardi au samedi de 12 h à 17 h de début juin à mi-septembre. Fermé le lundi et le dimanche. ☎ (072) 514 07 07.

Stedelijk Museum – Visite tous les jours (sauf le lundi) de 10 h (13 h le week-end et les jours fériés) à 17 h. Fermé le lundi et les 1er janvier, 30 avril et 25 décembre. 3 fl. 1,36 €. ☎ (072) 511 07 37.

ALLINGAWIER

Ancienne ferme – Visite tous les jours de 10 h à 17 h de début avril à fin octobre. 7,50 fl. 3,4 €. ☎ (0515) 23 16 31, www.aldfaerserf.nl.

ALMERE   🖪 Spoordreef 20 - 1315 GP - ☎ (036) 533 46 00 - fax (036) 534 36 65

ACHK – De Paviljoens – Visite tous les jours (sauf le lundi) de 12 h à 17 h. Fermé le lundi, les 1er janvier et 25 décembre. 2,50 fl. 1,13 €. ☎ (036) 545 04 00, www.achk-depaviljoens.nl.

🏠 Wilhelminalaan 1 - 2405 EB ☎ (0172) 49 56 00
- fax (0172) 47 33 53 - www.vvvgroenehart.nl

Vogelpark Avifauna - Visite tous les jours de 9 h à 18 h. 16 fl. 7,26 €.
☎ (0172) 48 75 75. www.avifauna.nl.

Archeon - Visite tous les jours (sauf le lundi) de 10 h à 17 h de Pâques à fin juillet
et en septembre et octobre. Fermé de début novembre à Pâques et en août. 24,50 fl.
(repas compris) 11,12 €. Horaire irrégulier possible ; il est préférable de téléphoner
avant la visite au ☎ (0172) 44 77 44, www.archeon.nl.

AMELAND **🏠** Rixt van Doniastraat 2 - 9163 GR - ☎ (0519) 54 65 46 - fax : (0519) 54 65
50 - www.ameland.nlAmeland fait partie des îles dites Waddeneilanden.

Accès - Départ de Holwerd (45 mn). Horaire irrégulier ; se renseigner auprès de
Wagenborg Passagiersdiensten : ☎ (0519) 54 20 01 ou consulter www.wpd.nl.
Renseignements et réservations : ☎ (0519) 54 61 11. 20,50 fl. 9,3 € (AR),
138,80 fl. 62,98 € (voiture).

Natuurcentrum Ameland (Nes) – ♿ Visite du mercredi au samedi de 13 h à 17 h de
début janvier à fin mars et des vacances d'automne aux vacances de Noël (du lundi
au vendredi de 10 h à 12 h et de 13 h à 17 h et le samedi de 13 h à 17 h pendant
les vacances de Carnaval) ; tous les jours de 10 h à 12 h et de 13 h à 17 h (uniquement
de 13 h à 17 h le week-end) de début avril à fin juin et de début septembre aux vacances
d'automne ; tous les jours de 10 h à 17 h et de 19 h à 21 h (sauf le week-end) en juillet
et août ; et tous les jours de 10 h à 12 h (sauf le week-end et les jours fériés) et de
13 h à 17 h pendant les vacances de Noël. 6,50 fl. 2,95 €. ☎ (0519) 54 27 37.

Landbouw en Juttersmuseum Swartwoude (Buren) – Visite du mercredi au samedi
de 13 h 30 à 17 h de mi-novembre à fin mars ; en semaine de 10 h à 12 h et de 13 h
à 17 h et le week-end de 13 h 30 à 17 h de début avril à fin juin et de début septembre
à mi-novembre ; et tous les jours de 10 h à 17 h en juillet et août. 4 fl. 1,82 €.
☎ (0519) 54 28 45.

Cultuur-Historischmuseum Sorgdrager (Hollum) – Visite du mercredi au samedi de
13 h 30 à 17 h de début novembre à fin mars ; du lundi au vendredi de 10 h à 12 h
et de 13 h à 17 h, le week-end de 13 h 30 à 17 h de début avril à fin juin, en septembre
et octobre et pendant les vacances de Pâques et de Noël ; et tous les jours de 10 h
à 17 h en juillet et août. 4 fl. 1,82 €. ☎ (0519) 55 44 77.

Reddingsmuseum 'Abraham Fock' (Hollum) – ♿ Visite en semaine de 13 h 30 à 17 h
de début janvier à fin mars, en novembre et décembre ; tous les jours de 10 h à 12 h
et de 13 h 30 à 17 h (uniquement de 13 h 30 à 17 h le week-end) de début avril à
fin juin, en septembre et en octobre ; et tous les jours de 10 h (13 h 30 le week-end)
à 17 h en juillet et août. Fermé les jours fériés. 3,50 fl. 1,59 €. ☎ (0519) 55 42 43.

Reddingsboot (Hollum) – 8 à 10 démonstrations par an. Renseignements au musée :
☎ (0519) 55 42 43.

AMERONGEN **🏠** Drostestraat 20 - 3958 BK - ☎ (0343) 45 20 20

Amerongs Historisch Museum – Visite du mardi au jeudi de 13 h à 17 h de début
avril à fin octobre. Fermé le reste de l'année. 2,50 fl. 1,13 €. ☎ (0343) 45 65 00.

Kasteel Amerongen – Visite tous les jours (sauf le lundi) de 10 h (13 h le week-end
et les jours fériés) à 17 h de début avril à fin octobre. Fermé le lundi et le reste de
l'année. 10 fl. 4,54 €. ☎ (0343) 45 42 12.

AMERSFOORT **🏠** Stationsplein 9 - 3818 LE - ☎ (0900) 112 23 64 - fax (033) 465 01 08
- www.vvv-amersfoort.com

De Zonnehof - Visite tous les jours (sauf le lundi) de 10 h (13 h le dimanche) à 17 h.
4 fl. 1,82 €. ☎ (033) 463 30 34.

O.-L.-Vrouwe Toren – *Visite du mardi au vendredi de 10 h à 17 h et le samedi de 12 h
à 17 h en juillet et août. Fermé le reste de l'année. 5 fl. 2,27 €.* ☎ *(0900) 112 23 64
(VVV).*

St.-Joriskerk – *Visite tous les jours (sauf le dimanche) de 14 h à 16 h 30 de mi-juin
à mi-septembre. Fermé le dimanche et les jours fériés. 1 fl. 0,45 €.*
☎ *(033) 461 04 41.*

Armando Museum – Visite tous les jours (sauf le lundi) de 11 h (12 h le week-end
et les jours fériés) à 17 h. Fermé le lundi et le 1er janvier. 7,50 fl. 3,4 €.
☎ (033) 461 40 88.

Koppelpoort – ♿ *Visite tous les jours (sauf le lundi) de 10 h (12 h le week-end et les
jours fériés) à 17 h en juillet et août. 2,50 fl. 1,13 €.* ☎ *(0900) 112 23 64 (VVV).*

Théâtre de marionnettes – Représentations le mercredi et le samedi à 14 h 30. 8 fl.
3,63 €. ☎ (033) 470 01 53.

Museum Flehite – Visite tous les jours (sauf le lundi) de 11 h (13 h le week-end) à 17 h. Fermé le lundi et les jours fériés. 6 fl. 2,72 €. ☏ (033) 461 99 87.

Mannenzaal – Mêmes conditions de visite que pour le Museum Flehite. ☏ (033) 461 99 87.

Museum Jacobs van den Hof ⊘ – Visite le week-end de 12 h à 17 h. 5 fl. 2,27 €. ☏ (033) 462 57 55, www.jacobsvandenhof.com.

Mondriaanhuis – Visite tous les jours (sauf le lundi) de 10 h (14 h le week-end) à 17 h. Fermé le lundi et les jours fériés. 6 fl. 2,72 €. ☏ (033) 462 01 80, www.modriaanhuis.nl.

Dierenpark Amersfoort – Visite tous les jours de 9 h à 18 h (21 h en juillet et août) de début avril à fin octobre, et tous les jours de 9 h à 17 h le reste de l'année. 24 fl. 10,89 €. ☏ (033) 422 71 00, www.amersfoort-zoo.nl.

AMMERZODEN

Kasteel Ammersoyen – Visite obligatoirement accompagnée du mardi au samedi et les jours fériés de 10 h à 17 h, le dimanche de 13 h à 17 h de mi-avril à fin octobre. Fermé le lundi, le 30 avril et de début novembre à mi-avril. 8 fl. 3,63 €. ☏ (073) 594 95 82.

AMSTELVEEN   🛈 Th. Cookstraat 1 – 1181 ZS – ☏ (020) 441 55 45 – fax : (020) 647 19 66

Cobra Museum voor Moderne Kunst – Visite tous les jours (sauf le lundi) de 11 h à 17 h. Fermé le lundi, les 1er janvier, 30 avril et 25 décembre. 7,50 fl. 3,4 €. ☏ (020) 547 50 50, www.cobra-museum.nl.

AMSTERDAM   🛈 De Ruyterkade 5 – 1013 AA – ☏ (0900) 400 40 40 – fax : (020) 625 28 69
– www.visitamsterdam.nl

Location de vélos – Se renseigner auprès des différents organismes : Holland Rent-a-Bike, Damrak 247, ☏ (020) 622 32 07 ; Take-a-Bike, Stationsplein 12, ☏ (020) 624 83 91 ; MacBike, Marnixstraat 220 et Mr. Visserplein 2, ☏ (020) 620 09 85, www.macbike.nl ; Yellow Bike, Nieuwezijds Kolk 29, ☏ (020) 620 69 40, www.yellowbike.nl.

Location de pédalos – Près de Anne Frank Huis, Rijksmuseum, Leidseplein et Keizersgracht/Leidsestraat : renseignements auprès de Canal Bike, Weteringschans 24, ☏ (020) 623 98 86, www.canal.nl.

Museumboot – Départ de la gare centrale ; sept arrêts à proximité des principaux musées. Tous les jours de 10 h à 17 h. Renseignements auprès de Rederij Lovers, ☏ (020) 530 10 90, www.lovers.nl.

Canal Bus – La société Canal Bus dispose de 3 lignes desservant 11 arrêts. La ligne bleue ou Blue Line effectue une simple rotation entre la gare centrale et le Nemo, tandis que les 2 autres sillonnent les canaux de la ville. Renseignements : Canal Bus, Weteringschans 24, ☏ (020) 626 55 74, www.canal.nl.

Beurs van Berlage Museum – Visite tous les jours (sauf le lundi) de 11 h à 17 h. 7 fl., 3,18 €. ☏ (020) 530 41 41, www.beursvanberlage.nl.

Koninklijk Paleis – Visite à des moments réguliers et pendant les expositions. Il est conseillé d'appeler préalable à la visite ou de consulter le site web. 9,50 fl. 4,31 €. ☏ (020) 620 40 60, www.kon-paleisamsterdam.nl.

Nieuwe Kerk – Visite tous les jours de 11 h à 17 h. Fermée les 1er janvier et 25 décembre. ☏ (020) 638 69 09, www.nieuwekerk.nl.

Madame Tussaud Scenerama – Visite tous les jours de 10 h à 17 h 30 (en juillet et août de 9 h 30 à 19 h 30). Fermé les 1er janvier, 30 avril et 31 décembre. 19,50 fl. 9,05 €. ☏ (020) 522 10 10.

Amsterdams Historisch Museum – Visite tous les jours de 10 h (11 h le week-end et les jours fériés) à 17 h. Fermé les 1er janvier, 29 avril et 25 décembre. 13,50 fl. 6,13 €. ☏ (020) 523 18 22, www.ahm.nl.

Museum Amstelkring Ons' Lieve Heer op Solder – Visite tous les jours de 10 h (13 h le dimanche et les jours fériés) à 17 h. Fermé le 30 avril. 10 fl. 4,54 €. ☏ (020) 624 66 04.

Oude Kerk – Visite tous les jours de 11 h (13 h le dimanche) à 17 h. Fermée les 1er janvier et 25 décembre. 8 fl., 3,63 €. ☏ (020) 625 82 84, www.oudekerk.nl.

Allard Pierson Museum – ♿ Visite du mardi au vendredi de 10 h à 17 h, le week-end et les jours fériés de 13 h à 17 h. Fermé le lundi, le 1er janvier, à Pâques, le 30 avril, à la Pentecôte et les 25 et 31 décembre. 9,50 fl. 4,31 €. ☏ (020) 525 25 56, www.uba.uva.nl/apm.

Autoportrait avec regard surpris,
Rembrandt, Museum Het Rembrandthuis

Museum Het Rembrandthuis – Visite tous les jours de 10 h (13 h le dimanche et les jours fériés) à 17 h. Fermé le 1er janvier. 15 fl. 6,81 €. ☎ (020) 520 04 00, www.rembrandthuis.nl.

Holland Experience – Visite tous les jours de 10 h à 18 h. 17,50 fl. 7,94 €. ☎ (020) 422 22 33, www.holland-experience.nl.

Zuiderkerk – ♿ Visite le lundi de 11 h à 16 h et du mardi au vendredi de 9 h à 16 h (20 h le jeudi). Fermé le week-end et les jours fériés. ☎ (020) 522 79 87, www.zuiderkerk.amsterdam.nl.

Joods Historisch Museum – Visite tous les jours de 11 h à 17 h. Fermé le jour de Yom Kippur. 10 fl. 4,54 €. ☎ (020) 626 99 45, www.jhm.nl.

Portugees-Israëlitische Synagoge – Visite du dimanche au vendredi de 10 h à 16 h. Fermé le samedi et les jours fériés juifs. 5 fl. 2,27 €. ☎ (020) 624 53 51.

Promenades en bateau – Pour tout renseignement, s'adresser aux différentes compagnies : Rederij Lovers, Prins Hendrikkade 25, ☎ (020) 530 10 90, www.lovers.nl ; Holland International, Prins Hendrikkade 33a, ☎ (020) 622 77 88 ; Rederij Kooij, face au Rokin 25, ☎ (020) 623 38 10 ; Meyers Rondvaarten, Damrak, steiger 4-5, ☎ (020) 623 42 08 ; Amsterdam Canal Cruises, Nicolaas Witsenkade 1 a, ☎ (020) 626 56 36.

Theatermuseum – Visite tous les jours (sauf le lundi) de 11 h (13 h le week-end) à 17 h. Fermé le lundi et les jours fériés. 8,50 fl. 3,86 €. ☎ (020) 551 33 00, www.tin.nl.

Bijbels Museum – Visite tous les jours de 10 h (13 h le dimanche et les jours fériés) à 17 h. Fermé les 1er janvier et 30 avril. 9,50 fl. 4,31 €. ☎ (020) 624 24 36 , www.bijbelsmuseum.nl.

Kattenkabinet – Visite en semaine de 10 h à 14 h, le week-end de 13 h à 17 h. En hiver, les heures d'ouverture peuvent différer. Fermé les 1er janvier, 25 et 26 décembre. 10 fl. 4,54 €. ☎ (020) 626 53 78, www.kattenkabinet.nl.

Museum Willet-Holthuysen – Visite de 10 h (11 h le week-end et les jours fériés) à 17 h. Fermé les 1er janvier, 30 avril, 25 décembre. 9,50 fl. 4,31 €. ☎ (020) 523 18 22, www.ahm.nl/willet.

Museum Van Loon – Visite du vendredi au lundi de 11 h à 17 h. Fermé du mardi au jeudi. 10 fl. 4,54 €. ☎ (020) 624 52 55, www.musvloon.box.nl.

Westerkerk – Visite d'avril à fin septembre du lundi au vendredi de 11 h à 15 h. Fermée le samedi, le dimanche et d'octobre à mars. ☎ (020) 624 53 78, www.westerkerk.nl.

Anne Frank Huis – Visite tous les jours de 9 h à 19 h (21 h de début avril à fin août). Fermée le jour de Yom Kippur. 12,50 fl. 5,67 €. ☎ (020) 556 71 00, www.annefrank.nl.

Rijksmuseum – Visite tous les jours de 10 h à 17 h. Fermé le 1er janvier. 17,50 fl. 7,94 €. ☎ (020) 674 70 47 (info en quatre langues), www.rijksmuseum.nl.

Van Gogh Museum – ♿ Visite tous les jours de 10 h à 18 h. 15,50 fl., 7,03 €. ☎ (020) 570 52 52, www.vangoghmuseum.nl.

Stedelijk Museum – ♿ Visite tous les jours de 11 h à 17 h. Fermé le 1er janvier. 10 fl. 4,54 €. ☎ (020) 573 27 37, www.stedelijk.nl.

Filmmuseum – Séances tous les jours à 19 h, 19 h 30, 19 h 30, 21 h 30, 21 h 45 et 22 h. Le dimanche séances à partir de 15 h. 12,50 fl. 5,67 €. ☎ (020) 589 14 00, www.nfm.nl.

Hortus Botanicus – Visite d'avril à fin octobre du lundi au vendredi de 9 h à 17 h (de 11 h à 17 h le week-end et les jours fériés). De début novembre à fin mars du lundi au vendredi de 9 h à 16 h (de 11 h à 16 h le week-end et les jours fériés). Fermé les 1er janvier et 25 décembre. 7,50 fl., 3,4 €. ☎ (020) 625 84 11.

Nationaal Vakbondsmuseum – Visite du mardi au vendredi de 11 h à 17 h et le dimanche de 13 h à 17 h. Fermé le lundi, le samedi et les jours fériés. 5 fl. 2,27 €. ☎ (020) 624 11 66, www.deburcht-vakbondsmuseum.nl.

Artis - ♿ Visite tous les jours de 9 h à 17 h (18 h en été). 28,50 fl., 12,93 €. ☎ (020) 523 34 00, www.artis.nl.

Verzetsmuseum - ♿ Visite du mardi au vendredi de 10 h à 17 h, le week-end, le lundi et les jours fériés de 12 h à 17 h. 9 fl., 4,08 €. ☎ (020) 620 25 35, www.verzetsmuseum.org.

Hollandsche Schouwburg - ♿ Visite tous les jours de 11 h à 16 h. Fermé le jour du Grand Pardon. Entrée gratuite. ☎ (020) 626 99 45, www.jhm.nl.

Tropenmuseum - Visite tous les jours de 10 h à 17 h. Fermé les 1er janvier, 30 avril, 5 mai et 25 décembre. 15 fl., 6,81 €. ☎ (020) 568 82 15, www.kit.nl/tropenmuseum.

Nederlands Scheepvaart Museum - ♿ Visite tous les jours (sauf le lundi) de 10 h à 17 h, de mi-juin à fin septembre et pendant les vacances scolaires également le lundi de 10 h à 17 h. Fermé les 1er janvier, 30 avril et 25 décembre. 14,50 fl., 6,58 €. ☎ (020) 523 22 22, www.scheepvaartmuseum.nl.

Nemo - ♿ Visite du mardi au dimanche de 10 h à 17 h ainsi que pendant les vacances scolaires tous les jours de 10 h à 17 h. Fermé le lundi (sauf pendant les vacances scolaires) et les 1er janvier et 30 avril. 18,75 fl. 8,51 €. ☎ (0900) 919 11 00, www.e-nemo.nl.

Heineken-Brouwerij - Visite du mardi au dimanche de 10 h à 18 h. Fermée le lundi, les 1er janvier et 25 décembre. 11 fl., 4,99 €. Se renseigner au ☎ (020) 523 94 36, www.heineken.nl.

🛈 Stationsstraat 72 - 7311 MH - ☎ (0900) 168 16 36 - fax (055) 521 12 90 - www.vvvapeldoorn.nl

Veluwsche Stoomtrein - ♿ Départs le jeudi en juin ; et du lundi au vendredi de mi-juillet à fin août et pendant les vacances d'automne. 14 fl. 6,35 €. (20 fl. AR, 9,08 €). ☎ (055) 506 19 89, www.stoomtrein.org.

Van Reekum Museum - Visite du mardi au vendredi de 10 h à 17 h (de 13 h à 17 h le week-end, les lundis de Pâques et de la Pentecôte et le 26 décembre). Fermé le lundi, le 1er janvier, les dimanches de Pâques et de la Pentecôte et le 25 décembre. 2,50 fl. 1,13 €. ☎ (055) 521 91 55, www.apeldoorn.nl/vanreekum.

Historisch Museum Apeldoorn - Visite tous les jours (sauf le lundi) de 10 h (13 h le dimanche et les jours fériés) à 17 h. Fermé le lundi, le 1er janvier, à Pâques, à la Pentecôte et le 25 décembre. 2,50 fl. 1,13 €. ☎ (055) 578 84 29.

Apenheul/Berg en Bos - Visite tous les jours de 9 h 30 à 17 h en avril, mai, septembre et octobre ; et tous les jours de 9 h 30 à 18 h de début juin à fin août. Le parc naturel Berg en Bos ferme une heure plus tard que le parc Apenheul. Fermé de début novembre à fin mars. 21,50 fl. 9,76 €. ☎ (055) 357 57 57, www.apenheul.nl.

🛈 Wal 26 - 5944 AW - ☎ (077) 473 12 47 - fax (077) 473 30 19

Kasteeltuinen Arcen - Visite tous les jours de 10 h à 18 h de début avril à fin septembre ; tous les jours de 11 h à 17 h en octobre ; et tous les jours de 11 h à 18 h pendant les vacances de Noël. Fermé de début novembre aux vacances de Noël et de début janvier à fin mars. 19,50 fl. 8,85 €. ☎ (077) 473 18 82, www.kasteeltuinen.nl.

🛈 Willemsplein 8 - 6800 AN - ☎ (0900) 202 40 75 - fax : (026) 442 26 44 - www.vvvarnhem.nl

Promenades en bateau - Départs de mi-avril à fin octobre. Se renseigner au ☎ (0900) 202 40 75 (VVV).

Grote of Eusebiuskerk - Visite tous les jours (sauf le lundi) de 10 h (12 h le dimanche et les jours fériés) à 17 h (16 h en hiver). Fermé le lundi. Clocher : 10 fl. 4,54 €. ☎ (026) 443 50 68.

Historisch Museum Het Burgerweeshuis - Visite tous les jours (sauf le lundi) de 10 h (11 h le week-end et les jours fériés) à 17 h. Fermé le lundi et le 1er janvier. 5 fl. 2,27 €. ☎ (026) 442 69 00, www.hmarnhem.nl.

Museum voor Moderne Kunst - ♿ Visite tous les jours (sauf le lundi) de 10 h (11 h le week-end et les jours féries) à 17 h. Fermé le lundi et le 1er janvier. 7,50 fl. 3,4 €. ☎ (026) 351 24 31, www.mmkarnhem.nl.

Nederlands Openluchtmuseum - ♿ Visite tous les jours de 10 h à 17 h de fin avril à fin octobre. Fermé le reste de l'année. 22,50 fl. 10,21 €. ☎ (026) 357 61 00, www.openluchtmuseum.nl.

Burgers' Zoo - Visite tous les jours de 9 h à 19 h pendant la saison d'été ; et tous les jours de 9 h au coucher du soleil le reste de l'année. 28,50 fl. 12,93 €. ☎ (026) 442 45 34, www.burgerszoo.nl.

ASSEN

📧 Marktstraat 8-10 - 9401 JH – ☎ (0592) 31 43 24 - fax : (0592) 31 73 06

Drents Museum – Visite tous les jours (sauf le lundi) de 11 h à 17 h. Fermé le lundi et les 1er janvier et 25 décembre. 10 fl. 4,54 €. ☎ (0592) 31 27 41. www.drentsmuseum.nl.

ASTEN

📧 Burg. Wijnenstraat 15 - 5721 AG – ☎ (0493) 69 29 99

Beiaard- en Natuurmuseum Asten – Visite tous les jours de 9 h 30 (13 h du samedi au lundi) à 17 h. Fermé le 1er janvier, pendant le Carnaval et le 25 décembre. 7 fl. 3,18 €. ☎ (0493) 69 18 65, www.carillon-museum.nl.

B

BAARN

Kasteel Groeneveld – Visite tous les jours (sauf le lundi) de 10 h (12 h le week-end) à 17 h. 5 fl. 2,27 €. ☎ (035) 542 04 46.

BEEKSE BERGEN

Voir HILVARENBEEK.

BERG EN DAL

Afrika Museum – Visite tous les jours de 10 h (11 h le week-end et les jours fériés) à 17 h de début avril à fin octobre ; et tous les jours (sauf le lundi) de 10 h (13 h le week-end et les jours fériés) à 17 h de début novembre à fin mars. Fermé les 1er janvier et 25 décembre. 12,50 fl. 5,67 €. ☎ (024) 684 20 44, www.afrikamuseum.nl.

BERGEN

📧 Plein 1 - 1861 JX – ☎ (072) 581 31 00 - fax : (072) 581 38 90

Museum Kranenburgh – Visite tous les jours (sauf le lundi) de 13 h à 17 h. Fermé le lundi et les 1er janvier et 25 décembre. 7,50 fl. 3,4 €. ☎ (072) 589 89 27.

Noord-Hollands Duinreservaat – Visite tous les jours du lever au coucher du soleil. 2 fl. 0,91 €. ☎ (0251) 66 22 66.

BERGEN AAN ZEE

📧 Van der Wijckplein 8 - 1865 AP – ☎ (072) 581 24 00 - fax : (072) 581 31 73

Zee Aquarium Bergen aan Zee – Visite tous les jours de 10 h à 18 h de début avril à fin septembre, et tous les jours de 11 h à 17 h le reste de l'année. 11,50 fl. 5,22 €. ☎ (072) 581 29 28, www.zeeaquarium.nl.

BERGEN OP ZOOM

📧 Stationstraat 4 - 4611 CC – ☎ (0900) 202 03 36 - fax (0164) 24 60 31

Stadhuis – *Visite du mardi au samedi de 13 h à 16 h 30 de début mai à fin septembre. Fermé le lundi, le dimanche, les jours fériés et de début octobre à fin avril. 2 fl. 0,91 €.* ☎ *(0164) 25 18 59.*

Het Markiezenhof – Visite tous les jours (sauf le lundi) de 11 h à 17 h de début avril à fin septembre ; et tous les jours (sauf le lundi) de 14 h à 17 h le reste de l'année. Fermé le lundi, le 1er janvier, pendant le Carnaval, à Pâques et le 25 décembre. 5 fl. 2,27 €. ☎ (0164) 24 29 30.

BIDDINGHUIZEN

Six Flags Holland – Visite tous les jours de 10 h à 18 h de début mai à fin juin ; tous les jours de 10 h à 22 h en juillet et août ; et du vendredi au dimanche de 10 h à 18 h en septembre et octobre. Fermé de début novembre à fin avril. 41 fl. 18,6 €. ☎ (0321) 32 99 91.

DE BIESBOSCH (PARC NATIONAL)

Promenade en bateau – Sur réservation uniquement ; se renseigner auprès de Biesbosch Informatiecentrum Drimmelen, ☎ (0162) 68 22 33, www.biesbosch.org.

Biesbosch Museum – Visite tous les jours (sauf le lundi) de 10 h (12 h le dimanche et les jours fériés) à 17 h. Fermé le lundi et les 1er janvier, 25 et 31 décembre. 5,50 fl. 2,5 €. ☎ (0183) 50 40 09, www.biesboschmuseum.nl.

BLOKZIJL

📧 Kerkstraat 9a - 8356 ZL – ☎ (0527) 29 14 14 - fax (0527) 29 17 39

Het Gildenhuys – Visite tous les jours (sauf le dimanche) de 13 h 30 à 16 h 30 de début mai à mi-septembre et pendant les vacances d'automne ; et du lundi au jeudi de 19 h à 21 h en juillet et août. Fermé de mi-septembre à fin avril. 4 fl. 1,82 €. ☎ (0527) 29 13 81.

Grote Kerk – Renseignements : ☎ (0527) 29 14 14 (VVV).

BOLSWARD   🛈 Marktplein 1 - 8701 KG - ☎ (0515) 57 27 27 - fax : (0515) 57 77 18
- www.friesland-vvv.net

Stadhuis – Visite en semaine de 9 h à 12 h et de 14 h à 16 h en avril, juin, septembre
et octobre ; et tous les jours (sauf le dimanche) de 10 h à 17 h en juillet et août. 2 fl.
0,91 €. ☎ (0515) 57 87 87.

Martinikerk – Visite en semaine de 10 h à 12 h et de 13 h 30 à 17 h ; également
le samedi de 14 h à 16 h en juillet et en août. ☎ (0515) 57 22 74.

BORGER   🛈 Grote Brink 2a - 9530 AA - ☎ (0599) 23 41 71 - fax : (0599) 23 82 17

Nationaal Hunebedden Informatiecentrum – ♿ Visite tous les jours de 10 h (13 h
le week-end et les jours fériés) à 17 h de début février à fin décembre. Fermé en janvier
et le 25 décembre. 5,50 fl. 2,5 €. ☎ (0599) 23 63 74.

BOURTANGE   🛈 W. Lodewijkstraat 13 - 9545 PA - ☎ (0599) 35 46 00
- fax (0599) 35 45 54

La forteresse est tous les jours ouverte au public. Musées, expositions et projections
de diapositives : tous les jours de 10 h (12 h 30 le week-end) à 17 h de début avril
à fin octobre. Renseignements : VVV Westerwolde, section de Vesting Bourtange :
☎ (0599) 35 46 00.

BREDA   🛈 Willemstraat 17 - 4811 AJ - ☎ (076) 522 24 44 - fax : (076) 521 85 30 -
www.bredadigitaal.nl/vvv

Grote of Onze-Lieve-Vrouwekerk – *Visite tous les jours de 10 h à 17 h de mi-avril
à fin octobre ; et uniquement en semaine de 10 h à 17 h le reste de l'année.*
☎ *(076) 521 82 67.*

Kasteel – Visite obligatoirement accompagnée (2 h). S'adresser au VVV de Breda,
☎ (076) 522 24 44.

Stadhuis – *Visite du mardi au vendredi de 9 h à 16 h 30.* ☎ *(076) 529 40 55.*

De Beyerd – Visite tous les jours (sauf le lundi) de 10 h (13 h le week-end et les jours
fériés) à 17 h. Fermé le lundi et les 1er janvier et 25 décembre. 6 fl. 2,72 €.
☎ (076) 522 50 25.

Breda's Museum – Visite tous les jours (sauf le lundi) de 10 h à 17 h. Fermé
le lundi et les 1er janvier et 25 décembre. 5 fl. 2,27 €. ☎ (076) 529 93 00,
www.breda-museum.nl.

Kasteel Bouvigne – ♿ Le château ne se visite pas, mais les jardins sont accessibles
en semaine de 9 h à 16 h. Fermé le week-end et les jours fériés. 1 fl. 0,45 €. ☎ (076)
564 10 00.

BRESKENS   🛈 Boulevard 14 - 4511 AC - ☎ (0117) 38 18 88 - fax : (0117) 38 38 67

Bac Breskens-Flessingue – Départs tous les jours, chaque 1/2 h (toutes les heures
le dimanche). Renseignements : ☎ (0118) 46 59 05.

BRIELLE   🛈 Markt 1 - 3231 AH - ☎ (0181) 475 475 - fax : (0181) 475 470

Historisch Museum Den Briel – Visite du mardi au vendredi de 10 h à 17 h, le samedi
de 10 h à 16 h et le dimanche de 12 h à 16 h de début avril à fin octobre ; du mardi
au vendredi de 13 h à 17 h et le samedi de 12 h à 16 h le reste de l'année. Fermé le
lundi, les jours fériés ainsi que le dimanche de début novembre à fin mars. 4 fl. 1,82 €.
☎ (0181) 47 54 75.

Grote of St.-Catharijnekerk – Visite tous les jours de début mai à fin septembre ;
le reste de l'année sur rendez-vous. ☎ (0181) 47 54 75 (VVV).

BROEK OP LANGEDIJK

Broeker Veiling – ♿ Visite tous les jours de 10 h (11 h le week-end) à 17 h de début
avril à fin octobre. Fermé le reste de l'année et le 30 avril. 9,50 fl. 4,31 €.
☎ (0226) 31 38 07, www.broekerveiling.nl.

BROUWERSHAVEN   🛈 Markt 2 - 4318 AG - ☎ (0111) 69 19 40 - fax : (0111) 69 23 34

St.-Nicolaaskerk – Visite tous les jours (sauf le dimanche) de 13 h 30 à 16 h 30 de
la Pentecôte à fin août. ☎ (0111) 69 19 40 (VVV).

BUREN   🛈 Markt 1 - 4116 BE - ☎ (0344) 57 19 22 - fax : (0344) 57 25 58

Museum der Koninklijke Marechaussee – Visite en semaine (sauf le lundi) de 10 h
à 16 h 30 et le week-end et les jours fériés de 13 h 30 à 17 h de début mai à fin
septembre. Fermé le lundi et de début octobre à fin avril. 4,50 fl. 2,04 €.
☎ (0344) 57 12 56.

Boerenwagenmuseum – Visite tous les jours (sauf le lundi) de 13 h à 16 h 30 de
fin avril à fin octobre. Fermé le lundi et le reste de l'année. 4,50 fl. 2,04 €.
☎ (0344) 57 14 31.

C

CADIER EN KEER

Afrikacentrum – Visite tous les jours (sauf le lundi) de 13 h 30 (14 h le week-end) à 17 h. Fermé le lundi, le 1er janvier, pendant le Carnaval, à Pâques, à la Pentecôte et le 25 décembre. 7,50 fl. 3,4 €. ☎ (043) 407 73 83, www.sma-nederland.nl/afrikacentrum.htm.

CALLANTSOOG   🚺 Jewelweg 8 - 1759 HA - ☎ (0224) 58 15 41 - fax : (0224) 58 15 40

Het Zwanenwater – Visite tous les jours de 7 h à 21 h de début avril à fin juillet, et tous les jours du lever au coucher du soleil le reste de l'année. 1,50 fl. 0,68 €. ☎ (0224) 58 15 41 (VVV).

CHAMPS DE FLEURS

Survol en avion – Renseignements auprès de Kroonduif Air B.V., Heathrowbaan 4, 3045 AG Rotterdam, ☎ (010) 415 78 55, www.kroonduif-air.nl.

Voir aussi KEUKENHOF.

Champs de fleurs

COEVORDEN   🚺 Haven 2 - 7741 JV - ☎ (0524) 52 51 50 - fax (0524) 51 19 23

Gemeentemuseum Drenthe's Veste – Visite du mardi au samedi de 11 h à 17 h de début avril à fin septembre. Fermé le lundi, le dimanche, les jours fériés et de début octobre à fin mars. 3 fl. 1,36 €. ☎ (0524) 51 62 25.

D

DELDEN   🚺 Langestraat 29 - 7491 AA - ☎ (074) 376 63 63 - fax (074) 376 63 64
- vvv.twente.nl

Kasteel Twickel : jardins – Visite en semaine de 11 h à 16 h 30 de début mai à fin octobre. Fermé le week-end et de début novembre à fin avril. 7,50 fl. 3,4 €. ☎ (074) 376 25 96.

Zoutmuseum – ♿ Visite tous les jours de 11 h (14 h le week-end) à 17 h. Fermé les jours fériés. 5 fl. 2,27 €. ☎ (074) 376 45 46.

DELFT   🚺 Markt 83-85 - 2611 GS - ☎ (015) 212 61 00 - fax : (015) 215 86 95
- www.vvvdelft.nl

Nieuwe Kerk – Visite tous les jours (sauf le dimanche) de 9 h à 18 h de début avril à fin octobre ; et tous les jours (sauf le dimanche) de 11 h à 16 h (17 h le samedi) le reste de l'année. Fermé le dimanche. 4 fl. 1,82 €. ☎ (015) 257 02 98.

Tour – ♿ Mêmes conditions de visite que pour l'église.

Museum Paul Tétar van Elven – Visite tous les jours (sauf le lundi) de 13 h à 17 h de fin avril à fin octobre. Fermé le lundi et le reste de l'année. 4 fl. 1,82 €. ☎ (015) 212 42 06.

Legermuseum – Visite tous les jours de 10 h (12 h le week-end et les jours fériés) à 17 h. Fermé les 1er janvier et 25 décembre. 6 fl. 2,72 €. ☎ (015) 215 05 00, www.legermuseum.nl.

Het Prinsenhof – Visite tous les jours (sauf le lundi) de 10 h (13 h le dimanche et les jours fériés) à 17 h. Fermé le lundi et les 1er janvier et 25 décembre. 5 fl. 2,27 €. ☎ (015) 260 23 58.

Volkenkundig Museum « Nusantara » – Mêmes conditions de visite que pour le Museum Lambert van Meerten. ☎ (015) 260 23 58.

Museum Lambert van Meerten – Visite tous les jours (sauf le lundi) de 10 h (13 h le dimanche et les jours fériés) à 17 h. Fermé le lundi et les 1er janvier et 25 décembre. 3,50 fl. 1,59 €. ☎ (015) 260 23 58.

Oude Kerk – Visite tous les jours (sauf le dimanche) de 9 h à 18 h. ☎ (015) 212 30 15.

Cultuurtuin voor technische gewassen – Visite en semaine de 8 h 30 à 17 h et le samedi de 10 h à 15 h. Fermé le dimanche et les jours fériés. Entrée gratuite. ☎ (015) 278 23 56.

Techniek Museum Delft – Visite tous les jours (sauf le lundi) de 10 h (12 h le dimanche et les jours fériés) à 17 h. Fermé le lundi et les 1er janvier et 25 décembre. 5 fl. 2,27 €. ☎ (015) 213 83 11, www.museum.tudelft.nl.

DELFZIJL   🏠 J. v.d. Kornputplein 1 - 9934 EA - ☎ (0596) 61 81 04 - fax (0596) 61 65 50

Promenades en bateau – Sur demande. Renseignements : ☎ (0596) 61 81 04 (VVV).

DELTA

WaterLand Neeltje Jans – ♿ Visite tous les jours de 10 h à 17 h 30 de début avril à fin octobre ; et du mercredi au dimanche de 10 h à 17 h le reste de l'année. Fermé le lundi et le mardi de début novembre à fin mars et les 1er janvier, 25 et 31 décembre. 21,50 fl. 9,76 €. ☎ (0111) 65 27 02, www.neeltjejans.nl.

Le pont de Zélande entre Zierikzee et Noord-Beveland

B. Rolland/EUREKA SLIDE

DENEKAMP   🏠 Kerkplein 2 - 7591 DD - ☎ (0541) 35 12 05 - fax : (0541) 35 57 49
- vvv.twente.nl

Huis Singraven – Visite obligatoirement accompagnée (1 h) du mardi au vendredi à 11 h, 14 h et 15 h de mi-avril à fin octobre. Fermé le lundi, le week-end, les jours fériés et de début novembre à mi-avril. 9 fl. 4,08 €. ☎ (0541) 35 19 06.

Historisch Museum De Waag - ♿ Visite tous les jours (sauf le lundi) de 10 h (13 h le dimanche et les jours fériés) à 17 h. Fermé le lundi, le 1er janvier, le Vendredi saint, à Pâques, à la Pentecôte et le 25 décembre. 5 fl. 2,27 €. ☎ (0570) 69 37 80, www.deventer.nl.

Speelgoed- en Blikmuseum - Mêmes conditions de visite que pour le Historisch Museum De Waag. ☎ (0570) 69 37 86, www.deventer.nl.

St-Nicolaas- of Bergkerk - Visite tous les jours (sauf le lundi) de 11 h à 17 h. Fermé le lundi et les 1er janvier et 25 décembre. 2,50 fl. 1,13 €. ☎ (0572) 39 14 34, www.museumserver.nl/hannema.

Stadhuis - Visite en semaine de 9 h à 17 h. Fermé le week-end et les jours fériés. ☎ (0570) 64 99 59 (VVV).

Grote of St.-Lebuïnuskerk - Visite tous les jours (sauf le dimanche) de 11 h à 17 h en été et de 11 h à 16 h en hiver. ☎ (0570) 62 07 81. lebuinus.cjb.net.

Montée au clocher - *Visite tous les jours (sauf le dimanche et les jours fériés) de 13 h à 17 h en juillet et août. 2,50 fl. ☎ (0570) 62 07 81. lebiunus.cjb.net.*

Grote of Martinikerk - Visite tous les jours (sauf le dimanche) de 14 h à 17 h de début avril à fin septembre. ☎ (0313) 47 90 88 (VVV).

Streekmuseum De Roode Tooren - Visite du mardi au vendredi de 10 h à 12 h et de 13 h 30 à 16 h 30 et le samedi de 13 h 30 à 16 h 30 ; également le dimanche de 13 h 30 à 16 h 30 en juillet et août. Fermé le lundi, le dimanche (sauf en juillet et août), le 1er janvier, à Pâques, à la Pentecôte et le 25 décembre. Entrée gratuite. ☎ (0313) 47 42 65.

Doesburgsche Mosterd- en Azijnmuseum - Visite du mardi au vendredi de 10 h à 17 h et le samedi de 11 h à 16 h. Fermé le lundi, le dimanche, les 1er janvier, 30 avril, à Pâques et le 25 décembre. 2,50 fl. 1,13 €. ☎ (0313) 47 22 30.

Streekmuseum Het Admiraliteitshuis - Visite du mardi au samedi de 10 h à 17 h de début avril à fin septembre ; et du mardi au samedi de 14 h à 17 h le reste de l'année. Fermé le lundi, le dimanche et les jours fériés. 4 fl. 1,82 €. ☎ (0519) 29 31 34.

Grote of St.-Martinuskerk - Visite obligatoirement accompagnée. S'adresser au sacristain : ☎ (0519) 29 20 65 ou ☎ (0519) 29 34 40.

Bonifatiuskapel - Visite tous les jours de 14 h à 17 h de début juin à fin septembre. ☎ (0511) 42 41 61.

Kasteel Huis Doorn - En raison de la fermeture possible du musée, il est conseillé de se renseigner à l'avance au ☎ (0343) 42 10 20.

Kasteel - Visite obligatoirement accompagnée (1 h) le dimanche à 13 h 30, 14 h 30 et 15 h 30 des vacances de Carnaval aux vacances d'automne ; du mardi au jeudi à 11 h, 14 h et 15 h 30, le vendredi et le samedi à 14 h et 15 h 30 et le dimanche à 13 h 30, 14 h 30 et 15 h 30 pendant les vacances scolaires. 7 fl. 3,18 €. ☎ (0481) 42 14 56.

Museum voor Natuur- en Wildbeheer - Visite tous les jours (sauf le lundi) de 10 h (13 h le week-end et les jours fériés) à 17 h de début avril à fin octobre ; et tous les jours (sauf le lundi) de 13 h à 17 h le reste de l'année. Fermé le lundi, les 1er janvier, 30 avril, 25 décembre et 31 décembre. 10 fl. 4,54 €. ☎ (026) 339 06 98.

Promenades en bateau - Pour tous renseignements et réservations, s'adresser au Bezoekerscentrum De Hollandsche Biesbosch, voir ci-dessous.

Grote of O.-L.-Vrouwekerk - Visite du mardi au samedi de 10 h 30 à 16 h 30 et le dimanche et les jours fériés de 12 h à 16 h de début avril à fin octobre. Entrée gratuite. ☎ (078) 651 13 38.

Montée au clocher – Du mardi au samedi de 10 h 30 à 16 h 30 et le dimanche et les jours fériés de 12 h à 16 h de début avril à fin octobre ; également le lundi de 12 h à 16 h en juillet et août ; et uniquement le week-end de 13 h à 16 h le reste de l'année. 2 fl. 0,91 €. ☎ (078) 651 13 38.

Museum Mr. Simon van Gijn – Fermé pour travaux. Réouverture prévue dans le courant de 2001. ☎ (078) 613 37 93 (VVV).

Dordrechts Museum – Visite tous les jours (sauf le lundi) de 11 h à 17 h. Fermé le lundi et les 1er janvier et 25 décembre. 8 fl. 3,63 €. ☎ (078) 648 21 48, www.museum.dordt.nl.

Bezoekerscentrum De Hollandse Biesbosch – Visite tous les jours (sauf le lundi) de 9 h à 17 h de début septembre à fin avril ; tous les jours de 9 h (13 h le lundi) à 17 h en mai et juin ; et tous les jours de 9 h à 17 h en juillet et août. Fermé les 1er janvier et 25 décembre. Entrée gratuite. Baanhoekweg 53, 3313 LP Dordrecht, ☎ (078) 630 53 53, www.dordt.nl/bezoekerscentrum ou www.biesbosch.org.

DRIELANDENPUNT

Labyrinthe – Visite tous les jours de 10 h à 18 h de début avril aux vacances d'automne. 5,50 fl. 2,5 €. ☎ (043) 306 52 00, www.drielandenpunt.nl.

DRUNEN

Land van Ooit – Visite tous les jours de 10 h à 17 h de fin avril à mi-septembre ; le week-end de 10 h à 17 h de mi-septembre à mi-octobre ; et tous les jours de 10 h à 17 h durant la 2e quinzaine d'octobre. Fermé de début novembre à fin avril. 27 fl. 12,25 €. ☎ (0900) 235 66 48, www.ooit.nl.

E

EDAM
🛈 Damplein 1 - 1135 BK - ☎ (0299) 31 51 25 - fax : (0299) 37 42 36 - www.vvv-edam.nl

Edams Museum – Visite tous les jours (sauf le lundi) de 10 h (13 h 30 le dimanche et les jours fériés) à 16 h 30 de début avril à fin octobre. Fermé le lundi et le reste de l'année. 4 fl. 1,82 €. ☎ (0299) 31 51 25 (VVV).

Kaaswaag – ♿ Visite tous les jours de 10 h à 17 h de début avril à fin octobre. Fermé le reste de l'année. ☎ (0299) 31 51 25 (VVV).

Grote of St.-Nicolaaskerk – Visite tous les jours de 14 h à 16 h 30 de début avril à fin octobre. Fermé le reste de l'année. ☎ (0299) 31 51 25 (VVV).

De EFTELING

Voir KAATSHEUVEL.

EINDHOVEN
🛈 Stationsplein 17 - 5611 AC - ☎ (0900) 112 23 63 - fax : (040) 243 31 ⸱ - www.vvveindhoven.⸱⸱l

Milieu Educatie Centrum Eindhoven – Visite tous les jours de 9 h (13 h du samedi au lundi et les jours fériés) à 17 h. Fermé le 1er janvier, à Pâques, à la Pentecôte et les 25 et 26 décembre. Entrée gratuite. ☎ (040) 259 47 00, www.mecehv.nl.

Van Abbemuseum – Adresse temporaire : Entr'acte, Vonderweg 1. Visite tous les jours (sauf le lundi) de 11 h à 17 h. Fermé le lundi, les 1er janvier et 25 décembre. Réouverture prévue à l'automne 2002. 8 fl. 3,63 €. ☎ (040) 275 52 75, www.vanabbemuseum.nl.

Museum Kempenland – Visite tous les jours (sauf le lundi) de 13 h à 17 h. Fermé le lundi, le 1er janvier, à Pâques et le 25 décembre. 5 fl. 2,27 €. ☎ (040) 252 90 93, www.dse.nl/kempenland.

DAF Museum – Visite tous les jours (sauf le lundi) de 10 h à 17 h ; et tous les jours de 11 h à 17 h en juillet et août et pendant les vacances scolaires. Fermé le lundi (sauf en juillet, août et vacances scolaires) et les jours fériés. 10 fl. 4,54 €. ☎ (040) 244 43 64.

Prehistorisch Openluchtmuseum Eindhoven – Visite tous les jours de 10 h à 17 h. Fermé les 1er janvier, 25, 26 et 31 décembre. 5 fl. 2,27 €. ☎ (040) 252 22 81, www.dse.nl/eversham.

ELBURG   🏛 Ledige Stede 31 - 8081 CS - ☎ (0525) 68 15 20 - fax : (0525) 68 34 96

Vischpoort – Visite le lundi de 14 h à 16 h 30 et du mardi au vendredi de 10 h à 12 h et de 13 h à 16 h 30 de mi-juin à fin août. Fermé le week-end et les jours fériés, et de début septembre à fin mai. 3 fl. 1,36 €. ☎ (0525) 68 13 41.

Gemeentemuseum – Visite le lundi de 14 h à 17 h, du mardi au vendredi de 10 h à 12 h et de 14 h à 17 h (sans interruption à midi de début juin à fin août) de début avril à fin septembre ; et du mardi au vendredi de 10 h à 12 h et de 14 h à 17 h le reste de l'année. Fermé le week-end, les jours fériés et le lundi de début octobre à fin mars. 3 fl. 1,36 €. ☎ (0525) 68 13 41.

St.-Nicolaaskerk – Visite en semaine de 13 h 30 à 16 h 30 en juin ; le lundi de 13 h 30 à 16 h 30 et du mardi au vendredi de 10 h à 12 h et de 13 h 30 à 16 h 30 en juillet et août. Fermé le week-end et de début septembre à fin mai. ☎ (0525) 68 15 20 (VVV).

Promenades en bateau – ♿ Départs toutes les heures de 10 h à 17 h du mardi au samedi de début mai à fin septembre. 6 fl. 2,72 €. ☎ (0341) 41 41 59.

ELSLOO

Streekmuseum Schippersbeurs – Visite du mardi au jeudi de 13 h à 16 h et le dimanche de 14 h à 17 h. Fermé le lundi, le vendredi, le samedi, le 1er janvier, à Pâques, à la Pentecôte et le 25 décembre. 1 fl. 0,45 €. ☎ (046) 437 60 52.

EMMELOORD   🏛 De Deel 25a - 8302 EK - ☎ (0527) 61 20 00 - fax : (0527) 61 44 57

Watertoren – S'adresser au VVV Emmeloord. ☎ (0527) 61 20 00.

EMMEN   🏛 Marktplein 9 - 7811 AM - ☎ (0591) 61 30 00 - fax : (0591) 64 41 06

Noorder Dierenpark – ♿ Visite tous les jours à partir de 9 h. 27,50 fl. 12,48 €. ☎ (0591) 64 20 40, www.zoo-emmen.nl.

ENKHUIZEN   🏛 Tussen Twee Havens 1 - 1601 EM - ☎ (0228) 31 31 64 - fax : (0228) 31 55 31

Promenades en bateau – Départs du Spoorhaven vers Stavoren trois fois par jour. Renseignements au ☎ (0228) 31 31 64. Vers Urk (1 h 30) : départs tous les jours (sauf le dimanche) trois fois par jour de fin juin à début septembre. Renseignements au ☎ (0527) 68 34 07.

Wester of St.-Gomaruskerk – Fermé pour travaux.

Flessenscheepjesmuseum – Visite tous les jours de 10 h à 18 h. Fermé les 1er janvier, 25 et 26 décembre. 5 fl. 2,27 €. ☎ (0228) 31 85 83.

Zuiderzeemuseum :

Binnenmuseum – ♿ Visite tous les jours de 10 h à 17 h (18 h le dimanche, les jours fériés et en juillet et août) de début avril à fin octobre ; et tous les jours de 10 h à 17 h le reste de l'année. Fermé les 1er janvier et 25 décembre. 18,50 fl. (8,39 €) en haute saison, 8 fl. (3,63 €) le reste de l'année. ☎ (0228) 31 82 60, www.zuiderzeemuseum.nl.

Buitenmuseum – Visite tous les jours de 10 h à 17 h (18 h le dimanche, les jours fériés et en juillet et août) de début avril à fin octobre. Fermé le reste de l'année. 18,50 fl. 8,39 €. ☎ (0228) 31 82 60, www.zuiderzeemuseum.nl.

Zuider- of St.-Pancraskerk – Visite uniquement sur rendez-vous. ☎ (0228) 31 31 64 (VVV).

ENSCHEDE   🏛 Oude Markt 31 - 7511 GB - ☎ (053) 432 32 00 - fax : (053) 430 41 62 - www.vvv-enschede.nl

Rijksmuseum Twenthe – ♿ Visite tous les jours (sauf le lundi) de 11 h à 17 h. Fermé le lundi et le 1er janvier. 7,50 fl. 3,4 €. ☎ (053) 435 86 75.

Museum Jannink – Visite tous les jours (sauf le lundi) de 10 h (13 h le week-end et les jours fériés) à 17 h. Fermé le lundi, le 1er janvier, à Pâques, les 30 avril, 5 mai, 25 et 31 décembre. 3 fl. 1,36 €. ☎ (053) 431 90 93.

Natuurmuseum – Mêmes conditions de visite que pour le Museum Jannink. 3 fl. 1,36 €. ☎ (053) 432 34 09.

EXMORRA

Fries Landbouwmuseum – Visite tous les jours de 10 h à 17 h de début avril à fin octobre. Fermé le reste de l'année. 3 fl. 1,36 €. ☎ (0515) 57 59 95, www.frieslandbouwmuseum.nl.

F

FERWOUDE

Ferme – Visite tous les jours de 10 h à 17 h de début avril à fin octobre. 3,50 fl. 1,59 €. ☏ (0515) 23 16 31, www.aldfaerserf.nl.

FRANEKER ▤ Voorstraat 51 - 8801 LA - ☏ (0900) 919 19 99 - fax : (0517) 14 51 76

Stadhuis – Visite en semaine de 14 h à 17 h. Fermé le week-end et les jours fériés. ☏ (0517) 38 04 80.

Eise Eisinga Planetarium – Visite du mardi au samedi de 10 h à 17 h ; également le lundi et le dimanche de 13 h à 17 h de mi-avril à mi-septembre. Fermé les 1er janvier et 25 décembre. 5 fl. 2,27 €. ☏ (0517) 39 30 70, www.planetarium-friesland.nl.

Museum 't Coopmanshûs – Visite du mardi au samedi de 10 h à 17 h ; également le dimanche de 13 h à 17 h de début avril à fin septembre. Fermé les 1er janvier, 25 et 26 décembre. En raison de la fermeture possible, il est conseillé de se renseigner à l'avance. 3 fl. 1,36 €. ☏ (0517) 39 21 92.

Kaatsmuseum – Visite du mardi au samedi de 13 h à 17 h de début mai à fin septembre. Fermé le lundi, le dimanche et les jours fériés. 2,50 fl. 1,13 €. ☏ (0517) 39 39 10.

G

GIETHOORN ▤ Beulakerweg 114a - 8355 AL - ☏ (0521) 36 12 48 - fax : (0521) 36 22 81

Museumboerderij 't Olde Maat Uus – Visite tous les jours de 11 h à 17 h de début mai à fin octobre ; de 12 h à 17 h de début novembre à fin avril, le dimanche et pendant les vacances scolaires. 5 fl. 2,27 €. ☏ (0521) 36 22 44.

GOES ▤ Stationsplein 3 - 4461 HP - ☏ (0900) 168 16 66 - fax (0113) 25 13 50

Stoomtrein Goes-Borsele – ♿ Départs le dimanche à 11 h et 14 h de début avril à fin juin ; du dimanche au vendredi à 11 h, 14 h et 16 h en juillet et août ; et le dimanche à 14 h en septembre et octobre. 20 fl. ou 9,08 € (1re classe) et 15 fl. ou 6,81 € (2e classe). ☏ (0113) 27 07 05.

Grote Kerk – *Visite tous les jours (sauf le dimanche) de 9 h à 12 h et de 13 h à 18 h.* ☏ *(0113) 21 67 68.*

Museum voor Zuid- en Noord-Beveland – Visite du mardi au vendredi de 10 h à 17 h et le samedi de 13 h à 16 h. Fermé le lundi, le dimanche et les jours fériés. 5 fl. 2,27 €. ☏ (0113) 22 88 83.

GORINCHEM ▤ Grote Markt 17 - 4201 EB - ☏ (0183) 63 15 25 - fax : (0183) 63 40 40

Gorcums Museum – ♿ Visite tous les jours (sauf le lundi) de 10 h (11 h le dimanche) à 17 h (de 13 h à 17 h de début octobre à fin mars). Fermé le lundi, les 1er janvier et 25 décembre. 3 fl. 1,36 €. ☏ (0183) 63 28 21.

St.-Janstoren – Renseignements au VVV, ☏ (0183) 63 15 25.

GOUDA ▤ Markt 27 - 2801 JJ - ☏ (0182) 51 36 66 - fax : (0182) 58 32 10 - www.vvvgroenehart.nl

Promenades en bateau – Départs en juillet et août. Renseignements au VVV, ☏ (0182) 51 36 66.

Marché au fromage et marché artisanal – Le jeudi de 10 h à 12 h 30 de début juin à fin août. ☏ (0182) 51 36 66 (VVV).

Stadhuis – Visite en semaine de 9 h à 12 h et de 14 h à 16 h de début janvier à fin mai et en septembre et octobre. Fermé le week-end. 1 fl. 0,45 €. ☏ (0182) 58 87 58.

Kaasexposeum – Visite tous les jours (sauf le lundi) de 13 h (10 h le jeudi) à 17 h de début avril à fin octobre. Fermé le lundi et le reste de l'année. 5 fl. 2,27 €. ☏ (0182) 52 99 96.

St.-Janskerk – Visite tous les jours (sauf le dimanche) de 9 h à 17 h (de 10 h à 16 h de début novembre à fin février). Fermé le dimanche et les 1er janvier, 25 et 26 décembre. 3,50 fl. 1,59 €. ☏ (0182) 51 26 84.

Museum Het Catharina Gasthuis – Visite tous les jours de 10 h (12 h le dimanche et les jours fériés) à 17 h. Fermé les 1er janvier et 25 décembre. 4,75 fl. (billet combiné avec le musée De Moriaan). 2,16 €. ☏ (0182) 58 84 40.

Museum De Moriaan – Visite en semaine de 10 h à 17 h, le samedi de 10 h à 12 h 30 et 13 h 30 à 17 h, et le dimanche et les jours fériés de 12 h à 17 h. Fermé les 1er janvier et 25 décembre. 4,75 fl. (billet combiné avec le musée Het Catharina Gasthuis). 2,16 €. ☏ (0182) 58 84 44.

GRAFT-DE RIJP

Hervormde Kerk – Visite tous les jours (sauf le lundi) de 13 h 30 à 16 h 30 de début juin à fin septembre. ☎ (0299) 67 15 95.

GROENLO 🛈 Goudsmitstraat 6 - 7141 AX - ☎ (0544) 46 12 47 - fax : (0544) 46 12 47

Grolsch Museum – Visite tous les jours (sauf le dimanche) de 9 h à 12 h 30 et de 13 h 30 à 17 h (16 h le samedi). Fermé le dimanche et les jours fériés. 4 fl. 1,82 €. ☎ (0544) 46 12 47.

GROESBEEK 🛈 Dorpsplein 1a - 6562 AH - ☎ (024) 397 71 18 - www.vvvnijmegen.nl

Nationaal Bevrijdingsmuseum 1944-1945 – Visite tous les jours de 10 h (12 h le dimanche et les jours fériés) à 17 h. Fermé les 1er janvier et 25 décembre. 10 fl. 4,54 €. ☎ (024) 397 44 04.

GRONINGEN 🛈 Grote Markt 6 - 9711 PN - ☎ (0900) 202 30 50 - fax : (050) 311 02 58 - www.vvvgroningen.nl

Martinikerk – Visite du mardi au samedi de 12 h à 17 h de début juin à fin août (sous réserve de modifications). Fermée le lundi, le dimanche et de début septembre à fin mai. 1 fl. 0,45 €. ☎ (050) 311 12 77.

Martinitoren – S'adresser à l'Office de tourisme. ☎ (0900) 202 30 50.

Groninger Museum – Visite tous les jours (sauf le lundi) de 10 h à 17 h. Fermé le lundi et les 1er janvier et 25 décembre. 13,50 fl. 6,13 €. ☎ (050) 366 65 55, www.groninger-museum.nl.

Noordelijk Scheepvaartmuseum en Niemeyer Tabaksmuseum – Visite tous les jours (sauf le lundi) de 10 h (13 h le dimanche et les jours fériés) à 17 h. Fermé le lundi et les 1er janvier, 30 avril, 28 août et 25 décembre. 6 fl. 2,72 €. ☎ (050) 312 22 02.

De GROOTE PEEL

Nationaal Park De Groote Peel – Visite tous les jours du lever au coucher du soleil. ☎ (0495) 64 14 97.

Bezoekerscentrum « Mijl op Zeven » – Visite tous les jours (sauf le lundi) de 10 h à 17 h en mars, avril, septembre et octobre ; tous les jours de 10 h à 17 h de début mai à fin août ; le dimanche de 12 h à 17 h de début novembre à fin février ; et tous les jours de 10 h à 17 h pendant les vacances de Noël. Fermé les 1er janvier et 25 décembre. ☎ (0495) 64 14 97.

H

Den HAAG 🛈 Kon. Julianaplein 30 - 2595 AA - ☎ (0900) 340 35 05 - fax : (070) 347 21 02, www.denhaag.com

Centre d'accueil du Binnenhof – Visite tous les jours (sauf le dimanche) de 10 h à 16 h. Fermé le dimanche et les jours fériés. ☎ (070) 364 61 44.

Ridderzaal, Eerste Kamer, Tweede Kamer – Visite obligatoirement accompagnée (45 mn) tous les jours (sauf le dimanche) de 10 h à 16 h. ☎ (070) 364 61 44.

Mauritshuis – ♿ Visite tous les jours (sauf le lundi) de 10 h (11 h le dimanche et les jours fériés) à 17 h. Fermé le lundi et les 1er janvier et 30 avril. 15 fl. 7 € (incluant la Galerie du Prince Guillaume V). ☎ (070) 302 34 56, www.mauritshuis.nl.

Haags Historisch Museum – Visite tous les jours (sauf le lundi) de 11 h (12 h le week-end et les jours fériés) à 17 h. Fermé le lundi et les 1er janvier et 25 décembre. 8 fl. 3,5 €. ☎ (070) 364 69 40, www.haagshistorischmuseum.nl.

Museum Bredius – Visite tous les jours (sauf le lundi) de 12 h à 17 h. Fermé le lundi et les 1er janvier et 25 décembre. 10 fl. 4,54 €. ☎ (070) 362 07 29, www.museumbredius.nl.

Museum Het Paleis – ♿ Visite tous les jours (sauf le lundi) de 11 h à 17 h. Fermé le lundi, entre deux expositions et les 1er janvier et 25 décembre. 10 fl. 4,54 €. ☎ (070) 362 40 61, www.gemeentemuseum.nl/paleis.

Museum de Gevangenpoort – Visite obligatoirement accompagnée tous les jours (sauf le lundi) de 11 h (12 h le week-end et les jours fériés) à 17 h. Fermé le lundi et les 1er janvier et 25 décembre. 8 fl. 3,63 €. ☎ (070) 346 08 61, www.gevangenpoort.nl.

Galerij Prins Willem V – Visite tous les jours (sauf le lundi) de 11 h à 16 h. Fermé le lundi et les 1er janvier et 25 décembre. 3 fl. 1,5 €. Entrée gratuite sur présentation du billet d'entrée de la Mauritshuis. ☎ (070) 302 34 56, www.mauritshuis.nl.

Grote Kerk – *Visite en semaine de 11 h à 16 h en juillet et août, et sur demande le reste de l'année,* ☎ *(070) 302 86 30.*

Panorama Mesdag – Visite tous les jours de 10 h (12 h le dimanche et les jours fériés) à 17 h. Fermé le 25 décembre. 7,50 fl. 3,4 €. ☎ (070) 310 66 65, www.panorama-mesdag.com.

Museum voor Communicatie – Visite du lundi au vendredi de 10 h à 17 h, le week-end et les jours fériés de 12 h à 17 h. Fermé les 1er janvier et 25 décembre. 9 fl., 4,08 €. ☎ (070) 330 75 00, www.muscom.nl.

Museum Mesdag – ᕜ Visite tous les jours (sauf le lundi) de 12 h à 17 h. Fermé le lundi et les 1er janvier et 25 décembre. 5 fl. 2,27 €. ☎ (070) 362 14 34.

Vredespaleis – Visite en semaine de 10 h à 16 h (15 h de début octobre à fin avril). Fermé le week-end et les jours fériés. 5 fl. 2,27 €. ☎ (070) 302 41 37.

HOLLANDIA

H. Gyssels/PHOTONONSTOP

Gemeentemuseum Den Haag – ᕜ Visite tous les jours (sauf le lundi) de 11 h à 17 h. Fermé le lundi, les 1er janvier et 25 décembre. 15 fl. 6,81 €. ☎ (070) 338 11 11, www.gemeentemuseum.nl.

Museon – ᕜ Visite du mardi au dimanche ainsi que tous les jours pendant les vacances scolaires de 11 h à 17 h. Fermé le lundi et les 1er janvier et 25 décembre. 13,50 fl. 6,13 €. ☎ (070) 338 13 38, www.museon.nl.

Omniversum – ᕜ Visite le lundi de 13 h à 17 h, le mardi et le mercredi de 11 h à 17 h, du jeudi au dimanche et pendant les vacances scolaires de 11 h à 21 h. 17,50 fl., 7,94 €. ☎ (0900) 666 48 37, www.omniversum.nl.

Madurodam – ᕜ Visite tous les jours de 9 h à 20 h de mi-mars à fin juin, de 9 h à 22 h en juillet et août, et de 9 h à 18 h de début septembre à mi-mars. 22 fl., 9,98 €. ☎ (070) 355 39 00, www.madurodam.nl.

Museum van Het Boek/Museum Meermanno-Westreenianum – Visite tous les jours (sauf le lundi) de 11 h (12 h le week-end et les jours fériés) à 17 h. Fermé le lundi et les 1er janvier et 25 décembre. 5 fl. 2,27 €. ☎ (070) 346 27 00.

Letterkundig Museum – Visite du mardi au vendredi de 10 h à 17 h, le week-end et les jours fériés de 12 h à 17 h. Fermé le lundi, le 1er janvier, le 30 avril, à Pâques, le 5 mai, à la Pentecôte et le 25 décembre. 6 fl., 2,72 €. ☎ (070) 333 96 66, www.letmus.nl.

HAARLEM   🖪 Stationsplein 1 - 2011 LR - ☎ (0900) 616 16 00 - fax : (023) 534 05 37
- www.vvvzk.nl

Grote of St.-Bavokerk – Visite tous les jours de 10 h à 16 h. 2,75 fl. 1,25 €. ☎ (023) 532 43 99, www.grotekerk.nl.

Vishal – ᕜ Mêmes conditions de visite que le Frans Halsmuseum. Entrée gratuite. ☎ (023) 532 68 56.

Vleeshal – ᕜ Mêmes conditions de visite que le Frans Halsmuseum. 7,50 fl. 3,4 €. ☎ (023) 511 57 75, www.franshalsmuseum.nl.

Archeologisch Museum Haarlem – Visite du mercredi au dimanche de 13 h à 17 h. Fermé le lundi, le mardi, les 1er janvier, 25 et 26 décembre. Entrée gratuite. ☎ (023) 531 31 35.

Verweyhal – ᕜ Mêmes conditions de visite que le Frans Halsmuseum. 7,50 fl. 3,4 €. ☎ (023) 511 57 75, www.franshalsmuseum.nl.

Stadhuis – Visite sur rendez-vous en appelant le ☎ (023) 511 31 58.

HAARLEM

Frans Halsmuseum – Visite tous les jours de 11 h (12 h le dimanche et les jours fériés) à 17 h. Fermé les 1er janvier et 25 décembre. 10 fl. 4,54 €. ☏ (023) 511 57 75, www.franshalsmuseum.nl.

Teylers Museum – Visite tous les jours (sauf le lundi) de 10 h (12 h le dimanche et les jours fériés) à 17 h. Fermé le lundi et les 1er janvier et 25 décembre. 10 fl. 4,54 €. ☏ (023) 531 90 10, www.teylersmuseum.nl.

Historisch Museum Zuid-Kennemerland – Visite tous les jours (sauf le lundi) de 12 h (13 h le dimanche) à 17 h. Fermé le lundi et les 1er janvier, 25, 26 et 31 décembre. Entrée gratuite. ☏ (023) 542 24 27.

ABC Architectuurcentrum – Visite tous les jours (sauf le lundi) de 12 h (13 h le dimanche) à 17 h. Fermé le lundi et les jours fériés. Entrée gratuite. ☏ (023) 534 05 84.

Spaarnestad Fotoarchief – Visite tous les jours (sauf le lundi) de 12 h (13 h le dimanche) à 17 h. Entrée gratuite. ☏ (023) 518 51 52, www.spaarnefoto.nl.

Kathedrale Basiliek St.-Bavo – Visite tous les jours de 10 h (13 h le dimanche) à 16 h de début avril à fin septembre et pendant les vacances scolaires. 2,50 fl. 1,13 €. ☏ (023) 553 33 77.

Museum De Cruquius – ♿ Visite tous les jours de 10 h (11 h le week-end et les jours fériés) à 17 h de début mars à fin octobre. Fermé le reste de l'année. 6 fl. 2,72 €. ☏ (023) 528 57 04.

HAARZUILENS

Kasteel De Haar – Visite obligatoirement accompagnée (1 h) : tous les jours (sauf le lundi) de 13 h à 16 h de mi-mars à fin mai et de mi-octobre à mi-novembre ; tous les jours de 11 h (13 h le week-end) à 16 h de début juin à mi-août ; le dimanche de 13 h à 16 h durant la 2e quinzaine de novembre et de début janvier à mi-mars. Fermé de mi-août à mi-octobre et en décembre. 15 fl. 6,81 €. ☏ (030) 677 38 04, www.kasteelhaarzuilens.nl.

HALFWEG

Stoomgemaal Halfweg – Visite le mercredi et le jeudi de 13 h à 16 h et le samedi de 10 h à 16 h de début avril à fin septembre. Fermé le reste de l'année. 4 fl. 1,82 €. ☏ (020) 497 43 96, www.rcz.com/stoomgemaal-halfweg.

HARDERWIJK 🛈 Havendam 58 - 3841 AA – ☏ (0341) 42 66 66 - fax : (0341) 42 77 13 - www.vvveluwe.nl

Promenades en bateau – En juillet et août. 8 fl. 3,63 €. Se renseigner auprès de Rederij Flevo. ☏ (0341) 41 25 98, www.rederijflevo.nl.

Dolfinarium – ♿ Visite tous les jours de 10 h à 18 h de fin février à début janvier (fermeture de la caisse à 16 h). Fermé de début janvier à fin février et les 1er janvier, 25 et 31 décembre. 32,50 fl. 14,75 €. ☏ (0341) 46 74 00, www.dolfinarium.nl.

Veluws Museum – Visite en semaine de 10 h à 17 h et le samedi de 13 h à 16 h. Fermé le dimanche et les jours fériés. 3,50 fl. 1,59 €. ☏ (0341) 41 44 68.

Grote Kerk – Visite en semaine de mi-mai à mi-septembre. Fermé le week-end et le reste de l'année. ☏ (0341) 41 23 95.

HAREN 🛈 Raadhuisplein 10 - 9751 LN – ☏ (050) 533 98 08

Hortus Haren – ♿ Visite tous les jours de 9 h à 17 h (18 h de début avril à fin octobre). 17,50 fl. 7,94 €. ☏ (050) 537 00 53, www.hortusharen.nl.

HARLINGEN 🛈 Voorstraat 34 - 8861 BL – ☏ (0900) 919 19 99 - fax : (0517) 41 51 76 - www.vvv-harlingen.nl

Gemeentemuseum Het Hannemahuis – Visite en semaine de 13 h 30 à 17 h en avril, juin et de mi-septembre à fin octobre ; et tous les jours (sauf le lundi) de 10 h (13 h 30 le dimanche et les jours fériés) à 17 h de début juillet à mi-septembre. Fermé le lundi en été, et de début novembre à fin mars. 2,50 fl. 1,13 €. ☏ (0517) 41 36 58.

HATTEM 🛈 Kerkhofstraat 2 - 8051 GG – ☏ (038) 444 30 14 - fax (038) 444 13 83

Anton Pieck Museum/Voerman Museum Hattem – ♿ Visite tous les jours (sauf le dimanche) de 10 h à 17 h de début avril à fin octobre ; également le dimanche de 13 h à 17 h en juillet et août ; et du mardi au samedi de 10 h à 17 de début novembre à fin mars. Fermé le 1er janvier, du 10 au 31 janvier, à Pâques, le 30 avril, à la Pentecôte et le 25 décembre. 7 fl. 3,18 €. ☏ (038) 444 21 92.

's-HEERENBERG   🏛 Stadsplein 73 - 7041 JE - ☎/fax (0314) 66 31 31

Huis Bergh – Visite obligatoirement accompagnée le week-end à 14 h et 15 h en avril, mai et octobre ; tous les jours à 14 h et 15 h en juin et septembre ; en semaine de 11 h à 15 h, le samedi à 14 h et 15 h et le dimanche de 13 h à 15 h en juillet et août ; et le dimanche à 14 h et 15 h de début novembre à fin mars. Fermé le 1er janvier, pendant le Carnaval et les 25 et 31 décembre. 10 fl. 4,54 €. ☎ (0314) 66 12 81. www.huisbergh.nl.

HEERENVEEN   🏛 Van Kleffenslaan 6 - 8442 CW - ☎ (0513) 62 55 55
- fax : (0513) 65 06 09

Oranjewoud et Oranjestein – Visite certains week-ends en juillet et août. Renseignements au ☎ (0513) 62 55 55 (VVV).

HEERLEN   🏛 Bongerd 22 - 6411 JM - ☎ (045) 571 62 00 - fax (045) 571 83 83
- www.vvvzuidlimburg.nl

Thermenmuseum – Visite tous les jours de 10 h à 17 h. Fermé le 1er janvier, pendant le Carnaval et le 25 décembre. 6 fl. 2,72 €. ☎ (045) 560 51 00. www.thermenmuseum.nl.

HEESWIJK-DINTHER   🏛 Abdijstraat 51 - 5473 AC - ☎ (0413) 29 28 84

Kasteel Heeswijk – Visite accompagnée chaque premier et troisième dimanche du mois. Renseignements au ☎ (0413) 29 23 52, www.kasteelheeswijk.nl.

Meierijsche Museumboerderij – Visite le mercredi, le week-end et les jours fériés de 14 h à 17 h de début mai à fin septembre. Fermé le reste de l'année. 2,50 fl. 1,13 €. ☎ (0413) 29 15 46.

HEEZE

Kasteel Heeze – Visite obligatoirement accompagnée le mercredi à 14 h et le dimanche de début mars à fin octobre ainsi qu'à Pâques et à la Pentecôte à 14 h et 15 h ; le mercredi à 14 h et 15 h en juillet et août. Fermé de début novembre à fin février. 8 fl. 3,63 €. ☎ (024) 226 14 31.

HEILIG LANDSTICHTING

Bijbels Openluchtmuseum – Visite tous les jours de 9 h à 17 h 30 de mi-mars à fin octobre. Fermé le reste de l'année. 13,50 fl. 6,13 €. ☎ (024) 382 31 10.

HEINO

Hannema-de Stuers Fundatie – Visite tous les jours (sauf lundi) de 11 h à 17 h. Fermé le lundi, les 1er janvier et 25 décembre. 5 fl. 2,27 €. (accès gratuit au jardin et au parc). ☎ (0572) 39 14 34, www.museumserver.nl/hannema.

Den HELDER   🏛 Bernhardplein 18 - 1781 HH - ☎ (0223) 62 55 44 - fax : (0223) 61 48 88

Marinemuseum – Visite tous les jours (sauf le lundi) de 10 h (12 h le week-end et les jours fériés) à 17 h ; également le lundi de début mai à fin octobre. Fermé le lundi (sauf de début mai à fin octobre) et les 1er janvier et 25 décembre. 7,50 fl. 3,4 €. ☎ (0223) 65 75 34, www.marinemuseum.nl.

Nationaal Reddingmuseum Dorus Rijkers – ♿ Visite tous les jours de 10 h (13 h le dimanche et les jours fériés) à 17 h. Fermé le 25 décembre. 5 fl. 2,27 €. ☎ (0223) 61 83 20.

Fort Kijkduin – Visite tous les jours de 10 h à 18 h. Visite accompagnée à 11 h, 13 h et 15 h. 13,50 fl. 6,13 € (visite et aquarium). ☎ (0223) 61 23 66. www.fortkijkduin.nl.

HELMOND   🏛 Markt 211 - 5701 RJ - ☎ (0492) 54 31 55 - fax : (0492) 54 68 66

Kasteel (musée municipal) – Visite tous les jours (sauf le lundi) de 10 h (14 h le week-end et les jours fériés) à 17 h. Fermé le lundi, le 1er janvier, pendant le Carnaval et le 25 décembre. 3,50 fl. 1,59 €. ☎ (0492) 54 74 75.

's-HERTOGENBOSCH   🏛 Markt 77 - 5211 JX - ☎ (0900) 11 22 33 4
- fax : (073) 612 89 30

St.-Janskathedraal – Visite tous les jours de 10 h à 16 h 30.

Sint-Jansmuseum De Bouwloods – Visite tous les jours (sauf le lundi) de 13 h à 16 h 30 de début mai à fin septembre. Fermé le lundi et le reste de l'année. 5 fl. 2,27 €. ☎ (073) 612 68 79.

Stadhuis – Visite le lundi de 11 h à 17 h 30, du mardi au vendredi de 9 h à 17 h 30 et le samedi de 9 h à 16 h ; également le dimanche de 11 h à 15 h de début mai à fin septembre. Visite accompagnée le jeudi à 19 h et le samedi à 14 h 30. Fermé les jours fériés et le dimanche de début octobre à fin avril. ☎ (073) 613 50 98.

Noordbrabants Museum – Visite tous les jours (sauf le lundi) de 10 h (12 h le week-end et les jours fériés) à 17 h. Fermé le lundi, les 1er janvier et 25 décembre. 12,50 fl. 5,67 €. ☏ (073) 687 78 77.

Museum Slager – Visite tous les jours (sauf le lundi) de 14 h à 17 h. Fermé le lundi et les jours fériés. 6 fl. 2,72 €. ☏ (073) 613 32 16.

Museum Het Kruithuis – Fermé pour travaux. Réouverture prévue en 2002. Renseignements : ☏ (073) 612 21 88.

Promenades en bateau sur la Binnendieze – Départs tous les jours (sauf le lundi) de 11 h (14 h le mercredi) à 17 h de début mai à fin octobre. 8,50 fl. 3,86 €. ☏ (073) 612 23 34.

HILLEGOM

Den Hartogh Ford Museum – Visite du mercredi au dimanche de 10 h à 17 h. Fermé le lundi, le mardi et les 1er janvier, 30 avril, 25 et 31 décembre. 15 fl. 6,81 €. ☏ (0252) 51 81 18, www.fordmuseum.nl.

HILVARENBEEK · 🛈 Vrijthof 16 - 5081 CA - ☏ (013) 505 24 58

Safari Beekse Bergen – Visite tous les jours de 10 h à 16 h en janvier et décembre ; de 10 h à 16 h 30 en février, octobre et novembre ; de 10 h à 17 h de début mars à fin juin et en septembre ; et de 10 h à 18 h en juillet et août. 23,50 fl. 10,66 €. ☏ (013) 536 00 35.

HILVERSUM · 🛈 Noordse Bosje 1 - 1211 BD - ☏ (035) 624 17 51

Goois Museum – ♿ Visite tous les jours (sauf le lundi) de 13 h à 17 h. Fermé le lundi et les 1er janvier, 30 avril et 25 décembre. 3 fl. 1,36 €. ☏ (035) 629 28 26.

HINDELOOPEN

Museum Hidde Nijland Stichting – Visite tous les jours de 10 h (13 h 30 le dimanche et les jours fériés) à 17 h de début mars à fin octobre. Fermé le reste de l'année. 3,50 fl. 1,59 €. ☏ (0514) 52 14 20.

Het Eerste Friese Schaatsmuseum – Visite tous les jours de 10 h à 18 h (de 13 h à 17 h le dimanche). 2,50 fl. 1,13 €. ☏ (0514) 52 16 83.

HOEK VAN HOLLAND · 🛈 Strandweg 32 - 3151 HV - ☏ (0174) 31 00 80
- fax (0174) 31 00 83 - www.hoekvanholland.nl/vvv

Keringhuis – Visite tous les jours de 10 h à 16 h (de 11 h à 17 h le week-end et les jours fériés). Entrée gratuite. ☏ (0174) 51 12 22, www.minvenw.nl/rws/projects/svk.

HOENSBROEK

Kasteel Hoensbroek – Visite tous les jours de 10 h à 17 h 30. Fermé le 1er janvier, pendant le Carnaval et les 25 et 31 décembre. 8,50 fl. 3,86 €. ☏ (045) 522 72 72, www.kasteelhoensbroek.nl.

HOEVEN

Quasar – ♿ Visite le mercredi de 14 h à 17 h, le vendredi de 19 h 30 à 22 h, le dimanche de 13 h à 17 h de début septembre à fin avril ; le mercredi de 14 h à 17 h, le jeudi et le vendredi de 14 h à 17 h et de 19 h 30 à 22 h, le dimanche de 13 h à 17 h de début mai à fin août. Fermé les 1er janvier et 25 décembre. 12,50 fl. 5,67 €. ☏ (0165) 50 24 39, www.quasarheelal.nl.

HOGEBEINTUM

Église – Visite tous les jours (sauf le lundi) de 10 h (12 h le dimanche) à 17 h de début avril à fin octobre. ☏ (0518) 41 17 83.

De HOGE VELUWE (Nationaal Park)

Parc – Visite tous les jours de 8 h à 20 h en avril ; de 8 h à 21 h en mai et août ; de 8 h à 22 h en juin et juillet ; de 9 h à 20 h en septembre ; de 9 h à 19 h en octobre et de 9 h à 17 h 30 de début novembre à fin mars. 10 fl. 4,54 €. ☏ (0900) 464 38 35, www.hogeveluwe.nl.

Bezoekerscentrum – Visite tous les jours de 10 h à 17 h. ☏ (0900) 464 38 35, www.hogeveluwe.nl.

Kröller-Müller Museum – ♿ Visite tous les jours (sauf le lundi) de 10 h à 17 h. Fermé les lundis (sauf fériés) et le 1er janvier. 8 fl. 3,63 €. ☏ (0318) 59 12 41, www.kmm.nl.

Beeldentuin en -park – ♿ Visite tous les jours (sauf le lundi) de 10 h à 16 h 30. Fermé les lundis (sauf fériés) et le 1er janvier. 8 fl. 3,63 €. ☏ (0318) 59 12 41, www.kmm.nl.

Museonder – Mêmes conditions de visite que pour le Bezoekerscentrum. ☎ (0900) 464 38 35, www.hogeveluwe.nl.

Jachthuis St.-Hubertus – Visite obligatoirement accompagnée (25 mn) tous les jours toutes les 30 mn de 11 h 30 à 12 h 30 et de 14 h à 16 h 30 de début avril à fin octobre ; tous les jours à 14 h et 15 h le reste de l'année (sauf en janvier). ☎ (0900) 464 38 35, www.hogeveluwe.nl.

HOLTEN

🚩 Dorpsstraat 27 - 7451 BR – ☎ (0548) 36 15 33 - fax : (0548) 36 69 54 - www.vvvholten.nl ou vvv.twente.nl

Natuurdiorama Holterberg – Visite tous les jours de 9 h 30 (11 h le dimanche et les jours fériés) à 17 h 30 de début avril à fin octobre ; uniquement le mercredi, le dimanche et pendant les vacances scolaires de 13 h à 17 h le reste de l'année. 7,50 fl. 3,4 €. ☎ (0548) 36 19 79, www.museumholterberg.nl.

HOOGHALEN

Herinneringscentrum Kamp Westerbork – ♿ Visite tous les jours de 10 h (13 h le week-end) à 17 h. 7,50 fl. 3,4 €. ☎ (0593) 59 26 00, www.kampwesterbork.com.

HOORN

🚩 Veemarkt 4 - 1621 JC – ☎ (0900) 403 10 55 - fax (0229) 21 50 23

Museumstoomtram – Départs tous les jours (sauf le lundi) de 11 h à 15 h 30 de début avril à fin octobre et pendant les vacances de Noël ; également le lundi en juillet et août. 23,50 fl. (AR). 10,66 €. ☎ (0229) 21 92 31. www.stoomtram.demon.nl.

Westfries Museum – Visite tous les jours de 11 h (14 h le week-end et les jours fériés) à 17 h. Fermé le 1er janvier, le 3e lundi d'août et le 25 décembre. 5 fl. 2,27 €. ☎ (0229) 28 00 22, www.wfm.nl.

Museum van de Twintigste Eeuw – Visite tous les jours (sauf le lundi) de 10 h à 17 h. Fermé le lundi et les 1er janvier, 30 avril, 25 et 26 décembre. 6 fl. 2,72 €. ☎ (0229) 21 40 01, www.hoorngids.nl/museumhoorn.

HULST

🚩 Grote Markt 19 - 4561 EA – ☎ (0114) 38 92 99 - fax (0114) 38 91 35

Streekmuseum De Vier Ambachten – Visite tous les jours de 14 h à 17 h de Pâques aux vacances d'automne. Fermé le reste de l'année. 2,50 fl. 1,13 €. ☎ (0114) 31 23 11.

I – K

IJZENDIJKE

Streekmuseum West-Zeeuws-Vlaanderen – Visite du mardi au samedi de 13 h à 17 h ; également le dimanche de 13 h à 17 h de mi-mai à début octobre. Fermé le lundi et les jours fériés. 2 fl. 0,91 €. ☎ (0117) 30 12 00.

JOURE

🚩 Douwe Egberts Plein 6 - 8501 AB – ☎ (0513) 41 60 30 - fax : (0513) 41 52 82

Museum Joure – Visite tous les jours de 10 h (14 h le week-end) à 17 h de début mai à fin octobre ; et tous les jours (sauf le samedi) de 10 h (14 h le dimanche) à 17 h le reste de l'année. Fermé le 1er janvier, à Pâques, à la Pentecôte, le dernier jeudi de septembre et les 25 et 31 décembre. 4 fl. 1,82 €. ☎ (0513) 41 22 83. www.museumjoure.cybercomm.nl.

KAATSHEUVEL

🚩 Nieuwe Markt 1 - 5171 EJ – ☎ (0416) 27 77 19

De Efteling – ♿ Visite tous les jours de 10 h à 18 h de mi-avril à fin octobre ; tous les jours de 10 h à 21 h en juillet et août ; de 11 h à 20 h les 2e et 3e week-ends de décembre ; et tous les jours de 11 h à 20 h de Noël au 6 janvier. 39 fl. 17,7 €. ☎ (0416) 27 35 35. www.efteling.nl.

KAMPEN

🚩 Botermarkt 5 - 8261 GR – ☎ (038) 331 35 00 - fax : (038) 332 89 00 - www.kampen.nl/vvv

Kamper Tabaksmuseum – Visite sur rendez-vous, téléphoner au ☎ (038) 331 58 68.

Oude Raadhuis – Visite du lundi au jeudi de 11 h à 12 h et de 14 h à 16 h, et le vendredi de 10 h à 12 h ; également le samedi de 14 h à 17 h de début avril à fin septembre. Fermé le dimanche et les jours fériés. 1,50 fl. 0,68 €. ☎ (038) 331 73 61.

Nieuwe Toren – Visite le mercredi et le samedi de 14 h à 17 h de début mai à mi-septembre ; également le vendredi de 14 h à 17 h en juillet et août. Fermé les jours fériés. 1,50 fl. 0,68 €. ☎ (038) 339 29 99.

Stedelijk Museum – Visite du mardi au samedi de 11 h à 12 h 30 et de 13 h 30 à 17 h de début février à mi-juin et de mi-septembre à fin décembre ; et tous les jours (sauf le lundi) de 11 h (13 h le dimanche) à 17 h de mi-juin à mi-septembre. Fermé le lundi, à Pâques, à la Pentecôte et les 25, 26 et 31 décembre. 3 fl. 1,36 €. ☏ (038) 331 73 61.

St.-Nicolaaskerk ou Bovenkerk – Visite le lundi et le mardi de 13 h à 17 h, et du mercredi au vendredi de 10 h à 17 h de Pâques à début septembre ; et en semaine de 13 h à 16 h de mi-septembre aux vacances d'automne. ☏ (038) 331 36 08.

KERKRADE
🚹 Kapellaan 13a - 6461 EH - ☏ (045) 535 48 45 – fax (045) 535 51 91
– www.vvvzuidlimburg.nl

Industrion – ♿ Visite tous les jours (sauf le lundi) de 10 h à 17 h. Fermé le lundi, le 1er janvier, pendant le Carnaval et le 25 décembre. 8 fl. 3,63 €. ☏ (045) 567 08 09. www.industrion.nl.

Abdij Rolduc – Visite accompagnée ou non tous les jours de 10 h à 17 h. ☏ (045) 546 68 88. www.rolduc.com.

KEUKENHOF

Nationale Bloementoonstelling – ♿ Visite tous les jours de 8 h à 19 h 30 de fin mars à fin mai. Fermé le reste de l'année. 20 fl., 9,08 €. ☏ (0252) 46 55 55, www.keukenhof.nl.

Zomerhof – ♿ Visite tous les jours de 9 h à 18 h de début août à mi-septembre. 15,50 fl., 7,03 €. ☏ (0252) 46 55 55, www.keukenhof.nl.

Voir aussi CHAMPS DE FLEURS.

KINDERDIJK

Excursions en bateau – Départs tous les jours de 10 h à 17 h de début mai à fin septembre. Renseignements auprès de Rederij J.C. Vos & Zn. : ☏ (0180) 51 21 74.

Moulin – Visite tous les jours de 9 h 30 à 17 h 30 de début avril à fin septembre. Fermé le reste de l'année. 3,50 fl. 1,59 €. ☏ (078) 691 51 79. www.kinderdijk.net.

KOOG AAN DE ZAAN

Molenmuseum – Visite le lundi, le dimanche et les jours fériés de 13 h à 17 h, du mardi au vendredi de 11 h à 17 h et le samedi de 14 h à 17 h de début juin à fin septembre ; et du mardi au vendredi de 10 h à 12 h et de 13 h à 17 h, le samedi de 14 h à 17 h, et le dimanche et les jours fériés de 13 h à 17 h le reste de l'année. 4,50 fl. 2,04 €. ☏ (075) 628 89 68.

KORNWERDERZAND

Kazemattenmuseum Kornwerderzand – Visite le mercredi et le samedi de 10 h à 17 h de début mai à fin septembre ; également le dimanche de 13 h à 17 h en juillet et août. Fermé de début octobre à fin avril. 5 fl. 2,27 €. ☏ (0517) 57 94 53 ou ☏ (0515) 23 14 22 (VVV Makkum).

L

LAREN

Singer Museum – ♿ Visite tous les jours (sauf le lundi) de 11 h (12 h le dimanche et les jours fériés) à 17 h. Fermé le lundi et les 1er janvier, 30 avril et 25 décembre. ☏ (035) 531 56 56.

LAUWERSOOG

Expozee – Visite le mercredi et le week-end de 11 h à 17 h en avril, mai, septembre et octobre ; du mercredi au dimanche de 11 h à 17 h en juin ; du mercredi au dimanche de 10 h à 17 h en juillet et août. 6,50 fl. 2,95 €. ☏ (0519) 34 90 45.

LEEK
🚹 Tolberterstraat 39 - 9351 BC - ☏ (0594) 51 21 00 – fax (0594) 51 22 80

Nationaal Rijtuigmuseum – Visite tous les jours (sauf le lundi) de 10 h (13 h le dimanche) à 17 h de début mai à fin octobre. Fermé le lundi, les jours fériés et de début novembre à fin avril. 7,50 fl. 3,4 €. ☏ (0594) 51 22 60. www.rijtuigmuseum.nl.

LEERDAM
🚹 Kerkstraat 18 - 4141 AW - ☏ (0345) 61 30 57 – fax (0345) 63 11 51

Nationaal Glasmuseum – Visite tous les jours (sauf le lundi) de 10 h (13 h le week-end et les jours fériés) à 17 h. Fermé le lundi et les 1er janvier et 25 décembre. 6 fl. 2,72 €. ☏ (0345) 61 27 14.

Leersumse Plassen – Visite du lever au coucher du soleil de mi-juillet à mi-mars. Fermé le reste de l'année. ☎ (030) 602 86 61.

Fries Museum/Verzetsmuseum – ♿ Visite tous les jours (sauf le lundi) de 11 h à 17 h. Fermé le lundi et les 1er janvier et 25 décembre. 7,50 fl. 3,4 €. ☎ (058) 212 30 01. www.friesmuseum.nl et www.verzetsmuseum.nl.

Grote of Jacobijnerkerk – Visite du mardi au vendredi de 14 h à 16 h 30 de début juin à fin août. ☎ (058) 212 83 13.

Fries Natuurmuseum – ♿ Visite tous les jours (sauf le lundi) de 10 h (13 h le dimanche et les jours fériés) à 17 h. Fermé le lundi et les 1er janvier et 25 décembre. 6 fl. 2,72 €. ☎ (058) 212 90 85.

Museum Het Princessehof, Nederlands Keramiekmuseum – Visite tous les jours (sauf le lundi) de 11 h à 17 h. Fermé le lundi et les 1er janvier et 25 décembre. 7,50 fl. 3,4 €. ☎ (058) 212 74 38.

Oldehove – Visite du mardi au samedi de 14 h à 17 h de début mai à fin septembre. 2,50 fl. 1,13 €. ☎ (0900) 202 40 60 (VVV).

Pier Pander Museum – Visite du mardi au samedi de 14 h à 17 h. Fermé le lundi, le dimanche et les jours fériés. Entrée gratuite. ☎ (058) 212 74 38.

Otterpark Aqualutra – Visite tous les jours de 9 h 30 à 17 h 30 de début avril à fin octobre ; et tous les jours de 10 h 30 à 16 h 30 le reste de l'année. 12,50 fl. 5,67 €. ☎ (0511) 43 12 14. www.aqualutra.nl.

Rijksmuseum voor Volkenkunde – ♿ Visite tous les jours (sauf le lundi) de 10 h (12 h le week-end et les jours fériés) à 17 h. Fermé le lundi, les 1er janvier, 3 octobre et 25 décembre. 13,20 fl. 6 €. ☎ (071) 516 31 63. www.rmv.nl.

Molenmuseum De Valk – Visite tous les jours (sauf le lundi) de 10 h (13 h le dimanche et les jours fériés) à 17 h. Fermé le lundi et les 1er janvier, 3 octobre et 25 décembre. 5 fl. 2,27 €. ☎ (071) 516 53 53.

Stedelijk Museum De Lakenhal – ♿ Visite tous les jours (sauf le lundi) de 10 h (12 h le week-end et les jours fériés) à 17 h. Fermé le lundi et les 1er janvier et 25 décembre. 8 fl. 3,63 €. ☎ (071) 516 53 60. www.lakenhal.demon.nl.

Rijksmuseum van Oudheden – ♿ Visite tous les jours de 10 h à 18 h. Fermé les 1er janvier et 25 décembre. 7 fl. 3,18 €. ☎ (071) 516 31 63. www.rmo.nl.

Koninklijk Penningkabinet – Visite tous les jours (sauf le lundi) de 10 h (12 h le week-end et les jours fériés) à 17 h. Fermé le lundi et les 1er janvier, 3 octobre et 25 décembre. 7 fl. 3,18 €. ☎ (071) 516 09 99. www.penningkabinet.nl.

Academisch Historisch Museum – Visite du mercredi au vendredi de 13 h à 17 h. Fermé pendant les vacances d'été. Entrée gratuite. ☎ (071) 527 72 42.

Hortus Botanicus – Visite tous les jours de 10 h à 18 h en été ; tous les jours (sauf le samedi)

« Uilenbord » d'une ferme frisonne

Morand-Grahame/HOA QUI

391

de 10 h à 16 h en hiver. Fermé le samedi de début octobre à fin mars et les 8 février, 3 octobre et du 25 décembre au 2 janvier. 8 fl. 3,63 €. ☏ (071) 527 72 49. www.hortus.leidenuniv.nl.

Pieterskerk – Visite tous les jours de 13 h 30 à 16 h. Fermé pendant les manifestations. ☏ (071) 512 43 19. www.pieterskerk.com.

Leiden American Pilgrim Museum – Visite du mercredi au vendredi de 13 h à 17 h et le samedi de 10 h à 17 h. Fermé le reste de la semaine. ☏ (071) 512 24 13.

Museum Boerhaave – Visite tous les jours (sauf le lundi) de 10 h (12 h le dimanche et les jours fériés) à 17 h. Fermé le lundi et les 1er janvier et 3 octobre. 7,50 fl. 3,4 €. ☏ (071) 521 42 24. www.museumboerhaave.nl.

Modelbouwmuseum – Visite tous les jours (sauf le lundi) de 10 h (12 h le dimanche) à 17 h. Fermé le lundi et les 1er janvier, 25 et 26 décembre. 7,50 fl. 3,4 €. ☏ (071) 521 45 67. www.mostware.com/modelbouwmuseum.

Naturalis – Visite tous les jours (sauf le lundi) de 10 h à 18 h ; et tous les jours de 10 h à 18 h les jours fériés et pendant les vacances scolaires. Fermé le lundi en dehors des vacances scolaires, les 1er janvier et 25 décembre. 12,50 fl. 5,67 €. ☏ (071) 568 76 00. www.naturalis.nl.

🛈 Stationsplein 186 - 8232 VT - ☏ (0320) 24 34 44 - fax : (0320) 28 02 18

Nieuw Land Poldermuseum – Visite tous les jours de 10 h (11 h 30 le week-end et les jours fériés) à 17 h. Fermé les 1er janvier et 25 décembre. 8,50 fl. 3,86 €. ☏ (0320) 26 07 99. waterland.net/nieuwland.

Batavia-werf – Nationaal Scheepshistorisch Centrum – Visite tous les jours de 10 h à 17 h (20 h en juillet et août). Fermé les 1er janvier et 25 décembre. 17,50 fl. 7,94 €. ☏ (0320) 26 14 09. www.bataviawerf.nl.

Nederlands Sportmuseum – Visite tous les jours (sauf le lundi) de 10 h (11 h le week-end et les jours fériés) à 17 h. Fermé le lundi et les 1er janvier et 25 décembre. 5 fl. 2,27 €. ☏ (0320) 28 00 00.

Zepp/allon ⏱ – Visite tous les jours (sauf le lundi) de 10 h à 17 h. Fermé le lundi et les 1er janvier, 25 et 31 décembre. 12,50 fl. 5,67 €. ☏ (0320) 24 77 50. www.airship-plaza.com.

Vliegend Museum Lelystad ⏱ – Visite le week-end de 11 h à 17 h de début avril à fin septembre. 4 fl. 1,82 €. ☏ (0320) 28 86 99. www.solcon.nl/vml.

Uiverdome ⏱ – Visite tous les jours de 10 h à 17 en juillet et août ; et du mercredi au dimanche de 10 h à 17 h en septembre et octobre. Fermé le reste de l'année. 10 fl. 4,54 €. ☏ (0320) 28 41 63. www.aviodome.nl.

🛈 Grachtweg 53 - 2161 HM - ☏ (0252) 41 42 62 - fax (0252) 41 86 39

Museum de Zwarte Tulp – ♿ Visite tous les jours (sauf le lundi) de 13 h à 17 h. Fermé le lundi et les 1er janvier, 25, 26 et 31 décembre. 4 fl. 1,82 €. ☏ (0252) 41 79 00.

Slot – Visite tous les jours de 10 h (11 h le week-end, les jours fériés et le lundi) à 17 h 30 de début avril à fin octobre ; et uniquement le week-end de 11 h à 17 h 30 le reste de l'année. Fermé les 1er janvier, 25, 26 et 31 décembre. 9,50 fl. 4,31 €. ☏ (0183) 44 71 71. www.slotloevestein.nl.

Palais et jardins – ♿ Visite tous les jours (sauf le lundi) de 10 h à 17 h. Fermé le lundi et le 1er janvier. 15 fl. 6,81 €. ☏ (055) 577 24 00. www.hetloo.nl.

Concerts – À 20 h 15 le dernier vendredi du mois. Réservations : ☏ (055) 577 24 48.

M

🛈 Kleine Staat 1 - 6211 ED - ☏ (043) 325 21 21 - fax (043) 321 37 46
- www.vvvmaastricht.nl

Museum Spaans Gouvernement – Visite obligatoirement accompagnée (1 h) du mercredi au dimanche de 13 h à 17 h. Fermé le lundi, le mardi et les jours fériés. 5 fl. 2,27 €. ☏ (043) 321 13 27.

St.-Servaasbasiliek – Accès par Vrijthof. Visite tous les jours de 10 h à 17 h (18 h en juillet et août). Fermé le 1er janvier, pendant le Carnaval et le 25 décembre. 4 fl. 1,82 €. ☏ (043) 321 04 90.

Natuurhistorisch Museum – Visite tous les jours de 10 h (14 h le week-end et les jours fériés) à 17 h. Fermé le 1er janvier, pendant le Carnaval, le Vendredi saint, à Pâques, à l'Ascension, à la Pentecôte et le 25 décembre. 6 fl. 2,72 €. ☎ (043) 350 54 90. www.nhmmaastricht.nl.

Onze-Lieve-Vrouwebasiliek – Visite tous les jours de 8 h à 17 h. ☎ (043) 325 18 51.

Trésor – Visite tous les jours de 11 h (13 h le dimanche) à 17 h de Pâques aux vacances d'automne. 3,50 fl. 1,59 €. ☎ (043) 325 18 51.

Bonnefantenmuseum – Visite tous les jours (sauf le lundi) de 11 h à 17 h. Fermé le lundi, le 1er janvier, pendant le Carnaval et le 25 décembre. 12,50 fl. 5,67 €. ☎ (043) 329 01 90. www.bonnefanten.nl.

Casemates – Visite obligatoirement accompagnée (1 h) le dimanche à 14 h de début novembre à fin avril ; le week-end à 14 h en mai, juin, septembre et octobre ; tous les jours à 12 h 30 et 14 h en juillet et août ; et tous les jours à 14 h pendant les vacances scolaires. 6 fl. 2,72 €. ☎ (043) 325 21 21 (VVV).

Fort St.-Pieter – Visite obligatoirement accompagnée (1 h) le dimanche à 15 h 30 de début juin à fin octobre ; et tous les jours à 15 h 30 en juillet et août et pendant les vacances scolaires. 6 fl. 2,72 €. ☎ (043) 325 21 21 (VVV).

Grotten Noord – Visite obligatoirement accompagnée (1 h) le mercredi et le vendredi à 14 h et le week-end à 12 h 30 et 14 h de début janvier à mi-mars ; le mercredi, vendredi et le week-end à 12 h 30 et 14 h de mi-mars à fin avril et en novembre et décembre ; tous les jours à 12 h 30, 14 h et 15 h 30 de fin avril à fin juin et en septembre et octobre ; tous les jours de 10 h 45 à 15 h 45 en juillet et août ; et tous les jours à 12 h 30 et 14 h pendant les vacances scolaires. 6 fl. 2,72 €. ☎ (043) 325 21 21 (VVV).

Grotten Zonneberg – Visite obligatoirement accompagnée (1 h) tous les jours à 12 h 45 (sauf le dimanche), 13 h 45 et 14 h 45 en avril ; tous les jours de 10 h 45 (13 h 45 le dimanche) à 15 h 45 (départ toutes les heures) de début mai à mi-septembre ; tous les jours à 13 h 45 (14 h 45 le dimanche) pendant les vacances d'automne ; et uniquement le week-end à 14 h 45 de début novembre à mi-décembre. 6 fl. 2,72 €. ☎ (043) 325 21 21 (VVV).

MAKKUM
🛈 Pruikmakershoek 2 – 8754 ET – ☎ (0515) 23 14 22 - fax : (0515) 23 29 20 - www.friesland-vvv.net

Fries Aardewerkmuseum « De Waag » – Visite en semaine de 10 h à 12 h et de 13 h à 16 h de début novembre à fin avril ; tous les jours de 10 h à 16 h (13 h 30 à 17 h le dimanche et les jours fériés) en mai ; tous les jours de 10 h (13 h 30 le dimanche et les jours fériés) à 17 h en juin et septembre ; tous les jours de 10 h à 17 h 30 (13 h 30 à 17 h le dimanche et les jours fériés) en juillet et août ; et tous les jours (sauf le dimanche) de 10 h à 12 h et de 13 h à 16 h en octobre. Fermé les 1er janvier, 25 et 26 décembre. 3 fl. 1,36 €. ☎ (0515) 23 14 22.

Koninklijke Tichelaar – Visite en semaine de 9 h à 17 h 30 et le samedi de 10 h à 17 h. Visite accompagnée chaque jour ouvré à 11 h, 13 h 30 et 15 h. Fermé le dimanche et les 1er janvier, 25 et 26 décembre. 4 fl. 1,82 €. ☎ (0515) 23 13 41. www.tichelaar.nl.

MARKEN

Marker Museum – ♿ Visite tous les jours de 10 h à 17 h (12 h à 16 h le dimanche) de Pâques à fin octobre. Fermé le reste de l'année. 4 fl. 1,82 €. ☎ (0299) 60 19 04.

MARSSUM

Poptaslot – Visite obligatoirement accompagnée (1 h) en semaine à 14 h en avril, mai, septembre et octobre ; en semaine à 11 h, 14 h et 15 h en juin ; et tous les jours (sauf le dimanche) de 11 h à 16 h en juillet et août. Fermé le dimanche, les jours fériés et de début novembre à fin mars. 6 fl. 2,72 €. ☎ (058) 254 12 31.

MEDEMBLIK
🛈 Dam 2 – 1671 AW – ☎/fax (0227) 54 28 52

Bakkerijmuseum – Visite tous les jours (sauf le lundi hors vacances scolaires) de 12 h à 17 h de début avril à fin octobre; et uniquement le week-end de 12 h à 17 h de mi-février à fin mars et en novembre et décembre. 5 fl. 2,27 €. ☎ (0227) 54 50 14.

Kasteel Radboud – Visite tous les jours de 10 h à 17 h de mi-mai à mi-septembre ; et le dimanche, les jours fériés et pendant les vacances scolaires de 14 h à 17 h le reste de l'année. Fermé les 1er janvier et 25 décembre. 5 fl. 2,27 €. ☎ (0227) 54 19 60.

Nederlands Stoommachinemuseum – Visite tous les jours (sauf le lundi) de 10 h à 17 h de début avril à fin octobre. Le week-end, les machines sont mises en marche. Fermé le lundi et de début novembre à fin mars. 8 fl. 3,63 €. ☎ (0227) 54 47 32. www.stoommachinemuseum.nl.

Stadhuis – Visite obligatoirement accompagnée tous les jours de 11 h (12 h le dimanche) à 17 h de début avril à fin octobre ; uniquement le week-end à 13 h 30 et 14 h 45 le reste de l'année. 6 fl. 2,72 €. ☎ (0118) 65 99 00.

Vleeshal – Visite tous les jours (sauf le lundi) de 13 h à 17 h. ☎ (0118) 67 55 23. www.vleeshal.nl.

Zeeuws Museum – Visite tous les jours de 11 h (12 h le dimanche) à 17 h. Fermé les 1er janvier et 25 décembre. 10 fl. 4,54 €. ☎ (0118) 62 66 55. www.zeeuwsmuseum.nl.

Historama Abdij Middelburg – Visite tous les jours de 11 h (12 h le dimanche) à 17 h de début avril à fin octobre. Fermé le reste de l'année. 6 fl. 2,72 €. (billet combiné avec Lange Jan). ☎ (0118) 62 66 55 (Zeeuws Museum).

Églises abbatiales – Visite du lundi au vendredi de 10 h à 17 h de début mai à fin septembre. ☎ (0118) 62 66 55 (Zeeuws Museum).

Lange Jan – Visite tous les jours de 11 h (12 h le dimanche) à 17 h de début avril à fin octobre. Fermé le reste de l'année. 6 fl. 2,72 P (billet combiné avec Historama). ☎ (0118) 62 66 55 (Zeeuws Museum).

Miniatuur Walcheren – ♿ Visite tous les jours de 10 h (9 h en juillet et août) à 18 h de début avril à fin octobre. Fermé le reste de l'année. 12,50 fl. 5,67 €. ☎ (0118) 61 25 25.

Museum Betje Wolff – Visite le vendredi de 11 h à 17 h et le week-end de 14 h à 17 h de début mai à fin septembre ; et le dimanche de 14 h à 17 h le reste de l'année. 4 fl. 1,82 €. ☎ (0229) 68 19 68.

Museum De Speeltoren – Visite tous les jours (sauf le lundi) de 11 h (14 h le dimanche) à 17 h de début juin à mi-septembre ; le samedi de 11 h à 17 h et le dimanche de 14 h à 17 h de mi-avril à fin mai. 2,50 fl. 1,13 €. ☎ (0299) 65 22 03. www.ayllas.demon.nl.

Muiderslot – Visite obligatoirement accompagnée (50 mn) tous les jours de 10 h (13 h le week-end et les jours fériés) à 17 h de début avril à fin octobre ; et uniquement le week-end de 13 h à 16 h le reste de l'année. Fermé les 1er janvier et 25 décembre. 10 fl. 4,54 €. ☎ (0294) 26 13 25. www.muiderslot.nl.

N

Vente aux enchères – Visite en semaine (sauf le jeudi) de 8 h à 10 h. Fermé le jeudi, le week-end et les jours fériés. 6 fl. 2,72 €. ☎ (0174) 63 21 58. www.bvh.nl.

Stadhuis – Visite tous les jours (sauf le dimanche et les jours fériés) de 13 h 30 à 16 h 30 de début avril à fin septembre. ☎ (035) 695 78 11.

Grote Kerk – Mêmes conditions de visite que pour le Comenius Museum. ☎ (035) 694 98 73.

Comenius Museum – Visite tous les jours (sauf le lundi) de 10 h (12 h le dimanche et les jours fériés) à 17 h de début avril à fin octobre ; et tous les jours (sauf le lundi) de 13 h à 16 h le reste de l'année. Fermé le lundi et les 1er janvier, 25 et 31 décembre. 4,50 fl. 2,04 €. ☎ (035) 694 30 45.

Nederlands Vestingmuseum – ♿ Visite tous les jours (sauf le lundi) de 10 h 30 (12 h le week-end et les jours fériés) à 17 h de début mars à mi-juin, en septembre et octobre ; tous les jours de 10 h 30 (12 h le week-end) à 17 h de mi-juin à fin août ; uniquement le dimanche de 12 h à 17 h de début novembre à fin février ; tous les jours (sauf le lundi) de 10 h 30 (12 h le week-end et les jours fériés) à 17 h pendant les vacances de Noël. Fermé les 1er janvier, 25 et 31 décembre. 10 fl. 4,54 €. ☎ (035) 694 54 59. www.vestingmuseum.nl.

🏛 Oud-Loosdrechtsedijk 198 - 1231 NG - ☎ (035) 582 39 58
- fax (035) 582 72 04 - www.vvv-loosdrecht.nl

Kasteel-Museum Sypesteyn – Visite obligatoirement accompagnée (1 h) le week-end et les jours fériés de 12 h à 17 h en avril et octobre ; et tous les jours (sauf le lundi) de 10 h (12 h le week-end et les jours fériés) à 17 h de début mai à fin septembre. Fermé le lundi et de début novembre à fin mars. 10 fl. 4,54 €. ☎ (035) 582 32 08. www.sypesteyn.nl.

🏛 Keizer Karelplein 2 - 6511 NC - ☎ (0900) 112 23 44 - fax (024) 329 78 79
- www.vvvnijmegen.nl

Promenades en bateau – Uniquement en juillet et août, s'adresser à Rederij Tonissen, ☎ (024) 323 32 85.

St.-Stevenskerk – *Visite du mardi au samedi de 12 h à 18 h de mi-juin à fin août. Fermé le reste de l'année. 1 fl. 0,45 €. ☎ (024) 329 26 07.*

Museum Brouwerij De Hemel – Visite tous les jours (sauf le lundi) de 12 h à 20 h, visite accompagnée à 14 h et 16 h. Fermé le lundi. Entrée gratuite, visite accompagnée 9 fl., 4,08 €. ☎ (024) 360 61 67.

Stadhuis – Visite obligatoirement accompagnée (du lundi au samedi), prendre rendez-vous deux semaines à l'avance. ☎ (024) 329 23 72.

Museum Het Valkhof – Visite tous les jours (sauf le lundi) de 10 h (12 h le week-end et les jours fériés) à 17 h. Fermé le lundi et le 25 décembre. 7,50 fl. 3,4 €. ☎ (024) 360 88 05. www.museumhetvalkhof.nl.

Nationaal Fietsmuseum Velorama – Visite tous les jours de 10 h (11 h le dimanche et les jours fériés) à 17 h. Fermé les 1er janvier et 25 décembre. 10 fl. 4,54 €. ☎ (024) 322 58 51. www.velorama.nl.

Museum De Stratemakerstoren – Visite tous les jours (sauf le lundi) de 10 h (13 h le week-end) à 17 h. Fermé le lundi. 6 fl. 2,72 €. ☎ (024) 323 86 90.

Natuurmuseum Nijmegen – Visite tous les jours (sauf le samedi) de 10 h (13 h le dimanche) à 17 h. Fermé le samedi, le 1er janvier, à Pâques, le 30 avril, le vendredi pendant le « Vierdaagse » et le 25 décembre. 4 fl. 1,82 €. ☎ (024) 329 70 70.

🏛 De Grent 8 - 2202 EK - ☎ (071) 361 93 21
- fax (071) 361 69 45 - vvvnoordwijk.nl

Noordwijk Space Expo – Visite tous les jours (sauf le lundi) de 10 h à 17 h ; également le lundi de 10 h à 17 h pendant les vacances scolaires. Fermé le lundi hors vacances scolaires et les 1er janvier et 25 décembre. 15 fl. 6,81 €. ☎ (071) 364 64 46. www.12move.nl/space.

Van Gogh Documentatiecentrum – Visite en semaine de 9 h à 12 h et de 14 h à 16 h. Fermé le week-end et les jours fériés. 1 fl. 0,45 €. ☎ (040) 263 16 68.

◯

🏛 St.-Plechelmusplein 5 - 7571 EG - ☎ (0541) 51 40 23
- fax (0541) 51 75 42 - www.vvv-anwboldenzaal.nl ou vvv.twente.nl

St.-Plechelmusbasiliek – Visite le mardi et le jeudi de 14 h à 15 h et le mercredi de 14 h à 16 h de début juin à fin août ; et le mercredi de 14 h à 16 h en septembre. ☎ (0541) 51 40 23 (VVV).

Het Palthe Huis – Visite du mardi au vendredi de 10 h à 12 h 30 et de 13 h 30 à 17 h, et le week-end de 14 h à 17 h. Fermé le lundi, à Pâques, à l'Ascension, à la Pentecôte et le 25 décembre. 5 fl. 2,27 €. ☎ (0541) 51 34 82.

🏛 Utrechtseweg 117 - 6862 AE - ☎ (026) 333 31 00
- fax : (026) 334 13 44

Airborne Museum – Visite tous les jours de 10 h (12 h le week-end) à 17 h de début avril à fin octobre ; et tous les jours de 11 h (12 h le week-end) à 17 h le reste de l'année. Fermé les 1er janvier et 25 décembre. 7,50 fl. 3,4 €. ☎ (026) 333 77 10. www.airbornemuseum.com.

☎ Markt 1 - 7631 BW - ☎ (0541) 29 21 83 - fax (0541) 29 18 84
- vvv.twente.nl

Onderwijsmuseum Educatorium – Visite tous les jours de 10 h (14 h du samedi au lundi) à 17 h de début février à fin décembre. Fermé en janvier, à Pâques et le 25 décembre. 5 fl. 2,27 €. ☎ (0541) 29 31 29. www.educatorium.nl.

Openluchtmuseum Los Hoes – Visite tous les jours de 10 h (12 h le lundi) à 17 h de début février à fin décembre. Fermé en janvier. 5 fl. 2,27 €. ☎ (0541) 29 30 99.

Museumdorp – ♿ Visite tous les jours de 10 h à 17 h de début avril à fin octobre. Fermé le reste de l'année. 12,50 fl. 5,67 €. ☎ (0593) 32 23 35.

☎ Arnhemseweg 14 - 6731 BS - ☎ (0318) 59 12 54

Nederlands Tegelmuseum – ♿ Visite tous les jours (sauf le lundi) de 10 h à 12 h 30 et de 13 h à 17 h (uniquement de 13 h à 17 h le week-end et les jours fériés). Fermé le lundi et les 1er janvier et 25 décembre. 6 fl. 2,72 €. ☎ (0318) 59 15 19.

Nederlands Zouavenmuseum – Visite le mardi, le jeudi et les 1er et 3e dimanches du mois de 14 h à 17 h de début mai à fin septembre ; le mardi et le 1er dimanche du mois de 14 h à 17 h le reste de l'année. Fermé les jours fériés. 2,50 fl. 1,13 €. ☎ (0165) 31 34 48.

☎ Kapellestraat 2 - 3421 CV - ☎ (0348) 56 46 36 - fax (0348) 56 53 72
- www.vvvgroenehart.nl

Heksenwaag – Visite tous les jours (sauf le lundi) de 10 h (12 h le dimanche et les jours fériés) à 17 h de début avril à fin octobre. Fermé le lundi et de début novembre à fin mars. 3 fl. 1,36 €. ☎ (0348) 56 34 00. www.heksenwaag.nl.

Slot Zuylen – Visite obligatoirement accompagnée (1 h) le samedi de 14 h à 16 h et le dimanche de 13 h à 16 h de mi-mars à mi-mai et de mi-septembre à mi-novembre ; du mardi au jeudi de 11 h à 16 h, le samedi de 14 h à 16 h, et le dimanche de 13 h à 16 h de mi-mai à mi-septembre. 8,50 fl. 3,86 €. ☎ (030) 244 02 55. www.slotzuylen.com.

Nationaal Oorlogs- en Verzetsmuseum – ♿ Visite tous les jours de 9 h 30 à 18 h de début juin à fin août ; et tous les jours de 10 h à 17 h le reste de l'année. Fermé les 1er janvier, 24, 25 et 31 décembre. 12,50 fl. 5,67 €. ☎ (0478) 64 18 20. www.oorlogsmuseum-overloon.nl.

Bezoekerscentrum Nationaal Park Zuid-Kennemerland – Visite tous les jours (sauf le lundi) de 10 h à 17 h. Fermé le lundi, le 1er janvier, à Pâques, à la Pentecôte et le 25 décembre. Entrée gratuite. ☎ (023) 541 11 23.

R

Nationaal Automobielmuseum – Visite tous les jours (sauf le lundi) de 10 h (11 h le dimanche et les jours fériés) à 17 h de Pâques à fin octobre. Fermé le lundi et de début novembre à Pâques. 16 fl. 7,26 €. ☎ (0162) 58 54 00.

☎ Markt 20 - 3911 LJ - ☎ (0317) 61 23 33 - fax (0317) 61 34 10

Ouwehands Dierenpark – ♿ Visite tous les jours de 9 h à 18 h de début avril à fin septembre ; et tous les jours de 9 h à 17 h le reste de l'année. 22 fl. 9,98 €. ☎ (0317) 65 02 00. www.ouwehand.nl.

Cunerakerk – Renseignements au ☎ (0317) 61 23 33 (VVV).

Onze Lieve Vrouwe Munsterkerk – Visite tous les jours de 14 h à 17 h de début avril à fin octobre. ☎ (0900) 202 55 88 (VVV).

Kathedrale Kerk – Visite tous les jours de 14 h à 17 h de début avril à fin octobre. ☎ (0900) 202 55 88 (VVV).

Streekmuseum De Ghulden Roos – Visite tous les jours (sauf le lundi) de 14 h à 17 h. Fermé le lundi, le 1er janvier, pendant le Carnaval, à Pâques, à la Pentecôte et le 25 décembre. 3,50 fl. 1,59 €. ☎ (0165) 53 69 16.

Autotron Rosmalen – ♿ Visite le week-end de 10 h à 17 h du 6 janvier à début avril ; tous les jours de 10 h à 17 h de Pâques à fin août ; du jeudi au dimanche de 10 h à 17 h en septembre ; uniquement le week-end de 10 h à 17 h de début novembre à mi-décembre ; tous les jours de 10 h à 17 h de Noël au 6 janvier ; et tous les jours de 10 h à 17 h pendant les vacances de Carnaval et d'automne. Fermé en octobre. 17,50 fl. 7,94 €. ☎ (073) 523 33 00. www.autotron.nl.

Grote of St.-Laurenskerk – Visite du mardi au samedi de 10 h à 16 h en été ; le jeudi de 12 h à 14 h le jeudi en hiver. Fermé le lundi et le dimanche ☎ (010) 413 19 89.

Historisch Museum Het Schielandshuis – Visite tous les jours (sauf le lundi) de 10 h (11 h le week-end et les jours fériés) à 17 h. Fermé le lundi, les 1er janvier, 30 avril et 25 décembre. 6 fl. 2,72 €. ☎ (010) 217 67 67, www.hmr.rotterdam.nl.

City Informatiecentrum – Visite du lundi au vendredi de 10 h à 18 h et le samedi de 11 h à 17 h. Fermé le dimanche et les jours fériés. Entrée gratuite. ☎ (010) 413 40 11, www.cic.rotterdam.nl.

Witte de With – Visite tous les jours (sauf le lundi) de 11 h à 18 h. Fermé le lundi, le 1er janvier, à Pâques, à la Pentecôte et les 30 avril et 25 décembre. 5 fl. 2,27 €. ☎ (010) 411 01 44, www.wdw.nl.

Nederlands Foto Instituut – Visite tous les jours (sauf le lundi) de 11 h à 17 h. Fermé le lundi, les 1er janvier, 30 avril et 25 décembre. 5 fl. 2,27 €. ☎ (010) 213 20 11, www.nfi.nl.

Museum Boijmans Van Beuningen – Visite tous les jours (sauf le lundi) de 10 h (11 h le dimanche et les jours fériés) à 17 h. Fermé le lundi, les 1er janvier, 30 avril et 25 décembre. 12,50 fl. 5,67 €. Partiellement fermé pour cause de travaux jusqu'à fin 2002. Renseignements : ☎ (010) 441 94 00, www.boijmans.rotterdam.nl.

Nederlands Architectuurinstituut (NAi) – Visite le mardi de 10 h à 21 h, du mercredi au samedi de 10 h à 17 h, le dimanche et les jours fériés de 11 h à 17 h. Fermé le lundi, le 1er janvier, 30 avril et 25 décembre. 8,82 fl., 4 €. ☎ (010) 440 12 00, www.nai.nl.

Chabotmuseum – Visite du mardi au vendredi de 11 h à 16 h 30, le samedi de 11 h à 17 h et le dimanche de 12 h à 17 h. Fermé le lundi et les jours fériés. 6,50 fl. 2,95 €. ☎ (010) 436 37 13, www.chabotmuseum.nl.

Kunsthal – Visite tous les jours (sauf le lundi) de 10 h (11 h le dimanche et les jours fériés) à 17 h. Fermé le lundi et les 1er janvier, 30 avril et 25 décembre. 15 fl. 6,81 €. ☎ (010) 440 03 00, www.kunsthal.nl.

Natuurmuseum – Visite tous les jours (sauf le lundi) de 10 h (11 h le dimanche et les jours fériés) à 17 h. Fermé le lundi et les 1er janvier, 30 avril et 25 décembre. 5 fl. 2,27 €. ☎ (010) 436 42 22, www.nmr.nl.

Maritiem Museum Rotterdam – ♿ Visite du mardi au samedi de 10 h à 17 h (ainsi que le lundi en juillet et août), et le dimanche et les jours fériés de 11 h à 17 h. Fermé le lundi (sauf en juillet et août) et les 1er janvier, 30 avril et 25 décembre. 7,50 fl. 3,4 €. ☎ (010) 413 26 80, www.mmph.nl.

Maritiem Buitenmuseum – Visite du lundi au vendredi de 10 h à 16 h 30 et le week-end de 11 h à 16 h 30. Fermé les 1er janvier, 30 avril et 25 décembre. Entrée gratuite. ☎ (010) 404 80 72, www.buitenmuseum.nl.

Kijk-kubus – Visite tous les jours de 11 h à 17 h de début mars à fin décembre ; et du vendredi au dimanche de 11 h à 17 h en janvier et février. 3,50 fl. 1,59 €. ☎ (010) 414 22 85.

Mariniersmuseum – Visite du mardi au samedi de 10 h à 17 h, le dimanche et les jours fériés de 11 h à 17 h. Fermé le lundi, le 1er janvier, à Pâques, à la Pentecôte, les 30 avril et 25 décembre. 6 fl., 2,72 €. ☎ (010) 412 96 00.

Zakkendragershuisje – Visite tous les jours (sauf le lundi) de 10 h (13 h le dimanche et les jours fériés) à 17 h. Fermé le lundi et les 1er janvier, 30 avril et 25 décembre. Entrée gratuite. ☎ (010) 477 26 64, www.hmr.rotterdam.nl.

Museum De Dubbelde Palmboom – Visite tous les jours (sauf le lundi) de 10 h (11 h le dimanche et les jours fériés) à 17 h. Fermé le lundi et les 1er janvier, 30 avril et 25 décembre. 6 fl. 2,72 €. ☎ (010) 476 15 33, www.hmr.rotterdam.nl.

Informatiecentrum Kop van Zuid – Visite du lundi au vendredi de 10 h à 17 h et le samedi de 12 h à 17 h. Fermé le dimanche et les jours fériés. Entrée gratuite. ☎ (010) 213 01 01, www.kopvanzuid.rotterdam.nl.

Euromast – Visite tous les jours de 10 h à 19 h de début avril à fin septembre ; en juillet et août le lundi et le dimanche de 10 h à 19 h et du mardi au samedi de 10 h à 22 h 30 en juillet et août ; et tous les jours de 10 h à 17 h le reste de l'année. 15 fl. 7,03 €. ☎ (010) 436 48 11, www.euromast.nl.

Wereldmuseum – & Visite tous les jours (sauf le lundi) de 10 h à 17 h. Fermé le lundi, les 1er janvier, 30 avril et 25 décembre. 12,50 fl., 6 €. ☎ (010) 270 71 72, www.wereldmuseum.rotterdam.nl.

Belasting & Douane Museum – & Visite du mardi au dimanche de 11 h à 17 h. Fermé le lundi, le 1er janvier, à Pâques, le 30 avril, à la Pentecôte et le 25 décembre. Entrée gratuite. ☎ (010) 436 56 29.

Nationaal Schoolmuseum – Visite du mardi au samedi de 10 h à 17 h et le dimanche de 13 h à 17 h. Fermé le lundi et les jours fériés. 3,50 fl., 1,59 €. ☎ (010) 404 54 25, www.schoolmuseum.nl.

Diergaarde Blijdorp – & Visite tous les jours de 9 h à 18 h (17 h en hiver). 28,50 fl. 12,93 €. ☎ (010) 443 14 95, www.diergaardeblijdorp.nl.

Arboretum Trompenburg – & Visite du lundi au vendredi de 9 h à 17 h et le week-end de 10 h à 16 h de début avril à fin octobre, du lundi au vendredi de 9 h à 17 h et le samedi de 10 h à 16 h le reste de l'année. Fermé les 1er janvier et 25 décembre et à Pâques. 5 fl., 2,27 €. ☎ (010) 233 01 66, www.trompenburg.nl.

Petite excursion en bateau – Le port (1 h 1/4). Départs tous les jours de 9 h à 17 h en avril et mai, tous les jours de 9 h 30 à 17 h de juin à septembre ; tous les jours de 11 h à 15 h 30 en mars et octobre ; et tous les jours de 11 h à 14 h de novembre à février (les week-ends également à 15 h 30). 16,50 fl. 7,49 €. ☎ (010) 275 99 88, www.spido.nl.

Grande excursion en bateau – Le port (2 h 1/4). Départs le jeudi, vendredi et samedi à 11 h et à 14 h en juillet et août. 26,50 fl., 12,03 €. ☎ (010) 275 99 88, www.spido.nl..

Visite en bateau (Europoort) – Départs le mardi à 10 h 30 (retour vers 17 h) en juillet et août. 72,50 fl. 32,9 €. ☎ (010) 275 99 88, www.spido.nl.

ROZENDAAL

Kasteel Rosendael – Visite obligatoirement accompagnée tous les jours (sauf le lundi, à l'exception des lundis de Pâques et de la Pentecôte) de 10 h (13 h le dimanche) à 17 h (de 11 h à 17 pour le parc) de mi-avril à fin octobre. Fermé le lundi, le 30 avril et de début novembre à mi-avril. 8 fl. 3,63 € (12 fl. avec le parc ; 5,45 €). ☎ (026) 364 46 45. www.hgl-vgk.nl.

S

SCHEVENINGEN

🖪 G. Deynootweg 1134 - 2586 BX - ☎ (0900) 340 35 05 – fax (070) 352 04 26 – www.denhaag.com

Museum Beelden aan Zee – & Visite tous les jours (sauf le lundi) de 11 h à 17 h. Fermé le lundi et les 1er janvier, 25 et 26 décembre. 7,50 fl. 3,4 €. ☎ (070) 358 58 57. www.beeldenaanzee.nl.

Sea Life Scheveningen – Visite tous les jours de 10 h à 18 h (20 h en juillet et août). Fermé le 25 décembre. 15,50 fl. 7,03 €. ☎ (070) 355 87 81. www.sealife.nl.

La plage à Scheveningen

SCHIEDAM ☑ Buitenhavenweg 9 - 3113 BC - ☎ (010) 473 30 00 - fax : (010) 473 66 95

Stedelijk Museum – ♿ Visite tous les jours (sauf le lundi) de 11 h (12 h 30 le dimanche et les jours fériés) à 17 h. Fermé le lundi et les 1er janvier et 25 décembre. 3 fl. 1,36 €. ☎ (010) 426 36 66.

Nederlands Gedistilleerd Museum De Gekroonde Brandersketel – Visite tous les jours (sauf le lundi) de 11 h (12 h 30 le dimanche et les jours fériés) à 17 h. Fermé le lundi et les 1er janvier et 25 décembre. 8,50 fl. 3,86 € (boisson comprise). ☎ (010) 426 12 91.

Nederlands Malend Korenmolenmuseum De Nieuwe Palmboom – Visite tous les jours (sauf le lundi) de 11 h (12 h 30 le dimanche et les jours fériés) à 17 h. Fermé le lundi et les 1er janvier et 25 décembre. 4 fl. 1,82 €. ☎ (010) 426 76 75.

SCHIERMONNIKOOG ☑ Reeweg 5 - 9166 PW - ☎ (0519) 53 12 33
- fax : (0519) 53 13 25 - www.schiermonnikoog.net
Schiermonnikoog fait partie des îles dites Waddeneilanden.

Accès – Départ de Lauwersoog (45 mn). Horaire irrégulier ; se renseigner au ☎ (0519) 34 90 79 (Wagenborg Passagiersdiensten) ou consulter www.wpd.nl. Les voitures sont interdites sur l'île. Renseignements et réservations : ☎ (0519) 54 61 11. 21,70 fl. 9,85 € (AR).

Bezoekerscentrum – Visite tous les jours (sauf le dimanche) de 10 h à 12 h et de 13 h 30 à 17 h 30 de début avril aux vacances d'automne et pendant les vacances de Noël ; et uniquement le samedi de 13 h 30 à 17 h 30 le reste de l'année. 1 fl. 0,45 €. ☎ (0519) 53 16 41. www.waterland.net/npschierm.

SCHIPHOL ☑ Schiphol Plaza - ☎ (0900) 400 40 40 - fax (020) 625 28 69

Aviodome – ♿ Visite tous les jours de 10 h à 17 h de début avril à fin septembre ; et tous les jours (sauf le lundi) de 10 h (12 h le week-end) à 17 h le reste de l'année. Fermé le lundi de début octobre à fin mars et les 1er janvier, 25 et 31 décembre. 15 fl. 6,81 €. ☎ (020) 406 80 00. www.aviodome.nl.

SCHOKLAND

Museum Schokland – ♿ Visite tous les jours (sauf le lundi) de 11 h à 17 h de début avril à fin octobre (également le lundi en juillet et août) ; et uniquement le week-end de 11 h à 17 h le reste de l'année. Fermé le lundi (sauf en juillet et août) et les 1er janvier et 25 décembre. 5 fl. 2,27 €. ☎ (0527) 25 13 96.

SCHOONHOVEN ☑ Stadhuisstraat 1 - 2871 BR - ☎ (0182) 38 50 09
- fax (0182) 38 74 46 - www.vvvgroenehart.nl

Het Edelambachtshuys – Visite du mardi au samedi de 10 h à 17 h. Fermé le lundi, le dimanche et les 1er janvier, 30 avril, 25 et 26 décembre. 1 fl. 0,45 €. ☎ (0182) 38 26 14.

SCHOONHOVEN

Nederlands Goud-, Zilver- en Klokkenmuseum – ♿ Visite tous les jours (sauf le lundi) de 12 h à 17 h. Fermé le lundi et les 1er janvier et 25 décembre. 6 fl. 2,72 €. ☎ (0182) 38 56 12.

SITTARD 🚹 Rosmolenstraat 40 - 6131 HZ - ☎ (046) 452 41 44 - fax (046) 458 05 55 - vvv.sittard.nederland.net

Grote of St.-Petruskerk – Visite en semaine de 14 h à 16 h de début juin à fin août. ☎ (046) 452 41 44 (VVV).

Stedelijk Museum Het Domein – Visite tous les jours (sauf le lundi) de 11 h à 17 h. Fermé le lundi, le 1er janvier, pendant le Carnaval, à Pâques, à la Pentecôte et le 25 décembre. 3,50 fl. 1,59 €. ☎ (046) 451 34 60. www.hetdomein.nl.

SLOTEN

Moulin – ♿ Visite tous les jours de 10 h à 16 h. Fermé les 1er janvier, 30 avril, 25 et 26 décembre. 6 fl. 2,72 €. ☎ (020) 669 04 12. www.molenvansloten.nl.

SLUIS 🚹 St.-Annastraat 15 - 4524 JB - ☎ (0117) 46 17 00 - fax : (0117) 46 26 84

Stadhuis – *Visite le dimanche de 14 h à 17 h de début mai à fin octobre ainsi qu'à l'Ascension et à la Pentecôte ; et tous les jours de 13 h à 17 h en juillet et août. Fermé de début novembre à fin avril. 2,50 fl. 1,13 €. ☎ (0117) 46 17 00 (VVV).*

SNEEK 🚹 Marktstraat 18 - 8601 CV - ☎ (0515) 41 40 96 - fax (0515) 42 37 03 - www.friesland-vvv.net

Stadhuis – Visite obligatoirement accompagnée (30 mn) en semaine de 14 h à 16 h de début juillet à début août. ☎ (0515) 48 53 71.

Fries Scheepvaart Museum/Sneker Oudheidkamer – Visite tous les jours de 10 h (12 h le dimanche) à 17 h. Fermé les jours fériés. 4 fl. 1,82 €. ☎ (0515) 41 40 57. www.friesscheepvaartmuseum.nl.

SPAKENBURG 🚹 Oude Schans 90 - 3752 AH - ☎ (033) 298 21 56 - fax (033) 299 62 35 - www.dd-spakenburg.nl/vvv

Museum 't Vurhuus – ♿ Visite tous les jours (sauf le dimanche) de 10 h à 17 h de Pâques aux vacances d'automne. Fermé le dimanche et les jours fériés. 4 fl. 1,82 €. ☎ (033) 298 33 19.

STAPHORST

Gemeentelijke Museumboerderij – Visite tous les jours (sauf le dimanche) de 10 h à 17 h de début avril à fin octobre. Fermé le dimanche et les jours fériés. 3 fl. 1,36 €. ☎ (0522) 46 25 26.

Oud-Staphorster Museumboerderij – Visite en semaine de 10 h à 17 h et le samedi de 10 h à 12 h de début juin à fin septembre. Fermé le dimanche et les jours fériés. 2,50 fl. 1,13 €. ☎ (0522) 46 10 87.

De STEEG

Kasteel Middachten – Visite du mercredi au dimanche de 13 h à 16 h en juillet ; et début décembre de 12 h à 19 h. 12,50 fl, 5,67 P (château et jardins). ☎ (026) 495 49 98.

Jardin – Visite du mercredi au dimanche de 10 h 30 à 16 h 30 de mi-mai à mi-septembre. 7 fl. 3,18 €. ☎ (026) 495 49 98.

STEIN

Archeologie Museum – Visite le mercredi et le vendredi de 9 h à 12 h et de 14 h à 17 h, et le dimanche de 14 h à 17 h. Fermé le reste de la semaine et les jours fériés. 3 fl. 1,36 €. ☎ (046) 433 89 19.

STELLENDAM

Expo Haringvliet – Visite tous les jours de 10 h à 18 h de début avril à fin octobre. Fermé le reste de l'année. 7,50 fl. 3,4 €. ☎ (0187) 49 99 13.

SUSTEREN 🚹 Dieterderweg 53 - 6114 JK - ☎ (046) 449 46 15

St.-Amelbergakerk – Visite le mardi et le dimanche de 14 h à 17 h de début mai à fin octobre. ☎ (046) 449 46 18 (VVV).

Trésor – Visite le dimanche de 14 h à 17 h de début juin à fin septembre. 2,50 fl. 1,13 €. ☎ (046) 449 46 15 (VVV).

T

TEGELEN　🛈 St.-Martinusstraat 1 - 5931 GK - ☎ (077) 373 16 24 - fax : (077) 374 04 44

Missiemuseum Steyl – Visite tous les jours (sauf le lundi) de 10 h (13 h le dimanche et les jours fériés) à 17 h de fin mars à fin octobre ; et tous les jours (sauf le lundi) de 13 h à 17 h le reste de l'année. Fermé le lundi, le 1er janvier, le Vendredi saint et le 25 décembre. 5 fl. 2,27 €. ☎ (077) 326 14 99.

Botanische Tuin Jochum-Hof – Visite tous les jours de 11 h à 17 h de Pâques à fin octobre. Fermé le reste de l'année. 5 fl. 2,27 €. ☎ (077) 373 30 20.

TER APEL　🛈 Molenplein 1 - 9561 KS - ☎ (0599) 58 12 77

Museum-Klooster Ter Apel – Visite tous les jours de 10 h (13 h le dimanche) à 17 h de début avril à fin octobre ; et tous les jours (sauf le lundi) de 10 h (13 h le dimanche) à 17 h le reste de l'année. Fermé le lundi de début novembre à fin mars. 5,50 fl. 2,5 €. ☎ (0599) 58 13 70.

TERSCHELLING　🛈 Willem Barentszkade 19a - 8881 BC - ☎ (0562) 44 30 00
- fax (0562) 44 28 75 - www.terschelling.net
Terschelling fait partie des îles dites Waddeneilanden.

Accès – Départ de Harlingen. Horaire irrégulier ; se renseigner auprès de Rederij Doeksen : ☎ (0562) 44 27 70 (ferry : 1 h 30) ou ☎ (0562) 44 32 20 (service rapide : 45 mn). Renseignements et réservations : ☎ (0562) 44 61 11 ou www.rederij-doeksen.nl. 42,25 fl, 19,17 P (AR), 22,90 fl, 10,39 P (voiture).

Terschelling Museum 't Behouden Huys (West-Terschelling) – Visite le mercredi et le samedi de 13 h à 17 h de début janvier à fin mars ; en semaine de 10 h à 17 h de début avril à mi-juin, en octobre et pendant les vacances scolaires ; en semaine de 10 h à 17 h et le samedi de 13 h à 17 h la 2e quinzaine de juin et en septembre ; et tous les jours de 10 h (13 h le week-end) à 17 h en juillet et août. 6 fl. 2,72 €. ☎ (0562) 44 23 89.

Centrum voor natuur en landschap (West-Terschelling) – ♿ Visite en semaine de 9 h à 17 h, et de 14 h à 17 h le week-end, les jours fériés et pendant les vacances scolaires de début avril à fin octobre. Fermé de début novembre à fin mars, le 1er janvier, à Pâques, à la Pentecôte et le 25 décembre. 8,50 fl. 3,86 €. ☎ (0562) 44 23 90.

De Boschplaat – Accès restreint de mi-mars à mi-août. Tout véhicule motorisé étant interdit, des visites en chariot sont organisées. S'adresser au VVV, Willem Barentsz-kade 19a, ☎ (0562) 44 30 00.

TEXEL　🛈 Emmalaan 66 - 1791 AV - ☎ (0222) 31 47 41 - fax : (0222) 31 00 54 - www.texel.net
Texel fait partie des îles dites Waddeneilanden.

Accès – Départ de Den Helder (20 mn). Horaire irrégulier ; s'adresser au service d'information de TESO au ☎ (0222) 36 96 91 ou consulter www.teso.nl. Pas de réservation possible. Renseignements : ☎ (0222) 36 96 92. 10 fl., 4,54 € (AR), 48,50 fl., 22,01 € (voiture).

Réserves – Visites accompagnées : s'adresser à EcoMare ou au VVV. Bottes et jumelles recommandées. Accès restreint aux réserves pendant la couvaison.

EcoMare (De Koog) – Visite tous les jours de 9 h à 17 h. Fermé les 1er janvier et 25 décembre. 12,50 fl. 5,67 €. ☎ (0222) 31 77 41.

Oudheidkamer (Den Burg) – Visite en semaine de 10 h à 12 h 30 et de 13 h 30 à 15 h 30 de début avril à fin octobre et pendant les vacances de Noël. 3,50 fl. 1,59 €. ☎ (0222) 31 31 35.

Maritiem en Jutters Museum (Oudeschild) – Visite tous les jours (sauf le lundi) de 10 h à 17 h ; et tous les jours de 10 h à 17 h en juillet en août. Fermé les 1er janvier et 25 décembre. 8 fl. 3,63 €. ☎ (0222) 31 49 56.

Agrarisch en Wagenmuseum (De Waal) – Visite le lundi de 13 h 30 à 17 h, du mardi au vendredi de 10 h à 17 h, le samedi de 10 h à 16 h et le dimanche et les jours fériés de 14 h à 16 h de Pâques aux vacances d'automne. Fermé le reste de l'année. 5 fl. 2,27 €. ☎ (0222) 31 29 51.

THORN　🛈 Wijngaard 14 - 6017 AG - ☎ (0475) 56 27 61

Abdijkerk – Visite tous les jours de 10 h (11 h 30 le dimanche) à 17 h (16 h le samedi) de début avril à fin octobre ; et uniquement le week-end de 13 h à 16 h le reste de l'année. 2,50 fl. 1,13 €. ☎ (0475) 56 19 62.

Noordbrabants Natuurmuseum – ♿ Visite tous les jours (sauf le lundi) de 10 h (13 h le week-end) à 17 h. Fermé le lundi, le 1ᵉʳ janvier, à Pâques, les 30 avril et 25 décembre. 7 fl. 3,18 €. ☎ (013) 535 39 35. www.nbnm-mec.nl.

Scryption – ♿ Visite tous les jours (sauf le lundi) de 10 h (13 h le week-end) à 17 h. Fermé le lundi, le 1ᵉʳ janvier, à Pâques, le 30 avril, à la Pentecôte et le 25 décembre. 6 fl. 2,72 €. ☎ (013) 580 08 21.

De Pont – ♿ Visite tous les jours (sauf le lundi) de 11 h à 17 h. Fermé le lundi. 8 fl. 3,63 €. ☎ (013) 543 83 00. www.depont.nl.

Nederlands Textielmuseum – ♿ Visite tous les jours (sauf le lundi) de 10 h (12 h le week-end) à 17 h. Fermé le lundi et les jours fériés. 7,50 fl. 3,4 €. ☎ (013) 542 22 41. www.textielmuseum.nl.

U

Menkemaborg – Visite tous les jours de 10 h à 12 h et de 13 h à 17 h de début avril à fin octobre ; et tous les jours (sauf le lundi) de 10 h à 12 h et de 13 h à 16 h de début novembre à début janvier, en février et mars. Fermé le lundi de début novembre à fin mars et en janvier. 7,50 fl. 3,4 €. ☎ (0595) 43 19 70. www.borgen.nl.

Internationaal Museum 1939-1945 – Visite tous les jours de 9 h à 18 h de début avril à fin octobre. 10 fl. 4,54 €. ☎ (0595) 43 41 00. www.museum1939-1945.nl.

Bateau pour Enkhuizen – Traversée (105 mn) : trois départs par jour (sauf le dimanche) de fin juin à début septembre. Renseignements : ☎ (0527) 68 34 07.

Museum voor het Kruideniersbedrijf – Visite du mardi au samedi de 12 h 30 à 16 h 30. Fermé le lundi, le dimanche et les jours fériés. ☎ (030) 231 66 28.

Domtoren – Visite obligatoirement accompagnée (1 h) tous les jours de 10 h (12 h le dimanche) à 16 h. Billets : RondDom, Domplein 9. Fermé les 25, 26, 30 et 31 décembre. 5,50 fl. 2,5 €. ☎ (030) 233 30 36.

Domkerk – Visite en semaine de 10 h à 17 h, le samedi de 10 h à 15 h 30 et le dimanche de 14 h à 16 h de début mai à fin septembre ; et tous les jours de 11 h à 16 h le reste de l'année. ☎ (030) 231 04 03.

Pieterskerk – *Visite du mardi au vendredi de 11 h à 16 h et le samedi de 12 h à 16 h 30 de début juillet au 2e samedi de septembre ; et tous les 1ᵉʳ et 3ᵉ samedis du mois de 11 h à 15 h le reste de l'année. ☎ (030) 231 14 85.*

Nationaal Museum van Speelklok tot Pierement – &. Visite tous les jours (sauf le lundi) de 10 h (12 h le dimanche et les jours fériés) à 17 h. Fermé le lundi et les 1er janvier, 30 avril et 25 décembre. 12 fl. 5,45 €. ☏ (030) 231 27 89. www.museumspeelklok.nl.

Aboriginal Art Museum – Pour les conditions de visite, consulter www.aborigina lartmuseumutrecht.nl ou téléphoner au ☏ (030) 238 01 00.

Museum Catharijneconvent – &. Visite tous les jours (sauf le lundi) de 10 h (11 h le week-end et les jours fériés) à 17 h. Fermé le lundi et le 1er janvier. 15 fl. 6,81 €. ☏ (030) 231 72 96. www.catharijneconvent.nl.

Universiteitsmuseum – Visite tous les jours (sauf le lundi) de 11 h à 17 h. Fermé le lundi et les 1er janvier, 30 avril, 24, 25 et 31 décembre. 7,50 fl. 3,4 €. ☏ (030) 253 80 08. www.museum.uu.nl.

Centraal Museum – Visite tous les jours (sauf le lundi) de 11 h à 17 h. Fermé le lundi et les 1er janvier, 30 avril et 25 décembre. 15 fl. 6,81 €. ☏ (030) 236 23 62. www.centraalmuseum.nl.

Nederlands Spoorwegmuseum – &. Visite tous les jours (sauf le lundi) de 10 h (11 h 30 le week-end, les lundis de Pâques et de la Pentecôte et le 26 décembre) à 17 h. Fermé le lundi, les 1er janvier, 30 avril, les dimanches de Pâques et de la Pentecôte et le 25 décembre. 15 fl. 6,81 €. ☏ (030) 230 62 06. www.spoorwegmuseum.nl.

Waterleidingmuseum – Visite tous les jours (sauf le lundi) de 13 h 30 à 17 h (de 11 h à 16 h le samedi). Fermé le lundi et les jours fériés. 2,50 fl. 1,13 €. ☏ (030) 248 72 11.

Moluks Historisch Museum – Visite tous les jours (sauf le lundi) de 13 h à 17 h. Fermé le lundi, le 1er janvier, à Pâques et les 25 avril et 25 décembre. 4,50 fl. 2,04 €. ☏ (030) 236 71 16. www.museum-maluku.nl.

Rietveld Schröderhuis – Visite obligatoirement accompagnée (1 h) : du mercredi au samedi de 11 h à 15 h 30, et le dimanche et les jours fériés de 12 h 30 à 15 h 30. Fermé le lundi, le mardi et les 1er janvier, 30 avril et 25 décembre. 15 fl. 6,81 €. Réservations : ☏ (030) 236 23 10 (Centraal Museum). www.centraalmuseum.nl.

V

VAASSEN

Kasteel Cannenburch – Visite obligatoirement accompagnée (1 h) tous les jours (sauf le lundi, à l'exception des lundis de Pâques et de la Pentecôte) de 10 h (13 h le week-end) à 17 h de mi-avril à fin octobre. Fermé le reste de l'année et le 30 avril. 8 fl. 3,63 €. ☏ (0578) 57 12 92. www.hgl-vgk.nl.

VALKENBURG   🮗 Th. Dorrenplein 5 - 6301 DV - ☏ (0900) 97 98 - fax (043) 609 86 08
– www.vvvzuidlimburg.nl

Ruines du château – Visite tous les jours de 10 h 30 à 16 h (18 h en juillet et août). Fermé le 1er janvier, pendant le Carnaval et les 25 et 26 décembre. 5 fl. 2,27 €. ☏ (043) 609 01 10.

Fluweelengrot – Visite obligatoirement accompagnée (1 h) en semaine à 12 h et 13 h 30 et le week-end et pendant les vacances scolaires de 11 h à 15 h de début janvier à Pâques ; tous les jours de 11 h à 16 h de Pâques à fin juin et en septembre et octobre ; tous les jours de 11 h à 17 h en juillet et août ; et uniquement le week-end de 11 h à 15 h en novembre et décembre. Fermé le 1er janvier, pendant le Carnaval et les 25 et 26 décembre. 9 fl. 4,08 €. ☏ (043) 609 01 10.

Steenkolenmijn Valkenburg – Visite tous les jours de 10 h à 17 h de début avril à fin octobre ; tous les jours de 13 h à 15 h en novembre ; le week-end et tous les jours pendant les vacances scolaires de 13 h à 15 h de début décembre à fin mars. Fermé le 1er janvier, pendant le Carnaval et le 25 décembre. 11,25 fl. 5,11 €. ☏ (043) 601 24 91.

Gemeentegrot – Visite obligatoirement accompagnée à pied (1 h) ou en train (30 mn) : tous les jours de 10 h à 16 h. Fermé les 1er janvier, 25 et 26 décembre. 5,25 fl., 2,38 € (à pied) et 6,75 fl., 3,06 € (en train). ☏ (043) 601 22 71.

Romeinse Catacomben – Visite obligatoirement accompagnée (50 mn) tous les jours de 10 h à 17 h de début avril à fin septembre et pendant les vacances scolaires ; et le week-end à 14 h le reste de l'année. Fermé de début novembre à fin mars (sauf le week-end). 7,50 fl. 3,4 €. ☏ (043) 601 25 54.

Streekmuseum – Visite tous les jours (sauf le lundi) de 10 h à 17 h. Fermé le lundi, le 1er janvier, à Pâques et le 25 décembre. 3,50 fl. 1,59 €. ☏ (043) 601 63 94.

VEENKLOOSTER

✉ Muntsewei 1 - 9297 WP - ☎ **(0511) 44 39 41**

Fogelsangh State – Fermé pour travaux. Renseignements au ☎ (0511) 44 19 70.

VEERE

✉ Oudestraat 28 - 4351 AV - ☎ **(0118) 50 13 65 - fax : (0118) 50 17 92**

Schotse Huizen – Visite tous les jours (sauf le lundi) de 12 h (13 h le dimanche) à 17 h de début avril à fin octobre. Fermé le lundi, le 30 avril et à l'Ascension. 5 fl. 2,27 €. ☎ (0118) 50 17 44.

Oude Stadhuis – Visite tous les jours (sauf le dimanche) de 13 h à 17 h de début juin à fin août. Fermé le dimanche et pendant la célébration d'un mariage. 2 fl. 0,91 €. ☎ (0118) 50 60 64.

Grote Kerk – Visite tous les jours de 10 h (13 h le dimanche) à 17 h de début avril à fin octobre. Fermé le reste de l'année. 5 fl. 2,27 €. ☎ (0118) 50 18 29.

VELUWEZOOM (Parc National)

Bezoekerscentrum Veluwezoom – Visite tous les jours (sauf le lundi) de 10 h à 17 h. Fermé le lundi et les 25 et 31 décembre. ☎ (026) 497 91 00. www.veluwezoom.nl.

VENLO

✉ Koninginneplein 2 - 5911 KK - ☎ **(077) 354 38 00 - fax : (077) 320 77 70**

St.-Martinuskerk – Visite tous les jours de 9 h à 12 h et de 14 h à 16 h. ☎ (077) 351 24 39.

Limburgs Museum – Visite tous les jours (sauf le lundi) de 11 h à 17 h. Fermé le lundi, le 1er janvier, pendant le Carnaval et le 25 décembre. 9 fl. 4,08 €. ☎ (077) 352 21 12. www.limburgsmuseum.nl.

Museum Van Bommel-Van Dam – Visite du mardi au vendredi de 10 h à 16 h 30 et le week-end de 14 h à 17 h. Fermé le lundi et les jours fériés. 3,50 fl. 1,59 €. ☎ (077) 351 34 57.

VENRAY

✉ Henseniusplein 13 - 5801 BB - ☎ **(0478) 51 05 05 - fax (0478) 51 27 36**

St.-Petrus Bandenkerk – Visite tous les jours (sauf le lundi) de 14 h à 16 h de début avril à fin octobre. ☎ (0478) 51 05 05 (VVV).

VLIELAND

✉ Havenweg 10 - 8899 BB - ☎ **(0562) 45 11 11 - fax : (0562) 45 13 61**
- www.vlieland.nl
Vlieland fait partie des îles dites Waddeneilanden.

Accès – Départ de Harlingen ou de Terschelling (uniquement de début mai à fin septembre, 30 mn). Horaire irrégulier ; se renseigner auprès de Rederij Doeksen : ☎ (0562) 44 29 69 (ferry : 1 h 30) ou ☎ (0562) 44 32 20 (service rapide : 45 mn). Les voitures sont interdites sur l'île. Renseignements et réservations : ☎ (0562) 44 61 11. 38,80 fl., 17,61 € (AR).

Museum Tromp's Huys – Visite tous les jours (sauf le lundi) de 14 h à 17 h en avril et octobre ; tous les jours (sauf le lundi) de 11 h à 17 h de début mai à fin septembre ; et le mercredi et le samedi de 14 h à 17 h de début novembre à fin mars. Fermé le 1er janvier, à Pâques, à la Pentecôte et le 25 décembre. 5 fl. 2,27 €. ☎ (0562) 45 16 00.

De Noordwester – ♿ Visite tous les jours (sauf le dimanche) de 14 h à 17 h en avril et septembre ; tous les jours (sauf le dimanche) de 10 h à 12 h et de 14 h à 17 h en juin, juillet et août ; et le mercredi et le week-end de 14 h à 17 h le reste de l'année. Fermé les 1er janvier et 25 décembre. 5 fl. 2,27 €. ☎ (0562) 45 17 00.

VLISSINGEN

✉ Oude Markt 3 - 4381 ER - ☎ **(0118) 42 21 90 - fax (0118) 42 21 91**

Promenades en bateau – En juillet et août, s'adresser au VVV, ☎ (0118) 42 21 90.

Maritiem Attractiecentrum Het Arsenaal – ♿ Visite tous les jours (sauf le lundi) de 10 h à 19 h de début mars à fin mai ; tous les jours de 10 h à 20 h de début juin à fin septembre et pendant les vacances scolaires ; et tous les jours (sauf le lundi) de 10 h à 19 h de début octobre à fin décembre. Fermé en janvier, février et les 25 et 31 décembre. 17,50 fl. 7,94 €. ☎ (0118) 41 54 00. www.arsenaal.com.

Stedelijk Museum – Visite tous les jours de 10 h (13 h le week-end et les jours fériés) à 17 h. Fermé les 1er janvier, 25 et 26 décembre. Entrée gratuite. ☎ (0118) 41 24 98. www.lampsinshuis.com.

Reptielenzoo Iguana – Visite du mardi au samedi de 10 h à 12 h 30 et de 14 h à 17 h 30 de début juin à fin septembre ; et tous les jours de 14 h à 17 h 30 le reste de l'année. Fermé les 1er janvier et 25 décembre. 9,50 fl. 4,31 €. ☎ (0118) 41 72 19.

Fort Rammekens – Visite tous les jours (sauf le lundi) de 13 h à 17 h de début avril à fin octobre. Fermé le lundi et le reste de l'année. 2,50 fl. 1,13 €. ☎ (0118) 41 24 98 (Stedelijk Museum). www.lampsinshuis.com.

VOLENDAM ☎ Zeestraat 37 - 1131 ZD - ☎ (0299) 36 37 47 - fax : (0229) 36 84 84

Volendams Museum – ♿ Visite tous les jours de 10 h à 17 h de Pâques aux vacances d'automne. 3,50 fl. 1,59 €. ☎ (0299) 36 92 58. www.volendam.com/museum.

VOORBURG

Huygensmuseum – Visite le mercredi, le jeudi et le week-end de 13 h à 17 h. Fermé le reste de la semaine et les jours fériés. 2,50 fl. 1,13 €. ☎ (070) 387 23 11.

W

WAALWIJK ☎ Vredesplein 14 - 5142 RA - ☎ (0416) 33 22 28 - fax : (0416) 65 13 13

Nederlands Leder- en Schoenenmuseum – ♿ Visite tous les jours (sauf le lundi) de 10 h à 17 h (de 12 h à 16 h le week-end). Fermé le lundi, le 1er janvier, à Pâques, à la Pentecôte et le 25 décembre. 7,50 fl. 3,4 €. ☎ (0416) 33 27 38. www.tref.nl/waalwijk/schoenenmuseum.

WADDENEILANDEN

Wadlopen (traversée des Wadden à pied) – Visite obligatoirement accompagnée tous les jours de début avril à fin octobre, lorsque le temps s'y prête. Renseignements et inscriptions : Stichting Wadloopcentrum Pieterburen, PB 1, 9968 ZG Pieterburen, ☎ (0595) 52 83 00 ou Dijkstra's Wadlooptochten, Hoofdstraat 118, 9968 AH Pieterburen, ☎ (0595) 52 83 45.

Voir aussi au nom de chaque île.

WASSENAAR

Duinrell – Visite tous les jours de 10 h à 17 h (18 h en juillet et août) de début avril à fin octobre. Fermé le reste de l'année. 29,50 fl., 13,39 € (Tikibad compris). ☎ (070) 515 52 58. www.duinrell.nl.

WIJK BIJ DUURSTEDE ☎ Markt 24 - 3961 BC - ☎ (0343) 57 59 95 - fax (0343) 57 10 67

Museum Dorestad – Visite tous les jours (sauf le lundi) de 13 h 30 à 17 h. Fermé le lundi et les 1er janvier et 25 décembre. 4 fl. 1,82 €. ☎ (0343) 57 14 48.

WITMARSUM

Menno-Simonskerkje – Visite tous les jours de 10 h à 16 h sur rendez-vous. ☎ (0517) 53 19 59.

WOERDEN ☎ Molenstraat 40 - 3441 BA - ☎ (0348) 41 44 74 - fax (0348) 41 78 43 - www.vvvgroenehart.nl

Stadsmuseum – Visite tous les jours (sauf le lundi) de 13 h à 17 h (16 h le week-end). Fermé le lundi, à Pâques, à la Pentecôte et les 25 et 31 décembre. 3 fl. 1,36 €. ☎ (0348) 43 10 08. www.woerdencentrum.nl.

WORKUM ☎ Noard 5 - 8711 AA - ☎ (0515) 54 13 00 - fax (0515) 54 36 05 - www.friesland-vvv.net

St.-Gertrudiskerk – Visite tous les jours (sauf le dimanche) de 11 h à 17 h de début avril à fin octobre. ☎ (0515) 54 19 76.

Warkums Erfskip – Visite tous les jours de 11 h (13 h le week-end et le lundi) à 17 h de début avril à fin octobre. Fermé le reste de l'année. 3 fl. 1,36 €. ☎ (0515) 54 31 55.

Jopie Huisman Museum – Visite tous les jours de 10 h (13 h le dimanche et les jours fériés) à 17 h de début avril à fin octobre ; et tous les jours de 13 h à 17 h en mars et novembre. Fermé de début décembre à fin février. 5 fl. 2,27 €. ☎ (0515) 54 31 31.

WOUW ☎ Pastoor Woltersplein 2 - 4724 CZ - ☎ (0165) 30 32 52

Église – Visite obligatoirement accompagnée le jeudi et le vendredi de 10 h à 12 h et de 14 h à 16 h. ☎ (0165) 30 32 52 (VVV).

ZAANDAM 🏠 Gedempte Gracht 76 - 1506 CJ - ☎ (075) 616 22 21 - fax (075) 670 53 81

Czaar Peterhuisje – Visite tous les jours (sauf le lundi) de 13 h à 17 h de début avril à fin octobre ; et uniquement le week-end de 13 h 30 à 17 h le reste de l'année. Fermé le lundi et les jours fériés. 2,50 fl. 1,13 €. ☎ (075) 616 03 90.

ZAANDIJK

Honig Breet Huis – Visite tous les jours (sauf le lundi) de 13 h à 17 h. Fermé le lundi, le 1er janvier, à Pâques, à la Pentecôte et le 25 décembre. 2,50 fl. 1,13 €. ☎ (075) 621 76 26.

ZAANSE SCHANS 🏠 Gedempte Gracht 76 - 1506 CJ - ☎ (075) 616 22 21 - fax (075) 670 53 81 - www.zaanseschans.nl

Promenades en bateau – &. Départs tous les jours (toutes les heures) de 11 h à 16 h de début avril à fin octobre (de 10 h à 17 h en juillet et août). ☎ (075) 617 67 62.

Zaans Museum – Visite tous les jours (sauf le lundi) de 10 h (12 h le dimanche) à 17 h. Fermé le lundi et les 1er janvier, 30 avril et 25 décembre. 10 fl. 4,54 €. ☎ (075) 616 82 18.

Ambachtencentrum – Visite tous les jours de 8 h 30 à 18 h. ☎ (075) 635 46 22.

Klompenmakerij – &. Visite tous les jours de 8 h à 18 h. ☎ (075) 617 71 21.

Tingieterij – Visite tous les jours de 10 h à 17 h de début mars à fin octobre ; et de 10 h à 16 h le reste de l'année. Fermé le 25 décembre. ☎ (075) 617 62 04.

Museum van het Nederlandse Uurwerk – Visite tous les jours de 10 h à 17 h de début mars à fin octobre, et le week-end de 12 h à 16 h 30 le reste de l'année. 5 fl. 2,27 €. ☎ (075) 617 97 69.

Museumwinkel Albert Heijn – Visite tous les jours de 10 h à 13 h et de 14 h à 17 h de début mars à fin octobre ; et le week-end et les jours fériés de 11 h à 13 h et de 14 h à 16 h le reste de l'année. Entrée gratuite. ☎ (075) 659 28 08.

Het Noorderhuis – Visite tous les jours (sauf le lundi) de 10 h à 17 h de début mars à fin octobre ; tous les jours de 10 h à 17 h en juillet et août ; et uniquement le week-end et les jours fériés de 10 h à 17 h le reste de l'année. Fermé les 1er janvier et 25 décembre. 2 fl. 0,91 €. ☎ (075) 617 32 37.

Bakkerijmuseum In de Gecroonde Duyvekater – Visite tous les jours (sauf le lundi) de 10 h à 17 h. Fermé le lundi. 1,50 fl. 0,68 €. ☎ (075) 617 35 22.

Kaasboerderij Catharina Hoeve – Visite tous les jours de 9 h environ à 18 h. ☎ (075) 621 58 20. www.henriwillig.com.

Verfmolen De Kat – Visite tous les jours de 9 h à 17 h de début avril à fin octobre ; et uniquement le week-end de 9 h à 17 h le reste de l'année. 4 fl. 1,82 €. ☎ (075) 621 04 77.

Oliemolen De Zoeker – Visite tous les jours de 9 h 30 à 16 h 30 de début mars à fin septembre. 4 fl. 1,82 €. ☎ (075) 628 79 42.

ZALTBOMMEL 🏠 Markt 15 - 5301 AL - ☎ (0418) 51 81 77

Maarten van Rossum Museum – Visite du mardi au vendredi de 10 h à 12 h 30 et de 13 h 30 à 16 h 30, le samedi (sauf de début octobre à fin mars) et le dimanche de 14 h à 16 h 30. Fermé le lundi, le samedi de début octobre à fin mars, le 1er janvier, à Pâques, à la Pentecôte et le 25 décembre. 3 fl. 1,36 €. ☎ (0418) 51 26 17.

ZIERIKZEE 🏠 Meelstraat 4 - 4301 EC - ☎ (0111) 41 24 50 - fax (0111) 41 72 73 - www.vvvschouwenduivenland.nl

Promenades en bateau – Départs du lundi au jeudi en juillet et août. Se renseigner auprès de la Rederij Gebhard, ☎ (010) 265 02 96.

Maritiem Museum – Visite tous les jours de 10 h (12 h le dimanche et les jours fériés) à 17 h de début avril à fin octobre et pendant les vacances scolaires. Fermé les 1er janvier et 25 décembre. 4 fl. 1,82 €. ☎ (0111) 45 44 64.

Stadhuismuseum – Visite tous les jours de 10 h (12 h le dimanche) à 17 h de début mai à fin octobre. Fermé les jours fériés et le reste de l'année. 4 fl. 1,82 €. ☎ (0111) 45 44 64.

St.-Lievensmonstertoren – Renseignements : ☎ (0111) 41 24 50 (VVV).

St.-Walburgiskerk – Visite en semaine de début mai à fin septembre. 1,50 fl. 0,68 €.
☏ (0575) 51 41 78. www.walburgiskerk.nl.

Museum Henriette Polak – Visite tous les jours (sauf le lundi) de 11 h (13 h 30 le
week-end) à 17 h. Fermé le lundi, le 1er janvier, à Pâques, à la Pentecôte et le
25 décembre. 5 fl. 2,27 €. ☏ (0575) 51 68 78.

Stedelijk Museum – Visite tous les jours (sauf le lundi) de 11 h (13 h 30 le week-end)
à 17 h. Fermé le lundi, le 1er janvier, à Pâques, à la Pentecôte et le 25 décembre. 5 fl.
2,27 €. ☏ (0575) 51 68 78.

Stedelijk Museum Zwolle – Visite tous les jours (sauf le lundi) de 10 h (13 h le
dimanche) à 17 h. Fermé le lundi, le 1er janvier, à Pâques, à la Pentecôte et le
25 décembre. 7,50 fl. 3,4 €. ☏ (038) 421 46 50. www.museumzwolle.nl.

Grote of St.-Michaëlskerk – *Visite du mardi au vendredi de 11 h à 16 h 30 et le
samedi de 13 h 30 à 16 h 30 de début juillet à fin septembre. Fermé le dimanche et
le reste de l'année.* ☏ *(038) 453 59 13.*

Stadhuis – Visite en semaine de 9 h à 15 h. Entrée gratuite. ☏ (038) 498 91 11.

Sassenpoort Bezoekerscentrum – Visite du mercredi au vendredi de 14 h à 17 h
et le week-end de 12 h à 17 h. Fermé le lundi et le mardi. 1 fl. 0,45 €.
☏ (038) 421 66 26.

Ecodrome – Visite tous les jours de 10 h à 17 h de début avril à fin octobre et pendant
les vacances scolaires. Fermé le reste de l'année. 16 fl. 7,26 €. ☏ (038) 423 70 30.
www.ecodrome.nl.

Stedelijk Museum Zwolle - Coffre peint

J.P. Lescourret/PIX

Index

A

B

N

O

P

Q-R

W

Y-Z

Écrivez-nous !
Toutes vos remarques aideront à enrichir le guide

Merci de renvoyer ce questionnaire à l'adresse suivante :
**Michelin Editions des Voyages. Questionnaire Le Guide Vert.
46, avenue de Breteuil. 75324 Paris Cedex 07**

1. Est-ce la première fois que vous achetez Le Guide Vert ? oui   non

2. Titre acheté :

3. Quels sont les éléments qui ont déterminé l'achat de ce guide ?

	Pas du tout important	Peu important	Important	Très important
L'attrait de la couverture				
L'attrait de la mise en page				
La structure, l'organisation du guide				
La notoriété de la collection				
L'habitude de la collection				
Le niveau d'information culturelle				
Le niveau d'information pratique				
Le nombre de cartes et plans				

Vos commentaires :

4. Que pensez-vous des éléments suivants du guide ?

	Mauvais	Moyen	Bien	Très Bien
Les cartes du début du guide («les plus beaux sites», «circuits de découvertes»)				
Les cartes et plans du guide				
La description des sites (style, longueur...)				
Le niveau d'information culturelle				
Le niveau d'information pratique				
Le format				

Vos commentaires si vous avez répondu mauvais ou moyen :

5. Quels éléments avez-vous le plus utilisés ?

	Pas du tout utilisé	Peu utilisé	Utilisé fréquemment	Très utilisé
Les cartes du début du guide				
Le chapitre «Invitation au Voyage»				
Le chapitre «Informations Pratiques»				
Le chapitre «Villes et Sites»				

Vos commentaires :

6. Que pensez-vous des adresses du guide ?

HÔTELS :	Pas assez	Suffisamment	Trop
Toutes catégories confondues			
« À bon compte »			
« Valeur sûre »			
« Une petite folie »			
RESTAURANTS :	Pas assez	Suffisamment	Trop
Toutes catégories confondues			
« À bon compte »			
« Valeur sûre »			
« Une petite folie »			

Vos commentaires :

7. Notez sur 20 votre guide :

Vos souhaits, vos suggestions d'amélioration

1. Vous avez particulièrement aimé un lieu, un village, un monument qui n'est pas dans Le Guide Vert, ou vous n'êtes pas d'accord avec certains de nos choix. **Faites-nous part de vos suggestions :**

2. Les hôtels et restaurants du guide, les adresses que vous souhaitez nous signaler.
Nous reverrons sur place les hôtels et restaurants que vous signalez.

Nom et adresse de l'établissement :

Localité :   Code Postal :

	Mauvais	Quelconque	Bon	Très bon
Rapport qualité/prix				
La qualité des plats				
Accueil				
Cadre et agrément				
Confort				
Respect des prix				

Vos commentaires :

Vous êtes :	Homme	Femme	Âge

Nom et prénom :

Adresse :